中国产业安全指数研究

RESEARCH ON CHINA'S INDUSTRIAL SECURITY INDEX

李孟刚 著

社会科学文献出版社
SOCIAL SCIENCES ACADEMIC PRESS (CHINA)

本书受教育部专项任务"中国产业安全指数研究"(项目编号：B09C1100020)资助

摘　　要

　　本书针对农业、能源、装备制造、金融、房地产、钢铁、电子信息、批发零售、医疗、有色金属、铁路、汽车、旅游、文化、轻工等国家支柱型产业展开产业安全指数研究。研究主要从产业安全现状、产业安全界定与特征、产业安全评价逻辑及安全评价因素、产业安全指数编制、对策建议五个模块进行标准化展示。其中，产业安全现状分析通过梳理产业发展历史、产业发展现状、产业特征和产业安全现状等，为把握各产业的特征及产业安全内涵打下基础；产业安全界定与产业安全特征分析可以明确各产业的产业安全内涵和定义，提炼产业安全的特征，为下一步构建产业安全评价逻辑体系界定范围和重点方向，做好逻辑分析的顶层设计；产业安全评价逻辑及安全评价因素分析侧重构建各产业的安全评价分析逻辑，进而设计安全评价指标体系，针对每个评价指标或因素展开评价标准设计；产业安全指数编制包括评价指标数据收集、处理、指数模型设计、指数编制、指数安全等级定义和指数解读等；对策建议则基于当前产业安全指数研究成果，提出一些有针对性的产业安全对策和建议。此外，基于农业、能源、装备制造、金融等产业安全指数研究成果，本书还构建了我国产业安全总指数，该总指数以我国经济整体作为研究对象，仍按五个模块展开，在编制上根据设计的安全评价机理采用了最为核心的九个产业安全指数进行加权合成。

　　在开放市场条件下，产业安全会直接影响国家经济安全乃至主权安全，但尚未有一个具体的指标体系可以描述、衡量其状态。中国产业安全指数首次尝试把复杂的各产业安全状态进行量化综合计算，分析其变动的程度，填补了此领域研究的空白。人文社科领域的定性研究具有主观性、片面性以及局限性的缺点，只有具有前瞻性的定量研究才能克服上述问题。只有在经济运行过程中对经济的发展变化情况进行预测，在失衡发生前提前发出预警，才能事先采取措施加以调节，从而避免宏观经济失衡带来的不良后果。中国产业安全指数正是通过科学构建评价指标体系，完成了产业安全研究从理论分析到量化实践的跨越，并首次实现了产业安全数值仿真，为将来产业安全可持续动态数值仿真提供了基础。中国产业安全指数从安全的视角对各产业数据进行解读，既可以为国家政策制定部门指导相关产业发展和实现宏观调控提供量化安全参考，又可以为微观经济单位分析市场前景提供一定的依据。产业安全领域的指数量化研究才刚开始，还需要在将来不断加以深化和完善，鉴于我们研究水平有限，书中不足之处在所难免，恳请专家和读者多提宝贵意见。

目 录

第一章　中国产业安全评价及安全指数研究 …………………………… 1
  第一节　中国产业安全现状分析 ………………………………………… 1
  第二节　中国产业安全特征及评价机理 ………………………………… 11
  第三节　中国产业安全总指数编制 ……………………………………… 18
  第四节　中国产业安全总指数改进建议 ………………………………… 32

第二章　有色金属产业安全评价及安全指数研究 ……………………… 34
  第一节　有色金属产业安全指数研究背景及意义 ……………………… 34
  第二节　有色金属产业安全基本情况概述 ……………………………… 37
  第三节　有色金属产业安全指数的内容及指标体系 …………………… 40
  第四节　研究结果 ………………………………………………………… 52
  第五节　对策分析 ………………………………………………………… 58

第三章　钢铁产业安全评价及安全指数研究 …………………………… 61
  第一节　钢铁产业安全背景及意义 ……………………………………… 61
  第二节　钢铁产业安全基本情况概述 …………………………………… 63
  第三节　钢铁产业安全指数的内容及指标体系 ………………………… 68
  第四节　钢铁产业安全指数 ……………………………………………… 76
  第五节　钢铁产业安全问题和对策 ……………………………………… 85

第四章　农业产业安全评价及安全指数研究 …… 92
第一节　农业产业安全背景及意义 …… 92
第二节　农业产业安全基本情况概述 …… 93
第三节　农业产业安全指数的内容及指标体系 …… 95
第四节　研究结果 …… 105
第五节　对策分析 …… 111

第五章　旅游产业安全评价及安全指数研究 …… 112
第一节　旅游产业与经济发展 …… 112
第二节　旅游产业安全评价体系指数编制的意义 …… 115
第三节　旅游产业安全评价指数的基础要素 …… 119
第四节　核心评价研究结果 …… 122
第五节　指数的研究方法概述 …… 132

第六章　电子信息产业安全指标分析 …… 144
第一节　产业现状分析 …… 144
第二节　产业安全的界定和特征 …… 151
第三节　产业安全影响因素分析 …… 157
第四节　指标体系与评价方法建议 …… 166
第五节　对策建议 …… 174

第七章　批发零售业产业安全指数研究 …… 177
第一节　批发零售产业安全现状分析 …… 177
第二节　批发零售产业安全影响因素分析 …… 198
第三节　批发零售产业安全的界定与特征 …… 200
第四节　批发零售产业安全评价逻辑与指标体系 …… 205
第五节　批发零售产业安全指数编制 …… 207
第六节　批发零售产业安全存在的主要问题及对策分析 …… 219

第八章　铁路产业安全评价及安全指数研究 …… 227
- 第一节　铁路产业安全现状分析 …… 227
- 第二节　铁路产业安全影响因素分析 …… 231
- 第三节　铁路产业安全的界定与特征 …… 234
- 第四节　铁路产业安全评价逻辑与指标体系 …… 235
- 第五节　铁路产业安全存在的主要问题及对策分析 …… 240

第九章　中国能源产业安全度研究 …… 246
- 第一节　能源产业现状分析 …… 246
- 第二节　能源产业安全影响因素分析 …… 253
- 第三节　能源产业安全的界定与特征 …… 255
- 第四节　能源产业安全度测算与分析 …… 263
- 第五节　结束语 …… 281

第十章　汽车产业安全评价及产业安全指数研究 …… 283
- 第一节　汽车产业界定与特征分析 …… 283
- 第二节　汽车产业安全的概念与影响因素 …… 286
- 第三节　汽车产业安全评价指标体系 …… 288
- 第四节　汽车产业安全指数计算 …… 292
- 第五节　汽车产业安全问题与对策分析 …… 299

第十一章　金融行业安全评价及安全指数研究 …… 311
- 第一节　金融行业概述 …… 311
- 第二节　国际及国内宏观经济环境 …… 315
- 第三节　中国金融业的运行及安全现状 …… 324
- 第四节　金融行业安全指标体系与评价模型 …… 335
- 第五节　金融安全指数编制 …… 338
- 第六节　改善金融监管的政策建议 …… 346
- 第七节　金融安全指数总结 …… 352

第十二章　中国房地产业安全评价及安全指数研究 354
第一节　房地产业安全现状分析 354
第二节　房地产业安全的界定与特征 363
第三节　房地产业安全评价逻辑与安全评价因素 364
第四节　房地产业安全指数编制 390
第五节　提升我国房地产业安全水平的对策建议 398

第十三章　文化产业安全指数研究 405
第一节　文化产业现状分析 405
第二节　文化产业安全的影响因素 415
第三节　文化产业安全的概念界定与特征 421
第四节　文化产业安全状况评价 425
第五节　评价指标体系构建与模型计算 442

第十四章　装备制造产业安全指数研究 453
第一节　装备制造产业现状分析 453
第二节　装备制造产业安全的影响因素分析 458
第三节　装备制造产业的特征分析 464
第四节　装备制造产业安全的界定与指数模型构建 470
第五节　指标数据甄选分析和产业安全指数测度评估 476
第六节　基本结论与对策建议 489
第七节　装备制造产业2013～2014年安全发展趋势分析 495

第十五章　医疗产业安全评价及安全指数研究 511
第一节　医疗产业安全现状分析 511
第二节　医疗产业安全影响因素分析 515
第三节　医疗产业安全的界定与特征 519
第四节　医疗产业安全评价逻辑与指标体系 525

第五节　医疗产业安全指数编制 …………………………………… 529

　　第六节　医疗产业安全存在的主要问题及对策分析 ………………… 535

第十六章　轻工业安全评价及安全指数研究 ……………………………… 541

　　第一节　轻工业安全现状分析 ………………………………………… 541

　　第二节　轻工业安全影响因素分析 …………………………………… 549

　　第三节　轻工业安全的界定与特征 …………………………………… 555

　　第四节　轻工业安全评价逻辑与指标体系 …………………………… 558

　　第五节　轻工业安全指数编制 ………………………………………… 560

　　第六节　轻工业安全存在的主要问题及对策分析 …………………… 566

第 一 章
中国产业安全评价及安全指数研究

第一节 中国产业安全现状分析

一 中国产业整体发展情况概述

产业综合实力和国际影响力实现历史性跨越。66年来，中国人民以自己的勤劳、坚韧、智慧创造了世界经济发展史上令人赞叹的"中国奇迹"。1953~2013年，我国国内生产总值（GDP）按可比价计算增长了122倍，年均增长8.2%。1952年国内生产总值只有679亿元，1978年增加到3645亿元，居世界第10位。改革开放以来，GDP年均增长9.8%，增长速度和高速增长持续的时间均超过经济起飞时期的日本和韩国。GDP连续跃上新台阶，1986年超过1万亿元；1991年超过2万亿元；2001年超过10万亿元；2010年达到40万亿元，超过日本成为世界第二大经济体；2013年达到588019亿元，占全球GDP比重达到12.3%。2014年国内生产总值为636463亿元，首次突破60万亿元，以美元计，亦首次突破10万亿美元大关。中国成为继美国之后又一个"10万亿美元俱乐部"成员，同时GDP总量稳居世界第二。据有关预测，2014年日本GDP大约4.8万亿美元，不及中国的一半。我国人均GDP由1952年的119元增加到2014年的46531元（约合7485美元），根据世界银行划分标准，已由低收入国家迈进上中等收入国家行列，但仍然落后于很多国家（见图1-1）。

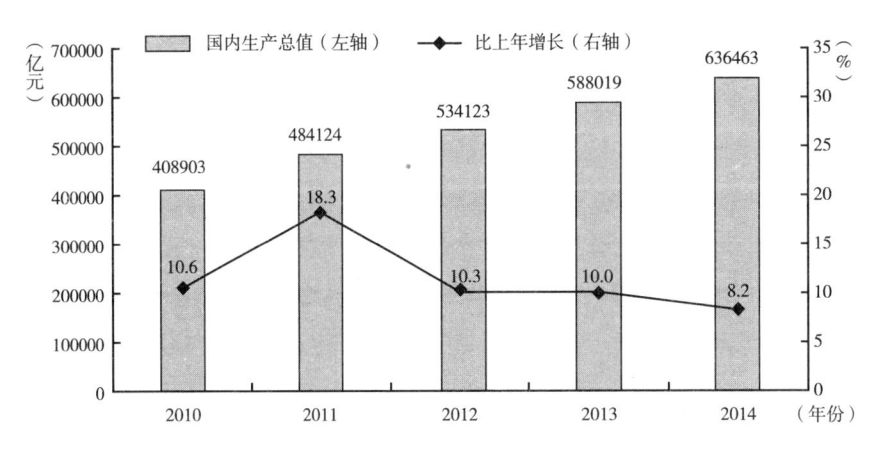

图 1-1 2010~2014 年国内生产总值（GDP）及其增长速度

资料来源：国家统计局，2014 年统计公报。

产业结构的协调性逐步增强。新中国成立初期，我国经济结构不合理，产业结构以农业为主，城镇化水平低，城乡区域发展差距较大。66 年来，我国经济结构逐步优化，产业结构不断升级，从落后的农业国发展成为世界制造业大国，并正向服务业主导型经济转变。1952 年，第一、第二、第三产业增加值占 GDP 的比重分别为 51.0%、20.9%、28.2%。在优先发展工业战略带动下，第二产业增加值比重迅速提高。1978 年，三次产业增加值比重变为 28.2%、47.9%、23.9%。改革开放后，我国工业实力和竞争力进一步增强，"中国制造"享誉全球，工业结构由门类单一到齐全、由低端制造向中高端制造迈进。根据世界银行数据，当前，我国制造业增加值在世界占比达到 20.8%。近年来，服务业发展势头良好，产业发展呈现由工业主导型向服务业主导型转变的新趋势。2013 年，第一产业增加值占国内生产总值的比重为 10.0%，第二产业增加值比重为 43.9%，第三产业增加值占 GDP 的比重上升到 46.1%，首次超过第二产业成为国民经济第一大产业。2014 年，第一产业增加值占国内生产总值的比重为 9.2%，第二产业增加值比重为 42.6%，第三产业增加值比重为 48.2%，第三产业比重进一步上升。

同时，我国所有制结构、收入分配结构、区域结构、城乡结构也发生了深刻变化，非公有制经济快速发展，居民收入来源日益多元化，中西部地区发展加快，城乡统筹协调发展趋势明显，城镇化水平不断提高。2013 年，我国城镇化率达到53.73%，比1949年提高43.09个百分点。2014年，我国城镇化率达到54.77%，同比增加1.04个百分点，与发达国家80%以上的城镇化率相比仍然有较大差距，同时也低于世界城镇化率55%这一平均水平。

商品和服务供给能力有了极大提高。新中国成立初期，商品短缺是我国面临的一个突出问题。经过66年快速发展，门类齐全、布局合理的产业体系基本建立，商品和服务供给能力大为增强。农业综合生产能力稳步提高，不仅成功解决了世界1/5人口的吃饭问题，也为世界粮食安全做出了突出贡献。2013年，粮食产量达到60194万吨，比1949年增长4.3倍。2014年粮食产量60710万吨，比上年增加516万吨，增产0.9%。2014年，谷物、籽棉、花生、茶叶、水果产量稳居世界第一位，主要工业品供给实现了从严重依赖进口到满足世界需求的历史性跨越。根据联合国工业发展组织资料，目前我国工业竞争力指数在136个国家中排名第七位，制造业净出口居世界第一位。按照国际标准工业分类，在22个大类中，我国在7个大类中名列第一，钢铁、水泥、汽车等220多种工业品产量居世界第一位。服务业长期发展滞后的局面逐步得到改观，批发零售、交通运输等传统服务业日益繁荣，房地产、金融等新兴服务业方兴未艾。1953~2013年，第三产业增加值年均实际增长8.4%，其中改革开放以来年均增长10.7%，分别快于同期GDP年均增速0.2个和0.9个百分点。

基础设施和基础产业实现跨越式发展。新中国成立初期，我国基础设施和基础产业薄弱，严重制约工农业生产发展和人民生活水平。66年来，我国基础设施和基础产业发展突飞猛进，农业、能源、交通、邮电通信等领域的瓶颈制约不断得到缓解并形成比较优势。农田水利建设成效显著，防洪、防涝、抵御自然灾害的能力明显增强。全国有效灌溉面积由1952年的1996万公顷扩大到2013年的6347万公顷，农业机械总动力由18万千瓦增加到103907万千瓦。能源生产能力由弱变强，成为世界第一大能源生产国。2013年，能源生产总量34亿吨标准煤，比1949年增长142倍，年均增长8.1%。交通运输建设实现跨越式发展，由铁路、公路、民用航空、水运和管道组成的综合运输网络四通八达。2013年，铁路营业里程达到10.31万公里，比1949年增长3.7倍，居世界第二位，其中高铁运营里程突破1万公里，居世界第一位；公路里程（不含村道）435.6万公里，增长53.0倍，其中高速公路里程10.4万公里，居世界第二位；沿海规模以上主要港口货物吞吐量72.8亿吨，比1985年增长22.5倍，连续多年位居世界第一。邮电通信业发展迅猛，现代信息通信基础网络初步建成。邮电业务总量从1949年的2.58亿元增加到2013年的18432亿元，按可比价计算，年均增长17.0%。移动电话用户从无到有，达到122911万户。2014年，完成邮电业务总量21846亿元，比上年增长19.0%，移动电话用户128609万户。多媒体通信飞速发展，互联网规模不断壮大。2013年末，互联网上网人数达到6.18亿人，其中手机上网人数5.0亿人。2014年末，互联网上网人数6.49亿人，增加3117万人，其中手机上网人数5.57亿人，增加5672万人，互联网普及率达到47.9%。

对外开放成就举世公认。新中国成立到改革开放前，我国对外贸易规模小，贸易伙伴少，基本处于封闭半封闭状态。改革开放以来，我国融入世界经济的步伐不断加快，对外经贸合作的深度和广度不断拓展。对外贸易规模持续扩大，2013年货物进出口总额突破4万亿美元，达到41590亿美元，占世界的比重上升至11.0%，超过美国跃居世界第一位。1951～2013年，货物进出口总额年均增长13.9%，其中改革开放以来年均增长16.4%，加入世界贸易组织以来年均增长18.2%。货物贸易结构不断优化，初级产品出口额占出口总额的比重由1978年的53.5%下降到2013年的4.9%，工业制成品出口比重则由46.5%上升到95.1%。服务贸易从无到有，成为对外贸易的重要组成部分。2013年，服务贸易进出口总额5396亿美元，居世界第三位；1983～2013年年均增长16.8%，快于同期货物贸易进出口增速。参与国际分工合作的能力进一步提升。1979～2013年，我国实际使用外商直接投资累计达13937亿美元，是吸引外商直接投资最多的发展中国家。2013年，非金融类对外直接投资927亿美元，比2003年增长31.5倍，年均增长41.7%。1979年，我国签订对外承包工程合同数仅有27份，2013年增加至11578份；1979年合同金额仅为0.3亿美元，2013年达到1716亿美元。

根据2014年国民经济和社会发展统计公报，2010～2014年我国国民经济稳定增长。初步核算，全年国内生产总值636463亿元，比上年增长7.4%。其中，第一产业增加值58332亿元，增长4.1%；第二产业增加值271392亿元，增长7.3%；第三产业增加值306739亿元，增长8.1%。第一产业增加值占国内生产总值的比重为9.2%，第二产业增加值比重为42.6%，第三产业增加值比重为48.2%。劳动生产率稳步提高。

2014年国家全员劳动生产率为72313元/人，比上年提高7.0%（见图1-2）。

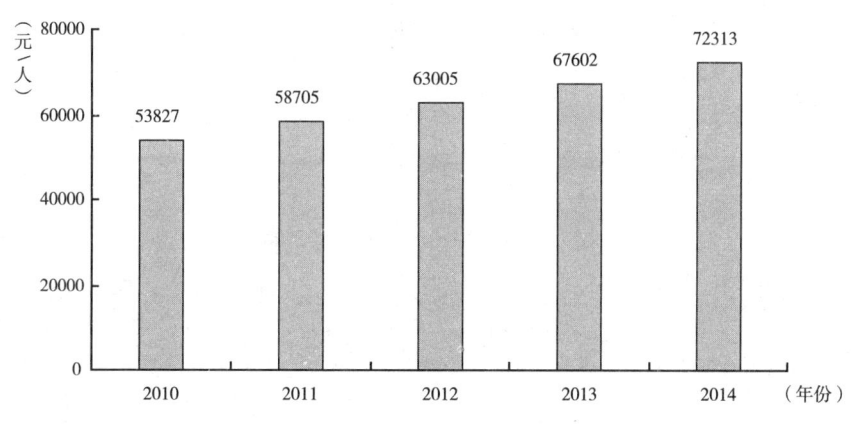

图1-2　2010~2014年国家全员劳动生产率

资料来源：国家统计局，2014年统计公报。

农业方面。2014年粮食种植面积11274万公顷，比上年增加78万公顷。棉花种植面积422万公顷，减少13万公顷。油料种植面积1408万公顷，增加6万公顷。糖料种植面积191万公顷，减少9万公顷。粮食再获丰收。全年粮食产量60710万吨，比上年增加516万吨，增产0.9%（见图1-3）。其中，夏粮产量13660万吨，增产3.6%；早稻产量3401万吨，减产0.4%；秋粮产量43649万吨，增产0.1%。全年谷物产量54827万吨，比上年增产0.8%。其中，稻谷产量20643万吨，增产1.4%；小麦产量12617万吨，增产3.5%；玉米产量21567万吨，减产1.3%。

工业和建筑业。工业生产平稳增长。2014年，全部工业增加值227991亿元，比上年增长4.9%（见图1-4）。规模以上工业增加值增长8.3%。在规模以上工业中，分经济类型看，国有及国有控股企业增长4.9%，集体企业增长1.7%，股份制企业增长9.7%，外商及港澳台商投资企业增长6.3%，私营企业增长10.2%。分门类看，采矿业增长4.5%，制造业增长9.4%，电力、热力、燃气及水生产和供应业增长3.2%。

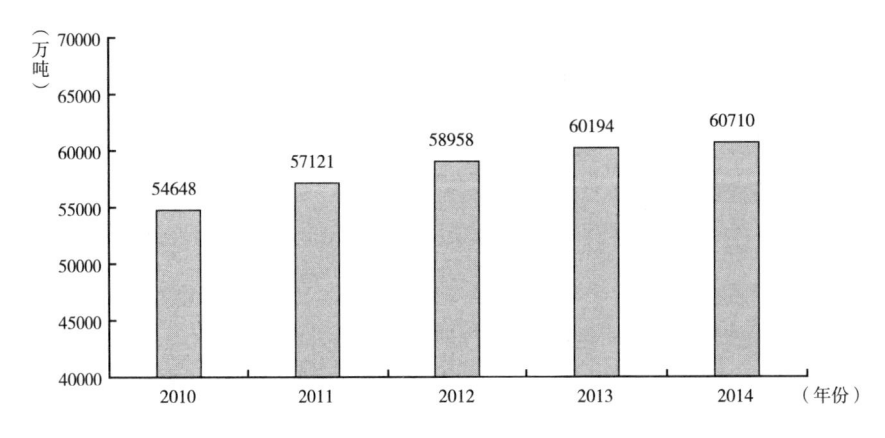

图 1-3 2010~2014 年粮食产量

资料来源：国家统计局，2014 年统计公报。

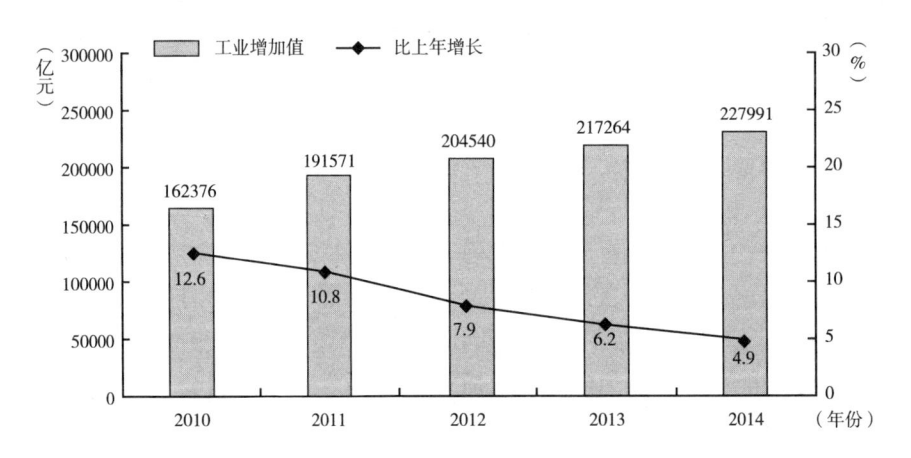

图 1-4 2010~2014 年全部工业增加值及其增长速度

资料来源：国家统计局，2014 年统计公报。

2014 年，规模以上工业中，农副食品加工业增加值比 2013 年增长 7.7%，纺织业增长 6.7%，通用设备制造业增长 9.1%，专用设备制造业增长 6.9%，汽车制造业增长 11.8%，计算机、通信和其他电子设备制造业增长 12.2%，电气机械和器材制造业增长 9.4%。六大高耗能行业增加值比上年增长 7.5%。其中，非金属矿物制品业增长 9.3%，化学原料和化学制品制造业增长 10.3%，有色金属冶炼及压延加工业增长 12.4%，黑色金属冶炼及压延加工业增长6.2%，电力、热力生产和供应业增长2.2%，石油加工、炼焦和核燃料加工业增长5.4%。高技术制造业增加值比上年增长12.3%，占规模以上工业增加值的比重为10.6%。装备制造业增加值增长10.5%，占规模以上工业增加值的比重为30.4%。

2014年，全社会建筑业增加值44725亿元，比上年增长8.9%（见图1-5）。全国具有资质等级的总承包和专业承包建筑业企业实现利润6913亿元，增长13.7%，其中国有及国有控股企业1639亿元，增长11.7%。

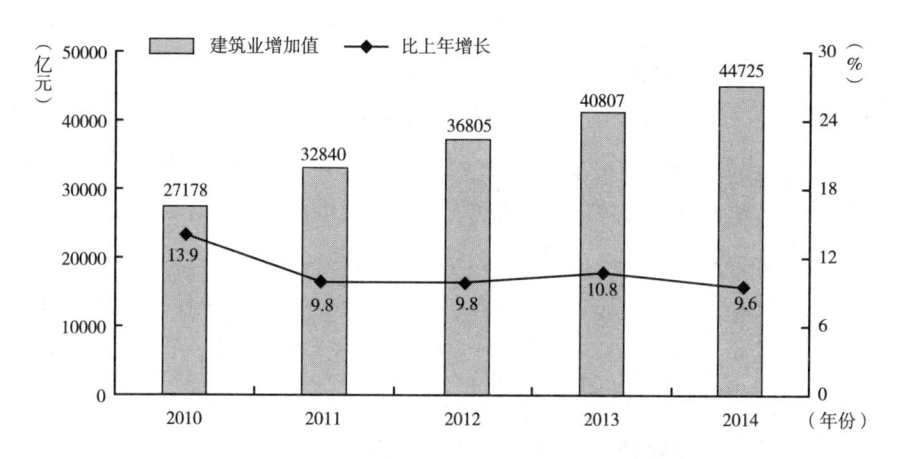

图1-5 2010~2014年建筑业增加值及其增长速度

资料来源：国家统计局，2014年统计公报。

二 中国产业特征分析

（一）产业整体实力强

中国的制造业通过三十年计划经济条件下的自主发展，之后又经过三十年市场经济条件下的自由开放发展，已经取得了长足的进步。我国在资源、能源产业的发展规模和产能已经位居全球领先地位。在纺织、服装、钢铁、电解铝、电器、水泥等行业，我国产能和产量已经居于世界首位，在汽车、造船、技术装备制造等方面也已经接近世界首位。

据联合国工业发展组织估算，2007年中国制造业增加值占世界的11.44%。2007年中国制造业有172类产品产量居世界第一位，世界70%的玩具，50%的电话、鞋，超过1/3的彩电、箱包等产自中国。同样根据联合国工业发展组织资料，2013年我国工业竞争力指数在136个国家中排名第七位，制造业净出口居世界第一位。按照国际标准工业分类，在22个大类中，我国在7个大类中名列第一，钢铁、水泥、汽车等220多种工业品产量居世界第一位。服务业长期发展滞后的局面逐步得到改观，批发零售、交通运输等传统服务业日益繁荣，房地产、金融等新兴服务业方兴未艾。1953~2013年，第三产业增加值年均实际增长8.4%，其中改革开放以来年均增长10.7%，分别快于同期GDP年均增速0.2个和0.9个百分点。中国制造（Made in China）享誉全球。

中国制造的比较优势并没有丧失，仍将维持相当长的一段时间。首先，中国制造的综合配套能力强。经过多年的发展，中国制造业已形成门类齐全、上下游产业配套能力强的产业体系，能够满足国内外市场多种层次的需求。考虑到综合配套成本，中国制造的竞争优势还很强。其次，中国制造业国内梯度转移的空间也很大。沿海地区一些制造业通过转移到中西部地区，已获得持续的低成本优势。最后，中国劳动力资源仍很丰富，劳动力成本近年来虽有所上升，但比发达国家仍低很多。

（二）中国制造在数量和质量上并不平衡

改革开放以来，我国制造业获得了奇迹般的持续发展，跻身世界制造大国前列。尽管我国已经是制造大国，但这主要是针对数量而言，实际上就质量而言，与制造大国地位仍然有一定距离。龙永图直接指出中国制造在数量和质量上并不平衡。质量上不去，主要从两个方面分析：一个是质量标准，另一个是山寨文化。

谈质量离不开标准。事实上，许多见诸报端的质量事件，暴露了一些产品甚至行业，缺乏严格技术标准的乱象：标准太低，或者缺乏专门的标准而以其他产品的标准来代替。"度量衡"混乱不堪，产品自然参差不齐。应该发挥标准引领作用，强化重点领域的技术、产品与管理标准制定和实施。中国标准化研究院院长马林聪就曾公开指出，许多企业目前仅以满足强制性标准为目标，影响了产业质量整体提升。据统计，我国现已制定国家标准30680项、行业标准37882项、企业标准100万余项。在马林聪看来，国家标准和行业标准是最低门槛，它们更多地保障的是基本质量，但要想产品有着更好的质量体验，企业须在国标基础上采用更细更严的标准。因此，他认为，要更好地发挥企业在标准方面的主体责任，并建议建设企业产品标准的自我公开与监督机制。

一般说来，山寨是指制售假货的行为，是一种需要禁止的侵犯他人知识产权的行为，如假名牌和盗版软件等。山寨产生的根源和流行的原因很复杂，就那些制假贩假者而言，他们的目的就一个，即为了赢利，但手段是非法的，这一点各方并无异议。肯定有人会说，制假贩假至少解决了部分人群的就业问题，事实上也确有一些地方要员暗中为制售假货者提供保护伞。

山寨的害处主要体现在，它损害了一个社会最蓬勃向上的力量，即人类的创新精神。以从事创新的企业来说，如果他们付出巨大投资和风险的新产品刚投入市场，就出现多个不同版本的山寨货，那么，这家企业的投资就不可能收回。这严重挫伤了创新的动机，其他厂商也不会贸然进行具有风险的创新活动了。创新与山寨是水火不容的。因此，如果山寨产生的根源不根除，便无法建立一个创新型社会。多少人已经意识到，中国山寨的盛行甚至猖獗有可能使各级政府常挂在嘴上的口号"建立创新型社会"成为一句空话。

（三）面临结构性调整

产业结构调整是未来十年中国经济"新常态"形成的重要根基。只有顺应全球产业发展趋势，把握关键性行业，形成产业优势，力争有所突破，才能在未来世界政治经济格局中具有竞争力。产业新常态最显著的特点是从失衡走向优化，过剩产业在政策主导下加速出清，新兴产业在市场机制下快速发展，装备业自主创新国产化，服务业高附加值化将成为未来中国产业结构调整的四大方向。当前我国仍应以银行主导型金融模式为基础，同时借助资本市场，共同实现我国产业结构调整升级。在产业结构调整中，应注重货币政策的制定与协调，实现货币政策选择与产业结构有机结合。

在2015年冬季达沃斯论坛上，央行行长周小川在以《市场波动成为新常态》为主题的讨论环节上谈道，部分中国城市存在房地产过剩，很难出台具体政策稳定楼市。经济学家、G20与新兴国家经济发展战略研究中心主任张其佐在外交学会第九届理事会上对记者说：房地产业和制造业严重过剩，去库存至少需要3~5年乃至更长时间。除了上述过去过度强政策刺激等原因，全球经济正处于低增长，中国经济也正放缓，需求不足，内外需疲软，这也是房地产和制造业乃至石油等大宗资源性商品过剩和价格下跌的一个原因。中国该买房的早已买了，甚至买了多套住房，没有买房的人确实是无奈生活在底层的百姓，他们"有刚需"但"没通货"，如果再用过去强刺激的老套路去救房地产，就会出现掩盖今天楼市泡沫——明天会暴露出更大的楼市泡沫——最后的结果是容易刺破楼市泡沫，这是谁都不愿看到的结果。

（四）尖端仍然相对比较欠缺

我国制造业的核心技术和高端技术80%掌握在外资手里。我们制造出了产品，但是利润的大部分被外资赚去，我们只是做些加工贸易的装配工作。比如，我们计算机的主板芯片，汽车的电子芯片，机械设备的数码操控系统，还有我们使用的品牌和技术标准，都要仰仗外资提供。我们每制出一个产品，就要被外资赚去一块相当丰厚的利润。而且，一旦外资不提供这些东西给我们，我们就要停产。中国制造在全球产业链中仍处于中下游，尽管很多产品产量居世界前列，但附加值较低，特别是具有自主知识产权的产品比重较少，自主创新能力不足。

我国政府高度重视推进自主创新，提出了建设创新型国家的目标，坚持把推进自主创新作为转变发展方式的中心环节。中华人民共和国工业和信息化部（以下简称"工业和信息化部"）成立后，也将把推动"中国制造"向"中国创造"的转变作为自身使命之一。首先，完善和落实支持自主创新的政策，充分发挥企业作为技术创新主体的作用，鼓励、引导企业增加研发投入；其次，加大政府采购对自主创新产品的支持力度；再次，积极实施品牌战略，打造差异化竞争优势，形成更多拥有自主知识产权的知名品牌；最后，大力扶持中小企业的技术创新活动，完善企业孵化的软环境建设以及服务体系建设。

三 中国产业安全现状分析

从产业控制力方面看，各行业特点不同。外资并购领域近年向装备制造业、机械、原材料、食品等基础性行业拓展的同时，加快对银行业、高科技产业等的投资并购。近年来外资并购国内知名和规模企业甚至龙头企业增多。据国家工商总局调查，在微电机、小汽车、计算机、程控交换机、光纤电缆、洗涤用品、医药等行业，跨国公司实际上已取得垄断或控制地位。国内最大的柴油燃油喷射系统厂无锡威孚、唯一能生产大型联合收割机的佳木斯联合收割厂、最大的电机生产商大连电机厂等相继被GE、卡特彼勒、ABB、西门子等跨国公司并购。金融业方面，目前已有200家外资银行开始在我国营业，其中有30多家还开展了人民币试点业务。目前我国已出现了几例外资银行并购案例：花旗银行并购浦发银行、美国银行入股中国建设银行、高盛投资集团入股中国工商银行。

从产业竞争力方面看，技术竞争力有所提升，但很多核心技术仍依赖或受控于国外。经过30多年改革开放，引进外资使我国的技术水平有了很大提高，但是技术创新能力与发达国家相比仍然存在很大差距。国有企业特别是骨干企业是我国自主创新的市场主体和主要载体，大量的民族企业丧失自主研发能力后，国家就会失去了自主创新的平台。

从产业发展环境方面看，发展环境趋于复杂、产业安全面临更多风险。一是国际金融危机加大了中国产业发展的风险。二是贸易保护主义引发的贸易摩擦不断加剧。三是运用贸易救济措施维护产业安全形势日趋严峻。四是劳动力、土地等要素低成本优势日趋减弱。五是能源矿产及环境的制约作用不断显现。六是人民币升值一定程度上削弱了国内工业的竞争优势。

第二节　中国产业安全特征及评价机理

一　产业安全生态论

（一）产业安全问题的再思考

安全总是与风险相对应。承受风险、管理风险、应对风险的能力在很大程度上决定了安全程度的高低。因此，分析安全问题，事实上就是分析风险因素。安全指数度量的是承受风险、管理风险、应对风险的能力。

针对产业安全问题，不同的学者有着不同的分析框架与分析逻辑。从宏观层面出发，有学者把影响产业安全的因素归纳为：外部因素、内部因素和政策因素。外部因素是指在全球经济一体化和市场开放条件下来自国外的资本、技术和产品等因素。具体地说，这些因素又是通过资本输出和跨国公司战略来实现，其中包括资本输出及国际债务、跨国公司战略两部分。内部因素包括国内产业的生存环境和竞争环境两类。产业国内生存环境决定了产业在国内生存的可能性，其中又包括金融环境、生产要素环境和市场需求环境三个方面。

很多学者是从外商直接投资的角度分析我国产业安全的成因，认为外商直接投资对我国产业安全的威胁表现在外商通过各种方式来控制国内企业和垄断某些重要产业；有的学者从制度非均衡的角度分析产业安全的形成原因，认为我国产业安全问题的主要根源在于制度非均衡；还有的学者从投资自由化和贸易自由化两方面分析产业安全问题的成因；有的学者从国家经济安全的角度分析产业安全产生的原因，认为产业安全作为国家经济安全的基本内容之一，其产生的原因是任何国家的经济都包含一定的产业并形成各个时期的产业结构。

尽管大量的研究对产业安全问题做了系统梳理，不可否认的是造成产业安全风险的因素远比人们直观感受到的要复杂得多。在大概念上，这些原因可以分为产业部门自身和产业部门经营环境两大类。前者归因于产业部门自身治理结构不合理、内部管理不完善和风险管理制度不健全等。后者涉及的范围更广。宏观经济环境的好坏、产业政策是否得当、是否存在过度竞争等，都可能对产业安全运行带来或弱或强的影响。

这意味着，在制定我国产业安全管理（或者如人们常说的，防范与化解产业风险）战略时，我们不仅应强调加强产业部门的自身建设，同时也应强调改善那些作为产业部门服务对象同时也构成其生存条件的各类环境。

正如一切科学门类发展到成熟阶段时就需要找到适当的数学表达式一样，在分析影响产业安全的风险成因过程中，当风险的各种表现及其形成原因渐次被揭示出来，当各类原因之间错综复杂的相互关联已经被初步认识之后，人们就迫切需要找到一种更为成熟、更为全面、更为系统、更能刻画其本质的科学范畴来对之加以分类和描述。经过这段时间的研究，笔者发现产业安全生态正是这样的科学范畴。

（二）产业安全生态的内涵

金融生态是个仿生概念。海南大学教授许芳在《产业安全的生态预警机制研究》一书中首次从生态学角度研究产业安全问题,借鉴生态系统健康预警的原理,从活力、结构和恢复力三个维度出发,创建产业安全的生态学预警指标体系;评价和预警了中国制药产业的安全度、相对安全度和易入侵度,以及汽车产业、工业、农业等的安全状态;借鉴国外维护产业安全经验,从生态学角度提出维护我国产业安全的对策。

既然是一个仿生概念,金融生态的概念就可以从自然生态的概念中引申出来。按照生态学对于自然生态系统的定义,生态系统(ecosystem)指的是由生物群落及其赖以生存的物理环境共同组成的动态平衡系统。自然界中固然存在多种多样的生态系统,但各类生态系统基本上都是由两大部分组成,即生物群落和物理环境,或称之为生命系统和环境系统;其中,生物群落则由生产者、消费者和分解者(小型消费者)构成(见图1-6)。

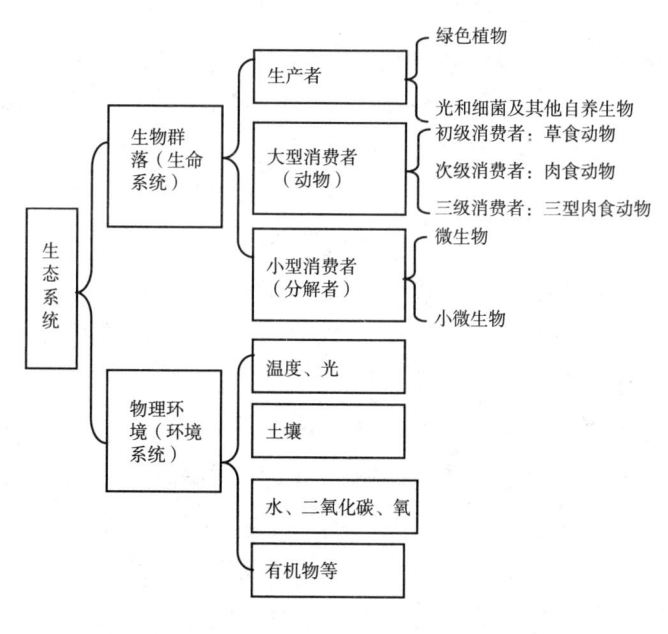

图1-6 生态系统

在自然界中,生物群落和物理环境是彼此依存和相互影响的,通过复杂的营养关系,它们结合为统一的大系统。没有物理环境,生物得不到赖以生存的各种物质，因而就失去了生存的空间和条件；失却生物，环境就是无生命的物质堆积。在一个健康、成熟的生态系统中，生产者、消费者和还原者相互生成，它们共同构成生物群落；作为生物群落，它们又同其赖以生存的物理环境之间进行着永不停息的物质循环和能量流动。这种循环和流动保持着动态平衡，生态系统便得以存在和发展下去。

可见，分析并刻画生态系统的原则有三。其一，按照某一特性并根据分析的需要，对纷繁复杂的生态系统要素进行科学分类，集合出若干具有共同特性的子系统，以刻画生态系统的结构特征；其二，探寻各子系统之间的依存、制约、生成和动态平衡关系，刻画生态系统的功能特征；其三，在把握生态系统的结构特征和功能特征的基础上，从总体上刻画生态系统维持、嬗变、演化的动态平衡过程。毫无疑问，我们在界说金融生态系统时，必须遵循上述原则。

参照生态学对生态系统的分析，根据自然生态系统的构造原理以及自然生态系统长期演化的结构特征和功能特征，我们可以把产业安全生态系统界说为由产业主体及其赖以存在和发展的产业生态环境构成，两者之间彼此依存、相互影响、共同发展的动态平衡系统。

这里的产业主体，指的是产品和服务的生产者。它既包括企业和市场这些直接提供产品和服务的主体，也包括那些以制定政策、确定规范、进行调控和实施监管为职能，从而直接影响企业和市场的运行，同时也直接影响产品和服务供应之种类、规模、价格、质量、范围等的决策机构和监管机构。

这里的产业生态环境，则指的是由居民、企业、政府和国外等部门构成的产品和服务的消费群体，以及产业主体在其中生成、运行和发展的经济、社会、法治、文化、习俗等体制、制度和传统环境。

同自然生态系统一样，在产业安全生态系统中，产业主体和产业生态环境也是相互依存和彼此影响的。一方面，产业生态环境构成产业主体的服务对象和活动空间，它决定着产业主体的生存条件、健康状况、运行方式和发展方向；另一方面，产业主体则以其生产并分配信息、引导资源配置、提供管理风险之手段的强大功能，对产业生态环境的发展发挥着积极的反作用。

产业安全生态是一个非常重要且具有创造力的仿生学概念，它借用生态学的理论，为我们理解产业体系的运行及其同社会环境之间的相互依存、彼此影响的动态关系，提供了新的科学视角。它以比较完整且科学的分析结构告诉世人：产业体系绝非独立地创造产品和服务的系统，它的运行还涉及其赖以活动之区域的政治、经济、文化、法治等基本环境要素，还涉及这种环境的构成及其变化，以及它们导致的主体行为异化对整个产业生态系统造成的影响。因此，管理产业运行风险，提高产业运行效率，应当成为一个全社会共同努力的工作。而且，从生态学的观点来看，通过完善产业生态环境来提高效率和管理，可以更为全面、更为系统地把握产业问题的本质。

二 中国产业安全评价逻辑概述

（一）中国国家安全特点和内涵

产业安全是国家安全的重要组成部分，中国产业安全的逻辑植根于中国国家安全，所谓"覆巢之下焉有完卵"，所以我们的分析起点得从"巢"说起。中国国家安全特点取决于中国在世界上的地位及所扮演的角色。从军事、政治、经济、文化和科技等方面看，中国在世界上具有特殊地位和角色。这种角色正在赋予中国形成一个和谐的多极世界的历史责任。截至2015年3月31日，一共有50个国家申请加入亚洲基础设施投资银行（以下简称"亚投行"），其中就有美国曾经的铁杆盟友英国、韩国、澳大利亚、沙特和以色列等国家。亚投行成立，是一个具有历史标志性意义的重大事件。中国在改革开放以来的角色正在发生重大转变，从之前的韬光养晦阶段转变为主动走出去阶段。不管是有意或是无意，中国事实上都正在承担起改变世界不合理规则的责任。

在新的历史时间节点，这种特殊的国家角色和责任，使得中国国家安全具有了更为丰富的内涵。这种国家安全内涵特点就是：中国自身的国家安全必须更加禁得起美国在军事、政治、经济、金融、文化和科技等方面对中国的"压力测试"，否则就无法达成这种改变规则的愿景。这种新时期的国家安全包括：第一，稳定的政治环境和健康的政治体系，政府处理好与市场之间的关系，政治要廉明，真正实现依法治国，腐败政治会破坏国家的凝聚力；第二，拥有更加强大的军事实力（不惧霸权国家的军事恐吓，具有保护国土的能力），才能保持国内及周边的稳定，并强力支撑"一带一路"战略的实施；第三，中国GDP保持一定速度可持续增长，经济发展是国家安全最强有力的保障，经济不持续发展，火车头就失去动力之源；第四，健康且强大的工业实力，工业能力是国家的脊梁，改造世界最终都绕不开工业这个环节；第五，更为健全且具有一定规模的资本市场，以便整合国内资本以及发达国家的资本，防范货币战争和金融危机；第六，更为先进且和谐的文化，文化认同才有价值认同，价值认同才能凝聚共识；第七，科技创新成为常态，科技仍然是第一生产力，科技进步才能引领潮流并促进发展。总之，新阶段国家安全应该包括稳定的政治、强大的军事、可持续发展的经济、突出的工业能力、稳健的金融系统、先进的文化和科技持续创新。

（二）中国产业安全特点和内容

上面介绍的是中国国家安全的特点和内涵，现在回归到中国产业安全的范畴，它是国家安全的核心组成部分。中国产业安全的特点也是植根于中国的当前全球地位及角色定位，产业始终是服务于国家战略目标的，当前中国的国家战略主要就是"一带一路"战略，因此当前的中国产业安全也需要最终落脚点回归到"一带一路"这一国家战略上来。中国产业安全的评价逻辑主要有三个部分，第一，中国产业安全主要包括哪些核心产业？第二，如何评价每一个核心产业？第三，如何综合评价中国产业安全？

根据这个中国产业安全的特点，中国产业安全研究中至少应该考察下面的产业。第一，军工产业：强大军工不仅确保国家安全，更是"一带一路"战略的有力保障，没有强大军工的支撑很难获得发展；第二，高端制造业和建筑业：以高端装备制造、基础设施建设为核心，包括钢铁、水泥、铁路、公路、港口等，只有这样才能给"一带一路"提供基础设施支撑；第三，金融业和房地产：健全且具有一定规模的发达金融系统才能抵御风险并对资源进行优化配置，房地产在我国畸形发展，体量大影响经济金融稳定，所以必须纳入考察；第四，能源产业：稳定且多元化的能源供应，中国整个产业系统才能正常运营；第五，高新技术产业：包括互联网、移动互联网、物联网、云计算、大数据和新材料等高新技术，高新技术产业是反映未来实力的，当前在高新技术上越强大，预示着未来高新技术实力越强；第六，农业：农业是一切产业的基础，也是安全之根；第七，文化产业：文化产业是不可或缺的重要组成部分，相互尊重且具有包容性，求同存异且具有凝聚力的文化是国家安全的基础，所谓朋友越多越安全，敌人越多越不安全，文化起到的作用就是增加朋友，减少敌人；第八，政府投资和海外投资产业：政府掌握着大量的资源，政府投资会影响到国家安全，随着我国"走出去"战略的实施，海外资产规模必然越来越大，海外投资产业的安全，成为直接关系国家安全的主题。前面描述的军工、高端制造和建筑业、金融和房地产、能源、高新技术、粮食、文化、政府投资和海外投资八方面就是中国产业安全涉及的主干产业。

关于核心产业的产业安全评价，这主要取决于该核心产业在整个产业体系中的地位和所扮演的角色，由此确定该产业特征和结构，依此可以构建出该产业的评价指标体系。具体构建工作，由每一个产业安全指数小组成员来实施，每个小组根据各自的产业安全特征来构建合理的核心产业安全评价体系。至于如何综合评价中国产业安全，这归结为各产业在国家安全和整个产业安全中的地位和角色。地位决定各个产业在总指数中的权重。

（三）中国产业安全的定义

李孟刚教授认为产业安全是指特定行为体自主产业的生存和发展不受威胁的状态。该定义包含三层含义：第一，安全的主体是特定行为体的自主产业；第二，产业安全包含生存安全和发展安全两个方面；第三，产业安全度，可以通过评价产业受威胁的程度加以反推。

在本书中，中国产业安全指中国整个产业体系的生存和发展不受威胁的状态。中国产业安全的内涵会随着中国在世界上所扮演的角色不同而发生变化。在改革开放前30多年，中国实行韬光养晦战略，闷头发展，引进外资和先进技术，全面提升我国产业水平，甚至不惜放开部分产业的控制权，比如大豆产业等。在这个阶段，产业在生存方面的权重要重于发展的权重，侧重解决产业生产的问题，经过30多年的努力，生存问题已经获得了较好的解决，中国制造遍布全球，但大部分产业仍然处于中低端，具有核心竞争力的高端产业较少。习近平总书记在2013年访问哈萨克斯坦和印度尼西亚时分别提出的丝绸之路经济带和21世纪海上丝绸之路，也就是"一带一路"战略。在新战略下，中国的产业安全有了新的内涵，它不再是以生存为核心，而是以发展为核心，发展得越好越安全。由于中国需要牵头带领其他国家一起实施新战略，所以加强自身安全的重要性更加凸显出来。

第三节 中国产业安全总指数编制

一 中国产业安全总指数定位及编制意义

(一) 指数发布频率

中国产业安全总指数的发布频率定为每年发布一次,选择在每年一季度数据出来之后进行数据收集、指数计算和发布。例如,2016 年的中国产业安全总指数应该在当年的 4 月份进行计算和发布。

(二) 中国产业安全总指数的概念和定位

中国产业安全总指数是中国产业安全研究中心以与中国整体产业安全状况相关的数据和信息为基础编制出来的一套综合性产业安全风险监测体系,它反映了中国产业在未来一段时期内的整体安全状况和变化趋势。中国产业安全总指数的编制和发布,旨在为关注我国产业安全的各利益相关方(包括政府决策机构、投资者、经营者和研究人员等)提供安全风险预警,以便尽可能地减少风险,降低损失。

(三) 中国产业安全总指数安全水平的界定

在本方案中我们把中国产业安全总指数安全水平分为 5 大类,即很安全、比较安全、基本安全、不太安全和不安全 5 个级别。在每一类中又根据偏正面或偏负面分为 3 小类,一共 15 个。详细的定义见表 1-1 和表 1-2。

表 1-1 中国产业安全总指数安全水平分级

安全等级	安全等级含义	安全等级符号	指数安全等级区间
很安全	我国核心产业自我生存和发展的能力很强,几乎不受外部不利经济因素的影响;政府制定的相关产业政策措施非常有利于各产业的长远发展;不同层次消费者对相应层次的产品满意度高,市场需求很稳定,各产业供给与社会需求匹配得很好;各产业下的企业创造经营性净现金流能力很强;各产业发展资金来源完全多元化和分散化	A	[80,100]

续表

安全等级	安全等级含义	安全等级符号	指数安全等级区间
比较安全	我国核心产业自我生存和发展的能力较强,受外部不利经济因素的影响较小;政府制定的相关产业政策措施比较符合各产业的长期稳定健康发展;各产业的核心产品或服务价格比较合理,不存在系统性风险;各产业供给与社会需求比较吻合,很少发生过剩和严重不足的现象;各产业下的企业创造经营性净现金流的能力较强;各产业资金来源比较多样化,资金供给较为安全	B	[60,80)
基本安全	我国核心产业自我生存和发展的能力一般,受外部不利经济因素的影响而发生一定波动;政府制定的相关产业政策措施基本符合各产业的稳定发展;存在个别核心产品价格波动过大的现象;各产业供给与社会需求基本吻合;各产业下的企业创造经营性净现金流的能力一般;各产业资金来源比较多样化,资金供给较为安全	C	[40,60)
不太安全	我国核心产业自我生存和发展的能力较弱,很容易受到外部不利经济因素的影响;政府制定的相关产业政策措施不太符合主要产业的健康发展需求;个别核心产业存在严重过剩的风险,局部危机可能引发系统性风险;各产业供给与社会需求匹配得较差,存在局部过剩现象;各产业下的企业创造经营性净现金流的能力较差;各产业发展资金来源比较依赖于单一渠道	D	[20,40)
不安全	我国核心产业自我生存和发展的能力很弱,非常容易受到外部不利经济因素的影响,各核心产业内部存在系统性风险;政府制定的相关产业政策措施完全不利于产业的发展;各产业的商品价格非常不合理,市场需求波动很大;各产业供给与社会需求无法匹配;各产业下的企业创造经营性净现金流的能力很弱;各产业发展资金来源很单一	E	[0,20)

资料来源:中国产业安全研究中心。

表1-2 中国产业安全水平等级细分

安全等级	安全等级符号	指数安全等级区间	安全细分等级符号	安全等级含义	指数安全等级细分区间
很安全	A	[80,100]	A+	很安全偏正面	[94,100]
			A	很安全	[86,94)
			A-	很安全偏负面	[80,86)
比较安全	B	[60,80)	B+	比较安全偏正面	[74,80)
			B	比较安全	[66,74)
			B-	比较安全偏负面	[60,66)

续表

安全等级	安全等级符号	指数安全等级区间	安全细分等级符号	安全等级含义	指数安全等级细分区间
基本安全	C	[40,60)	C+	基本安全偏正面	[54,60)
			C	基本安全	[46,54)
			C-	基本安全偏负面	[40,46)
不太安全	D	[20,40)	D+	不太安全偏正面	[34,40)
			D	不太安全	[26,34)
			D-	不太安全偏负面	[20,26)
不安全	E	[0,20)	E+	不安全偏正面	[14,20)
			E	不安全	[6,14)
			E-	不安全偏负面	[0,6)

资料来源：中国产业安全研究中心。

（四）编制中国产业安全总指数的意义

从产业安全的角度编制中国产业安全总指数，具有重要的理论和实践意义。第一，它通过整合专家知识进入专家模型，能够有效揭示中国产业整体的安全状况和趋势；第二，中国产业安全总指数可以帮助政府决策机构预警和防范中国产业的系统性风险，确保中国核心产业健康发展；第三，在我国产业安全不仅是国家安全的重要组成部分，也是实现我国的"一带一路"战略的前提，研究我国产业安全具有基础性的理论和实践意义。

二 总指数编制的逻辑及技术选择

刻画我国所有产业的整体安全状况，这是一个十分具有挑战性的任务，在现有的条件下，甚至注定是难以企及的目标。事实上，我们也没有必要纳入所有的产业，只需对核心的产业纳入分析即可。这些核心产业的产值占比只要超过2/3，具有较高的代表性，其发展趋势也能在一定程度上反映我国产业的整体趋势。基于这样的事实，我们前期选择了房地产、金融、钢铁、文化等18个产业。但随着近两年我国国情的快速变化，这些产业还无法完全覆盖我国的核心产业，比如军工产业就没有入选。

因此，中国产业安全总指数的编制，首先，研究由核心产业构成的产业结构，并列出核心产业；其次，对这些核心产业分别编制各自的产业安全指数；再次，对核心产业设计权重；最后，根据这些核心产业指数和各自权重，加权最终获得中国产业安全总指数。另外，需要补充说明的是，有部分核心产业尚未编制其产业安全指数。这个需要通过简单的方法来进行估测。总之，中国产业安全总指数的编制将采用专家打分技术来实现，而各个核心产业安全指数，则是由各负责专家自行裁决。

基于以上分析，我们认为现阶段最优的解决方案是借用信用评级相关操作思路和采用专家打分法，更为复杂的指数技术方法未必有效。在行业专家的指导下，根据实际情况选取合适的评价指标体系，并对各个指标赋予一定的权重分数，制定一套指标打分的标准，在收集数据后，根据专家打分模型快速获得各个核心产业安全得分。最后对得分进行加权获得总指数，就可以获得相对标准的中国产业安全总指数。编制思路如图 1-7。

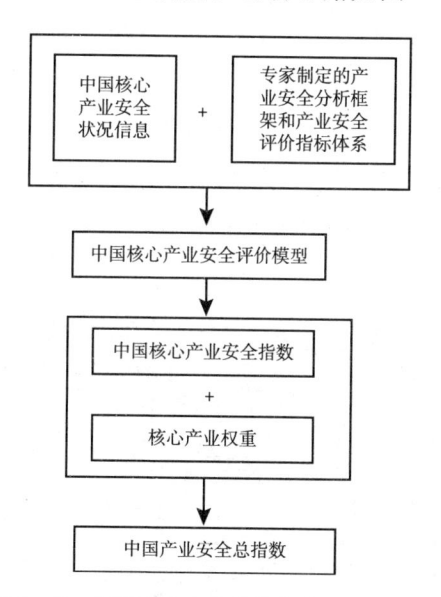

图 1-7　中国产业安全总指数编制技术路线

资料来源：中国产业安全研究中心。

三　数据的收集与处理

数据的收集和处理是计算指数之前的一项基本工作。编制中国产业安全总指数需要收集和整理核心产业的产业安全指数。核心产业安全指数的数据由各产业负责人裁决和提供。如果没有指数的,采用最为简单的专家打分法构建简易指数。如果由于数据更新不及时无法获得最新年份指数的,采用最近三年平均值代替。

四 中国核心产业安全指数

(一) 农业

我国农业产业安全形势有以下特点:

第一,自 2007 以来,我国农业产业安全度总体处于"比较安全"状态。农业产业运行基本良好,虽面临一定的冲击,但是整体影响很小。

第二,2008 年,我国农业产业安全度处在近几年的最高位,农、林、牧、渔业固定资产投资完成额累计同比达 54.10%。

第三,2008 年以后总体呈下滑态势,2011 年出现拐点,开始出现缓慢上升。2012 年 2 月 16 日习近平在中美农业高层研讨会上致辞时表示,中国始终高度重视国家粮食安全,把发展农业、造福农村、富裕农民、稳定地解决 13 亿人口的吃饭问题作为治国安邦重中之重的大事。这显示出国家对农业产业安全的大力重视,也进一步推动产业安全的稳固提升(见表 1-3)。

表 1-3 农业产业安全指数

年份	农业产业安全指数	安全等级	安全等级含义
2006	68.8	B	比较安全
2007	69.0	B	比较安全
2008	71.7	B	比较安全
2009	69.8	B	比较安全
2010	67.8	B	比较安全
2011	67.4	B	比较安全
2012	68.4	B	比较安全
2013	68.5	B	比较安全
2014	68.8	B	比较安全

注:由于数据缺失等原因,2006 年和 2014 年的指数值由专家直接评估得出。
资料来源:中国产业安全研究中心。

(二) 金融与房地产业

我国金融业经过 1999 年的四大国有银行集中处置不良贷款并上市之后,

逐步走上健康发展的道路。2006年以来，我国资本市场规模快速发展，金融产品多元化，债券、股票等直接融资工具快速增长，监管水平也在逐步提高，信息透明不断获得加强。总体而言，我国金融业安全水平在不断获得提升（见表1-4）。

表1-4 金融产业安全指数

年份	金融产业安全指数	安全等级	安全等级含义
2006	36.9	D+	不太安全偏正面
2007	59.8	C+	基本安全偏正面
2008	45.5	C-	基本安全偏负面
2009	54.9	C+	基本安全偏正面
2010	64.3	B-	比较安全偏负面
2011	70	B	比较安全
2012	75.1	B+	比较安全偏正面
2013	80.2	A-	很安全偏负面
2014	81.4	A-	很安全偏负面

注：2009年和2012年的值是前后两年的平均值；由于数据缺失等原因，2014年的指数值由专家直接评估得出。
资料来源：中国产业安全研究中心。

总体而言，我国房地产业的安全状况处于基本安全和不太安全这两个水平等级。2011~2014年的安全指数依次为47、55、45和50。2014年的安全指数属于基本安全，安全得分比2013年高5分，安全状况有所好转。事实上，2014年5月，全国房价已经开始理性小幅回调。根据Wind数据，2014年5月，百城住宅平均价格10978元/平方米，环比下跌0.32个百分点，环比上涨城市下降到37个，环比下跌城市增至62个，还有一个城市价格持平（见表1-5）。

表1-5 房地产业安全指数

年份	房地产业安全指数	安全等级	安全等级含义
2006	39	D+	不太安全偏正面
2007	40	C-	基本安全偏负面
2008	48	C	基本安全

续表

年份	房地产业安全指数	安全等级	安全等级含义
2009	34	D+	不太安全偏正面
2010	37	D+	不太安全偏正面
2011	47	C	基本安全
2012	55	C+	基本安全偏正面
2013	45	C-	基本安全偏负面
2014	50	C	基本安全

资料来源：中国产业安全研究中心。

（三）文化产业

通过表1-6可以发现，2006~2012年，我国文化产业安全度基本呈现上升的趋势，但2009年产业安全度处于下降趋势。因2008年的国际金融危机，各国经济都受到了不同程度的影响，我国文化产业从业人员数大幅下降，文化产业对外直接投资净额大幅缩减等因素都对文化产业安全造成了一定影响。2013年以来，我国大力推动文化产业发展，文化产业安全指数稳步上行。

表1-6 文化产业安全指数

年份	文化产业安全指数	安全等级	安全等级含义
2006	34.9	D+	不太安全偏正面
2007	38.4	D+	不太安全偏正面
2008	42.3	C-	基本安全偏负面
2009	39.1	D+	不太安全偏正面
2010	60.1	B-	比较安全偏负面
2011	71.7	B	比较安全
2012	81.6	A-	很安全偏负面
2013	83.1	A-	很安全偏负面
2014	84.8	A-	很安全偏负面

注：由于数据缺失等原因，2013~2014年的指数值由专家直接评估得出。
资料来源：中国产业安全研究中心。

（四）能源产业

通过评价指标选取、评判标准的建立和专家赋权，我们测算出2006~

2012年我国能源产业安全指数,其中,2012年指数值为32.5,处于不太安全的水平(见表1-7)。

表1-7 能源产业安全指数

年份	能源产业安全指数	安全等级	安全等级含义
2006	36.1	D+	不太安全偏正面
2007	30.9	D	不太安全
2008	32.5	D	不太安全
2009	32.0	D	不太安全
2010	32.4	D	不太安全
2011	31.9	D	不太安全
2012	32.5	D	不太安全
2013	32.5	D	不太安全
2014	32.6	D	不太安全

注:由于数据缺失等原因,2013~2014年的指数值由专家直接评估得出。
资料来源:中国产业安全研究中心。

首先,导致这一结果的原因在于产业资源因素得分较低。

其次,产业对外依存度较高。当然这两类因素指数之间有着某种程度的相关性。正是化石能源资源禀赋的不足导致了我国能源产业较高的对外依存度。

再次,我国能源产业的竞争力指数也处于不安全状态。尤其是能源加工转换效率和能源产业贸易竞争力指数亟待提高。新能源比例也较低。这一方面导致能源产业结构不合理,另一方面也给我国带来了巨大的环境污染治理方面的压力,这在环境污染投资GDP占比指标的得分上得到了充分体现。

最后,产业基础环境指数中的单位GDP能耗以及能源消费弹性系数也有相当大的降低空间。只有大幅度提高能源利用效率,才能更加有效地维护我国能源安全。

(五)军工产业

在产业安全研究中,军工产业是一个非常特殊但又极其重要的产业。作为一个大国,若没有军工产业作为保障,其国家安全是难以获得保障的,自然经济安全也会受到极大的影响。长期以来,西方国家对我国军工产业长期封锁,使得我国培育出了独立自主的军工产业。考察一国军工产业的安全状况，最为核心的就是考察其是否具有精确核打击能力和抗核打击能力，这基本决定了一国军工产业安全的基数。我国军工水平尽管与美国等发达国家相比仍然有一定差距，但新中国成立以来仍然取得了十分辉煌的成就。2000~2013年，中国军费从1208亿元增加到7202亿元，复合增速为14.7%。2014年中国国防预算8082亿元，约合1320亿美元，同比增长12.2%。经过专家直接评估，获得以下军工产业安全指数。数据显示，自2006年以来，我国军工产业实力借助资本市场快速发展，目前我国军工产业处于A级（很安全）的水平（见表1-8）。

表1-8 军工产业安全指数

年份	军工产业安全指数	安全等级	安全等级含义
2006	77	B+	比较安全偏正面
2007	79	B+	比较安全偏正面
2008	80	A-	很安全偏负面
2009	82	A-	很安全偏负面
2010	83	A-	很安全偏负面
2011	84	A-	很安全偏负面
2012	88	A	很安全
2013	90	A	很安全
2014	90	A	很安全

注：由于数据缺失等原因，指数值由专家直接评估得出。
资料来源：中国产业安全研究中心。

（六）基础设施建设产业和钢铁产业

基础设施是指为直接生产部门和人民生活提供共同条件和公共服务的设施。基础设施主要包括公路、铁路、水路等交通运输以及机场、港口、桥梁、通信、水利及城市供排水供气、供电设施和提供无形产品或服务于科教文卫等部门所需的固定资产，它是一切企业、单位和居民生产经营工作和生活的共同的物质基础，是城市主体设施正常运行的保证，既是物质生产的重要条件也是劳动力再生产的重要条件。从项目角度，基础设施主要包括以下方面：住宅区、别墅、公寓等居住建筑项目；高档酒店、商场、写字楼、办公楼等办公商用建筑项目；石油、煤炭、天然气、电力等能源动力项目；铁路、公路、航空、水运、道桥、隧道、港口等交通运输项目；水库、大坝、污水处理、空气净化等环保水利项目；电信、通信、信息网络等邮电通信项目。基础设施建设产业能力反映国家安全实力，一国基础设施建设能力越强，其基础设施往往也越完善，经济发展就越有保障，即使遭受自然或人为损毁，也迅速恢复。因此基础设施建设产业，在我国产业安全中占有重要地位。尤其是自"一带一路"战略实施以来，基础设施建设产业显得尤为重要。经过多年的积累，我国基础设施建设产业发展十分迅猛，目前可能已经是全球基础设施建设能力最强的国家，以低成本、高效率和高质量著称。我国高铁通车里程居世界第一，很多国家大型工程项目都是世界级的工程项目，由此积累了丰富的技术实力，在世界上具有很强的竞争力。由于数据缺失等原因，基础设施建设产业安全指数直接由专家评估得到。表1-9显示，2014年我国基础设施建设产业安全等级为A级（很安全）。

表1-9 基础设施建设产业安全指数

年份	基础设施建设产业安全指数	安全等级	安全等级含义
2006	77	B+	比较安全偏正面
2007	79	B+	比较安全偏正面
2008	80	A-	很安全偏负面
2009	83	A-	很安全偏负面
2010	84	A-	很安全偏负面
2011	85	A-	很安全偏负面
2012	88	A	很安全
2013	89	A	很安全
2014	90	A	很安全

注：由于数据缺失等原因，指数值由专家直接评估得出。
资料来源：中国产业安全研究中心。

2006~2014年，钢铁产业安全指数的数值为62~72，在五个安全等级中均处于基本安全状态。在细分等级中，除了2008年和2011年的细分等级属于比较安全偏负面之外，2006~2014年的其他年份细分等级均属于比较安全。但是2006~2014年钢铁产业安全指数一直处于波动状态，其平均值为 67.6，处于比较安全的范围内。2006 年的指数最高，达到 72.0，2008 年指数取值最低，为 62.0。我国的钢铁产业安全指数呈现有规律波动的态势，与经济周期相关度较高，2008 年我国受全球金融危机影响，经济出现快速下滑，钢铁产业也受直接影响，指数下探。近年来，我国一直在执行去过剩产能政策，钢铁产业安全指数也得以逐步回升。

2002~2013 年，我国的钢铁产业安全指数呈现有规律的波动态势，呈现出先上升后下降的态势，基本 4 年为一个周期，2002~2005 年、2006~2009 年和 2010~2013 年，且每一个周期的起始端和末端是最大的两个值（见表 1-10）。

表 1-10 钢铁产业安全指数

年份	钢铁产业安全指数	安全等级	安全等级含义
2006	72.0	B	比较安全
2007	66.5	B	比较安全
2008	62.0	B-	比较安全偏负面
2009	71.8	B	比较安全
2010	66.6	B	比较安全
2011	64.3	B-	比较安全偏负面
2012	66.5	B	比较安全
2013	67.8	B	比较安全
2014	70.5	B	比较安全

注：由于数据缺失等原因，2014 年指数值由专家直接评估得出。
资料来源：中国产业安全研究中心。

（七）装备制造业

装备制造业又称装备工业，是指为国民经济各部门简单再生产和扩大再生产提供技术装备的各制造工业的总称，即"生产机器的机器制造业"。装备制造业是制造业的核心组成部分，是国民经济特别是工业经济发展的基础。对于装备制造业，人们的认识不尽相同，尚无公认一致的定义和范围界定。通常认为，装备制造业包括金属制品业、通用装备制造业、专用设备制造业、交通运输设备制造业、电气机械和器材制造业、电子及通信设备制造业、仪器仪表及文化办公用装备制造业等。2014 年装备制造业增加值增长 10.5%，占规模以上工业增加值的比重为 30.4%，稳步增长。根据表 1-11

可知，装备制造业产业安全指数由最初 2006 年的 C + 等级上升到 2014 年的 B 等级，总体呈现稳步向好趋势。

表 1 - 11 装备制造业产业安全指数

年份	装备制造业产业安全指数	安全等级	安全等级含义
2006	55.6	C +	基本安全偏正面
2007	56.1	C +	基本安全偏正面
2008	63.6	B -	比较安全偏负面
2009	68.5	B	比较安全
2010	64.9	B -	比较安全偏负面
2011	61.2	B -	比较安全偏负面
2012	64.8	B -	比较安全偏负面
2013	68.5	B	比较安全
2014	71.6	B	比较安全

注：由于数据缺失等原因，2013~2014 年指数值由专家直接评估得出。
资料来源：中国产业安全研究中心。

五 中国产业安全总指数计算

（一）权重设计

核心产业的权重设计根据这些产业在当前和未来所扮演的重要作用来定。军工、装备制造和能源三个产业最为重要，所以权重全部为 0.15；农业和基础设施建设次之，权重为 0.125；金融和文化这两个产业重要性又次之，设置为 0.1；房地产和钢铁的权重设置为 0.05（见表 1 - 12）。

表 1 - 12 中国核心产业权重设计

核心产业	权重	核心产业	权重
军工产业	0.15	金融产业	0.1
装备制造业	0.15	文化产业	0.1
能源产业	0.15	房地产业	0.05
农业产业	0.125	钢铁产业	0.05
基础设施建设产业	0.125		

资料来源：中国产业安全研究中心。

(二) 加权平均及总指数计算

根据上面的权重设计,结合每个核心产业的产业安全指数,计算出各自的分值。最终汇总获得中国产业安全总指数(见表1-13)。

表1-13 中国产业安全总指数

年份	核心产业安全指数									
	装备制造业	钢铁产业	基础设施建设产业	军工产业	能源产业	文化产业	房地产业	金融产业	农业产业	汇总
2006	8.3	3.6	9.6	11.6	5.4	3.5	2.0	3.7	8.6	56.3
2007	8.4	3.3	9.9	11.9	4.6	3.8	2.0	6.0	8.6	58.5
2008	9.5	3.1	10.0	12.0	4.9	4.2	2.4	4.6	9.0	59.7
2009	10.3	3.6	10.4	12.3	4.8	3.9	1.7	5.5	8.7	61.2
2010	9.7	3.3	10.5	12.5	4.9	6.0	1.9	6.4	8.5	63.7
2011	9.2	3.2	10.6	12.6	4.8	7.2	2.4	7.0	8.4	65.4
2012	9.7	3.3	11.0	13.2	4.9	8.2	2.8	7.5	8.6	69.2
2013	10.3	3.4	11.1	13.5	4.9	8.3	2.3	8.0	8.6	70.4
2014	10.7	3.5	11.3	13.5	4.9	8.5	2.5	8.1	8.6	71.6

资料来源:中国产业安全研究中心。

六 指数人工调整机制及人工调整

鉴于产业本身及其安全评价的复杂性,寄希望于一套专家打分模型就能够完全把握住其安全趋势和波动幅度是不现实的,总会存在一些突发事件或未被关注的重要因素影响其原有的趋势。因此,为了使指数能够更有效地反映趋势,必要的时候需要对指数进行人工调整。为了规范化指数的人工调整流程及保持一定的客观性,防止人为调整的强主观性,我们明确规定不能直接在指数上进行人工调整,而必须回归到专家打分模型的指标数据上重新进行打分调整,或者利用加分减分规则进行专家模型得分调整。这样每一次调整都可以找到痕迹,方便检验和未来升级。重大事件需要经过专家认定和评估后才能做出相应的调整(见表1-14)。

表 1-14 重大事件调整标准表

序号	加分项	评分标准	序号	减分项	评分标准
1	政府出台新的有利于核心产业发展的相关政策	非常有利:5分 比较有利:3分 一般有利:1分	1	出台新的不利于核心产业发展的相关政策	非常不利:-5分 比较不利:-3分 一般不利:-1分
2	国内发生积极的重大政治或经济事件,间接提升了核心产业安全	非常重大:5分 比较重大:3分 一般重大:1分	2	国内发生负面的重大政治或经济事件,间接损害了核心产业安全	非常重大:-5分 比较重大:-3分 一般重大:-1分
3	国际上发生积极的重大政治或经济事件,间接提升了核心产业安全	非常重大:5分 比较重大:3分 一般重大:1分	3	国际上发生了重大的负面政治或经济事件,间接损害了核心产业安全	非常重大:-5分 比较重大:-3分 一般重大:-1分
4	其他未列明事件	待定	4	其他未列明事件	待定

注:最高调整分数不超过±10分,且总分超过100分时以100分计,低于0分时以0分计。
资料来源:中国产业安全研究中心。

七 总指数简要分析

中国产业安全总指数整体呈现缓慢爬升的态势,安全状况在逐步好转,这和我国产业整体的状况是吻合的。事实上,2006年以来,我国经济禁受住了世界金融危机的重大挑战,一直以8%左右的速度在增长,在此期间军工、装备制造和基础设施建设等领域获得持续快速发展,使得我国在国际舞台上的话语权不断增加。根据联合国工业发展组织资料,目前我国工业竞争力指数在136个国家中排第七位,制造业净出口居世界第一位。按照国际标准工业分类,在22个大类中,我国在7个大类中名列第一,钢铁、水泥、汽车等220多种工业品产量居世界第一位。服务业长期发展滞后的局面逐步得到改观,批发零售、交通运输等传统服务业日益繁荣,房地产、金融等新兴服务业方兴未艾。从图1-8来看,从2006年的56.3攀升至2014年的71.6;安全等级上从2006年的C+(基本安全偏正面)升至2009年的B-(比较安全偏负面),最后在2012年上升到B(比较安全)(见表1-15)。

中国产业安全等级情况见表1-15。

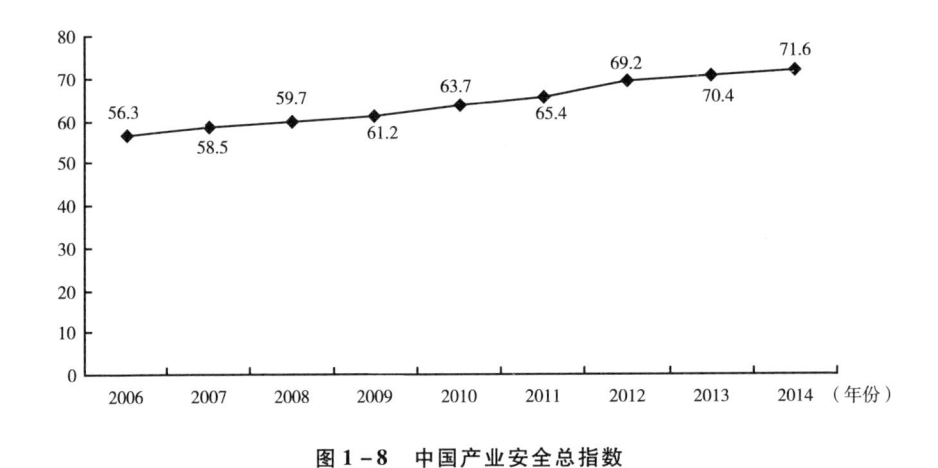

图 1-8 中国产业安全总指数

资料来源：中国产业安全研究中心。

表 1-15 中国产业安全等级

年份	中国产业安全总指数	安全等级	安全等级含义
2006	56.3	C +	基本安全偏正面
2007	58.5	C +	基本安全偏正面
2008	59.7	C +	基本安全偏正面
2009	61.2	B -	比较安全偏负面
2010	63.7	B -	比较安全偏负面
2011	65.4	B -	比较安全偏负面
2012	69.2	B	比较安全
2013	70.4	B	比较安全
2014	71.6	B	比较安全

资料来源：中国产业安全研究中心。

第四节 中国产业安全总指数改进建议

基于种种原因，本期中国产业安全总指数的编制遇到了较大的困难，这是我国首次编制中国产业安全总指数，我们在分析框架、编制方法和指数模型等方面进行了大胆创新。但本期的编制仍然有很多不足，期待我们下一期能够改进。下面就是不足与改进思路。

纳入更多的核心产业。本期产业安全总指数的编制，尽管已经纳入了大部分核心产业，但还有两个重要的产业尚未纳入，分别是物流产业和高新技术产业。物流产业是基础性核心产业，物流产业是物流资源产业化而形成的一种复合型或聚合型产业。物流资源包括运输、仓储、装卸、搬运、包装、流通加工、配送、信息平台等。运输又包括铁路、公路、水运、航空、管道五种资源。这些资源产业化就形成了运输业、仓储业、装卸业、包装业、加工配送业、物流信息业等。高新技术产业以高新技术为基础，从事一种或多种高新技术及其产品的研究、开发、生产和技术服务的企业集合，这种产业所拥有的关键技术往往开发难度很大，一旦开发成功，却具有高于一般的经济效益和社会效益。高新技术产业是知识密集、技术密集的产业。产品的主导技术必须属于所确定的高技术领域，而且必须包括高技术领域中处于技术前沿的工艺或技术突破。根据这一标准，高新技术产业主要包括信息技术、生物技术、新材料技术三大领域。其中信息技术又包括互联网、移动互联网、物联网、云计算和大数据等技术。

核心产业安全指数改进。在大数据时代，产业安全的研究又增添了有力的工具。在产业数据资料收集和梳理方面，可以按照产业大数据的套路来设计方案。利用大数据构建产业安全预警系统，这样可以实现月度、季度、半年和年等多个时间历度的风险预警。在各产业安全指数的编制技术上，根据本期的研究成果，还可以进一步提升，以降低有些因素因考虑不全面带来的指数过大波动。

参考产业安全生态体系。对于总指数的编制，前期的研究和讨论基本达成了这样的共识：产业安全总指数既要反映具体产业的安全情况，又要反映产业经济作为一个整体的安全情况。但是在指数具体编制过程中，如果简单地将两方面的信息进行加权汇总，显然缺乏科学依据。产业安全总指数的设计需要一套更为成熟、更为全面、更为系统、更能刻画产业安全本质的科学范畴来支撑。经过这段时间的研究，我们发现产业安全生态正是这样的科学范畴。而总指数的编制恰好就是对产业安全生态系统进行量化评价的过程。

第 二 章
有色金属产业安全评价及安全指数研究

第一节 有色金属产业安全指数研究背景及意义

一 研究背景

有色金属是现代材料体系的主要组成部分，是国民经济和人民日常生活以及国防工业、科学技术发展必不可少的基础材料和重要的战略物资。世界上许多国家，尤其是工业发达国家，一直竞相发展有色金属工业，增加有色金属的战略储备。

当前，由于国际市场复杂多变与国内经济步入新常态等新形势的影响，中国有色金属产业面临着较大的产业安全问题，特别是生产企业普遍存在存货周转不畅、经营效益下滑、资金成本提升、融资难度增加、投资增长放缓、减排与淘汰落后产能要求严格、创新驱动不足等问题。因此，如何提升有色金属产业的整体竞争力，维护有色金属产业投资、运营和生产安全，已成为当前中国有色金属企业、行业乃至国家关注的大事。

二 研究必要性

从宏观角度看，整个有色金属行业的健康、有序发展将会对国民经济整体发展起到推动作用；从企业角度看，关注生产、经营和运行等各个方面的风险有利于加强对其防范和预防,可以改善企业的经营方式、增加企业价值、避免不必要损失;从资本市场的角度看,关注有色金属行业的安全问题和风险可以为投资决策提供重要参考。此外,当前中国正处于改革深化关键期,关注和研究这些问题有利于该行业领域企业进一步深化改革,拓展混合所有制发展空间。

三 产业现状

中国有色金属资源丰富,品种比较齐全,各种有色金属的采矿、选矿、冶炼、加工等都具有相当规模,为国民经济快速发展提供了重要物质保障。中国已成为全球最大有色金属生产国、消费国和进出口贸易国,在世界有色金属工业发展中发挥着越来越重要的作用,也为国家出口创汇做了巨大贡献。中国产业竞争力不断增强,已经形成了从常用有色金属到稀有金属,品种比较齐全,工艺比较完善的生产体系。由于其战略性基础产业地位,有色金属行业发展对于国民经济健康持续发展具有重要意义。

从产业地位角度看,就国民经济增速与有色金属工业发展增速而言,有色金属工业充分发挥了其在国民经济建设中基础原材料产业的作用。2005~2013年,中国国内生产总值(GDP)由18.23万亿元上升到56.9万亿元,年均递增15.29%;工业增加值由7.6万亿元达到19.21万亿元,年均递增12.29%,而同期规模以上有色金属企业主营业务收入由8279.6亿元增长到52695亿元,年均递增26.03%,远高于GDP和工业增加值的增幅。到2013年底,中国十种有色金属累计产量4028.8万吨,比上年增长9.1%。

从进出口角度看,到2013年底,有色金属矿采选业累计出口交货值为13.3亿元人民币,累计出口交货率同比增长106.4%;有色金属冶炼及压延加工业的累计出口交货值为1168.2亿人民币,累计出口交货率同比增长3.8%。可见有色金属产业出口中,原材料直接出口增长速度很快,总体价值不高,价值高的出口速度又较为缓慢。

从产品销售角度看,到2013年底,十种有色金属累计销售量为3874.6万吨,产销率为100.1%,期末库存比年初增长6.6%;有色金属矿采选业资产总计 4620.55 亿元，比上年增长 12.2%，有色金属冶炼及压延加工业资产总计为 31863.76 亿元，比上年增长 15.8%。产业整体发展较快，与国民经济较低的增速相比，已经出现相对过剩现象。

从社会效益角度看，有色金属行业发展也带动了中国城镇化进程，为相关地区提供了大量就业机会，保障了社会稳定。到 2013 年初，中国直接从事有色金属工业的人数为 549 万人，做出了间接社会贡献。

从潜在风险角度看，随着宏观经济环境的变化和市场需求差异化的出现，有色金属工业慢慢沦为高能耗、高污染、低效益的代名词，行业风险及其安全问题是值得关注的重要问题。

从未来发展角度看，随着中国工业化、城市化进程进一步加速，中国对有色金属产品的需求量不断扩大，促进了有色金属行业在国民经济中的地位不断提升。根据发达国家经验，经济持续增长离不开对金属资源的高强度消费，这将进一步推进有色金属行业在国民经济中地位的提高。

从对外竞争角度看，我国有色金属对外依存度大，不但原料进口成本高，而且受人制约。国内有色金属上下游各条环节上都面临成本提升的情况，行业内企业经营压力较大。同时，美欧倡导实业回归，新兴经济体和我国形成同质化竞争，中国有色金属工业同发达国家产业之间互补性越来越弱、竞争性越来越强，面临的竞争将更加激烈。

四　编制有色金属产业安全指数意义

（一）理论意义

自中国入世以来，产业安全理论得到了学术界的广泛关注，但其多关注于宏观产业安全，缺乏对某一行业产业安全的系统性规划和构建。本书从有色金属产业安全出发，探究有色金属产业存在的安全问题，并以此为研究起点，构建有色金属产业安全指标体系，以期达到对产业安全理论的进一步完善和提高。

（二）现实意义

实践层面，可从宏观和微观两个角度探索有色金属产业安全指数的意义。从宏观角度来看，有色金属产业作为国民经济基础产业，其产业安全健康发展，能为中国基础行业的正常运营提供有力的原材料保障，编制产业安全指数有利于准确把握产业运行安全状态,保证中国基础行业及国民经济健康发展。

从微观角度来看,有色金属产业安全发展对于生产经营者、投资者、债权人和上下游企业来说都起着不容置疑的现实意义。对于生产经营者而言,有色金属产业的健康发展关乎企业未来可持续成长,通过构建有色金属产业安全指标体系,可以立体、系统地了解有色金属产业存在的问题,针对问题及时进行完善,进而做出合适的调整和弥补,减少不必要的损失,提高公司治理水平,进而提升企业整体价值。对于投资者而言,可以全面地了解有色金属产业发展水平及可能面临的生产、运营和投资方面的风险,在做出投资前全面判断产业安全影响因素,将潜在或有损失降到最低,提高投资效率。对于债权人而言,只有产业安全正常运营,才能保证与之关联的融资资金的安全性与收益的保障性。

第二节 有色金属产业安全基本情况概述

一 有色金属产业安全基本定义

(一) 有色金属

狭义的有色金属又称非铁金属,是铁、锰、铬以外的所有金属的统称。广义的有色金属还包括有色合金。有色合金是以一种有色金属为基体(通常大于50%),加入一种或几种其他元素而构成的合金。

(二) 有色金属产业

有色金属产业是指有色金属矿产的开采、冶炼以及加工,是整个国民经济的重要基础产业之一,也是衡量各国经济实力的重要指标。与此同时,有色金属产业的发展带动上下游产业链的发展,直接或间接地影响一个国家的经济发展。

(三) 有色金属产业安全定义

有色金属产业安全是保障有色金属产业周期循环发展过程中有色金属产业的投资、运营和生产等产业链各环节健康发展、不受威胁的状态。具体包括三层含义:一是安全的主体是中国的有色金属产业;二是有色金属产业的安全包括有色金属产业的投资安全、运营安全和生产安全三个方面；三是有色金属产业的安全度，通过构建产业安全评价体系予以评价。

二 有色金属产业安全问题

（一）生产安全问题

随着中国有色金属工业的快速发展，其规模显著扩大，技术装备水平和安全生产水平不断提高，安全生产形势好转。特别是在近年来，中国有色金属行业克服了经济危机的影响，继续保持了平稳的安全生产态势。但有色金属行业仍存在安全生产基础不牢、发展不平衡、小企业众多、落后产能仍大量存在、从业人员复杂、危险物品使用广泛、"三废"排放量大、危废物品存储量大等现象以至较大事故时有发生。

对生产安全重视不足

近年来，国家颁布并实施一系列的安全生产法律法规，但许多企业并不重视，安全工作仍然只停留在一般性的工作布置上，管理粗放、流于形式、投入不足，没有建立起适应企业生产经营管理需要的安全管理模式，还停留在"头痛医头，脚痛医脚"的应急事后管理模式。

小企业安全生产基础弱

小企业重效益轻安全，超负荷生产现象更为突出。为了减少和压缩在生产安全上的资金投入，缺乏必要的安全设施，对已有安全设施也不注重其维护和更新工作，造成了巨大安全隐患。

安全生产意识差

有色金属行业工人许多并没有接受过系统的、正规的安全培训，缺乏必要的安全知识和自我保护能力，不能辨别生产过程中潜在的和已经发生的危险，常常造成人身伤害事故的发生。除此之外，不加防护措施作业也常常造成工人们职业病的出现。

（二）经营安全问题

有色金属行业分为有色金属矿采选业和有色金属冶炼及压延加工业。矿采选业和冶炼及压延加工业都要消耗大量的能源。在整个产业链中，矿采选业位于产业链的上游，冶炼及压延加工业属于产业链的中游，下游主要包括机械制造、建材行业、房地产行业等。对于矿采选业的企业的经营者来说，其经营的风险主要是开采成本的增加，而对于冶炼及压延加工业的企业来说，其经营的风险则主要来自上游原材料价格的上涨和能源价格的上涨。

有色金属矿采选业的运营安全

有色金属的开采需要消耗大量的能源，如石油和煤，这些能源的价格对于企业运营风险的大小具有重要的影响。同时，中国的有色金属产业目前正处于产能过剩的状态，这也是企业所面临的运营风险之一。

有色金属冶炼及压延加工业的运营安全

近年来有色金属上游原材料和能源价格的上涨，给中游冶炼及压延加工业带来了成本增长的压力，使其在行业定价方面缺乏话语权，行业成本不能得到有效控制。此外，中国的有色金属加工业自主创新能力不足，生产的多是低技术低附加值产品，许多高附加值加工品依然严重依赖进口，由此带来的效益低下也是企业运营面临的另一个风险。

（三）投资安全问题

企业效益低下，亏损严重

由于上述的生产安全和经营安全问题，有色金属行业的企业存在成本高、价格低、产能过剩而导致的利润低问题，整体处于微利边缘。近年来，行业中亏损企业的数量和亏损的数额不断扩大。这些使有色行业的投资者面临着风险。

企业融资成本增大

2013年以来，利率市场化、发展多层次资本市场等措施长期看有利于降低企业融资成本。但短期来看，多年积累的金融风险可能上升。此外，房地产泡沫、地方债务平台、制造业负债等可能引发的金融风险，也可能影响有色金属企业的融资，提高资金成本。

行业内部问题

垄断类有色金属上市公司收益远远大于常用类有色金属上市公司。企业之间收益差异巨大，整个行业也存在一些其他问题，比如企业高级技术研发人才所占比例少，不少企业之间同业竞争现象严重，海外赢利项目少，缺少国际市场的产品定价权。

第三节 有色金属产业安全指数的内容及指标体系

一 编制理论基础

有色金属产业安全评价体系主要编制理论借鉴了产业安全理论、系统工程理论、可持续发展理论、绩效评价理论等。

二 编制总体思想

有色金属产业安全评价体系，是运用 2006~2013 年有色金属产业数据进行系统综合的评价。其从产业安全的视角，以"投资—运营—生产"为主线，建立系统、全面、特色的评价体系，主要涵盖有色金属产业的投资安全、运营安全和生产安全三个维度，运用相应的指数化评价方法进行量化测评，以客观、准确反映有色金属产业在产业链及生产运营不同环节的安全状况，为考察有色金属产业是否安全提供指导与参考（见图 2-1）。

三 有色金属产业安全指数体系的构建原则

有色金属产业安全指数旨在全面度量并真实反映有色金属产业安全水平，力求涵盖有色金属产业安全的各个层面，以客观指标分析为主，辅以专家打分法，以尽量客观、公正地度量有色金属产业安全状况。

（一）科学性

指标体系从有色金属产业的投资、运营和生产三个层次分析，保证一级指标和二、三级指标相互之间的严密逻辑关系，通过多次与国内有色金属方面专家进行研讨交流，进一步体现了指标选取的科学性。

（二）系统性

有色金属产业安全涉及国民经济的众多行业、部门和企业，为确保有色金属产业安全指标体系的顺利构建，需要从横向和纵向系统的角度去分析探究有色金属产业安全问题。因此，本书从政府、社会、金融行业、上下游产业链、企业自身等方面进行挖掘，运用系统性方法进行研究，确保指标体系

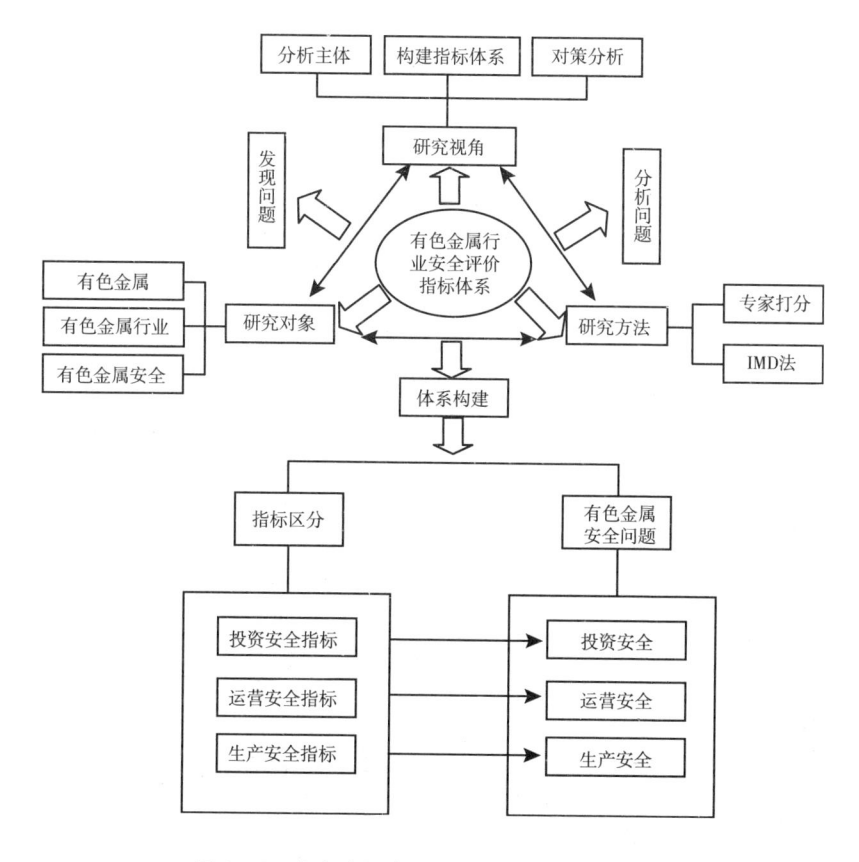

图 2-1 有色金属产业安全指数编制思想路线

的整体性、系统性。

（三）全面性

本评价指标体系以建立有色金属产业安全指标体系为目标，采取逐级分解的方法渐次展开，建立包含三级指标的基础指标库，从立体全面的角度构建有色金属产业安全指标体系。

（四）客观性

有色金属产业安全指标体系多采用客观性指标，数据多来源于中国有色金属工业协会、国家统计局、Wind 资讯、国泰安（CSMAR）数据库以及中经网统计数据库等权威机构，对于可靠可查的数据进行分析，旨在达到数据能够客观真实地反映有色金属产业安全的整体情况。

四 有色金属产业安全指数体系的构建

（一）指标体系框架

本评价指标体系采取了逐级分解的方法渐次展开，并注重相关统计指标数据的可操作性，设定3个一级指标，分别为投资安全评价、运营安全评价、生产安全评价，下设6个二级指标，16个三级指标（见表2-1和图2-2）。

表2-1 有色金属产业安全评价指标体系

一级指标	二级指标	三级指标
投资安全评价(A_1)	金融环境(B_1)	资本成本 C_1
		资本收益率 C_2
		固定资产投资增长率 C_3
	市场环境(B_2)	国际市场占有率 C_4
		贸易竞争力指数 C_5
运营安全评价(A_2)	绩效水平(B_3)	销售利润率 C_6
		存货周转率 C_7
		资产负债率 C_8
	发展潜力(B_4)	不良资产率 C_9
		净资产收益率 C_{10}
		技术投入比率 C_{11}
生产安全评价(A_3)	综合消耗(B_5)	能源消耗增长率 C_{12}
		水资源消耗增长率 C_{13}
	生产效率(B_6)	综合成品率 C_{14}
		淘汰落后产能完成率 C_{15}
		产能利用率 C_{16}

（二）指标解释

A_1 投资安全评价

有色金属产业的投资安全评价是从产业金融环境、产业市场环境这两方面进行分析，旨在研究外部因素来评价有色金属产业安全的基本状况。

A_2 运营安全评价

有色金属产业的运营安全评价从有色金属产业绩效水平和发展潜力两方面进行探究，归纳内部因素对有色金属产业安全的影响效力。

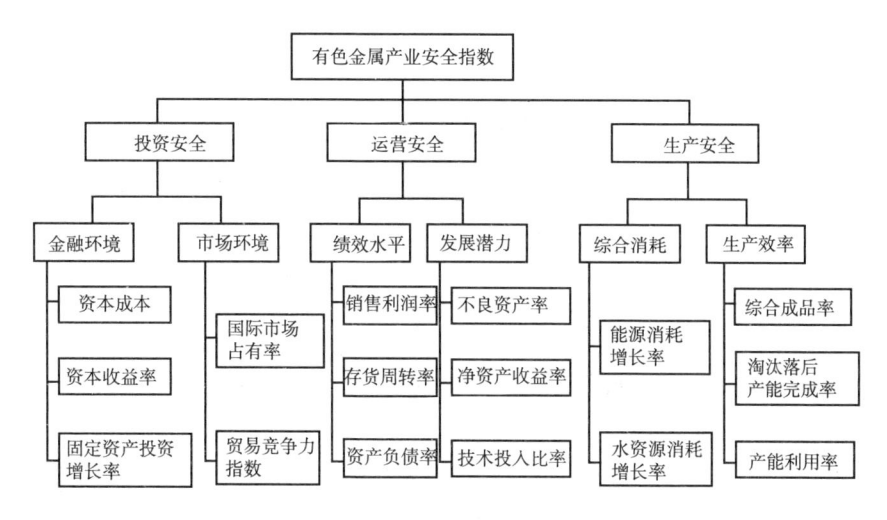

图 2-2 有色金属产业安全指数体系

A_3 生产安全评价

有色金属产业的生产安全评价从产业的综合消耗和生产效率两方面进行分析,旨在研究产业内部生产过程中的因素对有色金属产业安全的影响。

B_1 金融环境

有色金属产业正常的生产、运营和投资都离不开"资金链"的扶持,本书从资本成本和资本运作效率以及固定资产投资状况三个层面进行分析,来评价有色金属产业安全的产业金融环境。

B_2 市场环境

我国有色金属产业对于他国或他地区同一产业在生产效率、满足市场需求、持续获利等方面是否有强大的竞争力依赖于整个国际有色金属产业大环境,本书从国际市场占有率和贸易竞争力指数两个方面进行分析,来评价有色金属产业的市场环境。

B_3 绩效水平

产业绩效水平是指有色金属产业在当前的市场结构下,在价格、产量、成本、利润、产品质量、品种及技术进步等方面达到的状态。本书主要从销售利润率、存货周转率和资产负债率三个方面来评价有色金属产业的绩效水平。

B_4 发展潜力

衡量有色金属产业的发展潜力体现在当前整个产业的资产运营现状和高

新技术的投入情况，本书主要从产业当前的不良资产和资产收益状况以及技术投入比率三个方面进行评价。

B_5　综合消耗

综合消耗主要包含生产过程中能源消耗和水资源的消耗两个方面。

B_6　生产效率

有色金属产业的生产效率是指固定投入量下，实际产出与最大产出两者之间的比率，是衡量该产业可持续发展现状的重要方面。本书主要从综合成品率、淘汰落后产能完成率和产能利用率三个方面进行分析评价。

C_1　资本成本

资本成本反映一个有色金属企业筹资和使用资本所需要的代价，若资本成本太高，有色金属企业将面临沉重的资金负担，影响整个有色金属产业的安全。因此，本书选取平均的资本成本指标即 6 个月内银行短期贷款利率来反映有色金属产业金融筹资状况。

C_2　资本收益率

资本收益率即资本运作效率，衡量的是有色金属企业资金运用程度，该指标越高表明企业资金运用的效率越高，资本积累程度越高，产业金融环境越良好。其计算公式是：

$$C_2 = 净利润 / 实收资本 \times 100\%$$

C_3　固定资产投资增长率

根据 2011 年《证券时报》调研结果显示，我国固定资产投资已累计达 7200 多亿元，环比增长 6.5%。固定资产作为有色金属企业的长期资产之一，其占有色金属产业资产总额的比重较大，固定资产投资增长率的高低直接关系到企业的经营效益，因此本书选取固定资产投资增长率作为考察有色金属产业安全的指标。其计算公式是：

$$C_3 = (期末固定资产投资 - 期初固定资产投资) / 期初固定资产投资 \times 100\%$$

C_4　国际市场占有率

国际市场份额占比影响了我国有色金属产业投资规模、研发力度和劳动力投入的多少等，也直接和间接影响有色金属产业安全。其计算公式是：

$$C_4 = (一国出口／世界该产业出口总额) \times 100\%$$

C_5 贸易竞争力指数

贸易竞争力指数（TSC）是对国际竞争力分析时比较常用的测度指标之一，它表示一国进出口贸易的差额占进出口贸易总额的比重。该指标作为一个与贸易总额的相对值，剔除了经济膨胀、通货膨胀等宏观因素方面波动的影响，即无论进出口的绝对量是多少，该指标均为 $-1 \sim 1$。其值越接近于 0 表示竞争力越接近于平均水平；该指数为 -1 时表示该产业只进口不出口，越接近于 -1 表示竞争力越薄弱；该指数为 1 时表示该产业只出口不进口，越接近于 1 则表示竞争力越大。其计算公式是：

$$C_5 = (出口额 - 进口额)／(出口额 + 进口额)$$

C_6 销售利润率

销售利润率是衡量企业销售收入的收益水平的指标。其计算公式是：

$$C_6 = 利润总额／主营业务收入 \times 100\%$$

C_7 存货周转率

存货周转率是衡量企业一定时期销货成本与平均存货余额的指标。用于反映存货的周转速度，即存货的流动性及存货资金占用量是否合理，促使企业在保证生产经营连续性的同时，提高资金的使用效率，增强企业的短期偿债能力。其计算公式是：

$$C_7 = 销货成本／平均存货余额 \times 100\%$$

C_8 资产负债率

资产负债率反映在总资产中有多大比例是通过借债来筹资的，也可以衡量企业在清算时保护债权人利益的程度。其计算公式是：

$$C_8 = 总负债／总资产 \times 100\%$$

C_9 不良资产率

不良资产比率着重从企业不能正常循环周转以谋取收益的资产角度反映企业资产的质量，揭示企业在资产管理和使用上存在的问题，用以对企业资产的营运状况进行补充修正。其计算公式是：

$$C_9 = 期末不良资产 / 年末资产总额 \times 100\%$$

C_{10}　净资产收益率

净资产收益率，是公司税后利润除以净资产得到的百分比，该指标反映股东权益的收益水平，用以衡量公司运用自有资本的效率。指标值越高，说明投资带来的收益越高。该指标体现了自有资本获得净收益的能力。其计算公式是：

$$C_{10} = 利润总额 / 平均资产总额 \times 100\%$$

C_{11}　技术投入比率

技术投入比率，是企业本年科技支出（包括用于研究开发、技术改造、科技创新等方面的支出）与本年营业收入的比例，反映企业在科技进步方面的投入，在一定程度上可以体现企业的发展潜力。其计算公式为：

$$C_{11} = 本年科技支出合计 / 本年营业收入 \times 100\%$$

C_{12}　能源消耗增长率

有色金属产业的能源消耗增长率是指在有色金属矿采选和冶炼及压延过程中消耗的电、煤、焦炭、燃料油等能源消耗总量增长率的均值。

C_{13}　水资源消耗增长率

有色金属产业的水资源消耗增长率是指在有色金属矿采选和冶炼及压延过程中的水资源消耗总量增长率的均值。

C_{14}　综合成品率

综合成品率体现了原材料经过加工生产过程转化为产品的效率，是产业生产效率的重要体现。其计算公式是：

$$C_{14} = 成品总值 / 原材料总值 \times 100\%$$

C_{15}　淘汰落后产能完成率

实现有色金属产业的可持续发展需要调整产业结构、淘汰落后产能，淘汰落后产能完成率体现了产业结构调整的速度和效率。其计算公式是：

$$C_{15} = 淘汰落后产能任务完成量 / 任务下达量 \times 100\%$$

C_{16} 产能利用率

产能利用率也叫设备利用率,是工业总产出对生产设备的比例。简单的理解,就是实际生产能力到底有多少在运转发挥生产作用,也是体现产业生产安全的重要指标,其计算公式是:

$$C_{16} = 实际产能/设计产能 \times 100\%$$

五 模型计算

(一) 原始数据的处理

资本成本 X_1

该指标反映有色金属企业筹资和使用资本所需要的代价,若资本成本太高,有色金属企业将面临沉重的资金负担,影响整个有色金属产业的安全。根据近几年银行利率调整情况,将 6 个月内银行短期贷款利率 5% 和 6% 的标准值分别定为 60 和 80,采用如下公式进行标准化换算:

$$Y_1 = \begin{cases} 100, X_1 \leq 4 \\ 180 - 20X_1, 4 < X_1 \leq 9 \\ 0, X_1 > 9 \end{cases}$$

资本收益率 X_2

该指标衡量的是有色金属企业资金运用程度,越高表明企业资金运用的效率越高,产业金融环境越好。根据专家观点,将 5% 和 20% 的标准值分别定为 60 和 100,采用如下公式进行标准化换算:

$$Y_2 = \begin{cases} 0, X_2 \leq 0 \\ 1/3 * (8 * X_2 + 140), 0 < X_2 \leq 20 \\ 100, X_2 > 20 \end{cases}$$

固定资产投资增长率 X_3

该指标的高低直接关系到企业的经营效益,将 25% 和 50% 的标准值分别定为 60 和 100,采用如下公式进行标准化换算:

$$Y_3 = \begin{cases} 0, X_3 \leq 0 \\ 1/5 * (8 * X_3 + 100), 0 < X_3 \leq 50 \\ 100, X_3 > 50 \end{cases}$$

国际市场占有率 X_4

该指标影响了我国有色金属产业投资规模、研发力度和劳动力投入的多少等,指标越高表示产业所处的市场环境越好,根据有色金属产业近年来的发展规律,将5%和50%的标准值分别定为60和100,采用如下公式进行标准化换算:

$$Y_4 = \begin{cases} 0, X_4 \leq 0 \\ 1/9 * (8 * X_4 + 500), 0 < X_4 \leq 50 \\ 100, X_4 > 50 \end{cases}$$

贸易竞争力指数 X_5

贸易竞争力指数用一国某产业的净出口与进出口总额的比值来衡量,取值通常落在 -1 与 1 之间,其值越接近于 0 表示竞争力越接近于平均水平;该指数为 -1 时表示该产业只进口不出口,越接近于 -1 表示竞争力越薄弱;该指数为 1 时表示该产业只出口不进口,越接近于 1 则表示竞争力越大。该指标的标准化处理思路是将 -1 和 1 的标准值分别定为 0 和 100,采用如下公式进行标准化换算:

$$Y_5 = 50 * X_5 + 50, -1 \leq X_5 \leq 1$$

销售利润率 X_6

销售利润率是衡量企业销售收入的收益水平的指标。该指标的标准化处理思路是将10%和20%的标准值分别定为60和100,采用如下公式进行标准化换算:

$$Y_6 = \begin{cases} 0, X_6 \leq 0 \\ 4 * X_6 + 20, 0 < X_6 \leq 20 \\ 100, X_6 > 20 \end{cases}$$

存货周转率 X_7

存货周转率是衡量企业一定时期销货成本与平均存货余额的指标。该指标的标准化处理思路是将5%和10%的标准值分别定为60和100,采用如下公式进行标准化换算:

$$Y_7 = \begin{cases} 0, X_7 \leq 0 \\ 8 * X_7 + 20, 0 < X_7 \leq 10 \\ 100, X_7 > 10 \end{cases}$$

资产负债率 X_8

在企业管理中，资产负债率的高低也不是一成不变的，它要看从什么角度分析，债权人、投资者（或股东）、经营者各不相同；还要看国际国内经济大环境是顶峰回落期还是见底回升期；还要看管理层是激进者、中庸者还是保守者，所以多年来也没有统一的标准，但是对企业来说，资产负债率的适宜水平在40%和60%。因此将40%和60%的标准值分别定为80和100，采用如下公式进行标准化换算：

$$Y_8 = \begin{cases} 0, X_8 \leq 0 \\ -1/5 * (X_8)2 + 20 * (X_8) - 400, 0 < X_8 \leq 100 \\ 100, X_8 > 100 \end{cases}$$

不良资产率 X_9

不良资产率着重从企业不能正常循环周转以谋取收益的资产角度反映企业资产的质量，揭示企业在资产管理和使用上存在的问题，用以对企业资产的营运状况进行补充修正。将5%和10%的标准值分别定为60和100，采用如下公式进行标准化换算：

$$Y_9 = \begin{cases} 0, X_9 \leq 0 \\ 80 - 8 * X_9, 0 < X_9 \leq 10 \\ 100, X_9 > 10 \end{cases}$$

净资产收益率 X_{10}

净资产收益率是税后利润除以净资产得到的百分比，该指标用以衡量公司运用自有资本的效率。指标值越高，说明投资带来的收益越高。净资产收益率的标准化处理思路是将净资产收益率保持在15%的上市公司作为绩优公司，而将银行利率作为净资产收益率的及格线（我国规定为6%），因此将6%和15%的标准值分别定为60和90，采用如下公式进行标准化换算：

$$Y_{10} = \begin{cases} 0, X_{10} \leq 0 \\ 10 * X_{10}, 0 < X_{10} \leq 6 \\ 10/3 * X_{10} + 40, 6 < X_{10} \leq 15 \\ 100 - 150/X_{10}, X_{10} > 15 \\ 100, X_4 > 50 \end{cases}$$

技术投入比 X_{11}

技术投入比从企业的技术创新方面反映了企业的发展潜力和可持续发展能力。根据专家经验，将1%和2%的标准值分别定为60和100，采用如下公式进行标准化换算：

$$Y_{11} = \begin{cases} 0, X_{11} \leq 0 \\ 40 * X_{11} + 20, 0 < X_{11} \leq 1 \\ 100, X_{11} > 1 \end{cases}$$

能源消耗增长率 X_{12}

该指标表现有色金属产业的能源消耗增长情况，根据产业近年来发展规律，将50%和-50%的标准值分别定为0和100，采用如下公式进行标准化换算：

$$Y_{12} = \begin{cases} 0, X_{12} \geq 50 \\ 50 - X_{12}, -50 \leq X_{12} < 50 \\ 100, X_{12} < -50 \end{cases}$$

水资源消耗增长率 X_{13}

有色金属产业的水资源消耗增长率是指在有色金属矿采选和冶炼及压延过程中的水资源消耗总量增长率的均值。标准化转换方式同 X_{12}：

$$Y_{13} = \begin{cases} 0, X_{13} \geq 50 \\ 50 - X_{13}, -50 \leq X_{13} < 50 \\ 100, X_{13} < -50 \end{cases}$$

综合成品率 X_{14}

综合成品率体现了原材料经过加工生产过程转化为产品的效率，是产业生产效率的重要体现。其值本身位于0至100%之间，因此，暂不对该指标进行标准化转换。

淘汰落后产能完成率 X_{15}

实现有色金属产业的可持续发展需要调整产业结构、淘汰落后产能，淘汰落后产能完成率体现了产业结构调整的速度和效率。标准化转换方式如下：

$$Y_{15} = \begin{cases} 100, X_{15} \geq 100 \\ X_{15}, X_{15} < 100 \end{cases}$$

产能利用率 X_{16}

产能利用率也叫设备利用率,就是实际生产能力到底有多少在运转发挥生产作用,也是体现产业生产安全的重要指标。其值本身位于 0 至 100% 之间,因此,暂不对该指标进行标准化转换。

(二) 权重体系设定

考虑到各指标之间的相对重要性,本报告采取等权重方式,为有色金属产业安全指数的各评价指标配置权重。

(三) 指数基本计算模型

本报告采用线性加权综合评价模型进行有色金属产业安全指数计算,指数计算模型如下:

$$S = \beta_1 Y_1 + \beta_2 Y_2 + \cdots + \beta_i Y_i$$

其中:

S ——产业安全指数;

Y_i ——各评价指标的标准值;

β_i ——各指标的权重,且 $\sum_{i=1}^{m} \beta_i = 1$。

(四) 评价基本过程

根据专家经验,本报告将有色金属产业安全指数分为五个区间,并界定相应的安全级别,具体为:

(85, 100] ——很安全

(65, 85] ——安全

(45, 65] ——基本安全

(25, 45] ——不安全

[0, 25] ——很不安全

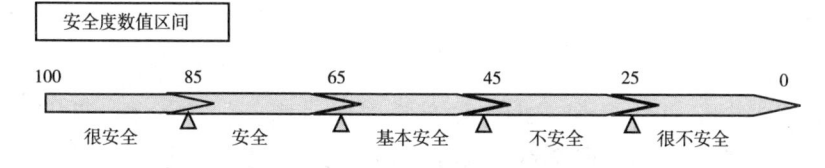

图 2-3 有色金属产业安全度区间

很安全：指有色金属产业运行良好，面临较小的风险，自我保障能力很强。

安全：指有色金属产业运行基本良好，面临一定的冲击，但是影响很小。

基本安全：指有色金属产业在某些领域存在一定的风险，如果处理不当，将会向不安全状态发展；但通过自身调解处理好，可化解相关风险。

不安全：指有色金属产业安全明显存在一定威胁，若处理不及时，则有可能引发局部的危机，甚至有可能引发重度的危机。

很不安全：指有色金属产业处于重度危机，短期内不能自我修复。

第四节　研究结果

一　总体结论

根据计算结果，2006~2013年有色金属产业安全指数如图2-4所示。

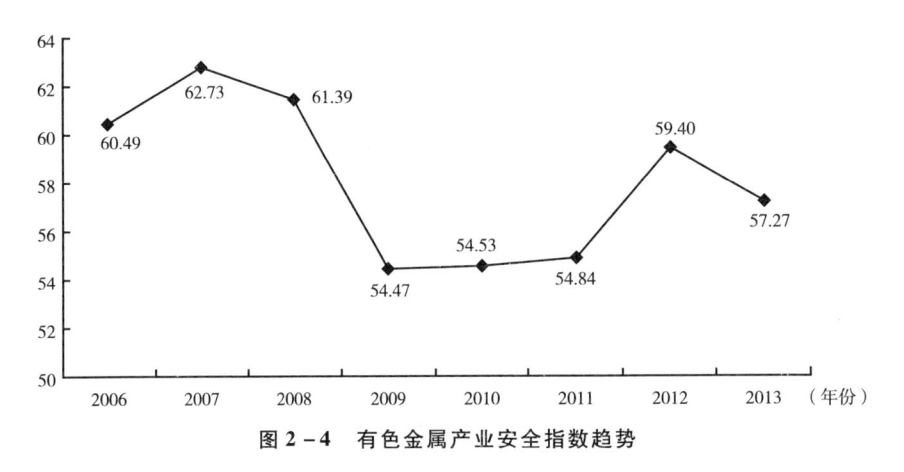

图2-4　有色金属产业安全指数趋势

通过计算可以发现，我国有色金属产业安全形势有以下特点：

第一，自2006以来，我国有色金属产业安全度总体处于"基本安全"状态。

第二，由于2008年爆发的金融危机及其带来的后续影响，2009~2011年，我国有色金属产业安全度处在近几年的最低位，表现为"基本安全偏负面"的状态。

第三，2011年以后有色金属产业整体安全状态呈逐步回升态势，安全等级由"基本安全偏负面"转为"基本安全"（见表2－2）。2012年经济环境的总体回暖、稀土行业的一系列政策的出台、有色金属期货品种的进一步丰富以及有色金属产业的不断科技创新等一系列的因素都推动了产业安全的稳固回升。

表2－2 有色金属产业安全指数

年份	2006	2007	2008	2009	2010	2011	2012	2013
指数	60.49	62.73	61.39	54.47	54.43	54.84	59.40	57.27
安全等级	基本安全偏正面	基本安全偏正面	基本安全偏正面	基本安全偏负面	基本安全偏负面	基本安全偏负面	基本安全	基本安全

二 指标评价

（一）投资安全评价

根据计算，2006～2013年投资安全指数趋势见图2－5。

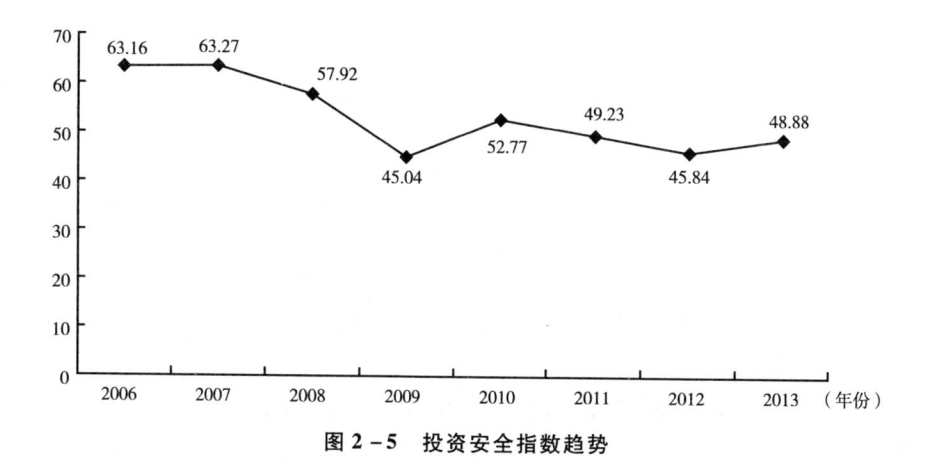

图2－5 投资安全指数趋势

投资安全评价一级指标从金融环境和市场环境两个维度进行分析。金融环境主要从资本成本、运作效率和固定资产投资增长角度分析，市场环境主要从当前有色金属产业面临的国际市场情况分析。受金融危机和经济周期的影响，金融环境和市场环境在2009年达到低谷，2010年略有回升之后再度下滑，2013年略有上升趋势（见图2－6和图2－7）。

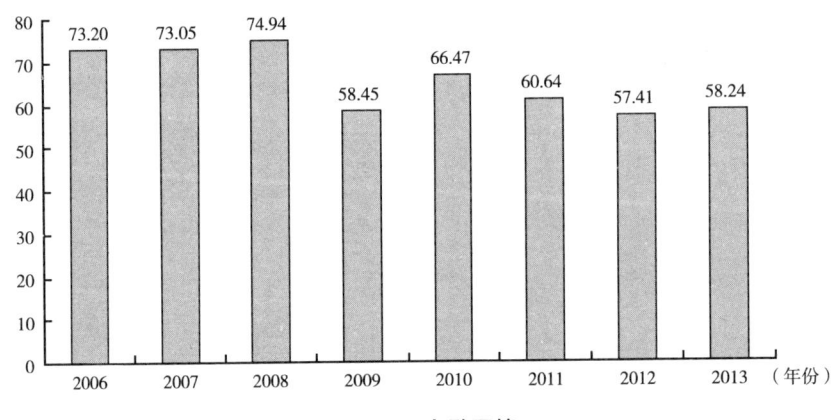

图 2-6 金融环境

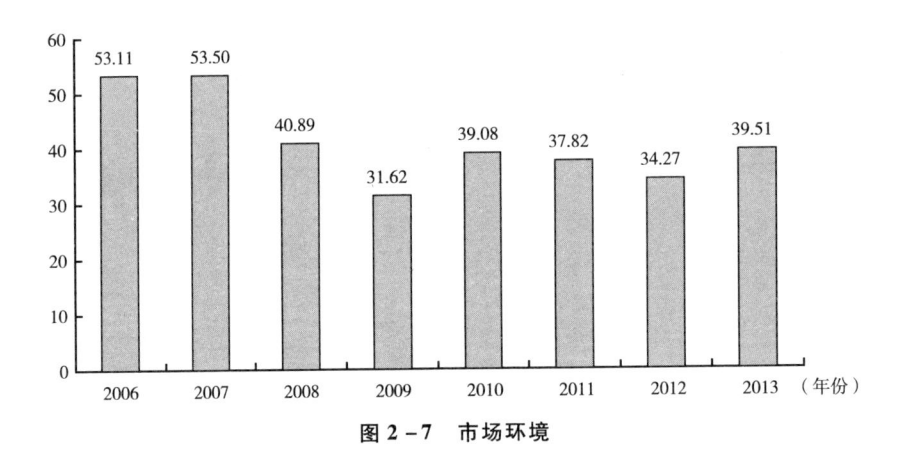

年份	2006	2007	2008	2009	2010	2011	2012	2013
金融环境	73.20	73.05	74.94	58.45	66.47	60.64	57.41	58.24

图 2-7 市场环境

年份	2006	2007	2008	2009	2010	2011	2012	2013
市场环境	53.11	53.50	40.89	31.62	39.08	37.82	34.27	39.51

2006~2013年投资安全子指标标准化结果见表2-3。

表 2-3 2006~2013年投资安全子指标标准化结果

	指标	2006年	2007年	2008年	2009年	2010年	2011年	2012年	2013年
投资安全评价	金融环境 资本成本	70.20	57.30	65.40	82.80	75.50	63.00	65.50	68.00
	金融环境 资本运作效率	74.53	77.20	71.47	48.80	49.60	56.40	55.47	55.47
	金融环境 固定资产投资增长率	74.86	84.64	87.95	43.76	74.31	62.52	51.26	51.26
	市场环境 国际市场占有率	65.09	61.46	57.23	56.43	56.80	56.88	56.82	56.53
	市场环境 贸易竞争力指数	41.14	45.54	24.56	6.81	21.35	18.77	11.72	22.49

注：资本成本为逆向指标，此处计算方法进行了正向处理，数值越大代表结果越好。

（二）运营安全评价

根据计算，2006~2013年运营安全指数趋势见图2-8。

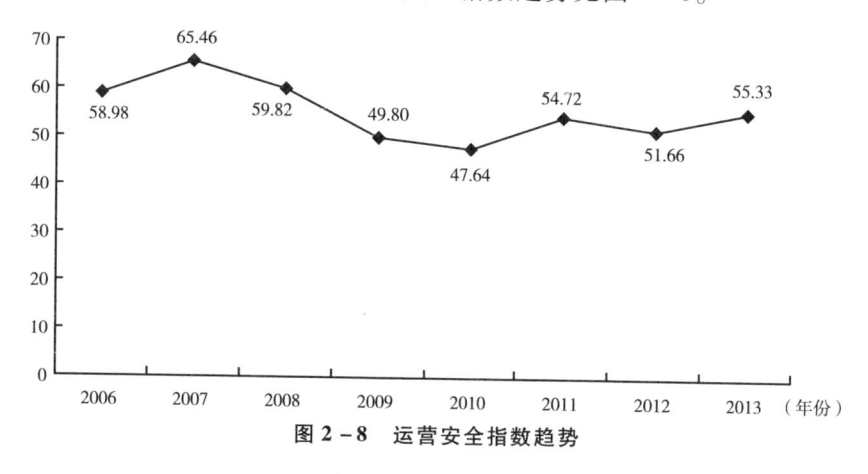

图 2-8 运营安全指数趋势

运营安全评价一级指标从绩效水平和发展潜力两个维度进行分析。绩效水平主要从销售利润率、存货周转率和资产负债率三个财务指标角度进行分析。受销售利润率增长影响，有色金属产业绩效水平在2007年达到顶峰，之后开始下滑，2010~2012年一直处于低位徘徊状态，2013年略有上升趋势（见图2-9）。发展潜力主要从资产、收益及技术投入角度进行分析，指标主要包含不良资产率、净资产收益率和技术投入比。受金融危机的影响，净资产收益率下降，2008年有色金属产业的发展潜力开始下降，2009~2010年处于低谷，2011年开始增长趋于平稳（见图2-10）。

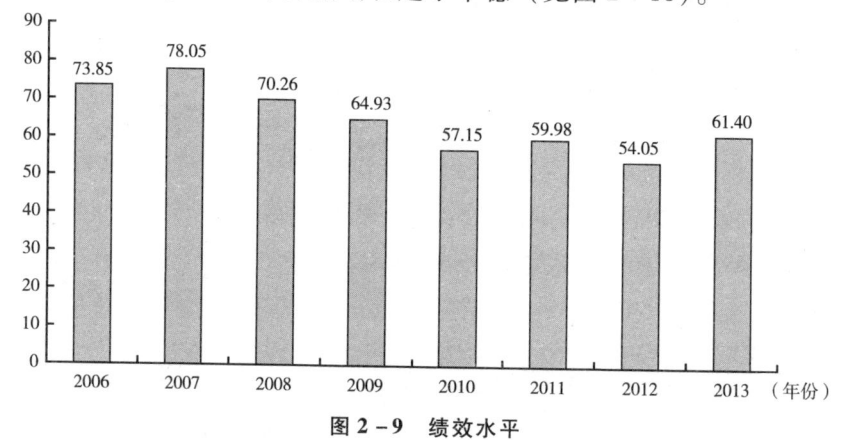

图 2-9 绩效水平

图 2-10 发展潜力

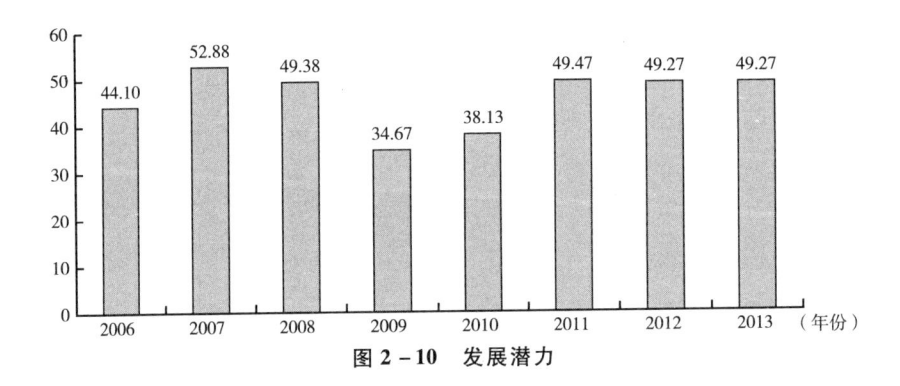

2006~2013年运营安全评价子指标见表2-4。

表 2-4 2006~2013年运营安全评价子指标

	指标	2006年	2007年	2008年	2009年	2010年	2011年	2012年	2013年
运营安全评价	绩效水平 销售利润率	90.80	94.80	69.00	62.80	52.00	51.60	41.80	41.80
	存货周转率	67.20	69.60	60.80	59.60	61.20	62.40	62.40	62.40
	资产负债率	63.55	69.74	80.99	72.39	58.24	65.94	57.95	80.00
	发展潜力 不良资产率	26.80	30.80	30.80	38.00	44.40	54.40	56.80	56.80
	净资产收益率	67.50	71.83	61.33	6.00	8.00	32.00	29.00	29.00
	技术投入比	38.00	56.00	56.00	60.00	62.00	62.00	62.00	62.00

注：不良资产率为逆向指标，资产负债率在40%~60%区间达到最优值，此处计算方法均进行了正向处理，数值越大代表结果越好。

（三）生产安全评价

2006~2013年生产安全指数趋势见图2-11。

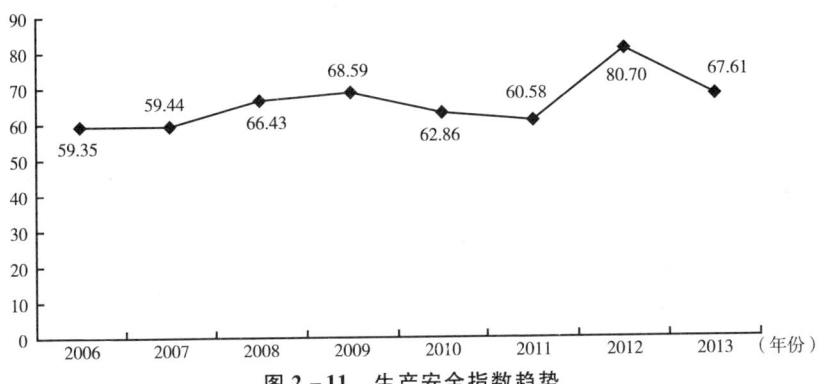

图 2-11 生产安全指数趋势

生产安全评价一级指标从综合消耗和生产效率两个维度进行分析。综合消耗主要包括能源和水资源消耗增长率，此项指标为逆向指标，图2-12为逆向指标做正向处理后的结果，数值越大效果越好，可见综合能耗在2012~2013年是在降低的。生产效率主要从综合成品率、淘汰落后产能完成率、产能利用率三个角度分析。2006~2011年，此项指标分值波动不大，由于综合成品率的提高，生产效率在2012年出现较大幅度提升。

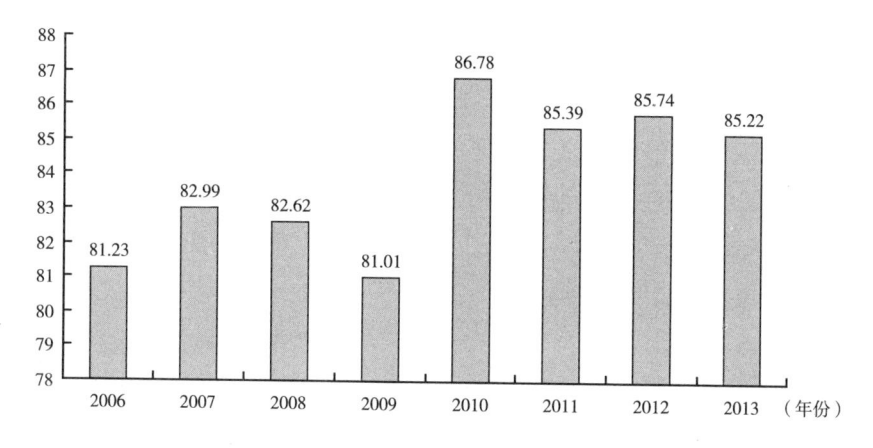

图2-12 综合消耗

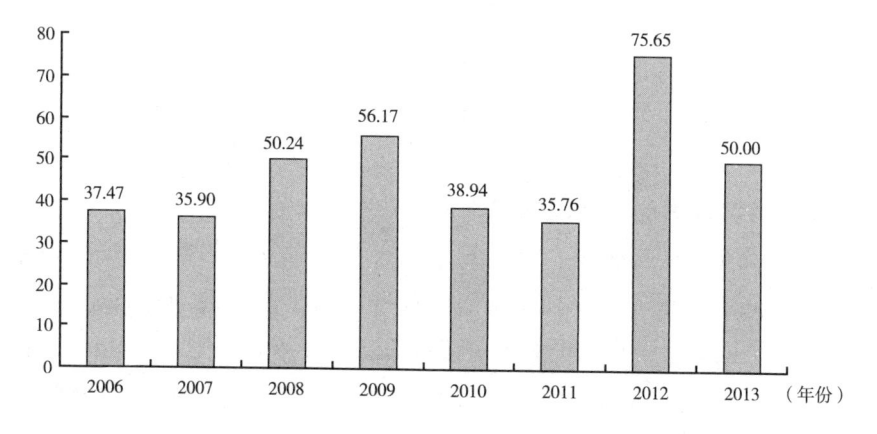

图2-13 生产效率

2006~2013年生产安全评价子指标见表2-5。

表2-5 2006~2013生产安全评价子指标

指标			2006年	2007年	2008年	2009年	2010年	2011年	2012年	2013年
生产安全评价	综合消耗	能源消耗增长率	24.94	21.79	50.48	40.54	0.00	53.73	56.18	50.00
		水资源消耗增长率	50.00	50.00	50.00	71.81	77.89	17.80	95.12	50.00
	生产效率	综合成品率	70.90	71.10	58.70	58.70	75.10	74.33	75.38	75.38
		淘汰落后产能完成率	100.00	100.00	100.00	100.00	100.00	100.00	100.00	98.43
		产能利用率	72.80	77.87	89.16	84.32	85.25	81.84	81.84	81.84

注：能源消耗增长率和水资源消耗增长率为逆向指标，此处计算方法均进行了正向处理，数值越大代表结果越好。

第五节 对策分析

一 生产安全政策建议

（一）重视安全生产管理工作，执行严格的行业准入制度

要结合有色金属行业结构调整，淘汰落后的政策。具体细化安全生产准入要求，各级安监部门、项目审批部门、工业经济管理部门、质量技术监管部门、环保部门、工商部门等要加强协作和配合，把好有色金属生产企业的准入关。工商行政管理部门受理企业设立、变更登记时，无安监部门审核意见，不得办理营业执照。

（二）淘汰落后的生产工艺和设备

将不具备安全生产条件、危及安全生产及人身安全的落后生产工艺和产品列入淘汰计划，并限期进行淘汰。淘汰落后的生产工艺和设备，不仅仅有利于保障工人的人身安全，同时也可以采用新的技术和工艺对原材料进行深加工，生产出高附加值、高精尖的有色金属加工品，提升行业的整体发展水平。

（三）制定并严格执行奖惩机制

对于安全生产工作做得好的企业，直接通过减免税收或给予财政补贴；

与工伤保险费率挂钩,给予融资企业一定的政策优惠;将股份公司安全生产标准化纳入上市的条件等政策。让安全生产工作对企业经济效益的促进作用显性化,充分调动企业搞好安全生产的积极性。要加大对安全生产违法行为的处罚,对违反安全生产法律法规造成严重后果的企业,让其付出更大的违法成本,直至破产。这一系列政策应与企业日常的生产经营活动结合,形成一种长效机制,成为一种基本政策规定。

二 经营安全政策建议

对于有色金属行业的经营者来说,管控经营风险的核心是改变当前落后的生产方式,从生产原材料和低端加工品的模式向生产高精尖、高技术和高附加值的产品转变。这样的转变,将会带来更高的产品利润,有助于转变当前整个行业处于低利润边缘的状态,吸引更多投资者向有色金属行业投资,促进产业的发展,改善行业的经营现状。

三 有色金属产业可持续发展政策建议

当前,有色金属企业实现产业结构调整是我国经济可持续发展的一个重要条件,同时,有色金属企业自身的可持续发展是整体经济可持续发展的重要组成部分。有色金属企业要想实现可持续发展,应当从以下几个方面着手。

(一)加快产业升级和结构转变

有色企业应当尽快淘汰落后产能,实现生产的更新换代。改变过去高能耗、高污染、低效率、低附加值的产品生产方式,向环保、可持续、高利润的产品生产方式上转变,实现生产的可持续。

(二)做好企业内部的风险预估和管控

对于有色企业来说,主要包括两个方面的内容。一是采取有效的措施防范价格风险。由于有色金属本身价格浮动较不稳定,企业需要采取套期保值等有效措施避免价格风险。此外还可以通过与下游企业签订长期的供销合同等手段来规避价格风险。二是增强对流动资产的管理,使企业能够按时偿还债务,预防企业经济危机。

(三)积极调整自身经营战略

有色企业可以利用当前国家的一系列政策实现自身的经济效益,这就需要在企业的发展进程中及时调整自身的经营战略。例如，在央行降息后，有色企业可以适当增加借贷的额度，或者实行增发、配售、不定项发股、吸引投资方等一系列方式调整资金结构以达到减少企业面临的资金压力，缓解当前的资金短缺，为企业赢得更多的反应时间。企业应当实时关注国家的政策动态，结合自身情况实现企业效益的最大化。

(四) 增强企业的外部竞争力

随着经济全球化的影响不断扩大，跨国经营将是有色金属企业扩大经济效益的主要手段。目前海外并购门槛以及并购成本较以前都低很多，再加上自贸试验区的建设和有色金属期货股指的规划，有色金属企业要懂得把握机会，结合自身的产业优势，将经营范围和融资范围向海外拓展，增强国际市场的竞争力。

第 三 章
钢铁产业安全评价及安全指数研究

第一节 钢铁产业安全背景及意义

一 研究背景

钢铁产业是中国国民经济的重要基础产业。自改革开放以来，中国钢铁产业取得了长足发展，20世纪80年代初钢铁产业进入快速发展的上升通道，1996年钢产量突破1亿吨，此后一直保持世界钢产量第一的霸主地位，国产钢材市场占有率达到90%，钢材短缺已成为历史。截至2013年底我国钢铁产业已形成的生产能力：粗钢7.8亿吨，占世界粗钢产量的近一半。钢铁产业的蓬勃发展，为我国用钢产业的高速增长提供了有力的原材料保障，为国民经济持续、稳定、健康发展做出了重要贡献，并为推动世界钢铁工业发展做出了巨大贡献。

但是，我国钢铁产量的持续增加并没有提升钢铁产业的竞争力，钢铁产业安全面临着巨大的挑战。随着全球宏观经济环境和国内经济增速放缓，钢铁产业资金链收紧、产能过剩、下游产业（房地产行业、造船行业、汽车行业）出现疲软态势、库存剧增、销量骤减、成本上升、价格走低、利润暴跌、资源短缺、能源高耗、环境污染等问题日益严重，同时大量低产能、分散型中小钢铁企业的存在，更加剧了钢铁产业的震荡。

加之，目前我国处在"调结构""转方式"的大形势下，转型和结构调整也成为钢铁行业的主要基调。2013年9月10日国务院发布了《大气污染防治行动计划》（以下简称《行动计划》），随后环境保护部、发展改革委、工业和信息化部、财政部等多部委又联合印发了《京津冀及周边地区落实大气污染防治行动计划实施细则》。《行动计划》对钢铁行业等高耗能、高污染的"两高"行业做出了具体的规定。包括钢铁行业在内的重点行业将面临清洁生产审核，到2017年排污强度比2012年下降30%以上；严格实施污染物排放总量控制，将二氧化硫、氮氧化物、烟粉尘和挥发性有机物排放是否符合总量控制要求作为建设项目环境影响评价审批的前置条件，新建钢铁项目要执行大气污染物特别排放限值；对未通过能评、环评审查的项目，有关部门不得审批、核准、备案，不得提供土地，不得批准开工建设，不得发放生产许可证、安全生产许可证、排污许可证，金融机构不得提供任何形式的新增授信支持，有关单位不得供电、供水。由此可见，随着环境污染问题的日益突出，环境治理进一步加强，我国钢铁产业安全将承受着更大的外界环境压力。

就目前而言，我国钢铁产业资源、环境与产业发展的矛盾变得日益突出。因此，构建钢铁产业安全指数也迫在眉睫。

二 研究意义

（一）实践意义

从实践意义上来看，可以从微观和宏观两个角度来分析。

第一，从宏观角度来看，钢铁产业作为国民经济的工业基础，其产业蓬勃健康地发展，不仅为我国用钢行业的高速增长提供了有力的原材料保障，而且为国民经济持续、稳定、健康发展做出了重要贡献，并为推动世界钢铁工业发展做出了巨大贡献。

第二，从微观角度来看，钢铁产业的健康发展对于生产经营者、投资者、债权人和上下游企业来说都起着不容置疑的现实意义。对于生产经营者来说，钢铁产业的健康发展关乎钢铁企业未来的成长，通过构建钢铁产业安全指标体系，可以立体、系统地了解钢铁产业存在的问题，针对问题及时进行完善，进而做出合适的调整和弥补，减少不必要的损失，提高公司治理水平，进而提升企业整体的价值。对于投资者来说，可以全面地了解钢铁产业的发展水平及可能面临的生产、运营和投资方面的风险，在做出投资判断前适当地考虑影响钢铁产业安全的因素,将损失减到最低,从而提高投资效率。对于债权人来说,只有钢铁产业安全正常运营,才能保证资金的安全性和收益性。对上下游企业来说,钢铁产业作为国民经济的工业基础,其产业几乎渗透到每个产业。作为上游的铁矿石开采行业和废钢铁回收行业,钢铁产业的发展牵动着其自身的兴衰,特别是铁矿石行业与钢铁行业的发展成高度的相关性,矿石产出与钢铁产出几乎是呈同比增长态势;钢铁产业对于作为下游的汽车产业、造船业以及房地产行业同样具有直接的影响意义,正所谓"一荣俱荣,一损俱损"。

(二) 理论意义

自中国入世以来,产业安全理论得到了学术界的广泛关注,但其多关注于宏观产业安全,缺乏对某一行业的产业安全进行系统性的规划和构建。因此,本书从钢铁产业安全出发,探究钢铁产业存在的安全问题,以此为研究起点,构建钢铁产业安全指标体系,以期达到对产业安全理论的进一步完善和提高。

第二节　钢铁产业安全基本情况概述

一　钢铁产业安全基本定义

(一) 钢铁

钢铁是指铁与碳(C)、硅(Si)、锰(Mn)、磷(P)、硫(S)以及少量的其他元素所组成的合金。其中除铁(Fe)外,碳的含量对钢铁的机械性能起着主要作用,故统称为铁碳合金。它是工程技术中最重要也是最为主要的,用量最大的金属材料。

(二) 钢铁产业

钢铁产业是指生产生铁、钢、钢材、工业纯铁和铁合金的工业,是整个国民经济的重要基础产业之一,也是衡量各国经济实力的重要指标。与此同时,钢铁产业的发展能带动整个用钢产业的发展,直接或间接地影响一个国家的经济发展。

(三) 钢铁产业安全

钢铁产业安全是保障钢铁产业周期循环发展过程中钢铁产业的投资、运营和生产等产业链各环节健康发展、不受威胁的状态。具体包括三层含义：一是安全的主体是我国的钢铁产业；二是钢铁产业的安全包括钢铁产业的投资安全、运营安全和生产安全三个方面；三是钢铁产业的安全度，通过构建产业安全评价体系予以评价。

二 钢铁产业安全问题

（一）产业环境

产能增长过快且总量过剩

由于技术进步、生产率提高，我国现有钢铁实际生产能力大大提高，根据统计数据显示，截至2013年，我国已有炼钢产能近10亿吨，产能利用率仅72%，明显低于正常水平。与此同时，新投产高炉59座，新增炼铁产能3249万吨，新增炼铁产能合计7381万吨，钢铁行业固定资产投资达6726亿元，同比增长0.7%。其中，黑色金属矿采选业投资1666亿元，增长10.4%；黑色金属冶炼及压延业投资5060亿元，下降2.1%，钢铁产能处于扩张阶段。但随着我国经济发展方式的进一步转变，经济增长速度将逐步放缓，市场对钢材的需求增速也将大幅放缓，特别是房地产行业的衰落，而部分地区、部分钢铁企业还在不断地扩大产能，造成我国产能严重过剩的局面更加恶化。

环保舆论压力

2013年9月10日国务院下发《大气污染防治行动计划》，随后各部委做出积极响应印发了《京津冀及周边地区落实大气污染防治行动计划实施细则》。要求钢铁产业，到2017年排污强度比2012年下降30%以上；严格实施污染物排放总量控制，将二氧化硫、氮氧化物、烟粉尘和挥发性有机物排放是否符合总量控制要求作为建设项目环境影响评价审批的前置条件，新建钢铁项目要执行大气污染物特别排放限值；对未通过能评、环评审查的项目，有关部门不得审批、核准、备案，不得提供土地，不得批准开工建设，不得发放生产许可证、安全生产许可证、排污许可证，金融机构不得提供任何形式的新增授信支持，有关单位不得供电、供水。由此可见，国家以及环保组织对于大力治理环境污染的决心和力度，也从另一层面看出钢铁产业产业转型的势在必行。

目前，我国钢铁产业节能减排管理有待完善，成熟的节能减排技术有待进一步系统优化。高炉、转炉煤气干法除尘普及率较低,烧结脱硫尚未普及,绿色低碳工艺技术开发还处于起步阶段,二氧化硫、二氧化碳减排任务艰巨。

原材料问题日益突出

目前,铁矿石和回收废钢是钢铁产业原材料的主要来源。就铁矿石而言,我国铁矿石资源整体质量较差,且储量中绝大多数是贫矿,开采难度和开采成本较高;相对优质的铁矿资源较为稀缺,进而导致铁矿争夺竞争十分激烈。对于同样作为钢铁产业原材料的废钢来看,我国目前废钢回收率较低,钢铁行业二次能源回收利用率不高,与国外先进回收技术仍有差距,制约了废钢回收率的大幅提高。

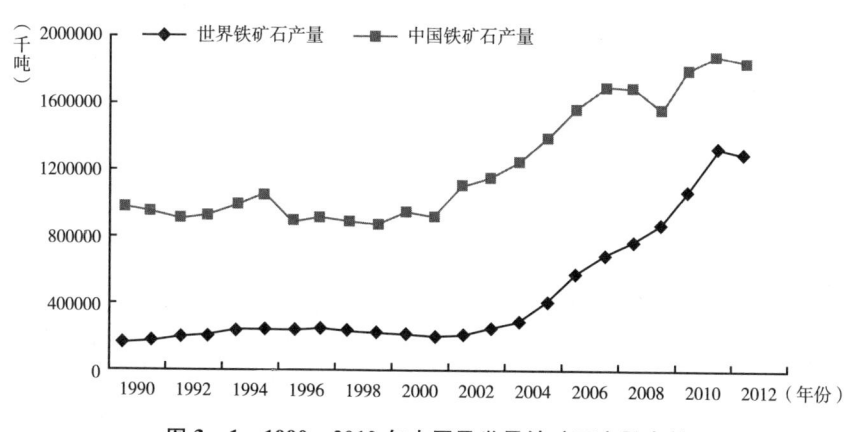

图 3-1 1990~2012 年中国及世界铁矿石产量走势

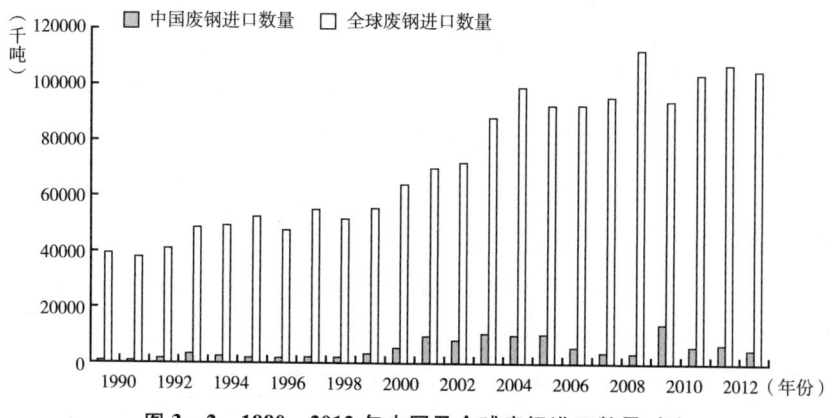

图 3-2 1990~2012 年中国及全球废钢进口数量对比

(二) 产业实力

产业结构布局不尽合理

我国钢铁产业目前存在"北重南轻"的产业结构布局，产业集中度不高，同质化竞争激烈，中间力量不足，以及产业供需结构性失衡，高新科技多依赖于进口，落后产能尚未淘汰等现象。

一是产业布局失衡。近10年来，在全球钢铁工业加快产业重组之时，我国炼钢企业却从20世纪80年代的114家剧增到现在的280多家，平均规模不足70万吨，其中200余家小炼钢企业平均规模还不到10万吨，散乱差的问题十分突出，难以实现集约化经营，使资源不能得到合理高效的配置，制约了我国钢铁工业整体竞争力的提高，更难以在国际市场竞争中有所作为。我国钢产量世界第一，国内最大的钢铁企业宝钢在2013年世界钢铁企业的竞争力排行榜中位列第十一。我国钢铁企业的规模小、专业化生产水平低、产业分散是造成钢铁行业重复建设、产品档次低、效率不高的重要原因之一。截至2013年底，粗钢产量前十名的钢铁企业集团产量占全国总量的比重为39.4%，同比下降6.5个百分点；前30家占55.1%，下降5.9个百分点；前50家占65.3%，下降4.6个百分点。产业集中度不升反降，加剧了市场竞争。大型钢铁企业精品板材项目不断增加，板材产能开始集中释放。越来越多的企业将重点放在了高端产品方面，甚至是重复研发其他企业的产品，造成高端产品同质化竞争加剧的现象。同时，在行业产能严重过剩的情况下，多数钢材品种均处于过剩状态，其中高端板材中的精品取向电工钢和无取向电工钢目前已供大于求。此外，钢材市场出现的恶性竞争值得关注，企业价格战加剧，钢铁企业长期实行的不给钱不发货原则在一些品种上已难以坚持。

二是产业供需结构性失衡。普通钢材产量过剩，而高附加值钢材产量不足。板材尤其是附加值非常高的薄板消费领域（例如热轧薄板、冷轧薄板、彩涂板与冷轧硅钢片）的国内产能不足，不得不进口以弥补不足。据统计，2013年全年进口的120.70万吨钢材中，90%是附加值高的板材产品，占到国内市场消费量的35%～70%。而现在我国钢铁企业，特别是民营钢铁企业扩建、新建的钢材品种中，大部分是低档产品，属于低水平扩张的范畴。

加快发展关键钢材品种,也就成为我国钢铁产业近年来产品结构调整的重点,国家也用国债资金支持了一批项目的建设。但总体看,能力增长速度仍小于需求增长速度。而且由于生产这部分产品技术要求高、投资大,近年发展起来的民营钢铁企业对此却几乎没有贡献,仍需靠宝钢、鞍钢、武钢、攀钢等国有大型企业。

品种质量有待升级

我国钢材产品实物质量整体水平仍然不高,只有约30%可以达到国际先进水平。量大面广的热轧螺纹钢筋等品种升级换代缓慢,规范和标准不能适应减量化用钢的要求。产品质量不稳定,下游行业尚不能高效科学使用钢材。少数关键品种钢材仍依赖进口,高强度、耐腐蚀、长寿命、减量化等高性能产品研发和生产技术水平有待进一步提高。就目前而言,钢铁产业尚未形成为下游产业提供完整材料解决方案的服务体系。

国际贸易摩擦增加

近两年国际钢材需求增长缓慢,市场容量有限,产能过剩现象愈演愈烈,钢材出口竞争激烈导致出口均价进一步下降,我国作为主要钢材出口国家,频繁遭受贸易摩擦;加之部分国外钢铁企业为自保不断对政府施压,多个国家对我国钢材产品采取了贸易保护措施。泰国对含硼热轧产品、马来西亚对含硼线材产品、巴西对镀锌板产品、美国对电工钢产品、欧盟对钢管产品等纷纷提起反倾销诉讼,国内钢材直接出口压力进一步加大。仅2013年前10个月境外对我钢铁企业发起的贸易救济措施调查就达17起。

自主创新能力不足

目前,我国的钢铁产业自主创新能力不足,产品多为低附加值的钢材,对于高附加值的钢材仍需大量进口,钢铁产品的低附加值也进一步抑制了我国钢铁行业的发展。然而,这种情况的造成主要受以下几方面原因影响:

缺乏技术创新,生产工艺落后。对于我国大多数钢企来说,技术一直是软肋,生产工艺非常落后。行业在技术创新能力以及新产品开发能力方面一直落后于其他钢铁强国,产品质量明显低于其他钢铁强国,缺乏市场竞争力。

钢铁生产设备落后。大多数钢企的生产设备都很落后,甚至有的钢厂还在使用 20 世纪六七十年代的生产设备。近几年，随着钢铁行业的兼并重组，各大大型钢企也引进了国外先进设备，但由于国外的技术封锁，国内钢企不能完全掌握先进设备的重要参数。

国企管理体制不完善。我国大型钢企几乎都是国有企业，其管理体制不完善也给产品生产造成影响。

（三）安全生产

伤亡事故多发。一直以来，钢铁生产被视为一道危险的工序，生产事故难免发生。2012 年我国钢铁产业伤亡事件共 553 起，同比上升 3%，我国伤亡事件出现小幅上升的趋势，钢铁产业生产安全存在隐患。目前，一些钢铁企业仍采用落后的防护措施，企业管理上存在疏漏。

第三节　钢铁产业安全指数的内容及指标体系

一　产业安全指数体系构建原则

钢铁产业安全指数旨在全面度量并真实反映钢铁产业安全水平，力求涵盖钢铁产业安全的各个层面，以客观指标分析为主，辅以专家打分法，以尽量客观、公正地度量钢铁产业安全状况。

（一）科学性

本评价指标体系从钢铁产业的投资、运营和生产三个层次进行分析，保证一级指标和二、三级指标相互之间的严密逻辑关系，经过多次与国内钢铁方面专家教授进行研讨交流，进一步体现了指标选取的科学性。

（二）系统性

钢铁产业安全涉及国民经济的众多行业、部门和企业，为确保钢铁产业安全指标体系的顺利构建，需要从横向和纵向系统的角度去分析探究钢铁产业安全问题。因此，本书从政府、社会、金融行业、上下游产业链、企业自身等方面进行挖掘，运用系统性方法进行研究，确保评价指标体系的整体性、系统性。

（三）全面性

本评价指标体系以建立钢铁产业安全评价指标体系为目标，采取逐级分解的方法渐次展开，最终落脚到易于获得的企业相关统计指标上。指标体系共建立包含3个一级指标，7个二级指标，22个三级指标的基础指标库，从立体全面的角度构建钢铁产业安全指标体系。

（四）客观性

钢铁产业安全评价指标体系多采用客观性指标，数据多来源于国际钢铁业协会、国家统计局、Wind资讯、国泰安（CSMAR）数据库以及中经网统计数据库等权威机构，对于可靠可查的数据进行分析，旨在达到数据能够客观真实地反映钢铁产业安全的整体情况。

二 钢铁产业安全指数体系的构建

（一）指标筛选原则

客观与公开原则。在科学评价过程中，要以评价标准为依据和准绳，基于评价对象的基本特征，实事求是，客观公正地评价对象。

系统与综合原则。进行指数设计时，要采用系统的观点，从整体上来评价对象的各个方面，建立起全面的、动态的综合评价体系。

定性与定量评价相结合原则。为了科学地进行评价，应采用定性和定量相结合的评价方法，并将定性描述采取逻辑判断的方法进行量化处理。

分类与可比性原则。分类和比较是保证评价结果科学、准确的基础。从指标体系构建到指数计算，均需要在分类和可比的范围内进行研究和分析。

（二）钢铁产业安全指数体系

本评价指标体系以建立钢铁产业安全评价指标体系为目标，采取逐级分解的方法渐次展开，最终落脚到易于获得的企业相关统计指标上。首先，将钢铁产业安全指标设定为3个一级指标：产业环境、产业实力和产业效益。这3个指标从环境、实力和效益三个层面进行分析，这3个一级指标又被展开为7个二级指标，为了使评价指标能够充分反映行业安全的实际状况并能通过评价构建一个系统的安全指数体系，同时也是为了保证有可靠的资料来源，7个二级指标又进一步分解为22个三级指标。

表 3-1 钢铁产业安全评价指标体系

一级指标	二级指标	三级指标
产业环境 A_1	综合环境 B_1	政府支持力度 C_1 国内市场需求 C_2 资本运作效率 C_3
	生产要素 B_2	固定资产投资增长率 C_4 劳动生产率 C_5 单位劳动成本 C_6
产业实力 A_2	产业控制力 B_3	国内市场占有率 C_7 国际市场占有率 C_8 外资股权控制率 C_9
	产业规模 B_4	钢材产量 C_{10} 粗钢产量 C_{11} 生铁产量 C_{12}
	企业实力 B_5	企业单位数 C_{13} 企业利润总额 C_{14} 企业主营业务收入 C_{15} 固定资产投资完成额 C_{16}
产业效益 A_3	产业发展 B_6	全行业净资产收益率 C_{17} 全行业总资产周转率 C_{18} 全行业资本收益率 C_{19}
	生产安全 B_7	吨钢能耗 C_{20} 二氧化硫排放量 C_{21} 外排废水量 C_{22}

（三）指标解释

A_1 产业环境

产业环境指标是从综合环境和生产要素两个方面分析，包括政府支持力度、国内市场需求、资本运作效率、固定资产投资增长率、劳动生产率和单位劳动成本 6 个方面，旨在研究外部因素来评价钢铁产业安全的基本状况。

A_2 产业实力

产业实力指标是从产业控制力、产业规模和企业实力三个方面进行探究，归纳内部因素对钢铁产业安全的影响效力，包括国内市场占有率、国际市场占有率、外资股权控制率、钢材产量、粗钢产量、生铁产量、企业单位数、企业利润总额、企业主营业务收入和固定资产投资完成额 10 个三级指标。

A_3 产业效益

产业效益从产业发展和生产安全的角度衡量钢铁产业的综合效益，包括全行业净资产收益率、全行业总资产周转率、全行业资本收益率、吨钢能耗、二氧化硫排放量和外排废水量 6 个三级指标，既衡量钢铁产业的财务状况，也考量产业的资源消耗和对环境的影响状况。

B_1 综合环境

在我国的市场经济体制中，政府始终扮演着举足轻重的角色，政府政策作为宏观调控这个"有形的手"在潜移默化地影响着钢铁产业的安全与发展。综合环境旨在衡量国内钢铁产业面临的宏观经济政策环境。

B_2 生产要素

生产要素指标旨在从钢铁产业投入的生产要素的角度衡量钢铁产业各要素的水平和贡献度。生产要素包括很多方面，如劳动、土地、资本、技术等，本指标主要包括资本和劳动力两个方面。

生产要素反映了钢铁产业生产过程中所需的劳动力和生产资料。不管是在什么经济体制下，只有将劳动力和生产资料很好地结合，才能保证钢铁产业安全正常地投资、运营和生产。

B_3 产业控制力

产业控制力旨在衡量我国对国内和国际钢铁市场的影响力，从市场占有率和股权控制两个方面进行衡量。从控制力的角度衡量我国钢铁产业在世界钢铁产业中的重要程度。

B_4 产业规模

产业规模旨在从钢铁产业的产量状况衡量我国钢铁产业的规模和实力，反映我国钢铁产业的发展速度，并与国际钢铁产业进行比较。

B_5 企业实力

企业实力旨在从企业的角度衡量我国钢铁产业的综合实力，从企业的营收状况和投资情况来分析我国钢铁产业的企业实力，从企业单位数、利润总额、主营业务收入和固定资产投资完成额四个方面进行综合考量。

B_6 产业发展

钢铁产业属于国家的重要支柱产业,是第一产业的重要组成部分,该指标从全行业净资产收益率、总资产周转率和资本收益率的角度出发衡量该产业的赢利能力。

B_7 生产安全

生产安全从钢铁产业的外部性进行考量和分析,旨在分析钢铁产业的效率和对环境的影响,包括吨钢能耗、二氧化硫排放量和外排废水量三个指标,衡量钢铁产业的安全性和环境友好性。

C_1 政府支持力度

政府政策的倾斜力度和优惠政策影响着钢铁产业发展的好坏,本书将政策倾斜力度进行量化,根据专家打分的方法,将政策的倾斜力度划分为五个等级:80~100 分(大力扶持)、60~80 分(一般扶持)、40~60 分(中立)、20~40 分(打压)、20 分以下(重点打压)。

C_2 国内市场需求

国内市场是钢铁产业最重要的消费市场,房地产、汽车、造船等工业都是钢铁的重要消费市场,需求是钢铁产业发展的重要因素,而市场的需求与宏观经济形势密切相关,进而考虑我国钢铁产业的供需状况,判断钢铁产业的发展是否健康。

C_3 资本运作效率

该指标反映了钢铁企业的资金运用程度,该指标越高表明企业资金运用的效率越高,资本积累程度越高,产业金融环境越好。其计算公式为:

$$C_3 = \frac{U_A}{T_A} * 100\%$$

C_4 固定资产投资增长率

根据 2011 年《证券时报》调研结果显示,我国固定资产投资已累计达 5000 多亿元,环比增长 5.5%。固定资产作为钢铁企业的长期资产之一,其占钢铁产业资产总额的比重较大,固定资产投资增长率的高低直接关系到企业的经营效益,因此本书选取固定投资增长率作为考察钢铁产业安全的指标。其计算公式是:

$$C_4 = \frac{A_1 - A_0}{A_0}$$

其中，A_1 是期末固定投资；A_0 是期初固定投资。

C_5 劳动生产率

钢铁企业生产技术水平的高低、经营管理效益的好坏以及员工技术熟练水平的优劣均可在劳动生产率中体现，劳动生产率越高，钢铁产业安全性越高。其计算公式为：

$$C_5 = \frac{R}{n} \times 100\%$$

其中，R 反映行业增加值；n 代表钢铁产业从业人员平均数。

C_6 单位劳动成本

劳动成本反映钢铁产业整体的劳动状况，工资待遇越高越容易吸引优秀人才，但与此同时也会增加钢铁产业的产业负担。其计算公式为：

$$C_6 = \frac{C_1}{n}$$

其中，C_1 是劳动力总成本；n 代表钢铁产业从业人员平均数。

C_7 国内市场占有率

国内市场占有率旨在衡量我国钢铁企业在我国钢铁市场中的占有率，衡量我国钢铁市场的内部供给满足程度，是我国钢铁产业的重要衡量指标。

C_8 国际市场占有率

21 世纪，中国的企业必须要走出去，钢铁产业也要走向世界，去占领国际市场，既要出口产品，也要去国外投资建厂占领国外的市场。国际市场份额占比影响了我国钢铁产业投资规模、研发力度和劳动力投入的多少等，也直接和间接影响钢铁产业安全。

C_9 外资股权控制率

外资股权在我国钢铁产业的份额反映了我国钢铁产业的安全性，钢铁产业涉及国计民生，控制权在谁的手中至关重要。

C_{10} 钢材产量

钢材是钢锭、钢坯或钢材通过压力加工制成的各种材料。钢材是国家建设的重要物资，用途广泛，钢材可分为型材、板材、管材和金属制品四类。

C_{11} 粗钢产量

粗钢是较粗的钢，是铁水经过加工，添加合金、碳等元素浇铸成的成品，是指全国钢铁行业可以向社会提供的最终钢材加工原料，美国等一些国家用粗钢产量来统计钢产量。

C_{12} 生铁产量

生铁是含碳量大于2%的铁碳合金，工业生铁含碳量一般在2.11% ~ 4.3%，生铁分为炼钢生铁、铸造生铁和球墨铸铁三类，有耐热、耐腐蚀和耐磨的特性，是我国钢铁产业的重要原材料。

C_{13} 企业单位数

企业数量是钢铁产业兴盛程度的重要指标，钢铁企业既包括国有企业，也包括民营企业。

C_{14} 企业利润总额

企业利润总额是企业在生产经营过程中各种收入扣除各种耗费后的盈余，反映企业在报告期内的盈亏情况，是反映钢铁产业赢利能力的重要指标。

C_{15} 企业主营业务收入

企业主营业务收入反映企业经常性的、主要业务所产生的基本收入，包括产品销售收入。按照企业工商营业执照中注册的主营和兼营项目内容，主营业务内容是主营业务收入，兼营业务内容是其他业务收入。

C_{16} 固定资产投资完成额

固定资产投资完成额（又称固定资产投资额）是以货币形式表现的在一定固定资产投资期内建造和购置固定资产的工作量以及与此有关的费用的总称。它是反映固定资产投资规模、结构和发展速度的综合性指标，也是观察工程进度和考核投资效果的重要依据。

C_{17} 全行业净资产收益率

净资产收益率又称股东权益报酬率，是净利润与平均股东权益的百分比，用以衡量公司自有资本的效率，衡量股东权益的收益水平。指标越大说明投资带来的收益额越高，自有资本获得净收益的能力越强。

C_{18} 全行业总资产周转率

总资产周转率是综合评价企业全部资产的经营质量和利用效率的重要指

标，周转率越大，总资产的周转越快，销售能力越强，则企业可以通过周转带来更多的利润。

C_{19} 全行业资本收益率

资本收益率也称资本利润率，是企业净利润与平均资本的比率，用于反映企业运用资本获得收益的能力，是投资者和潜在投资者进行投资决策的重要依据。

C_{20} 吨钢能耗

吨钢能耗指生产一吨钢材所消耗的煤炭量，用以反映钢铁产业的生产效率。

C_{21} 二氧化硫排放量

二氧化硫是钢铁产业的副产品，是负的外部性，代表了钢铁产业对环境带来的不利影响，是钢铁产业外部性的重要表现。

C_{22} 外排废水量

外排废水量是指钢铁产业的废水的排放，指的是钢铁产业对水环境的污染程度，用以表现钢铁产业的负外部性。

（四）评价基本过程

本书将投资安全评价、运营安全评价和生产安全评价三大部分统一在一个钢铁产业安全的评估体系当中，分别给予这三大部分相应的权重，即分别为 30%、50% 和 20%。同时在三个一级指标系统当中，选取相应的二、三级指标并给予不同的评价分值，即优（分值 80~100）、良（分值 60~80）、中（分值 40~60）、差（分值 0~40），并对每个二、三级指标在相应的一级指标系统中赋予相应权重，然后将三大一级指标系统通过加权法得出某个产业的安全度数值。据此，对大多数产业来说，安全度数值区间一般确定为：80~100 分（安全，为蓝色），60~80 分（基本安全，为绿色），40~60 分（不太安全，为黄色），20~40 分（不安全，为橙色），20 分以下（危机，为红色）。

（五）评价指标体系的简化

前述的评价指标体系过于复杂，在实际操作中，需要进行必要的简化。

指标体系简化的原则

重要性。结合钢铁产业的经济特性，通过专家访谈，遴选出对钢铁产业安全最为重要的指标。

获取性。首先，各项指标应该是可测的，即可以获得连续、可靠、及时的数据。数据不可得的指标需要删除，对于确实重要但数据获取困难的指标，则需要寻找替代指标。

代表性。对于指标表征意义相近、数据走势一致的指标，进行合并。

连续性。指标所代表的数据必须是可以连续获得的，要具有连续性，从而具有可比性。

按照上述原则，简化后的指标体系见表3-2。

表3-2 简化后的钢铁产业安全评价指标体系

一级指标	二级指标	数据性质	资料来源
产业规模	钢材产量	正向指标	国家统计局
	粗钢产量	正向指标	国家统计局
	生铁产量	正向指标	国家统计局
产业效益	利润总额	正向指标	中国钢铁工业统计年鉴
	主营业务收入	正向指标	中国钢铁工业统计年鉴
	固定资产投资完成额	正向指标	中国钢铁工业统计年鉴
产业发展	净资产收益率	正向指标	Wind 资讯
	总资产周转率	正向指标	Wind 资讯
	资本收益率	正向指标	Wind 资讯
	吨钢能耗	负向指标	中国钢铁年鉴
	二氧化硫排放量	负向指标	中国钢铁年鉴

第四节 钢铁产业安全指数

一 指数定位

编制钢铁产业安全指数是为了衡量我国钢铁产业的运行状况，把脉钢铁产业的竞争水平和在世界中的战略地位，揭示我国钢铁产业的运行规律，发现钢铁产业发展过程中的各种问题，为今后钢铁产业的发展提供参考建议。具体的作用包括以下几个方面：

了解我国钢铁产业的运行状况、发展规律和历史，了解钢铁产业的赢利现状。

把脉钢铁产业的竞争格局，发现钢铁产业的竞争优势与劣势，寻找钢铁产业未来发展的突破口。

为钢铁产业的宏观调控提供参考建议，预测未来钢铁产业的发展动向和机遇，检验宏观经济调控是否运用得当。

深刻把握国家宏观经济改革的方向，调结构、稳增长，同时通过钢铁产业安全指数的编制为企业的生产经营决策提供支撑。

二 数据标准化处理

对数据标准化处理是进行钢铁产业安全指数计算的第一个步骤，数据标准化是为了消除量纲的影响，将绝对数值转化为 0 到 100 之间的取值，从而使得不同的指标之间可以相互比较，加权计算。

具体的数据标准化方法针对不同的数据而不同，具体的标准化处理方法如下：

（一）钢材产量、粗钢产量和生铁产量

钢材产量、粗钢产量和生铁产量是指我国每年生产的钢材的数量，单位都是万吨。该指标值并不是越高越好，而应该与经济发展相匹配。具体的处理思路是将产量的增长率与我国 GDP 的增长率进行比较。具体的计算公式如下：

$$y = (x_1 - x_2) * 100 + 60$$

其中，x_1 是我国每年钢材产量、粗钢产量和生铁产量的增长率，x_2 是我国 GDP 每年的增长率，二者相差不大。从而利用上面的公式将各种产量值转化为相应的 0 到 100 之间的数值。

（二）利润总额

利润总额是指我国钢铁产业的收入扣除各种耗费后的盈余，单位是亿元。利润总额的标准化思路是将每年的利润总额与第一产业的增加值相除，得到相应的百分比，然后对百分比进行处理。具体的计算公式如下：

$$y = \begin{cases} 10 * x, 0 < x \leq 12 \\ \dfrac{10}{3} * x + 40, 12 < x \leq 30 \\ 100 - 150/x, x > 30 \end{cases}$$

其中，x 表示的是利润总额与第一产业增加值的占比。

（三）主营业务收入

主营业务收入是钢铁产业中所有以钢铁为主营业务的企业的收入，单位是亿元。主营业务收入标准化的思路是将钢铁产业的主营业务收入与第一产业增加值相除，得到主营业务收入占比，然后将占比进行处理。具体的计算公式为：

$$y = \begin{cases} 10*x, 200 < x \leq 440 \\ \frac{10}{3}*x + 40, 440 < x \leq 800 \\ 100 - 150/x, x > 800 \end{cases}$$

其中，x 表示的是主营业务收入与第一产业增加值的比值。

（四）固定资产投资完成额

固定资产投资完成额是钢铁产业把收入进行再投资的金额，包括厂房、机器、设备等，单位是亿元。具体的标准化的思路是将固定资产投资完成额与第一产业增加值相比得到相应的比值，其计算分式为：

$$y = x*100 + 60$$

其中，x 表示的是固定资产投资完成额与第一产业增加值的比值。

（五）净资产收益率、总资产周转率、资本收益率

净资产收益率和总资产周转率的标准化方法如下：

$$y = \begin{cases} 20*x, x \leq 3 \\ 15*x + 15, 3 < x \leq 5 \\ 100 - 50/x, x > 5 \end{cases}$$

其中，x 表示的是净资产收益率和总资产周转率的百分比数值。

资本收益率的标准化方法如下：

$$y = \begin{cases} 20*x, x \leq 6 \\ 15*x + 20, 6 < x \leq 8 \\ 100 - 50/x, x > 8 \end{cases}$$

其中，x 表示资本收益率的百分比数值。

（六）吨钢能耗、二氧化硫排放量

吨钢能耗和二氧化硫排放量是负向指标，以它们每年减少的比例作为标

准化的基础。具体的计算公式如下：

$$y = x * 200 + 60$$

其中，x 表示吨钢能耗和二氧化硫排放量同比减少的百分比数值。

三 各具体指标分值

按照上面的标准化方法，具体的各项指标的分值如表 3 – 3 所示。

表 3 – 3　2002 ~ 2013 年钢铁产业安全指数各项指标分值

单位：分

指标	钢材产量	粗钢产量	生铁产量	利润总额	主营业务收入	固定资产投资完成额	净资产收益率	总资产周转率	资本收益率	吨钢能耗	二氧化硫排放量
2002 年	75.03	75.48	65.05	63.58	51.37	60.06	62.60	64.00	71.00	76.33	76.33
2003 年	80.12	76.81	79.96	67.62	53.34	60.10	63.00	65.00	70.40	76.03	76.03
2004 年	69.44	64.05	62.38	70.54	56.34	60.17	72.60	66.00	70.80	57.96	57.96
2005 年	73.42	80.15	83.41	73.29	59.58	60.29	87.60	67.00	70.60	76.46	76.46
2006 年	76.93	71.43	72.76	80.73	65.88	60.62	78.40	66.00	70.40	73.95	73.95
2007 年	61.54	57.65	56.45	78.27	71.01	61.24	80.60	67.00	71.40	63.29	63.29
2008 年	49.17	45.09	42.63	84.65	73.77	61.48	74.60	66.00	68.00	61.37	55.69
2009 年	70.27	69.22	71.07	84.91	73.85	61.50	69.20	65.00	67.10	77.21	80.63
2010 年	60.60	56.30	52.98	84.73	73.42	62.01	69.40	66.00	65.60	67.38	74.57
2011 年	53.24	50.39	50.08	87.08	76.43	62.40	70.20	67.00	65.90	63.33	60.79
2012 年	57.56	55.34	53.30	86.51	75.54	62.62	68.80	67.00	65.90	69.37	69.59
2013 年	62.95	58.87	58.09	82.88	72.73	62.60	68.80	68.00	65.90	73.24	71.84

四 权重确定方法

权重的确定方法有德尔菲判定法、层次分析法、主成分分析法、因子分析方法等，考虑到钢铁产业安全指数的客观实际，本指标体系中的各指标彼此之间的重要程度相近，选择等权重方法进行加权计算。

具体的计算方法是：

$$I_t = \frac{1}{11} \sum_{i=1}^{11} y_{it}$$

其中，I_t 表示的是第 t 期的钢铁产业安全指数，y_{it} 表示的是第 i 个指标第 t 期的指标值。

五 钢铁产业安全指数

根据专家经验，本报告将钢铁产业安全指数分为五个区间，并界定相应的安全级别，具体为：[80, 100]——很安全；[60, 80)——比较安全；[40, 60)——基本安全；[20, 40)——不安全；[0, 20)——不安全。

按照上述的标准化处理方法和加权方法，计算得到的钢铁产业安全指数以及各分项指数的具体分值如表 3-4 所示。

表 3-4 2002~2013 年钢铁产业安全指数及各分项指数

指标	产业规模	产业实力	产业发展	钢铁产业安全指数	安全等级
2002 年	71.85	58.34	70.05	67.35	比较安全
2003 年	78.96	60.36	70.09	69.86	比较安全
2004 年	65.29	62.35	65.06	64.39	比较安全偏负面
2005 年	78.99	64.39	75.62	73.48	比较安全
2006 年	73.71	69.07	72.74	72.00	比较安全
2007 年	58.55	70.17	69.12	66.52	比较安全
2008 年	45.63	73.30	65.13	62.04	比较安全偏负面
2009 年	70.19	73.42	71.83	71.81	比较安全
2010 年	56.63	73.39	68.59	66.64	比较安全
2011 年	51.24	75.30	65.44	64.26	比较安全偏负面
2012 年	55.40	74.89	68.13	66.50	比较安全
2013 年	59.97	72.74	69.56	67.81	比较安全

（一）钢铁产业安全指数

2002~2013 年，钢铁产业安全指数的数值为 62~74，在五个安全等级中均处于比较安全状态。其间，除了 2004 年、2008 年和 2011 年细分等级属于比较安全偏负面之外，其他年份的细分等级均属于比较安全。2002~2013 年，钢铁产业安全指数一直呈现波动状态，其平均值为 67.7，处于比较安全的范围内。2005 年的指数最高，达到 73.5，2008 年指数最低，为 62.0。

12 年间，钢铁产业安全指数的标准差为 3.47，变异系数为 0.051，说明钢铁产业安全指数整体走势平稳，变化较小。

我国钢铁产业安全指数呈现有规律的波动态势，与经济周期相关度较高。2008 年，受全球金融危机影响，经济快速下滑，钢铁产业受直接影响，指数下探趋势明显。近年来，我国一直执行去过剩产能政策，钢铁产业安全指数也逐步回升。

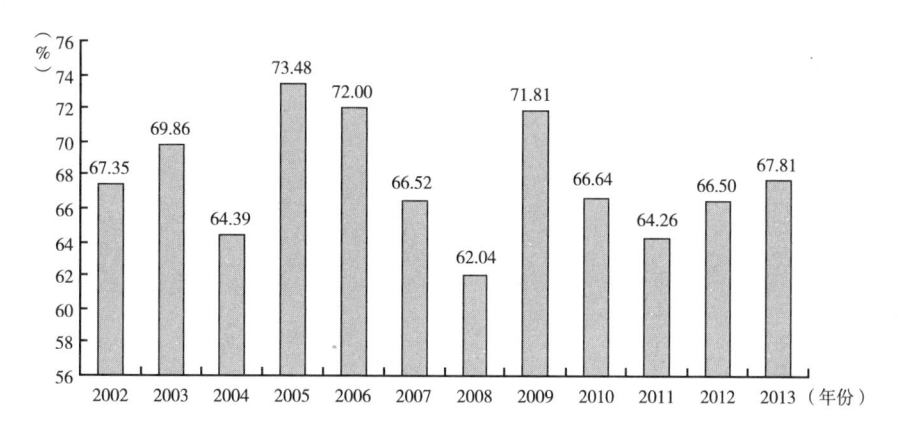

图 3-3 2002~2013 年钢铁产业安全指数

（二）产业规模

2002~2013 年，产业规模指标最低为 45.63，最高为 78.99；6 年处于安全的状态，分别是 2002~2006 年以及 2009 年；2010 年至今，产业规模一直处于基本安全的状态。从 2011~2013 年，我国钢铁产业的产业规模得分一直处于上涨态势，但 2013 年的 59.97 仍不及 2002~2006 年的最低分 65.29。钢铁产业的产业规模存在一定的问题。这与我国最近几年钢铁行业存在的诸多问题密切相关。

2002~2013 年，产业规模平均得分为 63.87，小于钢铁产业安全指数的 67.72，相差约 6%。12 年间，产业规模的标准差为 10.95，远大于钢铁产业安全指数的标准差，产业规模的变异系数也远大于钢铁产业安全指数的变异系数，说明产业规模的得分波动剧烈。

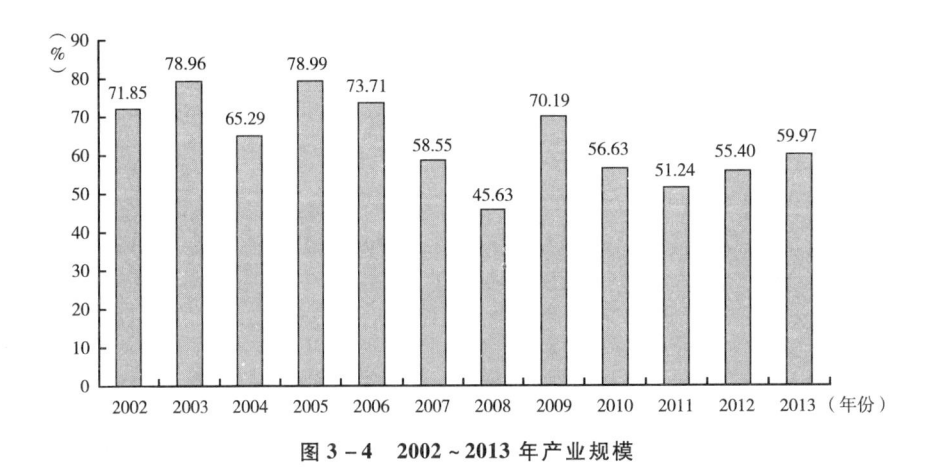

图 3-4 2002~2013 年产业规模

(三) 钢材产量

2002~2013 年的钢材产量得分与产业规模走势基本相同，2008 年得分最低为 49.17，2003 年最高为 80.12。从 2011~2013 年表现出逐步上升的态势。

钢材产量安全和基本安全的年份各占一半，钢材产量的平均得分为 65.86，大于产业规模的平均得分。

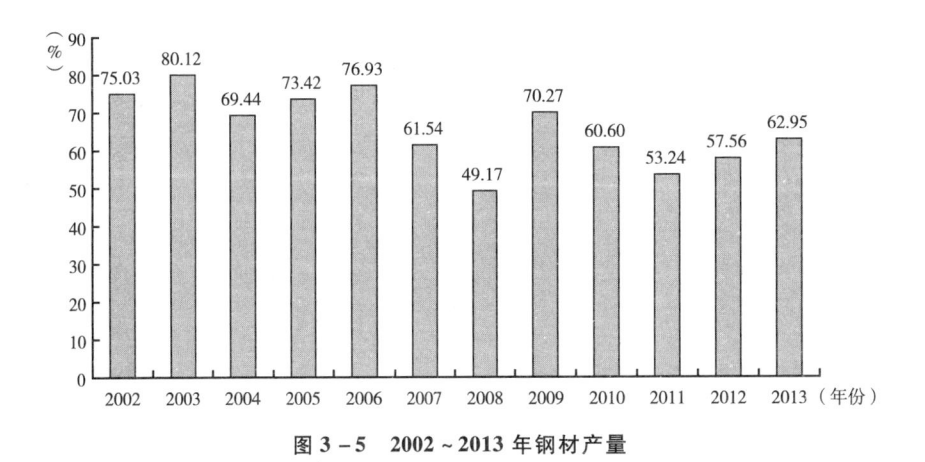

图 3-5 2002~2013 年钢材产量

(四) 产业实力

2002~2005 年，产业实力得分一直处于基本安全的状态，呈现上升的态势，从 58.34 增加到 64.39；2006~2013 年，产业实力得分走势平稳，一直在 70 左右，最低为 2006 年的 69.07，最高为 2011 年的 75.30，这 8 年产业实力得分一直处于安全的状态，占到所有年份的 66.67%。

2002~2013 年，产业实力得分的平均值为 68.98，大于钢铁产业安全指数的平均值；产业实力得分的标准差为 6.04，也大于钢铁产业安全指数的标准差；产业实力的变异系数为 0.088，大于钢铁产业安全指数的变异系数，说明产业实力的波动大于钢铁产业安全指数。

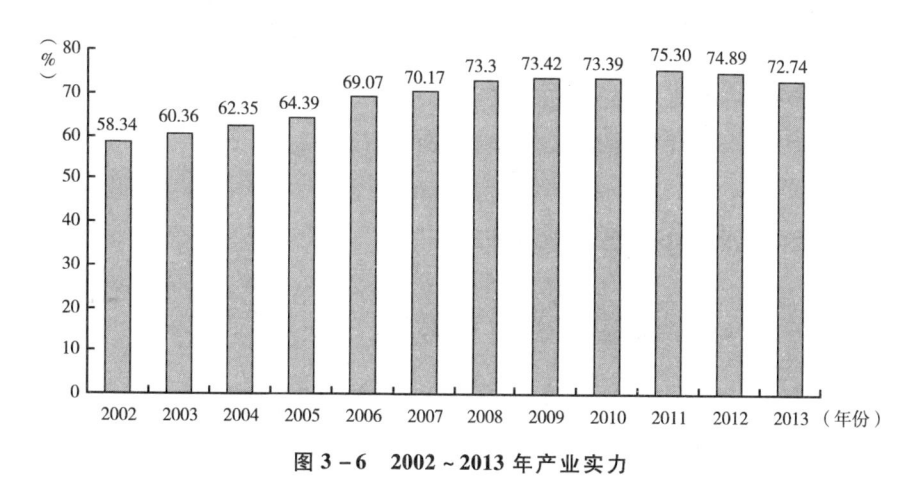

图 3-6　2002~2013 年产业实力

（五）利润总额

2002~2013 年，钢铁产业的利润总额的得分与产业实力得分走势类似。利润总额得分中仅 2002 年为基本安全，2011 年和 2012 年为很安全，其余 9 年为安全的状态。

2003~2013 年，利润总额得分先上升，后处于稳定的态势，最高为 2011 年的 87.08。

2002~2013 年，利润总额的平均得分为 78.73，多达 7 年的利润总额得分在 80 分以上，占比超过 50%；利润总额得分的标准差为 8.04；利润总额得分的变异系数为 0.102。

（六）产业发展

2002~2013 年，钢铁产业的产业发展得分均为安全，最低分为 65.06，最高分为 75.62。在 2002~2011 年，产业发展得分呈现出先下降，然后上升，又下降的态势。2011~2013 年，产业发展得分一直处于上升的态势，

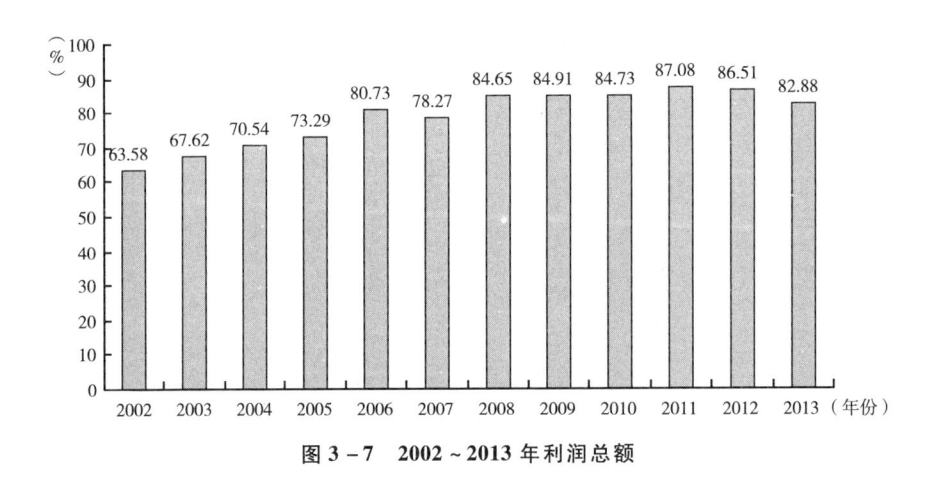

图 3 - 7 2002~2013 年利润总额

2013 年得分为 69.56。

2002~2013 年，产业发展的平均得分为 69.28；产业发展得分的标准差为 3.185；产业发展的变异系数为 0.046。

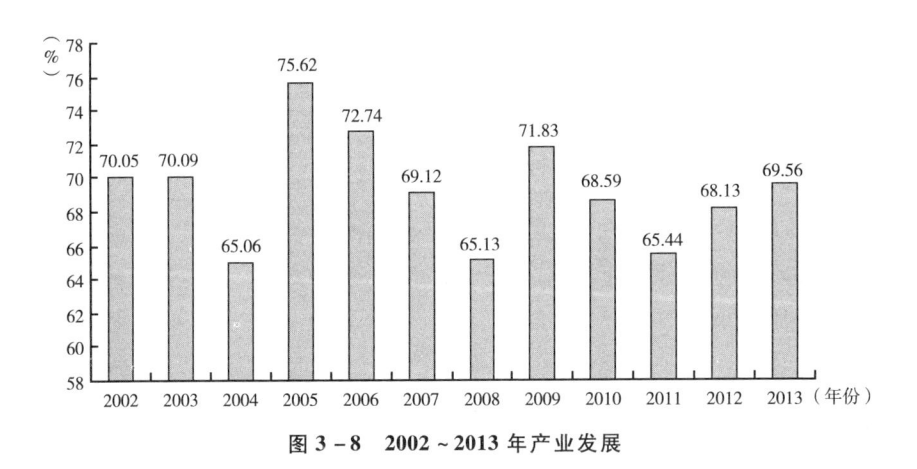

图 3 - 8 2002~2013 年产业发展

(七) 净资产收益率

2002~2013 年，钢铁产业的净资产收益率的得分呈现出先升后降的态势。仅有 2002 年和 2003 年为基本安全，2005 年最高为很安全的状态，其余 9 年均为安全的状态。2009~2013 年，净资产收益率的得分在 70 附近且比较稳定。

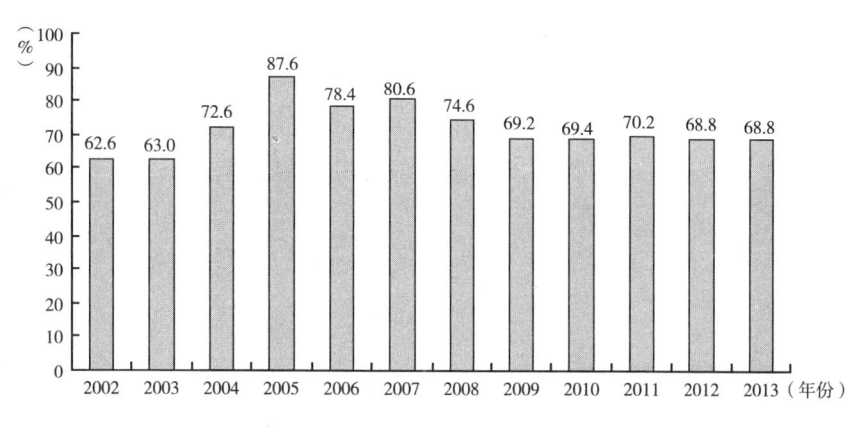

图 3-9 2002~2013 年净资产收益率

第五节 钢铁产业安全问题和对策

一 我国钢铁产业面临的产业安全问题

(一) 我国钢铁产业资源弱势，受制于人

基础资源储备不足。国家对地质勘探，对铁矿石资源的勘探力度和深度有所欠缺。资源储备不足，造成了一边是国内钢铁工业迅速发展，一边是铁矿石资源出现严重稀缺。由于国内铁矿石产量满足不了企业生产需求，我国每年不得不进口上亿吨铁矿石和铁精粉，而这些资源仅由几个国际矿业巨头所控制。中国钢铁业对铁矿石的需求连年增加，这些矿业巨头就在每年的铁矿石谈判中联手抬价，对我国钢铁企业形成需求控制。

行业不规范，调控不力。受市场需求驱动，地方中小钢铁企业受利益驱使和地方政府的支持，产能扩张无度。中小企业与大企业争原料、抢市场、拼价格，其产品又多是低附加值的大路货，如线材、盘条等，使产品利润被不断走高的原料价格所侵蚀，需求传导，引起连环涨价。

急剧增长的钢铁产销量，对国内交通运输形成巨大压力，仅进口铁矿石和出口钢材两项运输总量，2006 年铁路运输量就达 13.79 亿吨。近几年来，钢铁企业进口大量铁矿石，又出口生铁、钢坯和钢材等产品，导致国际海运价格大幅攀升。

2013年,全国钢铁行业延续供大于求的局面且有扩大趋势。在供给方面,因为产能过剩近30%,所以用粗钢产量增速代表供给增速;在需求方面,由于钢铁产业链下游需求行业众多,且与国民经济整体运行状况关系紧密,所以用GDP增速代表需求增速。2013年,当需求增速为7.7%时,供给增速却为11.48%。供给增速明显高于需求增速,且供给增速创下4年来的最高水平。

(二) 污染严重,恶性竞争

钢铁工业是耗能大户,也是资源消耗大户,除了需要高品位铁矿石外,还需要大量的辅助材料,如煤、焦炭、水、电及熔剂等。在生产中,产生大量的废渣留在国内,我国钢铁工业年排废渣高达5亿吨左右,占全国总排放量的14%,出口产品近5300万吨,在生产过程中废渣排放量占全国总排放量2.4%。全国钢铁工业每年氟化物气体排放量约250万吨以上,而出口产品部分,留在国内大气中的氟化物约占1/10。虽然国家进行了钢铁产业结构调整,关闭了一些耗能高、污染重、生产工艺简单、附加值低的生产企业,但由于国外市场需求强劲,大量低端产品出口失控,他们最终得以生存。这些企业的生存给市场、环保、能源和运输带来了一系列问题,给国家和企业带来很大损失。

导致我国钢铁产业散、乱、差的一个不可忽视原因,是地方利益作祟。一些地方政府以局部利益代替全局利益,为了地方经济发展,增大地方财政收入,不计后果大建快上小钢铁企业,形成了今天的小企业与大企业争原料、争能量、争市场的恶性竞争局面。

2013年11月12日发布的十八届三中全会公报《中共中央关于全面深化改革若干重大问题的决定》,无论在短期、中期或长期都会对钢铁企业的改革与发展、转型与升级带来重大影响。同时,2013年也是新一届政府的换届之年,政府对经济增速放缓容忍度的提高,为钢铁行业转型升级、结构调整、兼并重组和淘汰落后产能开放了时间窗口。

钢铁行业节能减排更加注重标准体系建设。2013年2月17日,工业和信息化部公布指导意见,提出到2015年底,有色金属工业万元工业增加值能耗比2010年下降18%左右,累计节约标煤750万吨,二氧化硫排放总量减少10%，污染物排放总量和排放浓度全面达到国家有关标准，全国有色金属冶炼的主要产品综合能耗指标达到世界先进水平。为进一步形成统一、系统、规范的清洁生产技术支撑文件体系，指导和推动企业依法实施清洁生产，国家发展改革委、环境保护部会同工业和信息化部等有关部门在已发布的《清洁生产标准　钢铁行业》（HJ/T189-2006）、《钢铁行业清洁生产评价指标体系（试行）》的基础上，整合编制了《钢铁行业清洁生产评价指标体系》（征求意见稿），将替代上述指标体系和标准。2013年5月24日，环保部发布实施《钢铁工业污染防治技术政策》，该技术政策提出了钢铁工业污染防治可采取的技术路线和技术方法，包括清洁生产、水污染防治、大气污染防治、固体废物处置及综合利用、噪声污染防治、二次污染防治、新技术研发等方面的内容。

规范行业准入条件明确并进行资格认证公布。2013年1月22日，工业和信息化部联合其他11个部委下发了《关于加快推进重点行业企业兼并重组的指导意见》，明确了汽车、钢铁、水泥、船舶等行业的兼并重组目标和任务。依据《钢铁行业规范条件（2012年修订）》，经钢铁企业申报，地方工业主管部门预审，工信部组织专家评审以及网上公示，于2013年4月28日将第一批符合《钢铁行业规范条件（2012年修订）》的钢铁企业进行公告，鞍钢股份有限公司等45家企业榜上有名。

（三）行业管理失控，产业定位不清

中国作为钢铁生产大国，在创造出数个"世界第一"背后，却没有在世界钢铁产业格局里获得应有的话语权，这不能不引起我们的警惕。目前，中国进口铁矿石越多，国际卖家的涨价就越有劲，以到岸价计，海运费用也水涨船高。我们为钢铁产品消费国承担了环境污染，出口到欧洲的钢材还遭到反倾销诉讼。

"高能耗、高污染、争抢资源"的小钢铁厂一直得不到有效的约束和遏制，走入一个"产能扩大—产量增加—低价出口—遭遇制裁"的产业循环怪圈。发展经济，建立一国强大的工业发展体系，离不开钢铁工业，但必须有一个确切合理的定位。我国是一个人口大国，又是资源、能源短缺国，我们的一切方针政策必须依据这个基本点，一切从这个基本点出发去考虑。因此，内需是首要因素，一切必先从满足国内需求出发。从我国的资源情况来看，我们没有条件和能力，为国际市场大量提供钢铁产品，我们也不应当成为世界钢铁产品的制造基地，更不应该以牺牲环保、能源和资源为代价，换取他国对钢铁产品的需要。我国的钢铁工业不能"两头对外"，一方面大量进口原料，另一方面大量出口初级产品，这样的产业局面如果继续下去，必将对我国钢铁工业的健康发展造成巨大伤害。

现今中国钢铁行业面临上述三个方面的问题，钢铁行业必须积极行动起来，强化以内需为主的调控措施，要有硬手段，不留后路，不留死角，确保中国钢铁行业永挺前进脊梁。

（四）全国钢铁行业创新转型渐成共识

2013年，在全行业面临严峻困难的生产经营形势下，钢铁企业继续深化改革创新，加快结构调整步伐，努力转变发展方式，在产品、技术、管理创新等方面取得了新进展。

在满足市场需求方面。核电用钢全部品种已能够国产化，满足国内核电建设需要；在进口汽车用冷轧薄板卷同比只增长0.9%和进口镀锌板卷下降1%的情况下，国内生产的汽车用钢板卷满足了我国汽车生产增长14.3%的新需求；铁路用重轨产品同比增长33%，满足了铁路新线大量集中铺轨的需要。

在产品创新方面。宝钢生产的第三代汽车高强钢实现全球首发；武钢、宝钢已能生产全部高牌号取向硅钢并形成了自己的核心专利技术，进口取向硅钢同比减少25.23%；鞍钢直径5毫米高碳钢拉丝线材轧制下线，打破国外企业对极限规格线材产品的垄断局面；首钢已生产出X80级超厚度管线钢卷板；马钢生产的350公里高速铁路车轮用钢即将进入试用阶段；太钢加强高端产品研发，不锈钢等高效、节能、长寿产品比例达到75%；南钢开拓船用LNG罐用钢市场，成为国内船用LNG罐用钢市场占比最高的企业。

在转变发展方式方面。一批企业按照"转方式、优结构、提质量、增效益"思路，坚持以质取胜，以质增效，在市场十分困难的情况下，努力走质量、品种、效益发展之路。华菱集团实现扭亏为盈；南钢在钢产量减少的情况下，实现利润大幅上升；兴澄特钢品种结构经过"普转优""优转特""特转精"三次调整，目前高档、高利润品种的比例已经占产量的三分之一。

在商业模式创新方面。宝钢继续实施服务转型战略,旗下的专业电子商务服务提供商东方钢铁电子商务平台经过多年探索实践,2013年钢材现货交易突破1000万吨。宝钢还稳步推进国际化营销和增值服务体系,抓紧在钢铁产业链的两头(原料和加工中心)形成全球网络。沙钢、河钢、中天、荣程、西林钢铁等一批企业都已经把电子商务作为企业发展战略新的着力点。

在环保节能方面。广大企业按照绿色钢铁的要求,认真履行社会责任,继续加大对环保的投入,环境经营水平不断提高。同时,一批企业通过节能环保投入增效,建龙集团坚持向节能环保要效益;河北津西钢铁抓能源创效,实现能源创效1.7亿元;德龙钢铁大力使用节能降耗新技术,其中仅水渣微粉就实现每吨增效近百元。

在管理模式创新方面。山钢集团按照"建设现代化世界一流钢铁强企"的目标,深入研究发展战略和企业组织模式;积极推进集团化运营,大力提升协同效益,大宗原燃料采购和钢铁产品出口业务实现了重组、整合、统一运行。三钢集团面对复杂多变的经济形势和经营环境,通过重塑企业文化,明确企业发展目标,坚定攻坚克难信心,凝聚企业内外、集团上下力量,通过树立"为人至诚、为业至精"的核心价值观,实现"打造精品钢企、铸就卓越品牌"的企业愿景。

二 钢铁产业安全对策

(一)完善行业制度,加强行业管理

严格执行《国务院关于化解产能严重过剩矛盾的指导意见》,积极淘汰钢铁行业落后产能,清理整顿违规产能,严格控制行业新增产能;

修订钢铁行业产业政策,提高行业准入门槛,引导行业健康发展;

提高钢铁行业产品使用标准,带动产品升级换代;

为企业发展创建公平的市场竞争环境,迫使成本高、污染严重的钢铁企业退出市场;

建立产能过剩信息预警机制,加强宣传引导,做好政策解读,营造化解产能过剩的良好氛围。

(二) 调整产业结构,继续淘汰落后产能

加快钢铁企业兼并重组进度,协助企业解决兼并重组中的问题,完善和落实促进企业兼并重组的各项政策措施。一是通过企业间减量重组,这是消化过剩产能的合理方法,但对钢企是一个痛苦而又漫长的过程;二是根据地区资源禀赋、环境承载能力等因素,推进产业布局调整和优化,引导国内有效产能向优势企业和优势地区集中;三是推动大型企业引领行业发展,支持和培育企业发展壮大,形成一批具有竞争力的大型企业,提高钢铁行业集中度;四是积极推进产业转型升级,提升行业科研能力和生产技术水平,提升高技术、高附加值产品的生产能力,优化钢铁产品结构;五是完善落后产能退出机制,借助环保标准、财税政策等措施加快落后产能的淘汰步伐。

(三) 以市场为主体,积极消化钢铁产能

市场为主体,以需求为牵引,勿以GDP论英雄,严格审批钢铁新增产能;

利用市场机制和经济杠杆倒逼企业增强技术创新的内在动力,推动企业转型和产业升级,提升以产品质量、标准、技术为核心要素的市场竞争力;

培育新的消费增长点,紧紧抓住新型城镇化建设、保障房建设、棚户区改造、中西部地区工业化城镇化、公路和铁路交通网、高精尖装备集群、城市群建设、农村水利建设等新的经济增长点,扩大国内市场规模,消化过剩产能。

(四) 企业联合"走出去",保障铁矿石供给

一是鼓励钢铁企业实施联合"走出去",增强钢铁企业海外竞争力,增加我国钢铁企业国际话语权,保障上游铁矿石的供给;二是巩固拓展钢铁产品国际市场,转移一批国内钢铁行业过剩产能;三是政府要加强对企业走出去的引导,鼓励企业积极参加各类贸易促进活动,创新国际贸易方式;四是钢铁企业要熟悉国际贸易规则,了解出口国当地法律,减少贸易摩擦;五是钢铁企业"走出去"过程中,避免"一枝独大",主动加强与当地企业合作,以减少"走出去"的障碍。

(五) 加强钢铁行业与下游行业合作

(1) 企业要根据不同品种的市场情况进行产能调整,控制成本和建立销售渠道。

（2）要推动钢铁行业与建筑、装备制造、交通、能源等行业建立高性能钢铁材料生产应用合作机制。

（3）加强产学研结合，鼓励企业设立研发中心，积极开发高附加值产品。

（4）加强钢铁产品标准和下游用钢设计规范的升级。

（5）探索建设钢铁材料加工配送中心。

（六）增加环保投入，走可持续发展道路

强化钢铁企业环保准入管理，提高环保标准，以生态性指标规范行业发展，对于不满足环保要求的企业要限期治理，逾期不达标的予以关闭；

增加企业技术改造方面的环保资金投入，积极开展清洁生产的技术改造，大力培育重大环保装备产业，组织实施静电除尘等一批先进的技术、装备和工艺示范工程，加大推进钢铁行业减排力度。

（七）加大行业科技的投入研发，加快钢铁产业结构的升级优化

国内多数企业"大而全、小而全"，重复配置、产品雷同，为此，一方面要加大科技的投入，加强科研攻关力度，以产品研发增效益，以技术研发控成本，实现技术创新；另一方面，钢铁产业应该抓住机会，瞄准市场，调整产品结构，由追求规模和数量的扩张向追求质量和效益的提升转变，依靠科技提升产品档次和质量，实现钢铁产业的质量效益型发展。

第 四 章
农业产业安全评价及安全指数研究

第一节 农业产业安全背景及意义

一 研究背景

农业产业安全是一个国家健康可持续发展的基本保障，是一个社会稳定发展的重要基石。

2012年2月16日习近平在中美农业高层研讨会上致辞时表示，中国始终高度重视国家粮食安全，把发展农业、造福农村、富裕农民、稳定地解决13亿人口的吃饭问题作为治国安邦重中之重的大事。

从国际大环境来看，随着经济全球化的逐步推进，外国公司从各个层次和方面向我国各个领域进行渗透，特别是我国基础性产业——农业产业，其产业安全面临着巨大的挑战。我国是人口第一大国，据2013年国家统计局统计公报显示，2013年末我国总人数136072万人，约占全世界人口的19.44%。解决我国人口吃饭问题，维护国家粮食安全一直是农业面临的第一要务。

自1996年我国对大豆领域实行开放以来，外国跨国公司已渗透种植、贸易、流通等各个领域，抢夺我国大豆领域的绝对定价话语权，控制我国大豆加工能力的80%左右，其中，中国食用油三大品牌之一的金龙鱼便是100%外资控股的企业。

二 编制农业产业安全指数的意义

(一) 现实意义

民以食为天,农业产业安全是一个国家、一个民族的头等大事。农业的波动对人民生活、经济发展和社会稳定将产生不利影响,所谓"无农不稳"正是这个道理。

经济全球化时代的实践经验证明,全球化的市场机制并不能自动实现国家农业产业安全。跨国公司的大量进入,必然会导致中国出现农业产业安全危机的可能。更为重要的是,这种可能性有可能剥夺千百万人口的生存权与取食权。因此,构建农业产业安全评价体系对于我国具有非常重要的现实意义。

(二) 理论意义

自中国入世以来,产业安全理论得到了学术界的广泛关注,但其多关注于宏观产业安全,缺乏对某一行业的产业安全进行系统性的规划和构建。因此,本书从农业产业安全出发,探究农业产业存在的安全问题,以此为研究起点,构建农业产业安全指标体系,对产业安全理论进一步完善和提高,为避免农业产业安全危机爆发、指导农业可持续发展提供理论上的参考。

第二节 农业产业安全基本情况概述

一 农业产业安全基本定义

(一) 农业产业定义

农产品是指农、林、牧、副、渔等生产部门所提供的产品,主要包括动物、微生物产品以及以它们作为原料的直接加工品。

(二) 农业产业安全定义

目前,我国对农业产业安全缺乏统一的界定。朱晓峰 (2002) 认为我国的农业安全是指采取有效的国家行动,避免内部和外在因素的变化危及我国农业在国民经济中的基础产业地位,确保农业可持续发展。统计科学研究所（2002）认为农业安全是指农业能基本满足社会日益增长的食品需求，具有较强的竞争能力和创收能力，处于可持续发展状态，中国农业安全相应地可分解为食物安全、收入安全和就业安全。刘乐山（2002）、朱钟棣（2006）等学者认为，农业产业安全是指一国农业产业整体上基础稳固、健康增长、持续发展，在国际经济上具有一定的自主性、自卫力和竞争力，整个农业产业不至于因为某些问题的演化而受到大的打击或者损失过多的农业和国民经济利益，能够避免或者化解可能发生的局部性或全局性的农业产业危机。或者说，农业安全指采取有效的国家行动避免内部和外在因素的变化危及我国农业在国民经济中的基础产业地位，确保农业可持续发展。张小玲（2002），徐洁香、邢孝兵（2005）认为农业产业安全具体表现为农业生产不受外来资本控制和农产品具有国际竞争力，农业产业安全的核心是粮食安全，重点是农民收入安全。朱丽萌（2007）认为农业产业安全是指农业的生存与发展不受到外来势力威胁的状态。肖文庆（2012）认为农业产业安全是指一个国家的农业在经受国内外各种不利因素的影响时，能够基本上不受干扰、威胁和破坏而保持正常的运行和发展，不会引发国内农产品供给的严重不足，它是国家经济安全的重要组成部分。在经济全球化的背景下，农业产业安全被更广泛接受和应用的含义则是指在开放的经济体系中一个国家或地区的农业产业如何在国家竞争中保持独立的产业地位和产业竞争优势。

二 农业产业安全问题

（一）农业投入安全

20世纪80年代以来，中国出现大范围的"民工潮"，大量的农村劳动力开始向城镇转移，留守在农村的多为老人和儿童，劳动力资源严重不足，大量土地闲置；农业劳动力素质水平不高，农业基础设施薄弱，致使农业现代产业化水平较低，科技创新和推广应用力不强；农业生产成本不断提高，政府对于农业的扶持资金尚未得到较为合理的利用。农业投入出现巨大的缺口，致使我国农业产业在投入层面存在一定的安全隐患。

（二）农业产出安全

退耕还林政策，导致可耕土地大面积减少，加之一些地区土地贫瘠，自然灾害多发，农产品产出量相对较少，难以满足我国的粮食需求。长期的供不应求的局面致使我国一些农产品需大量依赖进口，在定价权方面丧失话语权，一旦价格出现巨幅波动，不仅会给农业产业安全领域带来威胁，还会影响到我国经济健康发展和社会的正常运转。

（三）农业环境安全

我国农户生产经营规模小，农业社会化服务体系不健全，组织化程度较低，小生产与大市场的矛盾依然明显；农产品市场需求刚性增长，资源环境约束加剧，保障主要农产品供求平衡难度加大；国内农产品价格大幅波动，价格出现明显的倒挂现象，农产品出现明显的缺口，很多农产品领域依赖于国际进口。

全球粮食能源化、金融化日趋明显，大大加深了国际农产品市场投机炒作及传导的影响，致使我国农业产业安全发展面临更多的外部不确定性。

第三节 农业产业安全指数的内容及指标体系

一 编制理论基础

农业产业安全指数，主要基于国际通用的"投入—产出"创新研究基本范式，同时考虑了政策环境对农业安全的影响，从产业安全理论、产学研理论等出发，建立一个农业产业安全评价体系。

二 编制总体思想

农业产业安全评价体系，是对2007~2013年农、林、牧、渔业进行系统综合的评价。其从产业安全的视角，以投入产出为主线，建立系统、全面、特色的评价体系，主要涵盖农业投入、农业产出和政策环境三个维度，运用相应的指数化评价方法进行量化测评，以客观、准确反映农业产业在产业链不同层面的安全状况，为考察农业产业是否安全提供指导与参考。

三 产业安全评价体系构建原则

农业产业安全评价体系旨在全面度量并真实反映农业产业安全水平，力求涵盖产业安全的各个层面，以客观指标分析为主，尽量客观、公正地度量农业产业安全状况。

1. 科学性

本指标体系从农业产业的投入、产出和环境三个层次进行分析，保证一级指标和二级指标相互之间的严密逻辑关系，并多次与国内农业方面专家教授进行研讨交流，进一步体现了指标选取的科学性。

2. 系统性

农业产业安全涉及国民经济的众多行业、部门和企业，为确保农业产业安全指标体系的顺利构建，需要从横向和纵向系统的角度去分析探究农业产业安全问题。因此，本书选取2007~2013年投入、产出和环境三个维度进行挖掘，运用系统性方法进行研究，确保指标体系的整体性、系统性。

3. 全面性

本评价指标体系以建立农业产业安全指标体系为目标，采取逐级分解的方法渐次展开，指标体系包含3个一级指标，12个二级指标，从立体全面的角度构建农业产业安全指标体系。

4. 客观性

农业产业安全指标体系多采用客观性指标，数据多来源于国家统计局、Wind资讯等权威机构，对于可靠可查的数据进行分析，数据能够客观真实地反映农业产业安全的整体情况。

四 农业产业安全指数体系的构建

(一) 指标的筛选

本评价指标体系以建立农业产业安全指标体系为目标，采取逐级分解的方法渐次展开，最终落脚到易于获得的企业相关统计指标上。首先，将农业产业安全指标设定为3个一级指标：农业投入、农业产出、农业环境。这3个指标从投入、产出和环境三个层面进行分析，这3个一级指标又被展开为12个二级指标，使评价指标体系能够充分反映行业安全的实际状况并能通过评价构建一个系统的安全指数体系（见表4-1）。

表 4-1　农业产业安全评价指标体系

一级指标	二级指标
农业投入(A_1)	固定资产投资完成额(C_1) 成本费用利润率(C_2) 技术投入比率(C_3) 成本费用占主营业务收入的比率(C_4)
农业产出(A_2)	净资产收益率(C_5) 盈余现金保障倍数(C_6) 总资产周转率(C_7) 不良资产比率(C_8)
农业环境(A_3)	农产品批发价格总指数(C_9) 经济增加值率(C_{10}) 资本积累率(C_{11}) 政策环境(C_{12})

(二) 指标解释

A_1 农业投入

主要是指在农、林、牧、渔业方面人、财、物的投入。

A_2 农业产出

主要是指在农、林、牧、渔业方面资金及产值情况。

A_3 农业环境

主要是指农、林、牧、渔业在价格和政策环境等方面的表现情况。

C_1 固定资产投资完成额

主要是指以货币形式表现的在一定固定资产投资完成额时期内对农、林、牧、渔业所建造和购置固定资产的工作量以及与此有关的费用的总称。

C_2 成本费用利润率

主要是指农、林、牧、渔业一定期间的利润总额与成本、费用总额的比率。成本费用利润率指标表明每付出一元成本费用可获得多少利润，体现了经营耗费所带来的经营成果。该项指标越高，利润就越大，反映农、林、牧、渔业的经济效益越好。

C_3 技术投入比率

主要是指本年农、林、牧、渔业在科技支出（包括用于研究开发、技术改造、科技创新等方面的支出）与本年营业收入的比率，反映农、林、牧、渔业在科技进步方面的投入，在一定程度上可以体现企业的发展潜力。

C_4 成本费用占主营业务收入的比率

是指成本费用占主营业务收入的比值，反映了农、林、牧、渔业成本费用的利用率情况。

C_5 净资产收益率

是指补贴前利润总额与归属于母公司的平均净资产之比，反映了农、林、牧、渔业的收益水平，用以衡量公司运用自有资本的效率。指标越高，说明投资带来的收益越高。该指标体现了自有资本获得净收益的能力。

C_6 盈余现金保障倍数

是指农、林、牧、渔业一定时期经营现金净流量同净利润的比值，反映了企业当期净利润中现金收益的保障程度，真实地反映了企业的盈余的质量。该指标越大，表明农、林、牧、渔业经营活动产生的净利润对现金的贡献越大，利润的可靠性越高，具有一定的派现能力。

C_7 总资产周转率

是指农、林、牧、渔业在一定时期业务收入净额同平均资产总额的比率。

C_8 不良资产比率

是指农、林、牧、渔业不良资产占全部资产的比率。该指标越低，反映农、林、牧、渔业运营状态越好。

C_9 农产品批发价格总指数

是指一定时期内，农产品生产者出售农产品价格水平变动趋势及幅度的相对数。该指数可以客观反映全国农产品生产价格水平和结构变动情况，满足农业与国民经济核算需要。

C_{10} 经济增加值率

是指农、林、牧、渔业市值与它所占用的资本总额的差额。该指数可以全面衡量农、林、牧、渔业要素生产率，该指标越高，要素生产率越大。

C_{11} 资本积累率

是指本年所有者权益增长额同年初所有者权益的比率。资本积累率表示农、林、牧、渔业当年资本的积累能力,是评价农、林、牧、渔业发展潜力的重要指标。资本积累率越高,表明农业整体竞争力越强,发展潜力越大。

C_{12} 政策环境

良好的农业政策环境是农业产业安全的重要保障。

本报告中,主要从农业优惠政策、现代农业科研条件环境等维度进行考察,采用专家打分制进行综合评价。

(三) 评价基本过程

本书将把农业投入、农业产出和农业环境三大部分统一在一个农业产业安全的评估体系当中,分别给予这三大部分相应的权重,即分别为30%、50%和20%。同时在三个一级指标系统当中,选取相应的二级指标并给予不同的评价分值,即优(分值80~100分)、良(分值60~80分)、中(分值40~60分)、差(分值0~40分),并对每个二级指标在相应的一级指标系统中赋予相应权重,然后将三大一级指标系统通过加权法得出某个产业的安全度数值。据此,对大多数产业来说,安全度数值区间一般确定为:80~100分(安全,为蓝色)、60~80分(基本安全,为绿色)、40~60分(不太安全,为黄色)、20~40分(不安全,为橙色)、20分以下(危机,为红色)(见图4-1)。

安全:农业产业运行良好,面临较小的风险,自我保障能力很强。

基本安全:农业产业运行基本良好,面临一定的冲击,但是影响很小。

不太安全:农业产业在某些领域存在一定的风险,如果处理不当,将会向不安全状态发展;但能通过自身调解处理好而化解相关风险。

不安全:农业产业安全明显存在一定威胁,将面临一定的威胁,若处理不及时,则有可能引发局部的危机,甚至有可能引发重度的危机。

危险:农业产业安全处于重度危机,短期内不能自我修复。

五 模型计算

(一) 权重体系设定

农业产业安全评价指数权重体系设定采用层次分析法(AHP算法)。

层次分析法的基本原理是依据具有递阶结构的目标、子目标(准则)、约束条件、部门等来评价方案,采用两两比较的方法确定判断矩阵,然后把

图 4-1 农业产业安全体系

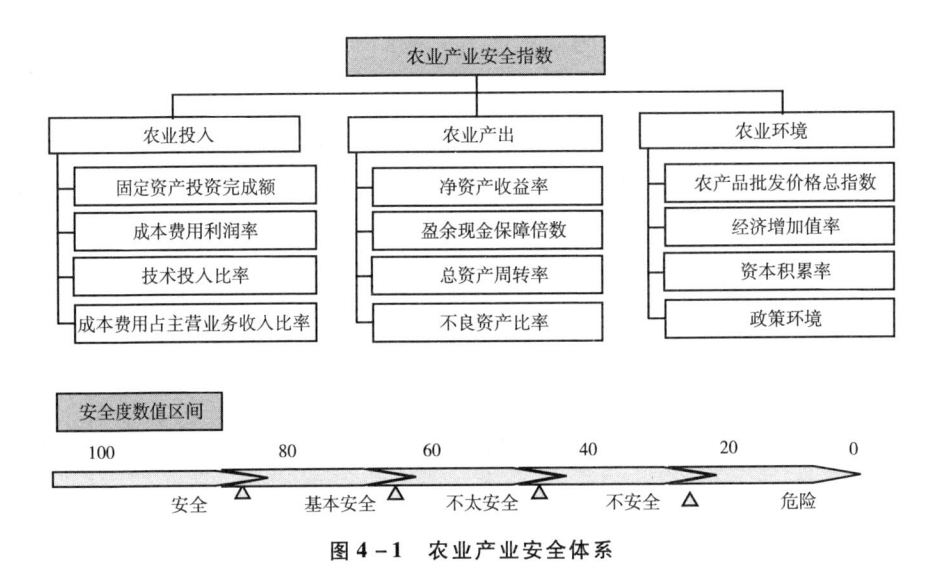

判断矩阵的最大特征值相对应的特征向量分量作为相应的系数，最后综合给出各方案的权重（优先程度）。

AHP算法的基本过程，大体可以分为六个基本步骤（见图4-2）。

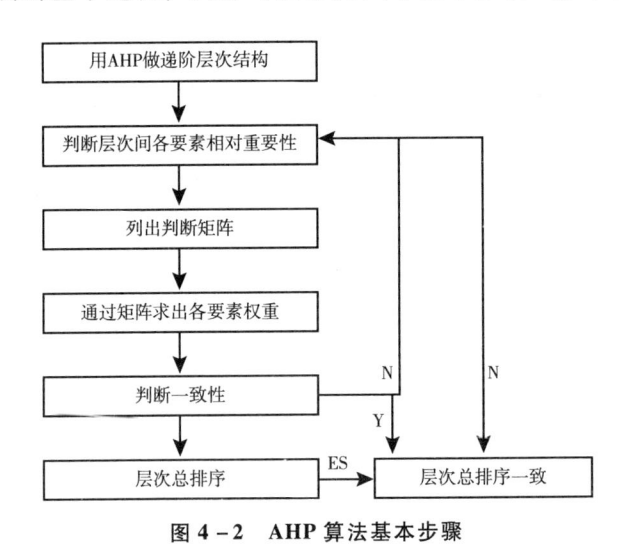

图 4-2 AHP算法基本步骤

（1）明确问题。即弄清问题的范围，所包含的因素，各因素之间的关系等，以便尽量掌握充分的信息。

(2) 建立层次结构。在这一个步骤中，要求将问题所含的因素进行分组，把每一组作为一个层次，按照最高层（目标层）、若干中间层（准则层）以及最低层（方案层）的形式排列起来。如果某一个元素与下一层的所有元素均有联系，则称这个元素与下一层次存在有完全层次的关系；如果某一个元素只与下一层的部分元素有联系，则称这个元素与下一层次存在有不完全层次关系。层次之间可以建立子层次，子层次从属于主层次中的某一个元素，它的元素与下一层的元素有联系，但不形成独立层次。

(3) 构造判断矩阵。这个步骤是层次分析法的一个关键步骤。判断矩阵表示针对上一层次中的某元素而言，评定该层次中各有关元素相对重要性的状况。设有 n 个指标，$\{A_1, A_2, \cdots, A_n\}$，$a_{ij}$ 表示 A_i 相对于 A_j 的重要程度判断值。a_{ij} 一般取 1，3，5，7，9 这 5 个等级标度，其意义为：1 表示 A_i 与 A_j 同等重要；3 表示 A_i 较 A_j 重要一点；5 表示 A_i 较 A_j 重要得多；7 表示 A_i 较 A_j 更重要；9 表示 A_i 较 A_j 极端重要。而 2，4，6，8 表示相邻判断的中值，当 5 个等级不够用时，可以使用这几个数值。

(4) 层次单排序。层次单排序的目的是对于上层次中的某元素而言，确定本层次与之有联系的元素重要性的次序。它是本层次所有元素对上一层次而言的重要性排序的基础。

若取权重向量，则有：

$AW = \lambda W$

λ 是 A 的最大正特征值，那么 W 是 A 的对应于 λ 的特征向量。从而层次单排序转化为求解判断矩阵的最大特征值 λ_{max} 和它所对应的特征向量，就可以得出这一组指标的相对权重。

为了检验判断矩阵的一致性，需要计算它的一致性指标：

$$CI = \frac{\lambda_{max-n}}{n-1}$$

当 $CI = 0$ 时，判断矩阵具有完全一致性；反之，CI 愈大，则判断矩阵的一致性就愈差。

(5) 层次总排序。利用同一层次中所有层次单排序的结果，就可以计算针对上一层次而言的本层次所有元素的重要性权重值，这就称为层次总排序。层次总排序需要从上到下逐层进行。对于最高层，其层次单排序就是其总排序。

若上一层次所有元素 A_1，A_2，…，A_m 的层次总排序已经完成，得到的权重值分别为 a_1，a_2，…，a_m，与 a_j 对应的本层次元素 B_1，B_2，…，B_n 的层次单排序结构为 $[b_1^j, b_2^j, \cdots, b_n^j]^T$，这里，当 B_i 与 A_j 无联系时，$b_i^j = 0$。这样，得到层次总排序。

（6）一致性检验。为了评价层次总排序的计算结果的一致性，类似于层次单排序，也需要进行一致性检验。

$$CI = \sum_{j=1}^{m} a_i CI_j$$

$$RI = \sum_{j=1}^{m} a_i RI_j$$

$$CR = \frac{CI}{RI}$$

CI 为层次总排序的一致性指标，CI_j 为与 a_j 对应的 B 层次中判断矩阵的一致性指标；RI 为层次总排序的随机一致性指标，RI_j 为与 a_j 对应的 B 层次中判断矩阵的随机一致性指标；CR 为层次总排序的随机一致性比例。同样，当 $CR < 0.10$ 时，则认为层次总排序的计算结果具有令人满意的一致性；否则，就需要对本层次的各判断矩阵进行调整，从而使层次总排序具有令人满意的一致性。

（二）原始数据的处理

C_1 固定资产投资完成额

固定资产投资完成额标准化处理是：

$$Y_1 = \begin{cases} 3.5X - 10 & X < 20 \\ 1.5X + 30 & 20 \leq X \leq 30 \end{cases}$$

C_2 成本费用利润率

成本费用利润率标准化处理是：

$$Y_2 = \begin{cases} 60 - \dfrac{3}{X} & X \leq 1 \\ 10X + 47 & X > 1 \end{cases}$$

C_3 技术投入比率

技术投入比率标准化处理是：

$$Y_3 = 87.5X + 20$$

C_4 成本费用占主营业务收入的比率

该指标越低,成本费用耗用越小。成本费用占主营业务收入的比率标准化换算:

$$Y_4 = 60 - \frac{X}{6}$$

C_5 净资产收益率

净资产收益率采用如下公式进行标准化换算:

$$Y_5 = 7.5X + 50$$

C_6 盈余现金保障倍数

盈余现金保障倍数一般大于1,因此本书以1为临界线,采用如下公式进行标准化换算:

$$\begin{cases} 54 - \dfrac{4}{X} & X < 1 \\ 50 + 10X & X \geqslant 1 \end{cases}$$

C_7 总资产周转率

一般产业将总资产周转率定为0.8较为合理,本书总资产周转率采用如下公式进行标准化换算:

$$Y_7 = \begin{cases} 55 - \dfrac{2}{X} & X < 0.4 \\ 50 + 50X & X \geqslant 0.4 \end{cases}$$

C_8 不良资产比率

不良资产比率采用如下公式进行标准化换算:

$$Y_8 = 100 - 8X$$

C_9 农产品批发价格总指数

农产品批发价格总指数采用如下公式进行标准化换算:

$$Y_9 = X - 110$$

C_{10} 经济增加值率

经济增加值率采用如下公式进行标准化换算:

$$Y_{10} = 55 + 5X$$

C_{11} 资本积累率

资本积累率采用如下公式进行标准化换算：

$$Y_{11} = 40 + 8X$$

C_{12} 政策环境

本报告中，主要从农业优惠政策、现代农业科研条件环境等维度进行考察，采用专家打分制进行综合评价。

根据以上算法，得出各指标的标准值如表4-2所示：

表4-2 标准化后数据

	指标	2007年	2008年	2009年	2010年	2012年	2013年	2014年
农业投入	固定资产投资完成额	66.72	94.92	88.92	49.50	60.00	68.63	68.83
	成本费用利润率	80.00	80.00	75.00	73.00	72.00	72.00	72.00
	技术投入比率	81.25	81.25	90.00	81.25	81.25	81.25	81.25
	成本费用占主营业务收入的比率	43.97	43.77	44.42	43.67	43.83	43.58	43.48
农业产出	净资产收益率	66.50	67.25	65.00	66.50	68.75	65.00	66.50
	盈余现金保障倍数	66.00	67.00	61.00	61.00	61.00	49.56	49.56
	总资产周转率	75.00	80.00	80.00	75.00	80.00	80.00	80.00
	不良资产比率	81.60	81.60	56.00	55.20	55.20	56.00	56.00
农业政策	农产品批发价格总指数	49.10	42.70	60.90	85.20	74.40	98.76	86.49
	经济增加值率	48.50	50.00	50.00	50.00	50.00	50.00	50.00
	资本积累率	65.60	68.00	74.40	76.80	64.00	60.00	68.00
	政策环境	86.00	88.00	85.00	90.00	92.00	94.00	95.00

（三）分类指数的合成方法

本体系由农业投入、农业产出和农业环境三个分类组成。将某一类的所有指标无量纲化后的数值与其权重按如下公式计算就得到分指数 I_i（第 i 项分指数）。

$$I_i = \sum_{i=1}^{n} x_i w_i$$

其中，$i = 1, 2, 3, \cdots, n$ 表示第 i 项分指数对应的二级指标个数；x_i 表示第 i 项分指数对应的第 i 项二级指数的取值；w_i 表示第 i 项指数的权重。

(四) 农业产业安全指数的合成方法

将农业产业安全评价指数评价指标体系中的各指标数值与其权重按如下公式计算得到农业产业安全指数 I:

$$I = \sum_{i=1}^{12} x_i w_i$$

第四节 研究结果

一 总体结论

根据计算结果,可得表4-3:

表4-3 农业产业安全指数

单位:%

年份	2007	2008	2009	2010	2011	2012	2013
指数	68.96	71.74	69.78	67.77	67.40	68.42	68.52
安全等级	基本安全	基本安全	基本安全	基本安全	基本安全	基本安全	基本安全

通过计算可以发现,我国农业产业安全形势有以下特点。

第一,自2007以来,我国农业产业安全度总体处于"基本安全"状态。农业产业运行基本良好,虽面临一定的冲击,但是整体影响很小。

第二,2008年,我国农业产业安全度处在近几年的最高位,农、林、牧、渔业固定资产投资完成额累计同比达54.10%。

第三,2008年以后总体呈下滑态势,2011年出现拐点,开始缓慢上升(见图4-3)。

二 指标评价

(一) 农业投入

农业产业投入二级指标从固定资产投资完成额、成本费用利润率、技术投入比率和成本费用占主营业务收入的比率四个维度进行分析。

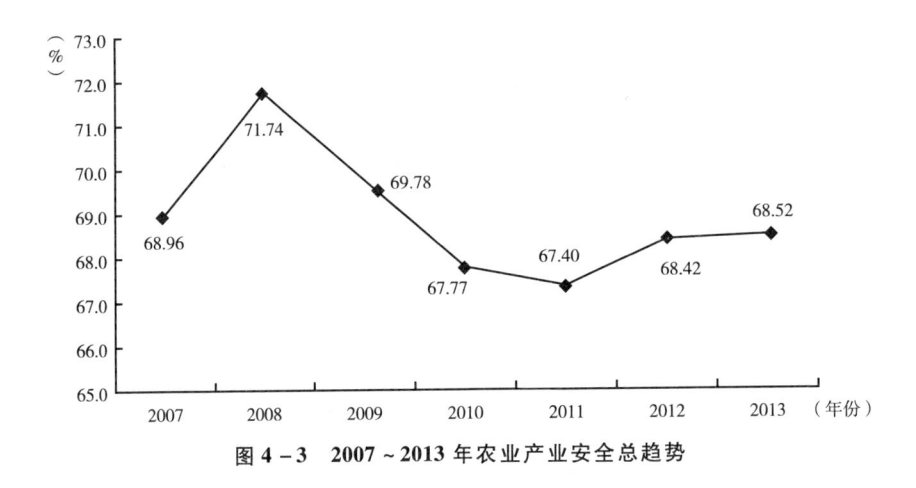

图 4-3 2007~2013 年农业产业安全总趋势

2013 年农业投入为 67.75，比去年增加了 0.03，农业投入整体呈稳步增长态势。这主要得益于我国对农业产业投入的重视，国家加强和完善惠农利农政策，大力推进传统农业向现代化农业转变，培养新型农业科学技术，鼓励大学生回乡支援农业科技建设，积极开拓科技务农范围（见图 4-4）。

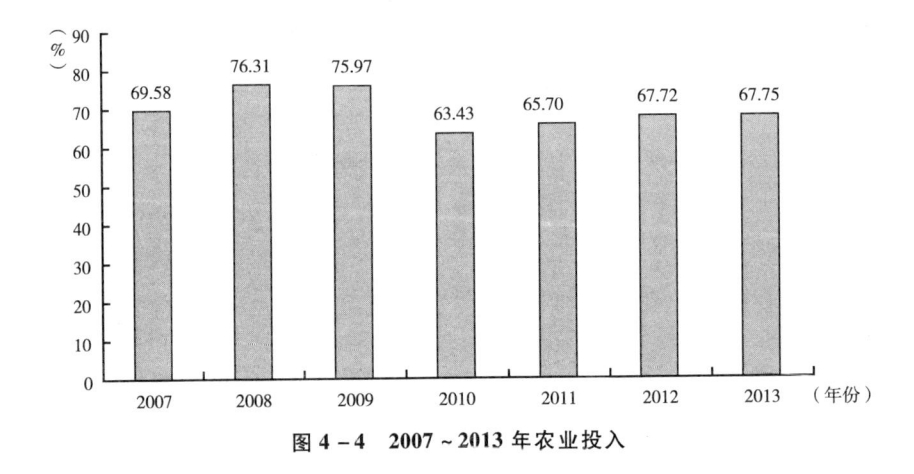

图 4-4 2007~2013 年农业投入

从横向指标来看，2013 年技术投入比率子指标为 81.25，属于农业投入中最优项，表明我国对农业产业科技的重视，国家投入了大量的科学技术；2013 年农业投入子指标中成本费用占主营业务收入的比率最为薄弱仅为 43.48，属于安全指数区间中的不太安全，说明我国农产品投入成本费用占主营业务收入比率较低，尚未形成规模化、集成化的农业产业链，农业产业科技水平相对较低；值得注意的是，我国农业产业虽然拥有较高的技术投入率，但成本费用占主营业务收入比率较低，表明我国农业技术利用效率较低，有些农业劳动力素质较低，在农业的某些领域尚不能较好地适应和运用现代化农业技术（见图 4-5）。

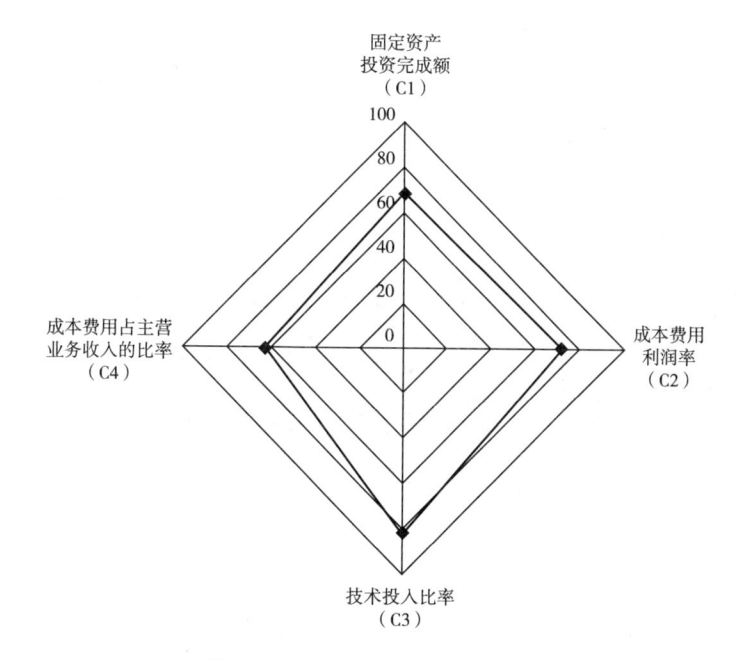

图 4-5　2013 年农业投入子指标

从纵向指标来看，成本费用占主营业务收入的比率子指标一直以来安全水平就较差，如表 4-4 所示。

表 4-4　2007~2013 年农业投入子指标

	指　　标	2007 年	2008 年	2009 年	2010 年	2011 年	2012 年	2013 年
农业投入	固定资产投资完成额(C_1)	66.72	94.92	88.92	49.50	60.00	68.63	68.83
	成本费用利润率(C_2)	80.00	80.00	75.00	73.00	72.00	72.00	72.00
	技术投入比率(C_3)	81.25	81.25	90.00	81.25	81.25	81.25	81.25
	成本费用占主营业务收入的比率(C_4)	43.97	43.77	44.42	43.67	43.83	43.58	43.48

(二) 农业产出

农业产业产出二级指标从净资产收益率、盈余现金保障倍数、总资产周转率和不良资产比率四个维度进行分析。

2013年农业产出为62.28，比2012年增加0.33，虽然较去年呈上升态势，但仍处于较低水平。由此我们可以看出，目前我国农业科技转化率较差，投入产出比较低。因此，国家要在增加科技、人才等投入的基础上，提高产出效率（见图4-6）。

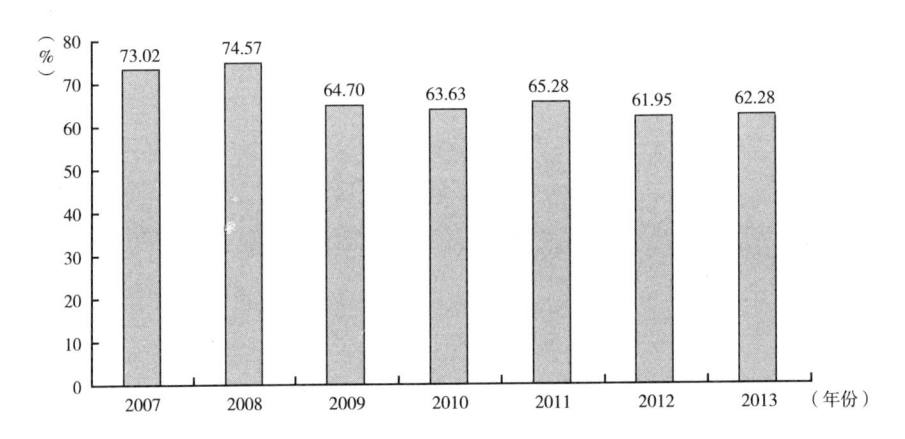

图4-6 2007~2013年农业产出指数

从横向指标来看，2013年农业产出中的总资产周转率为80，是农业产出中表现最好的指标；2013年农业产出中不良资产比率子指标和盈余现金保障倍数子指标较差，分别为56和49.56，均处在产业安全评价区间的不太安全位置（见图4-7），这也进一步证实了我国的农业成本高而利润空间小，已形成价格倒挂现象，且尚未掌握价格方面的话语权，易受国际大宗产品价格波动的影响。

从纵向指标来看，2007~2013年总资产周转率一直在80上下浮动，处在安全区间的基本安全较高位；盈余现金保障倍数子指标从2012年开始，安全区间从基本安全降到不太安全，存在一定的安全隐患。从2008年开始，不良资产比率子指数出现大幅下降，说明我国农业产业在不良资产方面存在一定的坏账、呆账，值得引起重点关注。如表4-5所示。

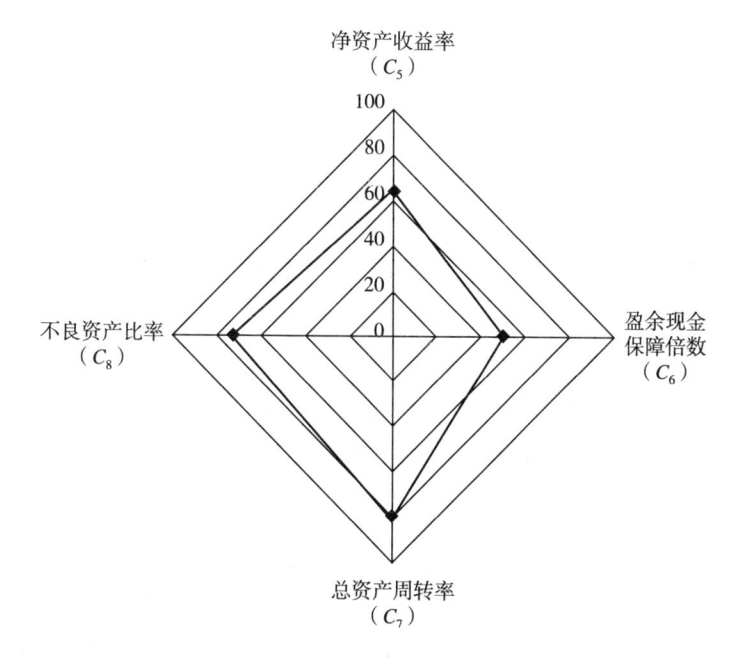

图 4 – 7　2013 年农业产出子指标

表 4 – 5　2007~2013 年农业产出子指标

	指　标	2007 年	2008 年	2009 年	2010 年	2011 年	2012 年	2013 年
农业产出	净资产收益率(C_5)	66.50	67.25	65.00	66.50	68.75	65.00	66.50
	盈余现金保障倍数(C_6)	66.00	67.00	61.00	61.00	61.00	49.56	49.56
	总资产周转率(C_7)	75.00	80.00	80.00	75.00	80.00	80.00	80.00
	不良资产比率(C_8)	81.60	81.60	56.00	55.20	55.20	56.00	56.00

（三）农业环境

农业产业环境二级指标从农产品批发价格总指数、经济增加值率、资本积累率和政策环境四个维度进行分析。

由图 4 – 8 可以看出，2013 年农业环境为 75.48，比 2012 年减少 0.07，但整体仍处在较高位。

从横向指标来看，2013 年农业环境中的政策环境层面较好，说明我国政府极为重视农业产业安全（见图 4 – 9），但农业产业的经济增加值率较差，表明我国农业产业创造的真实利润较低。

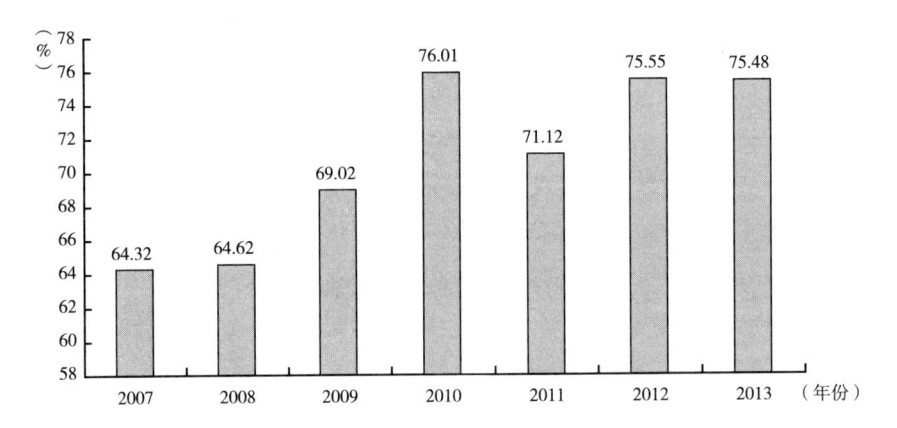

图 4-8　2007~2013 年农业环境指数

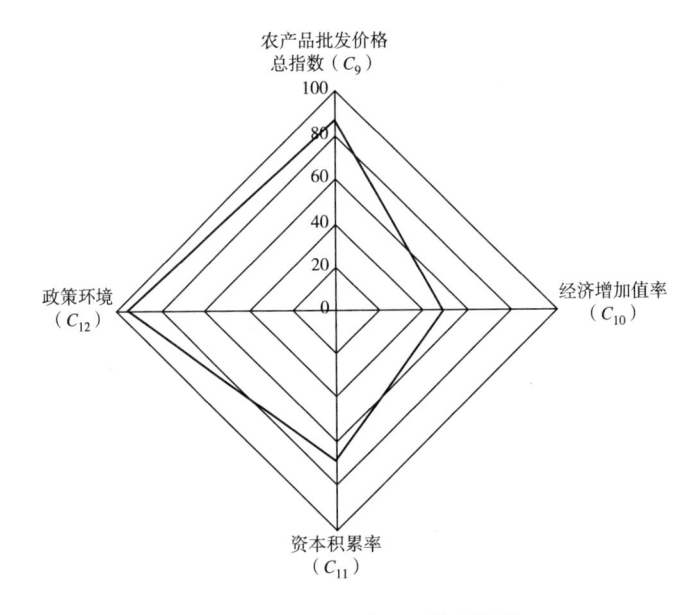

图 4-9　2013 年农业环境子指数

从纵向指标来看，2007~2013 年，我国农业政策一直处于安全范围，政府对于农业产业给予了极大的关注，特别是农业产业安全方面；但经济增加值率子指标一直在 50 上下徘徊，一直居于不太安全范围。如表 4-6 所示：

表 4-6　2007~2013 年农业环境子指标

	指　标	2007 年	2008 年	2009 年	2010 年	2011 年	2012 年	2013 年
农业政策	农产品批发价格总指数(C_9)	49.10	42.70	60.90	85.20	74.40	98.76	86.49
	经济增加值率(C_{10})	48.50	50.00	50.00	50.00	50.00	50.00	50.00
	资本积累率(C_{11})	65.60	68.00	74.40	76.80	64.00	60.00	68.00
	政策环境(C_{12})	86.00	88.00	85.00	90.00	92.00	94.00	95.00

第五节　对策分析

首先，政府要加大农业投入力度，鼓励有志青年投身到农村建设中去，加大对农业产业领域的科技研发投入，改善农业基础设施建设，大力推动农业现代化产业发展；目前，社会已经进入"大数据"时代，应充分合理地利用大数据技术，打造农业产业链一体化，从产业链各个层面监控农业产业安全，力争实现农业产业化、规模化。

其次，提高农业耕地水平，提升农产品品质，发展循环生态农业。

最后，提升我国农产品在国际上的定价话语权。理顺市场价格机制，解决粮食倒挂问题；加大对农业产业的政策扶持力度，做好农产品市场信息收集工作，掌握相关的农产品数据，减少对国外统计数据的依赖；同时在宏观调控中保持主动地位，根据实际情况，制定和调整相关农产品政策，制定合理的收购价格，力求使农产品市场的供求趋于平衡。

第 五 章
旅游产业安全评价及安全指数研究

第一节 旅游产业与经济发展

一 旅游产业安全是影响经济发展的重要因素

旅游产业是经济发展的重要组成部分。2009年12月《国务院关于加快发展旅游业的意见》提出,把旅游业培育成为国民经济战略性支柱产业和人民群众更加满意的现代服务业,旅游业自此全面融入国家战略体系。

党的十八大以来,习近平总书记就我国旅游业发展发表了一系列重要讲话。习近平总书记强调,旅游产业是综合性产业,是拉动经济发展的重要动力,旅游产业发展关系人民福祉、关系国家未来的高度,旅游产业发展不仅与经济建设密切相关,还与政治、文化、社会、生态文明建设等都密切相关。

因此,应树立旅游产业是拉动经济发展重要推动力的理念,重视旅游产业安全对经济发展的影响,加强对旅游产业安全的研究评估。通过对旅游产业安全的研究评估,有利于改善旅游产业安全问题,促进经济发展;有利于制定有效措施,提高旅游产业安全程度,保障旅游产业的平稳健康发展。坚持合理开发,绿色旅游,把旅游产业放在"五位一体"的战略格局中,提高产业竞争力,实现经济发展与环境保护的有机结合。

二 旅游产业安全的影响因素

作为一项综合性、依赖性极强的服务产业，旅游产业对经济发展水平、自然生态、社会环境的变化表现出非常高的弹性。这些因素的变化对旅游产业的安全运行造成极大影响。除了外部环境，旅游产业自身的结构、增速、绩效、资源环境破坏等方面存在的问题也使得旅游产业安全受到严重影响。如果按照外部环境和内部因素划分，影响旅游产业安全的因素主要表现在以下方面。

外部环境方面主要包括：第一是政治环境，包括旅游产业政策变动、政治局势动荡、局部军事冲突等，这些因素会对旅游目的地和客源地的旅游产业造成致命打击；第二是宏观经济环境，适度的经济增长是客源稳定的基础，同时也能够为旅游产业自身基础设施建设提供充足的资本、技术和人才，全球性或区域性经济危机，导致旅游客源地居民可自由支配收入波动，旅游市场需求严重萎缩，影响旅游产业的安全发展；第三是社会稳定因素，主要表现为旅游目的地犯罪率、传染病发病率、交通事故与火灾事故发生率等，严重危及旅游活动的有序开展，导致旅行社、旅游景区、旅游饭店等旅游企业亏损甚至倒闭，最终导致旅游产业结构失衡，旅游企业经营效率下降，造成旅游产业的不安全；第四是生态环境，如不可抗力所引起的自然灾难，同时也包括由于人类活动造成的各种环境污染，严重干扰旅游活动的正常进行；第五是旅游融资环境，旅游基础服务和相关设施建设需要大量资金投入，旅游基础一般由政府和其他产业进行投资，而旅游接待设施则需要旅游企业进行主体投资，如何获取资金，以及资金成本的高低，直接影响旅游产业的快速发展；第六是劳动力成本，旅游消费的高级化和多样化需要从业人员具备旅游专业知识和技能，为获取、保留高素质的旅游服务与管理人员，旅游企业将提高旅游从业人员的工资水平，以换取优质的服务，如果这部分支出的成本发生大幅波动，势必影响旅游产业整体安全。

旅游产业自身因素主要包括：产业竞争力、产业结构、旅游资源、旅游产品、旅游企业经营管理等方面。第一，旅游产业竞争力表现为旅游市场份额与旅游收入稳定增长、旅游利润和劳动生产效率的不断提高，具有较强的国际竞争力；第二，产业结构表现为旅游产业核心部门由本国资本控制，旅游行业之间相互协调，旅游产业结构升级是通过自身不断升级而实现；第三，旅游资源开发与保护主要表现为旅游目的地拥有的旅游资源的种类、数量、等级，旅游资源开发方案是否经过科学论证，现实与潜在旅游资源是否得到有效保护，将影响未来目的地旅游发展的可持续能力；第四是旅游产品开发与创新，旅游目的地提供的旅游产品的种类、数量和质量，能否满足目前旅游市场的需求，并依据旅游需求的变化及时创新旅游产品，建立旅游产品创新体系，提高旅游产品市场响应度；第五是旅游企业经营管理，如旅游部门设置不合理、发展战略定位失误、人才流失等，导致旅游产品与服务供给在质量与数量方面下降，不能满足旅游市场需求。

这些影响旅游产业安全运行的风险因素不是孤立的，风险因素一旦爆发就会引起连锁反应。产业安全风险因素爆发导致的旅游目的地品牌形象受损，旅游服务质量下降，旅游产品供给数量减少，旅游企业收入和利润大幅下降，劳动力、资金、技术等生产要素退出等现象往往相伴而生；同时，旅游产业的不安全发展，旅游经济活动的不景气，会使得影响旅游产业的外部环境因素不断恶化，导致旅游目的地企业减少旅游产品与服务的供给，最终影响到娱乐、金融、医疗等其他相关领域。在外部发展环境不断恶化的情况下，旅游管理部门在财政政策、税收政策、产业发展政策等方面将会适当调整，对旅游产业发展产生重大影响。

旅游业是我国对外开放较早的产业之一。随着中国全面履行加入世贸组织的承诺而进一步扩大服务贸易准入、拓宽外资进入领域，特别是近些年旅游产业开放程度不断深入，旅游产业安全形势更加严峻，具体表现在以下方面。

旅游经济竞争力相对不足。目前我国旅游产业竞争力的比较优势主要集中于旅游资源上，而在服务、质量、管理、品牌等核心领域的竞争力较弱。由于缺乏拥有自主知识产权的技术与产品，我国部分旅游产品品牌、市场占有率、技术自主性、主体民族性、结构层次、政策效果等正面临激烈的国内、国际竞争。旅游市场竞争处于无序竞争状态。由于旅行社经营者没有长远的战略计划，市场定位不明确，同时受经济利益驱动，各种不正当竞争现象在旅游市场中普遍存在，严重威胁着旅游产业的安全。

经济全球化对旅游经济独立性造成威胁。旅游经济全球化的冲击与影响激发了各旅游经济实体自身存在的各种矛盾与危机,特别是跨国旅游公司占领市场,打破市场结构,给国内旅游企业发展带来巨大压力,同时造成我国旅游产业对国外资本、人才、核心技术的过度依赖,直接影响我国旅游产业的独立发展。

旅游基础设施薄弱。由于我国国内旅游市场庞大,国内旅游服务的配套设施的发展跟不上旅游消费者的扩大步伐,国家投资也相对较少,基本上是贯彻"以旅游养旅游"的方针,花钱多的项目几乎很少触及,只能因陋就简,以致设施不全。

对垄断性旅游资源的掌控权开始降低。加入 WTO 以来,国外旅游企业和资本大规模进入我国。外商不仅直接投资于饭店业、旅行社等领域,并涉足景区(点)的开发建设,尤其是西部旅游资源的开发过程。这样,我国旅游产业对垄断性旅游资源掌控权降低的风险愈加凸显,对我国旅游产业的安全构成威胁。

第二节 旅游产业安全评价体系指数编制的意义

一 指数编制的背景

旅游产业是国民经济的战略性产业,资源消耗低,带动系数大,就业机会多,综合效益好。发展旅游产业对推动经济发展有极大的促进作用。发展旅游产业需要从多方面入手,需要从旅游产业生存环境、产业竞争力、对外依存度、旅游资源和景区等方面入手,提高旅游产业的综合实力,带动经济发展。

随着我国经济的快速发展和人民生活水平的提高,人们对旅游消费的需求也进一步提升,未来旅游产业将面临许多机遇和挑战。当前,旅游产业还存在一些不足需要改进,旅游产业需要本着绿色、生态,置于"五位一体"战略格局中的原则进行发展。

2009 年,国务院提出把旅游业建设成国民经济的战略性支柱产业,目前全国已有 28 个省区市提出要把旅游业打造成支柱产业,其中 17 个省区市提出要建设成战略性支柱产业。要把旅游业培育成战略性支柱产业,从中国的国情出发，就要将其作为综合性产业来抓，通过推动旅游业与第一、二、三产业的融合发展来实现。党的十八大以来，习近平总书记就我国旅游业发展发表了一系列重要讲话，习近平总书记强调，旅游产业是综合性产业，是拉动经济发展的重要动力。习近平同志指出，要把提升服务业比重作为提升产业结构优化升级的战略重点，加快形成以旅游业为龙头、以现代服务业为主导的服务业产业体系。发展旅游产业不仅能带动经济的发展，而且能促进国家政治、文化、社会、生态文明的建设。

因此，大力发展旅游产业是当代一个比较重要的任务。增强旅游产业竞争力，发展绿色旅游、文明旅游，是旅游产业发展的一个落脚点。

然而，我国的旅游产业在大力发展的过程中，旅游产业安全问题也随之出现了，呈现一些不足的现状：旅游方式的单一化、旅游经济竞争力相对不足（目前我国旅游产业竞争力的比较优势主要集中于旅游资源上，而在服务、质量、管理、品牌等核心领域的竞争力较弱）、旅游基础设施薄弱、不恰当的旅游开发对环境的负面影响日趋严重。

经济的发展、人民生活水平的提高、市场竞争力对旅游产业的发展提出更高的要求，再加上旅游产业呈现的不足现状给我们敲响的警钟，让我们在大力发展经济的同时，也要重视旅游产业的安全问题，因此有必要建立旅游产业安全评价体系，用于评价旅游产业安全情况，为旅游产业的更好发展指明方向。

通过对旅游产业安全评价体系的研究，建立一套客观、公正的评价标准，有利于促进旅游产业的改革与综合实力的提升；有利于旅游资源要素得到有效开发和利用，促进资源优化配置；有利于业界决策者拓宽视野，把握机遇，科学决策，从而更好地推动旅游产业发展，提高我国现代服务业水平，拉动经济发展，促进国家政治、文化、社会、生态文明的建设。

二 旅游产业安全的内涵

旅游——"tourism"最早出现在1811年出版的《牛津词典》中，将其解释为"离家远行，又回到家里，在此期间参观游览一个或几个地方"。《现代汉语词典》中对旅游的解释：旅行游览。由此可见，仅有旅行而没有游览，不是旅游；仅有游览，没有旅行，也不是旅游；旅游应该是旅行和游览的有机结合。

旅游产业是旅游经济活动的综合性产业。在理论研究和实践操作中，应当把旅游中具有产业特性的部分整合起来构成旅游产业，将其置于旅游系统之中。

旅游产业安全是指某一国家或者地区的旅游产业运行环境、市场需求与供给要素之间处于相互适应、协调发展、持续增长的状态，通过旅游产业的运行，旅游经济体系能够达到旅游资源的优化配置，具有可持续发展的能力。旅游产业安全可以从微观层面（旅游者与供应商）、产业层面（总体竞争力及产业与市场的协调发展）、基础层面（环境要素与产业基础）三个层次加以把握。在开放态势下，旅游产业安全指本国或本地区旅游产业运行主体能够在该领域处于主导地位，包括产业竞争力和运营安全等问题。

根据国内旅游产业发展实际，结合旅游产业安全的内涵，旅游产业安全评价体系报告主要从生态环境、产业竞争力、对外依存度及旅游资源和景区方面考察其对旅游产业安全的影响。旅游产业安全评价体系报告的评价对象之间是相互作用和相互影响的有机整体，这些有机整体共同影响着旅游产业的安全。

由于研究对象确定为旅游产业安全，旅游产业安全评价体系的研究顺其自然地将影响旅游产业安全的内因和外因作为一个研究方面，全面剖析各种因素对旅游产业安全的影响程度，为政府及相关企业提供前瞻性策略。

从改革开放到现在，旅游产业的地位得到提升，从表5-1中有关旅游产业的规定、意见和法律可以看到我国旅游产业的发展历程。

表5-1 旅游业战略演进历程

1981年	国务院第一次组织召开全国旅游工作会议,明确指出:旅游事业是一项综合性的经济事业,是国民经济的一个组成部分,是关系到国计民生的一项不可缺少的事业
1998年	中央经济工作会议将旅游业确定为国民经济新的增长点
2001年	国务院《关于进一步加快旅游业发展的通知》中指出:"树立大旅游观念,充分调动各方面的积极性,进一步发挥旅游业作为国民经济新的增长点的作用。"

续表

2006 年	《中国旅游业发展"十一五"规划纲要》明确提出,要把旅游业培育成为国民经济的重要产业
2009 年	《国务院关于加快旅游业发展的意见》正式出台,首次提出"把旅游业培育成国民经济的战略性支柱产业和人民群众更加满意的现代服务业",实现了旅游产业定位的历史性突破
	国务院出台了《关于推进海南国际旅游岛建设发展的若干意见》等一系列文件,均把旅游业发展摆上重要位置,提出了明确要求
2011 年	《中国旅游业"十二五"发展规划纲要》发布并明确提出,到"十二五"末,旅游业初步建设成为国民经济的战略性支柱产业和人民群众更加满意的现代服务业,在转方式、扩内需、调结构、保增长、促就业、惠民生等战略中发挥更大功能。旅游服务质量明显提高,市场秩序明显好转,可持续发展能力明显增强,奠定更加坚实的旅游强国基础
	根据《国务院关于同意设立"中国旅游日"的批复》(国函〔2011〕42 号),自 2011 年起,每年 5 月 19 日为"中国旅游日"
2013 年	《中华人民共和国旅游法》正式实施,对旅行社、消费者和景区之间的权责利做出详细界定,同时确定了旅游规划的法定地位。这对旅游业的规范起到了重要作用,有利于促使旅游业回归本质
	《国民旅游休闲纲要(2013~2020 年)》明确提出,到 2020 年,职工带薪年休假制度基本得到落实,城乡居民旅游休闲消费水平大幅增长,健康、文明、环保的旅游休闲理念成为全社会的共识,国民旅游休闲质量显著提高,与小康社会相适应的现代国民旅游休闲体系基本建成

三 旅游产业安全评价指数的指标构建

旅游产业安全评价体系指标由终端指标、控制因子层面指标和基础数据层面指标构成。其中,一级终端指标主要体现影响旅游产业安全的主要因素;中间层面指标主要考虑功能属性,是对一级指标的详细展开;基层指标考虑旅游产业活动的真实性与全面性,同时考虑数据的可获得性,是对中间层面指标的具体说明解释。各层次之间通过指标加权后逐级合成。

本报告综合国家旅游局发布的中国旅游统计年鉴、国家统计局发布的中国统计年鉴及国家旅游局网站公布的相关统计资料,初步构建了由生存环境、产业竞争力、对外依存度、旅游资源和景区四部分组成的旅游产业安全评价体系,如图 5-1 所示:

这四个因素相互作用,相互影响,形成一个有机整体。

```
          旅游产业安全评价体系
    ┌──────┬──────┴──────┬──────┐
  生存环境  产业竞争力  对外依存度  旅游资源和景区
```

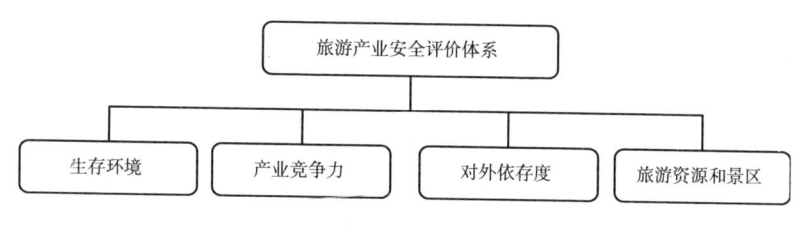

图 5-1 旅游产业安全评价指数评价体系

第三节 旅游产业安全评价指数的基础要素

一 指数的功能意义

编制旅游产业安全评价指数,目的是通过对旅游产业安全现状的分析,对旅游产业安全进行评价,解析关键的不安全因素,有针对性地提出旅游产业安全发展的策略,为国民经济与旅游产业的相互促进与发展提供了现实依据,具有实际的指导意义。

二 编制的总体思路

旅游产业安全评价指数是对国家旅游产业运行的整体安全水平进行综合评价。指数从国家旅游产业的安全性着手,建立系统、全面、科学的评价体系,主要涵盖生存环境、产业竞争力、对外依存度、旅游资源和景区四方面评价内容,运用相应的指数化评价方法进行量化评价,以客观、准确反映国家旅游产业安全不同层面的状态,为旅游产业的安全发展提供参考。

三 指数的设计原则

客观性:强调对可考可查的真实运行数据进行简约相对化处理,尽可能地减少人为复杂合成,运用可以检测和查阅的基础指标,通过可以评价和修正的权重进行计算,避免指数的灰色性、模糊性和不可追溯性,指数分析方法客观、可复制。

全面性:指标体系共包含 4 个一级指标,12 个二级指标和 35 个三级指标，尽可能地从各个角度全面反映旅游产业安全性；未来的指数研究将有一定的延展性，最大化依据社会反馈意见和建议进行修正、补充和完善。

科学性：指数指标论证经过多轮次专家意见征集和专家委员会研讨确认，每个指标都能反映旅游产业安全性某一方面的特征，各指标共同组成系统的指标体系，逻辑关系严密，符合一致性、有代表性、相关性和相对独立性要求。

权威性：所选指标主要来源于国家部委权威统计，数据规范、稳定，口径统一，易于比较、计算，评价指标含义明确。权重体系经过多轮征集、考量，具有权威性和导向性。

关于旅游产业安全评价指数的设计原则见图5-2。

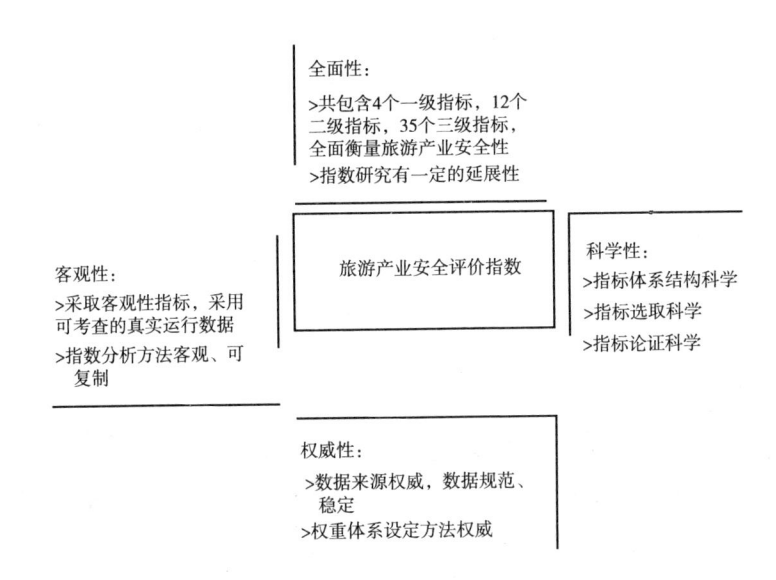

图5-2 旅游产业安全评价指数设计原则

四 指数的指标架构

根据旅游产业安全评价指数的编制思路、设计原则，确立了以客观评价指标体系为主的构建方式，指标均来自权威机构，包括国家统计局、国家旅游局等（见图5-3）。

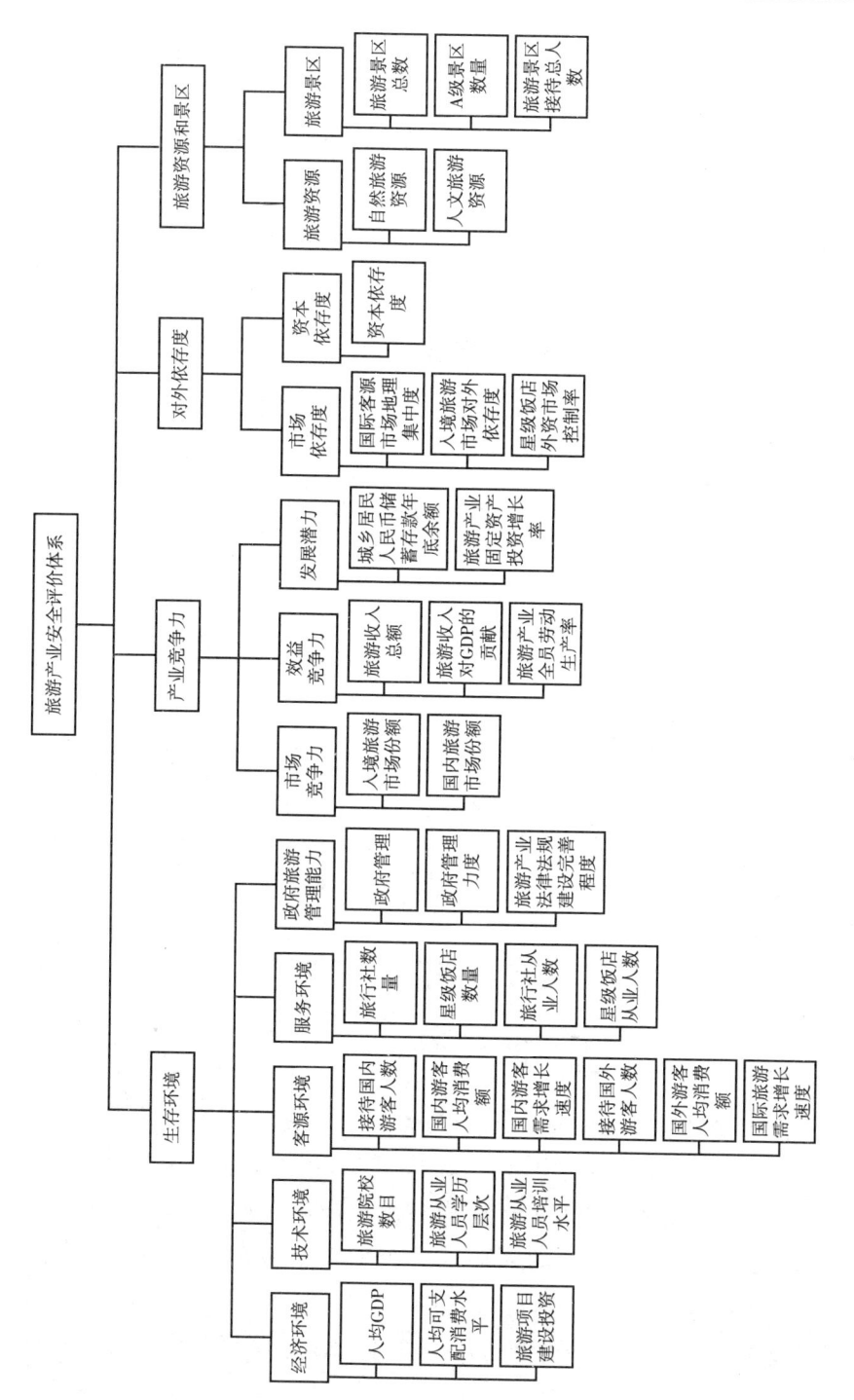

图 5-3 旅游产业安全评价指数指标框架

指数体系包括4个一级指标、12个二级指标、35个三级指标。其中，一级指标主要从生存环境、产业竞争力、对外依存度、旅游资源和景区四个维度表征旅游产业安全的内在规律；二级指标是基础功能属性对一级指标的展开；三级指标是对二级指标的度量，综合考虑了真实性和全面性，同时考虑数据的可获得性。各层次之间通过指标加权后逐级合成。

第四节 核心评价研究结果

一 总体结论

2007~2012年我国旅游产业安全评价得分结果如图5-4所示，指数总体特征如下。

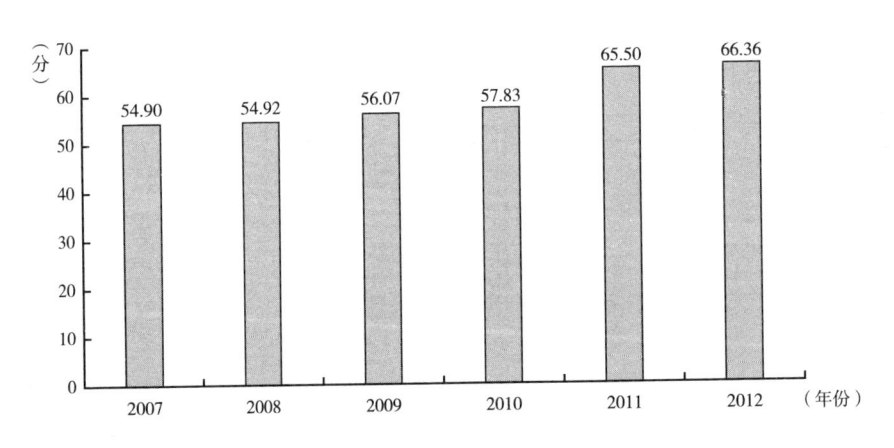

图 5-4 2007~2012年旅游产业安全评价得分

旅游产业安全评价得分总体为上升趋势，2007~2010年上升趋势较为缓慢，2011年上升趋势明显，突增到65.50分，2012年继续保持平稳增速（见图5-4）。2011年的突增得益于国家对旅游产业投资额的大幅度增加、相关政策法规的出台以及经济的明显回暖，2011年《中国旅游业"十二五"发展规划纲要》发布并明确提出，到"十二五"末，旅游业初步建设成为国民经济的战略性支柱产业和人民群众更加满意的现代服务业，在转方式、扩内需、调结构、保增长、促就业、惠民生等战略中发挥更大功能。旅游服务质量明显提高，市场秩序明显好转，可持续发展能力明显增强，奠定更加坚实的旅游强国基础。根据《国务院关于同意设立"中国旅游日"的批复》（国函〔2011〕42号），自2011年起，每年5月19日为"中国旅游日"。政策的出台对中国旅游业的整体安全性有较大的提升，上升速度加快。

二 分项指标评价结果分析

（一）生存环境

旅游产业生存环境是旅游产业得以发展的外部环境，其发展水平的高低直接影响到旅游产业的健康、可持续发展，是衡量旅游产业的重要指标。近年来我国旅游产业生存环境得分如图5-5所示。

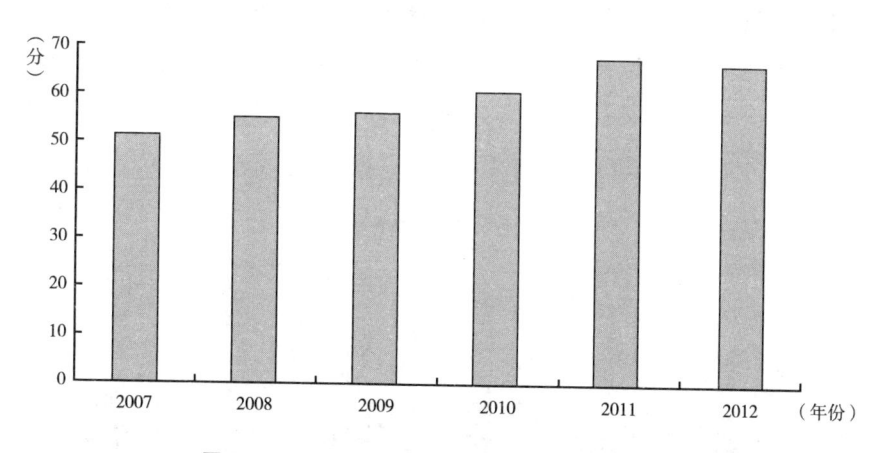

图5-5 2007~2012年旅游产业生存环境得分

由图中可以看出，我国近年来旅游产业生存环境得分分为两个阶段：第一阶段是2007~2011年，生存环境得分呈明显上升趋势，第二阶段为2011~2012年，生存环境得分出现小幅度下降。由于生存环境受到多方面因素的控制，主要包括经济环境、技术环境、客源环境、服务环境以及政府旅游管理能力五个方面，因此我们从以下五个方面的走势图来分析生存环境得分趋势的原因（见图5-6）。

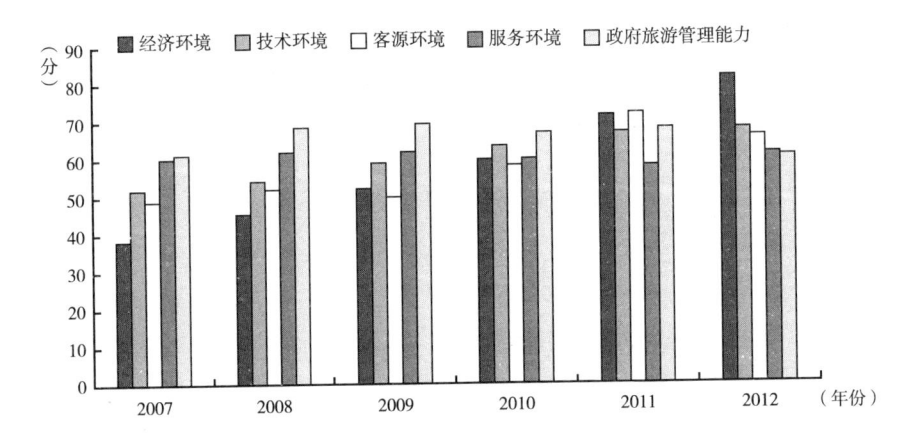

图 5-6 2007~2012 年生存环境影响因素得分

由上图可以看出,五个影响生存环境的指标因素发展趋势各具特色。

(1) 经济环境、技术环境趋势大体相同,一直呈明显上升趋势。其中,经济环境上升趋势迅猛,而技术环境相对于经济环境而言上升趋势平稳而缓慢。我们着重看一下技术环境的影响因素得分趋势,如图 5-7 所示。

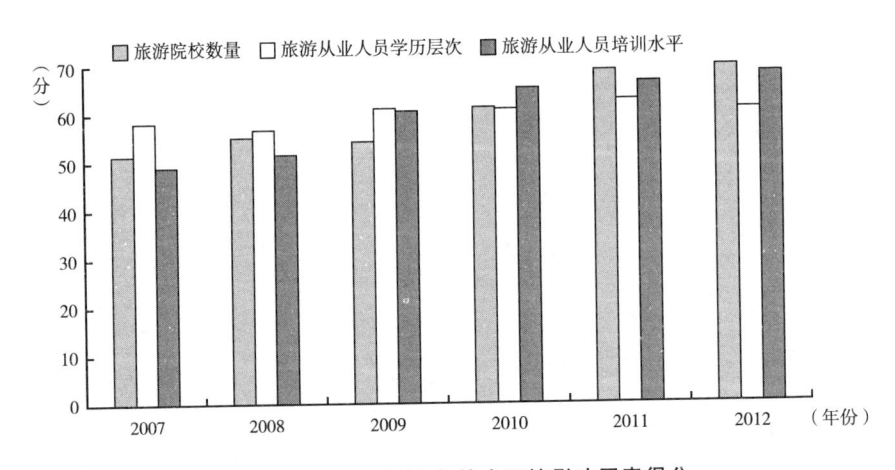

图 5-7 2007~2012 年技术环境影响因素得分

虽然说客源环境是生存环境的重要保障,但是技术环境可谓是生存环境的后勤保障。如果技术环境不能够及时跟上去,它对其他四个因素的制约是不容小觑的，会导致严重的后果，很大程度上威胁着旅游产业的安全性。从上图中影响技术环境的三个指标来看，旅游从业人员培训水平得分一直处于上升趋势，由此可以看出国家对旅游行业从业人员的培训在逐年增加，并且意识到从业人员水平的重要性。虽然旅游院校数量和旅游从业人员学历层次得分趋势有升有降，但是综观2007年和2012年可以发现，2012年较2007年都有大幅度的提升。由此可见国家对于旅游产业技术环境的重视程度。而技术环境的稳步上升也为生存环境的健康发展提供了强大的动力。

（2）客源环境可谓是有升有降。2008年客源环境明显增加，虽然金融危机在全球范围内影响巨大，我国也受到不同程度的影响和波动，但是2008年奥林匹克运动会在我国的成功举办对我国客源环境的快速增长提供了强大的动力，因此2008年的客源环境得分稳中有升。

（3）服务环境先升后降，2012年涨幅明显。服务环境2012年大幅上涨的主要原因是其影响因素——旅行社数量、星级饭店数量、从业人员数量都有不同层次的增加，进而使得服务环境的得分增加，这也从另一方面反映出人们对旅游行业的信心。

（4）政府旅游管理能力是升降交替进行，2012年有所回落。2012年国家没有出台旅游产业的相关法律法规，导致旅游产业法律法规完善程度这一指标得分下降，而旅游产业法律法规完善程度对政府旅游管理能力有较大影响，从而进一步导致其得分的下降。

综合来看，导致生存环境2012年得分下降的主要因素是客源环境和政府旅游管理能力。这两个指标与生存环境的变动趋势相近，并且从权重角度来看，客源环境和政府旅游管理能力的总权重占到了50%，尤其是客源环境0.35的权重对生存环境的影响最大。

旅游产业生存环境是旅游产业安全发展的前提因素，在整个旅游产业安全评价体系中具有至关重要的作用。旅游产业的安全发展离不开生存环境的保障，只有生存环境健康有序、稳定协调，才能保障旅游产业的安全。而旅游产业生存环境又离不开经济环境、技术环境、客源环境、服务环境以及政府旅游管理能力的相互协调、相互促进。政府应大力促进旅游业的发展，包括增加对旅游产业的投资，颁布鼓励发展旅游产业的相关政策，着重加强旅游产业相关人才的建设，只有这样，才能吸引更多的人进入旅游产业中来，并为旅游产业的发展贡献自己的一分力量。

(二) 产业竞争力

旅游产业竞争力是旅游产业具有生存、发展权利的关键因素，在保证生存环境安全持续的前提下，旅游产业的竞争力对于旅游产业的发展起着决定性的作用。只有产业竞争力提高上去，才能带动整个旅游产业的发展，使得旅游产业更加有活力、更好地在众多产业中站稳。近年来我国旅游产业竞争力的得分趋势如图5-8所示。

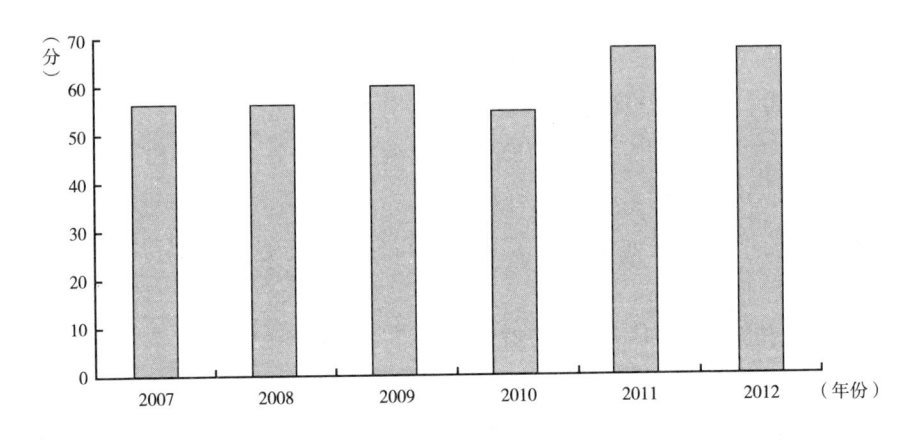

图 5-8 2007~2012 年产业竞争力得分

由上图可以看出，近年来我国旅游产业的竞争力升降交替，2010年下降趋势明显，而2011年上升势头猛进。由于旅游产业竞争力由市场竞争力、效益竞争力和发展潜力三方面因素决定，因此我们分别从三个方面来分析旅游产业竞争力得分趋势的主要原因。近年来，旅游产业竞争力影响因素的得分趋势如图5-9所示：

由图5-9可以看出，市场竞争力、效益竞争力和发展潜力的得分趋势各不相同，趋势变化明显，上下波动较大。

(1) 市场竞争力一直处于持续下降趋势，走势缓慢。主要原因在于，金融危机的影响使得入境旅游人数有所回落，由于经济危机对国内市场的冲

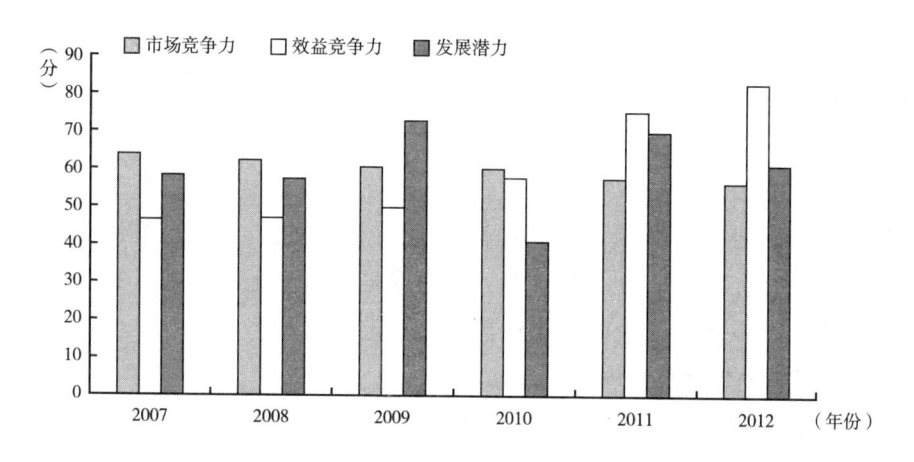

图 5-9 2007~2012 年产业竞争力影响因素得分

击,国内游客的数量也有小幅度下降的趋势,因此近几年市场竞争力的趋势缓慢下降。

(2) 效益竞争力一直处于上升趋势,且上升趋势迅猛。尤其是 2009 年以后,上升势头强劲,这与我国旅游行业相关法律法规的发布以及政策上的支持有很大的关系。2009 年,《国务院关于加快旅游业发展的意见》正式出台,首次提出"把旅游业培育成国民经济的战略性支柱产业和人民群众更加满意的现代服务业",实现了旅游产业定位的历史性突破。同年国务院又出台了《关于推进海南国际旅游岛建设发展的若干意见》等一系列文件,均把旅游业发展摆上重要位置,提出了明确要求。这一系列政策的出台,突出表明了国家对旅游业发展大力支持的态度,从而使旅游业全员劳动生产率增加,进而使旅游效益竞争力增加。

(3) 发展潜力得分趋势升降交替。与整个产业竞争力的得分趋势大致相同,但是波动幅度较前者大很多。这是由于产业竞争力受到三方面因素的影响,市场竞争力和效益竞争力缓和了发展潜力的影响趋势,最终产业竞争力的波动幅度较小。而发展潜力波动较大的原因除了受城乡居民人民币储蓄存款年底余额的影响外,还受制于旅游产业固定资产投资增长率。由于国家对相关产业的投资份额逐年递增,但是对旅游产业的投资力度幅度变动不大,因此旅游产业固定资产投资增长率有较大幅度的波动。

综上所述，旅游产业竞争力的发展离不开市场竞争力、效益竞争力和发展潜力的相互作用、相互影响。但是，近年来市场竞争力的持续下降趋势给我们敲响了警钟，大量客源的外流是导致这种趋势的重要原因。要遏制这种趋势的持续发展，除了需要国家出台相关政策促进旅游业的发展外，旅游产业还需要从自身寻找原因，不断提高自身的素质，完善旅游产业内部的规范，只有这样才能吸引更多的游客，从而促进旅游产业的发展，提高旅游产业竞争力，增强旅游产业的安全性能。

（三）对外依存度

旅游产业是对外开放较早、开放程度较大的产业，外资大量进入旅游酒店、旅行社、旅游景区开发等领域，这对于弥补我国建设资金不足、借鉴学习管理经验等方面具有一定的贡献。但是，资本的根本目的是获利，并且资本与国家利益直接联系，外资通过各种渠道，占领并控制旅游市场，将产生更大的旅游外汇漏损，同时也造成我国旅游产业对国外资本、技术、管理的依赖，旅游产业发展的独立自主性将大大降低，影响旅游产业发展的安全。近年来，我国旅游产业的对外依存度如图5-10所示。

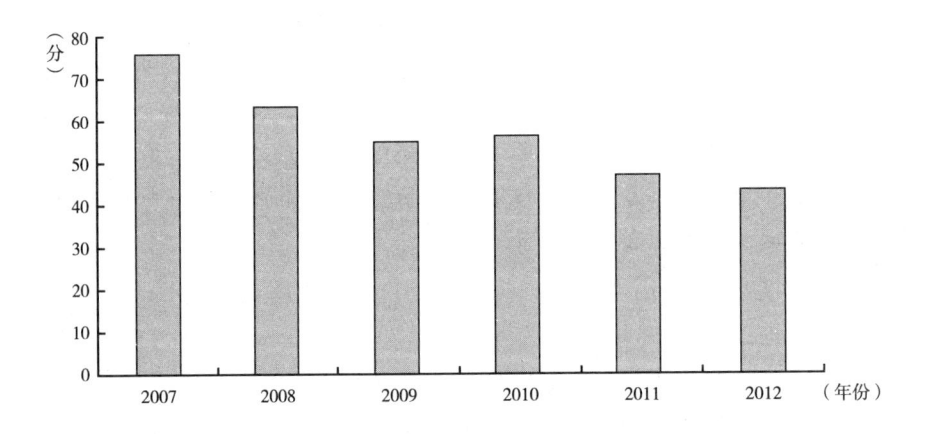

图 5-10　2007~2012 年对外依存度得分

由上图可以看出，我国近年来对外依存度总体呈下降趋势，除 2010 年有小幅度回升外，其他年份的对外依存度得分都呈下降态势，且下降幅度很大。这表明我国旅游产业正在逐步减少对外资的依存程度，我国政府对旅游产业的各项投资额度越来越大，这是一个好的势头，对我国旅游产业的发展以及旅游产业的安全都有极大的促进作用。由于旅游产业对外依存度取决于市场依存度和资本依存度两方面的因素，因此图 5-11 呈现我国近年来市场依存度和资本依存度的得分趋势。

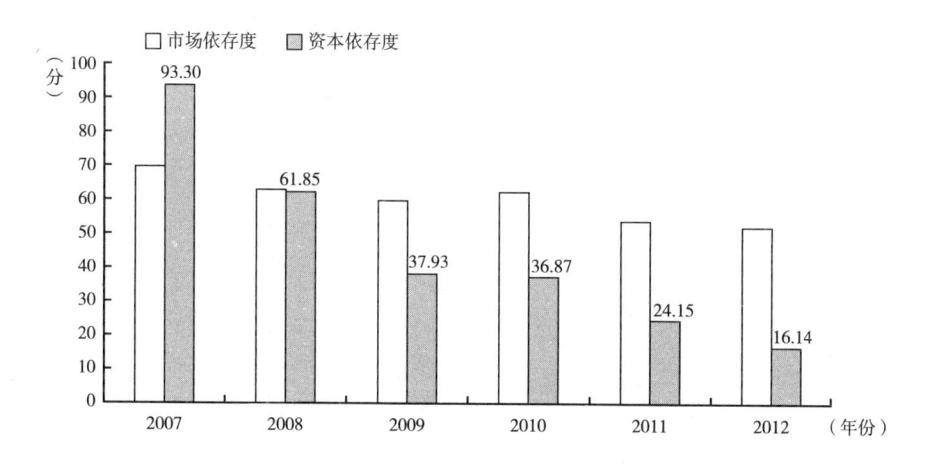

图 5-11　2007~2012 年对外依存度影响因素得分

从上图可以看出，市场依存度和资本依存度的趋势都是逐步下降的。尤其是资本依存度下降趋势明显，从 2007 年的 93.30 下降到 2012 年的 16.14，充分表明我国旅游产业对外资的依存程度在大幅度地下降。而市场依存度的下降趋势较为缓慢，这是因为市场依存度受到国际客源市场地理集中度、入境旅游市场对外依存度和星级饭店外资市场控制率三方面因素的制约，虽然星级饭店外资市场控制率是影响因素之一，且下降趋势较为明显，但是国际客源市场地理集中度以及入境旅游市场对外依存度这两个因素在一定程度上缓和了星级饭店外资市场控制率的下降程度，因此市场依存度下降趋势比较平缓。

综合而言，对外依存度与我国旅游产业安全呈反向相关关系。对外依存度越高，我国旅游产业安全系数越低，反之，对外依存度越低，我国旅游产业安全系数越高。从我国近年来的对外依存度得分可以看出，我国政府充分意识到对外依存度对我国旅游产业安全发展的制约，因此大力加强对旅游产业的投资，减少外资对我国旅游产业的投入，保证了我国旅游产业的健康安全发展。

（四）旅游资源和景区

旅游资源和景区是自然界的造化和人类文明的成果，是旅游产业发展的核心载体，是最主要和最根本的旅游供给。我国是旅游资源大国，旅游资源和景区是重要的国际旅游竞争优势，是旅游产业安全的重要因素。图5-12是我国近年来旅游资源和景区的得分情况。

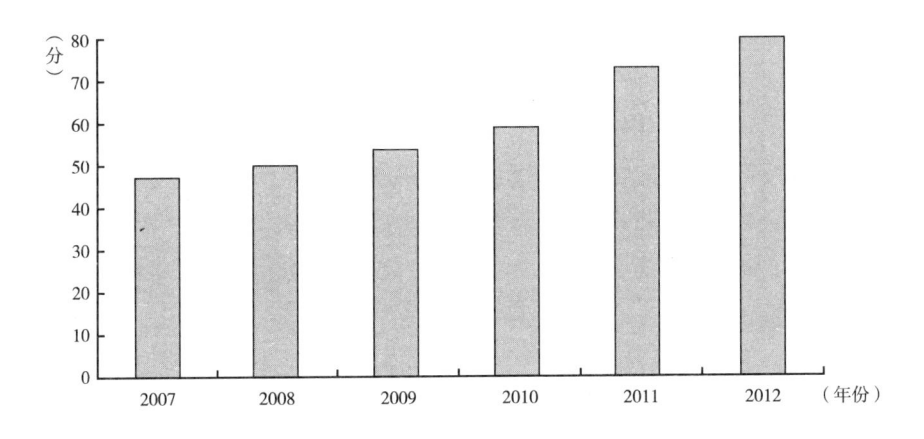

图5-12　2007~2012年旅游资源和景区得分

由上图可以看出，我国旅游资源和景区的得分情况呈上升趋势，并主要分为两个阶段：第一阶段是2007~2010年，我国旅游资源和景区得分趋势稳步上升；第二阶段是2010~2012年，我国旅游资源和景区得分趋势突飞猛进，实现大踏步前进。

旅游资源和景区主要受旅游资源和旅游景区两方面因素的影响。旅游资源由人文资源和自然资源两个三级指标构成，旅游景区由旅游景区总数、5A级景区数量和旅游景区接待总人数三个三级指标构成。良好的旅游资源状况以及丰富的旅游资源存量是旅游业发展的基础和前提，而旅游景区是旅游产业发展得以实现的重要基础。二者缺一不可、相互作用，影响着我国旅游产业的安全性。图5-13是我国近年来旅游资源和旅游景区得分情况的趋势图。

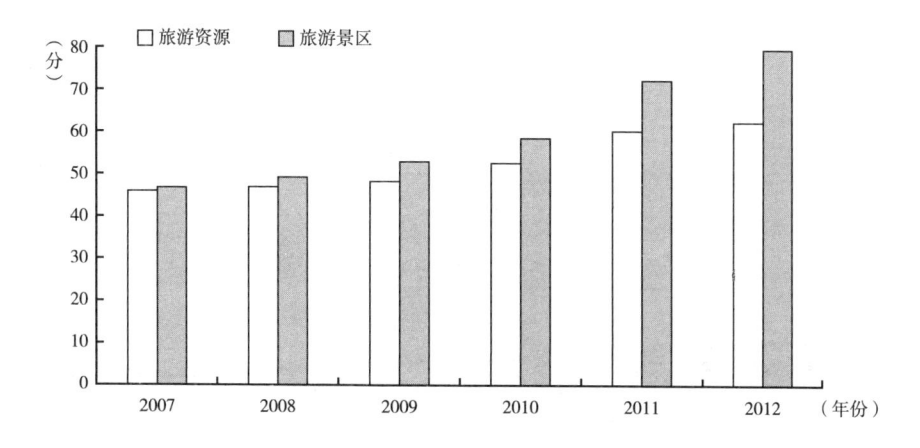

图5-13 2007~2012年旅游资源和景区影响因素得分

从图5-13可以看出，我国近年来旅游资源和旅游景区的得分呈上升趋势，与一级指标旅游资源和景区的趋势是相同的。尤其是旅游景区，其上升趋势较为强劲，在2010年以后上升趋势更加明显，这主要得益于经济的回暖，旅游人数增加，从而旅游景区接待总人数增加，进一步使旅游景区呈上升趋势。

综合生存环境、产业竞争力、对外依存度、旅游资源和景区四个一级指标来看，生存环境、产业竞争力、旅游资源和景区三个影响因素与旅游产业安全呈正相关，而对外依存度与旅游产业安全呈负相关，但四个因素都是旅游产业安全发展不可或缺的。它们之间相互促进、相互作用，影响着我国旅游产业的安全。鉴于对上述各级指标的对比分析以及趋势图走向，我国政府应在逐步减少对外依存度的同时，制定与旅游产业相关的优惠政策以及支持鼓励政策，加大对旅游相关产业的投资力度，尤其要注重对旅游相关人才的培养，确保后备力量充足，为旅游产业的健康发展提供源源不断的动力。并且要加大力度整顿不合规的旅行社、星级饭店等旅游相关企业，为旅游产业的安全发展打造一片净土。与此同时，旅游行业自身也要加强素质建设，提高整个旅游产业的综合素质，做到依法规划、依规发展，从而保证旅游行业合理竞争、合理发展、健康发展。此外，旅游产业的发展离不开人民群众的大力监督。在遵守国家制定的相关旅游法律法规的情况下，广大群众要积极监督旅游行业的相关行为，发现违法违规行为要及时报告给有关机关，只有这样，才能减少旅游行业现存的一些不合理现象。在政府、群众、旅游行业三者的共同合作下，旅游产业能够更加健康有序、可持续发展，从而进一步保障旅游产业的安全。

第五节 指数的研究方法概述

一 指数编制的流程要素

旅游产业安全评价指数研究路线，分六个步骤（见图 5-14）。

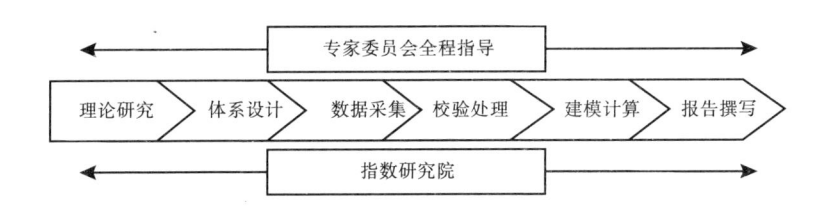

图 5-14 旅游产业安全评价指数研发流程

第一步，指数理论研究，通过对相关文献资料的收集及整理，全面了解旅游产业安全评价指数的理论基础和发展现状。对政府机构、研究学者、业界专家等进行深度访谈，听取各方专家对指数编制方法、思路及指标选取的建议。

第二步，指标体系设计，国家金融信息中心指数研究院研发、构建旅游产业安全评价指标体系，并组织专家委员会进行认证。

第三步，数据采集处理，通过国家旅游局、国家统计局、中国旅游统计年鉴等多个渠道，完成指标数据的初步采集工作。

第四步，数据校验处理，通过专家反复论证，对数据多方位对比监测，并同步标准化处理相关指标数据。

第五步，指数模型计算，在前期理论研究基础上，根据指标之间的关联性，建立指数模型，并计算得出指数结果。

第六步，指数报告撰写，在指数专家委员会的指导下完成指数报告。

二 指标体系与指标解释

(一) 指标体系

表 5-2 指标体系

一级指标		二级指标		三级指标	
名称	权重	名称	权重	名称	权重
旅游产业安全评价体系		生存环境(A_1)	0.35	经济环境(B_1)	0.15
				人均GDP(C_1)	0.48
				人均可支配消费水平(C_2)	0.29
				旅游项目建设投资额(C_3)	0.23
				技术环境(B_2)	0.20
				旅游院校数量(C_4)	0.33
				旅游从业人员学历层次(C_5)	0.21
				旅游从业人员培训水平(C_6)	0.46
				客源环境(B_3)	0.35
				接待国内旅游者人数(C_7)	0.32
				国内游客人均消费额(C_8)	0.18
				国内旅游需求增长速度(C_9)	0.15
				接待国外旅游者人数(C_{10})	0.20
				国际客人均消费额(C_{11})	0.08
				国际旅游需求增长速度(C_{12})	0.07
				服务环境(B_4)	0.15
				旅行社数量(C_{13})	0.17
				星级饭店数量(C_{14})	0.28
				旅行社从业人数(C_{15})	0.21
				星级饭店从业人数(C_{16})	0.34
				政府旅游管理能力(B_5)	0.15
				政府管理效能(C_{17})	0.33
				政府支持力度(C_{18})	0.28
				旅游产业法律法规建设完善程度(C_{19})	0.39
		产业竞争力(A_2)	0.25	市场竞争力(B_6)	0.4
				入境旅游市场份额(C_{20})	0.25
				国内旅游市场份额(C_{21})	0.75
				效益竞争力(B_7)	0.35
				旅游收入总额(C_{22})	0.49
				旅游收入对GDP贡献率(C_{23})	0.32
				旅游产业全员劳动生产率(C_{24})	0.19
				发展潜力(B_8)	0.25
				城乡居民人民币储蓄存款年底余额(C_{25})	0.4
				旅游产业固定资产投资增长率(C_{26})	0.6
		对外依存度(A_3)	0.15	市场依存度(B_9)	0.75
				国际客源市场地理集中度(C_{27})	0.45
				入境旅游市场对外依存度(C_{28})	0.3
				星级饭店外资市场控制率(C_{29})	0.25

续表

	一级指标		二级指标		三级指标	
	名称	权重	名称	权重	名称	权重
旅游产业安全评价体系	对外依存度(A_3)	0.15	资本依存度(B_{10})	0.25	外资依存度(C_{30})	1.0
	旅游资源和景区(A_4)	0.25	旅游资源(B_{11})	0.4	自然旅游资源(C_{31})	0.4
					人文旅游资源(C_{32})	0.6
			旅游景区(B_{12})	0.6	旅游景区总数(C_{33})	0.3
					5A级景区数量(C_{34})	0.2
					旅游景区接待总人数(C_{35})	0.5

(二) 指标解释

A_1 生存环境

主要指旅游产业得以发展的外部环境,其发展水平的高低直接影响旅游产业的健康、可持续发展,旅游产业安全发展的基本因素,主要包括经济环境、技术环境、客源环境、服务环境和政府旅游管理能力五个方面。

A_2 产业竞争力

主要反映国家旅游产业的竞争力水平,是旅游产业安全发展的关键因素,主要包括市场竞争力、效益竞争力和发展潜力三个方面。

A_3 对外依存度

反映我国旅游产业对外资的依赖程度,对外依存度越高,我国旅游产业发展的相对独立性越低,旅游产业安全性越低;反之,对外依存度越低,我国旅游产业发展的相对独立性越高,旅游产业安全性越高。具体包括市场依存度和资本依存度两个方面。

A_4 旅游资源和景区

反映我国旅游产业的现存资源和景区的整体情况。包括旅游资源和旅游景区两个方面。

B_1 经济环境

主要指旅游产业发展的基本动力,经济发展环境的波动直接影响到旅游市场需求规模的变动,具体包括人均GDP、人均可支配消费水平和旅游项目建设投资额三个方面。

B_2 技术环境

主要指旅游产业的技术支撑。整个旅游产业的发展离不开技术的支持，技术环境的完善程度决定了整个旅游产业的动力水平。具体包括旅游院校数量、旅游从业人员学历层次以及旅游从业人员培训水平三个方面。

B_3 客源环境

反映了整个旅游产业的发展状况。主要包括接待国内旅游者人数、国内游客人均消费额、国内旅游需求增长速度、接待国际旅游者人数、国际旅游者人均消费额、国际旅游需求增长速度六个方面。

B_4 服务环境

是我国旅游产业发展的重要支撑点，是旅游产业得以健康、持续发展的重要基石。具体包括旅行社数量、星级饭店数量、旅行社从业人数、星级饭店从业人数四个方面。

B_5 政府旅游管理能力

反映政府对旅游产业发展的管理水平，其管理水平的高低直接影响到旅游产业的健康发展。具体包括政府管理效能、政府支持力度和旅游产业法律法规建设完善程度三个方面。

B_6 市场竞争力

通过旅游市场份额的大小来衡量旅游产业的竞争水平。具体包括入境旅游市场份额和国内旅游市场份额两方面。

B_7 效益竞争力

反映我国旅游产业的赢利能力，主要包括旅游收入总额、旅游收入对 GDP 贡献率、旅游产业全员劳动生产率三个方面。

B_8 发展潜力

反映旅游产业未来的发展能力，包括城乡居民人民币储蓄存款年底余额、旅游产业固定资产投资增长率两个方面。

B_9 市场依存度

测算我国旅游市场对外部市场的依存程度，包括国际客源市场地理集中度、入境旅游市场对外依存度和星级饭店外资市场控制率三个方面。

B_{10} 资本依存度

反映旅游产业发展对国际资本的依存程度，用外资依存度的指标来衡量。依赖程度越高，安全度越低。

B_{11} 旅游资源

反映我国现存的可供游客参观游玩的旅游资源，主要包括自然旅游资源和人文旅游资源两个方面。

B_{12} 旅游景区

包括旅游景区总数、5A 级景区数量和旅游景区接待总人数三个方面。

C_1 人均 GDP

主要指国民人均收入水平，国民人均收入水平的高低直接影响到其消费水平，从而进一步影响国民在旅游等休闲娱乐项目上的消费。国民人均收入越高，越能够促进旅游市场规模的稳定增长，反之，则对其起到抑制作用。

C_2 人均可支配消费水平

主要指居民可用于消费支出的平均程度。人均可支配消费水平与旅游业的发展是成正比的，人均可支配消费水平越高，旅游产业的发展越好，反之，会阻碍其发展。

C_3 旅游项目建设投资额

主要指政府对旅游业的投资程度。政府对旅游行业的投资力度越大，其促进作用越强，对旅游业的可持续发展提供源源不断的动力。

C_4 旅游院校数量

直观上说明了我国对旅游业的发展程度。旅游院校数量越多，说明整个旅游行业的人员需求越大，行业的整体发展水平越高，反之，则说明行业发展水平有所下降。

C_5 旅游从业人员学历层次

反映了旅游从业人员的学历水平。随着旅游业的发展水平越来越高，对高层次旅游人才的需求也越来越大。因此，政府通过培养不同层次的旅游人才来满足社会的各类需求。旅游从业人员学历层次可以用旅游院校中高等院校的数量与全部院校的数量之比来衡量。具体计算公式如下：

$$旅游从业人员学历层次 = \frac{中高等院校数量}{旅游院校总数} \times 100\%$$

C_6 旅游从业人员培训水平

反映旅游行业从业人员的整体层次水平，进而说明整个旅游产业的发展水平。通过对旅游人员进行培训，提高其从业水平，对整个旅游产业的发展起到促进作用。

C_7 国内旅游者人数

主要指我国境内人员进行国内游的出行旅游人数，包括国内（过夜）旅游者和国内一日游游客。

C_8 国内游客人均消费额

主要指国内旅游者在国内旅游期间的人均消费额。

C_9 国内旅游需求增长速度

主要指国内旅游者的年增长速度，以此来衡量旅游业的发展趋势。

C_{10} 接待国际旅游者人数

主要指来我国观光、度假、探亲访友、就医疗养、购物、参加会议或从事经济、文化、体育、宗教活动的外国人、港澳台同胞等入境游客。包括入境（过夜）旅游者和入境一日游游客。

C_{11} 国际旅游者人均消费额

主要指国际游客在我国旅游期间的人均消费额。

C_{12} 国际旅游需求增长速度

主要指国际游客每年的增长速度，是衡量我国旅游业发展趋势的重要指标。

C_{13} 旅行社数量

主要指我国从事旅行行业相关业务的单位数量。旅行社数量与我国旅游产业的发展呈正比例关系。

C_{14} 星级饭店数量

主要指已被评定为星级的饭店。星级饭店数量同样与我国旅游产业的发展呈正比例关系。

C_{15} 旅行社从业人数

主要指旅行社中从事旅游相关行业的从业人员数量。

C_{16} 星级饭店从业人数

指星级饭店中从事服务行业的人员数量。

C_{17} 政府管理效能

主要是衡量政府对旅游产业进行宏观管理的能力。政府对旅游产业具有高效的管理能力，设立旅游产业安全管理机构，建立并完善旅游产业安全预警系统，制定旅游产业安全管理预案，在旅游危机发生时，政府能有效应对危机事件，促使旅游产业迅速恢复。政府管理效能可用政府消费支出占国内生产总值（GDP）的比重进行测算，比值越小表明政府效率越高，比值越大表明政府效率越低。计算公式如下：

$$政府管理效能 = \frac{政府消费支出}{国内生产总值} \times 100\%$$

C_{18} 政府支持力度

主要是衡量政府对旅游产业的支持程度。政府通过自身对旅游产业的经费支出以及大力宣传等措施来支持旅游产业。政府支持力度可用政府的旅游发展基金占政府财政支出总额的比重进行衡量，比值越大表明支持力度越大，比值越小表明政府支持力度越小。计算公式如下：

$$政府支持力度 = \frac{政府旅游发展基金}{政府财政支出总额} \times 100\%$$

C_{19} 旅游产业法律法规建设完善程度

主要是衡量政府对旅游产业的规范程度。政府通过制定法律法规来规范与完善旅游产业，让旅游产业有法可依，秩序井然。旅游产业法律法规建设完善程度用虚拟变量进行衡量，发布法律法规的年份用 1 表示，没有发布法律法规的年份用 0 表示。具体表示方式如下：

$$旅游产业法律法规完善程度 = \begin{cases} 1, 该年度有法律法规颁布 \\ 0, 该年度没有法律法规颁布 \end{cases}$$

C_{20} 入境旅游市场份额

主要指国际旅游者来我国旅游期间的消费总额占旅游产业总收入的比重，比重越大，表明旅游产业的国际竞争力越强。计算公式如下：

$$入境旅游市场份额 = \frac{国际旅游者消费总额}{旅游产业总收入} \times 100\%$$

C_{21} 国内旅游市场份额

主要指国内游客在我国境内旅游期间的消费总额占旅游产业总收入的比重，比重越大，表明旅游产业的国内竞争力越强。计算公式如下：

$$国内旅游市场份额 = \frac{国内旅游者消费总额}{旅游产业总收入} \times 100\%$$

C_{22} 旅游收入总额

表明报告期内我国旅游市场的总收入，包括入境旅游收入和国内旅游收入两部分。

C_{23} 旅游收入对 GDP 贡献率

表明我国旅游总收入对国民生产总值的贡献程度，是衡量旅游产业重要性的指标。

C_{24} 旅游产业全员劳动生产率

是衡量旅游产业经济活动的重要指标。

C_{25} 城乡居民人民币储蓄存款年底余额

通过衡量城乡居民的消费能力，进一步反映旅游产业的发展潜力。

C_{26} 旅游产业固定资产投资增长率

反映国家对旅游产业投资额度的增长程度。

C_{27} 国际客源市场地理集中度

反映我国旅游业国际客源的集中程度，若国际客源过于集中，当客源地发生经济危机或政治动荡时，容易引起我国旅游业客源大幅减少，因此应适当降低客源的地理集中度。具体计算方式如下：

$$G = 100 \times \sqrt{\sum_{i=1}^{n} \left(\frac{x_i}{T}\right)^2}$$

式中：G——客源市场地理集中度　X_i——旅游目的地接待第 i 客源地游客量　T——旅游目的地接待游客总量　n——客源地数量

C_{28} 入境旅游市场对外依存度

反映旅游产业的生存对入境旅游的依赖程度。入境旅游市场对外依存度用入境旅游外汇收入占旅游产业总收入的比重来衡量。具体计算公式如下：

$$入境旅游市场对外依存度 = \frac{入境旅游外汇收入}{旅游产业总收入} \times 100\%$$

C_{29} 星级饭店外资市场控制率

反映外资控制企业对旅游饭店行业市场控制程度。用外资饭店营业收入占星级饭店营业收入的比重来衡量。具体计算公式如下：

$$星级饭店外资市场控制率 = \frac{外资饭店营业收入}{星级饭店营业收入} \times 100\%$$

C_{30} 外资依存度

指外商投资转化为固定资产投资的能力，用外商对住宿餐饮业直接投资与住宿餐饮业固定资产总投资的比值来衡量。具体计算公式如下：

$$外资依存度 = \frac{外商对住宿餐饮业直接投资}{住宿餐饮业固定资产总投资} \times 100\%$$

C_{31} 自然旅游资源

主要是指各种地理环境或生物构成的自然景观。

C_{32} 人文旅游资源

主要指人类创造的，反映各时代各民族政治、经济、文化和社会风俗民情状况的旅游资源。

C_{33} 旅游景区总数

主要指我国现存的旅游景区的数量，是衡量我国旅游产业发展情况的重要指标。

C_{34} 5A 级旅游景区数量

反映我国景区层次的指标。

C_{35} 旅游景区接待总人数

反映我国旅游景区每年接待游客人数，包括入境游客和国内游客两部分。

三 模型计算

（一）权重体系设定

旅游产业安全评价指数权重体系设定采用层次分析法（AHP 算法）。

层次分析法的基本原理是依据具有递阶结构的目标、子目标（准则）、约束条件、部门等来评价方案，采用两两比较的方法确定判断矩阵，然后把判断矩阵的最大特征值相对应的特征向量分量作为相应的系数，最后综合给出各方案的权重（优先程度）。

AHP 算法的基本过程，大体可以分为如下六个步骤，如图 5-15 所示。

（1）明确问题。即弄清楚问题的范围、所包含的因素、各因素之间的

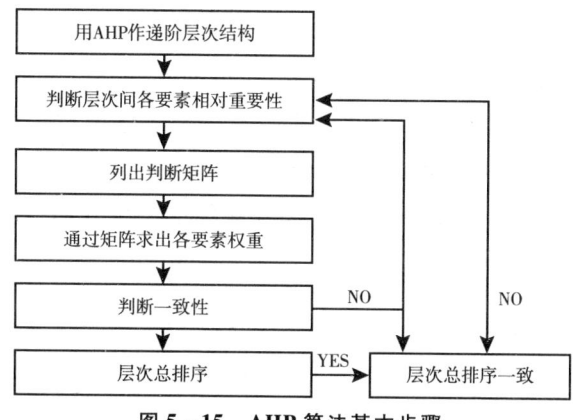

```
用AHP作递阶层次结构
        ↓
判断层次间各要素相对重要性  ←──┐
        ↓                      │
列出判断矩阵                    │
        ↓                      │
通过矩阵求出各要素权重          │
        ↓                      │
判断一致性 ──NO────────────────┤
        ↓                      │
层次总排序 ──YES→ 层次总排序一致─NO┘
```

图 5–15　AHP 算法基本步骤

关系等，以便尽量掌握充分的信息。

（2）建立层次结构。在这一步骤中，要求将问题所含的因素进行分组，把每一组作为一个层次，按照最高层（目标层）、若干中间层（准则层）以及最低层（方案层）的形式排列起来。如果某一个元素与下一层的所有元素均有联系，则称这个元素与下一层次存在完全层次的关系；如果某一个元素只与下一层的部分元素有关联，则称这个元素与下一层次存在不完全层次关系。层次之间可以建立子层次，子层次从属于主层次中的某一个元素，它的元素与下一层的元素有联系，但不形成独立层次。

（3）构造判断矩阵。这个步骤是层次分析法的一个关键步骤。判断矩阵表示针对上一层次中的某元素而言，评定该层次中各有关元素相对重要性的状况。设有 n 个指标，$\{A_1, A_2, \cdots, A_n\}$，$a_{ij}$ 表示 A_i 相对于 A_j 的重要程度判断值。a_{ij} 一般取 1，3，5，7，9 五个等级标度，其意义为：1 表示 A_i 与 A_j 同等重要；3 表示 A_i 较 A_j 重要一点；5 表示 A_i 较 A_j 重要得多；7 表示 A_i 较 A_j 更重要；9 表示 A_i 较 A_j 极端重要。而 2，4，6，8 表示相邻判断的中值，当五个等级不够用时，可以使用这几个数值。

（4）层次单排序。层次单排序的目的是对于上层次中的某元素而言，确定本层次与之有联系的元素重要性的次序。它是本层次所有元素对上一层次而言的重要性排序的基础。

若取权重向量，则有：

$$AW = \lambda \max W$$

λ 是 A 的最大正特征值,那么 W 是 A 的对应于 λ 的特征向量。从而层次单排序转化为求解判断矩阵的最大特征值 $\lambda_{\max}$ 和它所对应的特征向量,就可以得出这一组指标的相对权重。

为了检验判断矩阵的一致性,需要计算它的一致性指标:

$$CI = \frac{\lambda_{\max} - n}{n - 1}$$

当 $CI = 0$ 时,判断矩阵具有完全一致性;反之,CI 越大,则判断矩阵的一致性就越差。

(5) 层次总排序。利用同一层次中所有层次单排序的结果,就可以计算针对上一层次中而言的本层次所有元素的重要性权重值,这就称为层次总排序。层次总排序需要从上到下逐层顺序进行。对于最高层,其层次排序就是其总排序。

若上一层次所有元素 A_1,A_2,$\cdots$,A_n 的层次总排序已经完成,得到的权重值分别为 a_1,a_2,$\cdots$,a_n 与 a_j 对应的本层次元素 B_1,B_2,$\cdots$,B_n 的层次单排序结构为 $[b_{1j}, b_{2j} \cdots, b_{nj}]^T$,这里,当 B_i 与 A_j 无联系时,$b_{ij} = 0$。

(6) 一致性检验。为了评价层次总排序的计算结果的一致性,类似于层次单排序,也需要进行一致性检验。

$$CI = \sum_{j=1}^{m} a_j CI_j$$
$$RI = \sum_{j=1}^{m} a_j RI_j$$
$$CR = \frac{CI}{RI}$$

CI 为层次总排序的一致性指标,CI_j 为与 a_j 对应的 B 层次中判断矩阵的一致性指标;RI 为层次总排序的随机一致性指标,RI_j 为与 a_j 对应的层次中判断矩阵的随机一致性指标;CR 为层次总排序的随机一致性比例。同样,当 $CR < 0.10$ 时,则认为层次总排序的计算结果具有令人满意的一致性;否则,就需要对本层次的各判断矩阵进行调整,从而使层次总排序具有令人满意的一致性。

（二）原始数据的处理

旅游产业安全评价指数的计算采用国际上流行的标杆分析法（Benchmarking），即洛桑国际竞争力评价采用的方法。标杆分析法是目前国际上广泛应用的一种评价方法，其原理是：对被评价的对象给出一个基准值，并以此标准去衡量所有被评价的对象，从而发现彼此之间的差距，给出排序结果。

对选取的六年数据的35个三级指标原始数值进行指标的无量纲归一化处理。

无量纲化是为了消除多指标综合评价中，计量单位上的差异和指标数值的数量级、相对数形式的差别，解决指标的可综合性问题。

三级指标采用直线型无量纲化方法，即

$$y_{ij} = \frac{x_{ij} - \min x_{ij}}{\max x_{ij} - \min x_{ij}}$$

式中 i：1~6；j：1~35。

（三）分类指数的合成方法

本体系的二级指标由经济环境、技术环境、客源环境、服务环境、政府旅游管理能力、市场竞争力、效益竞争力、发展潜力、市场依存度、资本依存度、旅游资源和旅游景区这十二类指标构成。将某一类指标的所有无量纲化后的数值与权重按如下公式计算就得到分指数 I_i（第 i 项分指数）。

$$I_i = \sum_{l=1}^{n} x_l w_l$$

其中，$i = 1, 2, \cdots, 12$；n 表示第 i 项分指数对应的三级指标的个数；x_l 表示第 i 项分指数对应的第 l 项三级指标的数值；w_l 表示第 l 项指数的权重。

（四）旅游产业安全评价指数的合成方法

将旅游产业安全评价指标体系中的各指标数值与其权重按如下公式计算得到旅游产业安全评价指数 I：

$$I = \sum_{l=1}^{35} x_l w_l$$

第 六 章
电子信息产业安全指标分析

第一节 产业现状分析

一 产业特点分析

电子信息产业，是在电子科学技术发展和应用的基础上发展起来的。由于生产技术的提高和加工工艺的改进，集成电路差不多每三年就更新一代；大规模集成电路和计算机的大量生产和使用，光纤通信、数字化通信、卫星通信技术的兴起，使电子工业成为一个迅速崛起的高技术产业。与传统制造业不同，电子信息产业是一个国际化程度更高、技术进步更迅速、产业周期变化更频繁、知识与资本更密集、产业带动能力更强大的产业。

依据《电子信息产业行业分类注释（2005~2006）》，电子信息产业包括雷达工业行业、通信设备工业行业、广播电视设备工业行业、电子计算机工业行业、软件产业、家电制造工业行业、电子测量仪器工业行业、电子工业专用设备工业行业、电子元件工业行业、电子器件工业行业、电子信息机电产品工业行业和电子信息专用材料工业行业，共12个产业、行业，46个门类。

中国的电子信息产业出现于20世纪20年代，1950年中国政务院在重工业部设立电信工业局，1963年国家成立第四机械工业部，专属中国国防工业序列，标志着中国电子信息产业成了独立的工业部门。1983年，第四机械工业部改称电子工业部。中国的电子工业经过几十年的建设和发展，已经具有相当规模，形成了军民结合、专业门类比较齐全的新兴工业部门。到

20世纪90年代初,中国电子工业已经能够主要依靠国产电子元器件生产20多类、数千种整机设备以及各种元器件,许多精密复杂的产品达到了较高水平,并形成了雷达、通信导航、广播电视、电子计算机、电子元器件、电子测量仪器与电子专用设备六大产业。目前,中国电子信息产业已具有门类齐全的军用电子元器件科研开发与配套能力,具有一定水平的系统工程科技攻关能力;基本能满足战略武器、航天技术、飞机与舰船、火炮控制和各种电子化指挥系统的需要;电子信息产业所提供的产品都达到了较高技术水平,其中不少达到世界先进水平。

改革开放以来,我国电子信息产业一直以高于国民经济3倍的速度快速增长,在21世纪初,电子信息产业增加值达到5650亿元,占国内生产总值的4.1%,销售收入为2.65万亿元,我国成为仅次于美国的全球第二大电子信息产业大国。电子信息产品出口额超过2000亿美元,占全国出口额的1/3左右,约占全球电子信息产品出口总额的15%。我国已成为世界电子信息产业大国。

总的来说,我国电子信息产业的发展主要表现在以下几个方面:发展速度不断加快,占GDP的比重日益增加;电子信息产品成为外贸出口的新增长点;科研开发实力大大增强,许多科研成果达到国际先进水平;工业布局得到改善,劳动力结构有所提升。

新时期,电子信息产业特点如下。

技术和资金密集,创新和风险并存。在电子信息产业中,无论是计算机业,还是通信设备制造业和网络建设业,都具有较高的技术含量,与高新技术的发展、创新密切相关。

固定成本高,可变成本低。信息技术产业是研究开发密集型、知识密集型产业;除了部分信息设备制造业企业外,大多数信息产业企业都具有高固定成本、低边际成本的特点。

需求方规模经济效应突出。技术创新是电子信息产业发展的核心驱动力,但一项新的电子信息技术或产品能否生存还取决于需求方是否具备规模经济效应,这是信息产业发展的独有特性。

用户成本锁定。电子信息产品具有很强的用户成本锁定效应,即用户一旦使用上某种电子信息产品之后,如果要更新原有的产品,就会遇到巨大的更新转移成本,高更新转移成本带来用户锁定。

对标准的高度依赖。随着电子信息技术及其产业的发展，电子信息产业对标准的依赖性越来越高，一定意义上讲，谁控制了标准，谁就会在激烈的市场竞争中取得主动。

高渗透性。电子信息产业对其他产业具有很高的渗透性；电子信息产业内部各行业之间也存在很强的相互渗透，这种高渗透性是由电子信息产品的多样性和电子信息技术应用的广泛性决定的。

在经济全球化的趋势下，电子信息产业因其持续的创新活力和广阔的市场前景，逐渐在世界经济舞台上占据重要位置，发达国家、新兴工业化国家或地区都充分利用各自的比较优势，采取不同的发展模式，增强本国电子信息产业的国际竞争力。

在经济全球化的趋势下，全球电子信息产业发展凸显新特点。

新的产业分工体系形成，空间集聚效应增强。产业全球范围内分工进一步明显与细化，并开始向工序分工转变，产业链和产品工序的作用日趋明显，产业由梯次转移向直接投资转移；规模经济和技术外溢效应导致产业在空间分布上高度集中，以产业链为基础的电子信息产业基地和产业园已成为全球基本格局。

技术、品牌、资本、规模和市场份额的作用加大。市场、资金和技术的国际化使得国际竞争由资源、产品的竞争转向技术、品牌、资本和市场份额的竞争，核心技术和品牌成为竞争的关键。电子信息产业的利润主要受核心技术、知识产权、自主品牌和生产规模的影响。

柔性制造技术正在兴起。随着技术进步和生活水平的提高，消费个性化逐渐成为潮流，为了适应多样化、批量小、总量大的市场需求，柔性生产技术得到快速发展，从而满足不同消费群的众多产品要求。

电子及通信正处于重点技术转型期。数字化、网络化、智能化成为主流，数字电视、第三代移动通信和新一代互联网等对未来发展影响重大的信息网络系统和技术日益成熟，并成为未来网络建设和业务发展的重点。

核心产业的作用日益重要。软件、集成电路、新型元器件、电子材料和专用设备仪器是电子信息产业的核心产业，其实力水平是决定一个国家电子产品国际竞争力的关键。因此，美日等发达国家掌握并垄断核心软件和关键基础元器件的设计和生产。

产品界限和产业界限日趋模糊。数字技术促进了音视频、通信、计算机三大类产品间的互相融合，电信网、电视网和计算机网交叉经营、资源共享且相互渗透已是大势所趋。

二 发展现状

近年来，尤其是自2011年下半年以来，随着国际政治经济形势复杂多变，国内经济发展困难增多，同时受到产业周期变化的影响，我国电子信息产业发展速度呈总体放缓的态势。

工业和信息化部赛迪智库，在"2014中国电子信息产业年会——趋势前瞻与政策解读"上发布《2014中国电子信息产业发展形势展望系列报告》指出：2013年，我国电子信息制造业处于低速增长区间，工业增加值和产值增速逐步减缓，出口明显下降，投资略有回升，除通信设备制造业之外的主要行业增速均低于13%。

工业和信息化部发布的2013年电子信息产业统计公报显示，电子信息产业规模稳步扩大。2013年，我国电子信息产业销售收入总规模达到12.4万亿元，同比增长12.7%；其中，规模以上电子信息制造业实现主营业务收入9.3万亿元，同比增长10.4%；软件和信息技术服务业实现软件业务收入3.1万亿元，同比增长24.6%。2009～2013年我国电子信息产业收入规模如图6-1所示。

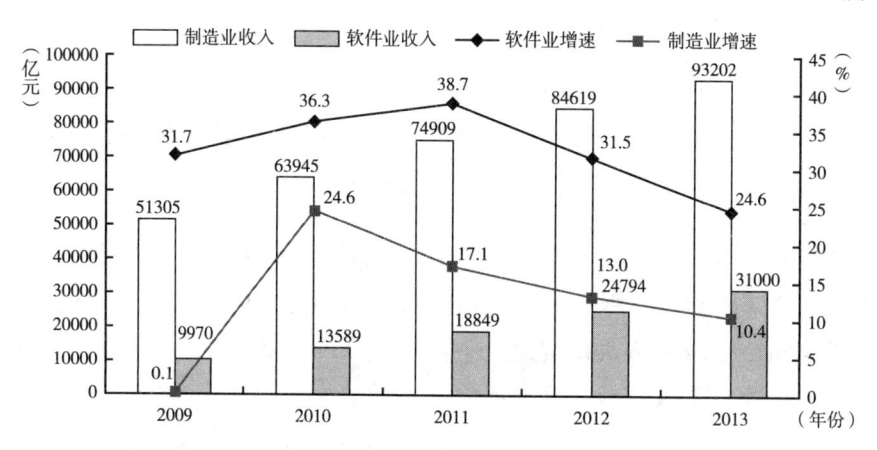

图6-1 2009～2013年我国电子信息产业收入规模

资料来源：运行监测协调局。

从图 6-1 可以看出，从 2009~2013 年电子信息产业的制造业和软件业收入规模均稳步扩大；但制造业的增速从 2010 年开始下滑，软件业的增速从 2011 年开始下滑，且均下滑明显。可见，电子信息产业的规模在不断扩大，但同时增速在放缓。

工业和信息化部发布的 2013 年电子信息产业统计公报显示，电子信息产业增速保持领先。2013 年，我国规模以上电子信息制造业增加值增长11.3%，高于同期工业平均水平 1.6 个百分点；行业收入、利润总额和税金占工业总体比重分别达到 9.1%、6.6% 和 4.0%，其中利润总额和税金增速分别达到 21.1% 和 19.1%，明显高于工业 12.2% 和 11.0% 的平均水平，电子信息制造业在工业经济中保持领先地位，支撑作用不断增强。2013 年电子信息制造业与全国工业增加值累计增速对比如图 6-2 所示。

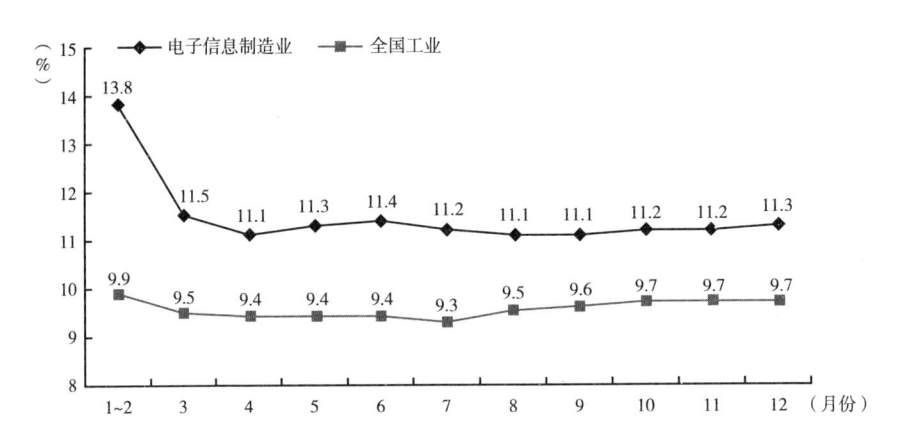

图 6-2 2013 年电子信息制造业与全国工业增加值累计增速对比

资料来源：运行监测协调局。

从图 6-2 可以看出，电子信息制造业的增加值累计增速与全国工业增加值累计增速趋势基本保持一致，但电子信息制造业的增加值累计增速一直领先于全国工业增加值累计增速，平均高出全国工业 1.9 个百分点。可见电子信息制造业对国家的经济增长起着强大驱动作用。

工业和信息化部发布的 2013 年电子信息产业统计公报显示，电子信息产业国际地位日趋稳固。2013 年，我国电子信息产业销售收入为 12.4 万亿元，折合美元计算，占同期全球 IT 支出比重超过 50%。在硬件产品制造方面,我国手机、计算机和彩电等产品产量分别达到 14.6 亿部、3.4 亿台和 1.3 亿台,占全球出货量比重均在半数以上。在软件产品开发方面,我国软件业务收入同比增长 24.6%,明显高于全球 5.7% 的平均水平,占全球市场份额进一步提高。

根据工业和信息化部发布的 2014 年 1～4 月电子信息产业固定资产投资情况,投资增速开始回升,新增固定资产步伐加快。2014 年 1～4 月,电子信息产业 500 万元以上项目完成固定资产投资额为 2939 亿元,同比增长 14%,增速比 1～3 月回升 3.1 个百分点,比去年同期高 5.5 个百分点,但仍低于工业投资 0.6 个百分点。1～4 月,电子信息产业新增固定资产 1249 亿元,同比增长 24%,高于去年同期 19.5 个百分点。2013 年 4 月～2014 年 4 月电子信息固定资产投资增长情况如图 6－3 所示。

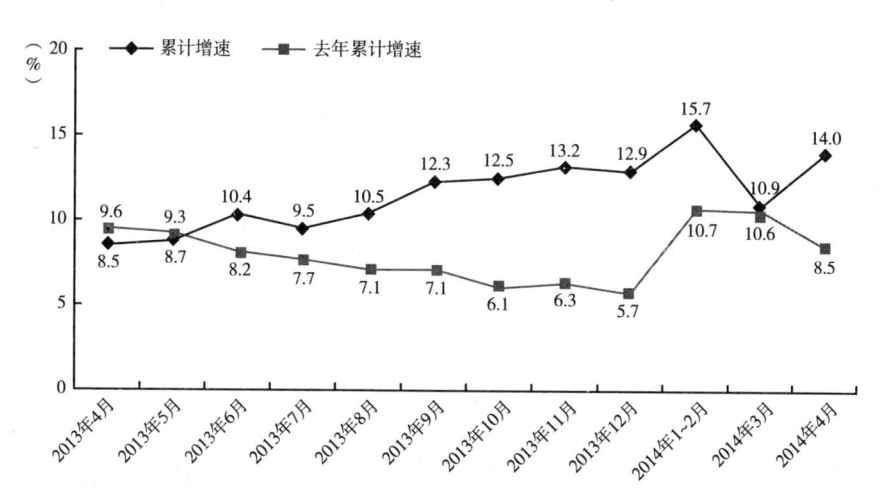

图 6－3 2013 年 4 月～2014 年 4 月电子信息固定资产投资增长情况

资料来源:工业和信息化部。

从图 6－3 可以看出,2013 年 4 月～2014 年 4 月电子信息固定资产投资增长比往年同期增长平稳,且不同于往年同期呈下降趋势,2013 年 4 月～2014 年 4 月呈现为基本上稳步增长的趋势,从而保证了电子信息产业增长后劲不足问题,进而保证了电子信息产业持续稳步增长。

根据工业和信息化部发布的 2014 年 1～4 月电子信息产业固定资产投资情况显示,外商投资延续复苏态势,内资企业投资增速回升。2014 年 1～4

月，外商企业投资完成投资362亿元，同比增长19.6%，增速比1~3月回落4个百分点，但仍高于全行业5.6个百分点。内资企业完成投资2404亿元，同比增长18.2%，增速比1~3月提高3.6个百分点，比去年同期高7.3个百分点，其中私营企业增长21.2%，增速比1~3月回升7.9%，完成内资企业全部投资的42.5%。港澳台企业投资下滑严重，完成投资173亿元，同比下降28.2%。2013年4月~2014年4月各类企业投资增长情况如图6-4所示。

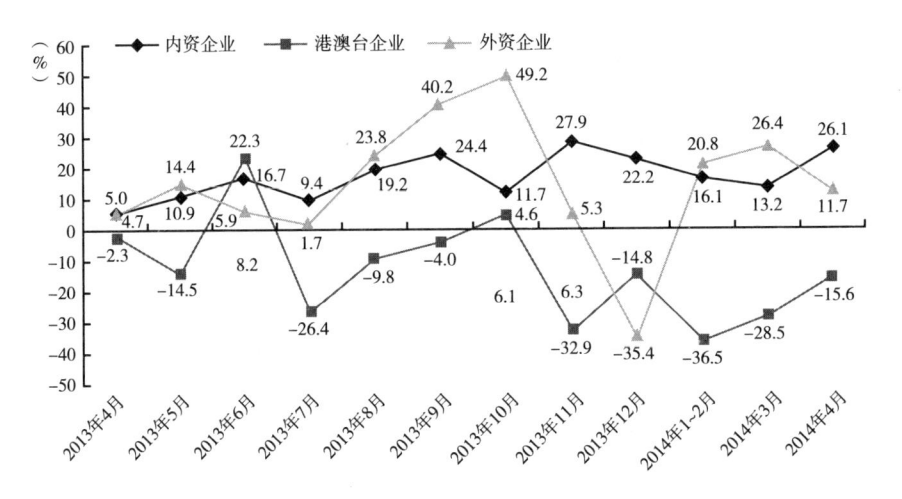

图6-4　2013年4月~2014年4月各类企业投资增长情况

资料来源：工业和信息化部。

从图6-4可以看出，2013年4月~2014年4月电子信息产业各类企业投资增长，内资企业的投资增长最为稳定，且保持较高的投资增长；港澳台企业的投资增长表现最差，波动较大且呈现负增长趋势；外资企业的投资增长波动比较大，但总体上保持了正向增长。

综上所示，中国电子信息产业，产业规模稳步扩大，且增速保持领先；投资增速开始回升，且外商投资延续复苏态势，内资企业投资增速回升。

三　形势展望

工业和信息化部《电子信息制造业"十二五"发展规划》指出，电子信息制造业"十二五"面临的新形势：电子信息产业仍是全球竞争的战略重点；融合创新推动产业格局发生重大变革；工业转型升级催生新的产业增长点；国内外市场环境机遇与挑战并存。

工业和信息化部赛迪智库，在"2014 中国电子信息产业年会——趋势前瞻与政策解读"上发布《2014 中国电子信息产业发展形势展望系列报告》指出：展望 2014 年，产业面临基础领域整合和新兴热点兴起的政策环境、内外需市场不确定性增加的外部环境、全球技术创新更加活跃等一系列特点，产业发展形势将发生新变化。从整体上看，2014 年我国电子信息产业发展继续维持低速运行，内外部环境未有明显变化，但仍然存在需注意的三个主要问题。一是核心技术和关键设备成为产业提质增效的最薄弱环节；二是我国龙头企业产业链整合能力较弱；三是国际贸易壁垒有所抬头阻碍"走出去"。

同时，赛迪智库认为，2014 年我国电子信息制造业发展有四方面热点值得关注。一是以集成电路、平板显示为代表的基础产业有望成为投资热点；二是移动智能终端引领 4G 手机、平板计算机等整机产品加速增长；三是信息技术与传统行业的融合与产品的创新加速；四是行业龙头企业国际竞争力增强。

第二节 产业安全的界定和特征

一 产业安全问题研究现状

（一）国外研究

产业安全研究是伴随着 20 世纪 70 年代各国关注经济安全问题出现的，但是关注产业安全的经济思想却可以追溯到亚当·斯密时代。斯密的论点后来被概括为国防需要论，斯密也是民族工业保护理论的开先河者。这种为了国防安全而实行贸易保护主义的观点被广泛接受，成为许多国家制定产业贸易保护政策的依据。

20 世纪 90 年代以来，国外对产业安全的研究开始关注产业国际竞争力与产业安全关系问题，尤其是制造业的安全问题。日本和美国的研究成果比较突出。在日本,由包括丰田、索尼在内的 36 家各行业最主要企业和东京大学等联合研究共同出版了《日本制造——日本制造业变革的方针》。全书主要强调"制造业作为国家工业核心基础这一重要性,即使到 21 世纪也不会下降。甚至可以说,如不能维持制造业的发展条件,日本将会是没有前途的"。以波特为代表的竞争力学说认为,如果国内的产业面临国外更高生产率的竞争对手时,其产业发展与安全将受到威胁。

美国学者约翰·艾利森对美国的产业安全做了研究。通过对原材料产业、战略资源产业、机床等制造业的案例分析,他们认为,由于遭受进口商品的冲击,美国的一些重要产业处境困难,生产力的利用不足,现有的工作不能完全满足技术发展的要求,而新的人力资本又无法供给产业发展,因此陷入恶性循环。关于解决产业安全问题的策略,他们提出不支持采取通过提高关税和限制进口数量的较为直接的保护措施,同时也应避免给产业提供大量的补贴,他们建议积极提高产业的国际竞争力。

国外学者对产业安全的研究贡献还在于提出了评价产业国际竞争力的有关指标,但是并未提出一套统一的评价产业安全的指标体系,因而不可能对产业安全做出整体估算。

(二) 国内研究

国内学者对产业安全的研究主要体现在以下三个方面。

第一,产业安全的界定。我国学者对于产业安全的研究贯穿于外贸和外资政策制定的各个阶段,但是产业安全问题真正成为理论和政策的研究热点是在 20 世纪 90 年代之后,外资大量进入中国导致很多产业由外商直接投资的比重和影响迅速提高。由于国外同样未形成较为系统的产业安全理论体系,同时国内的相关实践也刚刚开展,目前的理论研究大都还仍局限于对产业安全基本理论的研究讨论。

中国加入世界贸易组织(以下简称"入世")以前,国内学者们就产业安全的概念是否有意义存在较多的争议。一些学者认为对于产业安全概念研究的意义不大。他们觉得在当今国际经济日趋一体化的现状下,民族产业已经是落后的概念。赵世洪认为,国民产业安全简单地说是指一国国民使其既有的或潜在的产业权益免受危害的状态和能力。

杨公朴等认为,"产业安全是指在国际经济交往与竞争中,本国资本对关系国计民生的国内重要经济部门的控制,本国各个层次的经济利益主体在经济活动中的经济利益分配的充分以及政府产业政策在国民经济各行业中贯彻的彻底"。

这一时期的研究尽管认为产业安全问题是有意义和十分重要的,但也大多没有提出比较明确的产业安全的定义,只是对产业安全与经济安全的关系及其表象进行了描述。

入世之后,面对外资快速进入中国,外国商品大举倾销国内市场,学者们倾向于明确界定产业安全的概念,例如张立提出,产业安全是指一国在对外开放的条件下,在国际竞争的发展进程中,具有保持民族产业持续生存和发展的能力,始终保持着本国资本对本国产业主体的控制。何维达和宋胜洲给出了产业安全的一般定义,即在市场开放的条件下,一个国家影响国民经济全局的重要产业的生存发展以及政府对这些产业的调整权或控制权受到威胁的状态。李孟刚认为产业安全是指特定行为体自主产业的生存和发展不受威胁的状态。该定义包含三层含义:安全的主体是特定行为体的自主产业;产业安全包含生存安全和发展安全两个方面;产业安全度,可以通过评价产业受威胁的程度加以反推。曹秋菊认为在经济开放的条件下,国家产业安全指的是一国对其自身的重要产业拥有自主权、控制权以及发展权,尤其是这些产业在国际产业竞争中具有竞争力,能够应对生存与发展的各种外来干扰,从而保证本国现有的或潜在的产业权益免受危害并不断获得持续发展的状态和能力。

第二,影响产业安全的因素分析。学者们除了对产业安全的定义存在分歧,对产业安全的影响因素研究也有各自的侧重。学者们主要从产业内部和外部来分析,只是对内部和外部因素的指标归类有分歧。

事实上国内学者对产业安全的研究是与我国对外开放程度的日益深化紧密联系的。外资大举进入中国,国际国内竞争日益激烈,势必会对中国产业安全造成巨大影响。在全球化的背景下,国内学术界普遍认为外资是影响中国产业安全的主要外部因素之一。如冯江红认为产业安全问题最主要是由外商直接投资产生的。黄志勇、王玉宝、王靖、蔡永民、刘海明、祖强特别关注 FDI 以及跨国并购对中国产业安全的影响。

除了外资因素外,也有学者认为,影响产业安全的另一个外部因素是外国商品倾销对国内同类产品的影响。王金龙认为国外的产品大举倾销中国，并对中国产业造成严重损害。李孟刚认为影响产业安全的外部因素是指在全球经济一体化和市场开放条件下，来自国外的资本、技术和产品等因素。

第三，产业安全的评估。国内学者除了对产业安全进行界定以外，对国家产业安全的评价也是其主要的研究方向。何维达构建了中国产业安全的评价指标体系，并对中国三大产业的安全进行了估算；景玉琴、李冬梅、许芳等对产业安全评价指标体系的构建进行了分析与探讨。还有一些学者对我国特定产业的产业安全问题进行了研究，例如刘承礼对中国高新技术产业安全模式进行了研究；赵惟从产业国内环境、产业国际竞争力、产业对外依存度、产业控制力评价方面对我国电信产业安全问题进行了评价。刘乐山、徐洁香、邢孝兵、程国强和朱丽萌对当前我国农业产业安全度进行了评估，其评价指标包括农业产业环境、农业产业国际竞争力、农业产业对外依赖程度。何维达等对我国煤炭产业安全进行了实证分析。李海建从产业生存环境、产业竞争力、产业对外依存度对河南省旅游业进行了产业安全评价。

梳理国内外产业安全研究文献，可以看到，国外关于产业安全的研究主要分布在有关国际贸易理论，尤其是贸易保护主义理论、保护民族工业的理论中。对于该问题的关注大多有如下原因：经济安全是国家安全的重要组成部分，能够保障国家的繁荣与发展；而对于一国国家经济安全来说，产业安全问题则是重要的核心问题，保障国家经济安全，最重要的是保障产业安全。因此，产业安全问题虽然是各国在不同程度上均探讨过的问题，但是仍然未形成独立的理论体系。

与国外研究相比较，国内学者的研究尽管开始于20世纪90年代，但研究内容比较系统，涉及产业安全的含义界定，产业安全的因素识别，产业安全状况的评估。综观我国学者的研究成果，可以看到不同时期研究的重点不一样。90年代到2001年，主要集中在对产业安全问题的内涵界定与影响范围及程度等方面。2001年至2006年，学者主要关注影响安全的因素分析，尤其关注外部因素。2006年以来，越来越多的学者在考虑影响安全的外因和内因的基础上，尝试运用各种方法对产业安全进行定量测度，其评价指标体系大都包含竞争力、对外依存度、外资控制力等因素，这体现了外部威胁论的产业安全思想。

二 电子信息产业安全定义与分类

（一）产业安全定义

产业安全往往被隐含于国家经济安全的研究中，或被贯穿于国际贸易的理论中，更多的是从外商直接投资等外部因素角度来研究。产业安全是一个国家处于不受国际市场因素的困扰而正常运行的状态，是指在开放竞争的条件下，关系到国家安全和国家战略的重要产业能够保持相对优势，不受外国资本的左右。产业安全主要涉及以下四个方面：产业控制力，即本国资本对本国产业的控制力；产业竞争力，即本国产业在开放竞争中具有的竞争能力；产业发展能力，即对关系到国家安全和国家战略的重要产业具有控制力，并使这些产业具备较大的发展潜力；产业权益，即能够使国民为主体的产业权益在国际竞争中得到保证并不受侵害。

产业安全的特征可以概括为以下四个方面。

第一，产业安全是一个动态的概念。随着经济全球化的发展，决定产业是否安全的因素越来越多，实现手段与途径也趋向复杂化，涉及政治经济体制、产业政策和产业管理、企业管理水平和企业文化、资本效率、劳动力素质等诸多因素，并且还在不断变化。

第二，产业安全具有层次性。面对激烈的国际竞争，一国在制定产业政策时，要从经济发展的大局出发，根据不同产业的特点有针对性地维护由不同安全度产业组成的产业簇群的整体安全，实现国家利益的最大化。

第三，产业安全是一个有机整体。产业安全涉及三大产业，且三大产业密切相关，任何一个产业出现问题都会影响到其他产业。而且产业安全又是经济安全大系统的重要组成部分，为一国的经济运行输出大量的信号，是推动经济进步的重要基础和依据。

第四，产业安全具有战略性。作为经济安全的重要组成部分，产业安全关系到一国经济发展的大局，关系到国家的经济稳定。因此，产业安全问题需要从国家整体利益角度全方位地加以思考。

（二）电子信息产业的产业安全

根据电子信息产业的概念和产业安全理论，电子信息产业的产业安全可以概括为：电子信息产业安全是指一国的电子信息产业在开放经济背景下，其所处的经济政策环境相对稳定,产业保护措施相对合理,产业发展基础条件相对完善,产业内外先进技术推动作用充分发挥,企业持续保持要素的高投入并持续培养以技术为核心的内在竞争能力,使电子信息产业能够在其幼稚阶段、发展阶段抵御外来各种因素带来的威胁,并能持续发展的状态。

就我国而言,电子信息产业的产业安全是指在不受电子信息产业国际市场因素的影响下,我国电子信息产业能不受外国资本的左右,保持发展优势。即在开放的竞争环境下,我国资本对电子信息产业的具有足够的控制力,电子信息产业本身具有可以立足的竞争能力并且对关系到国家安全和国家战略的子行业具备控制力,这些行业充分发挥自身的潜力,产业权益在国际竞争中得到保证并不受侵害。

(三) 电子信息产业安全分类

根据产业安全理论和电子信息产业安全概念的界定,电子信息产业安全可以分为经济安全及技术和信息安全两大部分。

1. 电子信息产业的经济安全

电子信息产业的经济安全是经济领域中的产业安全问题,主要考察产业所处的产业政策市场竞争环境是否有利于产业发展;产业在国际上生存和发展的基础何在,是否有竞争优势;产业和产业内技术是否受国际市场制约;政府和企业对行业的控制程度如何,是否很大程度上受外资和国外市场的影响等。

产业发展环境是产业赖以生存的基础,受到国家产业政策、产业所面临的市场环境的影响。电子信息产业政策是指政府部门为了促进高新技术产业的发展,通过税收、投资等方式对电子信息产业的资本、人才和技术环境产生影响,扩大电子信息产品的市场需求,刺激和保护电子信息产业发展的总政策。主要包括税收优惠政策、人才开发政策、风险资本政策、科技投入政策等。

电子信息产业的国际竞争力。维持产业的生存空间是指国内的产业销量应该快于或者至少不慢于国内外产业产销量的增长,只有这样,国内产业才能保有创新和发展的余地。而维持产业一定的生存空间要求产业具有一定的国际竞争力,产业国际竞争力能够显示一国某个产业的竞争优势,揭示产业生存和发展的基础。

电子信息产业对外依存度。产业对外依存度主要反映产业国际市场的依赖程度。依存度过低，说明一个国家产业发展过于封闭，而太高又说明易于遭受国际因素波动的影响。考察电子信息产业在对外依存方面是否安全可以从产业的进出口对外依存度、资本对外依存度和技术对外依存度等角度考察。

电子信息产业控制力。与产业对外依存度相同，电子信息产业控制力主要反映本国政府和企业对产业的控制程度。如果控制力过低，某一行业有过多的资本股份和市场份额控制在其他国家或集团手里，说明易于遭受国际因素波动的影响，而没有自主权。

2. 电子信息产业的技术和信息安全

由于电子信息产业对技术和信息高要求的特征，在分析电子信息行业的安全时必须考虑其技术和信息安全。技术是一把"双刃剑"，凡是技术使用的地方，就有安全问题的存在，技术发展越快，技术给人类安全带来的威胁就越大，这就是技术的社会后果的具体体现。技术的社会后果，是指技术成果应用于社会之后所产生的负面作用或不良影响。技术社会后果，一是背向社会后果，二是侧向社会后果。背向社会后果，即技术成果被用在与该项成果创造者的预想和公众利益完全相反的方向上。电子信息产业作为高技术产业，在技术的开发和运用时应该考虑好此项技术是否会对社会造成不良影响，从而加强防范，采取一定措施，利用技术有利的一面，控制其有害的一面，保证产业技术的安全。

第三节 产业安全影响因素分析

一 产业发展力分析

电子信息产业发展是指电子信息产业的产生、成长和进化过程。而进化过程既包括产业中企业数目、产品或者服务产量等数量上的变化，也包括产业结构的调整、变化、更替和产业主导位置等质量上的变化，而且主要以结构变化为核心，以产业结构优化为发展方向。因此，产业发展包括量的增加和质的飞跃，包括绝对的增长和相对的增长。影响产业发展力的因素包括人口、技术、产业链条等。

(一) 人口因素

社会人口的数量、质量对产业发展有着重要影响。首先，人口数量的增加会导致总需求的增长，从而推动产业发展与扩张。其次，适度的人口数量可以为产业发展提供充足的劳动力资源，人口的素质越高，越有利于产业发展。最后，过多的人口会对需求产生压力，并阻碍一些产业的发展。

1. 劳动力素质

劳动力素质是指劳动力的综合素质，不仅包括生产技能、专业文化知识，而且还包括政治思想、职业道德等。其中，受教育程度是劳动力素质最基本的反映，可以用产业内就业人员的平均受教育程度来衡量，即平均受教育年龄。

2. 人力成本

人力资本是经济增长中不能被物质资本所解释的剩余部分，是指对人力进行的投资，包括学习、上学及在职培训等所形成的资本。只有当产业人力资本较高且被有效利用时产业才能持续发展，人力资本可以用产业员工平均利润率来进行衡量。

近年来，由于我国人口红利优势逐步减弱、融资成本上升、人民币升值等因素的影响，我国制造业企业生产要素成本不断上涨。2013年，我国电子计算机行业每百元收入的单位成本已经达到93元，高出电子信息制造业平均水平4.4元，高出2012年同期水平5.1元。销售成本增速与主营业务收入增速近乎持平。

随着发达国家再工业化战略的实施以及东南亚国家投资环境的改善，计算机行业向发达国家回流以及向东南亚国家转移趋势逐步显现。惠普、苹果已计划将部分电脑生产线迁回美国，谷歌自有品牌平板电脑将在其本土生产，富士康、广达等代工企业投资上百亿美元加快在印尼、巴西等地区进行全球生产布局。

3. 专业人才比重

人力资本指标反映了产业人才环境的一般水平，而专业人才比重这一指标则反映了产业核心人才水平。该指标可用产业中科学家、工程师以及其他从事科技活动等人员的数量与产业从业人数之比来表示。

（二）融资效率

融资效率是指产业内企业获得资本或者形成资本的时间效率，即融资的时间成本。该指标可以从企业获得银行信贷的难易程度、进入股票市场的难易程度以及在股票市场进行再融资的难易程度等方面来衡量。

（三）产业链条的稳定性

生态系统的生命力在于系统内所有成员间的共生。以生态理念为基础的循环经济，也要求企业之间通过生态产业链关系，形成共享资源和互换副产品的有机群聚，实现企业间废物交换的顺利进行，以达到最大限度地利用进入系统的物质和能量。因此，产业链条的稳定性直接影响循环经济模式下产业的发展，决定了产业能否顺利成长、壮大与成熟。首先，产业扩张是在产业链条协调发展基础上的扩张；其次，产业内部的优化归根到底将是产业链条的优化；最后，只有通过产业链条，企业间才能实现优势互补。所以，保证企业间合理、畅通的运作关系，形成相对稳定的产业链条，对产业顺利发展具有重要影响。

1. 上游企业供给环境

上游企业是指供给原材料和零部件等的企业，上游企业供给环境可以用供给产业竞争力的强弱来反映。供给产业竞争力越强，产业运行效率也就越高，其发展力也就越强。

2. 下游企业需求环境

下游企业是指电子信息产业所产成品的销售企业，下游企业销售是否顺畅，需求是否旺盛会直接影响到产业能否持续、健康地发展。

（四）政策规制

政策措施对产业发展的影响主要表现在以下几方面：首先，循环经济发展模式是一种新的经济形态，在发展的初期需要政府相关政策、法规的引导和规制；其次，在产业发展的过程中，政府产业政策的变化或战略意图会影响到实际产业的收缩或扩张，甚至衰退、消亡；最后，政府的行为目标、发展理念会导致政府的一系列方针、纲领、政策的出台与变更，从而在实际生产活动中直接影响到产业结构、布局的变动，这关系着产业的成长与兴衰。因此，政府政策依然是影响产业发展不可忽视的重要因素。政府政策主要包括财政政策、货币政策和产业政策。

1. 财政政策

实施积极的财政政策，对于电子信息行业的影响主要体现在结构性减税的结构调整作用上。政府要加大对高新技术企业的财税优惠力度，加大对部分中小企业所得税优惠政策，将战略性新兴产业作为结构性减税的主要目标。

近年来，具体针对行业出台的政策包括：对小型微利企业实施所得税优惠，上调增值税起征点，免征小型微型企业部分行政事业性收费，加大对集成电路产业的财税优惠，对内资研发机构和外资研发中心采购国产设备全额退还增值税，拨划"863计划"专项研究经费支持前沿高科技项目研究，中央财政资金通过直接投资创业企业、参股创业投资基金等方式培育和促进新兴产业发展，延长国家大学科技园和科技企业孵化器税收优惠政策，给予高新技术企业境外收入所得税优惠，设立物联网发展专项资金等。

结构性减税的财政政策将减轻小微型企业、创新性企业的财务负担，有助于缓解我国经济增速下行的局面并推动经济结构转型。

2. 货币政策

电子计算机制造行业属于规模型、资本密集型行业，其产品本身的研发和制造需要大量的资金，同时具有较强的规模效应，对国家信贷政策特别是利率的降低和上升比较敏感；部分高端电子产品售价较高，销售主要通过银行按揭或租赁等模式，这决定了该行业对国家存贷款利率等相关宏观政策具有较高的敏感性。

我国货币政策从适度宽松转向稳健，使得电子计算机制造企业的贷款成本增加，中小企业融资难度加大。由于在通货膨胀背景下，电子设备作为少数价格呈现下降趋势的产品，企业面临着上游原材料成本的上涨和产品价格的下降，企业成本压力远大于其他行业，下游资金趋紧也抑制了对计算机产品的购买力。

从紧的货币政策短期看来将加大企业的生存压力，企业资金流趋紧将降低企业活力，但长远看来有利于缓解企业的成本压力。

3. 产业政策

产业政策是影响电子计算机制造行业重要因素之一，国家出台的产业政策将对电子计算机制造业的整个产业链产生重大影响。

(五) 法律法规

政策和法律法规是政府引导产业发展所使用的两种手段，政策具有临时性，而法律法规则具有强制性和长期性，因此法律法规在行为导向上更有约束力。政府会基于国家产业战略、产业特点以及产业重要性等因素的考虑，针对不同的产业制定不同的法律法规，以区别对不同产业的鼓励程度。

(六) 生态环境

一个产业的发展如果以严重恶化生态环境为代价，那么该产业的发展质量是非常差的，从长远来看，该产业是没有发展潜力的。因此，我们可以根据一个产业的废物排放量和对环境的污染程度来衡量产业的发展质量，以此来反映产业发展的生态环境，全面考察产业的发展力。

长期以来，我国经济增长过度依赖低成本要素投入，高投入、高消耗的粗放式发展模式没有实质转变。国内的环境污染问题已经迫在眉睫，推动集约发展、节能环保事不宜迟。同时，随着越来越多的国家进入快速工业化和城镇化阶段，国际资源能源市场争夺将日趋激烈，资源、能源等大宗商品的低价时代将不复存在。资源环境问题将成为制约产业经济发展的重要因素，产业转型升级刻不容缓。

(七) 产业科技素质

1. 技术专利数量

申请专利技术项目数是反映产业技术发展的指标，专利技术是开发新产品和独家拥有产品的技术标志，在一定程度上能够促进企业技术的发展，同时还可以有效保护企业的自主技术不受侵害。因此，专利技术的申请对企业和产业来说都是至关重要的。

2. 研发费用所占比重

在产品开发过程中，企业投资占据重要地位，一般来说，企业研发费用越高，企业的竞争力也就越强，竞争力越强发展力也就越大，但研发费用绝对额只能说明部分问题，因为还与产业规模有关，应该是一个相对量。因此，用研发费用占销售收入的比重从技术研发投入角度来衡量产业科技素质比较合理。

3. 研究与开发 (以下简称"R&D") 实际支出额

技术对企业和产业都是至关重要的，产业的技术投入包括资金投入和人力投入，两者缺一不可。R&D 实际支出额是从研发的实际投入角度来反映产业的科技素质，也进一步反映了产业的发展潜力。

4. R&D 总人数

产业技术投入不仅需要资金投入，还需要人力投入，R&D 总人数是从人力角度来反映产业的科技素质的。可以用产业当年的 R&D 总人数来反映产业的人力状况和产业的发展力。

5. 技术与信息安全

随着信息化的普及和电子信息产业本身的特性，此电子信息产业对信息系统有很强的依赖性。再加上电子信息企业几乎所有的数据和商业机密都存放在信息系统的数据库内，所以这些都给企业的信息安全带来了很大的隐患，一旦管理不当就会给企业带来严重的损失。电子计算机产业的信息安全是指信息网络的硬件、软件及其系统中的数据受到保护，不受偶然的或者恶意的原因而遭到破坏、更改、泄露，系统连续可靠正常地运行，信息服务不中断。从大的方面讲，信息安全主要包括：运行安全（主要是由网络和计算机构成的平台）、交易安全（传输过程中的数据安全）、内容安全、个人或单位隐私保护。

二 产业国际竞争力分析

以上只是从静态角度讨论产业安全。从动态角度来看，对企业战略性资源的控制力，应当能够在企业经营的动态变化中不断更新和加强。因此，以上讨论中所揭示的决定产业控制力的主要因素，即核心技术控制力、其他关键要素控制力、品牌控制力和营销渠道控制力，在动态变化中相应地表现为核心技术创新力、关键要素可得性、品牌美誉度和营销渠道扩张力。这种动态的产业控制力，即产业竞争力。其中，核心技术创新力无疑是最重要和最具代表性的，因此，通常在谈到战略性资源时，以核心技术为代表。影响产业国际竞争力的因素包括人民币汇率、国内市场占有率、世界市场占有率等。

（一）人民币汇率

人民币升值对产品出口存在不利影响。随着电子产品制造中心向中国大陆的深度转移，国内电子产品生产厂商开始逐步参与国际市场的竞争，出口额在行业销售总额中占较高的比重。人民币的不断升值，虽然有利于原材料采购价格下降，但对于电子产品行业整体而言，出口电子产品在国际市场的价格优势有所下降，相对不利于海外市场的开拓、发展。

（二）国内市场占有率

产业国内市场份额反映了国内产业在国内市场上的生存空间，该指标可以用一国某一产业的国内市场销售额占该国国内市场该产业产品的全部销售额的比重来衡量。

（三）世界市场占有率

产业世界市场份额反映了国内产业在国际市场上的生存空间，份额越大说明在国际市场上的生存空间越大。可以用本国产业产品在国际市场上的销售额占全世界该产业产品在国际市场上的销售额，即国内产业产品出口占世界同类产品出口总额的比重来衡量。

（四）产业市场集中度

如果只从竞争角度来考虑，市场竞争度越高，越有利于产业的发展，但在垄断竞争条件下，企业规模化生产有利于降低企业的长期成本，从而充分发挥企业的规模优势。合理的市场结构应该是企业的数量、规模大体和市场需求量一致，该指标可以用产业内几家大企业的销售额占该产业总销售额的比重来衡量。

三 产业对外依存度分析

（一）产业出口依存度

产业出口依存度是指一定时期内一国或地区某一产业出口贸易总额与该国或该地区该产业的国内生产总值（GDP）的比值，是反映某一产业对外经济联系程度的重要指标之一。国内大多数学者都认为，产业出口依存度越大，产业受国际市场制约的影响就越大，产业也就越不安全。

产业进出口对外依存度反映国内产业对原材料、零部件进口和产品出口外国市场等的依赖程度。产业进出口对外依存度越高，产业受国际市场负面影响因素就越大，产业的生存安全度就越低。参考国际经验，将进口依存度的"基本安全"状态范围定在30%较为合理，上下增减5个百分点可以算出其安全值。

（二）产业资本对外依存度

所谓资本依存度是指国际收支中长期资本流动总额占国内生产总值的比重，反映了实现总产出对国际资本的依赖程度。产业资本对外依存度越高，说明产业对外国资本的依赖性就越大，受国际资本市场和相关政策的影响也就越大，资本风险也就越大。

（三）产业技术对外依存度

产业技术对外依存度是反映国内产业的生存与发展对国外技术依赖程度的指标，它可以用当年产业引进的全部技术项目的产值与当年产业总产值的比值来衡量。

在产业技术对外依存度高的情况下，短期存在技术供应中断可能带来的产业停滞风险；从长期来看，如果引进与消化不能协调进行，产业不可能建立起自主的技术研发体系，竞争力就无从谈起，安全更没有保障。一旦外方停止转让技术，而产业自身的研究与开发能力又严重不足，将会影响其国际竞争力，进而影响其生存安全。

四 信息产业控制力分析

在新时期，决定企业生存和发展的因素主要有两类。第一，生产类因素。对于大多数企业而言，主要是核心技术，对于某些以资源如石油为原材料的企业，这类资源具有类似核心技术的重要性，可以称为"其他关键要素"，这类要素一般因企业而异。第二，市场类因素。在新时期，市场成为企业生存和发展的重要资源。庞大的市场为核心技术的研发提供了资金和规模两方面的支持。决定市场空间大小的因素主要是品牌和营销渠道。一般而言，生产类因素决定市场类因素，后者对前者又有反作用。核心技术、其他关键要素、品牌和营销渠道等构成新时期对企业产生控制力的决定因素，对企业生存和发展具有战略性意义，可通称为"战略性资源"。一个企业如果控制这类战略性资源，则该企业就具有可重塑性。一个产业中，重要企业具有可重塑性，则该产业就是安全的。在这种情形下，即使一些非重要企业面临严重冲击或利益损害，甚至面临被市场淘汰的危险，这个产业在整体上也是安全的。相反，一个产业中大量非重要企业仍能在未来一段时期内维持生存，甚至有某种程度的发展，如果该产业中重要企业的战略性资源被外国资本所控制，则这个产业在整体上从长期来看是不安全的。20世纪90年代以来，外资并购我国企业的某些情形之所以危及我国产业安全，原因就在于在并购中一些重要企业的战略性资源被外资所控制。一个产业中，由本国资本控制着战略性资源的重要企业可称之为"自主企业"，自主企业是一国产业安全的基石。影响信息产业控制力的因素主要有外资市场控制率、外资技术控制率、外资品牌拥有率等。

（一）外资市场控制率

外资市场控制率主要是从国内市场份额角度来反映外资对国内产业的控制情况，主要表现为外资控制企业对国内市场的控制程度，该指标可以用外资控制企业的市场销售额占国内该产业的市场销售总额的比重来进行衡量。外资市场占有率越高，产业发展受外资影响越大，就越不安全。

（二）外资技术控制率

外资技术控制率用外资拥有的核心技术专利数量占企业实际使用的全部核心技术专利数量的比例来进行衡量。它从技术角度反映外资对国内产业的控制情况。外资技术控制率越高，产业发展受外资企业的影响越大，越不安全。

（三）外资品牌拥有率

外资品牌拥有率用外资品牌市场份额与国内产业总的市场份额之比来衡量。品牌是企业的无形资产，在现代经济中，品牌不仅意味着忠诚的客户、更高的利润，还拥有制定产业标准的基础。外资品牌拥有率越高，产业发展也就越不安全。

（四）外资股权控制力

外资股权控制力用外商投资企业年底外方的注册资本与外商投资企业总注册资本之比来衡量。外资股权控制力越高，说明产业发展受外资影响越大，也就越不安全。

（五）产业外资国别依存度

该指标从产业外资来源国的集中情况来反映产业安全受影响的情况，可以用产业外资主要来源国的外资与该产业引进的全部外资之比来衡量。该比率越高，国内产业受重要的外资来源国相关的政策、法律法规等因素的影响也就越大，产业发展也就越不安全。

第四节 指标体系与评价方法建议

一 指标体系的选择

选择投入产出指标主要考虑以下方面：首先，所选择的指标能够满足评价的要求，客观反映评价对象的安全度；其次，从技术上尽量避免投入产出内部指标间具有较强的线性关系。

根据评价目的和选择指标的要求，设置输入指标为：外资股权控制率、进口依存度、出口依存度、关税占财政收入的比重。输出指标为：对外贸易指数、产业发展速度。

电子信息产业安全评价指标体系如表6-1所示。

表6-1 电子信息产业安全评价指标体系

指标	指标说明
产业出口依存度	当年该产业出口贸易总额与该产业的国内生产总值（GDP）的比值
产业进口依存度	当年产业引进的全部技术项目的产值与当年产业总产值的比值
关税占财政收入的比重	关税总额占国内财政收入总值的比重
外资股权控制率	用外商投资企业年底外方的注册资本与外商投资企业总注册资本之比
对外贸易指数	产业对外贸易指数 =（E-I）(E+I)。其中，E为出口总额，I为进口总额
产业发展速度	规模以上电子信息产业利润的年增长率

二 指标体系评价方法

DEA（Data Envelopment Analysis，数据包络分析）技术效率测算方法是一种在生产技术水平给定的条件下，对一组相同类型的具有多投入和多产出的决策单元的相对投入产出效率即技术效率，进行测算的非参数方法。

对于规模报酬不变的DEA模型，假定有n个同类型的年份决策单元，它们均利用r种投入要素来生产s种产出。任何一个决策单元i（$i=1, 2, \cdots, n$）的投入和产出向量分别为$x_i = (x_{1i}, x_{2i}, \cdots, x_{ri})'$和$y_i = (y_{1i}, y_{2i}, \cdots, y_{si})'$。所有$n$个决策单元的投入和产出矩阵分别为$X = (x_1, x_2, \cdots, x_n)$和

$Y = (y_1, y_2, \cdots, y_n)$。

令 $u'y_i/v'x_i$ 为任何一个决策单元 i 的所有产出与所有投入的比值,其中 $u = (u_1, u_2, \cdots, u_n)'$ 和 $v = (v_1, v_2, \cdots, v_n)'$ 分别为产出和投入的权重向量。通过求解如公式(1)所示的数学规划问题来得到最优的投入产出权重。

$$\max_{u,v}(u'y_i/v'x_i) \\ s.t.\ u'y_j/v'x_j \leq 1 \quad i,j = 1,2,\cdots,n \\ u,v \geq 0 \tag{1}$$

公式(1)实质是在所有年份决策单元的效率必须小于或等于 1 的前提下,找到使第 i 个决策单元效率达到最大的 u 和 v。为了避免上述数学规划问题存在无穷多个解,公式(1)增加 $v'xi = 1$ 的约束条件(令 $u = \mu$ 和 $v = \nu$),

$$\max_{\mu,\nu}(\mu'y_i) \\ s.t.\ \nu'x_i = 1 \\ \mu'y_j - \nu'x_j \leq 0 \quad i,j = 1,2,\cdots,n \\ \mu,\nu \geq 0 \tag{2}$$

利用线性规划的对偶原理,可以得到与上述线性规划问题等价的包络形式,如公式(3)所示。

$$\min_{\theta,\lambda}\theta \\ s.t.\ -y_i + Y\lambda \geq 0 \\ \theta x_i - X\lambda \geq 0 \quad i = 1,2,\ldots,n \\ \lambda \geq 0 \tag{3}$$

在公式(3)中,θ 是一个标量,为第 i 个年份决策单元在某一时期的技术效率值,$\lambda = (\lambda_1, \lambda_2, \cdots, \lambda_n)'$ 为参数向量。$\theta = 1$ 表明第 i 个年份决策单元在该时期是投入产出有效的决策单元,位于该时期的生产前沿上,$0 < \theta < 1$,则表明第 i 个年份决策单元在该时期是投入产出无效的决策单元,位于该时期的生产前沿内。

规模报酬不变的假定需要所有年份决策单元都处于最优生产规模,然而,年份的不完全竞争、政府管制、财政约束等因素的影响可能导致某个年份决策单元在非最优生产规模下运行。在公式(3)中增加一个 $N1'\lambda = 1$ 的凸性约束条件,即可得如公式(4)所示的规模报酬可变的 DEA 模型(根据实际情况,也可以得到产出导向型规模报酬可变的 DEA 模型)。

$$\min_{\theta,\lambda} \theta$$
$$s.t. \quad -y_i + Y\lambda \geq 0$$
$$\theta x_i - X\lambda \geq 0 \quad i = 1,2,\cdots,n$$
$$N1'\lambda = 1$$
$$\lambda \geq 0 \tag{4}$$

在公式（4）中，$N1 = (1,\cdots,1)'$为 n 维单位向量，得到的 θ 值为第 i 个年份决策单元在某一时期的实际技术效率值，该数值大于或者等于公式（3）得到的 θ 值。

一般将利用规模报酬可变的 DEA 模型测算得到的年份决策单元的技术效率称为纯技术效率，因为它独立于规模效率。年份决策单元的规模效率为由规模报酬不变的 DEA 模型测得的决策单元的技术效率与由规模报酬可变的 DEA 模型测得的决策单元的技术效率之间的比值。

三 数据准备

本书对 2007～2012 年以来电子信息产业的产业安全状况进行分析，以电子信息产业的产业安全状况作为评价对象，评价原始数据见表 6－2 所示。

表 6－2　2007～2012 年预测输入输出指标一览表

年 份	2007	2008	2009	2010	2011	2012
投入指标						
产业出口依存度(%)	0.169	0.144	0.112	0.123	0.112	0.108
产业进口依存度(%)	0.097	0.082	0.064	0.072	0.064	0.059
关税占财政收入的比重(%)	2.790	2.890	2.170	2.410	2.460	2.370
外资股权控制率(%)	0.450	0.263	0.133	0.100	0.107	0.081
产出指标						
对外贸易指数(%)	0.269	0.275	0.273	0.259	0.271	0.290
产业发展速度(%)	0.158	0.182	0.385	0.389	0.220	0.131

资料来源：Wind 资讯。

四 DEA 模型求解

本书选择需要评估的年份作为决策单元，即 2007～2012 年作为 6 个决

策单元,则评价第 j_0 个决策单元综合效率的具有非阿基米德无穷小的二叉树(CRR)模型为:

$$\min\theta - \in [\sum_{r=1}^{2} S_r^+ + \sum_{i=1}^{4} S_r^-] ST = \begin{cases} \sum_{j=1}^{6} \lambda_j x_{ij} + S_i^- = \theta x_{i0} \\ \sum_{j=1}^{6} \lambda_j x_{rj} - S^- = y_{r0} \\ S_i^- \geq 0, S_i^+ \geq 0 \\ \lambda_j \geq 0; j = 1,2,\cdots,6 \end{cases}$$

根据 DEA 模型,对决策单元 2007 年的投入产出情况列方程如下:

$$\begin{cases} \min[\theta - 10^{-6}(S_1^- + S_2^- + S_3^- + S_4^- + S_1^+ + S_2^+)] \\ 0.169\lambda_1 + 0.144\lambda_2 + 0.112\lambda_3 + 0.123\lambda_4 + 0.112\lambda_5 + 0.108\lambda_6 + S_1^- - 0.169\theta = 0 \\ 0.097\lambda_1 + 0.082\lambda_2 + 0.064\lambda_3 + 0.072\lambda_4 + 0.064\lambda_5 + 0.059\lambda_6 + S_2^- - 0.097\theta = 0 \\ 2.79\lambda_1 + 2.89\lambda_2 + 2.17\lambda_3 + 2.41\lambda_4 + 2.46\lambda_5 + 2.37\lambda_6 + S_3^- - 2.79\theta = 0 \\ 0.450\lambda_1 + 0.263\lambda_2 + 0.133\lambda_3 + 0.100\lambda_4 + 0.107\lambda_5 + 0.081\lambda_6 + S_4^- - 0.450\theta = 0 \\ 0.269\lambda_1 + 0.275\lambda_2 + 0.273\lambda_3 + 0.259\lambda_4 + 0.271\lambda_5 + 0.290\lambda_6 - S_5^- = 0.269 \\ 0.158\lambda_1 + 0.182\lambda_2 + 0.385\lambda_3 + 0.389\lambda_4 + 0.22\lambda_5 + 0.131\lambda_6 - S_6^- = 0.158 \\ \lambda_j \geq 0, j = 1,2,\cdots,6 \\ S_1^-, S_2^-, S_3^-, S_4^-, S_1^+, S_2^+ \geq 0 \end{cases}$$

对决策单元 2008 年的投入产出情况列方程如下:

$$\begin{cases} \min[\theta - 10^{-6}(S_1^- + S_2^- + S_3^- + S_4^- + S_1^+ + S_2^+)] \\ 0.169\lambda_1 + 0.144\lambda_2 + 0.112\lambda_3 + 0.123\lambda_4 + 0.112\lambda_5 + 0.108\lambda_6 + S_1^- - 0.144\theta = 0 \\ 0.097\lambda_1 + 0.082\lambda_2 + 0.064\lambda_3 + 0.072\lambda_4 + 0.064\lambda_5 + 0.059\lambda_6 + S_2^- - 0.082\theta = 0 \\ 2.79\lambda_1 + 2.89\lambda_2 + 2.17\lambda_3 + 2.41\lambda_4 + 2.46\lambda_5 + 2.37\lambda_6 + S_3^- - 2.89\theta = 0 \\ 0.450\lambda_1 + 0.263\lambda_2 + 0.133\lambda_3 + 0.100\lambda_4 + 0.107\lambda_5 + 0.081\lambda_6 + S_4^- - 0.263\theta = 0 \\ 0.269\lambda_1 + 0.275\lambda_2 + 0.273\lambda_3 + 0.259\lambda_4 + 0.271\lambda_5 + 0.290\lambda_6 - S_5^- = 0.275 \\ 0.158\lambda_1 + 0.182\lambda_2 + 0.385\lambda_3 + 0.389\lambda_4 + 0.22\lambda_5 + 0.131\lambda_6 - S_6^- = 0.182 \\ \lambda_j \geq 0, j = 1,2,\cdots,6 \\ S_1^-, S_2^-, S_3^-, S_4^-, S_1^+, S_2^+ \geq 0 \end{cases}$$

对决策单元2009年的投入产出情况列方程如下：

$$\begin{cases} \min[\theta - 10^{-6}(S_1^- + S_2^- + S_3^- + S_4^- + S_1^+ + S_2^+)] \\ 0.169\lambda_1 + 0.144\lambda_2 + 0.112\lambda_3 + 0.123\lambda_4 + 0.112\lambda_5 + 0.108\lambda_6 + S_1^- - 0.112\theta = 0 \\ 0.097\lambda_1 + 0.082\lambda_2 + 0.064\lambda_3 + 0.072\lambda_4 + 0.064\lambda_5 + 0.059\lambda_6 + S_2^- - 0.064\theta = 0 \\ 2.79\lambda_1 + 2.89\lambda_2 + 2.17\lambda_3 + 2.41\lambda_4 + 2.46\lambda_5 + 2.37\lambda_6 + S_3^- - 2.17\theta = 0 \\ 0.450\lambda_1 + 0.263\lambda_2 + 0.133\lambda_3 + 0.100\lambda_4 + 0.107\lambda_5 + 0.081\lambda_6 + S_4^- - 0.133\theta = 0 \\ 0.269\lambda_1 + 0.275\lambda_2 + 0.273\lambda_3 + 0.259\lambda_4 + 0.271\lambda_5 + 0.290\lambda_6 - S_5^- = 0.273 \\ 0.158\lambda_1 + 0.182\lambda_2 + 0.385\lambda_3 + 0.389\lambda_4 + 0.22\lambda_5 + 0.131\lambda_6 - S_6^- = 0.385 \\ \lambda_j \geq 0, j = 1,2,\cdots,6 \\ S_1^-, S_2^-, S_3^-, S_4^-, S_1^+, S_2^+ \geq 0 \end{cases}$$

对决策单元2010年的投入产出情况列方程如下：

$$\begin{cases} \min[\theta - 10^{-6}(S_1^- + S_2^- + S_3^- + S_4^- + S_1^+ + S_2^+)] \\ 0.169\lambda_1 + 0.144\lambda_2 + 0.112\lambda_3 + 0.123\lambda_4 + 0.112\lambda_5 + 0.108\lambda_6 + S_1^- - 0.123\theta = 0 \\ 0.097\lambda_1 + 0.082\lambda_2 + 0.064\lambda_3 + 0.072\lambda_4 + 0.064\lambda_5 + 0.059\lambda_6 + S_2^- - 0.072\theta = 0 \\ 2.79\lambda_1 + 2.89\lambda_2 + 2.17\lambda_3 + 2.41\lambda_4 + 2.46\lambda_5 + 2.37\lambda_6 + S_3^- - 2.41\theta = 0 \\ 0.450\lambda_1 + 0.263\lambda_2 + 0.133\lambda_3 + 0.100\lambda_4 + 0.107\lambda_5 + 0.081\lambda_6 + S_4^- - 0.100\theta = 0 \\ 0.269\lambda_1 + 0.275\lambda_2 + 0.273\lambda_3 + 0.259\lambda_4 + 0.271\lambda_5 + 0.290\lambda_6 - S_5^- = 0.259 \\ 0.158\lambda_1 + 0.182\lambda_2 + 0.385\lambda_3 + 0.389\lambda_4 + 0.22\lambda_5 + 0.131\lambda_6 - S_6^- = 0.389 \\ \lambda_j \geq 0, j = 1,2,\cdots,6 \\ S_1^-, S_2^-, S_3^-, S_4^-, S_1^+, S_2^+ \geq 0 \end{cases}$$

对决策单元2011年的投入产出情况列方程如下：

$$\begin{cases} \min[\theta - 10^{-6}(S_1^- + S_2^- + S_3^- + S_4^- + S_1^+ + S_2^+)] \\ 0.169\lambda_1 + 0.144\lambda_2 + 0.112\lambda_3 + 0.123\lambda_4 + 0.112\lambda_5 + 0.108\lambda_6 + S_1^- - 0.112\theta = 0 \\ 0.097\lambda_1 + 0.082\lambda_2 + 0.064\lambda_3 + 0.072\lambda_4 + 0.064\lambda_5 + 0.059\lambda_6 + S_2^- - 0.064\theta = 0 \\ 2.79\lambda_1 + 2.89\lambda_2 + 2.17\lambda_3 + 2.41\lambda_4 + 2.46\lambda_5 + 2.37\lambda_6 + S_3^- - 2.46\theta = 0 \\ 0.450\lambda_1 + 0.263\lambda_2 + 0.133\lambda_3 + 0.100\lambda_4 + 0.107\lambda_5 + 0.081\lambda_6 + S_4^- - 0.107\theta = 0 \\ 0.269\lambda_1 + 0.275\lambda_2 + 0.273\lambda_3 + 0.259\lambda_4 + 0.271\lambda_5 + 0.290\lambda_6 - S_5^- = 0.271 \\ 0.158\lambda_1 + 0.182\lambda_2 + 0.385\lambda_3 + 0.389\lambda_4 + 0.22\lambda_5 + 0.131\lambda_6 - S_6^- = 0.22 \\ \lambda_j \geq 0, j = 1,2,\cdots,6 \\ S_1^-, S_2^-, S_3^-, S_4^-, S_1^+, S_2^+ \geq 0 \end{cases}$$

对决策单元 2012 年的投入产出情况列方程如下：

$$\begin{cases} \min[\theta - 10^{-6}(S_1^- + S_2^- + S_3^- + S_4^- + S_1^+ + S_2^+)] \\ 0.169\lambda_1 + 0.144\lambda_2 + 0.112\lambda_3 + 0.123\lambda_4 + 0.112\lambda_5 + 0.108\lambda_6 + S_1^- - 0.108\theta = 0 \\ 0.097\lambda_1 + 0.082\lambda_2 + 0.064\lambda_3 + 0.072\lambda_4 + 0.064\lambda_5 + 0.059\lambda_6 + S_2^- - 0.059\theta = 0 \\ 2.79\lambda_1 + 2.89\lambda_2 + 2.17\lambda_3 + 2.41\lambda_4 + 2.46\lambda_5 + 2.37\lambda_6 + S_3^- - 2.37\theta = 0 \\ 0.450\lambda_1 + 0.263\lambda_2 + 0.133\lambda_3 + 0.100\lambda_4 + 0.107\lambda_5 + 0.081\lambda_6 + S_4^- - 0.081\theta = 0 \\ 0.269\lambda_1 + 0.275\lambda_2 + 0.273\lambda_3 + 0.259\lambda_4 + 0.271\lambda_5 + 0.290\lambda_6 - S_5^- = 0.290 \\ 0.158\lambda_1 + 0.182\lambda_2 + 0.385\lambda_3 + 0.389\lambda_4 + 0.22\lambda_5 + 0.131\lambda_6 - S_6^- = 0.131 \\ \lambda_j \geq 0, j = 1, 2, \cdots, 6 \\ S_1^-, S_2^-, S_3^-, S_4^-, S_1^+, S_2^+ \geq 0 \end{cases}$$

利用 DEAP 软件，可以求得如下结果，见表 6-3。这样利用 DEA 模型就可得出 2007~2012 年的电子信息产业安全度。

基于 DEA 模型分析流程，得到电子信息产业效率的总体评价结果（见表 6-3）。

表 6-3　2007~2012 年效率评价

年份	技术效率	纯技术效率	规模效率	规模报酬
2007	0.766	0.936	0.819	递减
2008	0.763	0.961	0.793	递减
2009	1.000	1.000	1.000	不变
2010	1.000	1.000	1.000	不变
2011	0.936	0.956	0.978	递减
2012	1.000	1.000	1.000	不变

从表 6-3 可以看出，2009 年、2010 年和 2012 年的技术效率、纯技术效率和规模效率都达到最高水平，但 2007 年、2008 年和 2011 年的主要效率指标都小于 1，且规模报酬也处于递减状态，这说明其存在投入冗余或者产出不足的情况，效率值不高。

基于此，本书将进一步分析其投入产出情况（见表 6-4）。

表 6-4 投入冗余、产出不足情况

年份	effchI	排序	输入冗余量				输出不足量	
			P	V	C	L	Q	M
2007	0.766	5	0.060	0.037	0.450	0.361	0.018	0.011
2008	0.763	6	0.035	0.022	0.566	0.170	0.011	0.007
2009	1.000	1	0	0	0	0	0	0
2010	1.000	1	0	0	0	0	0	0
2011	0.936	4	0.002	0.003	0.168	0.006	0.012	0.010
2012	1.000	1	0	0	0	0	0	0

运行有效性分析。根据 $effchI$ 值大小顺序，可以排出运营效率的优劣情况，其中 2009 年、2010 年和 2012 年运营效率评价指数都是 1.0，其运行均达到了 DEA 有效，其余情况均为 DEA 无效。

输入冗余率及输出不足率分析。输入冗余率和输出不足率为各年份改善运营提供了改进与调整的方向。从运行有效性分析结论可知，2007 年、2008 年和 2011 年不但纯技术效率不足 1，且规模效率处于递减状态，因而存在巨大的输入冗余和输出不足情况。表 6-4 给出了方案，虽然计算出来的方案，在实际情况下实施具有一定的难度，但可以此为目标，调整经营策略，提高管理水平，可使效率得到一定程度的改善。

指标对运营效率的影响分析。输入冗余和输出不足是影响技术效率评价的一个重要方面，对于 2007 年、2008 年和 2011 年来讲，产业出口依存度、产业进口依存度、关税占财政收入的比重和外资股权控制力率等指标存在投入过大或过多的情况，而同时对外贸易指数和产业发展速度输出不足，特别是 2007 年、2008 年这种情况尤其严重，直接导致经营效率偏低。因此需要根据实际需要和现实条件增加公司运营的投入，而不是盲目地增加，导致资源配置效率低。

从以上可以看出，输入冗余和输出不足导致项目经营效率评价值不高，文章将进一步分析规模效率和纯技术效率对输入冗余和输出不足的影响。

对于 2007 年来讲，输入具体情况如表 6-5 所示。

表 6-5　2007 年投入原始值和期望值

原始值	期望值	规模冗余	技术冗余
0.169	0.109	0	0.060
0.097	0.060	0	0.037
2.790	2.340	0	0.450
0.450	0.089	0	0.361

从表 6-5 可以看出，技术冗余对产业出口依存度、产业进口依存度、关税占财政收入的比重和外资股权控制力冗余贡献率达到 100%，且其绝对值比较大，分别达到了 0.060、0.037、0.450 和 0.361，即技术投入严重不足，同时规模冗余为 0，即资产投入数量增加对投入冗余的影响较小。因此，对于 2007 年，可以保证现有资产投资规模水平不变，但需要在技术和管理上加大投入，提升公司运营管理效率，从而减少投入冗余的情况。

2007 年的输出情况如表 6-6 所示。

表 6-6　2007 年产出原始值和期望值

原始值	期望值	规模不足	技术不足
0.269	0.287	0.018	0
0.158	0.169	0.011	0

从表 6-6 可以看出，对于对外贸易指数和产业发展速度指标，规模原因是导致产出不足的主要原因，因此需要在现有条件基础上，加强技术管理和资产管理，避免资产规模效率出现递减情况。

2008 年和 2011 年情况同于 2007 年（见表 6-7~表 6-10）。

表 6-7　2008 年投入原始值和期望值

原始值	期望值	规模冗余	技术冗余
0.144	0.109	0	0.035
0.082	0.060	0	0.022
2.890	2.324	0	0.566
0.263	0.093	0	0.170

表 6-8　2008 年产出原始值和期望值

原始值	期望值	规模不足	技术不足
0.275	0.286	0.011	0
0.182	0.189	0.007	0

表 6-9　2011 年投入原始值和期望值

原始值	期望值	规模冗余	技术冗余
0.112	0.110	0	0.002
0.064	0.061	0	0.003
2.460	2.292	0	0.168
0.107	0.101	0	0.006

表 6-10　2011 年产出原始值和期望值

原始值	期望值	规模不足	技术不足
0.271	0.283	0.012	0
0.220	0.230	0.010	0

第五节　对策建议

一　增强产业竞争力

为实现产业安全，不仅要加强对重要企业的控制力，更要增强其竞争力，提高其自主创新的能力。电子信息产业本身具有技术和资金密集、固定成本高、对标准依赖度高等特点，这些特殊性也对保持产业竞争力提出很高的要求。因此，需要采取一些措施来保证产业的竞争力。

要积极鼓励这些企业以更加开放的姿态参与跨国公司全球经营活动，通过广泛吸收战略投资者、建立跨国战略联盟等形式，实现与世界先进企业同步发展，以增强自身的国际竞争力。自主创新绝不是自我创新，要避免封闭式的过度保护，避免这些企业游离于世界先进企业群体之外，沦为完全依靠自我创新的"孤岛"。

要注重专业人才培养和普通劳动者技能及素质的提高。在我国经济发展的大环境下，电子信息产业同时具有了知识密集型和劳动密集型双重特点，一方面电子信息产业始终站在科技发展的最前沿，知识的更新和技术的研发层出不穷。在我国，专业人才的匮乏造成的不利影响比较明显，这导致了在行业中顶级的技术人才都依赖国外的技术资源；另一方面，在家电、计算机等行业大量的普通劳动者工作在生产的一线，这些员工的素质决定了生产的效率和产品质量的高低。因此人才培养已经刻不容缓。

注重知识产权的保护。电子信息产业属于知识密集型产业，各种新技术、新方案层出不穷，对于知识产权的保护尤其看重。一方面知识产权保护确实保证产业及企业的切身利益，另一方面可以极大地鼓励行业技术研发人员对于技术知识拓展的积极性，快速推进行业的发展。

在制度设计上，尤其要防止一种错误倾向，即把保护的重点放在阶段性目标上，为保护而保护，缺乏明确的目标和长远的规划，这会导致为了加强控制力而损害竞争力的严重后果。从长远来看，失去竞争力也将最终失去控制力，这种保护名义上是为了安全，实际上其最终结果却是不安全的。当然，考虑到目前我国市场经济体制还不完善，产业发展环境还不健全，企业发展水平整体上还不高，对于一般企业也应在一定时期内给予适度保护，但这种保护只能是暂时的保护。在保护期间应鼓励这类企业采取各种方式做大做强，为未来的全面开放、全面竞争做好准备。

二 提高产业控制力

近年来，外资积极并购我国行业龙头企业，这一现象已引起我们的关注。外国投资者一般为逐利而来，并购我国行业龙头企业主要是为获取更多的经济利益，未必带有其母国的政治意图。但是，我们也要清醒地认识到，这类并购的主要目的是将这些企业纳入其全球网络，实现其全球战略布局，取得对企业的控制权是实现这一目的的必要条件，因此外资并购一般都有控股要求。值得警惕的是，在另一些情况下，外资并没有控股，但是通过并购实现了对被并购企业核心技术、品牌、营销渠道等战略性资源的控制和利用，则危及国家产业安全。产业保护的主要目的是要在各国经济联系日益密切的背景下维护一国经济的自主性，因此这种保护应是有重点的保护，国家应建立一套"红名单"制度，将承载保持国家经济自主性功能的重要企业纳入"红名单"之中，对这些企业进行重点监控和跟踪监控，监控的重点是战略性资源的控制权。在实践中，应牢牢掌握这种控制权，一个基本原则是：对这种控制权可以独享，也可以分享，但绝不能放弃。

三 创造良好的产业发展环境

在提倡我国企业主动融入跨国公司全球网络，提高学习能力的同时，还要努力为企业创造一个公平竞争的环境。一方面，要尽快打破部门分割、行业垄断和地区封锁的局面，统一国内市场，使企业在更大范围内竞争。国内市场不统一，是阻碍企业实现一体化从而获得内部化优势的一个重要因素。美国企业之所以能够率先开展跨国经营，与其国内市场的特点也有一定关系。美国的国内市场不仅是一个巨大的市场，而且是一个统一的市场，在这样的市场环境中成长起来的企业，从一开始就面临着如何在一个广阔的市场空间中安排生产经营活动的问题。目前，我国的市场环境尚带有浓厚的地方主义色彩，连"全国化"都做不到，如何去应对"全球化"。另一方面，要尽快完善法律法规，消除各种形式的妨碍公平竞争的现象，重点是防止一些跨国公司利用其市场力量制造垄断，防止一些具有部门垄断色彩的国有企业借助行政权力制造垄断，努力形成各种所有制经济平等竞争、相互促进的新格局。

第 七 章
批发零售业产业安全指数研究

第一节 批发零售产业安全现状分析

本部分阐述我国批发零售业安全现状,主要通过批发零售业外部环境安全、批发零售业政策安全、批发零售业资金安全、批发零售业结构安全和批发零售业市场安全等方面进行阐述,要求以官方的统计数据为基础进行分析,同时将批发零售业安全的学术术语与官方术语保持一致。

一 批发零售产业情况概述与特征

(一)产业情况概述

批发零售业指商品在流通环节中的批发活动和零售活动。根据国民经济分类标准,本门类包括51和52大类。

批发业指向其他批发或零售单位(含个体经营者)及其他企事业单位、机关团体等批量销售生活用品、生产资料的活动,以及从事进出口贸易和贸易经纪与代理的活动,包括拥有货物所有权,并以本单位(公司)的名义进行交易活动,也包括不拥有货物的所有权,收取佣金的商品代理、商品代售活动;本类还包括各类商品批发市场中固定摊位的批发活动,以及以销售为目的的收购活动。

根据国家统计局分类,批发行业可分成9个中类行业(三级代码行业),57个小类行业(四级代码行业)。详见表7-1。

表 7-1 2012 版国民经济分类批发行业细分

类别	代码	名称	说明
中类	511	农、林、牧产品批发	指未经过加工的农作物、林产品及牲畜、畜产品、鱼苗的批发和进出口活动,但不包括蔬菜、水果、肉、禽、蛋、奶及水产品的批发和进出口活动,包括以批发为目的的农副产品收购活动
小类	5111	谷物、豆及薯类批发	
	5112	种子批发	
	5113	饲料批发	
	5114	棉、麻批发	
	5115	林业产品批发	指林木种苗、采伐产品及采集产品等的批发和进出口活动
	5116	牲畜批发	
	5119	其他农牧产品批发	
中类	512	食品、饮料及烟草制品批发	指经过加工和制造的食品、饮料及烟草制品的批发和进出口活动,以及蔬菜、水果、肉、禽、蛋、奶及水产品的批发和进出口活动
小类	5121	米、面制品及食用油批发	
	5122	糕点、糖果及糖批发	
	5123	果品、蔬菜批发	
	5124	肉、禽、蛋、奶及水产品批发	
	5125	盐及调味品批发	
	5126	营养和保健品批发	
	5127	酒、饮料及茶叶批发	指可直接饮用或稀释、冲泡后饮用的饮料、酒及茶叶的批发和进出口活动
	5128	烟草制品批发	指经过加工、生产的烟草制品的批发和进出口活动
	5129	其他食品批发	
中类	513	纺织、服装及家庭用品批发	指纺织面料、纺织品、服装、鞋、帽及日杂品、家用电器、家具等生活日用品的批发和进出口活动
小类	5131	纺织品、针织品及原料批发	
	5132	服装批发	
	5133	鞋帽批发	
	5134	化妆品及卫生用品批发	
	5135	厨房、卫生间用具及日用杂货批发	指灶具、炊具、厨具、餐具及各种容器、器皿等的批发和进出口活动;卫生间的用品用具和生活用清洁、清扫用品、用具等的批发和进出口活动

续表

类别	代码	名称	说明
小类	5136	灯具、装饰物品批发	
	5137	家用电器批发	
	5139	其他家庭用品批发	指上述未列明的其他生活日用品的批发和进出口活动
中类	514	文化、体育用品及器材批发	指各类文具用品、体育用品、图书、报刊、音像、电子出版物、首饰、工艺美术品、收藏品及其他文化用品、器材的批发和进出口活动
小类	5141	文具用品批发	
	5142	体育用品及器材批发	
	5143	图书批发	
	5144	报刊批发	
	5145	音像制品及电子出版物批发	
	5146	首饰、工艺品及收藏品批发	
	5149	其他文化用品批发	
中类	515	医药及医疗器材批发	指各种化学药品、生物药品、中药及医疗器材的批发和进出口活动;包括兽用药的批发和进出口活动
小类	5151	西药批发	
	5152	中药批发	指中成药、中药材的批发和进出口活动
	5153	医疗用品及器材批发	
中类	516	矿产品、建材及化工产品批发	指煤及煤制品、石油制品、矿产品及矿物制品、金属材料、建筑和装饰装修材料以及化工产品的批发和进出口活动
小类	5161	煤炭及制品批发	
	5162	石油及制品批发	
	5163	非金属矿及制品批发	
	5164	金属及金属矿批发	
	5165	建材批发	指建筑用材料和装饰装修材料的批发和进出口活动
	5166	化肥批发	
	5167	农药批发	
	5168	农用薄膜批发	
	5169	其他化工产品批发	
中类	517	机械设备、五金产品及电子产品批发	提供通用机械、专用设备、交通运输设备、电气机械、五金、交通器材、电料、计算机设备、通信设备、电子产品、仪器仪表及办公用机械的批发和进出口活动
小类	5171	农业机械批发	
	5172	汽车批发	

续表

类别	代码	名称	说明
小类	5173	汽车零配件批发	
	5174	摩托车及零配件批发	
	5175	五金产品批发	指小五金、工具、水暖部件及材料的批发和进出口活动
	5176	电气设备批发	
	5177	计算机、软件及辅助设备批发	
	5178	通信及广播电视设备批发	指电信设备、广播电视设备的批发和进出口活动
	5179	其他机械设备及电子产品批发	
中类	518	贸易经纪与代理	指代办商、商品经纪人、拍卖商的活动；专门为某一生产企业做销售代理的活动；为买卖双方提供贸易机会或代表委托人进行商品交易代理活动
小类	5181	贸易代理	指不拥有货物的所有权，为实现供求双方达成交易，按协议收取佣金的贸易代理
	5182	拍卖	
	5189	其他贸易经纪与代理	
中类	519	其他批发业	指上述未包括的批发和进出口活动
小类	5191	再生物资回收与批发	指将可再生的废旧物资回收，并批发给制造企业作初级原料的活动
	5199	其他未列明批发业	

资料来源：国家统计局。

零售业指百货商店、超级市场、专门零售商店、品牌专卖店、售货摊等主要面向最终消费者（如居民等）的销售活动，以互联网、邮政、电话、售货机等方式的销售活动，还包括在同一地点，后面加工生产，前面销售的店铺（如面包房）；谷物、种子、饲料、牲畜、矿产品、生产用原料、化工原料、农用化工产品、机械设备（乘用车、计算机及通信设备除外）等生产资料的销售不作为零售活动；多数零售商对其销售的货物拥有所有权，但有些则是充当委托人的代理人，进行委托销售或以收取佣金的方式进行销售。

根据国家统计局分类标准，零售业可分成9个中类行业（三级代码行业），56个小类行业（四级代码行业）。包括综合零售业（百货和超市），食品、饮料及烟草制品专门零售，纺织、服装及日用品专门零售，文化、体育用品及器材专门零售，医药及医疗器材专门零售，汽车、摩托车、燃料及零配件专门零售，家用电器及电子产品专门零售，五金、家具及室内装饰材料专门零售，货摊、无店铺及其他零售业。详见表7-2。

表7-2 2012版国民经济分类零售行业细分

类别	代码	名称	说明
中类	521	综合零售	
小类	5211	百货零售	指经营的商品品种较齐全,经营规模较大的综合零售活动
	5212	超级市场零售	指经营食品、日用品等的超级市场的综合零售活动
	5219	其他综合零售	指日用杂品综合零售活动；在街道、社区、乡镇、农村、工矿区、校区、交通要道口、车站、码头、机场等人口稠密地区开办的小型综合零售店的活动；以小超市形式开办的便利店活动；农村供销社的零售活动
中类	522	食品、饮料及烟草制品专门零售	指专门经营粮油、食品、饮料及烟草制品的店铺零售活动
小类	5221	粮油零售	
	5222	糕点、面包零售	
	5223	果品、蔬菜零售	
	5224	肉、禽、蛋、奶及水产品零售	
	5225	营养和保健品零售	
	5226	酒、饮料及茶叶零售	指专门经营酒、茶叶及各种饮料的店铺零售活动
	5227	烟草制品零售	
	5229	其他食品零售	指上述未列明的店铺食品零售活动
中类	523	纺织、服装及日用品专门零售	指专门经营纺织面料、纺织品、服装、鞋、帽及各种生活日用品的店铺零售活动
小类	5231	纺织品及针织品零售	
	5232	服装零售	
	5233	鞋帽零售	
	5234	化妆品及卫生用品零售	
	5235	钟表、眼镜零售	
	5236	箱、包零售	
	5237	厨房用具及日用杂品零售	指专门经营炊具、厨具、餐具、日用陶瓷、日用玻璃器皿、塑料器皿、清洁用具和用品的店铺零售活动,以及各种材质其他日用杂品的零售活动
	5238	自行车零售	
	5239	其他日用品零售	指专门经营小饰物、礼品花卉及其他未列明日用品的店铺零售活动

续表

类别	代码	名称	说明
中类	524	文化、体育用品及器材专门零售	指专门经营文具、体育用品、图书、报刊、音像制品、首饰、工艺美术品、收藏品、照相器材及其他文化用品的店铺零售活动
小类	5241	文具用品零售	
	5242	体育用品及器材零售	
	5243	图书、报刊零售	
	5244	音像制品及电子出版物零售	
	5245	珠宝首饰零售	
	5246	工艺美术品及收藏品零售	指专门经营具有收藏价值和艺术价值的工艺品、艺术品、古玩、字画、邮票等的店铺零售活动
	5247	乐器零售	
	5248	照相器材零售	
	5249	其他文化用品零售	指专门经营游艺用品及其他未列明文化用品的店铺零售活动
中类	525	医药及医疗器材专门零售	指专门经营各种化学药品、生物药品、中药、医疗用品及器材的店铺零售活动
小类	5251	药品零售	
	5252	医疗用品及器材零售	
中类	526	汽车、摩托车、燃料及零配件专门零售	指专门经营汽车、摩托车、汽车部件、汽车零配件及燃料的店铺零售活动
小类	5261	汽车零售	指乘用车的零售
	5262	汽车零配件零售	
	5263	摩托车及零配件零售	
	5264	机动车燃料零售	指专门经营机动车燃料及相关产品（润滑油）的店铺零售活动
中类	527	家用电器及电子产品专门零售	指专门经营家用电器和计算机、软件及辅助设备、电子通信设备、电子元器件及办公设备的店铺零售活动
小类	5271	家用视听设备零售	指专门经营电视、音响设备、摄录像设备等的店铺零售活动
	5272	日用家电设备零售	指专门经营冰箱、洗衣机、空调、吸尘器及其他家用电器设备的店铺零售活动
	5273	计算机、软件及辅助设备零售	
	5274	通信设备零售	不包括专业通信设备的销售
	5279	其他电子产品零售	

续表

类别	代码	名称	说明
中类	528	五金、家具及室内装饰材料专门零售	指专门经营五金用品、家具和装修材料的店铺零售活动，以及在家具、家居装饰、建材城（中心）及展销会上设摊位的销售活动
小类	5281	五金零售	
	5282	灯具零售	
	5283	家具零售	
	5284	涂料零售	
	5285	卫生洁具零售	
	5286	木质装饰材料零售	指专门经营木质地板、门、窗等店铺零售活动，不包括板材销售活动
	5287	陶瓷、石材装饰材料零售	指专门经营陶瓷、石材制地板砖、壁砖等店铺零售活动
	5289	其他室内装饰材料零售	
中类	529	货摊、无店铺及其他零售业	
小类	5291	货摊食品零售	指流动货摊的食品零售活动
	5292	货摊纺织、服装及鞋零售	指流动货摊的纺织、服装及鞋的零售活动
	5293	货摊日用品零售	指流动货摊的日用品零售活动
	5294	互联网零售	不包括在网络销售中，仅提供网络支付的活动，以及仅建立或提供网络交易平台和接入的活动
	5295	邮购及电视、电话零售	指通过邮政及电视、电话等通信工具进行销售，并送货上门的零售活动
	5296	旧货零售	
	5297	生活用燃料零售	指从事生活用煤、煤油、酒精、薪柴、木炭以及罐装液化石油气等专门零售活动
	5299	其他未列明零售业	

资料来源：国家统计局。

（二）产业分类及特征

批发零售业是社会化大生产过程中的重要环节，是决定经济运行速度、质量和效益的引导性力量，是我国市场化程度最高、竞争最为激烈的行业之一。

1. 批发业特征

与零售商业相比，批发商业一般具有如下几方面的特征：

第一，批发商业一般不直接同以生活消费为目的的个人发生交易关系，它通常是在企业与企业之间组织商品流通。它所经营的商品，一般只供转卖或生产加工之用。批发交易行为结束以后，商品仍然处于流通领域或被生产过程暂时中断。所以，批发商业的销售对象是其他批发商业或零售商业或生产单位，而不是个人消费者。

第二，批发商业从事的是批量商品交易，即大宗的、成批的商品交易。买卖的商品通常具有交易的最低数量界限，即有批购起点。批购起点的多少要根据不同的批发层次、不同商品、不同购销状况分别制定。

第三，批发商业的经营活动范围较广。有的面向地区，有的面向全国，服务半径较大。在交易上联系着众多的生产者和零售商。

第四，批发商业一般具有专业性强的特点。较少跨专业经营，有利于专业化分工的发展，以利于组织货源，安排市场。

第五，功能多元化发展趋势明显。服务成为批发业的重要职责之一，专职批发商的功能扩展到商品买卖、储存、组配、运送、促销服务、承担风险（退换货等）资金融通、提供信息、新品发布、商品维修等。随着服务功能的增加，专职批发商的形式进一步多样化，主要有综合批发商、专业批发商、总经销和总代理、批发市场或交易所以及多功能批发流通中心。批发功能的扩展使许多原来隶属传统批发业内部的行业逐步独立化，形成新的庞大的产业系统，如仓储、运输、代理、信息咨询、营销策划、广告等成为现代批发业重要的辅助行业。

现代化批发商运用现代化的通信和管理手段，通过多功能、全方位的服务占领市场。随着社会生产力的发展和市场经济不断成熟，批发企业的服务在市场营销中的地位和作用越来越突出。一是优质的服务成为保持和扩大业务量的基础，成为赢得市场的重要保证；二是服务作为无形商品。成为提高批发企业经济效益的重要途径。

2. 零售业特征

第一，交易对象是为直接消费而购买商品的最终消费者，包括个人消费者和集团消费者。消费者从零售商处购买商品的目的不是为了用于转卖或生产所用，而是为了自己消费。

第二，零售贸易的标的物不仅有商品，还有劳务，即还要为顾客提供各种服务，如送货、安装、维修等。随着市场竞争的激烈加剧，零售提供的售前、售中与售后服务已成为重要的竞争手段或领域。

第三，零售贸易的交易量零星分散，交易次数频繁，每次成交额较小，未成交次数占有较大比重，这是零售应有的定义。正由于零售贸易平均每笔交易量少，交易次数频繁，因此，零售商必须严格控制库存量。

第四，零售贸易受消费者购买行为的影响比较大。零售贸易的对象是最终消费者，大多数消费者在购买商品时表现为无计划的冲动型或情绪型。面对着这种随机性购买行为明显的消费者，零售商欲达到扩大销售之目的，特别要注意激发消费者的购买欲望和需求兴趣，一定要有自己的经营特色，以吸引顾客，备货要充足，品种要丰富，花色、规格应齐全。

第五，零售贸易大多在店内进行，网点规模大小不一，分布较广。由于消费者的广泛性、分散性、多样性、复杂性，为了满足广大消费者的需要，在一个地区，仅靠少数几个零售点是根本不够的。零售网点无论从规模还是布局上都必须以满足消费者需要为出发点，适应消费者购物、观光、浏览、休闲等多种需要。

第六，零售贸易必须依靠周转速度取胜。相对于批发贸易，零售贸易每次交易额小，因此必须注重提高成交率，提高贸易资本的周转速度，尽可能地在同一时间内使贸易资本周转更快、更有效率，做到薄利多销，快买快卖。

对企业来说：（1）企业有自己的经营门店，直接售予城乡居民生活消费的商品和社会集团用于公共消费（如办公用品、小轿车等）的商品。（2）企业无门店，通过网上或电话售予城乡居民生活消费的商品和社会集团用于公共消费的商品。（3）企业对医院、学校等非营利机构销售的中西药品、医疗器械、教学用品及设备等。总之，零售业的销售对象是城乡居民和社会集团，销售的商品是以生活消费或公共消费品为主。常见的零售业有百货店、超市、便利店、专卖店、专业店等以销售生活消费品为主的企业。

二 产业现状分析

（一）外部环境安全状况分析

1. 宏观经济形势与政策分析

根据国家统计局日前公布的数据，2013 年中国国内生产总值同比增长

7.7%，居民消费价格指数同比上涨 2.6%，经济运行总体平稳。2014 年将是中国全面深化改革的重要一年，继续保持经济的平稳运行，不仅是宏观经济调控的应有之义，更是推动体制改革、为之营造一个宽松宏观环境的迫切要求。当前中国经济的主要特征是需求衰退周期逐渐转换为供给调整周期，并正由高速增长向中高速增长转换。伴随着这种增速转换，2013 年中国经济的结构性调整特征十分明显，突出表现在以下方面。

经济增长速度略有降低，但企业赢利能力有较大幅度提高。2013 年中国经济增长率与上年基本持平，但是，伴随中国经济长达三年的持续调整，大部分企业在生产和投资方面的调整也已经比较充分，赢利水平有了明显提升，企业自身适应新的经济环境的能力在逐渐提高。

工业增速继续下探，但服务业发展动能逐渐增强。2013 年，工业增加值同比增长 9.7%，比上年同期下跌了 0.3 个百分点，但是以服务业为主的第三产业增加值，同比增长 8.3%，比上年同期提高了 0.2 个百分点。服务业增加值增速提高，与伴随着结构转型服务业进入了较快发展阶段有关。城镇化的快速推进、公共服务的日益完善和工业服务专业化的趋势等，将为服务业的发展带来源源不断的动能，从而有利于推动服务业率先步入复苏之路。

制造业投资陷入全面深度调整，但是消费触底后开始稳步回升。2013 年制造业投资同比增速只有 18.5%，比上年同期大幅下降 3.5 个百分点。尽管社会消费零售总额同比增速也比上年降低了 1.2 个百分点，但自 2013 年 2 月以来，增速逐月稳步回升。由于投资关联效应和收入放缓效应，更多上游行业及消费品行业的投资受到了影响，是导致制造业全面深度调整的主要原因。汽车消费、网络消费以及与住宅成交量相关的居住类消费等都有明显增加，则是促使消费持续回暖的根本动力。

物价水平总体保持平稳，结构性通胀并未被有效遏制。2013 年，居民消费价格基本维持了 2012 年下半年以来温和上涨的态势。但是，食品价格涨幅依旧较大，其中粮食、肉禽和蛋类等涨幅甚至超过了上年同期；居住类项目价格涨幅也超过了上年同期。结构性因素的存在，使得这种价格上升具有一定的趋势性。第一产业人均增加值仍然偏低，只能通过农产品价格上涨获得必要的利润。住房价格的上涨和交通区位便利住房的日益紧缺，则推高了房租。

一般贸易恢复弱势增长,加工贸易趋势性衰落特征更加突出。2013年,中国一般贸易进出口总额增速由上年的4.2%提高到9.3%,特别是进口额增速由上年的1.4%提高到8.6%,同时,加工贸易进出口总额增速却由上年的8.1%下滑到5.7%,连续3年明显下滑。要素成本变化对加工贸易产生了持续不利的冲击。例如,2013年前三季度,全部单位从业人员劳动报酬比2005年同期上涨了3倍多,年均递增约19.0%,2013年12月31日人民币兑美元汇率也比2005年汇改前累计升值了26.3%。

央行基本维持了偏松的货币投放力度,但资金供需矛盾仍然突出。2013年总体上货币政策稳中偏松,尽管货币供应量M2已超百万亿,但与全社会固定资产投资总额的比率,已由2001年的5.69快速下降到2013年的2.53,M1与全社会固定资产投资总额的比率也由2.15下降到约0.77。同时,中国经济连续三年调整减少了企业的利润额和现金流,加之人民币国际化推进迅速,致使人民币资金需求日益增加,利率趋于上升,供需矛盾更加突出。

2014年,中国经济将面临许多深层次的矛盾和问题,对经济的稳定运行造成一定的威胁。尽管如此,经济复苏的力量仍然正在逐渐积聚,并主要体现在经济结构的优化和微观企业效益的改善上,而不是体现在经济增速的明显提高上,从而经济运行的内在稳定性也会进一步得到加强。

产能过剩、政策效应递减、结构性通货膨胀和潜在金融风险等,是影响2014年经济运行的主要不利因素。首先,产能过剩将降低经济运行中的投资乘数效应,致使终端需求的增加只能提高现有生产能力的利用率,却不能有效引致新的投资;其次,政策边际效应递减将弱化投资促进政策的作用,因为电力、燃气及水的生产和供应业,交通运输、仓储和邮政业,以及水利、环境和公共设施管理业三个行业,是政府投资促进政策的重要着力点,2013年其投资增速已达22.9%,很难进一步提升;再次,食品类、劳务类和居住类项目价格仍然可能会出现较大幅度的上涨,并驱使央行在货币政策操作方面更加趋于紧缩,进而对实体经济造成一定影响;最后,地方政府债务的增加和房地产价格的上涨威胁着经济的平稳运行,必须采取一定的措施予以妥善管理,但从短期来看,这些举措却可能造成房地产投资及地方政府投资的下降。

全球经济逐渐复苏、制造业投资调整充分、投资消费结构转换和微观企业效益改善等，则是促进经济复苏的主要积极因素。首先，全球经济复苏力度逐渐增强，将为中国对外贸易特别是一般贸易的发展创造良好的外部环境，而一般贸易的发展将比加工贸易产生更大的增长效应；其次，制造业投资的调整较为充分，只有饮料制造业、废弃资源和废旧材料回收加工业投资增速高于30%，其他行业已经全部降低到30%以下，制造业投资增速难以再有回落；再次，投资消费结构正在悄然发生转换，2000年以来连年流入的外商直接投资、高储蓄下银行对企业信贷的过度扩张以及包括资产价格在内的较高通货膨胀率等因素，促成了中国抑制消费、刺激投资的发展模式的形成，但随着全球化、城镇化和重工业化"三化叠一"时代旺盛的需求出现趋势性回落，中国储蓄率下降、消费率上升将逐渐变成一种趋势；最后，微观企业效益有所改善，除了部分行业企业因产能过剩严重而资产负债表继续恶化外，大多数企业资产负债表状况正在趋于良好，借贷能力和投资信心也相应得到提高。

我们认为2014年经济增长率将保持在7.8%左右，全社会固定资产投资增速约为19.5%，社会消费品零售总额增速约为13.5%，进出口额增速约为8.0%，居民消费价格指数涨幅约为3.0%。

2013年12月召开的中央经济工作会议，在认为2014年经济运行存在下行压力的同时，也更加强调推进经济结构调整和提高经济发展质量效益。因此，为了应对经济运行中各种可能的风险和不确定性，2014年宏观调控就需要更加重视前瞻性、及时性和针对性，争取以最小的成本实现经济稳定的目的，为经济体制改革和结构调整创造更加宽松的宏观环境。具体来说：财政政策方面，需适度提高赤字率，稳定政府主导投资，引导和扩大社会投资，避免投资的再度下滑；税收政策方面，要继续加快推进"营改增"，同时，通过现有税种的调整、新税种的开征和企业效益的提升，逐步提高直接税的比重和降低流转税的比重，以减轻中小微企业和居民的税收负担；货币政策方面，应适度增加货币供给的力度，并通过利率市场化改革和金融体系建设，优化资金特别是增量资金的配置结构；城镇化政策方面，宜将促进中小城镇发展作为推动新型城镇化的核心内容，以中小城镇为主体来统筹城乡发展，与此同时，也要进一步扩大城市棚户区改造和环境治理方面的投资。

2. 经济周期对产业安全状况分析

由于批发零售业是直接为生产者和消费者提供生产资料和生活资料的部门，其发展必然受到宏观经济的制约。我国批发零售业增加值增速与GDP增速的相关度较高。

2012年，中国经济在惊涛骇浪中平稳前进，各项指标表现优异。2012年中央经济工作会议公报显示，2012年，中国国民经济和社会发展实现了"十二五"时期良好开局。根据该公报，2012年国内生产总值471564亿元，比上年增长9.2%。2012年中国经济增速虽比2010年有所回落，但仍明显快于世界主要国家或地区，对世界经济增长的贡献率继续上升。

同时，GDP增长逐季下滑趋势又出现。2012年国内生产总值一季度同比增长9.7%，二季度增长9.5%，三季度增长9.1%，四季度增长8.9%。GDP逐季下滑的其中一个因素是，"三驾马车"之一的固定资产投资同比增长23.6%，不仅比2010年的23.8%低，而且低于2008年的25.9%和2009年的30%，是六年来的新低。

从数据来看，最终消费支出对GDP的拉动作用和对GDP的贡献率两个指标方面呈现出逐年下降的趋势；根据我们的测算，自1978年以来，消费支出对GDP的拉动平均在5.4个百分点；消费支出对GDP的平均贡献率平均为55.2%。自2000年以来，上述两项指标均低于历史均值，而"十二五"规划的核心内容之一就是提高消费对GDP的拉动和贡献，改变过分倚重投资和出口带动经济增长的发展方式，伴随国家"十二五"相关政策的实施，消费对GDP的拉动和贡献率将步入向上增长的通道。

2012年投资、消费和净出口三大需求在2012年增速都有所减缓，但仍然处在平稳较快的增长区间。2012年，在宏观政策主动调控和世界经济增长放缓影响下，我国三大需求出现了不同程度的下降。全年经济增长动力主要来自于国内需求，内外需平衡有所改善，资本形成总额、最终消费以及货物和服务净出口对GDP增长的贡献率分别为54.2%、51.6%和-5.8%，对经济增长的拉动分别为4.99、4.75和-0.53个百分点，与上年相比，投资仍为拉动经济增长的重要力量，但对GDP增速的拉动减少0.6个百分点；消费的拉动作用显著增强，提高0.9个百分点；而净出口的拉动作用明显减弱，减少1.3个百分点。

2012年我国宏观经济处于内忧外患之中，欧债危机、投资减速、出口疲软和高通胀都在一定程度上压制着国内经济增长，疲软的经济环境也使得国内居民消费信心不振。此外，国内的零售行业还受到了新兴消费渠道——网络零售前所未有的巨大冲击。这些都使得市场对于国内零售行业发展产生了诸多不利因素。

3. 金融政策安全状况分析

2009年和2010年年度信贷增加可以说是超常规模的，年度信贷增加额分别高达10万亿元和8.4万亿元。2012年前11个月新增信贷总计6.84万亿元，全年信贷增加规模在7.4万亿元。另外，贷款余额占GDP比例也在2009年时爬上了一个新台阶，由2008年的107%上升到2010年的128%。高投资、高银行贷款，导致金融体系风险大增（见表7-3）。

表7-3　2001~2011年全部金融机构中长期贷款和短期贷款余额变化

年份	全部金融机构本外币各项贷款余额（万亿元）	其中：短期贷款（万亿元）	中长期贷款（万亿元）	中长期贷款与短期贷款之比	余额增加（万亿元）
2001	11.2	6.7	3.4	0.51	
2002	13.98	7.7	5.2	0.68	2.7
2003	16.98	8.7	6.7	0.77	3
2004	18.9	9.08	8.1	0.89	1.9
2005	20.7	9.1	9.3	1.02	1.8
2006	23.9	10.2	11.3	1.11	3.2
2007	27.8	11.9	13.9	1.17	3.9
2008	32	12.86	16.42	1.28	4.2
2009	42.6	15.1	23.6	1.56	10.5
2010	50.9	17.1	30.5	1.78	8.4
2011	54.8	20.3	32.4	1.59	7.5

资料来源：Wind。

2010年11月至2012年1月货款余额增速见图7-1。

2013年2月18日，央行宣布自2月24日开始，下调法定存款准备金率0.5个百分点，这是央行自2012年11月以来的第二次降准。粗略估算，此次下调后，可一次性释放银行体系流动性4000多亿元人民币。这是2013年以来我国央行首次下调存款准备金率。上次央行宣布下调准备金率是在

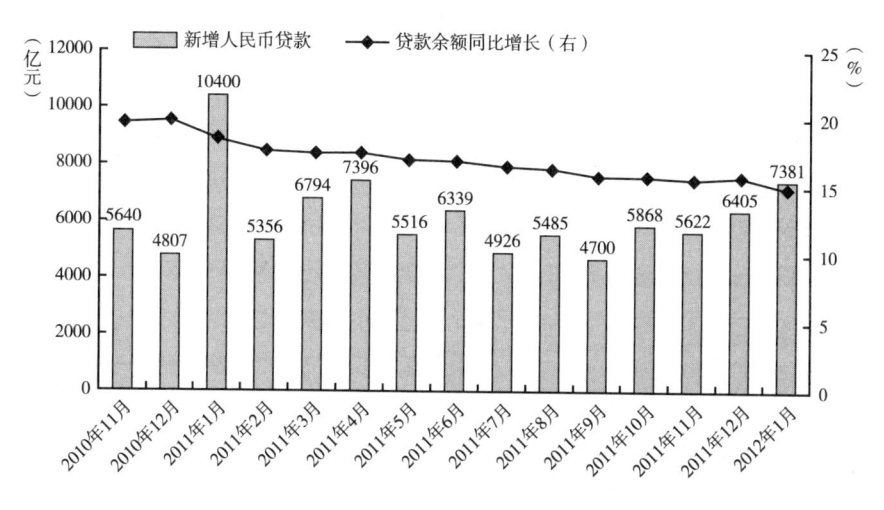

图 7-1　2010 年 11 月至 2012 年 1 月贷款余额增速

资料来源：Wind。

2012 年 11 月 30 日，当时是央行三年来首次下调准备金率。

2010 年四季度以来，央行连续提高存款准备金率，9 次提高存款准备金率共 4.5 个百分点，5 次上调存贷款基准利率共 1.25 个百分点，2012 年广义货币同比增长 13.6%，增速同比回落 6.1 个百分点（见图 7-2）。

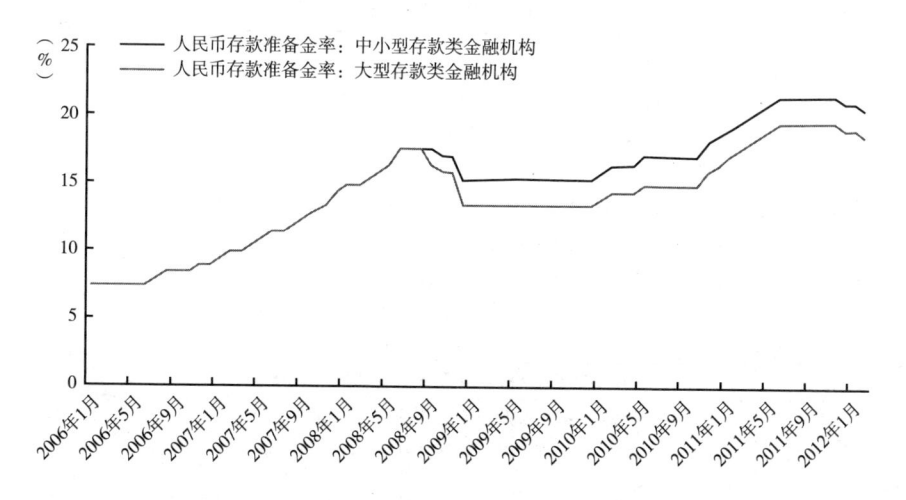

图 7-2　金融机构存款准备金率

资料来源：中国人民银行。

市场方面，监管层对经济下滑容忍度提高，货币政策仍是"相机决策"，但是在保增长、控通胀、调结构三方博弈下，市场利率逐步下降（见图7-3、表7-4）。

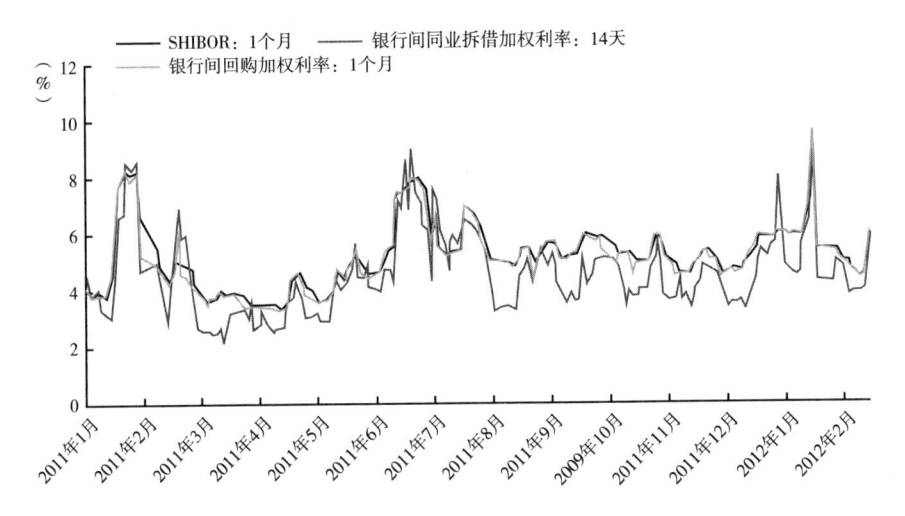

图7-3 2011年1月~2012年2月银行间市场利率变动情况

资料来源：WIND。

表7-4 2012年中国货币政策回顾

时间	政策
11月30日	央行下调存款类金融机构人民币存款准备金率0.5个百分点
7月7日	央行上调金融机构人民币存贷款基准利率：一年期存贷款基准利率分别上调0.25个百分点
6月20日	央行上调存款类金融机构人民币存款准备金率0.5个百分点
5月18日	央行上调存款类金融机构人民币存款准备金率0.5个百分点
4月21日	央行上调存款类金融机构人民币存款准备金率0.5个百分点
4月6日	央行上调金融机构人民币存贷款基准利率：一年期存贷款基准利率分别上调0.25个百分点
3月18日	上调存款类金融机构人民币存款准备金率0.5个百分点
2月18日	央行上调存款类金融机构人民币存款准备金率0.5个百分点
2月9日	央行上调金融机构人民币存贷款基准利率：一年期存贷款基准利率分别上调0.25个百分点
1月14日	央行上调存款类金融机构人民币存款准备金率0.5个百分点

资料来源：银联信。

2010年四季度以来，9次提高存款准备金率共4.5个百分点，5次上调存贷款基准利率共1.25个百分点，2012年广义货币同比增长13.6%，增速同比回落6.1个百分点。

2013年，中国人民银行将继续实施稳健的货币政策，保持政策的连续性和稳定性，密切监测国内外经济金融形势发展变化，增强调控的针对性、灵活性和前瞻性，适时适度进行预调微调，提高金融服务实体经济的水平，有效防范系统性金融风险，保持金融体系稳定，促进物价总水平基本稳定和经济平稳较快发展。2001年11月~2011年11月货币供应量变动情况见图7-4。

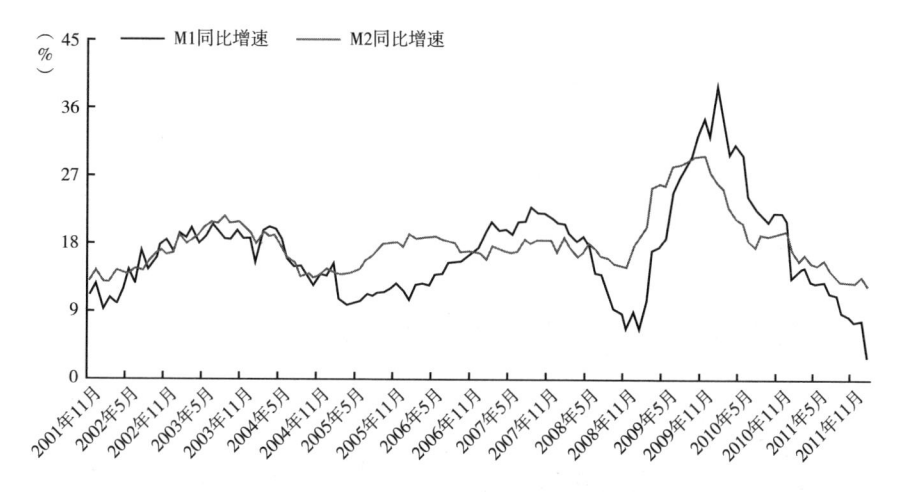

图7-4 2001年11月~2011年11月货币供应量变动情况

资料来源：CEIC。

（二）政策安全状况分析

2011年国家加大对批发零售业的支持力度，一系列扶持政策相继出台。商务部、财政部和中国人民银行出台了《关于"十二五"时期做好扩大消费工作的意见》，8部委9项措施促电子商务发展，近期商务部出台《"十二五"时期促进零售行业发展的指导意见》。目前，由商务部牵头制定的国内贸易"十二五"规划已基本定稿，内贸规划明确了"十二五"期间中国国内贸易发展的具体目标：到2015年，全国社会消费品零售总额从2010年15.7万亿元上升到30万亿元。详见表7-5。

表 7-5 2011 年批发零售行业相关政策

时间	政策	内容
2011 年 2 月 19 日	商务部提出其十二五规划拟重点支持 15 家大型流通企业的思路	商务部提出其十二五规划拟重点支持 15 家大型流通企业,该 15 家企业将有望在 2004 年公布的 20 家大型企业集团名单中产生
2011 年 5 月	针对零售行业存在的收取进场费等问题,商务部正起草《规范零售商、供应商交易行为意见》和《零售商供应商商品供销合同规范》	
2011 年 5 月 23 日	《关于规范商业预付卡管理的意见》	七部委联推购物卡实名制,强化商业预付卡市场管理。规定对于购买记名商业预付卡和一次性购买 1 万元(含)以上不记名商业预付卡的单位或个人,由发卡人进行实名登记。同时单位一次性购卡金额达 5000 元(含)以上或个人一次性购卡金额达 5 万元(含)以上的,应通过银行转账方式购买,不得使用现金
2011 年 6 月	国务院出台 8 项政策降低物流成本	
2011 年 6 月	个税 3000 元起征点不变 1 级税率降至 3%	
2011 年 8 月	商务部下发通知要求各地商务主管部门强化管理、督促商业企业严格规范发卡的行为	通知要求各级商务部门对本地区内的单用途预付卡发卡规模大、用卡占比高、消费者数量多的商业企业要列入重点发卡企业目录进行管理并建立工作联系机制
2011 年 10 月	商务部、财政部和中国人民银行联合下发《关于"十二五"时期做好扩大消费工作的意见》	明确扩大消费是"十二五"期间商务工作的重要任务,重点是构建统一开放、竞争有序、高效安全、利产惠民的现代商贸流通体系
2011 年 11 月	商务部发布《单用途商业预付卡管理办法(征求意见稿)》	提出对违反相关规定的发卡企业或集团控股企业,最高处以 1~3 万元罚款
2011 年 11 月 16 日	营业税改征增值税试点方案	

续表

时间	政策	内容
2011年11月28日	商务部牵头制定的国内贸易十二五规划已基本定稿,有望近期正式出台	内贸规划明确了十二五期间中国国内贸易发展的具体目标。2015年,全国社会消费品零售总额从2010年的15.70万亿元上升到30万亿元;生产资料销售总额从2010年的37万亿元上升到70万亿元;电子商务交易额从2010年的4.50万亿元上升到12万亿元;网上购物零售额规模从2010年的5131亿元上升到2万亿元
2011年12月14日		中央经济工作会议提出,牢牢把握扩大内需这一战略基点,把扩大内需的重点更多放在保障和改善民生、加快发展服务业、提高中等收入者比重上来
2011年12月13日	《关于加强鲜活农产品流通体系建设的意见》	提出要以加强产销衔接为重点,创新鲜活农产品流通模式,提高流通组织化程度,完善流通链条和市场布局,减少流通环节,降低流通成本,建立完善高效、畅通、安全、有序的鲜活农产品流通体系,保障鲜活农产品市场供应和价格稳定。在七大保障措施中,提出免征蔬菜流通环节增值税
2011年12月19日	《清理整顿大型零售企业向供应商违规收费工作方案》	五部委整顿零售商乱收费

资料来源:银联信。

(三) 市场安全状况分析

1. 批发零售业的产业链整体分析

批发零售业连接着生产和消费,发挥着承上(生产)启下(消费)的重要功能,是市场体系的最终环节。因此一切制造生产资料或生活资料的企业,如汽车、医疗设备、食品饮料等行业均是批发零售行业的上游产业。而批发零售的下游则是产品的终端用户,包括政府、企业事业和一般的居民。

考虑零售行业的三个主要参与者:生产商、渠道商和消费者,我们将三者以及其中涉及的信息流、资金流和物流流向简单展示如下。详见图7-5。

2. 上下游行业对批发零售业安全的影响

面对国际金融危机的冲击,我国工业经济继续呈现出生产增长较快、效

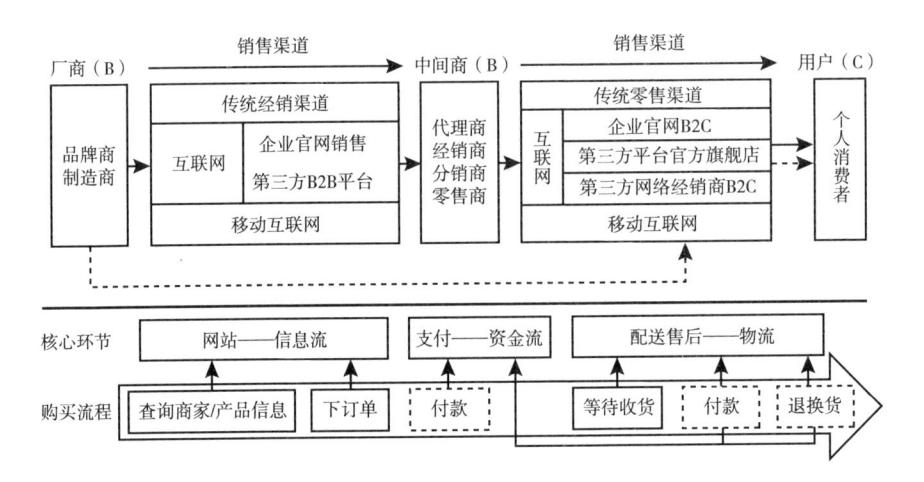

图 7-5 零售产业链简图

益整体改善、结构调整稳步推进的良好格局,总体运行在平稳较快增长区间(见图 7-6)。2012 年,按可比价格计算,全国规模以上工业增加值比上年增长 13.9%,增速同比回落 1.8 个百分点。

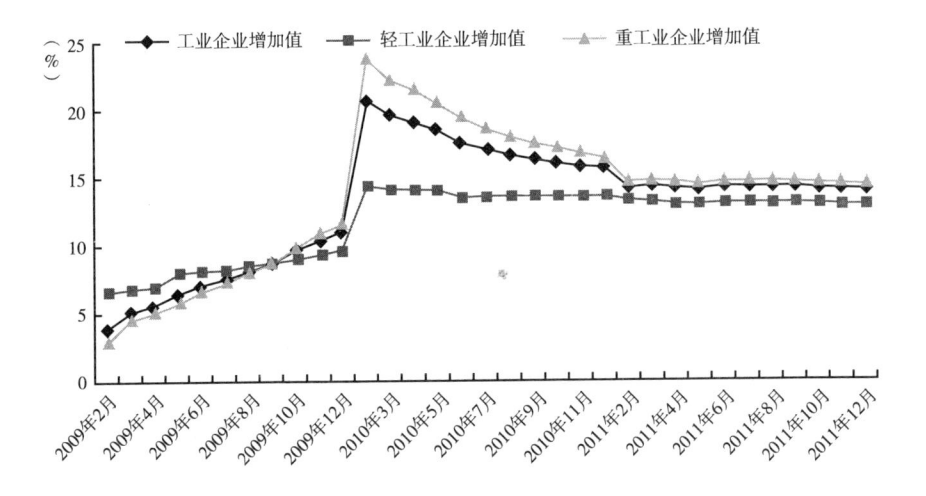

图 7-6 2009 年 2 月~2011 年 12 月工业增加值运行良好

资料来源：国家统计局。

2009 年以来我国各月累计固定资产投资完成额名义同比增速见图 7-7。2011 年，在"十二五"规划项目落实和保障房建设的带动下，固定资产投资保持平稳运行态势，全年固定资产投资（不含农户）301933 亿元，同比名义增长 23.8%，增速较上年同期低 0.7 个百分点。

房地产开发投资增速回落，而保障房投资步伐加快。在房地产调控政策的抑制下，2011 年全国房地产开发投资 61740 亿元，同比增长 27.9%，增幅同比回落 5.3 个百分点，成为投资增幅放缓的重要原因之一。与此同时，到 10 月底全国城镇保障性住房开工 1000 万套的任务已经超额完成。

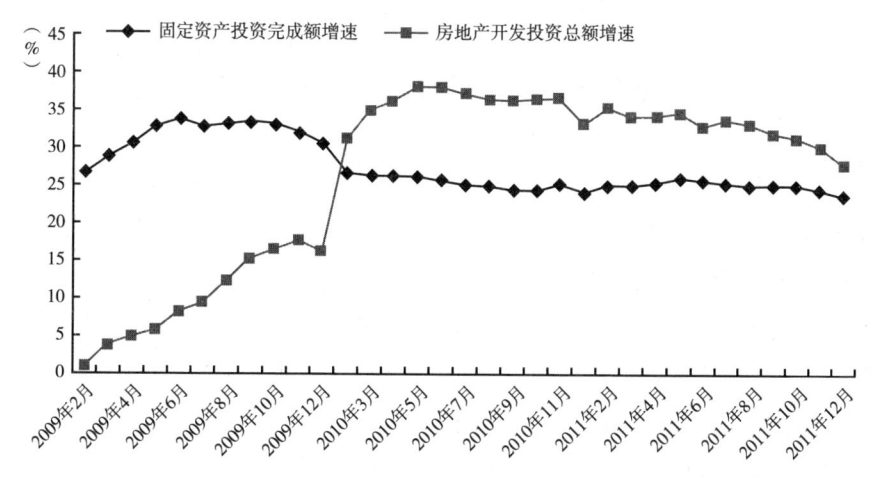

图 7-7　2009 年 2 月～2011 年 12 月我国各月累计固定资产投资完成额名义同比增速

资料来源：国家统计局。

另外，国内消费需求的旺盛是支持经济的另一个动力。2011 年，受刺激政策退出、物价上涨较快、限购措施等因素影响，我国消费市场呈现平稳运行态势，全年社会消费品零售总额 181226 亿元，名义增长 17.1%，比上年回落 1.3 个百分点。房地产业调控措施和汽车消费刺激政策退出使这两个领域相关消费有所回落，其中，汽车类增长 14.6%，增速比上年回落 20.2 个百分点；家具类增长 32.8%，回落 4.4 个百分点；家用电器和音像器材类增长 21.6%，回落 6.1 个百分点。此外，全国商品房销售面积增长 4.9%，增速比上年回落 5.7 个百分点；全国商品房销售额增长 12.1%，增速比上年回落 6.8 个百分点。

第二节 批发零售产业安全影响因素分析

一 宏观经济形势与政策因素

与批发零售产业相关的宏观经济形势和政策因素可以借助以下经济指标来衡量：

第一类是产出类指标。其中最常见的是国内生产总值 GDP。GDP 是一个生产性的指标，它在具体核算一国生产的最终产品和服务的市场价值的时候也会漏掉一些东西，由此导致了 GDP 被低估。另外，GDP 因为某些因素也会被高估。所以当我们评价 GDP 高与低的时候，要清楚一国 GDP 的核算方法。

第二类是收入类指标。主要是国民生产总值 GNP。在国民经济核算体系建立初期，劳动和资本在国家间的流动不大，所以各国主要以 GNP 作为经济核算的指标。但是，随着经济全球化的发展，资本和劳动等生产要素在国际流动越来越大，按"国民"原则统计国民收入无法准确衡量一定区域范围的生产总量。所以，越来越多的国家用 GDP 代替 GNP 作为国民经济核算的新标准，这反映了经济全球化的发展趋势。

第三类是物价指标。主要包括居民消费价格指数 CPI、生产者价格指数 PPI，日常生活中大家对这个指标的关注度比较高。居民消费价格指数 CPI，主要反映的是消费者所面临的消费和服务的变动情况。

二 经济周期对产业安全状况影响因素

经济周期（Business cycle）：也称商业周期、景气循环，经济周期一般是指经济活动沿着经济发展的总体趋势所经历的有规律的扩张和收缩。是国民总产出、总收入和总就业的波动，是国民收入或总体经济活动扩张与紧缩的交替或周期性波动变化。

经济周期阶段定义按照阶段数量划分可分为两阶段法和四阶段法。

两阶段法

经济波动以经济中的许多成分普遍而同期地扩张和收缩为特征，持续时间通常为 2~10 年。现代宏观经济学中，经济周期发生在实际 GDP 相对于潜在 GDP 上升（扩张）或下降（收缩或衰退）的时候。每一个经济周期都可以分为上升和下降两个阶段。上升阶段也称为繁荣，最高点称为顶峰。然而，顶峰也是经济由盛转衰的转折点，此后经济就进入下降阶段，即衰退。衰退严重则经济进入萧条，衰退的最低点称为谷底。当然，谷底也是经济由衰转盛的一个转折点，此后经济进入上升阶段。经济从一个顶峰到另一个顶峰，或者从一个谷底到另一个谷底，就是一次完整的经济周期。现代经济学关于经济周期的定义，建立在经济增长率变化的基础上，指的是增长率上升和下降的交替过程。

经济周期波动的扩张阶段，是宏观经济环境和市场环境日益活跃的季节。这时，市场需求旺盛，订货饱满，商品畅销，生产趋升，资金周转灵便。企业的供、产、销和人、财、物都比较好安排。企业处于较为宽松有利的外部环境中。

四阶段法

将经济周期分为四阶段：繁荣、衰退、萧条、复苏。

经济周期的特点是国民总产出、总收入、总就业量的波动，它以大多数经济部门的扩张与收缩为标志。

经济衰退（Recession），指经济出现停滞或负增长的时期。不同的国家对衰退有不同的定义，但美国以经济连续两个季度出现负增长为衰退的定义被人们广泛使用。而在宏观经济学上通常定义为"在一年中，一个国家的国内生产总值（GDP）增长连续两个或两个以上季度出现下跌"。但是这个定义并未被全世界各国广泛接受。比如，美国国家经济研究局就将经济衰退定义成更为模糊的"大多数经济领域内的经济活动连续几个月出现下滑"。凯恩斯认为对商品总需求的减少是经济衰退的主要原因经济衰退的普遍特征：消费者需求、投资急剧下降；对劳动的需求、产出下降、企业利润急剧下滑、股票价格和利率一般也会下降。

经济萧条指规模广且持续时间长的衰退，其明显特征是需求严重不足，生产相对严重过剩，销售量下降，价格低落，企业赢利水平极低，生产萎缩，出现大量破产倒闭，失业率增大。

经济发展像声波一样有低谷和高峰，经济学将低谷定义为经济衰退或紧缩，将高峰定义为经济过热或通胀，经济复苏可以认定为从低谷向高峰运动的阶段。

三 金融政策安全状况因素

金融政策安全状况因素可以用存款准备金率、存贷款基准利率、货币供应量等指标反映。

存款准备金是指金融机构为保证客户提取存款和资金清算需要而准备的在中央银行的存款，中央银行要求的存款准备金占其存款总额的比例就是存款准备金率（deposit-reserve ratio）。2011年以来，央行以每月一次的频率，连续四次上调存款准备金率，如此频繁的调升节奏历史罕见。2011年6月14日，央行宣布上调存款准备金率0.5个百分点。这也是央行年内第六次上调存款准备金率。2011年12月，央行三年来首次下调存款准备金率。2012年2月，存款准备金率再次下调，专家称预计年内存款准备金率或下调2~4次。

基准利率是金融市场上具有普遍参照作用的利率，其他利率水平或金融资产价格均可根据这一基准利率水平来确定。基准利率具有市场性、基础性、传递性特征。基准利率是利率的核心，它在整个金融市场和利率体系中处于关键地位，起决定作用，它的变化决定了其他各种利率的变化。

货币供应量，是指一国在某一时点上为社会经济运转服务的货币存量，它由包括中央银行在内的金融机构供应的存款货币和现金货币两部分构成。2013年3月10日央行发布的初步统计数据显示，2013年2月新增贷款6200亿元，同月底，我国的货币供应量余额达到99.86万亿元，逼近100万亿元大关，居世界第一。

第三节 批发零售产业安全的界定与特征

一 产业安全研究综述

（一）产业安全概念研究

改革开放以来，随着国际资本在我国直接投资规模的不断扩大，国内学者开始探讨外商投资与国家产业安全的关系，指出依赖跨国公司的国际直接投资而推动的产业发展，将难以缩小发达国家与发展中国家之间的产业结构差距，发展中国家可能会陷入"利用外资的陷阱"。国内学者主要集中于产业安全概念辨析、经济全球化与产业安全、外商直接投资与产业安全以及产业安全评价等方面的研究。

国内学者关于国家产业安全内涵的研究尚处于探索阶段，主要存在以下主要观点。国民产业权益理论的核心是国民权益不受侵害，揭示了产业安全的本质，明确产业归属问题，但是忽略了国外市场上的国际产业竞争，从而忽略了进行海外投资和出口贸易中的不安全因素。产业控制力理论强调本国对国民经济重要产业的控制力（杨公朴，2005），经济命脉是否被跨国公司所控制成为国家产业安全的重要评价标准，但忽视了产业安全的动态发展特征以及对产业核心技术的控制权，将会导致对部分重要行业实行外资禁入政策，从而延长融入世界经济体系的过程，不利于我国重要产业竞争力的培育。产业竞争力理论强调产业竞争力是维护国家产业安全的基础，应优化制度环境，突出科技创新，加快产业结构和产品结构的优化升级，培育产业核心竞争力，才能在经济开放条件下维护产业安全（金碚，2006）。产业发展理论强调本国对重要产业拥有自主权、控制权和发展权（于新东，1999），从历史发展的逻辑顺序来考察产业安全，具有一定的理论价值；但是并非每个国家都应该把所有的产业从无到有地建立并发展起来，如果一个国家没有经历产业的创始、调整和发展三个阶段就认为是不安全，显然是不能成立的。

动、静态理论认为产业安全是指一国拥有对涉及国家安全的产业和战略性产业的控制力及这些产业在国际比较意义上的发展力（李连成，2002），控制力是前提，发展力是关键，但没有阐明影响产业安全的内外部因素，也没有意识到外资并购对东道国产业安全的巨大影响。层次论认为产业安全包括宏观、中观、微观三个层次（景玉琴，2004），但是人为划分为三个层次，不仅造成概念的混淆，而且有悖于经济学理论。"产业"概念属于中观范畴，对应于国家安全，产业安全属于中观层次的研究。从产业安全的本质入手，将产业安全定义为"特定行为体自主产业的生存和发展不受威胁的状态"，包括产业生存和产业发展两个方面（李孟刚，2006），此概念被广大学者所接受。

（二）经济全球化与产业安全

经济全球化在缓解资金不足、引进先进技术与管理经验、产业结构调整、创造有利的外部环境等方面提供了机遇，但同时给我国产业发展带来巨大的挑战，如增加遭受世界经济危机的概率、抑制民族产业的发展、冲击出口导向型发展战略等。在经济全球化进程中，影响产业安全的因素主要包括制度非均衡、跨国公司"入侵"以及国内产业环境、经济体制和产业政策等，提升产业竞争力是其根本途径（张立，2002；刘洁，2005）。经济全球化有利于产业扩大利用外资规模、提供更广阔的发展空间、促进法律法规体系的完善，同时也对本国产业产品品牌、市场占有率、技术自主性、主体民族性、结构层次、政策效果等产生严峻挑战，导致国内经济对产业增长的拉动效应减弱、贸易逆差加大、人才流失严重等问题（李明磊，2006；杨丹辉，2008）。国内学者从产业安全管理及预警机制、引资法律体系、自主创新能力、培育优势主导产业等方面探讨产业安全发展的对策，重点指出技术创新是产业安全的核心保障（金碚，2007）。

（三）外商直接投资与产业安全

经济全球化时代，跨国公司成为经济的行为主体。跨国公司依据全球化产业链，发挥资金、技术、生产工艺、专利、商标、管理技能等优势，通过对外直接投资，实现其全球化战略。跨国公司通过投资进入、契约进入和出口进入等三种模式进入我国市场，其中以外商直接投资为主（吕昊，2006），影响途径包括行业控制、市场垄断、技术控制、民族工业品牌控制等，体现在结构效应和溢出效应等不利影响（于倩，2006；单春红 2007）。建立产业安全预警机制，完善价格规制、市场准入规制等，提升民族资本产业竞争力与控制力，以维护产业安全（帅萍，2002；景玉琴，2006a）

（四）产业安全评价指标体系与评价方法

目前，国内学者主要从经济学和生态学两种视角构建产业安全评价体系，且以产业生存环境、产业国际竞争力、产业对外依存度和产业控制力方面构建产业安全评价体系为主流。赵英（1997）提出产业安全的判断标准应该包括产业对外依存度、产业国内市场占有份额、外资在国内市场上对生产能力的控制、外资对某一产业中重要企业的控制、外资对基础产业的控制五个方面。而后，国内学者对构建产业安全评价体系进行有益的探讨。黄建军

(2001）从产业生存环境、产业国际竞争力、产业控制力、产业外资利用度、产业对外依存度五个方面，何维达（2002）从产业国际竞争力、产业对外依存度、产业控制力三个方面，景玉（2006）从产业国内环境、产业竞争力、产业控制力三个方面，分别构建产业安全评价体系并进行实证研究。李孟刚（2006）在国内学者研究的基础上，从产业生存环境、产业国际竞争力、产业对外依存度和产业控制力四个方面构建产业安全评价体系，该体系基本体现了产业安全的本质，被国内学者广泛采用。许芳（2007，2008）、王晓云（2008）等学者从生态学角度提出产业安全生态健康系统理论，构建产业安全的健康指数和敏感性指标，从产业活力、产业结构、产业恢复力三个方面建立产业安全的生态学评价指标体系，为产业安全评价提供了新的思路与方法。

二 批发零售业产业安全的界定

根据《产业安全理论研究》中给出的产业安全的含义，这里试着给出批发零售业产业安全的含义：产业安全是指特定行为体自主产业的生存和发展不受威胁的状态，而批发零售业产业安全指的是批发零售业的生存和发展不受威胁的状态。

该定义可以从两方面理解：第一，批发零售产业安全包含生存安全和发展安全两个方面，因此我们在衡量此产业安全是要从这两个方面考虑；第二，此产业安全程度可以通过评价此产业受威胁的程度加以反推。

三 批发零售产业安全的特征

我们可以通过研究批发零售业自身的特点、产业的发展情况以及产业外部环境来对批发零售业这一特定产业的安全进行研究，并抽象出此产业安全的特征。

在第一节中我们已经阐述了批发零售业的产业情况及特点，本节将基于上述内容重点论述批发零售产业安全的特征。

（1）从产业生存的角度来讲，批发零售业安全要保证批发零售产业的生存不受威胁。近些年来，我国零售业发展环境持续改善，企业规模不断扩大，行业集中度稳步提高，多元化、多业态发展格局进一步优化，市场销售规模稳定快速增长，社会消费品零售总额快速跟进。但是，我国零售业在这期间也存在一些不容忽视的问题，包括：法律法规建设滞后，网点布局不够合理，经营模式转变缓慢，零供关系不够和谐；企业注重规模扩张，创新能力和品牌竞争力较弱，社会责任意识不强，行业诚信问题突出，同时流通效率和经营效益不高，中小企业发展困难较大等。

（2）从产业发展角度来讲，当前中国批发零售业面临的威胁和挑战有以下几个方面：

从产业自身的角度来讲，一是行业资产负债率较高。近年来，随着批发和零售业的高速发展，企业对资金的需求有所加大，造成企业的资产负债率持续上升，2009年全国统计局统计限额以上的批发和零售行业整体资产负债率为70.4%。资产负债率过高将会导致现金流不足时，资金链断裂，不能及时偿债，从而导致企业破产的情况。也会导致进一步融资成本加剧。

二是流动负债占比较高。批发和零售业的经营特点决定企业的长期投资较少，短期营运资金压力较大，企业的负债结构主要为流动负债。因此应该关注发行人的流动负债占比，如果发行人自身经营或融资、信贷环境发生突发重大不利变化，发行人可能出现短期的现金流短缺，对偿还短期债务本息造成不利影响。

三是赢利能力较弱。批发业属于薄利多销行业，是一种完全竞争的业务领域，特别是进出口行业面临着激烈的同业竞争，行业毛利率一般较低。2009年全国统计局统计限额以上的行业整体毛利率为7.47%，企业较低的赢利空间易受上下游市场波动及成本控制能力的影响。因此应关注发行人的赢利水平并相应提示赢利能力较弱的风险。

（3）从产业外部环境角度来讲，批发零售产业安全主要受宏观经济形势与政策、经济周期和金融政策三方面的影响，我们在前面已经进行了分析，这里不再赘述。

四 批发零售安全评价的意义

首先，拓展了产业安全学的研究领域，促进产业安全评价由第一、第二产业向第三产业领域的延伸；其次，丰富了批发零售产业经济学的研究内容，为批发零售产业结构、产业组织、产业布局等领域增加了新的研究课题，为预警和防范批发零售产业风险，保持产业健康发展提供依据；最后，批发零售产业安全领域的研究成果有利于丰富相关学科的理论与实践。

第四节 批发零售产业安全评价逻辑与指标体系

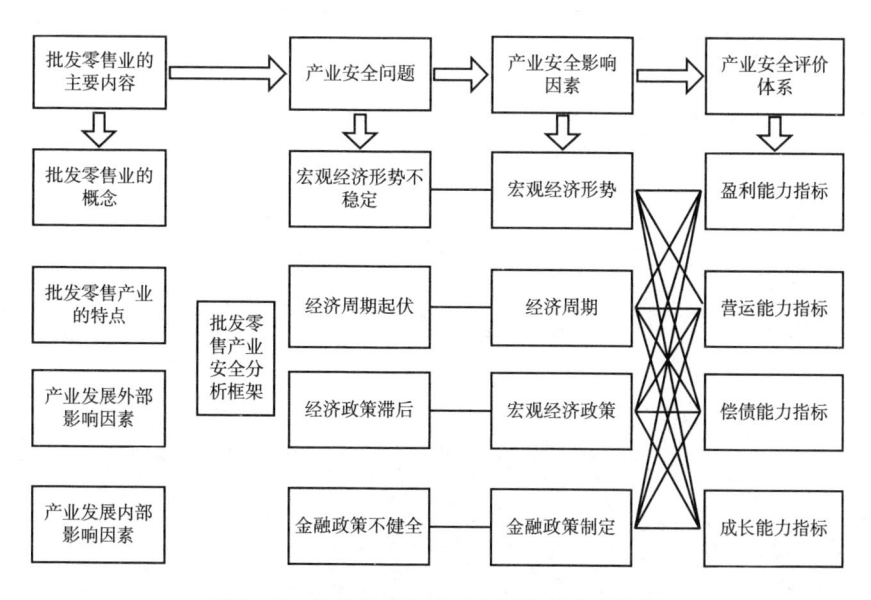

一 批发零售产业安全评价的分析逻辑

批发零售产业的安全评价问题可以从批发零售业涉及的主要内容入手进行分析。前面我们已经阐述了批发零售业的概念、特点、内部和外部的影响因素。从这些内容入手自然引入批发零售业的产业安全问题，如宏观经济形势和政策、经济周期不稳定、政策不健全等。从中我们抽取出影响批发零售业产业安全影响的具体因素。

为构建批发零售产业安全评价体系，结合现有分析和数据得出体系中四个主要方面指标：赢利能力指标、运营能力指标、偿债能力指标和成长能力指标。这些指标都直接或间接反映了批发零售产业的安全状况。

具体的逻辑框架见图7-8。

图7-8 批发零售产业安全评价的分析逻辑

二 批发零售产业安全评价的内容

在对批发零售产业安全进行评价时,为保证数据的客观性和可获取性,我们选取了一些间接反映产业安全的指标进行分析。这是因为产业的安全影响因素很多为不可量化数据,而如果进行主观专家打分会造成最终结果不准确。

在评价我国批发零售产业安全时,我们认为行业的财务数据可以客观真实地反映产业的情况,因此我们主要选取了行业的平均财务指标对批发零售产业安全进行评价。

三 批发零售产业安全评价指标体系

根据前面的分析和现有数据,我们构建了批发零售产业安全评价指标体系。体系分两级指标,详见表7-6。各二级指标的计算公式见表7-7。

表7-6 批发零售产业安全评价指标体系

一级指标	二级指标
赢利能力指标	总资产报酬率(%)
	销售(营业)利润率(%)
	资本收益率(%)
营运能力指标	总资产周转率(次)
	应收账款周转率(次)
	流动资产周转率(次)
	存货周转率(次)
偿债能力指标	资产负债率(%)
	已获利息倍数
	速动比率(%)
成长能力指标	销售(营业)增长率(%)
	销售(营业)利润增长率(%)
	总资产增长率(%)

表7-7 批发零售产业安全评价二级指标的计算公式

指标名称	计算表达式
总资产报酬率(%)	总资产报酬率=(利润总额+利息支出)/平均资产总额×100%
销售(营业)利润率(%)	营业利润率=营业利润/全部业务收入×100%
资本收益率(%)	资本收益率=净利润/实收资本×100%
总资产周转率(次)	总资产周转率(次)=营业收入额/平均资产总额
应收账款周转率(次)	应收账款周转率=赊销收入净额/应收账款平均余额
流动资产周转率(次)	流动资产周转率(次)=主营业务收入净额/平均流动资产总额
存货周转率(次)	存货周转率(次数)=销货成本/平均存货余额
资产负债率(%)	资产负债率=负债总额/资产总额×100%
已获利息倍数	已获利息倍数=息税前利润总额/利息支出
速动比率(%)	速动比率=速动资产/流动负债
销售(营业)增长率(%)	销售增长率=本年销售额/上年销售额-1
销售(营业)利润增长率(%)	营业利润增长率=本年营业利润增长额/上年营业利润总额×100%
总资产增长率(%)	总资产增长率=本年总资产增长额/年初资产总额×100%

第五节 批发零售产业安全指数编制

一 批发零售产业安全指数定位

批发零售业是社会化大生产过程中的重要环节，是决定经济运行速度、质量和效益的引导性力量，是我国市场化程度最高、竞争最为激烈的行业之一；同时，批发零售行业是生产者和使用者的桥梁和纽带，是第三产业的重要行业。因此，批发零售产业的发展和安全关系着整个国家的经济政治等各方面能否持续健康发展。

因此，批发零售产业安全指数应综合反映批发零售业在不同时期或年份的总体产业安全情况，它应满足指数的基本定义和特点。

二 批发零售业安全指数编制技术选择

指数是一种经济分析工具，不同文献对于指数有着不同的定义。总体来说，指数是综合反映由多个因素组成的各种经济现象在不同的时间或者空间下平均变化的相对数。

另外，指数分析法也是指数理论的重要组成部分，它是指通过计算各类指数来反映某一经济现象的数量总变动以及其组成要素对总变动的影响程度的一种统计分析方法。合理使用指数，需要深刻了解指数性质，总体而言，指数有如下性质：

相对性。指数是由整体各变量在不同的条件和情况下对比产生的相对值，它既能度量一个变量在不同时间或空间下的相对变化，也能反映一组变量的综合变化情况。

综合性。相对狭义指数，指数是用以反映一组变量在不同条件和情况下的综合变化情况，同时这也是指数理论及方法的关键问题。

平均性。指数是反映事物总体综合水平具有代表性的数值，这里的平均性有两个含义：一方面指数代表了个别量的综合数量和水平；另一方面，由若干综合量进行比较形成的指数将反映个别量的平均变化。

近年来，在经济、管理及技术等的评价和研究中，主成分分析法（Principal Components Analysis，简称PCA）越来越多被应用于建立评价指数，成为与专家调查赋权法和层次分析法并行的又一种客观有效的系统评估方法。

三　主成分分析法的原理和步骤

（一）主成分分析法概述

主成分分析法，是一种把多个变量划分为少数几个综合指标的多元统计方法。在保证数据损失最小的前提下，经线性组合和舍弃小部分信息，以少数的综合变量取代原始采用的多维变量。采用具有一定代表性、针对性且便于相互比较的指标，同时客观地确定各个权重值，很好地避免了主观性。这种方法丢失信息少，也弥补了过多考虑单承载因子的不足，从而解决了因参变量难以掌握导致不合理结论的缺陷。因此，该方法在地下水资源承载力评价方面具有一定的说服力。

（二）主成分分析法计算步骤

主成分分析通常数学上的处理就是将原来 P 个指标作线性组合，作为新的综合指标。最经典的做法就是用 F1（选取的第一个线性组合，即第一个综合指标）的方差来表达，即 $Var(F1)$ 越大，表示 F1 包含的信息越多。因此在所有的线性组合中选取的 F1 应该是方差最大的，故称 F1 为第一主成分。如果第一主成分不足以代表原来 P 个指标的信息,再考虑选取 F2 即选第二个线性组合,为了有效地反映原来信息,F1 已有的信息就不需要再出现在 F2 中,用数学语言表达就是要求 Cov$(F1,F2) = 0$,则称 $F2$ 为第二主成分,依此类推可以构造出第三、第四,……第 P 个主成分。

主成分分析法的具体处理步骤如下。

(1) 数据标准化处理。

$$Y_{ij} = \frac{X_{ij} - \bar{X}_j}{S_j}, i = 1,2,\cdots,I; j = 1,2,\cdots,J \tag{1}$$

(1) 式中:X_{ij} 为第 i 个样本的第 j 个指标的原始数据;$\bar{X}_j$,S_j 分别为第 j 个指标原始数值的平均值和样本标准差。

(2) 计算相关系数矩阵 (R)。

(3) 求 R 的 J 个特征值 (λ_1,λ_2,$\cdots$,λ_J) 及对应的特征向量 (U_1,U_2,$\cdots$,U_J)。

(4) 计算主成分:主成分量个数通过累积方差贡献率 E 确定。

$$E = \sum_{k=1}^{m} \lambda_k / \sum_{j=1}^{J} \lambda_j, K = 1,2,\cdots,m; j = 1,2,\cdots,J \tag{2}$$

一般可取当 $E > 85\%$ 时的最小 m,则可得主超平面维数 m。从而对 m 个主成分进行综合分析,得到主成分量 Z_k:

$$Z_k = \sum_{j=1}^{J} U_{kj} X_j, j = 1,2,\cdots,J; k = 1,2,\cdots,m \tag{3}$$

式中:U_{kj} 为特征向量 U_k 的第 j 个分量;X_j 为评价地下水资源承载力所选取的评价指标值。

(5) 求主成分权重 e_k。

$$e_k = \lambda_k / \sum_{j=1}^{J} \lambda_j, k = 1,2,\cdots,m; j = 1,2,\cdots,J \tag{4}$$

(6) 计算综合评价指数 Z。

$$Z = \sum_{k=1}^{m} e_k Z_k, k = 1,2,\cdots,m \tag{5}$$

四 指数计算数据的搜集和处理

(一) 数据搜集

在《2012~2013 年中国批发零售行业研究报告》中给出了 2006~2010 年批发零售贸易业平均财务数据概览,如表 7-8 所示:

表 7-8 2006~2010 年批发零售贸易业平均财务数据概览

指标	批发和零售贸易业	2006 年	2007 年	2008 年	2009 年	2010 年
赢利能力指标	总资产报酬率(%)	4.2	4.6	4.7	3.5	3.6
	销售(营业)利润率(%)	3.9	3.9	3.5	3.5	4.1
	资本收益率(%)	4.9	5.7	5.4	7.7	7.8
营运能力指标	总资产周转率(次)	1.6	1.7	1.6	1.6	1.7
	应收账款周转率(次)	8.9	9.1	9.5	9.0	10.3
	流动资产周转率(次)	2.6	2.7	2.4	2.2	2.4
	存货周转率(次)	9.7	10.1	11.1	10.9	10.0
偿债能力指标	资产负债率(%)	76.8	76.5	76.0	74.9	71.0
	已获利息倍数	2.7	2.7	2.5	2.8	1.8
	速动比率(%)	76.5	77.8	77.9	80.0	85.0
成长能力指标	销售(营业)增长率(%)	8.6	9.5	9.6	1.2	16.8
	销售(营业)利润增长率(%)	5.3	6.0	6.5	4.4	12.1
	总资产增长率(%)	5.6	6.3	6.6	8.9	9.5

(二) 数据标准化处理

原始数据中各个指标的单位不同,所以我们需要在计算前进行标准化处理。数据标准化主要功能就是消除变量间的量纲关系,从而使数据具有可比性。

由于我们将使用 SPSS 软件进行主成分分析计算,而 SPSS 软件在进行分析前会自动进行标准化处理,故我们可以直接将数据进行简单整理后导入 SPSS 软件进行计算。

导入软件前我们对原始数据表进行简单整理,如表 7-9 所示:

表 7-9 原始数据表

年份\指标	总资产报酬率(%)X1	销售(营业)利润率(%)X2	资本收益率(%)X3	总资产周转率(次)X4	应收账款周转率(次)X5	流动资产周转率(次)X6	存货周转率(次)X7
2006	4.2	3.9	4.9	1.6	8.9	2.6	9.7
2007	4.6	3.9	5.7	1.7	9.1	2.7	10.1
2008	4.7	3.5	5.4	1.6	9.5	2.4	11.1
2009	3.5	3.5	7.7	1.6	9.0	2.2	10.9
2010	3.6	4.1	7.8	1.7	10.3	2.4	10.0

年份\指标	资产负债率(%)X8	已获利息倍数 X9	速动比率(%)X10	销售(营业)增长率(%)X11	销售(营业)利润增长率(%)X12	总资产增长率(%)X13
2006	76.8	2.7	76.5	8.6	5.3	5.6
2007	76.5	2.7	77.8	9.5	6.0	6.3
2008	76.0	2.5	77.9	9.6	6.5	6.6
2009	74.9	2.8	80.0	1.2	4.4	8.9
2010	71.0	1.8	85.0	16.8	12.1	9.5

(三) 数据相关性分析

由于指标项较多,所以我们试图用 EXCEL 软件进行相关性分析,尝试根据这 13 个指标的相关性去掉一部分指标。这里我们规定,如果两个指标的相关系数的绝对值大于 0.8 我们将舍弃其中一个。详见表 7-10。

表 7-10 指标数值的相关系数表

指标	X1	X2	X3	X4	X5	X6	X7	X8	X9	X10	X11	X12	X13
X1	1.00												
X2	-0.15	1.00											
X3	-0.86	0.07	1.00										
X4	-0.03	0.75	0.30	1.00									
X5	-0.27	0.45	0.51	0.54	1.00								
X6	0.66	0.55	-0.70	0.42	-0.22	1.00							
X7	0.08	-0.90	0.19	-0.47	-0.04	-0.67	1.00						

续表

指标	X1	X2	X3	X4	X5	X6	X7	X8	X9	X10	X11	X12	X13
X8	0.68	-0.45	-0.81	-0.50	-0.88	0.44	0.10	1.00					
X9	0.32	-0.60	-0.47	-0.56	-0.98	0.13	0.23	0.89	1.00				
X10	-0.69	0.42	0.86	0.53	0.86	-0.46	-0.06	-0.99	-0.85	1.00			
X11	0.11	0.76	0.02	0.66	0.81	0.37	-0.48	-0.57	-0.87	0.52	1.00		
X12	-0.29	0.67	0.45	0.66	0.96	-0.03	-0.30	-0.87	-0.99	0.84	0.89	1.00	
X13	-0.83	0.07	0.99	0.28	0.62	-0.74	0.23	-0.88	-0.57	0.91	0.12	0.55	1.00

按照上述原则，我们舍弃了一部分指标后得到的新的数据表见表 7 – 11：

表 7 – 11　舍弃部分指标后的数据表

年份＼指标	总资产报酬率（%）X1	销售（营业）利润率（%）X2	总资产周转率（次）X4	应收账款周转率（次）X5	流动资产周转率（次）X6
2006	4.2	3.9	1.6	8.9	2.6
2007	4.6	3.9	1.7	9.1	2.7
2008	4.7	3.5	1.6	9.5	2.4
2009	3.5	3.5	1.6	9	2.2
2010	3.6	4.1	1.7	10.3	2.4

至此我们得到了导入 SPSS 软件进行运算前的数据。

五　主成分分析方法的应用

接下来将上述数据导入 SPSS 中。为确定评价因子的主成分及权重系数，计算出各参评指标的相关系数矩阵 R，并计算其特征值和累积方差贡献率 E（见表 7 – 12、表 7 – 13）。

表 7 – 12　相关系数矩阵

指标	系数	X1	X2	X4	X5	X6
X1	Pearson 相关性	1	-.148	-.033	-.273	.657
	显著性（双侧）	—	.812	.958	.657	.228
	N	5	5	5	5	5

续表

指标	系数	$X1$	$X2$	$X4$	$X5$	$X6$
$X2$	Pearson 相关性	-.148	1	.748	.449	.554
	显著性(双侧)	.812	—	.146	.448	.332
	N	5	5	5	5	5
$X4$	Pearson 相关性	-.033	.748	1	.542	.421
	显著性(双侧)	.958	.146	—	.345	.480
	N	5	5	5	5	5
$X5$	Pearson 相关性	-.273	.449	.542	1	-.219
	显著性(双侧)	.657	.448	.345	—	.723
	N	5	5	5	5	5
$X6$	Pearson 相关性	.657	.554	.421	-.219	—
	显著性(双侧)	.228	.332	.480	.723	—
	N	5	5	5	5	—

表7-13中列出了所有的主成分,它们按照特征根由大到小的次序排列。第一个主成分的特征根为2.362,它解释了总变异的47.234%;第二个主成分的特征根为1.801,它解释了总变异的36.011%,第三个特征根虽然解释了总变异的12.001%,但是它的特征根为0.6,小于1,说明该主成分的解释力度还不如引入原始变量大。因此根据主成分个数的确定原则,即累计方差贡献率达到80%~85%以上和特征值大于1这两个原则,确定这5个变量需要提取2个主成分。并建立主成分矩阵(见表7-14)。

表7-13 特征值及方差贡献率

成分	初始特征值			提取平方和载入		
	合计	方差的%	累积%	合计	方差的%	累积%
1	2.362	47.234	47.234	2.362	47.234	47.234
2	1.801	36.011	83.245	1.801	36.011	83.245
3	.600	12.001	95.246			
4	.238	4.754	100.000			
5	-1.000E-013	-1.005E-013	100.000			

提取方法:主成分分析。

表7-14 主成分矩阵

指标	成分 1	成分 2
X1	.051	.878
X2	.924	.068
X4	.914	.108
X5	.563	.626
X6	.593	.789

提取方法:主成分。

已提取了2个成分。

图7-9为碎石图,它是按照特征根大小排列的主成分散点图,如图所示,第一主成分与第二主成分的特征根都大于1,从第三个主成分开始特征根就比较低,即特征根小于1,可以认为前两个主成分能概括绝大部分信息。

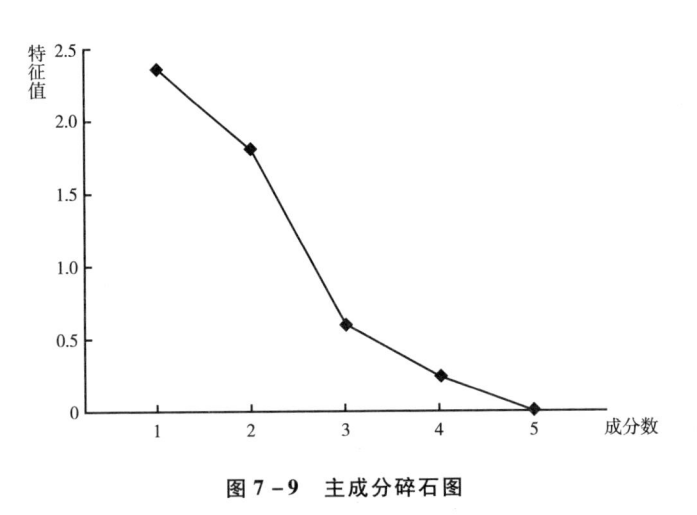

图7-9 主成分碎石图

至此我们可以确定对应的两个特征值分别为 $\lambda_1 = 2.362$、$\lambda_2 = 1.801$。各个特征值的方差贡献率即为各主成分量的权重,即 $e_1 = 47.234\%$,$e_2 = 36.0113\%$。

初始因子荷载矩阵中每一个荷载量表示主成分与对应变量的相关系数。

主成分矩阵中第 k 列向量除以第 k 个特征值的开根后即为第 k 个主成分量 Z_k 中每个指标所对应的系数,即特征向量 U_1 和 U_2(见表 7 – 15)。

表 7 – 15　相关系数矩阵特征向量

特征向量	X1	X2	X4	X5	X6
U1	0.033184	0.601218	0.594711	0.366327	0.385847
U2	0.654241	– 0.05067	– 0.08048	– 0.46646	0.587923

由表 7 – 16 可得两个主成分量 Z_k 的表达式:

$$Z_1 = 0.333184 X_1 + 0.601218 X_2 + 0.594711 X_4 + 0.366327 X_5 + 0.385847 X_6$$
$$Z_2 = 0.654241 X_1 - 0.05067 X_2 - 0.08048 X_3 - 0.46646 X_4 + 0.587923 X_6$$

计算综合评价值(见表 7 – 16)。综合指标值越大,说明当年批发零售业产业安全程度越高,反之则安全度越低。

表 7 – 16　2006 ~ 2010 年综合评价值

得分	2006 年	2007 年	2008 年	2009 年	2010 年
Z1	7.69917	7.883765	7.617901	7.317748	8.294662
Z2	– 0.20149	0.01766	– 0.25156	– 0.921	– 1.38285
Z	3.627326	3.78266	3.573105	3.224961	3.552052

我们将 2006 年作为指数的基期,把 2006 年的评价值取 100 作为基期指数,则各年的指数见表 7 – 17:

表 7 – 17　2006 ~ 2010 年批发零售产业安全指数

指数	2006 年	2007 年	2008 年	2009 年	2010 年
安全指数值	100	104.28	98.51	88.91	97.92

六　指数数据的统一化处理

由于主成分分析法计算出的指数为相对值,并且方法中没有机制可以保证数值会在 0 ~ 100 之间变动。因此若要使指数的数据范围在 0 ~ 100 之间,

我们必须对原始指数做进一步处理。处理的思路如下:

基于一种方法,以 0～100 为评分区间,对基年(在这里指 2006 年)的批发零售业产业安全进行评价。

由于主成分分析法计算出的指数为相对值,我们就可以根据基年和其他各年份的比例关系:

$$\frac{I_i}{E_i} = \frac{I_{base}}{E_{base}}$$

(公式中 I_{base},I_i 分别代表基年的指数和第 i 年的指数,且数值范围为 0～100 的指数;E_{base} 和 E_i 分别代表原来基年的指数和原来第 i 年的指数)计算出其他各年份相应的安全指数。

这里我们沿用前面研究中使用的评价体系,并使用专家打分法,根据 2006 年批发零售产业的情况进行打分:

表 7-18 批发零售产业安全评价指标体系

一级指标	权重	二级指标	权重	2006 年实际数据	打分
赢利能力指标	0.2	总资产报酬率(%)	0.3	4.2	70
		销售(营业)利润率(%)	0.3	3.9	65
		资本收益率(%)	0.4	4.9	70
营运能力指标	0.3	总资产周转率(次)	0.2	1.6	60
		应收账款周转率(次)	0.4	8.9	80
		流动资产周转率(次)	0.3	2.6	65
		存货周转率(次)	0.1	9.7	75
偿债能力指标	0.3	资产负债率(%)	0.3	76.8	60
		已获利息倍数	0.3	2.7	70
		速动比率(%)	0.4	76.5	75
成长能力指标	0.2	销售(营业)增长率(%)	0.3	8.6	80
		销售(营业)利润增长率(%)	0.3	5.3	70
		总资产增长率(%)	0.4	5.6	75

最后得到基年 2006 年批发零售产业安全指数为 70.70。

利用比例关系,我们得出 0～100 范围内各年的批发零售产业安全指数为:

表7-19 各年份批发零售产业安全指数

指数	2006年	2007年	2008年	2009年	2010年
安全指数值	70.70	73.73	69.65	62.86	69.23

根据上面数据做出对应的产业安全指数柱形图如图7-10所示。

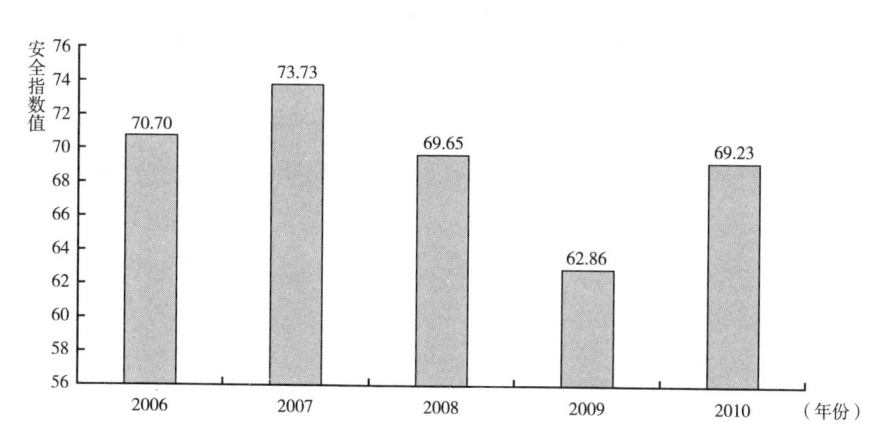

图7-10 2006~2010年批发零售产业安全指数

我们将各年度批发零售业的安全指数值做成折线图（见图7-11），可以看出2006~2010年的安全指数值呈缓慢下降趋势。

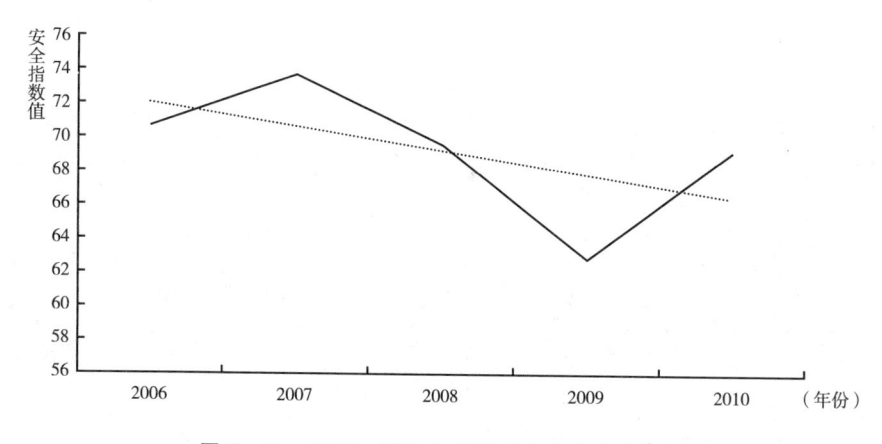

图7-11 2006~2010年批发零售产业安全指数

七 安全指数的定性分析

根据数据，给出的定性的批发零售产业安全指数描述安全程度的术语如表 7-20：

表 7-20 安全度等级和含义对照表

安全等级符号	安全等级得分区间	安全细分等级符号	安全等级含义	安全等级细分得分区间
A	80~100	A+	很安全偏正面	95~100
		A	很安全	86~94
		A-	很安全偏负面	80~85
B	60~79	B+	比较安全偏正面	75~79
		B	比较安全	65~74
		B-	比较安全偏负面	60~64
C	40~59	C+	基本安全偏正面	55~59
		C	基本安全	45~54
		C-	基本安全偏负面	40~44
D	20~39	D+	不太安全偏正面	35~39
		D	不太安全	25~34
		D-	不太安全偏负面	20~24
E	0~19	E+	不安全偏正面	15~19
		E	不安全	5~14
		E-	不安全偏负面	0~4

根据批发零售产业安全指数描述安全程度的术语表，我们可以得出 2006~2010 年各年份批发零售产业安全指数对应安全等级及相应的含义。详见表 7-21。

表 7-21 2006~2010 年批发零售产业安全指数对应安全等级

分类	2006 年	2007 年	2008 年	2009 年	2010 年
安全指数值	70.70	73.73	69.65	62.86	69.23
安全细分等级	B	B	B	B-	B
安全等级含义	比较安全	比较安全	比较安全	比较安全偏负面	比较安全

从安全等级的评价结果来看，我国批发零售业安全等级保持着比较安全的趋势。

八 批发零售产业安全指数的解读

由于批发零售产业在第三产业中扮演着比较重要的角色，与国民经济的稳定和发展以及百姓的生活息息相关，因此，批发零售产业的安全与稳定对国家的经济社会发展起着重要作用。

当前我国批发零售产业也受到多方面因素的影响，如 CPI 的走高、房地产行业发展的不稳定等，都会影响居民的日常消费，也必然直接影响批发零售业的健康发展。

在当前经济形势下，针对批发零售产业的各项政策和措施有效地调节了产业发展的情况，通过促进消费、规范市场运作方式等，有效减轻了与批发零售产业相关的因素带来的负面效果，促进了产业的平稳和健康发展。

总结 2006~2010 年产业安全指数的绝对值和相对变化趋势，虽然通过主客观结合我们得到了批发零售业产业安全级别保持比较安全的结论，但是我们是否可以认为产业安全指数越高越好呢？我们认为，产业的安全与产业的发展是相辅相成的。产业发展迅速，产业规模的快速扩张并不意味着产业的绝对安全；同样的，产业的高度安全也可能代表着产业发展缓慢甚至停滞不前的状况。比如，若一贯坚持贸易保护主义，排斥外来资本和技术，虽然短期几年内，产业的安全指数会体现出较高水平，但产业的发展是缓慢的，从某种意义上讲是不健康的。一旦这种情况不得不改变时，产业的发展和产业的安全都会受到较大冲击，原有的产业发展和安全体系也会随之改变。因此，并不是产业安全指数越高越好。产业指数的发展要与产业本身的发展一起考虑，共同纳入对批发零售产业的评价中才是科学的。

第六节 批发零售产业安全存在的主要问题及对策分析

一 批发产业安全存在问题及对策

（一）存在问题

随着市场经济的快速发展，中国传统的批发业已经不能面对国际国内市场的流通领域了，而且不适应新的流通业的发展格局了。具体表现如下几点。

1. 传统批发业不能适应中国市场发展

我国传统批发业一直受到政府保护，缺乏自我生存和发展能力。改革开放后，外资批发企业进入中国市场后，对我国市场冲击较大。国外先进的技术、管理优势及强大的资本使得我国批发业市场形势不容乐观，很可能出现国外商品渠道被垄断，零售配送业务被占的情况。

2. "重零售轻批发"的思想仍然存在

长期以来批发环节始终被人们视为多余，认为生产商直销零售，可以撇开流通部门。这种认识完全否认了消费通过流通决定生产这一规律。在实践中，一些企业也模糊了批发与零售的界限，甚至否定批发利润的存在，否定流通领域自身所具有的规律性。

3. 新型的适应市场经济发展的批发体系没有建立起来

长期以来我国的批发业一直处于半瘫痪状态，国有批发企业亏本经营，历史包袱沉重，竞争力逐步减弱，民营批发企业实力小。与我国快速发展的市场经济、先进制造业相匹配的高效率、快节奏的批发业和畅销的商品流通体系始终没有建立起来，使得有销路的产品得不到低成本的快消，无销路的产品又得不到及时淘汰，最终导致资源配置无法优化，各种批发企业、分销企业根本没有形成一种有效的市场体系，更缺乏抵御市场风险的能力。市场呼吁中国必须建立适应市场发展的批发体系。

4. 批发粗放、集中度低，缺乏竞争能力和经济实力

由于受传统体制影响，我国大型批发企业和大型零售企业相比，相差甚远。批发业出现内外贸分离、条块分割的现象，并极大地阻碍了跨区域、跨部门、跨所有制的批发业和商品流通的构成和发展。我国批发业普遍存在技术含量低、管理水平差、销售利润下降、竞争能力和经济实力缺乏的问题。资金匮乏、利用率低、周转速度缓慢的问题已成为我国批发业调整结构、产业升级和企业规模化发展的瓶颈之一。

5. 批发业技术落后，产业信息化水平偏低

现代商业的批发，无论是连锁经营、现代物流还是电子商务交易都必须以现代的商品配送中心为基础。在我国，多数批发企业未能很好地采用现代电子商务交易方式，更谈不上信息化和标准化，现代批发方式严重滞后。不仅如此，精通现代商业技术的人才也十分缺乏，批发企业管理人员分析和运用数据的能力较差，开发批发业信息系统的商业软件发展更慢。落后的批发技术和传统的批发交易手段带来的是高成本、低效益、信息不全面的缺陷，严重地制约了批发业的发展。

6. 批发业无序状态比较严重，缺乏现代批发商

由于传统商品流通体制的影响和制约，我国的商品进货渠道以及经营行为太规范，批发环节过于分散，有时零售价甚至等同或低于批发价；批发交易不仅赊账、欠款，还存在虚假广告、假冒伪劣等手段，缺乏诚信；各类批发市场基本都是一些小商贩为主体的批发商，除了进出口贸易与生产资料批发交易中有一部分规模较大的批发商以外，其他领域的大批发商严重不足，特别是依托现代科技，先进管理的大批发商更为缺乏。

(二) 对策分析

针对我国批发业安全存在问题我们提出以下对策。

1. 转变观念，改革传统批发业体制，建立适应现代市场经济发展的流通机制

对我国批发业的发展，一定要抛弃传统观念，按照市场经济的流通规律重新定义。尤其是国有批发企业，更应转变传统观念。从我国流通业的现状来看，生产企业的自销、零售企业向生产企业的直接进货都是批发机能的具体表现，而这一切对传统批发企业形成了一定冲击。因此，我国的批发业必须按照新的市场流通规律重新审视自身的构筑，重新对自身定位，更新观念，改善经营，由原来计划经济体制下的批发业向适应市场经济要求的现代批发业转变，以适应大市场、大生产和大流通的需要。

2. 零售批发相辅相成，互相促进，共同发展

在发展市场经济中，一定要抛弃"重零售轻批发""批发无用论"的思想。从今天市场经济发展的态势来看，批发业不仅要做，还应该做大做强，也就是说，鼓励市场经营者从摊位式的小规模批发向大型批发交易方式转变，由一般的商品经销向批发总代理、总经销等现代营销方式转变，以保证经营者与消费用户建立稳定的销售渠道。

3. 建立适应市场经济发展的批发体系，重构我国批发业主体

面对长期以来我国批发业不景气的状态，在今天市场经济快速发展的时期，国外大批零售业涌入我国市场并推动我国流通产业的时候，厂商、零售商深深感到难以找到理想的批发企业进行合作，不得不自己"批发兼零售"，以弥补批发企业主体的缺位。目前，全世界 5.3 万个跨国公司，2/3 涉足批发与零售业。他们利用资金优势、网络优势和服务优势，在世界各地建立了分销体系，基本垄断了国际批发市场。我国加入 WTO 后，会有一些有实力的国外批发企业进入，提供高效率的批发业服务，甚至带动我国的批发业，以形成我国的批发业主体，保证整个分销道路的畅通。

4. 走集约型的路子，通过合并与协作扩大经营规模，提高竞争力和经济实力

在现阶段，要解决我国批发业规模小、技术含量低、竞争力和经济实力弱的问题，必须借助政府或行业协会的力量，在明确不同企业责、权、利的基础上，重组批发业。特别是结合国内批发企业的改革，使国内少数实力雄厚的大型批发企业通过联合、兼并、参股、控股或连锁等形式，向多领域拓展；同时，鼓励批发市场开展流通加工、包装和配送等增值服务。强化和完善批发市场在加工、物流配送、价格形成、信息发布等方面的功能，使其逐步转型为规模批发市场，以提高批发业的竞争力和经济实力。

5. 采取现代化的手段，以先进的信息技术为基础，大力发展批发业

首先在批发企业内部建立信息网络，从订货发货、结算处理，到货物进出库、分拣、包装等实现自动化管理和控制；其次建立和完善批发业外部（与厂家和零售企业之间）信息网络，把联机订货系统、单品在库管理系统、备货配货业务有机地结合在一起，以解决手续繁杂、成本过高、效率过低等问题。在批发业的信息化过程中，大型批发企业可以依靠自己的力量进行相关系统的研制和开发，中小批发企业则可以通过共同化组织来推进信息化。通过建立全国范围的商品流通网络，达到资源共享的目的，并向国际市场拓展。

6. 强化批发市场的法制和道德规范建设，规范批发市场秩序，规范交易行为，规范批发商的商业行为，加强对批发市场的治理整顿和监管

要提高市场竞争力，必须遵守市场规则，虚假、伪劣、坑蒙拐骗等手段，必然影响批发市场的发展。在今天的商业行为中，诚实信誉是第一位

的，批发业也如此。在批发业行为中，要严格监管，提高市场透明度，特别要打击非法行为，只有这样才能把我国批发业做大做强，创造公平竞争环境。为此，我国应尽早制定《批发市场法》《公平交易法》等一系列必要的法律法规。用新的思维、用新的流通方式去建设中国的批发体系。

二 零售产业安全存在问题及对策

(一) 存在问题

1. 盲目扩张

经济学中有规模经营的概念。旨在表述任何企业都有其自身的最佳经营规模。如果规模达不到最佳，那么企业还有进一步发展扩张的可能。如果已经超过最佳规模，那么随着经济的发展，企业的发展，企业的利润以减速度增加，直至为零，甚至企业破产。像1997年、1998年，那时以亚细亚等为代表的零售企业在市场上四处布点，结果由于内部人员储备、管理等不足，最后不得不收缩战线。中国的零售业盲目扩张主要表现在盲目扩张店面以及盲目"多元化"发展。例如，正值企业发展的最好时期时，我国一些零售企业开始蠢蠢欲动，在没有做好充分的市场调研的基础上，"拍脑袋"进行决策，进入本身不熟悉又不成熟的行业，导致资金套牢、人才匮乏、管理落后，最终濒临破产，这给我国零售行业带来了惨痛的教训。再如，曾经两度进入"中国连锁百强"的福建最大连锁企业华榕超市因急速扩张而突然破产，打破了"大而赢"的神话。中国零售业获得了长足进展，但在扩张布点上显得有些疯狂，目前零售业最缺的是市场调节手段。

2. 规模小

过去20多年里，零售业唯一不变的恰恰是其动荡多变的兼并和收购，如果企业想做大做强，无一不是通过兼并、收购和重组等手段实现的。近年来，虽然通过兼并重组涌现出了几个在国内堪称巨头的零售集团，但与大型国外零售商相比，相距甚远。

3. 高负债、低利润率

从以上数据表明，与国外零售业相比，我国零售业销售额差之千里，进而利润率也低。然而，我们必须进入资金市场才能脱离依靠自身积累发展的单一途径。所以，我国零售业仍在客观上面临诸多限制，资金成为扩张的最大制约。而在资金上具有明显优势的跨国零售集团则不会放过进一步抢夺地盘的机会，沃尔玛、家乐福、麦德龙等纷纷进入我国。而随着2005年12月11日，我国将取消对外企投资零售业市场的限制，我国零售业将面临空前的竞争压力。调查报告预测，届时，内资零售业的市场份额萎缩幅度会更大。

4. 外资进入威胁

中国正在成为世界上最重要的消费者市场已经是不争的事实，这一点早在10多年前就被世界零售巨头们预测到。尽管当时在中国的投资条件还远不尽如人意，中国加入世贸组织尚没有眉目，这些零售业大腕们就分别登陆中国大陆，占领了滩头阵地。例如，世界零售业排行第二的法国连锁大王家乐福早在1994年就进入中国市场，迄今已在21个城市开了40多家大型超市，仅上海就有6家，不仅赢利极高，而且已经成为家喻户晓的品牌。从沃尔玛分析，沃尔玛的供应商大部分是中国企业。而另一方面，沃尔玛对于其供应商在价格、服务等方面近乎苛刻，供应商与商家的关系依然是仆人与上帝的关系。进店难，回收货款更难，几乎成为供应商的噩梦。吸引众多供应商的就是沃尔玛或者说其他外资零售业的骄人营业额，使我国供应商还是有利可图。与之相比，我国零售业的落后已经形成了一个致命的瓶颈，极大约束了国内产业的进一步发展和真正品牌的产生。

5. 高科技手段的欠缺

中国内资零售企业的信息化水平处于较低的水平，虽然在财务管理、进销存管理等有了一些基本的应用，但离沃尔玛、家乐福、麦德龙的应用水平还相差甚远。中国企业急需用信息化手段增强内功，提高企业的竞争力。这些企业首先需要加强供应链管理，通过SCM与上游的供应商进行信息交换来改善供应链。其次是电子商务。国内零售业希望能开展网上购物以提高公司形象，方便顾客或与合作伙伴开展电子交易。再次是商业智能。国内零售业对"啤酒和尿布"的故事已经耳熟能详了，但如何在实际中加以应用却是迫在眉睫的问题。同时，国内零售企业正在关注自身的数据共享、互连互通，下游的客户关系管理。由此可以看出，零售企业开始重视全面的信息化建设，希望实现向产业供应链组织的转变，为企业在竞争中的拓展和发展打下坚实的基础。

（二）发展对策

1. 发展自有品牌

自有品牌战略是指零售企业通过搜集、整理、分析消费者对某类商品的需求特性的信息，提出新产品功能、价格、造型等方面的开发设计要求，进一步选择合适的生产企业进行开发生产，最终由零售企业使用自己的商标对新产品注册并在本企业内销售的战略。

发展自有品牌对零售商来说，最直接的吸引力就是其低廉的成本。由于自有品牌是零售企业自己生产或组织生产有自家标志的商品，进货不必经过中间环节，大大节省了交易费用，而且其广告宣传主要借助宝贵的商誉资产，所以单位自有品牌商品耗费的广告费大为减少。加之自有品牌商品的包装简洁大方，包装费用少，所以，尽管自有品牌的商品价格比生产商的商品平均低24%左右，但其毛利却并不低。但是中国零售商的能力还很薄弱，如果贸然力推自有品牌，不仅浪费资源，还会出现无谓的失败，最终对零售商的信誉将产生很大的影响，而零售商自身的信誉是自有品牌生命力的基础。

所以我们选择的产品都是一些销售量比较大，经过核算后利润可以增加30%～40%的产品，另外生产工艺的要求不是很高，人力物力的投入不大，竞争对手市场竞争力较弱的产品。

2. 政府扶持

有数据显示，到1999年底，正式获得中央批准能够合法进入中国的中外合资零售商业企业只有21家，但实际上进入中国的外资商业企业近300家。而且，外资零售商总是出现在中国一些城市最繁华的地段，而像这种地段，利润极低的大卖场是无法支付昂贵的地价的。因此，肯定是得到了地方政府的特殊批准，能够让它们用低于市场的价格购买土地，从而降低了经营成本。这实际上使中国的零售企业面临不平等竞争。对此问题，商务部明确提出：成立15家"本土零售企业国家队"，在政策上予以扶持。并且，各级政府采取切实措施解决连锁企业的资金、税收、网点登记手续等现实问题，如采取发放连锁经营专项贷款和降低贷款利率以及减免税收等优惠政策。

3. 人才为本

零售业竞争是人才的竞争，面临生死存亡的中国零售业入世后如何解决人才危机是我们必须面对的首要问题。我国零售业制度上的缺陷导致政企不分，在干部的选拔上一般往往以某些主要领导的个人意志为转移，缺乏对个人能力的客观评价，结果造成能者不能上，混者却大行其道的怪现象。这种不合理的人力资源配置，是导致企业观念陈旧、决策失误和人心涣散，最终削弱自身参与竞争能力的直接原因。我们应该从外资零售业在人才资源的管理上借鉴经验，如采取培训提升当地经理人才水平、分散管理、严格监控等。

4. 科技助阵

当代零售业是科学管理和高科技应用的竞争。我国零售企业的技术含量不高，与外资零售企业相比更是相距甚远。随着信息技术的迅速发展，电子计算机、互联网络的逐渐普及和进一步完善，以电子商务为代表的高科技已经成为目前零售业一种极为重要的营销工具，也将成为未来零售业的主要技术支撑。尽管现在还存在着诸如硬、软件不完善，相应法律法规不健全，配套服务不到位等问题，但可以断言，未来信息技术的高速发展和互联网的加速普及必将从根本上改变零售的方式和业态，传统的零售业态必将全面应用电子商务这一技术手段，从而为零售业的发展开辟了更为广阔的空间。

5. 规模求生

中国零售业如果没有连锁，没有规模，在世界的舞台上，恐怕连竞争的机会都没有。目前，我国企业间的联合、兼并、重组步伐正在加快。近年来，国内零售行业出现多起并购案：北京翠微集团并购当代商城；北京王府井和东安百货联合成立北京王府井东安集团；上海联华收购杭州华商等。未来几年内，零售企业规模扩张、跨地区发展的步伐将进一步更快。

第 八 章
铁路产业安全评价及安全指数研究

第一节 铁路产业安全现状分析

本部分阐述我国铁路产业安全现状，主要通过铁路产业外部环境安全、铁路产业政策安全、铁路产业市场安全、铁路产业资金安全等方面进行阐述，要求以官方的统计数据为基础进行分析，同时将铁路产业安全的学术术语与官方术语保持一致。

一 铁路产业发展情况概述与特征

（一）铁路产业发展情况概述

铁路系统作为社会经济系统的一个重要组成部分，与社会经济的发展相互依存、相互促进。在中国，铁路运输不论是在目前还是在未来相当长一段时间，都是交通运输网中的骨干和中流砥柱。

铁路货物运输与公路、水运、航空等运输方式相比，具有准确性和连续性强、运速快、运量大、安全可靠、对环境污染小等优点。中国人口数量多，且流动性大，导致客运需求大，而铁路客运系统在客运市场中一直发挥着巨大的作用。

铁路在市场化改革方面做了大量工作，取得了不少的成绩，给各方面带来了很大变化。2013年，中国铁路行业实行政企分开，国务院组建了国家铁路局和中国铁路总公司，将铁道部拟订铁路发展规划和政策的行政职责划入交通运输部。交通运输部统筹规划铁路、公路、水路、民航发展，加快推进综合交通运输体系建设。组建国家铁路局，由交通运输部管理，承担铁道部的其他行政职责，负责拟订铁路技术标准，监督管理铁路安全生产、运输服务质量和铁路工程质量等。铁路运输企业曾经是传统计划经济的典型形态，素以"铁老大"著称。它经过十年多的改革，现在以新的面貌、新的姿态、新的作风出现在运输市场上，改变昔日"铁老大"形象，塑造着市场经济体制下人民铁路的新形象，给人们的出行和运货提供越来越多的方便，推动经济社会的发展。

（二）我国铁路产业特征

1. 铁路产业的技术经济特征

①铁路的技术装备构成

铁路的技术装备由固定设备、移动设备、通信信号设施构成。固定设备是指地面的路网即土建工程；移动设备包括各种机车、客车和货车车辆；通信、信号类设备有固定型和移动型两种类型。铁路路网主要是土建工程，包括铁道线路（含轨道和路基）、桥梁涵洞、隧道、铁路枢纽。机车牵引种类有蒸汽、内燃机、电力三种。通信设施有程控电话、数字微波通信及地面卫星通信站。

②铁路产业的经济特征

第一，网络性。网络通常指由许多互相交错的分支组成的系统。这种网络供应系统，规模（利用者人数和距离）越大，就越需要巨大的固定资产投资，因此具有显著的规模经济效应。当铁路网络覆盖范围及密度增加时，会由于扩大输送范围、调剂各线路负荷从而提高整个网络的输送能力和输送效率，平均成本和边际成本随产量增加而大幅度降低，因此铁路具有产业规模经济和范围经济效应。

第二，投资的专用性和沉淀性。铁路产业是通过铁路路轨等设施提供服务的，是传输设施和作用于其上的列车机车的结合，这些设施的投资具有很强的专用性和沉淀性。专用性是指它只能传送一种或一类产品或服务；沉淀性是指投资一旦形成就不能移到其他产业去，一旦付出投资，这部分成本就"沉淀"了。铁路网络建设需要大量的固定资产投资，固定成本占总成本的比重很大，铁路线路基础设施比重在50%~80%。铁路线路使用寿命较长，不能移动，很难被用于其他用途，残值较低。

第三，铁路运输产品具有"准公共性"。就铁路产品消费而言，集体消费性、集体消费中的相对集中消费性、一定消费容量内消费互不干扰性，这些特征显示了铁路运输产品的公共性；消费铁路运输产品必须付费则体现了铁路运输产品的私人性。可见，铁路运输业同时具有公共性和商业性，铁路运输产品是"准公共产品"。铁路运输产品的公共性和私人性呈动态变化。当政府目标的公共性与运输产品的公共性一致时，政府的管制效果良好；当公共性降低，私人性突出时，要求政府放松管制，让来自市场的力量发挥更大的作用。

第四，产品或服务供给的连续性和消费的非均衡性。产品或服务供给的连续性是指在技术上要求产品或服务的提供持续不断地进行，这种持续生产状态下的单位产品或服务的成本要比间断生产低。消费的非均衡性是指用户对产品或服务的需求量不稳定，一年中的不同季节、月份，甚至一天中的不同时间都存在较大差异，如春节期间是铁路运输的高峰期。

第五，技术的进步和其他运输市场的发展，使铁路运输业自然垄断性出现弱化趋势或者说可竞争性增强。

2. 铁路产业的产业组织特征

铁路生产要依靠良好的路况、设施设备无故障、干线和支线顺畅和有高度责任感的铁路员工，铁路运输还需要进行高度的内部协调和控制来保证其正常运行，整个系统非常复杂，因此铁路产业往往通过垂直一体化来解决高度复杂的内部协调问题。与工业生产相比，铁路产业的纵向一体化更加紧密，一般是供、产、销完全一体化和系列化，从而形成产业整体的闭锁性。

铁路运输的产业组织不仅是垂直一体化结构，还表现出较强的水平一体化特征，铁路运输技术标准的统一性要求，铁路资产的高度专用性，运输生产连续性和重复进行性，规模经济、范围经济、密度经济和路网的自然垄断性等一系列技术经济特征都要求铁路企业组织水平一体化，铁路运输企业至少是区域性的。放松管制前许多国家铁路实行的是独家经营，引入竞争后以区域性经营为主。

二 铁路产业安全现状分析

(一) 外部环境安全状况分析

煤炭、钢铁等行业产能相对过剩，导致煤炭、焦炭、钢铁和矿石等大宗商品运输需求减少，传统黑货运输难以为继。而煤炭运输量占铁路货运总量的40%左右，煤炭运输需求的减少会对铁路运输产生较大影响。

(二) 政策安全状况分析

2013年组建了中国铁路总公司，承担铁道部的企业职责，负责铁路运输统一调度指挥，经营铁路客货运输业务，承担专运、特运任务，负责铁路建设，承担铁路安全生产主体责任等。同时，不再保留铁道部。考虑到铁路仍处于建设发展重要时期，同时承担很多公益性任务，国家将继续支持铁路建设发展，加快推进铁路投融资体制改革和运价改革，建立健全规范的公益性线路和运输补贴机制。同时，继续深化铁路企业改革，建立现代企业制度。改革后，中国铁路总公司统一调度指挥铁路运输，实行全路集中统一管理，确保铁路运营秩序和安全，确保重要运输任务完成，不断提高管理水平，为人民群众提供安全、便捷、优质服务。

(三) 市场安全状况分析

从各种运输方式货运周转量占比情况来看，铁路货运周转量从2008年占比近23%降至2012年的不足17%；而2008年公路占比29.8%；2012年提升至约35%；水路运输方式则基本维持在45%以上。

随着经济的不断发展以及社会改革进程的加速，中国人口流动速度加快，铁路客运现在及以后都将在客运方面发挥巨大作用。尤其是随着近年来高速铁路的快速发展，铁路客运行业一直保持着良好的发展势头。

(四) 产业资本安全状况分析

据铁道部财务司编制的《2012年铁道部汇总损益表》显示，2012年铁路运输收入增长率从2011年的12.14%骤降到5.42%；而运输成本同比增长16.98%，只比2011年的增长率下降了不到1个百分点。在运输疲软的背景下铁路债务却在持续攀升。2009年以来中国铁路建设的"大跃进"也导致中国铁路负债节节攀升，由 2007 年的 6687 亿元上升到 2012 年的 2.8 万亿元，上涨了近 3.2 倍。

从铁路总公司的赢利水平来看，铁路总公司面临着利润水平不断下滑，仅能维持微利的局面。铁路赢利能力低下，2010 年、2011 年、2012 年铁路总公司的税后利润分别为 0.15 亿元、0.31 亿元、1.96 亿元。

第二节 铁路产业安全影响因素分析

一 产业外部环境因素

（一）全球宏观经济分析

世界经济温和增长可期。世界经济筑底缓慢回升，2014 年应该是全球经济"筑底企稳"回升年，多数经济体好于 2012 年和 2013 年。据国际货币基金组织估计，2014 年世界经济将增长 3.6%，好于 2013 年。其中，新兴市场与发展中国家和发达国家经济将分别增长 5.1% 和 2%，分别高于 2013 年的 4.5% 和 1.2%。

发达经济体增势明显上升。欧元区经济止跌回升，2014 年可增长 1%；美国经济增速将由 2013 年的 1.6% 上升到 2.6%；日本受消费税提高及"安倍经济学"边际效应下降影响，2014 年经济增速将由 2013 年的 2% 回落到 1.2%。

新兴市场与发展中国家经济发展依然温和。中国经济增速换挡到中速，据联合国预测，2014~2015 年中国经济将分别增长 7.5% 和 7.3%。国际货币基金组织则认为，2015~2018 年中国经济年均增速将放缓到 7%。

（二）我国宏观经济分析

2013 年中国经济增长 7.7%，中国经济运行和宏观调控体系在 2013 年都进入平稳可持续的状态和模式。分季度看，一季度同比增长 7.7%，二季度增长 7.5%，三季度增长 7.8%，四季度增长 7.7%。分产业看，第一产业增加值 56957 亿元，增长 4.0%；第二产业增加值 249684 亿元，增长 7.8%；第三产业增加值 262204 亿元，增长 8.3%。从环比看，四季度国内生产总值增长1.8%。2013年中国第三产业占GDP的比重达46.1%，首次超过了第二产业；全年单位GDP能耗下降了3.7%。

二 产业政策因素

铁路行业在监管组织结构改变后，铁路产业的整个行业格局、监管框架和监管政策都发生了改变，对铁路建设的周期、力度都会产生较大影响。铁路建设对周边环境会产生较大影响，尤其是植被、水资源等，施工过程会对地质架构产生影响，这些都是潜在的风险。铁路运输会产生气体和其他污染物，而且会产生声污染。随着国际、国内对碳排放的关注逐渐升温，又由于中国达到国际要求的2020年排放标准难度较大，国家很可能会对大多数行业尤其是相关行业制定标准，铁路行业面临着达到碳排放标准的政策要求的风险。

三 产业市场供需因素

我国铁路运输的发展严重滞后于经济发展，已成为制约国民经济发展的薄弱环节。从2012年情况来看，在各种运输方式中，铁路运输为三大运输方式中唯一一个货运量较2011年下降的运输方式。2012年，全国各种运输方式货运总量为412.10亿吨，较2011年同比增长11.47%，其中，铁路货运量为39亿吨，较2011年略有降低；公路货运量为322.10亿吨，较2011年同比增长14.22%；水路货运量为45.6亿吨，较2011年同比增长7.5%。从各种运输方式货运量占比情况来看，铁路货运量从2008年占比近13%降至2012年的不足10%，而2008年公路占比74%，2012年提升至约79%，水路运输方式则基本维持在11%以上。

钢铁行业的成本构成了铁路建设的成本。可以预测的是，铁矿石的价格将有大幅度的增长。而由于铁路建设对铁矿石的需求是刚性的，铁矿石价格上涨必然会对铁路建设等构成威胁。

与钢铁行业构成铁路的成本不同，煤炭市场的发展情况影响铁路行业的赢利水平。煤炭市场需求受国民经济波动影响较大，随着我国国民经济由高速增长转变为中速增长，煤炭需求量的增长速度也会减缓。而且，由于近年来空气污染日益严重，国家已经决心治理空气污染，大量关闭污染严重的钢铁企业。钢铁产能超过全国 1/4 的河北省，在全国每月公布的空气质量较差的 10 个城市中所占过半。河北省痛下决心，2013 年淘汰了 788 万吨粗钢产能，2014 年再淘汰 1500 万吨。钢铁产能过剩导致煤炭需求减少，对铁路行业有较大影响。

四 产业资本因素

目前铁路融资所采用的方式已经捉襟见肘，要满足"十二五"期间巨大的资金需求量，必然要求融资方式实现根本性的突破。国外投融资实践表明，发展产业投资基金，是一种理想而又卓有成效的筹资方式。铁路产业投资基金作为一项金融工具创新，符合铁路建设和发展的客观需要。

铁路产业投资基金已于 2011 年得到了国家发改委的正式批复同意，这对铁路扩大融资渠道、积极吸引民间资本进入无疑是个利好消息。但现在面临的问题是如何使这一基金尽快成型，投入正式运作，并能在未来几年内真正吸引民间资本的大规模进入。尽管选择合适的基金管理人、托管人等事宜急需确定，但目前所面临的最关键问题还是如何吸引民间资本，做强做大基金，弥补铁路发展资金的短缺，真正使基金在铁路发展中发挥应有的巨大作用。从铁路方面来看，铁路总公司一直致力于扩大融资的努力，并出台了一系列新的举措，政策层面已经为铁路产业投资基金的运作创造了必要的平台，但由于铁路体制和机制方面的原因，围绕产业投资基金发展所面临的深层次的问题尚未得到有效解决，这必然会影响到铁路产业投资基金的发展势头。目前存在的主要问题来自三个方面：一是基金的收益难以保障；二是铁路清算制度；三是铁路管理体制。其中，基金的收益问题是最根本性问题。

作为基金的投资者，最关心的莫过于投资所得到的回报。铁路现状可能会影响到投资者对收益的预期，从而会影响他们的投资决策。第一，铁路建设项目本身特点决定了赢利需要较长时间。铁路建设项目投资回收期长，尤其是前期回收率低。除非像朔黄铁路和大秦线，不过它们也只能视为铁路投资项目的特例。事实上，铁路绝大多数项目需要较长时间才能收回成本。第二，整个铁路系统的赢利能力。如果铁路整个系统赢利能力比较强，依托现有的"大一统"的体制，完全可以做到以整体赢利来弥补局部性的亏损。第三，铁路产业投资基金进一步融资的局限性，会对收益造成比较大的影响。

第三节 铁路产业安全的界定与特征

一 铁路产业安全的界定

铁路产业安全受到外部环境、产业政策、市场供需以及产业资本的影响，可由宏观经济指标以及铁路运输指标反映。

二 铁路产业安全特征

(一) 需求稳定

铁路产业的需求来源于两方面，即客运和货运。中国人口流动性大，且国土面积大导致人口移动距离长，铁路的客运需求较为稳定。从货运来说，铁路在运输大宗商品货物方面具有其他运输方式无可比拟的优势，一直在大宗商品运输中处于垄断地位，垄断优势为铁路产业提供了稳定的货运需求。但随着中国经济出现产能过剩的状况，大宗商品需求减少，货运需求也受到了相应的影响。

(二) 受产业政策影响大

虽然铁路产业在2013年实现了政企分离，取消了铁道部，成立了铁路总公司。但由于其对国民经济以及国家安全的重要作用，铁路产业的市场化道路依然漫长，铁路产业的发展受国家政策影响很大。

(三) 债务压力大

2009年以来中国铁路建设的"大跃进"也导致中国铁路负债节节攀升，由2007年的6687亿元上升到2012年的2.8万亿元，约上涨了4.2倍，巨额债务势必会影响铁路产业的安全。

三 1994~2013年铁路产业安全评价的意义

(一) 预警和防范铁路产业风险，确保铁路产业健康发展

铁路产业和其他产业一样，需要进行风险预警和风险防范，尤其是在

2013年政企分开改革的背景下，我国铁路正从具有政府背景的公共事业单位向现代化企业转型，它的财务状况、服务质量等均会受到很大影响，进行产业安全评价能够提前预估风险类型及风险大小，及时调整，做好风险防范，确保铁路产业健康发展。

（二）预警和防范我国经济安全和金融安全

我国人口众多，幅员辽阔，物资丰富，客运和货运需求大，运输距离长。铁路运输以无可比拟的优势，成为我国客货运输的主要方式。尤其是在货运方面，国民经济发展急需的煤炭、矿石等重要原材料运输大部分依靠铁路。因此，铁路产业的安全与我国国民经济安全和金融安全息息相关。进行产业安全评价能够监控我国经济安全和金融安全，及时进行预警防范。

（三）为政府、企业、机构乃至百姓的经济决策提供参考

进行铁路产业安全评价，能够对当前铁路行业的发展情况、供需匹配等进行全面了解，进而对铁路产业的未来发展前景进行预测。这能够为政府部门制定行业发展政策，为企业及各个机构进行战略布局，甚至为百姓的经济决策提供参考。

第四节 铁路产业安全评价逻辑与指标体系

一 铁路产业安全评价指标体系

铁路产业安全评价指标体系是借助于相关计量经济分析方法，对多个基础指标进行数据处理，并经过加权得出能够反映铁路产业安全的综合指标。通过对各个基础指标以及综合指标进行数据分析，观察指标的波动情况，来判断铁路产业的安全性。

铁路产业安全指标体系的设计包括四个步骤：选定基础指标，以客观反映铁路产业安全状况；划定预警段，即单个指标临界点的确定；确定各指标权重；计算综合安全指数。

铁路产业安全评价指标体系包括铁路移动设备指标、铁路规模指标、铁路运输指标、铁路投资指标、宏观经济因素。具体指标见表8-1。

表 8-1 铁路产业安全指标

一级指标	二级指标	三级指标
铁路移动设备指标	数量指标	机车台数
		货车数量
		客车数量
	运营指标	机车总走行里程
		客运机车日车公里
		货运机车日车公里
		日均运用车
		日均现在车
铁路规模指标	线路规模	营业里程
	人员规模	从业人员数量
铁路运输指标	运输指标	铁路货运量
		铁路客运量
		铁路货运周转量
		铁路客运周转量
铁路投资指标	铁路投资指标	铁路固定资产投资额
宏观经济因素	国民经济运营指标	GDP
	社会运输指标	全社会客运量
		全社会货运量

通过对上述指标进行相关性分析，发现指标之间相关性很强，根据指标间相关性的大小，选出七个指标作为铁路产业安全指标，详见表 8-2。

表 8-2 铁路产业安全指标

一级指标	二级指标	三级指标
铁路移动设备指标	数量指标	机车台数
	运营指标	机车总走行里程
铁路规模指标	线路规模	营业里程
铁路运输指标	运输指标	铁路货运量
		铁路客运量
铁路投资指标	铁路投资指标	铁路固定资产投资额
宏观经济因素	国民经济运营指标	GDP

二 铁路产业安全指数人工调整机制及人工调整

由于各指标量纲不同,此处各基础指标以及综合指数均采用增长率来反映铁路产业的安全状况。

通过信息熵法确定了各基础指标的权重,见表8-3。

表8-3 铁路产业安全指标权重

指标	权重	指标	权重
GDP	0.3205	机车总走行里程	0.0352
铁路固定资产投资额	0.5201	机车台数	0.0064
铁路货运量	0.0640	营业里程	0.0144
铁路客运量	0.0395		

可以得到铁路产业安全指数计算公式如下:

$$铁路产业安全指数 = 0.3205 \times GDP + 0.5201 \times 铁路固定资产投资额 + 0.0640 \times 铁路货运量 + 0.0395 \times 铁路客运量 + 0.0352 \times 机车总走行里程 + 0.0064 \times 机车台数 + 0.0144 \times 营业里程$$

表8-4为1994~2013年铁路产业安全指数,据此可以看出铁路产业增长率的发展变化,图8-1为其曲线图。

表8-4 1994~2013年铁路产业安全指数

年份	安全指数	年份	安全指数
1994	0.2470	2004	0.0976
1995	0.0889	2005	0.3256
1996	0.0901	2006	0.3397
1997	0.0728	2007	0.2072
1998	0.1575	2008	0.3856
1999	0.0125	2009	0.3893
2000	0.0333	2010	0.1706
2001	0.1076	2011	-0.0851
2002	0.0745	2012	0.0868
2003	-0.0100	2013	0.0528

238　中国产业安全指数研究

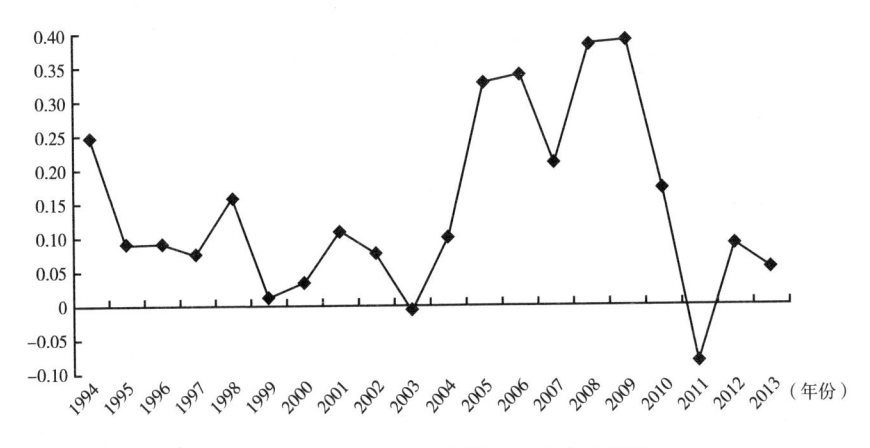

图 8-1　1994~2013 年铁路产业安全指数

注：国家统计局公布的铁道统计公报，http://www.nra.gov.cn/。汇总后按照文中计算方法得到。

三　铁路产业安全指数百分数表示

以上计算得到的产业安全指数并不直观，因此需要将其转换为百分数并且用安全等级表示，安全等级分为 5 个等级：A（很安全）、B（比较安全）、C（基本安全）、D（不太安全）、E（不安全），详见表 8-5。

表 8-5　安全等级及对应百分比及 t 值

安全等级符号	安全等级细分符号	安全程度含义	百分数	t 值（$df=20$）
E	E -	不安全偏负面	0 ~ 5	-1.729132812
	E	不安全	5 ~ 10	-1.327728209
	E +	不安全偏正面	10 ~ 15	-1.065507399
D	D -	不太安全偏负面	15 ~ 20	-0.86095055
	D	不太安全	20 ~ 25	-0.68762146
	D +	不太安全偏正面	25 ~ 30	-0.533313882
C	C -	基本安全偏负面	30 ~ 35	-0.391202426
	C	基本安全	35 ~ 40	-0.25692282
	C +	基本安全偏正面	40 ~ 45	-0.127351983

续表

安全等级符号	安全等级细分符号	安全程度含义	百分数	t 值($df=20$)
B	B-	比较安全偏负面	45~50	0
	B	比较安全	50~55	0.127351983
	B+	比较安全偏正面	55~60	0.25692282
A	A-	很安全偏负面	60~65	0.391202426
	A	很安全	65~70	0.533313882
	A+	很安全偏正面	70~100	3.579400149

表 8-5 中，70 分以上表示很安全偏正面（安全等级为 A+），而 5 分以下，则表示不安全偏负面（安全等级为 E-）。

为将安全指数表示为百分制的安全等级，本报告将产业安全指数按 t 分布计算出 t 值，然后根据 t 值，查表得到累计概率分布，此概率分布值即为产业安全等级百分数。

t 值计算公式如下：

$$t = \frac{x - \mu}{\sigma}$$

上式中，σ 为样本标准差，μ 为样本期望。

根据上式，计算得到 1994~2013 年铁路产业安全级别，详见表 8-6。

表 8-6　1994~2013 年铁路产业安全级别

单位：%

年份	安全指数	t 值	安全百分数	安全级别
1994	0.2470	0.781128	77.78	A+
1995	0.0889	-0.39744	34.77	C-
1996	0.0901	-0.3885	35.10	C
1997	0.0728	-0.51746	30.54	C-
1998	0.1575	0.113943	54.48	B
1999	0.0125	-0.96697	17.29	D-
2000	0.0333	-0.81192	21.34	D
2001	0.1076	-0.25804	39.96	C

续表

年份	安全指数	t 值	安全百分数	安全级别
2002	0.0745	-0.50479	30.98	C -
2003	-0.0100	-1.1347	13.53	E +
2004	0.0976	-0.33259	37.15	C
2005	0.3256	1.367058	90.62	A +
2006	0.3397	1.472167	92.13	A +
2007	0.2072	0.484436	68.32	A
2008	0.3856	1.814332	95.73	A +
2009	0.3893	1.841914	95.94	A +
2010	0.1706	0.211598	58.27	B +
2011	-0.0851	-1.69454	5.32	E
2012	0.0868	-0.4131	34.21	C -
2013	0.0528	-0.66655	25.65	D +

从表 8-6 看出，2013 年我国铁路产业安全级别比较低，处于 D + 级别。

第五节 铁路产业安全存在的主要问题及对策分析

一 铁路产业安全存在的问题

(一) 总体规模发展不足且各地区间发展不平衡

我国铁路运输业虽然有了较快的发展，但近些年，随着市场经济改革的进一步纵深和国民经济发展增速，铁路运输行业随之出现了许多问题，这些问题集中表现在铁路总体规模发展不足致使运能短缺。目前，随着我国国民经济的快速发展，全社会爆发出来的巨大客货运需求一起压向铁路，致使铁路运能与运量的矛盾突出，因铁路运输能力不足造成的后果更加一览无余。现今因铁路总体规模发展的不足致使运输质量下降，制约了国民经济更快、更好的发展。同时，我国铁路现状各地区间发展不平衡，东部地区铁路较发达，而中西部地区特别是西部地区铁路比较落后，甚至一些落后地区根本就没有开通铁路交通运输。这种现实状况将不利于各地区间的协调发展,也对国民经济的健康发展产生了不利的影响。

(二)政企分开改革,机遇与挑战并存

2013年,我国铁路顺利实施铁路政企分开改革,完成了铁路总公司组建工作。在此之前,我国铁路一直处于政企不分的经营管理体制下,铁路运输业在市场经济体制中,究竟是纯粹公益性行业还是市场主体是不明确的,其属性处于模糊状态。人们不把铁路运输业当成企业看,认为铁路运输业要承担的是更多的社会责任,铁路运输业即使经营入不敷出,政府也是应该财政补贴的。正是这种长期的政企不分,造成铁路运输业缺乏市场竞争的能力和失去降低成本、创造利润的激情和动力。在铁路总公司改制以前,国家通过前铁道部对铁路运输企业实行管制,前铁道部掌握着全路的主要生产、经营、投资、分配权力,既是行政主管部门在行使行政职能,又有从事生产经营铁路业的职能;既代表国家行使国有资产的监督管理权,又有资产经营权;既是行业法规、条例的制定者,又是这些法规和条例的执行者,而被赋予法人地位的各铁路局成为虚拟法人,既不具备法人财产权,也不具备完整的生产经营权。随着铁路总公司成立,政企分开改革的实施,这一状况正在逐步改善。

(三)高垄断致使铁路系统内部缺乏竞争机制和服务质量不高

我国铁路运输业在短期内还难以建立起规范意义上的现代企业制度。虽然我国铁路运输业进行了现代企业制度的改制,但由于改革缺乏正确的引导,在重复中耗费了巨大的改革成本后而收效甚微。企业国有资本的独占性未从根本上改变,相对独立经营的体系也尚未建立,仍属于垄断式国有企业。垄断致使铁路系统内部缺乏竞争机制,扼杀了其竞争活力,使其在日趋激烈的市场竞争面前视而不见、反应迟钝,是造成铁路运输业效能下降的主要原因之一。我国改革和发展的历史证明,凡是打破行业垄断的行业都得到了快速发展,而维持垄断的行业都将发展缓慢并将影响着国家整体经济的发展。正是依靠这种行业垄断方式,为铁路营造出了生存的空间,造成国家授权下的垄断力量和官本位的烙印。这种制度造成铁路运输企业及铁路企业的内部人员,缺乏应有的市场竞争意识,缺乏利益激励机制和有效的约束机制,对运营效益、服务质量麻木不仁,办事效率低下。

（四）管理体制相对滞后，致使人力资源结构不合理，造成铁路职工工作状态堪忧

人力资源是现代管理的核心，不断提高人力资源开发与管理的水平，是企业健康发展的重要保证。铁路运输业近些年虽一直进行着改革，但现状仍是管理人才奇缺。铁路运输业长期对培养管理人才方面缺乏足够的认识和科学的人才观，而且将现代的人力资源管理和传统的人事管理混为一谈，思想还停留在传统的人事管理的层面上。管理理念上仍沿用"以规章制度为中心"，凭借制度约束、纪律监督、严明奖惩等传统方法。这种管理理念虽有其存在的必要性，但约束了员工的个性和工作积极性，扼杀了员工的创造精神。目前铁路运输业的部分管理人员，在管理上依然有许多沿用着传统的手段：检查工作频繁，不是指导工作，而是查找问题；事故发生后，强调事后分析和一次性处理；人治多于法治；人才层层推荐制等弊端。年年讲规范管理、科学管理，实践中却难以从根本上改变，工作中标准化作业落实并不到位，违章违纪事件的原因只看表象不看本质。员工的职业发展道路单一，仍沿用行政管理的模式，常常是把一个专业性、技术上很强的员工提拔到管理岗位，这本身就是对企业的一种浪费，要知道管理非其所能。这些年由于铁路职工的工资、福利未能跟上我国经济发展的脚步。铁路内部教育和培养职工激励机制不到位，人员选用上过于集中很难达到公平公正，缺少对职工素质提升的机制等，严重挫伤广大铁路职工的工作积极性，致使现在大多数铁路职工看不到个人事业发展的前途，从而对铁路、对工作岗位的热爱荡然无存，转而产生了"当一天和尚，撞一天钟"的消极思想和对铁路现行体制的愤怒和指责。总之，铁路运输业在管理制度上进行改革创新，改变在国家身上吃"大锅饭"的状况，朝自我发展、自我改造、自负盈亏、依靠自己来发展。这就要求铁路运输业要善于发现人才，选用人才，培育人才和聚集人才。特别是对各级领导和管理人员提出了更高的政治、法律和管理素质的要求，要求其在"依法治企"的前提下学会对企业进行更科学的管理，来适应这次大改革的需要。

（五）铁路基层技术人员结构、配置不合理

我国铁路基层站段的技术人员数量少且素质不高、年龄偏大，每年退休的技术人才多于新进的技术人才，且结构不合理。人员配置上存在着隐性缺员的情况，难以适应当前铁路技术的不断发展。目前铁路基层站段的工作人员中高学历者少，高中及以下学历的人员还占大多数，学历结构偏低。一些基层站段比较优秀的技术人才已屈指可数，且大多年龄偏大。明显存在技术人才青黄不接的现象，技术人才的不足已成为制约铁路运输业快速发展的一个障碍。

（六）铁路沿线小站安全管理上存在着管理滞后、缺乏持续性等弊端

铁路沿线小站的安全在铁路运输安全中占据着非常重要的地位，不仅影响着铁路运输业本身的生产效率和经济效益，也对社会政治和经济有着重大影响。目前基层站段对沿线小站的安全管理，存在着管理被动和"以罚代管"等现象。站段安全专职人员一般在事故发生后，在进行安全总结分析后，对有关人员进行处罚，而未进行各种安全业务指导和教育。这种"以罚代管"的形式，只能是暂时缓解沿线小站面临的严峻铁路运输安全，带来的后果却是铁路员工心理上产生的反抗情绪。处罚本来只是确保铁路运输安全手段之一，目的是提高员工的综合素质和对本身工作的认知程度，但是如果把处罚当成唯一手段和目的，下达非常之多的硬性指标就改变了性质。由于沿线小站远离站段，站段安全管理人员下站"少"且在安全检查中存在着不是指导工作，而是查找问题的"形式主义"等现象，造成对沿线小站安全管理的"外紧内松"。这种滞后的安全管理模式是缺乏稳定性和持续性的，将会大大削弱铁路运输安全的基础。

二 我国铁路运输发展政策建议

（一）建立完善的现代企业制度

随着我国铁路运输业由计划经济向市场经济的转换，计划经济体制下形成的各种管理手段和方式，将逐步会被先进的现代企业管理制度代替。因此，铁路运输业应尽快依照公司法、企业法，建立完善的现代企业制度。真正实现产权清晰、管理科学，达到自主经营、自负盈亏、自我发展等目标。现代企业制度是依靠法律、法规和规章进行科学的管理，也就是"依法治企"。实行规范化、程序化管理，不走形式检查强调过程控制，注重程序的公正、公开、公平原则。各铁路局在完成主辅业分离的前提下，应组建股份有限公司,各股份有限公司都是法人,自主经营,自负盈亏。待条件成熟,选择业内赢利能力强、管理效率高的资产,进行上市融资,解决铁路运输业建设资金短缺的问题。同时,为了跟上我国经济快速发展的需求,铁路运输业尽快建立符合现代企业制度的铁路规章和标准,不断创新和完善安全管理规章制度,继续强化安全逐级负责制,明确界定各部门管理职责。积极推进铁路行业技术引进开发,注重和其他运输行业的协调配合,创建交通运输大领域的"共赢"格局,并对现有的铁路系统内干部和职工进行全新的思想动员和教育培训,使之能尽快地适应全新的现代企业制度模式,从而保证铁路运输业健康快速的发展。

(二)完善激励机制,引导职工树立正确的人生观

企业的发展始于人而终于人,人才的培养成功,企业才能发展,人才的培养失败,企业必将灭亡。铁路运输业近年来在改革内部管理体制的大背景下,已认识到完善激励机制的重要性。首先,铁路运输业应当设立专门的激励机制部门。激励机制部门的工作者至少应在原有知识、能力的基础上,重点掌握关于人的心理、行为及其本性的一些知识。其次,激励机制部门应制订人力资源规划、开发政策、改进激励制度并为职工设计一整套科学的职业生涯方案,侧重点放在人的开发和培训。激励机制部门要以人为核心,注重对人的心理、意识的开发,根本出发点着眼于人,而不能着眼于事。要改变传统人事管理制度,拓宽渠道选人,大胆突破旧框框,冲破旧的用人观念,不拘一格使用人才,破除一切不利于人才开发和成长的障碍,并通过发挥人才对知识技能的应用和创新能力,为提升企业核心竞争力提供持续的原动力。再次,激励机制部门要加强职工的价值观教育,增强职工主人翁意识,要为职工思想道德素质教育创造环境和条件。注重宣传模范职工典型和榜样的教育作用。运用多种激励方式,充分调动广大职工的积极性、主动性,对不同岗位的职工要使用不同的激励方式,对不同特点的人群采用不同的激励方式,对于同一人不同发展时期采用不同的激励方式。同时,注重培养挖掘新的人才,对那些基本素质好、肯吃苦耐劳的人进行开发,还必须注重对潜在人才的不断发掘和培养,为他们创造成才转化条件。最后,激励机制部门要引导、帮助职工树立正确的人生观和劳动态度,调动广大职工主动工作的积极性,在法律和物质方面予以帮助,表扬先进工作者,并对卓有成效者发给奖金和证书。部分特别优秀上进的管理和技术业务人才应送入高校再深造或到先进的大公司脱产学习，使职工能在工作中积极主动地去追求自我人生价值的实现，让职工自身潜力在工作中充分有效地发挥出来。

（三）破除垄断，客运引入竞争机制

我国铁路运输业可根据中国国情和客货运的特点在不同阶段以不同的方式引入竞争机制。铁路运输业与公路、航空、水路运输实行联合与竞争的局面，利用公路、航空、水路运输的优势，为铁路运输提供货源及通道，以满足客户的不同要求。铁路客运商业化是世界铁路发展的大趋势。铁路客运应允许他方进入铁路客运领域与之竞争。不仅要允许民间资本买卖铁路客运股票，还要允许私人企业进入铁路客运这一领域，并与其他运输方式一起，形成竞争的局面。世界上许多国家已经完成，并取得非常好的效果，并已为从事中国铁路经济研究的人们所认同。铁路客运商业化，参与到市场竞争中，可以节约管理、监督的成本。同时，铁路客运在交通运输市场中本就占有一定的优势，拥有着庞大的旅客运输市场。

（四）加大基层站段教育投入，在站段建立现代化培训基地

随着铁路跨越式发展战略的提出，必将带动铁路发展观念的更新与技术上的重大突破，相应铁路运输业各基层站段应加大教育的投入，以适应铁路运输业健康发展的需要。当前大部分铁路职工的技术、安全相关知识还不能适应新形势下铁路发展的需要，安全素质和实际操作技能还需要不断提高。为此就必须增加教育投入，一方面充分利用高等院校、科研机构等进行铁路高等级技术人才、管理人才的培训，另一方面还要逐步建立一批固定的铁路现代化培训基地，为铁路当前人才的培训和未来人才的储备创造条件。同时利用现代网络技术，开展网络培训。这样铁路职工就可随时将其下载并自行学习，使培训更快捷、更便利，并大大降低了培训的成本。培训时间不得低于国家有关规定，而且还要定期对基层如车间、班组的职工进行现场培训，并使其制度化，真正做到保质保量，从而真正提高铁路职工的整体业务水平。

第九章
中国能源产业安全度研究

产业安全是经济安全的基础，是国家实行经济干预、制定产业政策的基本出发点和核心内容，能源产业是一个国家和地区经济社会发展的根本和基础，是能源安全最主要、最关键的环节之一。能源产业安全是中国经济稳定、长期、可持续发展的基础，是实现中国宏观战略目标的基本保障。

第一节　能源产业现状分析

世界各国都在积极采取措施应对全球气候变化，制定绿色发展战略，不断加大环境保护力度。能源安全不仅仅是能源供需矛盾、能源供需网络脆弱和潜在风险的问题，能源安全要与环境安全、水安全相结合。

一　世界能源格局

20世纪90年代末的美国页岩气革命，海上石油开采禁令的解除，清洁能源的发展和美国允许油气资源出口方案的通过，都加速了美国能源独立步伐。国际能源署预测，美国将在2020年前成为全球最大的油气出口国，全球石油天然气能源格局将发生根本性逆转。

（一）能源战略的变化

增大了传统能源的供给能力。美国是世界上页岩油气资源最丰富的国家之一，由于技术的突破，页岩气产量已从2000年的117.96亿立方米提高到

2012年的2762.95亿立方米，占美国天然气比重提升到41%，美国超过俄罗斯成为全球天然气第一大资源国和生产国。积极扩大近海油气田的开发。2010年3月，美国政府公布了海上油气资源开采五年计划（2012~2017年），解除了20多年海上石油开采禁令，为深海开采亮了绿灯，2011年11月，又公布了修订后的海上石油开采五年计划，首次将北极地区纳入石油开发版图。

加大了对清洁能源的发展力度。美国能源部发布《2011年战略规划》，重点对清洁能源的发展提出具体要求，奥巴马也将开发替代清洁能源作为能源独立的重要途径。《2009年恢复与再投资法》的通过，将划拨约500亿美元用来开发绿色能源和提高能效。《经济复苏法案》将有超过230亿美元的投资支持清洁替代能源的研发与推广。

通过提高能源使用效率，不断降低对能源总量的需求。在消费端，美国的经济结构成熟，能源消费已经达到顶峰，并相继发布实施了《2005年美国能源政策法》和2007年出台的《能源独立与安全法案》。并把节约能源作为应对能源环境问题和全球气候变化问题的重要抓手，不断完善节能法律法规体系，利用市场手段节能，采取多种激励措施，推广节能产品，增强公众节能意识，提高了能源利用效率。美国国内石油需求量已由2005年的9.4亿吨下降至2010年的8.5亿吨，降幅达9.6%。根据国际能源署（IEA）《2012年能源展望》预测，2010~2035年，美国人均能源消费量将以平均每年0.5%的速度下降。

美国国内能源价格水平不断降低。美国能源自给率提高，将减少石油的进口，天然气在一次能源消费中比例的增加，改善了能源消费结构，提升了环境质量。随着页岩气开发技术日渐成熟，生产成本逐年下降，采收率不断提高，美国天然气价格已经下降至低于世界其他多数市场的价格。2010年，美国天然气井口价格为4.48美元/千立方英尺，较2005~2008年的平均价格下跌了2.51美元/千立方英尺，同时带动了电力价格的下降。据IEA预测，从全球天然气市场来看，美国天然气价格优势依然明显，到2028年，美国天然气井口价格仍会低于5美元/千立方英尺；据环球透视预测，到2035年，页岩气大发展将带动天然气价格下降，进而使发电成本也随之下降，届时美国平均电价将比现在还下降10%。

(二) 全球清洁能源快速发展

发展清洁能源将减少对石油的依赖。要逐步减少对外部石油的依赖，一方面需要在本国寻找和生产更多的石油；另一方面需要有更清洁的替代燃料和更高的能源效率。

发展天然气。美国天然气发电量约占总电力供应的23%。而受惠于近年页岩气资源的开发和使用，燃气发电代替石油的规模在不断扩大，从而有助于降低对石油的依赖，推动全球页岩气的开发和利用；中国为了改善空气质量，也在增加天然气的使用，从而替代对空气污染更严重的煤炭使用。

发展生物燃料替代石油。在政府大力支持下，美国生物燃料生产和消费获得快速发展。2010年，生物燃料占美国石油消费总量的比例已达到4.5%，生产和消费量分别是2005年的3.41倍和3.15倍。发展乙醇汽油也是减少石油消费的重要手段，在美国乙醇至少替代了近10%的汽油。

美国推动全球清洁能源技术不断发展。技术进步是美国能源独立战略的关键。无论是提高石油使用效率，发展替代燃料，还是加快国内非常规油气勘探开发，都基于技术的重大突破，技术进步对美国提高石油独立性发挥了关键作用，也将对全球能源开采和发展起到巨大推动作用。

清洁技术发展优势将使美国继续占领清洁能源技术的制高点。在重要战略领域保持领先优势，维持美国在科学工程方面的活力，这是美国经济繁荣的基石。大力发展清洁能源、替代能源，大幅提高能源利用效率，是美国能源战略的重要方面也是全球能源的发展方向。

(三) 国际油气市场格局新变化

1. 世界能源中心发生变化

中东地区能源战略地位将不断弱化。美国页岩气、加拿大油砂矿、墨西哥湾和巴西深海的油气资源都非常丰富，北美正在成为世界能源供应版图中的重要板块。美国能源需求渐渐回归北美，欧洲也更多地依赖俄罗斯，这在一定程度上将削弱中东地区能源的战略地位。

全球主要能源需求正在向东转移。20世纪90年代日本从中东的进口量超过了欧洲，东亚和南亚伴随其经济的持续较快发展，石油消费量和进口量增长很快。2000~2010年，世界基础能源消费总量的年增长率为2.67%，其中，北美、欧洲和独联体地区的年均增长率仅为0.20%，而亚太地区年均增长率则为 6.34%。特别是中国和印度，占世界能源消费量的份额由 2000 年的 9.02% 和 3.44% 分别提高到 2010 年的 20.82% 和 4.38%。

2. 能源价格不稳定性增强

美国对中东地区的控制力将减弱。美国提高能源自给率，减少了从中东进口的石油量，不会再像过去那样，花大力气直接控制中东等产油区的石油销售渠道，来维持国际石油市场上价格的稳定，国际原油供给和价格波动将大幅增加。

中国、印度等国家对石油市场的话语权将得到加强。随着美国对中东地区控制的减弱，中国、印度、日本等东方需求国有更多机会接触产油国，对国际石油价格影响力将不断提高。

石油输出国组织作用将被弱化。美国能源独立将减少美国对欧佩克石油的依存度，2010 年，美国从中东进口石油总量在总进口中所占比例下降到 18.5%，比 2001 年下降了 10.1 个百分点，北美、俄罗斯和非洲等地石油供应能力的增加，都将不断削弱欧佩克在全球石油市场上的作用。

3. 美国在国际能源市场上的地位将不断增强

美国能源储量丰富，算上页岩天然气资源，美国可供开采的油气资源居世界首位，比沙特阿拉伯多 24%，是巴西的 7 倍多，中国的 11 倍。另外 2011 年美国煤炭储量达 2.37 亿吨，居世界第一。

美国在页岩气开采上保持着技术优势。相对于常规天然气而言，页岩气储层单位体积资源的丰度很低，属于"贫矿"范畴。美国依靠高效成熟的社会体系、先进的开发生产技术以及完善的管网设施，使得美国开发页岩气的成本具有了商业竞争性，美国成为世界上唯一实现页岩气大规模商业性开采的国家。

美国将成为全球最大的天然气和石油供应国。随着美国近海石油开采、新能源及页岩气的爆炸式增长，北美将取代沙特和俄罗斯成为"新中东"。国际能源署（IEA）预计，2015 年美国将超过俄罗斯成为全球天然气第一大资源国和生产国，基本实现自给自足。到 2020 年美国可能会超越沙特成为全球最大的石油生产国。

4. 可再生能源成为国际能源格局中的重要部分

据 2013 年《BP 世界能源统计年鉴》介绍，2012 年水电和可再生能源

（包括北美天然气）成为与煤炭相抗衡的发电燃料。由于美国生产疲软，全球生物燃料的产量自2000年以来首次出现下降，但可再生能源在发电领域份额增长了15.2%，占全球发电量的4.7%，为历史最高值。可再生能源在全球消费中所占比例从2002年的0.8%升至2012年的2.4%。

核电发展迅速。21世纪前10年全球就有39座核反应堆竣工运行，中、俄、印、韩等国有60余座核反应堆在建设中，法国计划在2015~2020年建造40座新一代核电机组，俄罗斯计划到2020年将核电占总发电量的比例提高到23%，韩国计划到2035年将核电占总发电量比例提高到60%以上，日本计划到2030年将核电占总发电量比例提高到50%。

二　中国能源产业概述

随着国民经济持续快速稳定增长，我国已超过美国成为世界上能源消费最多的国家。我国能源资源主要分布在西部，能源消费主要集中在东部。目前已形成北煤南运、西电东送、北油南运、西气东输的能源格局。未来我国能源发展需统筹东西部能源开发，构建区域能源优势互补、资源高效配置、能源开发与环境和谐的能源发展布局。

(一) 能源产业政策

我国历来对能源问题十分重视，自新中国成立以来，中国能源政策一直处于变革之中，大致可分为三个阶段。

偏重能源供给阶段：1949~1980年。这个阶段能源政策的重点在于扩大能源供给，能源部门主要是为工业部门提供能源，能源政策带有浓厚的政令色彩，以政策性通知和办法为多。能源供应和消耗都由国家计划调拨，能源政策是以产定销，能源工业完全是封闭式的，从而导致能源无度开采和低效利用，造成了资源浪费和环境破坏。主要特点是：自给自足，计划单一，政策简单，能源效率低，技术落后，环保意识薄弱。

供给与节约并重阶段：1980~2000年。十一届三中全会后，发展生产成为时代的主题，能源更是成为经济发展的突出问题。1980年2月，国务院指出实现四个现代化，一定要解决好能源问题，抓好能源节约。1981年确定"解决能源问题的方针，是开发和节约并重，近期把节约放在优先地位"。1982年党的十二大又确定"能源是社会经济发展的战略重点"。从

1991年起每年开展中国"节能宣传周",引导企业节约、降耗、增效,增强全民的节能意识、资源意识和环境意识。1997年依据《煤炭法》《矿产法》,开展了大规模依法整顿煤炭生产秩序的活动,使非法、违法开采得到遏止。1997年颁布了《节约能源法》,是为推动全社会节能而采取的重大举措。在这一阶段中国能源政策虽然仍是以扩大能源生产、增加能源供给为出发点,但也开始重视提高公众节能意识,采取各种方法进行节能宣传活动。

同环境政策相结合:2000年至今。"十五"规划中,我国提出2001~2005年单位产值能耗下降15%~17%的目标。2005年颁布了《可再生能源法》,首次把开发新能源、构建节约型社会提到了法律高度。"十一五"明确提出,能源产业要强化节约和高效利用的政策导向,在促进可再生能源发展方面出台了一系列鼓励措施。"十二五"期间,国家将天然气作为能源结构调整、减少煤炭能源消费的重要手段,提出天然气占比从2010年的4%上升到2015年的8%。目前,包括水电、风电在内的可再生能源比重约为10%。根据能源中长期规划,到2020年这一比重将增加到15%。这期间中国能源政策的指导思想是能源结构优化,重视环保节能。

(二)能源消费现状

我国宏观经济环境:2013年,面对错综复杂的国内外形势,党中央、国务院团结、带领全国各族人民深入贯彻落实党的十八大精神,坚持稳中求进工作总基调,坚持宏观政策要稳、微观政策要活、社会政策要托底的思路,统筹稳增长、调结构、促改革,探索创新宏观调控方式,经济社会发展稳中有进、稳中向好,实现了良好开局。

2013年国内生产总值568845亿元,比上年增长7.7%(见图9-1)。其中,第一产业增加值56957亿元,增长4.0%;第二产业增加值249684亿元,增长7.8%;第三产业增加值262204亿元,增长8.3%。第一产业增加值占国内生产总值的比重为10.0%,第二产业增加值比重为43.9%,第三产业增加值比重为46.1%,第三产业增加值占比首次超过第二产业。

根据国际能源署(IEA)统计,2009年中国就超过美国成为第一大能源消费国,2012年中国一次能源消费总量占全球能源消费总量的21.9%。2013年中国能源消费总量达到38.57亿吨标准煤,其中煤炭消费为25.50亿

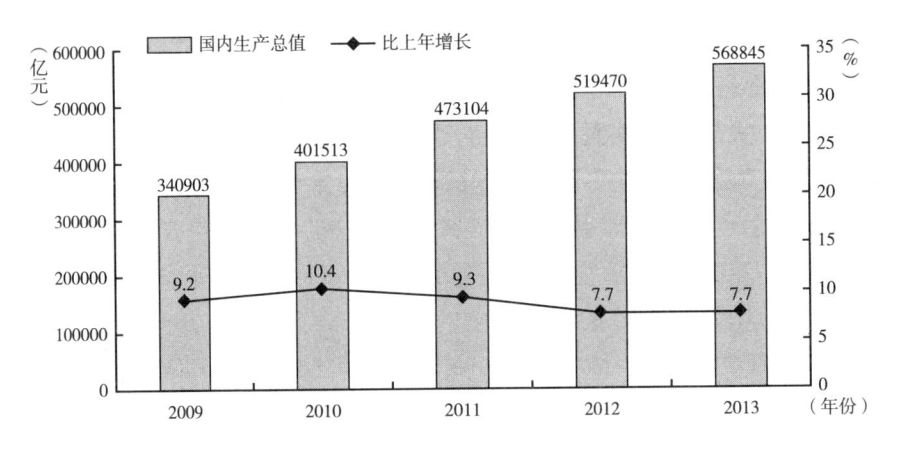

图 9-1　2009~2013 年国内生产总值及其增长速度

资料来源：2013 年国民经济和社会发展统计公报。

吨标准煤，同比增长 4.9%；石油消费总量为 7.34 亿吨标准煤，同比增长 4.8%；天然气消费 2.27 亿吨标准煤，同比增长 11.1%；水电消费（包括核电和风电）3.46 亿吨标准煤，同比增长 6.7%（见图 9-2）。

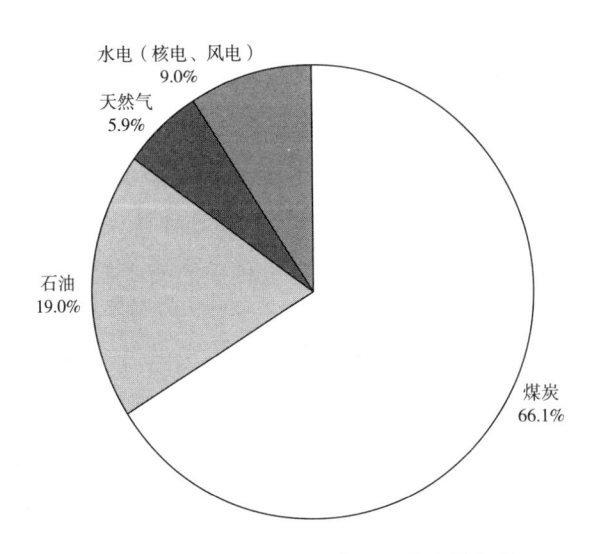

图 9-2　2013 年中国各能源品种消费占比

据统计，2013 年，一次能源生产总量 34.0 亿吨标准煤，比 2012 年增长 2.4%；原煤产量 36.8 亿吨，比 2012 年增长 0.8%；原油产量 2.09 亿吨，比 2012 年增长 1.8%；天然气产量 1170.5 亿立方米，比 2012 年增长 9.4%；发电量 53975.9 亿千瓦时，比 2012 年增长 7.5%。

(三) 能源产业特点

2013 年中国能源消费和供给都稳步增长，中国能源产业发展主要呈现以下特点：一是能源保障供应能力明显提高，2013 年中国煤炭产量为 37 亿吨左右，市场呈现总量宽松，结构过剩态势，煤炭行业经济效益大幅下滑；二是能源消费格局仍然以煤炭为主，在我国现行能源消费结构中，煤炭消费占 70% 以上，比全球平均水平高 40 个百分点，2013 年煤炭消费 36.1 万吨，在中国能源消费中占比仍然达到 66.2%；三是能源结构调整步伐加快，可再生能源和新能源发展迅速；四是能源节约和能效提高方面有了进一步改进，2013 年中国单位 GDP 能耗降幅约为 3.7%，2015 年将实现单位 GDP 能耗在 2010 年比 2005 年下降 19.1% 的基础上，较 2010 年再下降 16%；五是能源科技装备水平进一步提升；六是能源运输和储备能力进一步增强，以煤炭为例，2013 年，铁路煤炭发运 23.2 亿吨，同比增长 2.6%；主要港口煤炭发运 6.69 亿吨，增长 7.9%。

第二节 能源产业安全影响因素分析

一 价格波动

可靠的能源供应可以提高生产力，增加收入，从而促进经济和社会发展。价格信号要真实反映能源生产相关成本，确保能源消耗的经济可行性，并确保能源生产者注重节约，同时能够响应正常市场需求。

我国能源消费的增长速度远远超过能源生产的增长速度，致使能源供给对外依存度迅速增加。然而国际能源价格不仅受供需影响，还在很大程度上受政治、军事、外交等的影响。各国能源的生产和销售都服从该国的大政方针，如交易对象、抵制对象等。同时，美国还控制着一些能源资源丰富的地区。国际上，由任何原因导致的石油产量减少以及石油价格上涨，都会迅速引起国内石油价格的上涨，甚至引起其他能源价格上涨。

二 可获得性

(一) 可获得性界定

能源供应暂时中断、严重不足或价格暴涨对一个国家经济的损害,主要取决于:经济对能源的依赖程度,能源价格,国际能源市场,以及应变能力(包括战略储备、备用产能、替代能源、能源效率、技术力量等)等因素。这些都直接或间接影响到能源的可获得性。

能源供应受到许多风险和突发事件的影响,取决于国家之间的相互关系;贸易伙伴能源供应的安全性、能源控制及价格不确定性所造成的风险等都会导致能源波动,也会影响能源的可获得性。

(二) 我国石油进口来源单一,运输存在风险

据海关统计,2013年我国进口原油2.82亿吨,主要来自沙特、安哥拉、伊朗、阿曼、俄罗斯等国家。原油进口前10位的国家总量占我国全部进口量的80%,这些国家又主要分布在中东和北非地区。我国通过海运方式进口石油路线也比较单一,高度依赖霍尔木兹海峡、好望角和马六甲海峡,其中进口原油80%是通过马六甲海峡运输。这些都为我国能源的可获取性带来了风险。

(三) 能源结构不合理,资源分布不均衡

在我国能源生产构成中,煤炭比重最高。而且在未来相当长时期里,尽管除煤炭以外的其他能源消费比例会有所上升,但以煤为主的能源消费结构不会发生根本性变化。

我国能源资源时空分布也极其不均衡。已发现的煤炭储量80%以上集中分布于华北和西北地区;可开发水能资源约70%蕴藏在西南地区的高山峡谷之中;塔里木盆地和四川盆地的天然气资源占据了全国的一半以上。而能耗主要发生在东部经济发达地区,东部地区能源消费占全国的2/3。

三 能源与环境

(一) 能源与环境的关系

能源的生产、转换和消耗与一些显著的负面外部环境因素有关。能源架构依然是全球变暖的主要原因。环境恶化(比如颗粒物污染和土地不当使

用带来的影响）以及能源部门对其他紧缺资源（如水和金属等）的依赖，均凸显出可持续性应当成为能源架构的优先选项。

（二）能源利用率低，生态破坏大

我国能源利用率较低，据英国石油公司（BP）的统计，我国单位GDP能耗是世界平均水平的2倍多，日本的4倍多，美国的近3倍，甚至比印度单位GDP能耗还要高。因此，我国面临减排温室气体的国际压力也越来越大。提高能源利用效率成为应对气候变化和改善环境质量的重要抓手。

（三）新能源发展

新能源又称非常规能源，是指传统能源之外的各种能源形式，包括太阳能、风能、生物质能、核能、地热能、氢能、海洋能等。当前，中国的能源与环境问题严重，新能源开发利用受到越来越高的关注。新能源一方面作为传统能源的补充，另一方面可有效降低环境污染。

我国可再生能源和新能源开发利用虽然起步较晚，但在新能源和可再生能源的开发利用方面已经取得显著进展，技术水平有了很大提高，产业化已初具规模。

新能源及可再生能源的大力发展，是我国破解能源和环境问题的重要手段。

第三节 能源产业安全的界定与特征

当今世界，能源已经成为各国政治和经济力量角逐的主要阵地，是国家之间力量等级体系的决定因素，获得能源已成为21世纪压倒一切的首要任务。中国能源需求在未来一段时间仍将保持增长态势，英国石油公司发布的2013年《BP2030世界能源展望》指出，全球能源需求到2030年预计仍将每年增长1.6%，其中93%的能源需求来自非经济合作与发展组织，其中中国和印度预计占全球增长总量的一半以上。

一 能源安全概述

（一）传统能源安全

世界各国对能源安全的认识不同，国际能源署对能源安全的定义是

"在给定的价格下,满足能源需求的供给在物理上的可获得性"。

美国剑桥能源委员会主席耶金认为,能源消费国和生产国都希望获得"供应安全",但其含义却不相同。前者的"供应安全"是以合理的价格得到能源供应的可靠渠道;后者的"供应安全"是通往市场和消费者的充足渠道,确定未来投资的正当合理性。

中国科学院能源与政策研究中心指出能源供应安全包括两层含义:一是不能持续地出现严重短缺的供应,按IEA的标准供应短缺要小于上一年进口量的7%;二是未出现持续的难以承受的高油价。

(二) 新能源安全观

能源是经济发展和人民生活的基础,当今世界经济发展已与气候变化、绿色发展、低碳环保密不可分。考虑到能源安全形势的新变化,能源安全的概念和内涵也发生了重大变化,当今的能源安全包括以下几个方面。

能源物质基础安全,主要包括能源资产、基础设施、供应链和贸易路线的安全。

能源获取安全,指物质上、合同上、商业上的开发和获取能源供应的能力。

能源系统安全,对于供应中断、油价暴涨等紧急情况,迅速做出反应的能力,以维持能源供应的稳定性。

能源安全与投资安全相结合,要提供政策支持、创造安全的商业环境,鼓励投资,确保充足和及时的能源供应。

能源安全与气候变化和环境保护相结合,能源的生产和消费方式与气候变化和环境保护密切相关,节能减排、低碳经济、清洁能源发展已成为能源技术革命和全球能源结构变化的主要趋势。

能源安全不仅仅局限于石油供应和油价安全。

二 煤炭产业安全

(一) 煤炭产业界定

煤炭是18世纪工业革命以来全球使用的主要能源之一。按照国家统计局2011年公布的国民经济行业分类标准(GB/T4754-2011),煤炭开采和洗选业属于采矿业,包括对各种煤炭的开采、洗选、分级等生产活动,但不包括煤制品的生产和煤炭勘探活动。

（二）煤炭产业特点

煤炭是我国战略性安全性能源，占能源生产总量居高不下。我国"富煤少油"的能源资源特点决定了煤炭产业是我国国民经济重要的基础产业，煤炭消费总量约占能源消费总量70%。

煤炭分布区域不平衡，优质煤种储量很少。我国煤炭资源的分布与消费区分布极不协调，总体分布格局是北富南贫、西多东少，西北部查明资源储量占全国的90%以上，煤炭消费主要集中在中东部地区。我国煤炭资源品种丰富，涵盖从褐煤到无烟煤等各个煤种，但煤炭品种和数量分布极不均衡，褐煤和低变质烟煤数量较大，中变质炼焦煤数量较少，高变质贫煤和无烟煤数量最少。

（三）我国煤炭资源禀赋

2013年《BP世界能源统计年鉴》显示，煤炭仍然是保持增长最快的化石能源，中国仍是全球煤炭行业发展的主力军，消费世界煤炭总量的50.2%。从2002年到2012年，中国煤炭消费增长了135%。

我国煤炭储量丰富，探明储量占世界第三位，2013年探明储量增至14.8万亿吨。虽然煤炭储量绝对数位列全球前列，但每年的开采量和消费量巨大，煤炭储采比低于50年，小于全球的平均水平。印度的煤炭储量虽然略低于中国，但其储采比却大于200年。

（四）煤炭消费形式

煤炭是我国的主体能源，在一次能源结构中占70%左右，煤炭工业是关系我国煤炭产业安全、国家经济命脉和能源安全的重要基础产业。在未来相当长时期内，煤炭作为主体能源的地位不会改变。《"十二五"规划》提出到2015年，能源消费占比约为65%，预计在"十二五"时期中国煤炭消费仍将延续"十一五"的增长趋势，将保持年均增长2亿吨的规模。

（五）煤炭产业发展战略

作为煤炭资源大国，为保证我国能源安全，理应把煤炭作为主要的能源之一，但也不能无限制地使用煤炭。在现有技术和经济条件下，大量使用煤炭已使我国环境严重污染，因此从国家能源战略角度考虑，应谨慎使用煤炭资源，优化能源消费结构，通过市场方式充分利用全球能源资源。

国家发改委领导也在2014年5月9日第五届地坛论坛上指出，为确保实现"十二五"节能减排约束性指标，对未完成节能减排任务的地区，限制新上高污染、高耗能项目。同时，设置能源消费特别是煤炭消费的"天花板"，适当调减雾霾严重地区和能耗大省能耗增量。此外，我国还将完善能源价格政策、环保收费政策，加强对节能低碳企业的财政支持和税收优惠政策，不断创新有利于低碳发展的金融政策。

三 石油产业安全

石油产业是一个国家或者地区的重要产业，对国民经济的拉动作用或影响十分显著。不管是石油输出国还是石油消费国，石油对经济的作用都不可低估，石油已经成为主导世界经济的一个重要砝码。

（一）石油产业界定

石油广泛分布于地层中，全球范围内石油分布极不平衡，产油大国和石油消费大国分别处于地球上不同的地区。石油是不可再生资源，世界上石油总资源量不会增加，总资源量是指已经发现的石油储量和未发现的石油资源量的总和，随着石油的不断开采利用，世界石油总资源量将逐年减少。石油作为一种重要的战略性能源物资，已经成为一个国家综合国力和经济发达程度的重要标志，是国家安全与社会繁荣的重要基础。

石油产业就是把储存于地层深处的原油经过勘探、开发、集输处理、加工炼制并利用的过程中形成的相关产业集群，从产业组织的角度看，石油产业包括石油勘探、开发、集输、储运、加工炼制、化工、销售等生产和销售的多个环节，同时还包括许多相关产业，例如石油装备制造业、石油服务业、汽车工业等，总体来看，石油产业是一个庞大的组织体系和系统工程，是一种战略性产业。从经济学角度看，石油产业就是将石油转化为商品过程中的全部产业的集合。

（二）石油产业的特点

1. 战略性。站在全球经济的角度看，石油产业具有战略性特点，这是由于石油在全球经济发展中扮演了十分重要的角色，石油是目前世界经济发展的重要能源、材料来源。

2. 地域性。石油产业受石油资源地域分布、储层深度分布、原油丰度和储量的控制和约束，具有资源约束、地域约束、政治约束、经济约束、科技约束等特征。

3. 风险性。石油产业在现代工业体系中，具有高风险、高投资、高科技、高回报、高度集中、投资回收期长等显著特征。

4. 全球一体化。全球一体化、上下游一体化是石油产业的又一重要特征。全球化打破了地域和国家限制，使最先进的技术、人才、资金可以在全球范围内得到最有效的利用和合理配置，全球石油资源得到最高效的开发和利用，实现经济发展速度最大限度的合理化和经济效益最大化，加速石油生产、产业投资、石油贸易在全球范围内形成相互融合、相互依赖、相互竞争和相互制约的态势，促进全球石油产业经济的稳步发展。

（三）石油产业安全内涵和特征

石油产业安全研究的对象是石油产业，既关注石油资源本身，同时也关注石油生产相关技术、石油市场、石油经济、石油政治等。其研究的目的就是为提高石油产业在国际石油领域的控制力和竞争力提供理论支持和决策依据，通过对石油产业链上的每一个节点的系统分析，找出制约石油产业发展的核心关键问题，并提出决策建议，以指导国家石油产业健康、协调、高速发展，为提升国力提供有效支撑，以保证国家能源安全。

石油产业安全是石油安全的基础和前提，是指一个国家石油产业在参与国际竞争中具有的控制力、竞争力以及具有抗拒各种来自外部和内部风险并保持石油产业生存和健康可持续发展的能力，从而形成稳定、有效的石油供给状态。石油产业的安全性越来越受到人们的重视，石油产业安全的特征也日趋明显，主要表现在以下几个方面：一是石油产业安全的战略性体现在全球经济中，能源在经济发展中起着举足轻重的作用，石油位于能源之首；二是石油产业的关联性，包括产业内部上下游的关联性和与其他产业的关联性；三是石油产业安全的紧迫性，石油资源风险已经成为全球面临的重要问题，事关国家发展与安全大局；四是石油产业安全的系统性，石油产业是一个多学科、多专业、高投入、高风险、高科技的产业，是一个十分复杂的大系统。

（四）我国石油资源禀赋

石油总资源量是指已经发现的石油储量和未发现的石油资源量的总称。石油资源在世界各地、各国家的分布极不均匀，各国石油产业发展状况千差万别。

世界已证实石油储量有 1.8 万亿桶。按现有石油消费水平，世界石油还可开采 46 年。中国排在第 14 位，其石油储量有 150 亿桶，占世界石油储量的 0.83%，储采比仅为 10 年。中国石油年产量保持在每年 2 亿吨水平，并且大部分油田进入高含水开发后期，开采难度和开采成本不断攀升，亟待发现新的储量，提高我国油田开采的储采比，以保证国内产量稳定。

2013 年中国石油消费为 7.34 万吨标准煤，占全国能源消费总量的 19%，其中进口原油 2.82 亿吨，对外依存度为 58.1%。石油进口来源多样化，2013 年，位居前 10 位的中国原油进口国依次为：沙特阿拉伯、安哥拉、阿曼、俄罗斯、伊拉克、伊朗、委内瑞拉、哈萨克斯坦、阿拉伯联合酋长国、科威特。

根据中国政府发布的《能源发展"十二五"规划》，"十二五"期间石油对外依存度控制在 61% 以内。有机构甚至做出预测，中国将于 2017 年超过美国成为全球第一大原油进口国。

（五）石油产业发展战略

我国石油企业必须提升国际竞争力，增强市场控制力，维护国家石油产业安全，保障国家能源安全。政府要为石油企业的发展创造良好的政策、投资、金融、市场环境，完善法律法规建设，加强政策的导向和宏观调控，鼓励企业走出去，大力引进外资，引导石油产业健康协调发展。要建立石油金融战略体系、石油定价机制，完善石油战略储备体系，建立国内石油供给体系、石油国际合作体系和科技创新体系。

四 天然气产业安全

（一）天然气产业界定

天然气广义指埋藏于地层中自然形成的气体的总称。但通常所称的天然气只指贮存于地层较深部的一种富含碳氢化合物的可燃气体，它由亿万年前的有机物质转化而来，是一种无色无味无毒、热值高、燃烧稳定、洁净环保的优质能源。

天然气资源从地下赋存状态转变为燃气或化工原料等可供利用的材料，必须经过勘探、开发和工业加工等过程，因此，完整的天然气产业是以开发利用天然气资源为目的能源产业，是一个资金、技术密集型的庞大产业，由上游、中游、下游三个领域组成。

（二）天然气产业特点

产业关联度强。天然气产业为国民经济的运行提供能源和基础原材料，其产品涉及人类生活的各个层面，是上中下游关联度强的基础性能源产业。

资源、资金、技术密集型产业，风险大。天然气产业主要依赖天然气，必须具有一定规模才能开发，是现代化先进生产力的代表，气田开发具有极大的风险。

天然气消费市场具有不可逆性和长期稳定性，居民用户存在日峰谷、月峰谷，具有突发性和不可预见性，与千家万户的日常生活息息相关，处理不好都会产生负面社会影响。

（三）天然气资源禀赋

2012 年，全球天然气消费占一次能源消费的比例约为 24%，而 2013 年中国天然气占全国一次能源消费比重仅为 5.9%，远低于世界平均水平。美国能源的消费结构，原油 37.8%、天然气 27.6%、煤炭 23.4%、核能 8.6% 以及水电 2.6%。

2012 年全球天然气资源的储采比为 55.7，其中中东最高超过了 100，北美最低储采比仅为 12.1，中南美为 42.8，欧洲为 56.4，非洲为 67.1，亚太为 31.5，中国为 28.9 超过世界平均水平的一半。

随着西气东输工程的实施以及液化天然气接收站点的增多，天然气消费量占全国能源产量的比重越来越高。天然气在我国的发展还有很大潜力。

（四）天然气发展战略

中国天然气产业发展的战略方向，应提高天然气产业化水平、建立天然气现代化产业组织、完善天然气专门化政策法规、培育天然气生产和消费市场。

一是加强天然气基础设施建设，拓展上下游市场。加强天然气干线和配气管网的建设，主要包括：到主要城市门站的天然气干线管网，城市内天然气配气管网，天然气利用设施，天然气发电厂、化肥厂、工业燃料用户改造项目等。另外还需利用各方面的力量加快市场的开拓。

二是遵循市场规律，完善天然气市场体制。随着天然气市场竞争程度的提高，可能会有越来越多的国际资本和民间资本涌入天然气产业，健全的市场体制对于市场的发育至关重要。

三是完善价格体系。建立健全天然气开发、利用以及储运等各个环节的价格体系，建立国家天然气协调管理体系。要积极通过宏观调控和完备的价格体制促进天然气发展，例如允许天然气供需双方根据天然气市场供求情况在一定幅度内浮动价格等。

四是开拓天然气来源新领域。加大页岩气、煤层气等非常规天然气开采技术的研发和应用。中国页岩气和煤层气资源数量大，单个气藏含气量高，勘探开发条件比较有利；海外页岩气、煤层气资源也十分丰富；我国应积累勘探经验和开发技术，培育这个新兴资源产业，国家应对该类企业和项目实行减免税、低息贷款等政策扶持。

五是加强天然气勘探开发技术攻关和天然气利用技术研究。针对中国天然气气藏的地质特点，重点攻克地面地下条件复杂地区的地震勘探技术，解决深层、高压地层等水平井钻井技术，攻克深层、高温高压地层测井及测试技术，完善和发展低孔、低渗、低压气层的保护和改造技术，发展低孔低渗气藏、裂缝型气藏、凝析气藏等复杂类型气藏开发技术。为了满足国民经济的发展需要和环境保护的要求，天然气将会作为一种重要的能源，在诸多领域广泛应用，因此必须加强天然气利用技术研究。

五 电力产业安全

电力发电产业包括传统电力发电产业和新能源发电产业。传统电力产业是指火力发电、水力发电等。新能源电力产业包括核电、风电、太阳能发电、生物质发电等可再生资源发电产业。

（一）电力产业界定

电力产业是由发电、输电、变电、配电和用电等环节组成的电力生产与消费系统，是国民经济发展重要的基础能源产业，安全、稳定和充足的电力供应，是国民经济持续快速健康发展的重要前提条件。

（二）电力产业特点

电力产业与生产其他商品的产业一样，其产品有生产、运输、销售和使用的过程，但又有显著的不同，它集产、运、销为一体。电能作为广泛利用的二次能源，与其他能源不一样，一般不能大规模储存。电力生产过程是连续的，发电、输电、变电、配电和用电是在同一瞬间完成的，发电、供电、用电之间，必须随时保持平衡，这也是它的特殊属性。

（三）中国电力消费特点

2013年，全社会用电量累计53223亿千瓦时，同比增长7.5%。分产业看，第一产业用电量 1014 亿千瓦时，增长 0.7%；第二产业用电量 39143 亿千瓦时，增长 7.0%；第三产业用电量 6273 亿千瓦时，增长 10.3%；城乡居民生活用电量 6793 亿千瓦时，增长 9.2%。

2013 年，中国发电设备累计平均利用 4511 小时，同比减少 68 小时。其中，水电设备平均利用 3318 小时，减少 273 小时；火电设备平均利用 5012 小时，增加 30 小时。2013 年中国电源新增生产能力（正式投产）9400 万千瓦，其中，水电 2993 万千瓦，火电 3650 万千瓦。

（四）电力产业发展战略

电价改革。建立完善的反映资源稀缺程度、市场供求关系、环境成本的价格形成机制，逐步实现发电价格和售电价格由市场竞争形成、输配电价由政府监管的市场体系。

产业结构调整。目前我国还处于工业化中后期，尚未完全实现工业化，第二产业电力消费还有较大的上升空间，必然会引起全社会电力消费总量的大幅提升。因此，第二产业必须走新型工业化道路，转变电力消耗方式，提高电力能源利用效率，以防第二产业电力消费增长带来的全社会电力消费总量的快速提升。

电力与环保相结合的政策。国家出台强制性环保政策，例如新建燃煤机组必须同步建设脱硫设施，对现有燃煤机组必须进行脱硫改造，对小火电机组上网电价进行调整，实行节能调度，鼓励上大压小、热电联产，关停小火电。

培育电力市场。发电环节已基本实现主体多元化，初步形成竞争格局。鼓励多种经济成分进入能源领域，形成规范、透明、易于执行的准入政策。

第四节 能源产业安全度测算与分析

一 指标选取原则

（一）科学性与可行性相结合原则

能源产业安全指标的选取必须保证数据选择的科学性以及数据的可获取性，也就是说，选取的指标必须能够准确地反映能源产业安全的现实状况，同时，又要保证数据存在可以收集的现实渠道。

（二）系统性与层次性相结合原则

由于产业自身的差异，以及指标本身的层次性，需要运用层次分析法将评价指标体系分解为若干不同的层次，依次设立一级、二级、三级指标等，以便更为清晰地反映影响产业安全的因素。

（三）定量分析与定性分析相结合原则

需要明确的是，对能源产业安全的指标选取必须是定量分析与定性分析相结合，以定量分析为主。能够定量分析的就可以根据相关数据资料进行统计分析；难以量化的指标，则要通过定性分析加以说明。

（四）系统性与独立性相结合原则

指标的选取不但要能够比较全面反映评价对象的基本状态，而且指标之间应尽量保持独立，使指标体系比较简单明了，避免重复计算。

二 指标权重的确定方法

在实际计算中，考虑到能源产业的特点，各个因素的重要性不同，可以通过专家调查法、主成分分析法等确定各个指标的权重。

可以通过纵向比较，以某一历史年份的指标值为基期，然后再将比较年份的指标值与基期年份的指标值进行比较，得出能源产业安全的定量数据；也可以通过横向比较，将本国指标值与其他国家指标值相比较，来判断我国能源产业安全的状态。

三 能源产业安全指数指标

根据上述研究和比较，采用3层指标形式，进行能源产业安全指数的分析。其中一级指标1个，为能源产业安全指数；二级指标4个，分别是产业基础环境、产业资源因素、产业竞争力和产业对外依存度；三级指标14个，分别是能源生产弹性系数、能源消费弹性系数、单位GDP能源消耗、人均能源供应量、煤炭储采比、石油储采比、天然气储采比、产业贸易竞争力指数、能源加工转换效率、新能源（清洁能源）生产占比、环境污染治理投资GDP占比、石油对外依存度、天然气对外依存度和石油进口集中度。

见表9-1。共计4大类14个指标。

表 9 – 1　能源产业安全指标

能源产业安全指数	产业基础环境	能源生产弹性系数
		能源消费弹性系数
		单位 GDP 能耗
		人均能源供应量
	产业资源因素	煤炭储采比
		石油储采比
		天然气储采比
	产业竞争力	产业贸易竞争力指数
		能源加工转换效率
		新能源（清洁能源）生产占比
		环境污染治理投资 GDP 占比
	产业对外依存度	石油对外依存度
		天然气对外依存度
		石油进口集中度

四　指标说明及能源安全度测算

（一）产业基础环境指数（X_1）

产业基础环境指数是用来描述能源产业供需状况的。由四个具体指标构成，即能源生产弹性系数、能源消费弹性系数、单位 GDP 能耗和人均能源供应量。

能源生产弹性系数（Z_{11}）

能源生产弹性系数是研究能源生产增长速度与国民经济增长速度之间关系的指标。计算公式为：

$$能源生产弹性系数 = 能源生产总量年平均增速 / 国民经济年平均增长速度$$

国民经济年平均增长速度，可根据不同的目的或需要，用国民生产总值、国内生产总值等指标来计算，本研究采用国内生产总值指标来进行计算。详见表 9 – 2。能源生产弹性系数越大能源产业越安全。

能源消费弹性系数（Z_{12}）

能源消费弹性系数反映能源消费增长速度与国民经济增长速度之间的比例关系。计算公式为：

能源消费弹性系数 = 能源消费量年平均增长速度／国民经济年平均增长速度

详见表9-2和图9-3。能源消费弹性系数越小能源产业越安全。

表9-2 2001~2012年能源生产弹性系数与能源消费弹性系数

年份	能源生产弹性系数	能源消费弹性系数
2001	0.79	0.40
2002	0.52	0.66
2003	1.41	1.53
2004	1.43	1.60
2005	0.88	0.93
2006	0.58	0.76
2007	0.46	0.59
2008	0.56	0.41
2009	0.59	0.57
2010	0.78	0.58
2011	0.76	0.76
2012	0.57	0.51

资料来源：《中国统计年鉴》（2002~2013年）。

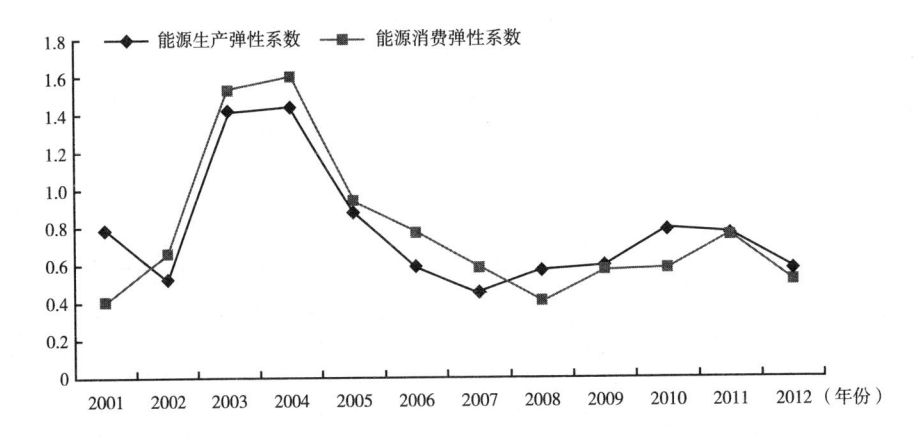

图9-3 2001~2012年能源生产弹性系数与能源消费弹性系数

资料来源：《中国统计年鉴》（2002~2013年）。

单位 GDP 能耗（Z_{13}）

单位 GDP 能耗是指一定时期内，一个国家或地区每生产一个单位的国内生产总值所消耗的能源。计算公式为：

$$单位 GDP 能耗 = 能源消费总量 / 国内生产总值$$

详见表 9-3 和图 9-4。

表 9-3 2001~2012 年单位国内生产总值（GDP）能耗

年份	国内生产总值（亿元）	能源消费总量（万吨标准煤）	单位 GDP 能耗（吨标准煤/万元）
2001	108068.2	150406	1.39
2002	119095.7	159431	1.34
2003	134977.0	183792	1.36
2004	159453.6	213456	1.34
2005	183617.4	235997	1.29
2006	215904.4	258676	1.20
2007	266422.0	280508	1.05
2008	316030.3	291448	0.92
2009	340320.0	306647	0.90
2010	399759.5	324939	0.81
2011	468562.4	348002	0.74
2012	516282.1	361732	0.70

资料来源：《中国统计年鉴》（2002~2013 年）。国内生产总值按当年价格计算。

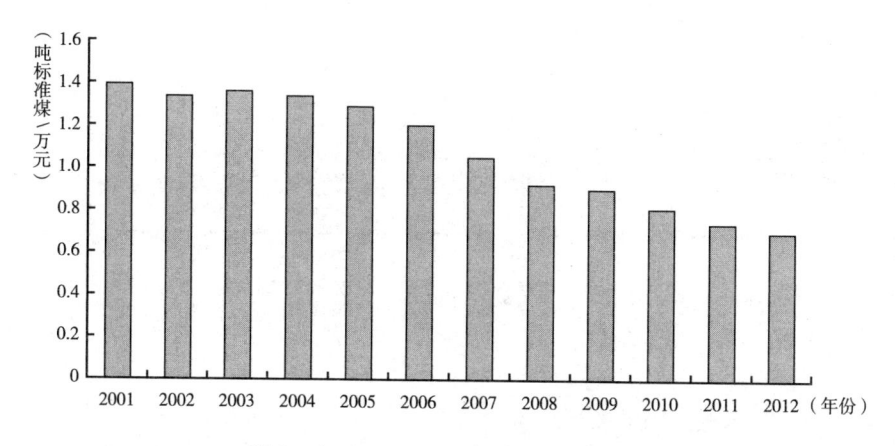

图 9-4 2001~2012 年单位 GDP 能耗

资料来源：《中国统计年鉴》（2002~2013 年）。

人均能源供应量（Z_{14}）

人均能源供应量是衡量一个国家能源供应能力的重要指标。人均能源供应量越大，表示能源安全水平越高。详见表9-4和图9-5。

表9-4 2002~2012年人均能源供应量世界比较

单位：吨标准油/人

年份	世界	美国	中国	韩国	日本	巴西	印度
2002	1.65	7.94	0.95	4.24	4.09	1.07	0.51
2003	1.69	7.84	1.06	4.34	4.04	1.07	0.46
2004	1.75	7.92	1.22	4.44	4.17	1.14	0.48
2005	1.79	7.89	1.34	4.42	4.14	1.16	0.49
2006	1.80	7.74	1.41	4.48	4.13	1.19	0.51
2007	1.82	7.74	1.49	4.58	4.03	1.24	0.53
2008	1.83	7.50	1.57	4.67	3.88	1.30	0.55
2009	1.80	7.04	1.69	4.70	3.70	1.24	0.58
2010	1.87	7.03	1.89	5.12	3.90	1.36	0.60
2011	1.89	7.02	2.04	5.23	3.61	1.37	0.62
2012	1.90	6.89	2.14	5.27	3.55	1.42	0.64

资料来源：《中国能源统计年鉴》（2012年）。

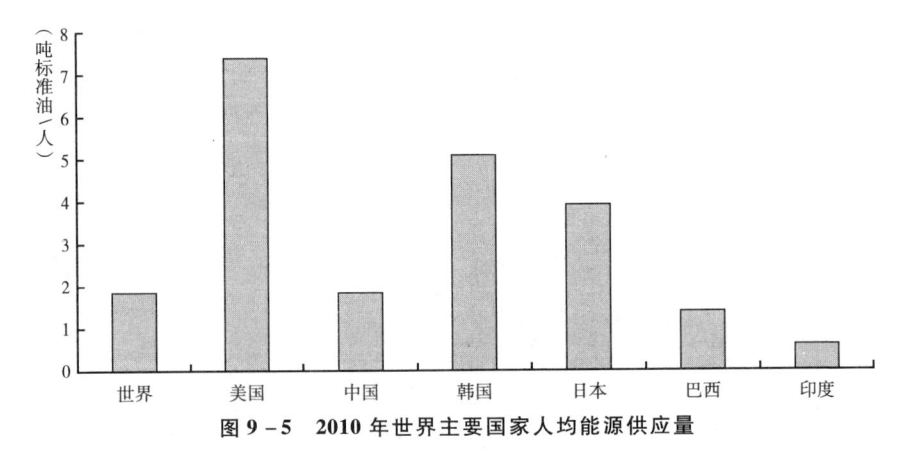

图9-5 2010年世界主要国家人均能源供应量

资料来源：《中国能源统计年鉴》（2012年）。

（二）产业资源因素指数（X_2）

产业资源因素指数是用来衡量一个国家能源资源禀赋的。由三个具体指标构成，它们是煤炭储采比、石油储采比和天然气储采比。

煤炭储采比（Z_{21}）

煤炭储采比是煤炭剩余可采储量支持现有煤炭生产水平的能力，表现为可开采年限。储采比越高，则供给就越安全。其公式为：

$$CCCD = \frac{R}{P}$$

其中，$CCCD$ 为煤炭储采比，R 为年底剩余煤炭可开采量，P 为当年煤炭产量。详见表9-5和图9-6。

表9-5　2009年及2012年世界各地区及中国煤炭储采比

年份	北美	中南美	欧洲和俄罗斯	中东及非洲	亚太	中国	世界合计
2009	235	181	236	131	59	38	119
2012	244	129	238	124	51	31	109

资料来源：BP世界能源统计（2009年及2012年资料）。

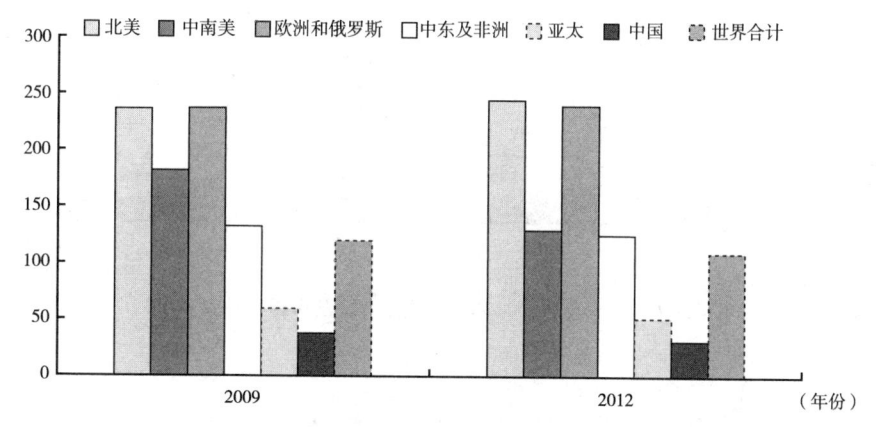

图9-6　2009年和2012年世界各地区及中国煤炭储采比

资料来源：BP世界能源统计（2009年及2012年资料）。

石油储采比（Z_{22}）

石油储采比是石油剩余可采储量支持现有石油生产水平的能力，表现为可开采年限。储采比越高，则供给越安全。其公式为：

$$OCCD = \frac{R}{P}$$

其中，$OCCD$ 为石油储采比，R 为年底剩余石油可开采量，P 为当年石油产量。详见表 9-6 和图 9-7。

从 BP 世界能源统计资料来看，世界石油平均储采比为 50 年左右。

表 9-6 2009 年及 2012 年世界各地区及中国石油储采比

年份	北美	中南美	欧洲和俄罗斯	中东	非洲	亚太	中国	世界合计
2009	15.0	80.6	21.2	84.8	36.0	14.4	10.7	45.7
2012	38.7	≥100	22.4	78.1	37.7	13.6	11.4	52.9

资料来源：BP 世界能源统计（2009 年及 2012 年资料）。

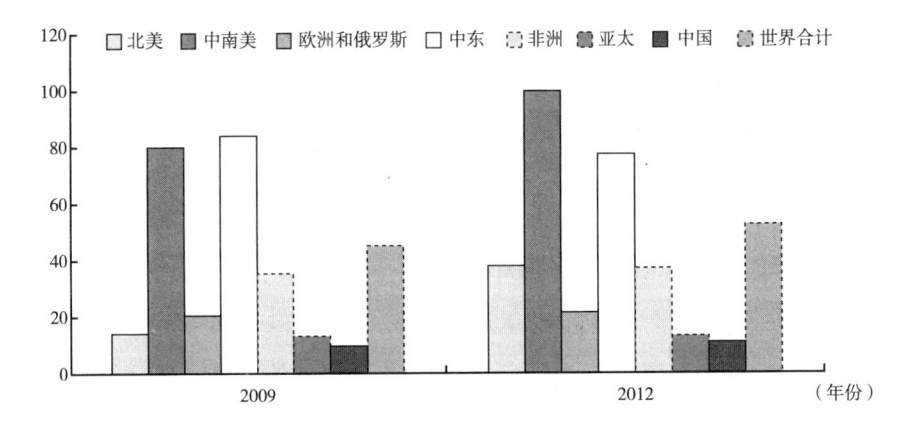

图 9-7 2009 年及 2012 年世界各地区及中国石油储采比

资料来源：BP 世界能源统计（2009 年及 2012 年资料）。

天然气储采比（Z_{23}）

天然气储采比是天然气剩余可采储量支持现有天然气生产水平的能力，也表现为可开采年限。储采比越高，则供给就越安全。其公式为：

$$GCCD = \frac{R}{P}$$

其中，$GCCD$ 为天然气储采比，R 为年底剩余天然气可开采量，P 为当年天然气产量。详见表 9-7 和图 9-8。

从 BP 世界能源统计资料来看，2012 年全世界天然气的储采比为 55.7，而中国的则为 28.9。

表 9-7　2009 年及 2012 年世界各地区及中国天然气储采比

年份	北美	中南美	欧洲和俄罗斯	中东	非洲	亚太	中国	世界合计
2009	11.3	53.2	64.8	≥100	72.4	37.0	28.8	62.8
2012	12.1	42.8	56.4	≥100	67.1	31.5	28.9	55.7

资料来源：BP 世界能源统计（2009 年及 2012 年资料）。

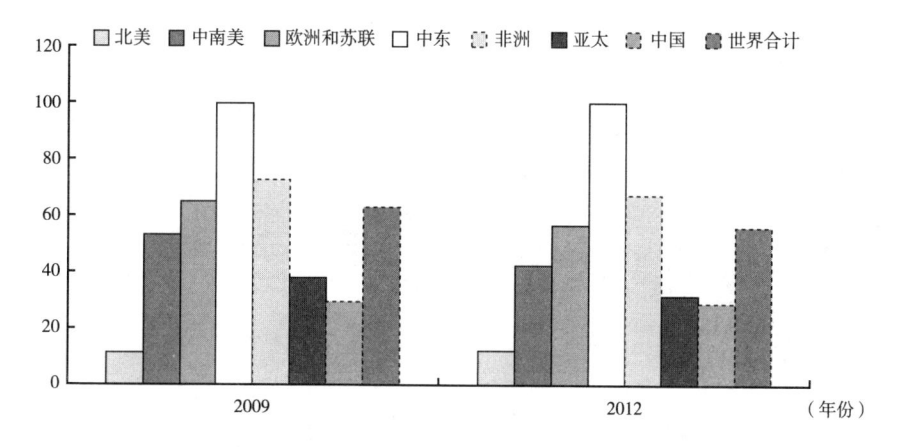

图 9-8　2009 年和 2012 年世界各地区及中国天然气储采比

资料来源：BP 世界能源统计（2009 年及 2012 年资料）。

（三）产业竞争力指数（X_3）

能源产业竞争力指数是用来衡量一个国家能源产业市场竞争能力及运行效率的。由四个具体的指标构成，它们是产业贸易竞争力指数、能源加工转换效率、新能源（清洁能源）生产占比和环境污染治理投资 GDP 占比。

产业贸易竞争力指数（Z_{31}）

$$贸易竞争力指数(TSC) = (出口额 - 进口额)/(出口额 + 进口额)$$

详见表 9-8 和图 9-9。产业贸易竞争力指数越小，能源产业越不安全。

表9-8 2001~2011年中国能源产业贸易竞争力的总体情况

单位：万吨标准煤

年份	进口量	出口量	净出口	进出口总量	贸易竞争指数
2001	13471	11145	-2326	24616	-0.09
2002	15769	11017	-4752	26786	-0.17
2003	20048	12989	-7059	33037	-0.21
2004	26593	11646	-14947	38239	-0.39
2005	26952	11448	-15504	38400	-0.40
2006	31171	10925	-20246	42096	-0.48
2007	34904	10298	-24606	45202	-0.54
2008	36764	9955	-26809	46719	-0.57
2009	47313	8440	-38873	55753	-0.70
2010	55736	8846	-46890	64582	-0.73
2011	62262	8447	-53815	70709	-0.76

资料来源：《中国统计年鉴》（2002~2012年）。

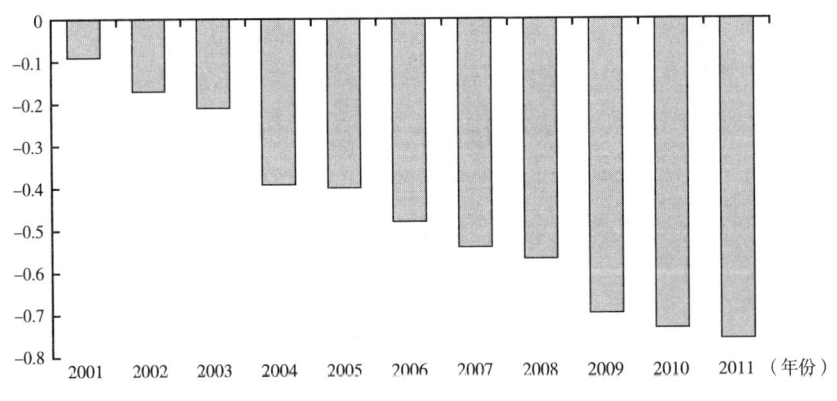

图9-9 2001~2011年中国能源产业贸易竞争指数

资料来源：《中国统计年鉴》（2002~2012年）。

能源加工转换效率（Z_{32}）

能源加工转换效率是指一定时期内，能源经过加工、转换后，产出的各种能源产品数量与同期投入加工转换的各种能源数量的比例。该指标是观察能源加工转换装置和生产先进与落后、管理水平高低等的重要指标。计算公式为：

$$能源加工转换效率 = 能源加工转换产出量 / 能源加工转换投入量$$

详见表9-9。能源加工转换效率越高越安全。

新能源（清洁能源）生产占比（Z_{33}）

新能源（清洁能源）生产占比 = 水电、核电、风电生产产值／能源生产总值

详见表9-9和图9-10。新能源生产占比越大能源产业越安全。

表9-9 2001~2012年中国能源加工转换效率和新能源（清洁能源）生产占比

单位：%

年份	能源加工转换率	水电、核电、风电生产占比
2001	69.34	7.9
2002	69.04	7.8
2003	69.40	7.0
2004	70.91	7.3
2005	71.55	7.4
2006	71.24	7.5
2007	70.77	7.8
2008	71.55	8.6
2009	72.01	8.7
2010	72.83	9.4
2011	72.32	8.8
2012		10.3

资料来源：《中国统计年鉴》（2002~2013年）。

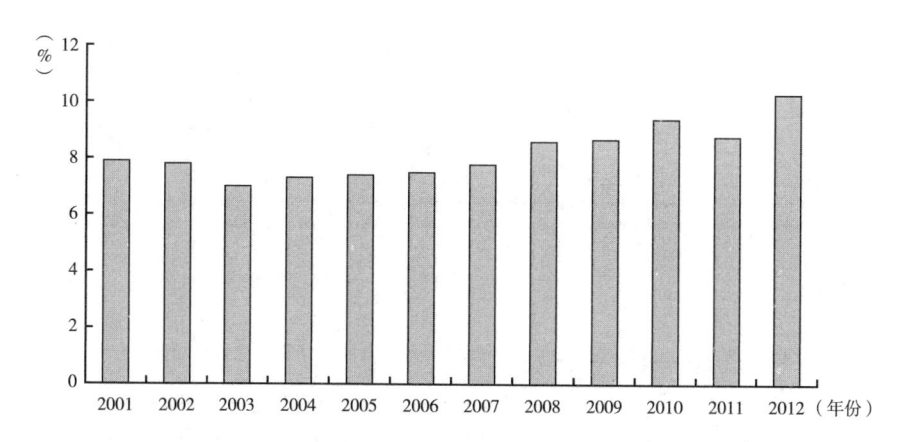

图9-10 2001~2012年中国水电、核电、风电生产占比

资料来源：《中国统计年鉴》（2002~2013年）。

环境污染治理投资GDP占比（Z_{34}）

环境污染治理投资GDP占比＝环境污染治理投资总额/国内生产总值

详见表9-10和图9-11。环境污染治理投资占比越大能源产业越不安全。

表9-10　2001~2012年中国环境污染治理投资占比

年份	环境污染治理投资总额(亿元)	国内生产总值(亿元)	投资总额占GDP比重(%)
2001	1106.6	108068.2	1.02
2002	1367.2	119095.7	1.15
2003	1627.7	134977.0	1.21
2004	1909.8	159453.6	1.20
2005	2388.0	183617.4	1.30
2006	2566.0	215904.4	1.19
2007	3387.3	266422.0	1.27
2008	4937.0	316030.3	1.56
2009	5258.4	340320.0	1.55
2010	7612.2	399759.5	1.90
2011	7114.0	468562.4	1.52
2012	8253.5	516282.1	1.60

资料来源：《中国统计年鉴》（2002~2013年）。国内生产总值按当年价格计算。

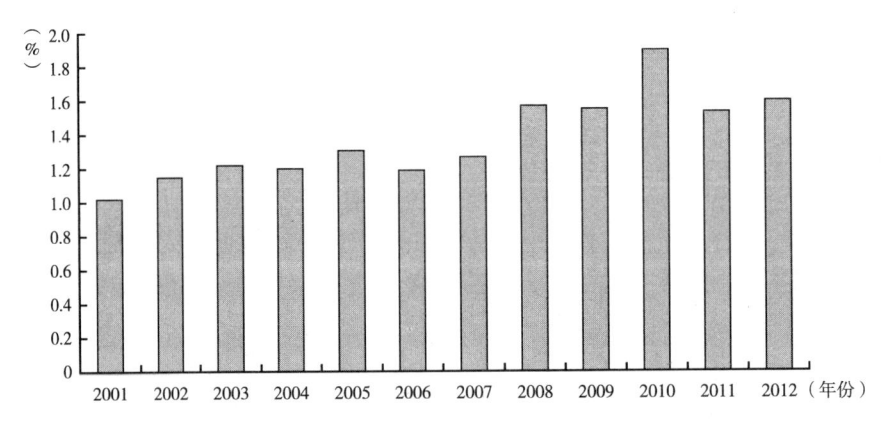

图9-11　2001~2012年中国环境污染治理投资总额占GDP比重

资料来源：《中国统计年鉴》（2002~2013年）。

（四）产业对外依存度（X_4）

产业对外依存度指数是用来衡量一个国家能源自给能力的。由三个具体指标构成，它们是石油对外依存度、天然气对外依存度和石油进口集中度。

石油对外依存度（Z_{41}）

石油对外依存度表示的是石油总需求中有多少石油是通过贸易方式从国外获得的。其计算公式可以表达为：

$$YCD = \frac{Qi - Qe}{Qc}$$

其中，YCD 为石油对外依存度；Qi 为石油进口量；Qe 为石油出口量；Qc 为石油资源消费量。详见表9-11和图9-12。石油对外依存度越高，能源产业越不安全。

表9-11 1999~2012年中国石油对外依存度统计表

年份	石油净进口量（亿吨）	石油消费量（亿吨）	对外依存度(%)
1999	0.29	2.10	13.8
2000	0.44	2.24	19.6
2001	0.65	2.28	28.5
2002	0.72	2.47	29.1
2003	1.06	2.72	39.0
2004	1.52	3.19	47.6
2005	1.44	3.28	43.9
2006	1.69	3.48	48.6
2007	1.83	3.64	50.3
2008	2.01	3.80	52.9
2009	2.18	4.05	53.8
2010	2.54	4.32	58.8
2011	2.73	4.56	59.9
2012	2.93	4.72	62.1

资料来源：田春荣：《1998~2012年中国石油进出口状况分析》，《国际石油经济》，并经过计算处理。

276 中国产业安全指数研究

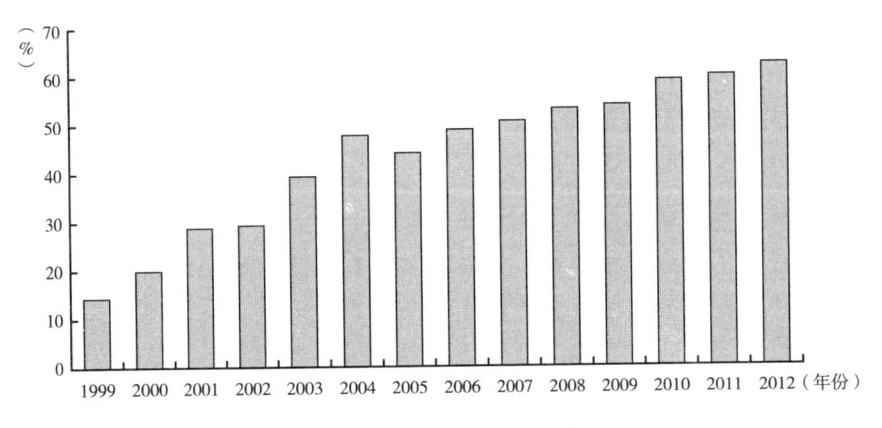

图 9-12 1999~2012 年中国石油对外依存度

资料来源：田春荣：《1998~2012 年中国石油进出口状况分析》、《国际石油经济》，并经过计算处理。

天然气对外依存度（Z_{42}）

天然气对外依存度表示的是天然气总需求中有多少天然气是通过贸易方式从国外获得的。其计算公式可以表达为：

$$YCD = \frac{Qi - Qe}{Qc}$$

其中，YCD 为天然气对外依存度；Qi 为天然气进口量；Qe 为天然气出口量；Qc 为天然气资源消费量。详见表 9-12 和图 9-13。天然气对外依存度越大能源产业越不安全。

表 9-12 2002~2012 年中国天然气对外依存度

年份	天然气净进口量（10 亿立方米）	天然气消费量（10 亿立方米）	对外依存度（%）
2002	-3.5	29.2	-12
2003	-11	33.9	-32.4
2004	-1.8	39.7	-4.5
2005	-2.5	46.8	-5.3
2006	-4.5	56.1	-8.02
2007	1.8	70.5	2.55
2008	1.2	81.3	1.48

续表

年份	天然气净进口量(10亿立方米)	天然气消费量(10亿立方米)	对外依存度(%)
2009	4.5	89.5	5.03
2010	11.3	106.9	10.6
2011	21.3	130.5	16.3
2012	25.5	143.8	17.7

资料来源：BP 世界能源统计（2013 年），并经过计算处理。

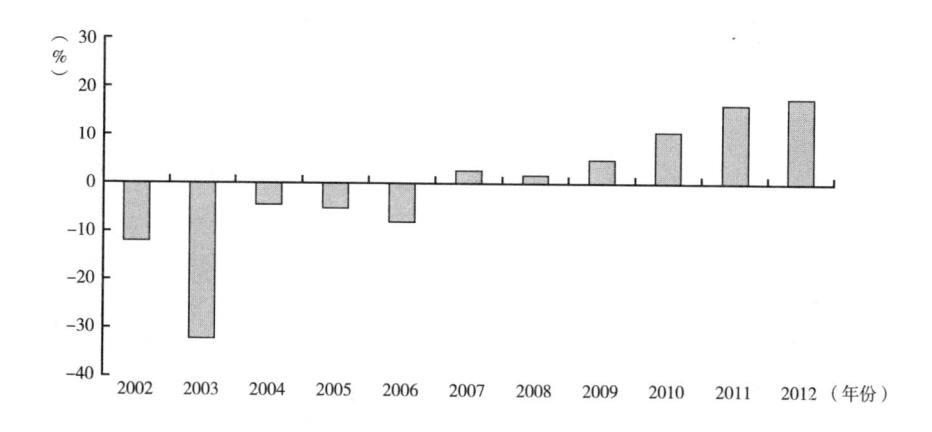

图 9 - 13　2002~2012 年中国天然气对外依存度

资料来源：BP 世界能源统计（2013 年），并经过计算处理。

石油进口集中度（Z_{43}）

石油进口集中度反映石油资源进口来源地的集中程度，其表达公式为：

$$JZD = \sum_{j=1}^{3} Qi\mathrm{max}j/Qi \quad (j = 1,2,3)$$

其中，JZD 为石油进口集中度，$\sum_{j=1}^{3} Qi\mathrm{max}j$ 为第 i 年石油进口国的来自前三位进口来源国的进口量之和。详见表 9 - 13 和图 9 - 14。进口集中度越大能源产业越不安全。

表 9-13　2006~2012 年中国石油进口集中度

年份	进口集中度(%)	国家1	占进口份额(%)	国家2	占进口份额(%)	国家3	占进口份额(%)
2006	44.2	沙特阿拉伯	16.4	安哥拉	16.2	伊朗	11.6
2007	44.0	沙特阿拉伯	16.1	安哥拉	15.3	伊朗	12.6
2008	48.9	沙特阿拉伯	20.3	安哥拉	16.7	伊朗	11.9
2009	47.8	沙特阿拉伯	20.6	安哥拉	15.8	伊朗	11.4
2010	44.0	沙特阿拉伯	18.6	安哥拉	16.5	伊朗	8.9
2011	43.0	沙特阿拉伯	19.8	安哥拉	12.3	伊朗	10.9
2012	43.7	沙特阿拉伯	19.9	安哥拉	14.8	伊朗	9.0

资料来源：BP 世界能源统计（2006~2012 年）。

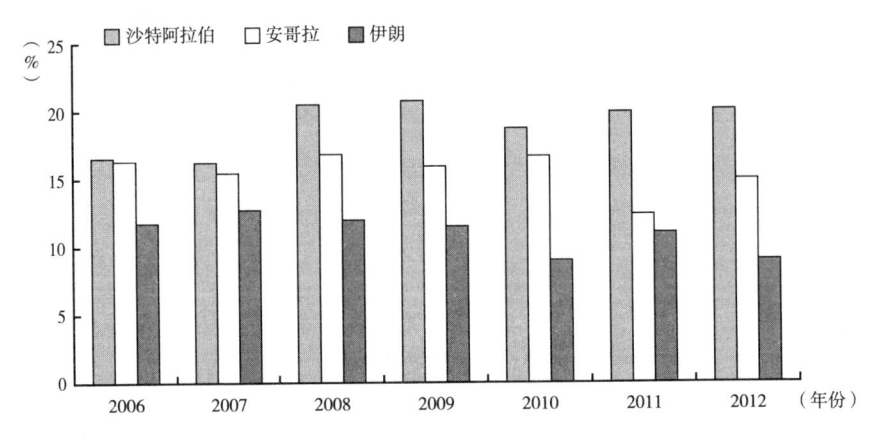

图 9-14　2006~2012 年中国石油从沙特阿拉伯、安哥拉、伊朗的石油进口量占石油总进口量的份额

资料来源：BP 世界能源统计（2006~2012 年）。

五　中国能源产业安全度测算及分析

为了计算中国能源产业安全度还必须对上述指标进行分级量化，并根据专家的意见，利用层次分析法进行赋权。

（一）指标分级及量化标准

指标分级

为了进行模型分析，本研究把上述指标分成三类，第一类为目标层指标

(用 S 表示），也就是中国能源产业安全度。第二类为准则层指标（用 X 表示），也就是上述四大类指数。第三类为指标层指标（用 Z 表示），共计 14 个。

指标量化标准

在借鉴何维达等学者量化标准基础上，通过国内外对比，把 14 个细化指标分成五个等级，即安全、较安全、基本安全、较不安全和不安全。具体等级得分见表 9 – 14。

表 9 – 14 目标层指标评判标准表

代码	评价指标 名称	单位	安全 (10 分)	较安全 (8 分)	基本安全 (6 分)	较不安全 (4 分)	不安全 (2 分)
Z_{11}	能源生产弹性系数		≥1.0	[0.7,1.0)	[0.5,0.7)	[0.3,0.5)	<0.3
Z_{12}	能源消费弹性系数		<0.3	[0.3,0.5)	[0.5,0.7)	[0.7,1.0)	≥1.0
Z_{13}	单位 GDP 能耗	吨标准煤/万元	<0.35	[0.35,0.65)	[0.65,0.95)	[0.95,1.25)	≥1.25
Z_{14}	人均能源供应量	吨标准油/人	>7	(4,7]	(1,4]	(0.5,1]	≤0.5
Z_{21}	煤炭储采比		>90	(60,90]	(30,60]	(10,30]	≤10
Z_{22}	石油储采比		>50	(30,50]	(20,30]	(5,20]	≤5
Z_{23}	天然气储采比		>50	(35,50]	(25,35]	(15,25]	≤15
Z_{31}	产业贸易竞争力指数		(0.2,0.5]	(-0.05,0.2]	(-0.2,-0.05]	(-0.5,-0.2]	≤-0.5
Z_{32}	能源加工转换效率	%	≥85	[75,85)	[70,75)	[65,70)	<65
Z_{33}	新能源生产占比	%	≥40	[30,40)	[20,30)	[10,20)	<10
Z_{34}	环境污染治理投资 GDP 占比	%	<0.5	[0.5,0.8)	[0.8,1.1)	[1.1,1.4)	≥1.4
Z_{41}	石油对外依存度	%	<20	[20,30)	[30,40)	[40,50)	≥50
Z_{42}	天然气对外依存度	%	<20	[20,30)	[30,40)	[40,50)	≥50
Z_{43}	石油进口集中度	%	<30	[30,40)	[40,50)	[50,60)	≥60

（二）中国能源产业安全度的测算

根据专家意见对三级指标的重要程度进行赋值，在一致性检验通过后，计算三级指标和二级指标的权重，最后得出 2012 年中国能源产业安全度（见表 9 – 15）。各指标专家赋权矩阵如下。

$$S = \begin{pmatrix} 1 & 1/6 & 1/2 & 1/4 \\ 6 & 1 & 4 & 2 \\ 2 & 1/4 & 1 & 1/2 \\ 4 & 1/2 & 2 & 1 \end{pmatrix} \quad X_1 = \begin{pmatrix} 1 & 1/2 & 1/4 & 5 \\ 2 & 1 & 1/3 & 5 \\ 4 & 3 & 1 & 6 \\ 1/5 & 1/5 & 1/6 & 1 \end{pmatrix} \quad X_2 = \begin{pmatrix} 1 & 1/5 & 1/3 \\ 5 & 1 & 3 \\ 3 & 1/3 & 1 \end{pmatrix}$$

$$X_3 = \begin{pmatrix} 1 & 1/2 & 3 & 5 \\ 2 & 1 & 5 & 7 \\ 1/3 & 1/5 & 1 & 3 \\ 1/5 & 1/7 & 1/3 & 1 \end{pmatrix} \quad X_4 = \begin{pmatrix} 1 & 4 & 3 \\ 1/4 & 1 & 1/2 \\ 1/3 & 2 & 1 \end{pmatrix}$$

表 9-15　指标层级指标量化结果及能源产业安全度最终测算表 (2012 年)

目标层	准则层代码	准则层指标名称	准则层权重系数	指标层代码	指标层指标名称	量化得分	指标层权重系数
中国能源产业安全度 (S = 4.7)	X_1	产业基础环境指数	0.08	Z_{11}	能源生产弹性系数	6	0.17
				Z_{12}	能源消费弹性系数	6	0.24
				Z_{13}	单位 GDP 能耗	6	0.53
				Z_{14}	人均能源供应量	6	0.06
	X_2	产业资源因素指数	0.51	Z_{21}	煤炭储采比	6	0.11
				Z_{22}	石油储采比	4	0.63
				Z_{23}	天然气储采比	6	0.26
	X_3	产业竞争力指数	0.14	Z_{31}	产业贸易竞争力指数	2	0.29
				Z_{32}	能源加工转换效率	6	0.52
				Z_{33}	新能源生产占比	4	0.13
				Z_{34}	环境污染治理投资 GDP 占比	2	0.06
	X_4	产业对外依存度指数	0.28	Z_{41}	石油对外依存度	2	0.62
				Z_{42}	天然气对外依存度	10	0.14
				Z_{43}	石油进口集中度	6	0.24

(三) 测算结果分析

通过上述指标选取、评判标准的建立和专家赋权,本书测算出 2012 年我国能源产业安全度为 4.7 (10 分制),处于较不安全和基本安全状态之间,但偏向于较不安全。

导致这一结果的原因在于产业资源因素得分较低,以及产业对外依存度较高。当然这两类因素指数之间有着某种程度的相关性。正是化石能源资源禀赋的不足导致了我国能源产业较高的对外依存度。

另外，我国能源产业的竞争力指数也处于不安全状态。尤其是能源加工转换效率和能源产业贸易竞争力指数亟待提高。新能源比例也较低。一方面导致能源产业结构不合理，另一方面也给我国带来了巨大的环境污染治理方面的压力，这在环境污染投资GDP占比指标的得分上得到了充分体现。

同时，产业基础环境指数中的单位GDP能耗以及能源消费弹性系数也有相当大的降低空间。只有大幅度提高能源利用效率，才能更加有效地维护我国能源安全。

第五节　结束语

从上述测算结果我们可以看出，提高我国能源产业安全水平将是一个长期而艰难的过程。这是因为要素禀赋在短期内是难以大幅提高的，同时产业竞争力的提升也要付出长期艰辛的努力。为此，我国要面对现实，从战略层面上规划好维护我国能源产业安全的可行路径。

首先，就是要高度重视维护石油地缘政治环境的稳定。资源禀赋不足以及对外依存度高决定了我国对石油地缘政治稳定的高依赖度。但美国重返亚太战略的实施使得我国石油地缘政治环境变得更加复杂。这就需要我国政府从维护石油地缘政治稳定的高度冷静地处理相关争议问题，为我国能源产业安全创造良好的地缘政治环境和氛围。

其次，就是要组织力量积极勘探和开发海上石油资源。要改善我国能源产业的产业资源因素指数，就必须进一步寻找更多的石油和天然气资源。由于认识水平和技术能力的限制，我国海上石油勘探和开发水平较低。为此，我国相关政府部门要积极组织力量从事海上石油和天然气的勘探和开发工作，逐步提高我国能源产业的资源探明储量水平。

再次，就是要大力发展新能源（清洁能源），不断优化能源结构。目前我国以煤炭、石油等化石能源为主体的能源结构造成了严重的环境压力。这也揭示了我国能源产业处于不安全状态。为此，我国应大力发展新能源产业，如水能、核能、风能、光伏能、页岩气等清洁能源，不断提高我国能源产业的安全水平。

最后，我国政府要制定相关扶持政策大力提高能源产业的研发投入水平。除了要加大政府资金的投入外，我国政府还要积极引导民间资本进入能源研发领域。制定鼓励民间资本进入能源产业相关领域（例如页岩气等）的促进政策，不断提高我国能源产业技术创新和产品创新水平，不断提高我国能源产业的国际竞争力，进而提高我国能源产业安全水平。

第 十 章
汽车产业安全评价及产业安全指数研究

第一节 汽车产业界定与特征分析

一 汽车产业的界定

汽车是指以汽油、柴油、天然气等燃料或以电池、太阳能等新型能源作为发动机动力的运输工具,一般是具有四个或四个以上车轮,不依靠轨道或架线而在陆地行驶的车辆。汽车产业,亦称汽车制造业,是指生产各种汽车主机及部分零配件或进行装配的工业部门,主要包括生产发动机、底盘和车体等主要部件,并组装成车的主机厂和专门从事各种零部件加工的配件厂。

二 汽车产业的经济特性

汽车产业是国民经济的重要支柱产业,产业链长、关联度高、就业面广、消费拉动大,在国民经济和社会发展中发挥着重要作用。

汽车产业对经济增长的贡献程度高。世界发达国家汽车工业发展都与国民经济发展直接相关,并基本保持与国内生产总值的同向增长,汽车产业增加值在其国内生产总值中的比例,西欧平均为7%,日本在10%以上,美国也超过5%。

汽车产业对其他产业波及效果大。汽车产业是一个高投入、高产出、集群式发展的产业部门,与其相关的上游产业包括钢铁、有色金属、橡胶、玻璃、机械、化工、电子、石油等,下游产业包括销售、维修、公路建设、交通、物流、保险理赔、汽车美容和旅游等,构成了一个无与伦比的长链条、大规模的产业体系。日本相关资料显示,汽车产业对其他产业带动的直接度为1:2.4~2.7,即汽车消费将带动其他产业1.5倍以上的需求。

汽车产业科技创新和科技成果吸收能力强。汽车工业是消化吸收科技成果(尤其是高科技成果)最强的工业部门之一,如世界上70%的机器人被应用于汽车工业,CAD/CAM技术正被广泛用于汽车设计和生产,以电子产品为代表的一大批高科技产品在汽车上的装车率日益提高。机械、电子、化学、材料、光学等众多学科技术领域取得的成就都在汽车上得到了体现和应用。汽车科技是国家整体提高科技水平的领头羊,是国家创新工程的重要阵地。

汽车产业能够提供众多的就业机会。汽车产业提供的就业机会不仅量大、面广,而且技术含量也高。统计数字表明,汽车工业每提供1个就业岗位,上下游产业的就业人数是10~15个。目前,在几个主要汽车生产国和消费国中,汽车产业及相关产业提供的就业机会约占全国总就业机会的10%~20%,尤其是汽车服务业的就业人数大幅度增长,就业比例明显提高。

三 我国汽车产业发展概况

进入21世纪以来,我国汽车产业高速发展,形成了多品种、全系列的各类整车和零部件生产及配套体系,产业集中度不断提高,产品技术水平明显提升,已经成为世界汽车生产大国。2013年,我国汽车产销稳中有增,大企业集团产销规模整体提升,汽车产业结构进一步优化。

(一)汽车产销量保持世界第一

我国自20世纪50年代中期开始生产汽车,1992年汽车产销量首次突破百万辆大关,2000年产销量超过200万辆,2002年突破300万辆,2009年突破1300万辆,成为世界第一汽车生产和消费国。2013年,我国全年生产汽车2211.68万辆,同比增长14.76%,销售汽车2198.41万辆,同比增长13.87%，产销同比增长率较2012年分别提高了10.2和9.6个百分点。

（二）乘用车自主品牌稳定增长

随着我国主要汽车厂商对自主品牌轿车研发力度的加大，自主品牌轿车的市场占有率将不断增加。同时，自主品牌在逐步巩固低端市场主体地位的同时，正逐步向中高端市场挺进。2013年，自主品牌乘用车销售722.20万辆，同比增长11.4%，占乘用车销售市场的40.3%，市场份额同比下降1.6个百分点。其中自主品牌轿车销售330.61万辆，占轿车市场的27.53%，市场份额同比下降0.85个百分点，较排名第二的德系车高出3.24个百分点。

（三）企业经济效益持续向好

2013年1～11月，17家重点企业（集团）累计完成工业总产值2.27万亿元，同比增长18.1%；累计实现主营业收入2.56万亿元，同比增长16.2%；完成利税总额4507.93亿元，同比增长24.7%。

（四）大企业集团产业集中度进一步提高

2013年，6家汽车生产企业（集团）产销规模超过1000万辆，其中上汽销量突破500万辆，达到507.33万辆，东风、一汽、长安、北汽和广汽分别达到353.49万辆、290.84万辆、220.33万辆、211.11万辆和100.42万辆。前5家企业（集团）2013年共销售汽车1583.1万辆，占汽车销售总量的72.0%，汽车产业集中度同比增长0.4%。我国汽车销量前十名的企业集团共销售汽车1943.06万辆，占汽车销售总量的88.4%，汽车产业集中度同比增长1.4%。

（五）汽车整车出口有所回落，进口市场保持增长

2013年，我国汽车整车累计出口87.24万辆，同比下降6.4%，其中乘用车出口48.60万辆，同比下降7.7%；商用车出口38.64万辆，同比下降4.7%。汽车整车累计进口107.34万辆，同比增长1.8%，其中乘用车进口104.14万辆，同比增长3.8%；商用车进口3.20万辆，同比下降37.5%。2013年，全国汽车商品累计进出口总额为1458.72亿美元，同比增长4.1%。其中进口金额745.63亿美元，同比增长3.2%；出口金额713.09亿美元，同比增长5.2%。

第二节 汽车产业安全的概念与影响因素

一 汽车产业安全的概念

目前,"产业安全"的定义主要有五种较具代表性的观点:①强调控制力的产业安全,认为产业安全是指本国资本对关系国计民生的产业拥有控制权(于新东,2000;何维达等,2003);②强调竞争力的产业安全,认为产业安全从本质上讲是产业竞争力问题,竞争力强的产业一般不会存在产业安全问题(金碚,2006);③强调制造业的产业安全,认为在开放的市场经济条件下,产业安全的核心就是制造业安全(雷家骕,2000);④强调能力的产业安全,认为产业安全是指本国产业具有生存和发展的能力,对来自国内外的不利因素具有足够的抵御和抗衡能力(景玉琴,2005);⑤强调状态的产业安全,认为产业安全是指自主产业的生存和发展不受威胁的状态(李孟刚,2010)。第五种观点得到了学术界、社会群体的高度评价和认同,并以此为基础构建了产业安全理论模型。因此,可以在此基础上对汽车产业安全的概念进行界定:汽车产业安全是指一国汽车产业生存和发展不受威胁的状态。结合汽车产业的自身特性,汽车产业安全具体表现为以下发展状态。

(1) 适应环境变化,保持适度增长。"物竞天择,适者生存",在经济全球化背景下,汽车产业面对的金融、生产要素、市场需求、政策等外部环境处于不断变化的过程中,只有适应外部变化,做出有效的应对措施,实现产量、产值、收入等的适度增长,保持合理的赢利空间,汽车产业的生存安全才能得以保证,否则极易受到损害,如利润下降、财务恶化、亏损上升等。

(2) 在国际、国内市场上保持足够的竞争力。产业竞争力是产业安全的核心,只有不断提升产业竞争力,才能从根本上维护产业的安全生存和发展。汽车产业竞争力的强弱,主要从汽车产品在国际、国内市场上所占份额大小的角度来分析,市场份额越大,获得的利润越多,表明产业竞争力越强,即通过产品竞争力来体现产业竞争力。在经济全球化背景下,产业链中的附加值更多地体现在设计和销售上,处于中间环节的制造附加值最低,即呈现出"微笑曲线"形态(陈宏伟,2011)。因此,为提升竞争力,汽车产业应朝微笑曲线的两端发展,不仅关注汽车产品在市场中的份额高低,更应关注在关键技术、自主品牌、标准等方面的核心竞争力。

(3)本国资本对汽车产业拥有坚实的控制力。产业控制力是表述产业安全基本内涵的观点之一,其核心就是强调本国资本对本国产业的控制能力,实践中主要从外资在市场、品牌、股权、技术、经营决策权等方面的控制程度来反推。基于产业控制力的产业安全观一方面主张东道国的产业发展需要国外资金的支持,另一方面又强调要防止跨国公司对东道国经济和产业命脉实行控制,危害其经济自主和健康发展,进而危及政治独立。因此只有始终保持东道国资本对本国产业的控制,才能赢得经济发展的独立,不至于受制于人。

二 汽车产业安全的影响因素

产业呈现出安全或不安全的状态,以及产业安全度的变化,是多种影响因素交互作用的结果。以应用产业经济学的理论框架进行分析,可以将这些因素分为内部因素与外部因素两大类型,其中内部因素包括产业组织、产业结构、产业布局、产业政策等方面;外部因素包括金融环境、生产要素环境、竞争环境以及政策环境等方面。具体就汽车产业安全而言,以下因素的影响尤为重要。

(1)劳动力因素。劳动力是进行生产不可或缺的要素。要想发展产业,进行产业的转移或者升级,没有与之相搭配的劳动力要素是不行的。劳动力要素直接制约着产业的升级和转移。劳动生产率是企业生产技术水平、经营管理水平、职工技术熟练程度和劳动积极性的综合表现,劳动生产率越高,越有利于产业安全。目前我国汽车产业的劳动生产率尚落后于发达国家,以美国汽车产业为参照,中国汽车产业生产率由1990年只占美国汽车产业生产率的4.4%到2008年占到1/5左右。

(2)需求因素。国内市场需求可以提供企业发展、持续投资与创新的动力,并在日趋复杂的产业环节中建立企业的竞争力。以2007年为例,我国千人汽车拥有量为44辆左右,而美国达到780辆、欧盟340辆、日本380辆,世界平均水平为110辆。即使达到世界平均普及程度,我国的汽车市场还有很大的增长潜力,尚有近亿辆的净增空间。

(3)环境因素。汽车制造业是一个资源依赖型产业,要消耗大量的能源和原材料,同时汽车的使用又消耗大量的能源,排放大量污染大气环境的尾气。经济的粗放型发展带来的资源与环境问题对汽车产业的发展形成约束，使中国汽车产业的可持续发展受到严峻挑战。能源危机、钢铁的短缺、尾气污染给汽车产业发展带来挑战。"十二五"时期，我国新能源汽车的发展重点是推进混合动力汽车的产业化，并以混合动力的市场化应用为基础，形成电池和电机的产业链，实现我国汽车的节能减排减碳总目标：先期实现中度混合以下的混合动力汽车产业化，带动电池和电机产业链的建设，逐步实现重度和插电式混合动力汽车的技术突破和产业化。将电池的技术突破作为长期的研发重点，并随着电池技术的进步适时开展各种纯电动汽车产品研发和推广应用。加快对燃料电池汽车的基础研究，并逐步扩大示范运行范围。

（4）市场集中度。汽车市场的竞争日趋激烈，主要体现在价格、营销、服务等多个方面，在这种形势下，一部分规模小、技术力量差、成本居高不下的企业将被淘汰出局，或者投身优秀企业旗下。企业重组与大中型企业的发展，有利于企业之间各方优势的合理搭配，有利于各方的优势资源得到充分利用。跨领域的合作使合作双方达到优势互补，弥补了双方在资金、业务范围等方面的不足，达到双赢目的。

（5）研发投入。汽车产业的竞争异常激烈，企业的淘汰率较高，尤其在全球经济危机的背景之下，这一现状异常严峻。汽车企业只有不断追求创新，运用创新成果才能站稳脚跟、谋求发展，才能在竞争中立于不败之地。

（6）外资并购。在全球化浪潮的推动下，伴随着世界产业结构的调整和转移，中国的汽车市场越来越成为亚洲乃至全球外资流入较为活跃的市场。世界主要的汽车公司如通用、福特、戴姆勒－克莱斯勒、大众、丰田、雷诺、标志、本田、宝马等先后进入我国，外资企业在我国汽车产业中的比重不断上升，这给中国汽车产业带来前所未有的机遇和挑战。

第三节　汽车产业安全评价指标体系

一　评价指标体系的建立

（一）指标体系设计思路

任何系统都具有整体的形态、结构、边界和功能等，而且系统整体具有其他部分简单总和所没有的系统性。同时，系统还具有等级性，由不同的子系统组成，不同层次之间有着高低、上下、深浅、内外的区别，而各部分组成后则具有一定的功能作用。因此，在创建产业安全评价体系时，首先根据产业安全的几大主要影响因素，构造指标体系的基本结构，即一级指标；其次，将描述这些影响因素的各项具体指标，分别列入相应的一级指标之下，作为二级指标，并建立起两级指标之间的逻辑关系；再次，从反映同一个影响因素的众多指标中挑选出具有代表性的指标，剔除那些与该代表性指标相关度过高的指标。

由于产业安全的影响因素众多，课题组应用国际公认的"压力 – 状态 – 响应"评价法建立产业安全评价指标体系。在"压力 – 状态 – 响应"模型框架内，产业安全评价的一级指标可以表述为三类不同但又相互联系的指标类型，如图 10 – 1 所示。

压力	状态	响应
金融环境 生产要素环境 竞争环境	产业竞争力 产业控制力 产业对外依存度	产业组织 产业结构 产业布局

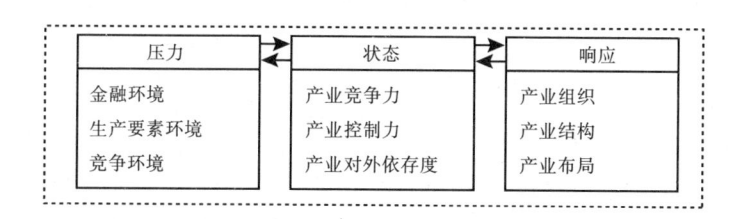

图 10 – 1　基于"压力 – 状态 – 响应"模型的产业安全评价指标体系

压力指标：反映各种国际国内环境对产业安全造成的负荷，是影响产业安全程度及变化趋势的外部动因，主要包括金融环境、生产要素环境、竞争环境、政策环境等方面。

状态指标：表征产业运行状况的安全程度，主要包括产业竞争力、产业控制力、产业对外依存度、产业发展能力等方面。

响应指标：表征产业系统在环境作用下所采取的对策与措施，是产业安全程度及变化趋势的内部动因。

需要特别说明的是，由于涉及体制的相关因素，如产业融资体制是否完善、产权制度的深化程度、政府管理绩效等难以准确量化，因此，处理这些因素时需要适当分解和异化，尽量将其融入一些可测性因素当中。此外，因统计方面的客观原因，一些指标难以获得或缺乏有效性，而需要运用替代指标，在某些情况下，甚至替代指标都难以获取，只能够采取推演的方法进行估算或者只能够忽略。为此，为保证评估的客观性，尽量设立多个二级指标以供选择，但要以确保获取主要的硬性指标为原则。

（二）指标体系框架

根据上述产业安全评价指标体系的设计原则与方法，汽车产业安全评价指标体系如表10-1所示。

表10-1 汽车产业安全评价指标体系框架

一级指标	二级指标	三级指标
压力类指标	金融环境	资本效率：根据企业获得银行信贷的难易程度、进入股票市场的难易程度以及获得风险资本的难易程度来衡量
		资本成本：以短期实际利率来衡量
		换汇成本：出口所需总成本（人民币）/出口销售净收入（美元）
	生产要素环境	劳动生产率：工业增加值（或总产值）/行业全部从业人员平均人数
		单位劳动力成本：劳动力总成本/行业全部从业人员平均人数
		能源消耗：能源消耗总量（或单位产值消耗量）
		废弃物排放：废弃物排放总量/工业增加值（或总产值）
	需求环境	国内市场需求量：根据经济增长、人口等因素进行预测
		国内市场需求增长率：（期末产品销售收入总额-上年产品销售收入总额）/上年产品销售收入总额×100%
状态类指标	产业竞争力	贸易竞争力指数（TSC）：（出口额-进口额）/（出口额+进口额）
		国内市场占有率：国内市场的销售额与国内市场全部销售额之比
		国际市场占有率：一国出口与世界该产业出口总额之比
		显示性比较优势指数（RCA）：一国某种商品出口额占出口总值的份额/世界出口额中该类商品出口额所占份额×100%
		产销率：工业销售产值/工业总产值×100%
		研发投入占比：研发投入总额/行业销售收入总额×100%
	产业控制力	外资市场控制率：外资企业销售额/全行业销售额×100%
		外资股权控制率：外资企业所有者权益/全行业所有者权益×100%
		外资资产控制率：外资企业资产总额/全行业资产总额×100%
		外资投资控制率：外资企业固定资产净值总额/全行业固定资产净值总额×100%
	产业发展力	固定资产净值增长率：（期末固定资产净值-期初固定资产净值）/期初固定资产净值×100%
		就业人数增长率：（期末就业人数-期初就业人数）/期初就业人数×100%
		净资产收益率：利润总额/平均资产总额×100%
		产值利润率：利润总额/工业总产值×100%
		行业亏损面：亏损企业数/行业企业总数×100%

续表

一级指标	二级指标	三级指标
响应类指标	产业组织	产能利用率:行业总产量(开工生产能力)/行业总生产能力×100%
		市场集中度:行业大中型企业销售收入/行业全部企业销售收入
	产业结构	产业间结构:产业在(国际)产业链上的利润、产量等的占比
		产业内结构:产业内部各类产品的比例结构
	产业布局	国内产业布局状况
		国际产业布局状况
	产业政策	作为其他因素变动的影响因素进行定性分析

二 评价指标体系的简化

表 10-1 给出的评价指标体系过于复杂，在实际操作中，需要进行必要的简化。

（一）指标体系简化的原则

重要性原则。结合汽车产业的经济特性，通过专家访谈，遴选出对汽车产业安全最为重要的指标。

可得性原则。各项指标应该是可测的，即可以获得连续、可靠、及时的数据。数据不可得的指标需要删除，对于确实重要但数据获取困难的指标，则需要寻找替代指标。

一致性原则。对于指标表征意义相近、数据走势一致的指标，进行合并。

灵敏性原则。对于数据变化幅度不大的指标，予以舍弃，以提高评价过程的灵敏性。

稳定性原则。对于数据变化幅度过大的指标，也予以舍弃，以避免随机因素的干扰。

（二）简化后的汽车产业安全评价指标体系

根据以上原则，确定简化后的汽车产业安全评价指标体系如表 10-2 所示，八个指标的原始数据如表 10-3 所示。

表 10-2 汽车产业安全评价指标体系（简化后）

序号	指标名称	指标属性	原始资料来源	备注
1	净资产收益率(%)	正向指标	国资委	
2	贸易竞争力指数	正向指标	工信部	
3	产业集中度（大集团市场占有率）(%)	正向指标	Wind 数据库	
4	自主品牌市场占有率(%)	正向指标	工信部	前三年均值
5	销售收入增长率(%)	正向指标	汽车工业年鉴	
6	全员劳动生产率(万元/人)	正向指标	汽车工业年鉴	
7	研发支出占比(%)	正向指标	汽车工业年鉴	
8	能源消费弹性系数	反向指标	统计局	

表 10-3 2002~2013 年汽车产业安全评价指标原始数据

年份	净资产收益率 X_1	贸易竞争力指数 X_2	产业集中度 X_3	自主品牌市场占有率 X_4	销售收入增长率 X_5	全员劳动生产率 X_6	研发支出占比 X_7	能源消费弹性系数 X_8
2002	7.50					67.14	1.65	0.66
2003	7.40	-0.30			27.30	97.16	1.28	1.53
2004	10.00	-0.14			37.18	102.71	1.37	1.60
2005	5.80	0.04			32.11	108.60	1.70	0.93
2006	7.80	0.15		27.40	19.80	141.12	1.62	0.76
2007	8.60	0.21		29.70	13.31	147.44	1.80	0.59
2008	8.20	0.19		28.80	19.74	153.76	2.01	0.41
2009	10.80	0.11	67.30	31.00	23.15	199.57	1.82	0.57
2010	13.40	-0.04	67.72	30.90	25.96	252.71	1.42	0.58
2011	13.50	-0.04	68.48	29.80	27.82	211.59	1.28	0.76
2012	9.30	-0.03	67.42	28.40	27.53	211.59	1.29	0.51
2013	9.50	-0.02	69.91	27.50	16.56			0.48

第四节 汽车产业安全指数计算

一 指数定位

编制汽车产业安全指数的主要目的就是尽可能早地发现经济运行变化的迹象，尤其是尽可能早地预测出经济运行的转折点，以便为经济决策服务。它的作用集中体现在对当前宏观经济运行状况进行描述和对未来经济发展的趋势进行预测这两个层面上，具体来看，主要有以下五方面的作用。

能够正确评价当前产业安全状态，恰当地反映汽车产业运行形势的冷热程度，并能承担短期经济形势分析的任务。

能描述汽车产业运行的轨迹，预测其发展趋势，在重大经济形势变化或发生转折前，及时发出预警信号，提醒决策者要制定合适的政策，防止经济发生严重的衰退或发生经济过热。

能及时地反映宏观经济的调控效果，判断宏观经济调控措施是否运用恰当，是否起到了平抑经济波动幅度的效果。

能够为企业提供一定的参照作用，通过量化指标更好地进行科学管理，避免带有主观意志的人为干扰，有利于企业的经营决策。

能够及时反映经济波动的时点，有利于改革措施出台时机的正确决策。

二 数据标准化处理

对指标数据进行标准化处理，目的是消除指标量纲影响，将指标数值转换为一个介于 0 到 100 之间的标准化指数值，从而做到不同量纲指标可比。标准化处理的关键是确立科学的转换方法，根据我国汽车产业发展现状特点，通过专家调查等方法，分别确立 8 个指标的标准化处理方法，如表 10-3 所示。

（一）净资产收益率 X_1

净资产收益率是税后利润除以净资产得到的百分比率，该指标用以衡量公司运用自有资本的效率。指标值越高，说明投资带来的收益越高。净资产收益率的标准化处理思路是：实践中我们一般将净资产收益率保持在 15% 的上市公司作为绩优公司，而将银行利率作为净资产收益率的及格线（我国规定为 6%），因此将 6% 和 15% 的标准值定为 60 和 90，采用如下公式进行标准化换算。

$$Y_1 = \begin{cases} 0, X_1 \leq 0 \\ 10 \times X_1, 0 < X_1 \leq 6 \\ \frac{10}{3} \times X_1 + 40, 6 < X_1 \leq 15 \\ 100 - \frac{150}{X_1}, X_1 > 15 \end{cases}$$

(二) 贸易竞争力指数 X_2

贸易竞争力指数用一国某产业的净出口与进出口总额的比值来衡量, 取值通常落在 -1 与 +1 之间, 指数值越高, 表明产业国际竞争力越强, 反之越弱。贸易竞争力指数的标准化处理思路是: 将 -1 和 +1 的标准值定为 0 和 100, 采用如下公式进行标准化换算。

$$Y_2 = 50 \times X_2 + 50, -1 \leq X_2 \leq 1$$

(三) 产业集中度 X_3

产业集中度是从汽车产业的内部组织来反映竞争力状况。如果产业集中度大大提高, 即使总体上产业的世界或国内市场份额都没有变或略有下降, 产业的国际竞争力状况也可能得到提高。本报告用一汽、东风、上汽、长安、北汽国内五大集团的市场占有率来衡量我国汽车产业集中度。产业集中度的标准化处理思路是: 将 0 和 100% 的标准值定为 0 和 100, 采用如下公式进行标准化换算。

$$Y_3 = 100 \times X_3, 0 \leq X_3 \leq 100\%$$

(四) 自主品牌市场占有率 X_4

自主品牌市场占有率可以反映汽车产业在国内市场上的竞争力状况, 其份额越大, 表示在国内市场上的竞争力越强, 同时, 也可以表现汽车产业的品牌控制力越强。自主品牌市场占有率的标准化处理思路是: 根据经验, 将 33.33% 和 100% 的标准值定为 60 和 100, 采用如下公式进行标准化换算。

$$Y_4 = \begin{cases} 180 \times X_4, 0 \leq X_4 < \frac{1}{3} \\ 60 \times X_4 + 40, \frac{1}{3} \leq X_4 < 1 \end{cases}$$

(五) 销售收入增长率 X_5

销售收入增长率可以反映汽车产业的国内市场需求状况, 数值越大, 表示汽车产业的市场需求空间越大, 为消除随机因素影响, 本报告采用前三年平均增长率。销售收入增长率的标准化处理思路是: 将 20% (我国近年工业企业销售收入平均增速) 的标准值定为 80, 采用如下公式进行标准化换算。

$$Y_5 = \begin{cases} 0, X_5 \leq 0 \\ 400 \times X_5, 0 < X_5 \leq 0.2 \\ 100 - \dfrac{4}{X_5}, X_5 > 0.2 \end{cases}$$

（六）全员劳动生产率 X_6

全员劳动生产率指根据产品的价值量指标计算的平均每一个从业人员在单位时间内的产品生产量，是考核企业经济活动的重要指标，是企业生产技术水平、经营管理水平、职工技术熟练程度和劳动积极性的综合表现。生产率越高，越有助于汽车产业提高市场竞争力和应对外部风险。全员劳动生产率的标准化处理思路是：一方面要考虑到中国与美国、日本等发达国家汽车产业的劳动生产率差距依然明显，另一方面也要看到中国汽车产业生产率长足的进步，如从1990年只占美国汽车产业生产率的4.4%到2008年占到1/5左右。因此，将150（2008年我国汽车劳动生产率的近似值）的标准值定为60，采用如下公式进行标准化换算。

$$Y_6 = \begin{cases} 0, X_6 \leq 60 \\ 100 - 6000/X_6, X_6 > 60 \end{cases}$$

考虑到统计口径的不同，为保证指数计算的一致性，这个指标均采用上一年的数据进行标准化计算。

（七）研发支出占比 X_7

产业R&D投入的不断增加和保持R&D适度规模，有助于提高产业的国际竞争力和产业安全度。汽车产业研发支出占比的标准化处理思路是：将3%（我国高新技术企业认定要求规定值）的标准值定为60，将5%（发达国家平均水平）的标准值定为90，采用如下公式进行标准化换算。

$$Y_7 = \begin{cases} 20 \times X_7, X_7 \leq 3 \\ 15 \times X_7 + 15, 3 < X_7 \leq 5 \\ 100 - \dfrac{50}{X_7}, X_7 > 5 \end{cases}$$

考虑到统计口径的不同，为保证指数计算的一致性，这个指标均采用上一年的数据进行标准化计算。

(八) 能源消费弹性系数 X_8

能源消费弹性系数是反映能源消费增长速度与汽车产业增长速度之间比例关系的指标。汽车作为重要的交通运输设备，其对能源消耗的影响不仅是生产过程中的消耗，而且包括使用过程中的消耗（如汽油、柴油等）。在资源与环境问题日益受到重视的时代背景下，如果汽车产业增长速度快于能源消费速度，则说明汽车产业在朝着有利于资源节约与环境保护的方向发展（如通过发展新能源汽车等），是有利于产业安全的。由于汽车产业自身的能源消费弹性系数不易获取，本报告采用全国能源消费弹性系数作为替代。能源消费弹性系数的标准化处理思路是：将 0.5（我国节能战略的目标值）的标准值设定为 90，采用如下公式进行标准化换算。

$$Y_8 = \begin{cases} 100 - 20 \times X_8, & 0 < X_8 \leq 0.5 \\ 45/X_8, & X_8 > 0.5 \end{cases}$$

根据以上算法，得到各指标的标准值如表 10-4 所示。

表 10-4 汽车产业安全评价指标标准值

年份	净资产收益率 Y_1	贸易竞争力指数 Y_2	产业集中度 Y_3	自主品牌市场占有率 Y_4	销售收入增长率 Y_5	全员劳动生产率 Y_6	研发支出占比 Y_7	能源消费弹性系数 Y_8
2003	74.00	35.10			85.35	10.63	33.05	29.41
2004	73.33	43.08			89.24	38.25	25.59	28.13
2005	58.00	52.07			87.54	41.58	27.34	48.39
2006	66.00	57.61			79.19	44.75	33.95	59.21
2007	68.67	60.65			53.24	57.48	32.32	76.27
2008	67.33	59.64			78.97	59.31	36.00	91.80
2009	76.00	55.50	67.30	55.80	82.72	60.98	40.19	78.95
2010	84.67	47.95	67.72	55.62	84.59	69.94	36.35	77.59
2011	85.00	48.14	68.48	53.64	85.62	76.26	28.37	59.21
2012	71.00	48.42	67.42	51.12	85.47	71.64	25.63	88.24
2013	71.67	48.88	69.91	49.50	66.22	71.64	25.85	90.40

三 指数计算过程

(一) 权重方案

考虑到各指标之间的相对重要性，本报告采取等权重方式，为汽车产业安全指数的各评价指标配置权重。

（二）指数基本计算模型

本报告采用线性加权综合评价模型进行汽车产业安全指数计算，设汽车产业安全指数度满足以下函数关系：

$$S = \beta_1 Y_1 + \beta_2 Y_2 + \cdots + \beta_m Y_m$$

其中：S——产业安全指数；

Y_i——各评价指标的标准值；

β_i——各指标的权重，且 $\sum_{i=1}^{m} \beta_i = 1$。

（三）指数模型调整方案

考虑到部分指标 2003~2008 年没有数据，本报告采用以下调整方案：

2003~2008 年，采用 6 个指标计算汽车产业安全指数；2009 年起，采用 8 个指标计算汽车产业安全指数。

原则上，指数数值的变化不应受计算方法自身变化的影响，经综合比较两种计算方式的变化幅度与方向后，选择 2010 年为指数计算方法转换年份。因此，综合计算方法如下：

$$S_t = \frac{1}{6}(Y_1 + Y_2 + Y_5 + \cdots + Y_8), t = 2003, 2004, \cdots, 2009$$

$$S_t = \frac{M}{8}(Y_1 + Y_2 + \cdots + Y_8), t = 2010, 2011, \cdots$$

其中，M 为保证指数稳定的调节系数，经综合测算，$M = 0.997$。

四 指数计算结果

根据专家的经验，本报告将汽车产业安全指数分为五个区间，并界定相应的安全级别，具体为：

(85, 100]——很安全

(65, 85]——安全

(45, 65]——基本安全

(25, 45]——不安全

(0, 25]——很不安全

根据计算结果，2003~2013 年汽车产业安全指数如表 10-5 所示。

表 10 – 5　汽车产业安全指数

年份	2003	2004	2005	2006	2007	2008	2009	2010	2011	2012	2013
指数	44.59	49.60	52.49	56.79	58.11	65.51	65.72	66.85	64.27	64.89	62.92
安全等级	C+	C+	C+	C+	C+	C+	C	C	C-	C	C-
含义	基本安全偏正面	基本安全偏正面	基本安全偏正面	基本安全偏正面	基本安全偏正面	基本安全偏正面	基本安全	基本安全	基本安全偏负面	基本安全	基本安全偏负面

五　指数简要分析

通过计算可以发现，我国汽车产业安全形势有以下特点。

近年来，我国汽车产业安全度总体处于"基本安全"状态。

2008 年以前，我国汽车产业安全度总体呈上升态势，2008 年后保持稳定，2010 年后出现了下降趋势，应当引起重视，如图 10 – 2 所示。

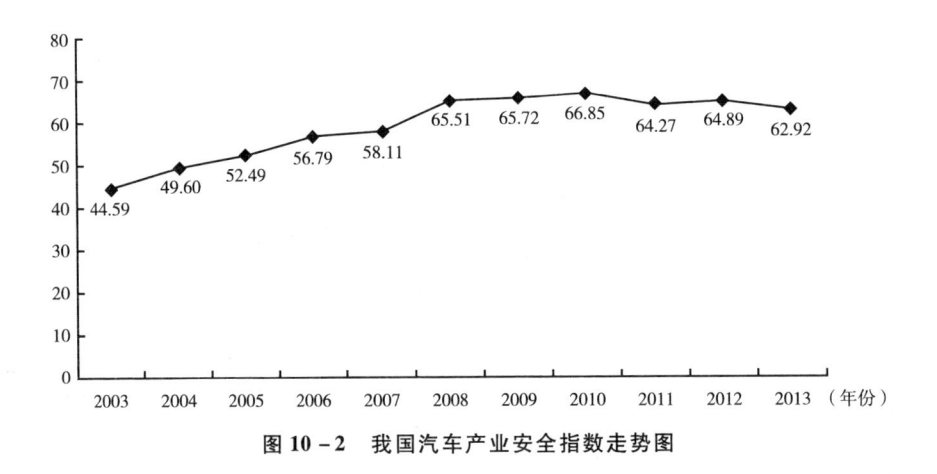

图 10 – 2　我国汽车产业安全指数走势图

能源消费弹性系数、净资产赢利率、全员劳动生产率、产业集中度等指标近年来的得分值较高，说明我国汽车产业能够基本适应国内外环境变化，具有较好的发展能力、较强的产业控制力和一定的国内市场竞争力，是保障我国汽车产业安全的重要因素。

贸易竞争力指数、研发支出占比、自有品牌市场占有率三个指标的得分值较低，说明我国汽车产业主要满足国内需求，市场竞争力尚不强，而研发实力不足是影响汽车产业竞争力的重要因素。从长远来看，仍应继续增强汽车产业的研发能力，努力提升国际竞争力。

第五节 汽车产业安全问题与对策分析

一 中国汽车产业安全面临的主要问题

中国汽车产业虽然经过了60多年的发展，但没找到成熟的产业升级路径，竞争力依然没有得到很大的提升，核心技术缺失、自主品牌匮乏、产业集中度低等诸多问题也频繁被有关专家学者提及。

（一）产业研发能力不足将长期制约汽车产业竞争力

我国汽车产业经过全面引进技术、管理和资金，与国际大公司开展了全方位的合资合作，取得了长足进步，商用车已全面升级换代，从引进消化走向全面创新，轿车自主开发也从一般的整车开发，发展到发动机、变速箱等核心部件的升级。但是，中国汽车产业整体技术水平与大型跨国汽车企业相比仍有较大的差距，经常遭到不重视自主开发的质疑和批评。

汽车工业整体竞争力弱，特别是在高端技术领域缺乏国际竞争力，主要表现在产品技术、生产工艺、新材料、电子技术和关键基础零部件的研发和应用技术水平低，专业化程度不高。由于企业规模小，难以支持开发费用，开发投入明显不足。中国汽车产业每年用于开发的费用仅占其销售收入的1%左右，其中用于零部件国产化、产品验证、模具制造的费用占相当大的比重，真正用于新产品开发的费用很少，远低于日本5%、美国4.1%的比例。

目前，中国汽车产业仅具有开发适合中档以下的中重型及轻微型载货车、农用车和低档轿车产品的能力，尚未形成较高水平与完整的轿车和载货车开发体系，更不具备高档轿车及关键零部件的自主开发能力，在汽车总成及零部件的基础研究、前期开发和技术储备等方面的技术开发能力相当薄弱。

入世后，汽车市场开放程度提高，汽车零部件独资、合资企业已达

1200 家。外资零部件企业基本占据了汽车零部件高端技术产品的主要市场份额，基本形成了对电喷系统、发动机管理系统、中央控制器等产品的垄断格局。我国汽车零部件工业缺少自主知识产权的核心技术，极大制约了我国汽车工业的自主创新和自主开发。我国整车的出口主要通过价格低廉的经济型汽车满足消费者需求，出口市场主要集中在俄罗斯、中东等国家和地区，绝对出口数量并不多。汽车零部件出口虽然有贸易顺差，但主要是滤清器、气门、活塞环、火花塞和铸造产品等耗材多、劳动密集、技术含量较低的产品，而发动机等核心配件以及高端汽车需要从外国进口。总体上看，我国汽车产业的进出口结构是以"出口零配件、进口整车"为主要特征。

在节能减排技术方面，目前我国与国际水平还相差很大。1. 汽油机：提高汽油机的技术水平对于节能减排至关重要。我国在缸内喷射分层燃烧技术、燃烧室优化技术和轻质材料应用技术等领域的研究还相对落后，批量装车的产品（系统）仍然依赖引进，或由合资企业提供。2. 柴油机：国内高速直喷、增压及增压中冷、废气再循环等技术已得到开发和逐步应用，电控燃油喷射、高压共轨、排气后处理等世界先进技术处于起步阶段。高压共轨技术重型车用柴油机品种较少，轿车用柴油机基本为零。3. 新能源汽车方面：我国新能源汽车研究取得了很大进展，部分产品实现了小规模生产和示范运行。但在续驶里程、可靠性和工程化上仍落后于国外先进产品，产业链未形成，产品成本较高。

（二）自主品牌受到严重冲击，产业控制力削弱

国内汽车企业实现了从简单模仿到正向开发再到自主创新的转变，自主创新已经从单项技术和产品创新向集成创新与创新能力建设方面发展。"十一五"期间自主品牌轿车发展迅速，自主品牌企业经过持续的努力与付出，与合资品牌的竞争格局已经基本形成，成为推动中国汽车工业发展的重要力量。但是，我国自主品牌汽车的品牌影响力不足，由于起步较晚，在树立品牌上还缺乏坚实的自主技术基础、有鲜明特色的企业文化和共同成长的市场群体等方面的支撑，在全球市场中，中国自主品牌汽车的综合竞争力尚未形成。尤其是 2013 年以来，我国自主品牌汽车受到了严重冲击。

2014 年 1 月，中国汽车工业协会宣布，2013 年中国汽车销量同比增长

逾 15%，至 1800 万辆。中国品牌轿车的市场份额在 2010 年达到 31% 的顶峰，至 2013 年已下降到 27%，其余均为国外品牌。日韩系车与欧美系车都拥有着为数不少的"粉丝"，如图 10-3 所示。2014 年 3 月，中国国产品牌轿车的销售量同比继续下跌 12%，五大民营汽车企业——长城（Great Wall）、吉利（Geely）、长安（Chang'an）、奇瑞（Chery）和比亚迪（BYD）的销量同比下跌了 10%，德国、美国和日本品牌的增长幅度则在 15% ~ 20% 之间，中国本土汽车制造商的市场领导地位被以大众（VW）为首的德国竞争对手所取代。

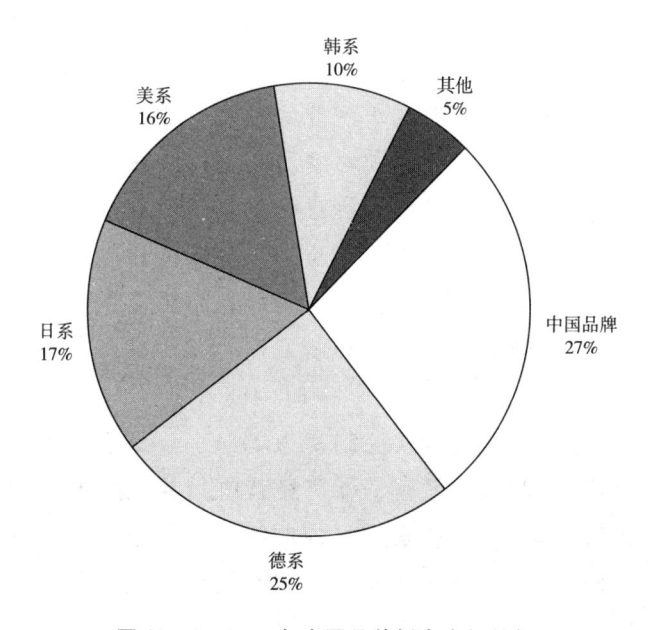

图 10-3　2013 年中国品牌轿车市场份额

资料来源：搜狐财经。

有评论认为，中国国有汽车集团被困在了"天鹅绒棺材"里，也就是它们与跨国汽车巨头之间的合资企业，这些国有汽车集团从合资企业中轻而易举地获得了红利，却未能从中学到打造成功品牌的经验知识，这与日本和韩国汽车产业的成功形成了鲜明对比。以中国"三大"汽车集团之一的东风集团为例，东风与国际汽车集团建立的合资企业超过任何国内同行。包括韩国合资伙伴现代汽车（Hyundai）在内，它目前经营四家合资企业，占该集团年度轿车销量的 90% 以上，远远超过集团自己的"风神"品牌。事实上，中国所有的国有汽车企业都存在这种失衡。

更为严峻的是，中国自有品牌汽车市场份额下降的背后，是外资市场、股权、品牌控制力的增强。中国工信部 2014 年早些时候表示，可能放松对中外合资企业的所有权限制，但没有透露具体的时间表，这激起了有关中国国产汽车品牌未来发展的一场激烈辩论，国产品牌在与外资竞争对手以及进口汽车的竞争中处境艰难。中国汽车工业协会官员表示，如果持股上限放松，中国国产汽车品牌可能"被扼杀在摇篮里"。

跨国公司巨头不断扩大在华产能，加强对中国市场的控制。目前，中国不仅成为世界第一大汽车销量市场，而且成为众多跨国品牌的第一大利润贡献区域市场。外资对中国汽车产业的控制力主要表现为以下几点。首先，跨国公司为了保持自己的高额利润，极力控制核心技术的扩散，使得我国企业引进的技术很多都是已经标准化的技术。其次，外资在中国取得较大市场份额。比如，上海大众的朗逸、长安福特的三厢新嘉年华以及东风标致 408 等专门为中国市场设计的车型，上市后都帮助这些公司取得了较好的市场份额，品牌拥有率大幅度提高。再次，外资股权控制率高。早在 2003 年日产与东风合资组建新东风时，外资就已经达到了 50% 的规定上限，目前，汽车产业外资股权控制率为 21.8%，并且零部件企业高于整车企业的外资股权控制率。最后，外资经营决策控制情况日益严重，在合资企业中外资已掌握了研发和采购的控制权，随着推广权力高度集中的垂直管理模式，外资正在通过从产销分离到产销结合的变化，加强对销售网络的控制。

（三）产业集中度仍有不小差距

汽车产业的重复分散与水平低一直是业界和社会关注的焦点。2011年上汽、一汽、东风、长安的产销都超过或接近 300 万，汽车行业前十家集中度为 90%，远远超过钢铁、家电等其他产业。虽然还有 100 多家企业存在，但后几十家已不再生产，只是由于社会保障体制不完善等遗留问题未解决而不能销号。而现行的企业扩大生产必须兼并的规定也助长了这些"壳公司"的存在。对比欧美日，都是在关税较高保护、区域内自产自销为主的条件下形成了几大主体企业，而中国汽车产业是在经济全球化进程中和改革开放政策指导下发展的,已失去了形成"几大"的条件。分散投资使汽车生产的专业化水平低,生产效率低;企业技术开发能力落后;骨干企业资金严重缺乏,资产负债率高;零部件工业发展落后,影响了整车的成本、质量和水平,还导致中国汽车产业的过度竞争现象。

中国汽车产业集约化程度低,很大程度上归因于我国汽车行业的管理体制。最突出的问题就在于职能过于分散、分割过细,多部门职能交叉,造成"多头、多环节、重复管理",加大了政府的管理成本和协调成本。各省、市、县为了发展地方经济,显示政绩,利用国家管理和项目审批制度的缺陷,违背市场规律,盲目重复投资,大行地方保护主义,产业同构现象较为严重。表10-6展示了各地区汽车产业"十二五"规划的主要内容,产业同构化程度可见一斑。

表10-6 各地区汽车产业"十二五"规划内容

地区	"十二五"发展目标	"十一五"发展状况
吉林省	投资1500亿元人民币,建设100个重点汽车项目,全省将形成400万辆整车的生产能力,零部件配套率达到50%	2010年,吉林省整车产销量分别完成168万辆和166万辆,同比增长35.7%和36.0%,全省汽车产业完成工业总产值3966亿元,同比增长31.2%。汽车产业成为吉林省第一支柱产业
长春市	2015年实现300万产能,"十二五"期间全力打造汽车产业主题旅游事业	2011年,长春汽车企业已达442家,其中整车制造企业8家,专用车企业18家,零部件配套企业416家
四平市	到2015年末完成1000公顷汽车及零部件园区项目摆放任务,产值突破500亿元;到2020年末,基本建成产值超千亿元的专用汽车生产与展销基地	
辽宁省	重点发展新能源汽车、全系列轿车、MPV多用途汽车、客车及自动变速器、高性能发动机等关键零部件,打造具有国际竞争力的大型汽车企业集团。力争到2015年,汽车及汽车零部件产值突破4000亿元	

续表

地区	"十二五"发展目标	"十一五"发展状况
沈阳市	2015年,沈阳汽车城要实现汽车整车产量100万辆、零部件企业200家,整车和零部件产值双双超千亿的"双百双千"目标,建设成为中国汽车产业中最具特色和最具成长力的全系列乘用车及特种车制造基地……	大东区作为沈阳市"十二五"期间重点培育的10个千亿产业集群之一,2012年实现整车产量和产值分别达到100万辆和1000亿元
黑龙江省	黑龙江省规划新能源汽车产能1万辆。推进建设齐哈尔龙华公司新能源汽车产业化项目,重点发展电动汽车、混合动力汽车及新能源汽车专用发动机、电机、电池、控制系统、专用零部件、电动汽车充电站及配电系统等	
北京市	南部新区将构筑千亿级汽车产业带,2015年纯电动车在用车达到10万辆	
天津市	"十二五"期末滨海新区汽车产值将超2500亿元,开发区形成150万辆整车产能	
保定市	2015年使保定汽车产能达到300万辆,汽车工业产值达到2700亿元,其中整车产值达到2000亿元	保定已拥有长城、河北长安、中兴等整车企业9家,年生产能力90万辆,并有风帆、凌云、立中、长城内燃机等汽车零部件企业300多家。2010年,全市产销汽车72万辆,实现销售收入605亿元,汽车整车出口7.6万辆,汽车及零部件出口创汇6.38亿美元
山东省	电动汽车将突破10万辆	
烟台市	2015年,烟台汽车产能将达到100万辆,同时,将把福山区强力打造成汽车零部件产业园区	
湖北省	投资101个重大项目,投资金额达到1205亿元,依托武汉—随州—襄樊—十堰汽车产业带,以整车生产为龙头……形成中西部最大汽车产业基地	2012年湖北省整车生产能力达到130万辆以上,其中新能源比例达到10%左右,主要汽车零部件配套能力100万辆以上,汽车产业主营业务收入2000亿元以上
武汉市	到2015年,武汉市汽车工业将形成180万至200万辆整车生产能力。其中节能和新能源汽车产能达20万辆,特种车、专用车和客车等商用车生产能力超过8万辆	2010年"武汉造"汽车已突破66万辆,汽车业成为武汉有史以来首个千亿产业
十堰市	培植十大整车企业、十大专用车企业、100家过亿元汽车关键零部件企业,力争到2015年全市汽车产销量突破100万辆,汽车工业产值达到1800亿元,把十堰市建设成为中国最大的商用车和关键汽车零部件生产基地	

续表

地区	"十二五"发展目标	"十一五"发展状况
湖南省	湖南省汽车整车产能将达到200万辆以上,实现产销100万辆以上,全行业实现主营业务收入3000亿元,年均递增30%	
长沙市	至2015年,长沙将实现年产各类汽车120万辆,整车产业产值达1800亿元,零部件产业产值达700亿元。汽车产业集群将形成千亿产业集群	长沙整车生产能力涵盖了轿车、轻中重载货汽车、越野车、专用车、客车、新能源汽车6大类,已初步形成了以6大类整车为核心的汽车产业集群
重庆市	"十二五"末汽车工业力争实现400万辆的年产销量,年产值突破6000亿元	2010年,重庆市的年产能已经达到了230万辆,汽车工业的销售值达3200亿元
四川省	形成150万辆整车产能,汽车工业总产值突破2500亿元	四川省共有汽车整车、零部件生产企业350余家,2010年全省生产汽车整车25.9万辆,同比增长33.7%
成都市	到2017年,实现整车总产量达91.4万辆,主营业务收入1932亿元。工业增加值382亿元,利税180亿元,年均增长24%	
绵阳市	到2015年,实现绵(阳)安(县)北(川)产业带汽车及零部件工业总产值300亿元以上;2020年建成千亿产业	已经形成华晨南方基地、中国重汽绵阳基地、川汽富临3家整车厂带动的汽车产业格局
上海市	预计2015年上海将实现产销超过600万辆	2010年上海市汽车全年产销分别为169.89万辆和168.94万辆,同比分别上升35.88%和36.26%;2010年上海市汽车工业累计实现总产值3118.21亿元,同比增长了42.6%
杭州市	"十二五"末实现汽车产业销售产值达到2000亿元以上	
金华市	汽车产业由目前的500亿元提高到2000亿元,从业人员从20万人增加到50万人	截至2010年,金华已有各类整车及零部件生产企业1700余家,其中规模以上企业270余家,亿元以上企业近40家,形成总产值约200亿元,关联产业产值达600多亿元的规模
安徽省	"十二五"末形成400万辆整车产能,汽车产业实现工业增加值1200亿元	2010年,安徽省整车产销量分别为124.64万辆和122.83万辆,同比分别增长35.99%和37.71%;实现工业总产值1643.5亿元,同比增长44.8%;实现工业增加值394.0亿元,同比增长30.8%

续表

地区	"十二五"发展目标	"十一五"发展状况
合肥市	到2015年,汽车整车生产能力达到年产250万辆(其中新能源汽车50万辆),发动机150万台,本地零部件配套率超过60%,并培育产值超千亿大型企业1家,产值超百亿企业1家,汽车工业总产值达到1500亿元	2010年,全市规模以上汽车企业实现工业总产值584.1亿元、工业增加值138亿元,分别同比增长48%和35%,总产值占全市规模以上工业企业总产值的15%左右
芜湖市	将汽车及零部件产业打造为千亿级产业	2010年,芜湖汽车零部件企业实现产值约150亿元
广州市	"十二五"末形成450万辆整车产能	2010年广州汽车制造业的工业总产值达到了2878亿元,汽车零配件的总产值超过720亿元,已经形成了140多家汽车企业构成的汽车产业集群
深圳市	打造产值800亿元新能源车基地,实现电动汽车整车产能20万~30万辆,电池、电控、电机等关键零部件拥有30万辆以上的整车配套能力	
东莞市	2015年,东莞市的电动汽车累计产销量要超过2万辆,电动汽车保有量超过1万辆	
陕西省	"十二五"末力争实现汽车产能超百万辆	
新疆维吾尔自治区	"十二五"期间培育出10家年交易量5000辆以上的大型二手车交易市场	2010年新疆二手车交易量达到7万辆,同比增加了3.2万辆,交易额达到18亿元。机动车保有量达到266.8万辆,同比增加33.6万辆,增幅达14.4%
内蒙古自治区	"十二五"末形成50万辆汽车生产能力	
包头市	重型汽车产能达到15万辆、轿车产能达到30万辆。实现工业产值1500亿元,占规模以上工业产值的30%左右	

(四) 限购政策或对国内市场需求产生影响

汽车产业高速增长带来了环境和交通问题,尽管构不成阻碍汽车产业发展的全局性问题,但是有可能对我国汽车产业带来一定影响。为解决城市交通拥堵问题,部分城市出台限购汽车政策,意在缓解交通压力。2010年12月23日,北京正式公布《北京市小客车数量调控暂行规定》,成为国内首个发布汽车限购令的城市。2012年6月30日21时,广州宣布对中小型客车进行配额管理。2013年12月15日，天津市宣布从2013年12月16日零时起在全市实行小客车增量配额指标管理。中汽协预计，限购将造成当地汽车销量下降25%左右，直接减少汽车销量40万辆左右，约占全国汽车年销量比重的2%。表10-7显示了未来可能会实施限购的城市。

表10-7 未来可能会实施限购的城市

城　市	保有量	拥堵程度	私家车增速	传闻
成　都	×	×	×	×
深　圳	×	×	×	×
重　庆	×	×	×	√
武　汉	√	×	√	×
青　岛	√	×	√	×
南　京	√	×	√	√
宁　波	√	×	√	√
苏　州	√	×	√	√
长　沙	√	×	√	√
郑　州	√	×	√	√
石家庄	√	√	√	×
西　安	√	√	√	×
大　连	×	√	√	√
沈　阳	√	√	×	√

注：表中√表示可能实施限购，×表示不会实施限购。
资料来源：搜狐财经。

二　中国汽车产业安全维护对策

（一）继续推进汽车企业的兼并重组，提高产业集中度

世界汽车强国汽车产业发展的历史经验告诉我们，产业集中度不断提高是汽车产业的发展方向，是汽车产业组织结构演化的规律。如果单靠市场竞争来实现优胜劣汰，那么提高市场竞争度恐怕很难。所以，应该继续实施具有"鼓励"和"支持"的可操作性的政策。具有国际竞争力的汽车企业集团的形成是汽车强国的重要标志。针对我国汽车生产企业数量多、规模小的结构特点，应按照"由专业化到规模化"的原则，通过横向并购实现资源

的整合。在整车市场上,针对不同车型的市场结构采取横向并购的方式,淘汰劣势企业,组建大型汽车企业集团,提高整个行业的规模效益和竞争实力。同时争取通过并购培育 5 到 10 家初具国际竞争力的零部件大型企业集团。到 2015 年,形成具有国际竞争力的跨国企业集团,并有两家以上进入全球前十强,在国际市场上占有重要地位,企业赢利能力、经营规模和研发水平处于世界前列。

首先,利用市场机制和宏观调控手段整合现有企业已形成的产能及市场资源,加快企业集团化发展步伐,使汽车企业在竞争中走向联合重组和做强做大的发展方向。其次,国家鼓励和推进汽车企业联合重组,要继续推进现行管理体制的改革,实施股权多元化,优化和规范公司结构。最后,各级政府部门和汽车行业主管部门在加大对骨干汽车和零部件企业扶持力度的同时,也要对产品水平低、产能规模小、经营管理弱、赢利能力差的汽车和零部件企业,甚至三年以上产销率很低的亏损企业,采取措施给予黄牌警告转产或改制重组,甚至撤销生产企业资质的严厉裁定。

(二) 大力推进企业自主创新

"十二五"期间,我国汽车工业要基本实现关键技术的自主研发,形成持续的创新能力,树立起具有国际竞争力的自主品牌。真正掌握自主创新能力和形成国际竞争力的自主品牌,意味着汽车企业需要拥有对产品技术的绝对控制权,也就是需要企业掌握一批自主知识产权的技术和产品。重点包括整车技术、高效低排发动机技术、先进的自动变速器技术、智能电子控制技术、NVH 控制与测评技术、轻量化设计与应用技术等几个方面的产品和技术。

大力推进企业自主创新,可以从以下几方面制定相应的政策。一是国家在财政金融、信贷、税收、产品开发、出口营销和政府采购等方面制定针对性的政策举措,引导和扶持我国汽车自主品牌、新能源汽车加快发展;对实施产学研相结合和企业之间联合开发的汽车产品重大项目,给予采取量身定做的个性化政策举措重点扶持。二是在人才的培养和技术引进方面,国家采取多种渠道培养人才,特别是具有创新意识的科技人才、适应汽车技术快速发展的复合型人才和掌握产品开发专项技能的专门人才,建立适应发展需要的用人机制,尤其引进有经验的技术和管理人员,使通过合资吸收和积累起来的知识和经验得以扩散和转移到自主开发企业，使"市场换技术"的政策能够产生真实的效果。三是建立和完善自主创新评价机制，改变现有企业经营管理者的考核机制，增强企业从事自主开发的积极性和主动性。

目前全世界都对新能源问题高度重视，新能源汽车是整个汽车产业的一个发展方向。各国政府对电动车以及插电式电动车都给予了大力支持，我国也要抓住电动车发展的良好机遇，加大电动车政策倾斜力度。从财税、金融方面给予政策支持，鼓励汽车产业加强节能环保型汽车和新能源汽车的开发；同时在政府采购中扩大政府对新能源汽车的消费需求，进而培育出市场上的普通消费者。除了政策支持新能源汽车产业外，还要正确引导产业产学研的顺利结合，激励企业自主创新。

（三）加强自主品牌出口，壮大自主品牌

国家《关于促进我国汽车产品出口持续健康发展的意见》明确提出了到2015年汽车及零部件出口达到850亿美元、年均增长约20%，到2020年实现出口额占世界汽车产品贸易总额10%的战略目标。优化整车出口产品结构，巩固传统中低端市场，加快转向中高端市场，稳步进入发达国家中低端市场；拓展汽车零部件国外配套市场和发展中国家中高端市场，提高全球配套供应比例，推动转向以机电、电子类产品为主；推进企业外向型国际化发展，扩大海外生产规模；构建境外营销体系和物流服务体系，完善出口产品零配件供应、维修服务体系；在国际市场上加大品牌建设投入。

加强对汽车产品出口工作的引导与指导，除加强出口企业及出口基地建设外，建设汽车产品出口信息服务平台，对于世界各国有关进口的法律法规、检测标准及认证方式积极介绍，对国内出口企业积极指导；用出口退税控制高能耗及大量消耗国内资源的汽车产品出口，鼓励高技术和高附加值汽车产品出口；积极应对国外对华反倾销投诉，对于损害国内汽车产业的一些进口零部件，若国外有倾销现象，我国也应积极进行对国外的反倾销投诉；同时我国汽车产品也应该在国外做好售后服务与配件供应工作，以应对国外对中国产品的"歧视"和"恐慌"。

（四）开拓二、三级市场及农村市场

加大向二、三级市场和农村市场的营销力度，把营销网络尽快覆盖到乡镇，加强对两个市场的规范和投入。开发适用产品，提升下乡产品的质量和

服务水平，扩大农村市场需求，优化产品结构，推动我国农村汽车市场由以运输类车型为主的单一结构向乘用车、商用车并举的多元化结构转移；重点发展微型、轻型载货汽车（含皮卡），交叉型乘用车（微面），轻型客车和低端SUV车型；同时，加快经济型轿车进入内地中小城镇的步伐。

（五）完善我国汽车产业安全的预警机制

提高对产业安全预警机制的重视程度。世界发达国家都非常重视产业安全预警机制的建设，并建立起完备的产业安全预警机制。我国的企业也应充分认识到建立产业安全预警机制的重要性，并建立产业安全预警机制，以制止来自国外的不正当竞争，规范国际贸易秩序，维护国内产业安全，保护企业合法权益。根据重要性、可得性、领先性、灵敏性、稳定性等原则，初步确定如下汽车产业安全预警指标，见表10-8。

表10-8 汽车产业安全预警指标体系（初步）

序号	指标名称	指标属性	指标频度	原始资料来源
1	固定资产投资增速	正向指标	月度，直接	国家统计局
2	贸易竞争力指数	正向指标	月度，计算	国家统计局
3	进口依存度	反向指标	月度，计算	国家统计局
4	外资市场控制度	反向指标	年度	商务部
5	行业亏损面	反向指标	月度，计算	国家统计局

第 十 一 章
金融行业安全评价及安全指数研究

第一节 金融行业概述

一 金融行业概述

(一) 金融的定义

"金融"作为词条最早出现于1915年我国商务印书馆出版的《词源》中,它对金融的解释是"今谓金钱之融通曰金融,旧称银根",相应对金融机构的解释为,"各种银行、票号、钱庄曰金融机关";1936年版的《辞海》对金融的解释是"谓资金融通之形态也,旧称银根";1990年由经济管理出版社出版的黄达等主编的《中国金融百科全书》对金融的解释是"货币流通和信用活动以及与之相关的经济活动的总称";黄达《金融学》第三版将金融界定为"凡是既涉及货币,又涉及信用,以及以货币与信用相结合为一体的形式生成、运作的所有交易行为的集合";西方学术界对金融的解释则更为具体,如《新帕尔格雷夫货币金融大词典》第二卷对金融做了如下描述:"金融基本的中心点是资本市场的运营、资本资产的供给和定价。其方法论是使用相近的替代物给金融契约和工具定价。对那些有时间连续特点和收益取决于解决不确定性的价值工具来说都适用。"综合各种解释,可将金融通俗地定义为"货币资金的融通"。

(二) 我国金融行业范围界定

国家统计局《国民经济行业分类(GB/T4754—2011)》对金融业进行

了定义，并从金融业货币金融服务、资本市场服务、保险业和其他金融业共四个维度对金融业进行了分类，具体分类如表11-1所示。

表11-1　国家统计局《国民经济行业分类（GB/T4754—2011）》对金融业的分类

货币金融服务	资本市场服务	保险业	其他金融业
中央银行服务 货币银行服务 非货币银行服务 金融租赁服务 财务公司 典当 其他非货币银行服务 银行监管服务	证券市场服务 证券市场管理服务 证券经纪交易服务 基金管理服务 期货市场服务 期货市场管理服务 其他期货市场服务 证券期货监管服务 资本投资服务 其他资本市场服务	人身保险 人寿保险 健康和意外保险 财产保险 再保险 养老金 保险经纪与代理服务 保险监管服务 其他保险活动 风险和损失评估 其他未列明保险活动	金融信托与管理服务 控股公司服务 非金融机构支付服务 金融信息服务 其他未列明金融业

2009年，中国人民银行发布了《金融机构编码规范》，该规范对金融机构的一级分类包括：货币当局、监管当局、银行业存款类金融机构、银行业非存款类金融机构、证券业金融机构、保险业金融机构、交易及结算类金融机构、金融控股公司及其他。

本书以下结合国家统计局《国民经济行业分类（GB/T4754—2011）》和中国人民银行发布的《金融机构编码规范》，主要以各金融机构的监管主体不同为标准列出了中国金融行业的统计口径（见表11-2）。

二　金融行业的特点

（一）高风险性

首先，从银行业金融机构的性质来看，最能体现银行业特点的是其中介作用，主要表现为信用中介和支付中介。信用中介是指通过吸收存款，动员和集中社会上一切闲置的货币资本，再通过贷款或投资方式将这些货币资本提供给职能部门使用，从而使银行成为货币资本贷出者与借入者之间的中介人。支付中介是指充当货币结算与货币收付的中间人。在直接融资中，融资的风险由债权人独自承担。而在间接融资中，金融机构作为信用中介和支付

表 11-2　中国金融行业统计口径

属性	特点	监管主体	机构名称
货币当局			中国人民银行、国家外汇管理局
监管当局			银监会、证监会、保监会
其他金融机构	持有金融牌照	证监会	证券公司、期货公司、基金公司、投资咨询公司
		保监会	财产保险公司、人身保险公司、再保险公司、保险资产管理公司、保险经纪公司、保险代理公司、保险公估公司、企业年金
		银监会	银行业金融机构、信托公司、企业集团财务公司、金融租赁公司、贷款公司、货币经纪公司、汽车金融公司和消费金融公司
	不持有金融牌照	商务部	典当行
		地方人民政府	担保公司
		省级人民政府	小额贷款公司
		尚未明确监管主体	新型网络金融公司、第三方理财机构、第三方支付机构、综合理财服务公司

中介，需承担部分融资风险，而且是多种风险。巴塞尔委员会将商业银行面临的风险划分为：信用风险、市场风险、操作风险、流动性风险、国别风险、声誉风险、法律风险和战略风险。中国银监会于 2006 年颁布的《商业银行风险监管核心指标（试行）》中，风险监管核心指标有三个主要类别：风险水平类指标、风险迁移类指标和风险抵补类指标。其中风险水平类指标属于静态指标，包括：信用风险、市场风险、操作风险和流动性风险；风险迁移类指标属于动态指标，包括正常贷款迁移率和不良贷款迁移率；风险抵补类指标衡量商业银行抵补风险损失的能力，包括赢利能力、准备金充足程度和资本充足程度三个方面。2012 年中国银监会公布的《商业银行资本管理办法（试行）》根据《巴塞尔协议Ⅲ》的规定从以下几方面加强了风险监管：强化资本充足率监管、改进流动性风险监管及强化了贷款损失准备监管。由此可见，商业银行面临多样化的风险，需要通过资产、负债的多样化来缓冲和分散风险。

其次，保险行业是一个极具特色和具有很大独立性的系统。这一系统之所以往往被列入金融体系，是由于经办保险业务的大量保费收入按照世界各国的通例，可用于各项金融投资。而运用保险资金进行金融投资的收益又可积累更为雄厚的保险资金，促进保险事业的发展。从性质来看，保险业是经营风险的特殊机构。保险是分散风险、消化损失的一种经济补偿制度，保险是风险管理的一种方法，风险转移的一种机制，通过保险可以将众多单位和个人结合起来，将个体应对风险转化为共同应对风险，从而提高了对风险造成损失的承受能力。保险的作用在于，分散风险、分摊损失。保险经营与风险密不可分，保险事故的随机性、损失程度的不可知性、理赔的差异性使得保险经营本身存在不确定性，加上激烈的同业竞争和保险道德风险及欺诈的存在，使得保险成为高风险行业。

最后，金融市场风险。金融市场可以发挥转移风险的功能，这个功能的发挥取决于市场的效率，在一个效率很低的市场上，市场不能很好地发挥分散和转移风险的功能，最终可能导致风险的积聚和集中爆发，即发生金融危机。

(二) 高流动性

实体经济活动的实现需要一定的时间和空间，其产品从生产到最终需求均需要耗费一定的时间。金融业服务的载体具有一些不同于其他服务业的特性，货币、存款凭证、商业票据、股票、债券等金融工具没有保存的问题，流动性极强，且交易活跃。金融及金融工具的这些特性使之成为现代经济中最容易产生泡沫的领域之一，金融业的高流动性也对金融业及金融市场的监管提出了高于一般服务业的要求。

(三) 不稳定性

一般来说，金融业相对于实体经济而言具有较强的不稳定性。因为实体经济的客体是有形的商品和无形的劳务，他们一般都有一个投入、产出的过程，需要一定的时间和空间。而有价证券却不同于此，有价证券是一种金融产品，在现代技术条件下，它们又往往是电子金融产品，它们本身并没有价值，但有价格，它们的生产和流通几乎不需要时间。基于上述特性，证券价格会因经常受到供求关系、政治、心理等方面的影响而频繁发生变动。各种金融产品在市场买卖过程中，价格的决定并非像实体经济价格决定过程一样遵循价值规律，而是更多地取决于金融产品持有者和参与交易者对未来虚拟资本所代表的权益的主观预期，而这种主观预期又取决于宏观经济环境、行业前景、政治及周边环境等许多非经济因素，增加了金融业的不稳定性。

(四) 高投机性

有价证券、期货、期权等虚拟资本的交易虽然可以作为投资目的，但也离不开投机行为，这是市场流动性的需要所决定的。而泡沫经济中投机活动更是盛行，资金需求剧增，诱使银行不断提高利率以获得更高的收益。高利率可能会促使银行扩大信贷，放松对信贷质量的审查和可行性研究，也可能会使银行等金融机构的大量资金涌入股市、汇市和房地产等过度投机市场，而实物经济由于无法承受过高的银行利率，其正常的资金需求受到极大的抑制。银行等金融机构作为既得利益集团，对股市、汇市和房地产投机起到了推波助澜的不良作用。

(五) 中国当前金融业实行分业经营和分业监管模式

我国当前金融业实行分业经营和分业监管模式，2006年1月1日起实施的修订后的《中华人民共和国证券法》第6条规定：证券业和银行业、信托业、保险业实行分业经营、分业管理，证券公司与银行、信托、保险业务机构分别设立，国家另有规定的除外。与此相适应，国家分别制定了《证券法》《中国人民银行法》《商业银行法》《银行业监督管理法》《信托法》《保险法》，并分别设立了证监会、银监会和保监会，依法加强对证券业、银行业、信托业、保险业的监督管理。

第二节 国际及国内宏观经济环境

一 2014年世界主要经济体经济形势及货币政策

2014年第一季度以来，全球经济继续温和复苏，但复苏的基础还不够稳固，仍面临许多不确定、不稳定因素，世界经济还有多种不确定性，以下具体分析。

(一) 美国经济稳步复苏，加快退出量化宽松货币政策

据美国商务部公布的经济数据，2014年一季度，美国实际GDP按年率计算增长仅为0.1%，经济增速明显低于经济学家此前的平均预期。年初，不同寻常的寒冷和破坏性天气，以及出口的大幅下滑，是造成一季度经济放缓的主要原因。不过，寒冷天气导致的经济暂时放缓并未改变美国经济持续

改善的基本态势。在严寒天气过后,美国经济不断走强。据市场调查机构马基特经济研究公司(Markit Economics Limited)公布的数据,美国制造业采购经理人指数由1月的53.7大幅回升,2~5月数值分别为57.1、55.5、55.4和56.2;同时,服务业采购经理人指数1~5月依次为:56.6、53.3、55.3、55和58.1,可以看出,服务业采购经理人指数2月小幅降落后,3月起逐步回升。综合以上指标,可以说明,美国经济总体上继续稳步复苏。

随着经济持续复苏,美联储2014年3月19日决定从2014年4月起,每月将资产购买规模进一步削减到550亿美元,退出量化宽松货币政策步伐将进一步加快。2014年10月,美联储会完全退出量化宽松政策,在此后6个月内可能启动加息进程。美联储货币政策走向对全球金融和世界经济可能产生重要影响。

(二) 欧元区经济缓慢复苏,但复苏不均衡、不稳定且乏力,保持宽松的货币政策环境

2014年,由于德国经济的稳健表现以及法国经济由停滞转为小幅扩张推动,欧元区经济继续缓慢复苏,但是法国企业活动在刚刚成长了两个月后就又重回萎缩境地。据欧盟统计局(Eurostat)公布的数据,欧元区2014年第一季度,本地生产总值(GDP)增长0.2%,符合预期。2014年1月,欧元区制造业采购经理人指数升至54.0,创32个月以来的新高,虽然2~5月小幅降至53.2、53、53.4和52.5,但仍高于预期。同时,2014年1月,欧元区服务业采购经理人指数升至51.6,创2011年6月以来最高,2~5月逐步提高,分别为:51.9、52.4、53.1和53.2,这表明欧元区经济复苏的动能可能略有增强。欧洲央行2014年3月22日表示,欧元区经济正在温和复苏。

为保持金融稳定,支持经济实现持续复苏,欧洲央行继续维持低利率政策,保持宽松的货币政策环境。2014年6月5日,欧洲央行货币政策会议决定将基准利率降至有史以来最低的0.15%,并首次将存款利率调降至负值即-0.10%,同时将边际贷款利率下调至0.40%,从2014年6月11日起生效。另外,欧洲央行还推出4000亿欧元的定向长期再融资操作(TLTROs),以鼓励银行向居民和非金融企业放贷,并停止证券市场计划(SMP)冲销以催生1700亿欧元的额外流动性。最后,欧洲央行还发出准备购买非金融企业资产支持票据——资产支持证券（ABS）的信号。欧洲央行放宽货币政策以及未来可能实施的补充措施将有利于刺激欧元区经济走向复苏，使之在连续两年萎缩后在2014年实现1%的正增长。

（三）日本经济复苏乏力，实行货币宽松政策

日本内阁府公布数据显示，2014年第一季度剔除物价变动因素后的实际GDP较上季度增长1.6%，年化季率增长6.7%，明显好于预期的5.6%，日本经济增长比最初预估更为强劲。2014年第一季度日本GDP如此大幅度的增长主要得益于消费税上调引发的提前消费刺激国内需求大增。2014年1~5月，日本制造业采购经理人指数依次为56.6、55.5、53.9、49.4和49.9，从变化的趋势来看，1~4月制造业采购经理人呈下降趋势，5月略有回升。表明日本制造业市场在因消费税上调受挫后有回暖迹象，但国内需求被打压，全球需求疲软及新兴市场需求放缓导致日本出口增长动能仍显不足。日本服务业采购经理人指数2014年1~5月依次为：51.2、49.3、52.2、51.7和54.8，呈现起伏的态势，加之消费税税率在2014年4月从5%提高至8%，一方面消费税上调对内需造成的冲击仍未被完全消化，另一方面，外需持续疲软以及就业市场乐观情绪降温，都给经济复苏前景带来更大不确定性。

日本央行表示，央行于2013年4月出台的定量和定性货币宽松政策（QQE）已经达到预期目标。大规模刺激政策已经实现了提振实质经济、推动成长和摆脱通缩的目标，不过日本央行称，在两年时间内达到2%的通胀率目标可能需要更长时间才会实现。QQE政策将会维持下去，将持续到实现2%的通胀目标，并以可维系的方式保持2%的通胀率，因此可能需要超过两年的时间。

（四）新兴市场国家经济面临不同程度的下行压力

亚洲第三大经济体国家，印度经济出现企稳迹象，2014年一季度GDP增长4.5%，2014年1~5月，印度制造业采购经理人指数分别为：51.4、52.5、51.3、51.3和51.4，得益于国内和出口订单的增长，制造业行业整体呈现增长的态势。巴西、南非经济增长乏力，巴西2014年一季度GDP增速为1.44%，低于预期，2014年1~5月，巴西制造业采购经理人指数分别为50.8、50.4、50.6、49.3和48.8，呈下降趋势，主要原因是巴西制造业

商业状况继续恶化，内需状况不佳。南非2014年一季度GDP增速仅为0.6%，拖累经济出现衰退的主要原因包括，对南非经济至关重要的采矿业部门自年初以来持续陷于劳资冲突而无法全面有效开工，另外，不利的气候条件也使得该国农林牧渔业产出下降。不过，建筑业大幅增长4.9%的状况则在一定程度上遏制了南非经济衰退的幅度。2014年，俄罗斯经济下行压力明显，一季度GDP增长0.9%，2014年1~5月，俄罗斯制造业采购经理人指数分别为：48、48.5、48.3、48.5和48.9，连续5个月处于枯荣临界点下方，表明其经济仍可能继续下行。

整体来看，新兴市场制造业状况略有好转，但前景仍不明朗，后期增长动能不足。印度大选顺利落幕，国内消费及投资需求回升拉动订单及就业增长，但后继乏力；巴西消费和投资市场在大选前继续持谨慎态度，但受世界杯影响预计6月经济状况会有所好转，尤其是消费品市场短期内将大幅回升；俄罗斯前期经济受乌克兰政治局势影响持续下行，随着乌俄关系缓和及国内需求复苏，后期经济将有所回升，但外需市场仍不乐观。新兴市场未来经济前景有改善趋势，欧美经济复苏也将有所助力，但需求增长动力不足，预计短期内难以摆脱萎缩态势。

新兴市场国家货币政策分化。2014年，为应对通胀风险，俄罗斯央行维持基准利率不变，并表示，由于该国通胀风险依然处于高位，因此，在未来数月，俄罗斯央行都不会考虑放宽货币政策。印度央行于2014年2月28日宣布上调基准利率25个基点至8%，超出多数市场人士预期。印度央行表示，此次加息是基于此前经济数据和运行状况的分析，最新数据显示通胀水平仍然很高，央行希望通过加息实现低通胀状态。另外，为抑制本币贬值和不断攀高的通胀水平，2013年以来，印尼、巴西等新兴经济体加快了收紧货币政策的步伐，多次逆势加息。

二 2014年中国宏观经济形势及货币政策

(一) 2014年中国宏观经济形势

1. 经济增长小幅回落，产业结构继续得以优化

国家统计局发布的季度数据显示，2014年第一季度，我国GDP总额为128213.00亿元，同比增速为7.4%，与2013年一季度相比，增速回落0.3

个百分点。分产业看，第一产业增加值 7776 亿元，增长 3.5%；第二产业增加值为 57587 亿元，增长 7.3%，其中，全国规模以上工业增加值按可比价格计算同比增长 8.7%，增幅比上年同期回落 0.8 个百分点；第三产业 62850 亿元，增长 7.8%，第三产业的增速最快，比第二产业增速高出 0.5 个百分点。一季度，第三产业增加值占国内生产总值的比重为 49.0%，比上年同期提高 1.1 个百分点，高于第二产业 4.1 个百分点。

从图 11-1 变化趋势来看，2012 年以来，我国产业结构调整取得积极进展，产业结构继续优化。从三次产业的构成来看，2014 年第一季度，第一、二、三产业的占比分别为：6.1%、44.9% 和 49%，第三产业占比已超过第二产业占比 4.1 个百分点。与上年同期相比，第一产业与第二产业占比分别降低了 0.1 和 1 个百分点，而第三产业占比则上升 1.1 个百分点，以服务业为主的第三产业具有较强的劳动力吸纳能力，第三产业的发展为促进就业创造了有利条件，这表明我国产业结构在继续优化。

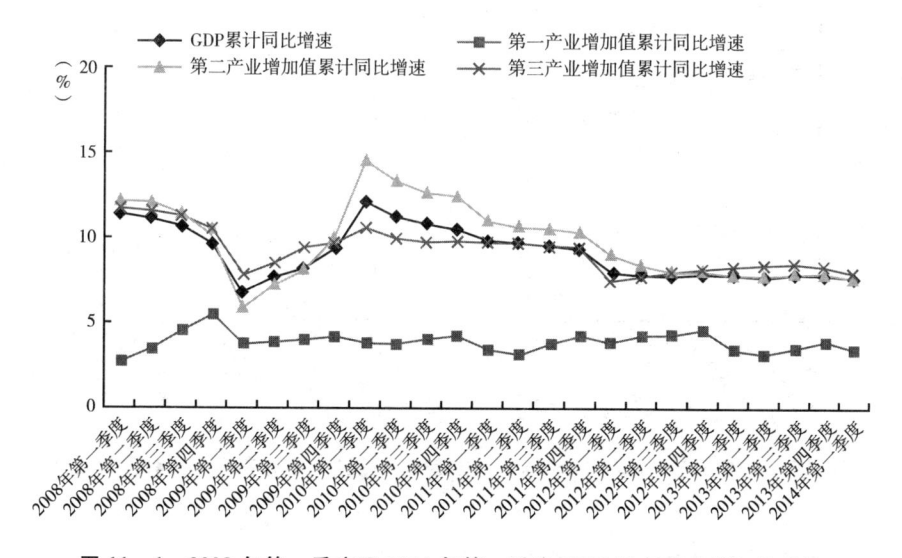

图 11-1　2008 年第一季度至 2014 年第一季度 GDP 及各产业增加值增速

2. 国内需求平稳增长，外贸进出口下滑

三大需求对经济增长的拉动情况如下。

固定资产投资增速高位放缓，如图 11-2 所示，2014 年 1~5 月份，全国固定资产投资（不含农户）153716亿元，同比名义增长17.2%，增速比1~4月份回落0.1个百分点。从环比速度看，5月份固定资产投资（不含农户）增长1.32%。

市场销售稳定增长，2014年1~5月份，社会消费品零售总额103032亿元，同比增长12.1%。

外贸出口同比下降。据海关统计，2014年前5个月，我国进出口总值10.3万亿元人民币，比去年同期下降2.2%。其中，出口5.4万亿元，下降2.7%；进口4.9万亿元，下降1.6%；贸易顺差4366亿元，收窄13.6%。

如图11-3所示，2013年，消费、投资和出口对经济增长的贡献率分别为：50%、54%和-4.4%，内需对经济增长的贡献继续提高。一季度，最终消费支出占国内生产总值比重为64.9%，比上年同期提高1.1个百分点。

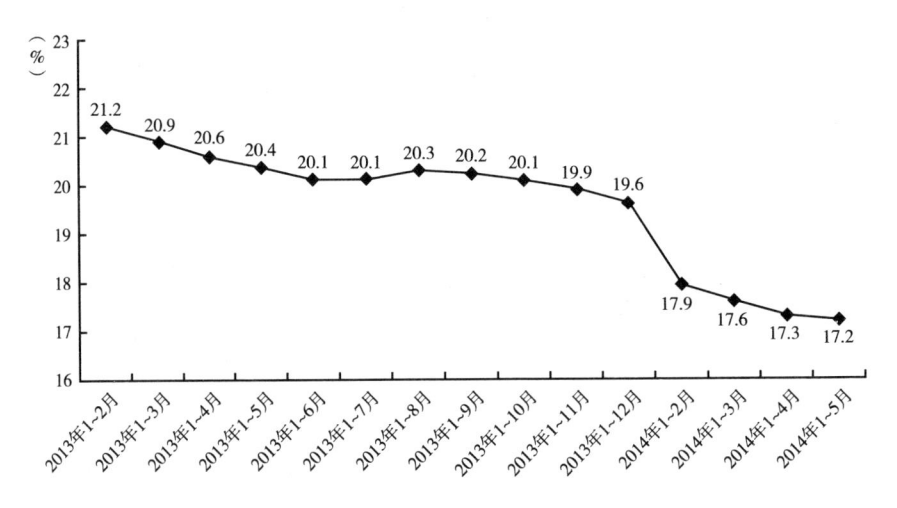

图11-2　2013年1月至2014年5月固定资产投资（不含农户）累计同比增速

3. 居民消费价格总体稳定

如图11-4所示，2014年1~5月，全国居民消费价格总水平同比上涨2.5%、2%、2.4%、1.8%和2.5%。除3月和4月环比下降0.5%和0.3%外，1月、2月、5月和6月均环比上涨，上涨率分别为：1%、0.5%、0.1%和0.1%。

2014年1~5月，全国工业生产者出厂价格同比下降1.6%、2%、

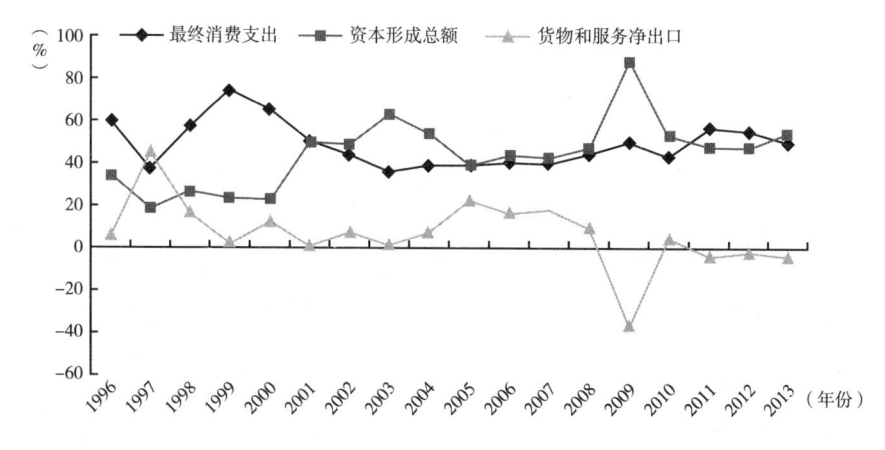

图 11-3 三大需求对国内生产总值增长的贡献率

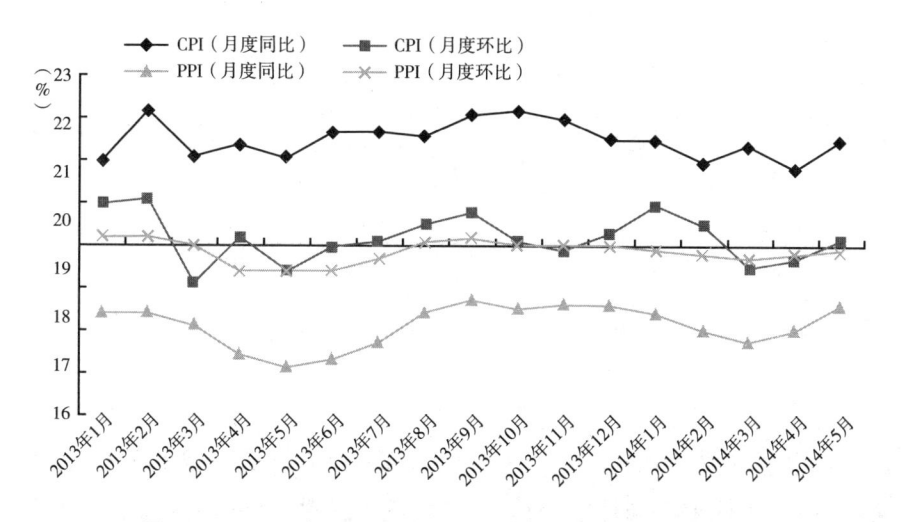

图 11-4 2013 年 1 月至 2014 年 5 月主要物价指数变化趋势

2.3%、2%、1.4%，环比下降 0.1%、0.2%、0.3%、0.2% 和 0.1%。

4. 就业基本稳定，居民收入较快增长

如图 11-5 所示，2003~2013 年，我国期末城镇登记失业率基本保持在 4% 左右。我国就业状况稳定，据人力资源社会保障部公布的数据，2014 年 1~4 月，我国城镇新增就业人数 473 万，比上年同期多增 3 万人。我国居民收入保持较快增长，2014 年一季度，全国农村居民人均现金收入3224元，同比名义增长12.3%，扣除价格因素实际增长10.1%。全国城镇居民人均可支配收入8155元，同比名义增长9.8%，扣除价格因素实际增长7.2%。根据从2012年四季度起实施的城乡一体化住户调查，2014年一季度全国居民人均可支配收入5562元，同比名义增长11.1%，扣除价格因素实际增长8.6%。全国居民人均可支配收入中位数4694元，同比名义增长14.0%。一季度末，农村外出务工劳动力16933万人，同比增加288万人，增长1.7%。外出务工劳动力月均收入2681元，增长10.1%。

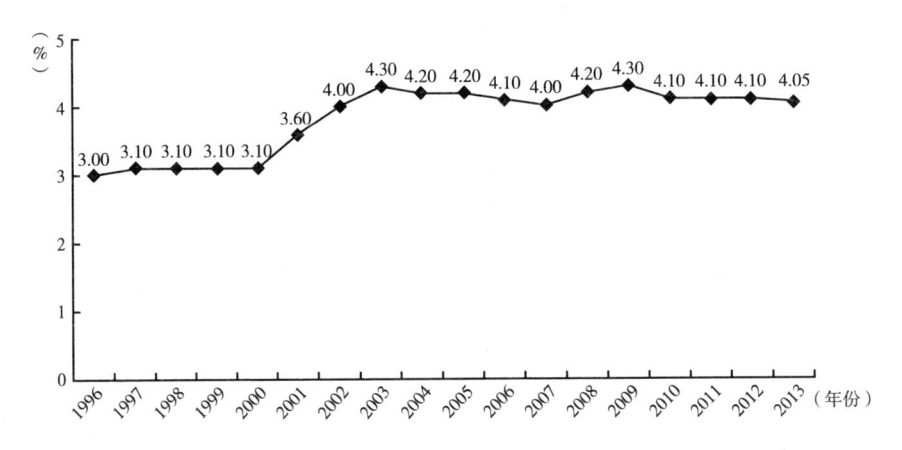

图11-5 1996~2013年城镇登记失业率

城乡居民收入差距进一步缩小。2014年一季度，农村居民人均现金收入实际增长快于城镇居民人均可支配收入2.9个百分点，城乡居民人均收入倍差2.53倍，比上年同期缩小0.06倍。节能降耗继续取得新成效。2014年一季度，万元国内生产总值能耗同比下降4.3%。

总体来看，2014年一季度国民经济运行处于合理区间，结构调整、转型升级继续取得新的进展。但同时也要看到，外部环境仍然复杂多变，国内经济仍存在一定的下行压力。

(二) 2014年中国货币金融运行环境

2014年货币供应量平稳增长

如图11-6所示，2014年6月末，广义货币（M2）余额120.96万亿元，同比增长 14.7%，增速比 2014 年 5 月末高 1.3 个百分点，比去年同期高 0.7 个百分点；狭义货币（M1）余额 34.15 万亿元，同比增长 8.9%，增速比 2014 年 5 月末高 3.2 个百分点，比去年同期低 0.1 个百分点；流通中货币（M0）余额 5.70 万亿元，同比增长 5.3%。

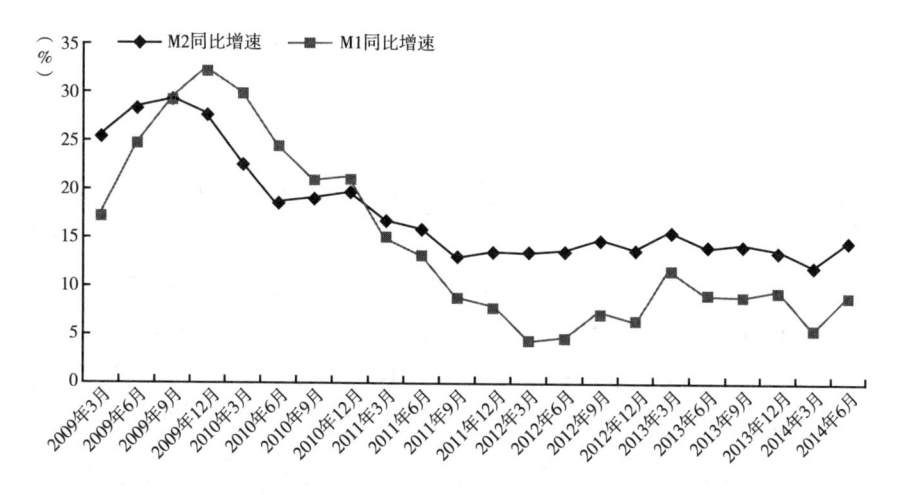

图 11-6 2009~2014 年 M1 和 M2 同比增速

2014 年货币政策呈现以下三个方面的特点。

第一，2014 年，我国继续执行稳健货币政策，坚持"总量稳定、结构优化"的方针。中国人民银行发布的《2014 年第一季度中国货币政策执行报告》指出，中国人民银行按照党中央、国务院的统一部署，保持调控定力，继续实施稳健的货币政策，适时适度预调微调。根据国际收支和流动性供需形势，合理运用工具组合，管理和调节好银行体系流动性。开展分支行常备借贷便利操作试点，为中小金融机构提供短期流动性支持。进一步优化金融资源配置，用好增量、盘活存量，发挥差别准备金动态调整机制的逆周期调节功能，发挥信贷政策支持再贷款促进优化信贷结构的作用，鼓励和引导金融机构更多地将信贷资源配置到"三农"、小微企业等重点领域和薄弱环节。

第二，进一步完善人民币汇率形成机制，加大市场决定汇率的力度。自 2014 年 3 月 17 日起将银行间即期外汇市场人民币兑美元交易价浮动幅度由 1% 扩大至 2%。继续深化金融机构和外汇管理体制改革。

第三，加快推进利率市场化改革。2013年7月20日，人民银行取消金融机构贷款利率下限，2014年3月1日在上海自贸区先行取消小额外币存款利率上限。

第三节 中国金融业的运行及安全现状

一 银行业金融机构运行及安全现状

（一）银行业金融机构资产负债平稳增长，五家大型商业银行资产占比呈下降趋势

如图11－7和图11－8所示，2013年末，银行业金融机构总资产151万亿元，是2003年的5.39倍；总负债141万亿元，是2003年的5.22倍，10年间，总资产和总负债增长超过4倍。从不同类银行业金融机构资产占比情况来看，2007~2013年，五家大型商业银行资产占比呈下降趋势，从2007年的53.2%下降到2013年的43.3%；而股份制商业银行、城市商业银行和其他类金融机构资产占比均呈上升趋势，其中，股份制商业银行资产占比从2003年的13.8%上升至2013年的17.8%；城市商业银行资产占比从2003年的6.4%上升至10%；而其他类金融机构资产占比则从2003年的26.6%上升至2013年的28.2%。

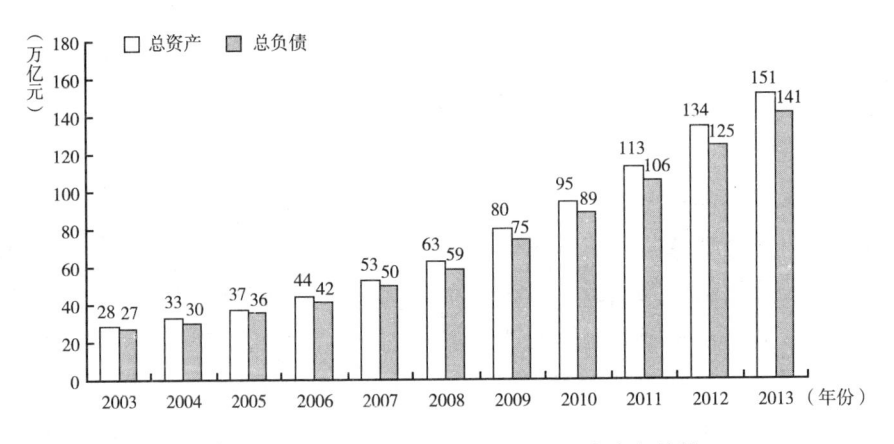

图11－7 2003~2013年银行业金融机构资产负债情况

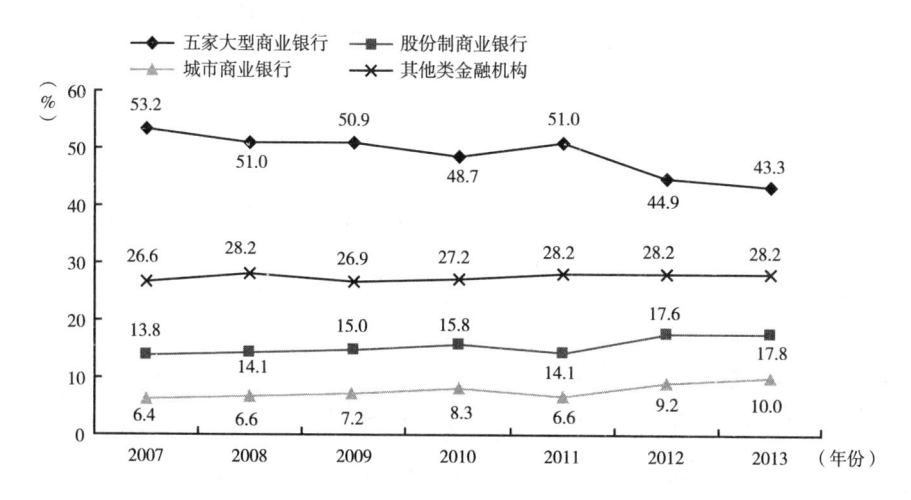

图 11-8 不同类银行业金融机构资产占比情况

(二) 银行业金融机构信贷规模平稳增长

如图 11-9 所示,2003~2013 年,银行业本外币各项贷款余额从 2003 年的 17 万亿元增长到 2013 年的 76.63 万亿元,增长了 3.5 倍。信贷余额占 GDP 比重也由 2003 年的 125% 上升至 2013 年的 135%。

2014 年 5 月末,本外币贷款余额 81.78 万亿元,同比增长 13.6%。人民币贷款余额 76.55 万亿元,同比增长 13.9%,比上月末高 0.2 个百分点,比去年同期低 0.6 个百分点。当月人民币贷款增加 8708 亿元,同比多增 2014 亿元。5 月末,本外币存款余额 113.31 万亿元,同比增长 11.1%。人民币存款余额 109.82 万亿元,同比增长 10.6%,分别比上月末和去年同期低 0.3 个和 5.6 个百分点。

(三) 资产质量进入相对稳定状态,拨备较为充足,资本充足率水平较高,信用风险总体可控

如图 11-10 所示,2008 年开始,商业银行不良贷款余额及不良贷款率呈现 "双下降" 态势。与 2007 年相比,2008 年不良贷款余额大幅度下降,从 2007 年的 12684 亿元下降到 2008 年的 5603 亿元,下降 7081 亿元,不良贷款率也从 6.2% 下降到 2.44%,下降 3.76 个百分点。这主要与国有商业银行不良贷款的剥离有关,如 2005 年,中国政府向工商银行注资 150 亿美元,并将工商银行 7050 亿元不良贷款剥离给四大资产管理公司。2008~

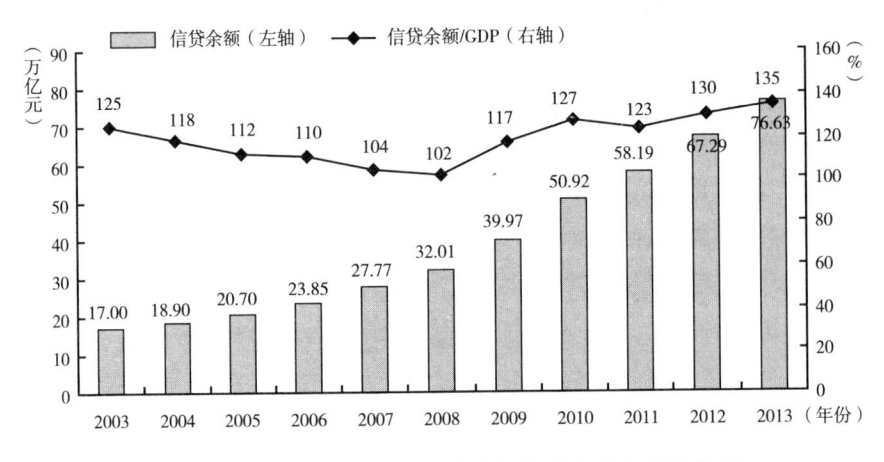

图 11-9 2003~2013 年信贷余额与信贷余额占 GDP 比重

注：信贷余额指本外币贷款余额。

2013 年不良贷款余额有一些起伏，但基本稳定，不良贷款率 2010 年后基本保持在 1% 左右，低于 5% 的最低标准。

2009~2013 年，商业银行拨备覆盖率分别为：155%、218.3%、278.1%、295.5%、281.7%，拨备较为充足，均高于 150% 的最低标准。

2009~2013 年，商业银行资本充足率均高于 8% 的最低标准，且保持了较高的水平，分别为：11.4%、12.2%、12.7%、13.25% 和 12.19%。

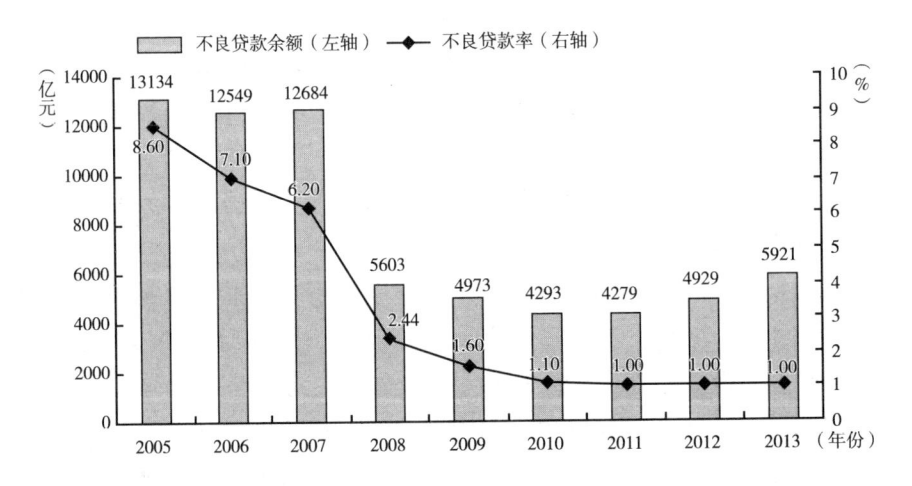

图 11-10 2005~2013 年商业银行不良贷款余额及不良贷款率

（四）流动性风险增大，影响流动性的因素较多且不易监控

银监会监控流动性风险使用的三个指标：流动性比例、存贷比和人民币超额备付金率。

2009~2013 年商业银行的流动性比例分别为：43.2%、42.2%、43.2%、45.83% 和 44.03%，均高于 25% 的最低标准；2011~2013 年商业银行存贷比分别为：64.9%、65.31% 和 66.08%，低于 75% 的标准；2011~2013 年，人民币超额备付金率分别为：3.1%、3.51%、2.54%，均高于 2% 的标准。

单从银监会监控的指标来看，我国商业银行的信用风险和流动性风险处于可控范围，但一些不易监控的因素可能存在巨大风险隐患，如表外业务、同业业务和影子银行等均可能引发流动性风险。

（五）银行表外资产业务增多，加大了潜在风险

如表 11-3 所示，2002 年以来我国社会融资规模快速增长，2013 年我国社会融资规模 17.29 万亿元，是 2002 年 2.01 万亿元的 8.6 倍。社会融资的来源结构呈现多元化发展，传统的融资方式作用减弱。主要体现为以下三点。一是人民币贷款占比显著下降，人民币贷款外的其他方式融资数量和占比明显上升。2013 年新增人民币贷款 8.89 万亿元，是 2002 年 1.85 万亿元的 4.81 倍；2013 年，除人民币贷款外的其他方式融资为 8.4 万亿元，是 2002 年 0.16 万亿的 52.5 倍，占同期社会融资规模的 48.6%，比 2002 年上升 40.5 个百分点。二是金融机构通过表外业务融资功能显著增强。2013 年实体经济通过未贴现的银行承兑汇票、委托贷款和信托贷款从金融体系融资合计达 5.16 万亿元，而在 2002 年这些金融工具的融资量还非常小。三是非银行金融机构对实体经济的支持力度迅速加大。2013 年小额贷款公司新增贷款 2268 亿元，是 2010 年 1202 亿元的 1.89 倍。

表 11-3　2002~2013 年社会融资规模结构

单位：%

年份	人民币贷款	外币贷款（折合人民币）	委托贷款	信托贷款	未贴现银行承兑汇票	企业债券	非金融企业境内股票融资
2002	91.9	3.6	0.9	—	-3.5	1.8	3.1
2003	81.8	6.7	1.8	—	5.9	1.5	1.6
2004	79.2	4.8	10.9	—	-1	1.6	2.4

续表

年份	人民币贷款	外币贷款(折合人民币)	委托贷款	信托贷款	未贴现银行承兑汇票	企业债券	非金融企业境内股票融资
2005	78.5	4.7	6.5	—	0.1	6.7	1.1
2006	73.8	3.4	6.3	1.9	3.5	5.4	3.6
2007	60.9	6.5	5.7	2.9	11.2	3.8	7.3
2008	70.3	2.8	6.1	4.5	1.5	7.9	4.8
2009	69	6.7	4.9	3.1	3.3	8.9	2.4
2010	56.7	3.5	6.2	2.8	16.7	7.9	4.1
2011	58.2	4.5	10.1	1.6	8	10.6	3.4
2012	52.0	5.8	8.1	8.1	6.7	14.3	1.6
2013	51.4	3.4	14.7	10.7	4.5	10.4	1.3

注：①社会融资规模是指一定时期内实体经济从金融体系获得的资金总额，是增量概念。
②表中的人民币贷款为历史公布数。
③"—"表示数据缺失或者有关业务量很小。

1. 一些金融机构可能会通过表内业务表外化的手段规避监管，增加了潜在风险

2009年下半年，我国各商业银行为了应对增大的流动性压力，开始增大短期理财产品的发行规模，导致一部分存款业务转至理财业务，产生负债表外化，商业银行负债表外化的目的在于：一是依靠短期理财产品来缓解存贷比考核压力，二是通过发售理财产品筹集资金进行放贷，通过理财筹集资金放贷一方面不受央行信贷规模的限制，另一方面还能扩大中间业务收入。

与此同时，2009年下半年，央行实施的稳健货币政策导致银行体系流动性趋紧，银行的传统产品难以满足企业的需要，为了维系企业客户，银行大量通过委托贷款、信托贷款、票据理财产品等方式帮助客户融资，这样就导致了资产表外化。

如图11-11所示，2010~2013年，信托业务快速发展，2010年信托资产规模只有3万亿元，到2013年底，信托资产规模已达10.9万亿元，2011~2013年的环比增速分别达到58.2%、55.3%和46%。部分信托公司经营粗放，风险管控不足，导致信托业风险增大。

虽然表外业务拓宽了商业银行的服务领域，使其在最大限度满足了客户的

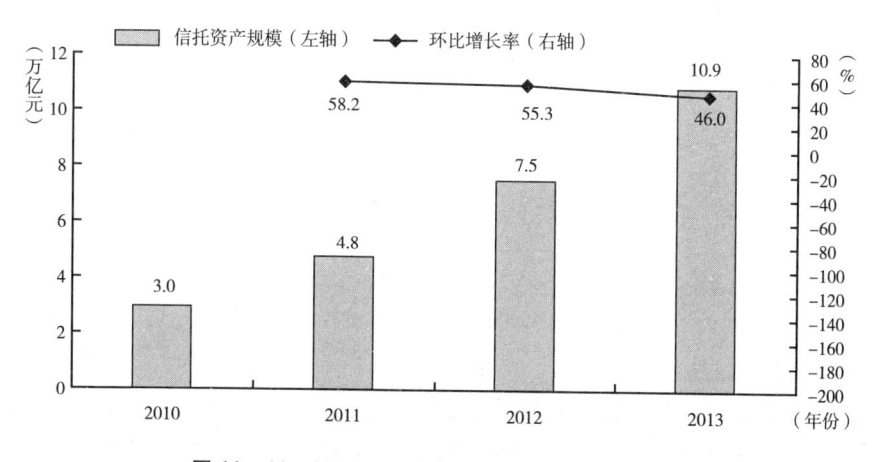

图 11-11 2010~2013 年信托资产规模与增长率

资料来源：wind 数据库。

多元化需要，但相对于表外业务的创新步伐，监管却相对滞后，表外业务规模快速扩张可能产生的风险不断累积。其中最主要的就是信用风险，由于信托资金主要投向了房地产，理财资金由于"资产池"运作，也不可避免地流向了房地产、地方融资平台等风险较高的领域。另外，商业银行还面临信誉风险。因为客户购买银行的信托或理财产品，在很大程度上是基于对银行的信赖，产品一旦发生问题，必然对银行信誉造成不良影响，如果银行为避免声誉上的损失，动用表内贷款偿还理财资金，又会导致表外风险转嫁至表内。

2. 影子银行隐藏着巨大风险，加大了监管难度

2013 年 12 月，国务院办公厅印发的《关于加强影子银行监管有关问题的通知》（国办发〔2013〕107 号）将我国影子银行归为以下三类：第一类：不持有金融牌照，完全无监管的信用中介机构，包括新型网络金融公司、第三方理财机构等；第二类：不持有金融牌照，存在监管不足的信用中介机构，包括融资性担保公司、小额贷款公司等；第三类：机构持有金融牌照，但存在监管不足或规避监管的业务，包括货币市场基金、资产证券化、部分理财业务等。

按照上述对影子银行范围界定进行测算，如表 11-4，2012 年和 2013 年影子银行规模分别约 63 万亿元和 71.9 万亿元，影子银行规模占同期金融机构各项人民币贷款余额的比重分别为 12.5% 和 14.5%。

表 11 - 4　影子银行规模估算

项目	2012	2013
小额贷款公司:贷款余额(亿元)	5921.4	8191.27
融资性担保贷款余额(亿元)	14596.0	15531.0
典当余额(亿元)	2764.6	3336.00
货币市场基金净值(亿元)	5717.3	7475.90
银行理财产品非保本浮动收益类(亿元)	49700.0	69427.40
合计：	78699.3	103961.6
金融机构各项贷款余额(亿元)	629910	718961.46
影子银行规模/金融机构各项人民币贷款余额(%)	12.5	14.5

注：融资性担保贷款余额中不含小额贷款公司融资性担保贷款，金融机构各项贷款余额资料来源于中国人民银行公布的《金融机构人民币信贷收支表》。

影子银行规模中规模最大的为非保本浮动收益类理财产品，其风险隐患较大。如图 11 - 12 所示，2007 年底我国银行理财产品余额只有 0.5 万亿元，到 2014 年 2 月已达到 12.2 万亿元。"资金池"已成为商业银行理财业务的主流模式，理财产品的风险主要源于其"资金池"运作模式，这种模式潜藏着兑付以及流动性风险。资金池，指发行机构（一般为银行）将募集的客户理财资金汇集起来形成一个大的"资金池"，统一运作，统一管理。新进的资金是汇入的增量资金，到期支付（或赎回）的资金便是流出的资金，如此往复循环，进行不间断的流动性管理。"期限错配、循环发行、汇集运作"成为支撑"资金池"运作模式的关键。现实中，按监管要求，只有保本型理财产品被纳入存款计算范畴，许多非保本型理财产品，不纳入存款范畴，不缴纳存款准备金，不纳入存贷比考核。因此，非保本型理财产品成了游离于银行自身资产负债表之外的资产，相对于表内资产，此类资产监管不足。随着资金规模的增长，"资金池"业务期限错配会带来流动性及收益与资产无法一一对应等风险。

一旦银行理财产品放弃"资金池"运作模式，转而回到传统的一对一产品，势必会导致各类产品风险和收益的分化。因为以债券为投资对象的产品风险和收益较低，以融资类项目为投资对象的产品风险和收益都较高。因此"资金池"运作模式必将成为银行理财产品的过渡产物，预计未来基金化理财产品将成为主流,产品投向将更加具体和透明,产品收益分配将以真实投资资产带来的收益为准。

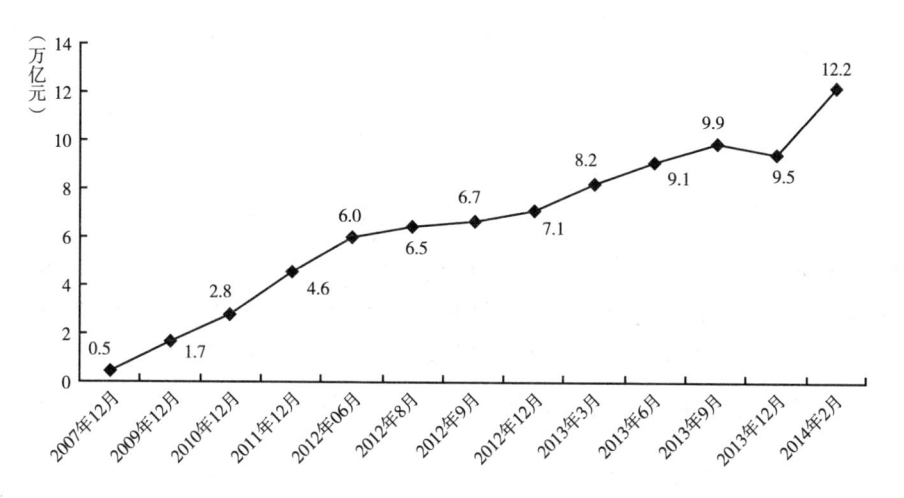

图 11-12 2007~2014 年银行理财产品余额

资料来源:Wind 数据库。

3. 同业业务的快速发展,增大了流动性风险

根据银监会发布的,2014 年 2 月 1 日起实施的《商业银行同业融资管理办法》,同业业务包括:商业银行向各类金融机构开展的资金融入和融出业务。主要业务类型包括:同业拆借、同业借款、同业账户透支、同业代付、同业存款、买入返售金融资产和卖出回购金融资产等。

2012 年以来,银行表内非标业务[①]扩张迅速,尤其是买入返售类的非标业务增加明显,而非标资产本质是需要融资的公司通过券商或者信托或者有资质的其他机构,把融资需求包装成一种产品,通过产品的销售募集资金。产品主要包括各类结构化融资和理财产品,主要借助金融同业产品设计和交易渠道,代付渠道,委贷渠道等将政策限制的业务包装成表外业务,目的就是节约资本,规避信贷调控,提升存款。

---

① 所谓的非标业务,指在金融市场业务中,投向于非标准化资产的业务,如信托收益权,资管收益权等,这类资产因为项目差异性很大,无法形成标准化的业务模式、合同文本、操作流程,所以叫非标资产;与之相对的是标准资产,如债券、票据、大额可转让存单等。

金融机构为追逐利润，不断创新金融工具促进了同业业务的快速发展，但由于同业业务不需要计提存款准备金，不受存款比约束，规避了宏观调控和监管，增加了流动性；金融机构通过借入短期贷款，投资于长期资产，获取收益，期限错配不断增加，流动性风险隐患增大，导致货币和信用的扩张脱离监管。

依据银行业存款类金融机构的资产负债表可以得到同业资产占总资产比重，2008～2012年，存款类金融机构同业资产占总资产比重依次为：13.7%、14.1%、16%、18.8%、21.5%，同业资产占比呈上升趋势。

《商业银行同业融资管理办法》规定了对单家商业银行的同业业务监管标准：对单一法人金融机构的融出和融入资金余额均不得超过该银行资本净额的100%；对所有非银行金融机构的融出资金余额不得超过该银行资本净额的25%；对全部法人金融机构的融出资金余额不得超过该银行各项存款的50%。

二 保险业运行及安全现状

（一）保险业总资产规模持续增长，同比增速放缓，总赔付平稳增长，同比增速波动较大

2003～2013年，保险业总资产快速增长，从2003年的0.91万亿元增长到2013年的8.29万亿元，增长8.1倍。从同比增速来看，2003～2007年，增速较快，最快的2007年增速达47%，2008年后，增速放缓，2013年降至12.7%（见图11-13）。

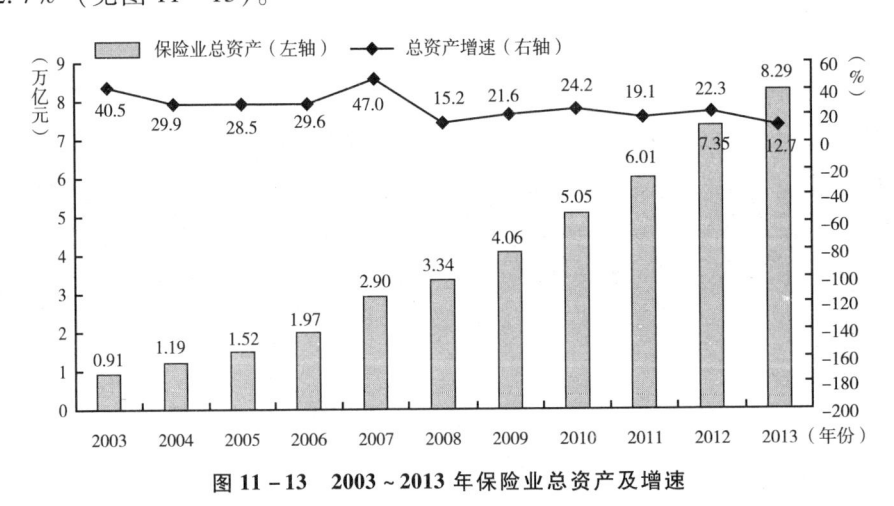

图11-13　2003～2013年保险业总资产及增速

2003~2013年保险业总赔付平稳增长,从2003年的841亿元增长到2013年的6213亿元,增长了6.39倍,同比增长率波动较大,最低的2010年为2.4%,最高的2007年为57.5%。服务能力不断提升(见图11-14)。

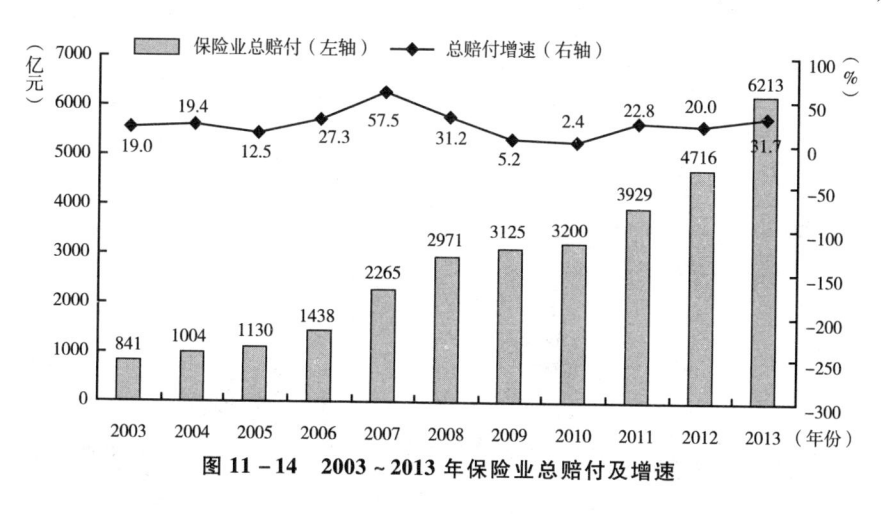

图11-14 2003~2013年保险业总赔付及增速

(二)保险资金运用收益水平有所提升

如图11-15所示,保险资金收益从2001年底的4.3%上升到2007年的12.2%,2008年后,收益率下降,2008年3月,最低只有1.2%,之后上升,2009年底达6.4%,2010年3月又降至1.2%,之后逐步上升,2013年底上升至5%。

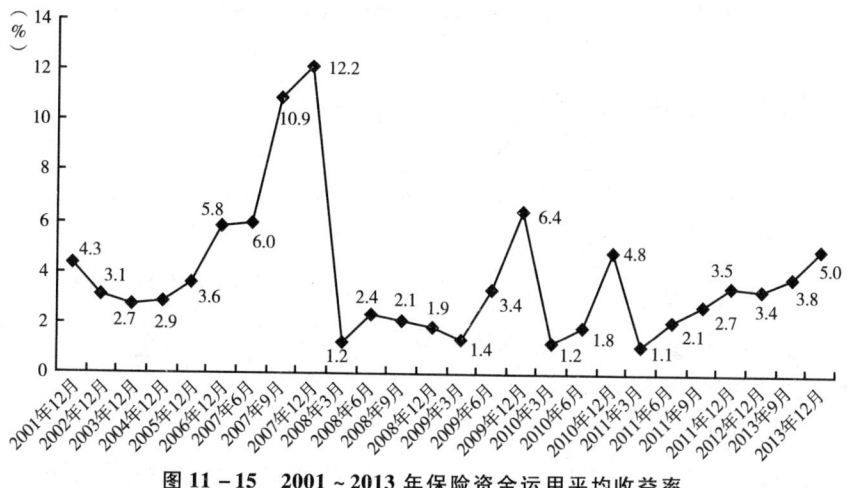

图11-15 2001~2013年保险资金运用平均收益率

资料来源:中国保监会。

三 金融市场运行及安全现状

(一) 同业拆借市场交易量下降,同业拆借利率高位运行

2014年1~4月份,货币市场成交量共计66.2万亿元,同比减少1.4%。其中,同业拆借市场成交10.2万亿元,同比减少30.0%。4月份,同业拆借加权平均利率2.72%,较3月份上升23个基点(见图11-16)。

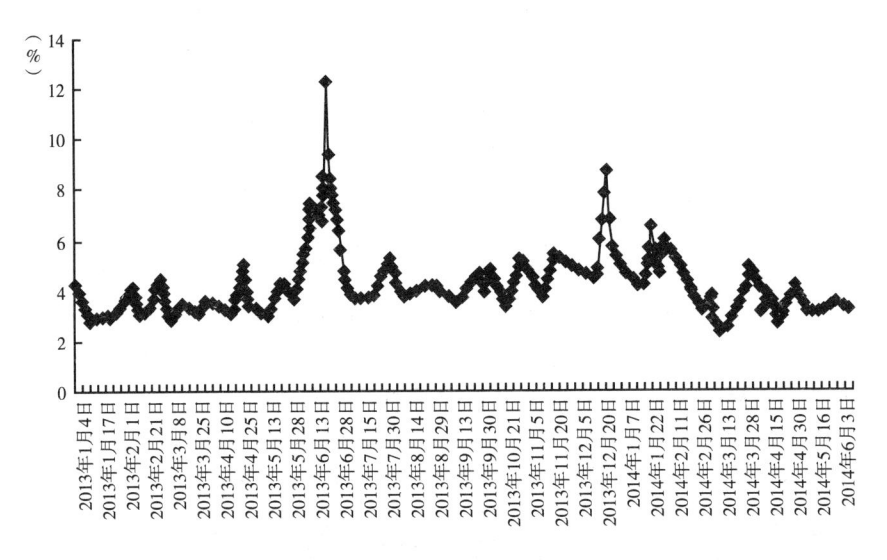

图11-16 2013年1月至2014年6月银行间同业7天拆借加权利率

(二) 债券市场规模快速增大

2014年1~4月,债券市场累计发行债券3.31万亿元,同比增加15.3%。其中,银行间债券市场累计发行债券3.26万亿元,同比增加18.8%。4月份,债券市场发行债券1.18万亿元,同比增加30.6%,环比增加3.3%。其中,银行间债券市场发行债券1.16万亿元,同比增加37.1%,环比增加3.3%。截至4月末,债券市场总托管余额为31.0万亿元。其中,银行间债券市场债券托管余额为29.0万亿元,占总托管量的93.5%。

(三) 2014年股票震荡走低

如图11-17所示,从上证综合指数走势来看,2014年1月末,收于2033.08点,较去年12月末下降89个点,跌幅3.92%;2月末,收于

2056.30 点，较 1 月末上升 23 个点，涨幅 1.1%；3 月末，收于 2033.30 点，较 2 月末下降 23 个点，降幅 1.12%；4 月末，收于 2026.36 点，较 3 月末下降 7 个点，降幅 0.34%。

从上证成交量来看，2014 年 1 月份，沪市日均交易量为 647.5 亿元，较去年 12 月份减少 169.6 亿元；2 月末，日均交易量为 1120.2 亿元，较 1 月份增加 472.7 亿元；3 月份日均交易量为 887.4 亿元，较 2 月份减少 232.8 亿元；4 月末，日均交易量为 798.4 亿元，较 3 月份减少 89.0 亿元。

图 11-17　2013 年 1 月至 2014 年 6 月上证与深证综合指数

第四节　金融行业安全指标体系与评价模型

一　金融行业安全评价指标体系构建

对金融行业安全评价需要对行业的安全状态进行定量分析，结合金融行业特点及国内外已有的研究，创建评价金融安全的评价指标体系。

（一）创建指标遵循的原则

系统原则。影响金融安全的因素较多，一方面要重点考察金融行业中影响安全的因素，另一方面还需要考察金融行业的外部环境，包括国内外因素。

科学性原则。反映金融运行状况和稳健性的指标尽可能遵循国际和国内官方监管标准。国际标准如《巴塞尔协议Ⅲ》的相关规定；国内标准，如我国银监会监管银行业金融机构风险所使用的指标。

真实和全面的原则。为真实全面反映我国金融行业的安全状况，设计指标时除选取一些官方监管通用的指标外，另外选取一些不在官方监管范围，但又对金融行业安全有重大影响的指标，如近几年快速增长的银行表外资产业务、同业业务和影子银行等。

指标要满足定量分析需求。设计的指标尽量可以满足定量分析的需求，满足最终测算金融安全指数使用。

（二）指标创建思路

与实体经济不同，金融行业生产和经营的产品是货币及有价证券，具有高流动性及不稳定性的特点，对国内外经济及政策波动更为敏感，更容易受到影响和危险因素的冲击。所以，一级指标从金融行业外部经济环境和金融行业自身运行两个方面构建。

接下来，在一级指标下构建二级指标。

经济环境可分为国内环境和国际环境。国内环境又可分两个方面：宏观经济运行和金融及政策环境。宏观经济运行指标选取 4 个指标：GDP 增长率、通货膨胀率、全社会固定资产投资增长率和城镇登记失业率；金融及政策环境选取 2 个指标：M2 同比增长率和社会融资规模中表外资产占比。

国际环境选取 6 个指标：外贸依存度、外债偿债率、外债负债率、外债债务率、资本流入流出规模/外汇储备和实际有效汇率月均值标准差。

依据金融业高风险性、高流动性、不稳定性及高投机性等特点，金融行业运行指标分为运行状况指标和稳健性指标。

运行类指标包括：银行业金融机构总资产增长率、信贷余额/GDP、银行间同业拆借市场利率月度标准差、保险业总资产增速、保险业总赔付增速、股票市价总值/GDP、上海（深圳）平均市盈率。

稳健性指标包括：商业银行不良贷款比率、商业银行中资本充足率达到 8% 的比重、商业银行不良贷款拨备覆盖率、银行业同业资产占总资产比重、保险资金运用平均收益率和上海（深圳）股票市场价格指数月度标准差。

按照以上思路构建的中国金融安全指标体系的一级和二级指标如表11 - 5 的所示。

表 11 - 5　中国金融安全指数指标体系

评价目标	分类标准		具体指标	资料来源
金融产业安全指数暨金融产业安全评价	经济环境	国内环境	宏观经济运行：GDP 增长率、通货膨胀率、全社会固定资产投资增长率、城镇登记失业率	《中国统计年鉴》
			金融及政策环境：M2 同比增长率、社会融资规模中表外资产占比	《中国统计年鉴》
		国际环境	外贸依存度、外债偿债率、外债负债率、外债债务率、资本流入流出规模/外汇储备、实际有效汇率月均值标准差	《中国统计年鉴》国际清算银行网站
	金融行业运行	运行状况	银行：银行业金融机构总资产增长率，信贷余额/GDP，银行间同业拆借市场利率月度标准差 保险：保险业总资产增速，保险业总赔付增速 金融市场：股票市价总值/GDP，上海（深圳）平均市盈率	中国银监会 中国证监会 中国保监会
		稳健性评价	银行：商业银行不良贷款比率，商业银行中资本充足率达到8%的比重，商业银行不良贷款拨备覆盖率，银行业同业资产占总资产比重 保险：保险资金运用平均收益率 金融市场：上海（深圳）股票市场价格指数月度标准差	中国银监会 中国证监会 中国保监会

注：外贸依存度 = 货物进出口总额/GDP，外债偿债率 = 偿还外债本息/当年贸易和非贸易外汇收入（国际收支口径）之比，外债负债率 = 外债余额/当年国内生产总值，外债债务率 = 外债余额/当年贸易和非贸易外汇收入（国际收支口径）之比，实际有效汇率［Real Effective Exchange Rate（REER）］是剔除通货膨胀对各国货币购买力的影响，一国货币与所有贸易伙伴国货币双边名义汇率的加权平均数，资本流入流出规模指国际收支平衡表中的资本和金融项目中的差额。

二 金融安全指数选用评价模型和评价方法

评价模型:线性加权综合评价模型

通过建立合适的综合评价数学模型将多个评价指标综合成为一个整体的综合评价指标,即得到相应的综合评价结果。

计算过程如下。

首先,设评价指标集有 n 个评价指标(一般说来,这 n 个指标是相关的,不独立的),评价指标用 x 表示,且每个指标有 m 期观测值,这样 n 个指标,m 期观测值可以表示为以下(1)式向量形式:

$$X^{(i)} = (x_{i1}, x_{i2} \cdots x_{im})^T, 且有 (i = 1, 2, \cdots, n) \tag{1}$$

n 个指标的权重向量可以表示为(2)式:

$$W = (w_1, w_2, \cdots, w_n)^T \tag{2}$$

其次对原始数据用各种标准化方法进行处理,然后运用处理后的数据,应用(1)式和(2)式即可建立如(3)式线性综合评价模型:

$$Index = y_1 w_1 + y_2 w_2 + \cdots + y_n w_n \tag{3}$$

上式中 $Index$ 为综合评价值(指数值),w 为权数,y 为指标标准化值。

第五节 金融安全指数编制

一 数据的选取与处理

本书对原始数据的处理分为正向化和标准化处理两个步骤。

(一)数据的正向化处理

本书所使用的金融安全评价指标可以分为正向指标和负向指标,所谓正向指标,数值越大越安全的指标,如资产增长率、收益率等;而负向指标是数值越小越安全的指标,如不良贷款比率、资本充足率等。负向指标包括两种类型,一种是百分比形式,另一种是数值形式(即标准差)。百分比形式

的指标运用公式 $X^* = 100\% - X$ 进行正向化处理；标准差类指标运用 $X^* = 1/X$ 进行正向化处理。数据正向化处理后，统一对所有指标进行标准化处理。

（二）数据的标准化处理

本书采用 Z – score 标准化（zero-mean normalization）方法对数据进行标准化处理，计算公式为：

$$X^* = \frac{(x - \mu)}{\delta}$$

其中 μ 为所有样本数据的均值，σ 为所有样本数据的标准差。

二 主成分分析

本书运用 Stata 11 软件进行主成分分析，由于一部分微观金融指标的年度数据只有 2003~2013 年共 11 个观测值，考虑到变量数据的自由度，最多只能选取 10 个指标。本书在影响金融安全的指标体系中（见表 11 – 5）选取了以下 10 个指标（见表 11 – 6）进行主成分分析。

表 11 – 6　金融安全指数测算选用指标

评价目标	分类标准		具体指标
金融安全指数测算选取指标	经济环境	国内环境	GDP 增长率 通货膨胀率 M2 同比增长率 社会融资规模中表外资产占比
		国际环境	资本流入流出规模/外汇储备 实际有效汇率月均值标准差
	金融行业运行	运行状况	银行：银行间同业拆借市场利率月度标准差
		稳健性评价	银行：商业银行不良贷款比率 商业银行不良贷款拨备覆盖率 金融市场：上海股票市场价格指数月度标准差

主成分分析后，可以得到的主成分特征值、特征值差值、方差贡献率及累计方差贡献率。从表 11 – 7 中可以看出，前 4 个特征值均大于 1，累计方差贡献率达 84.64%，说明前 4 个主成分基本包含了全部指标的信息，从图

11-18主成分分析碎石图可以直观发现,第1个主成分到第4个主成分,特征值变化较为显著,从第5个主成分之后的特征值变化趋于平缓。据此,本书选取前4个主成分来代替原有的10个指标。

主成分分析还可以得到因子载荷矩阵,它是各个原变量的因子表达式的系数,表达提取的公因子对原变量的影响程度。因子载荷的绝对值越大,表示公共因子与原变量的相关性越强,说明得到的公因子综合反映原有变量信息的程度越高。从表11-8因子载荷矩阵可以看出,主成分1中商业银行不良贷款比率、社会融资规模中表外资产占比、商业银行不良贷款拨备覆盖率、资本流入流出/外汇储备、银行间同业7天拆借利率月均值标准差的载荷系数绝对值较大,表示主成分1可以综合地反映这5个指标;主成分2中GDP增长率和CPI载荷系数绝对值较大,表示主成分2可以综合地反映这2个指标;主成分3中M2增长率和上证综指月末指数标准差载荷系数绝对值较大,所以表示主成分3可以综合地反映这2个指标;主成分4中实际有效汇率月均值标准差载荷系数绝对值较大,表示主成分4主要代表这个指标。

表11-7 主成分特征值及贡献率表

主成分	特征值	特征值差值	方差贡献率	累计方差贡献率
1	4.0634	2.3143	0.4063	0.4063
2	1.7491	0.1773	0.1749	0.5812
3	1.5717	0.4915	0.1572	0.7384
4	1.0802	0.3985	0.1080	0.8464
5	0.6817	0.1443	0.0682	0.9146
6	0.5374	0.3917	0.0537	0.9684
7	0.1457	0.0227	0.0146	0.9829
8	0.1230	0.0778	0.0123	0.9952
9	0.0452	0.0426	0.0045	0.9997
10	0.0026	.	0.0003	1.0000

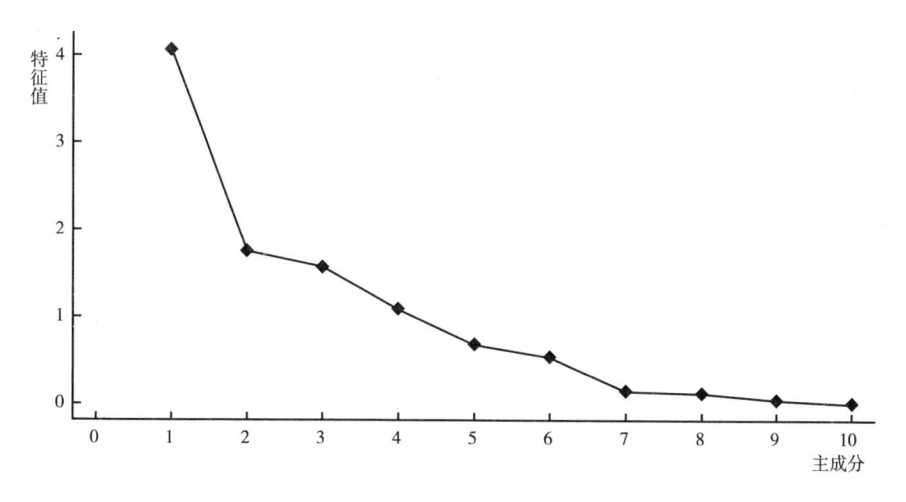

第十一章 金融行业安全评价及安全指数研究

图 11-18 主成分分析碎石图

表 11-8 因子载荷矩阵

指标	主成分 1	主成分 2	主成分 3	主成分 4
GDP 增长率	-0.3526	0.6347	-0.6109	0.1095
CPI	-0.3771	-0.6311	-0.1212	0.6188
M2 增长率	0.3259	0.6303	0.6359	-0.0740
资本流入流出/外汇储备	0.7239	0.0490	-0.3333	0.2381
商业银行不良贷款比率	0.8889	-0.2503	-0.1954	-0.1128
社会融资规模中表外资产占比	-0.8569	-0.0559	-0.2249	-0.1020
商业银行不良贷款拨备覆盖率	0.8635	-0.3538	0.3143	-0.0126
实际有效汇率月均值标准差	0.3094	0.5739	0.1010	0.6670
银行间同业 7 天拆借利率月均值标准差	-0.7227	0.0509	0.3133	-0.1758
上证综指月末指数标准差	-0.5279	-0.1596	0.6103	0.3521

在选取主成分后，主成分就成为代替原指标的新指标，接下来根据因子得分系数矩阵（见表 11-9）计算每年 4 个主成分得分 f_1、f_2、f_3、f_4，其计算公式为：

$$f_1 = -0.1749 x_1 - 0.1871 x_2 + 0.1617 x_3 + 0.3591 x_4 + 0.4410 x_5 \\ - 0.4251 x_6 + 0.4284 x_7 + 0.1535 x_8 - 0.3585 x_9 - 0.2619 x_{10}$$

$$f_2 = 0.4799 x_1 - 0.4772 x_2 + 0.4766 x_3 + 0.0370 x_4 - 0.1892 x_5 \\ - 0.0423 x_6 - 0.2675 x_7 + 0.4339 x_8 + 0.0385 x_9 - 0.1207 x_{10}$$

$$f_3 = -0.4872 x_1 - 0.0967 x_2 + 0.5072 x_3 - 0.2659 x_4 - 0.1559 x_5$$

$$-0.1794 x_6 + 0.2507 x_7 + 0.0806 x_8 + 0.2499 x_9 + 0.4868 x_{10}$$
$$f_4 = 0.1053 x_1 + 0.5954 x_2 - 0.0712 x_3 + 0.2291 x_4 - 0.1086 x_5$$
$$-0.0981 x_6 - 0.0121 x_7 + 0.6418 x_8 - 0.1691 x_9 + 0.3388 x_{10}$$

($x_1 \cdots x_{10}$ 依次代表经过标准化处理的 10 个指标),依据以上公式计算 2003~2013 年各年的主成分得分,计算结果如表 11-10 所示,图 11-19 给出了 2003~2013 年前 4 个主成分得分值的变化趋势。

表 11-9 因子得分系数矩阵

指标	主成分 1	主成分 2	主成分 3	主成分 4
GDP 增长率	-0.1749	0.4799	-0.4872	0.1053
CPI	-0.1871	-0.4772	-0.0967	0.5954
M2 增长率	0.1617	0.4766	0.5072	-0.0712
资本流入流出/外汇储备	0.3591	0.0370	-0.2659	0.2291
商业银行不良贷款比率	0.4410	-0.1892	-0.1559	-0.1086
社会融资规模中表外资产占比	-0.4251	-0.0423	-0.1794	-0.0981
商业银行不良贷款拨备覆盖率	0.4284	-0.2675	0.2507	-0.0121
实际有效汇率月均值标准差	0.1535	0.4339	0.0806	0.6418
银行间同业 7 天拆借利率月均值标准差	-0.3585	0.0385	0.2499	-0.1691
上证综指月末指数标准差	-0.2619	-0.1207	0.4868	0.3388

表 11-10 因子得分表

年份	主成分 1	主成分 2	主成分 3	主成分 4
2003	-3.0750	-0.5590	0.7579	0.6770
2004	-2.8006	1.0653	1.4173	-1.0961
2005	-2.2863	-0.0588	0.4355	0.5800
2006	-0.4644	0.8278	-1.4690	0.7926
2007	0.4527	2.4275	-1.5371	0.3901
2008	0.8959	0.0497	-0.9203	-1.7852
2009	-0.6530	-2.9397	-1.7345	0.0376
2010	1.4740	-0.1132	-0.4098	0.1123
2011	1.7530	0.0341	0.6930	-1.4101
2012	2.6261	0.1502	1.1691	1.6841
2013	2.0776	-0.8837	1.5979	0.0178

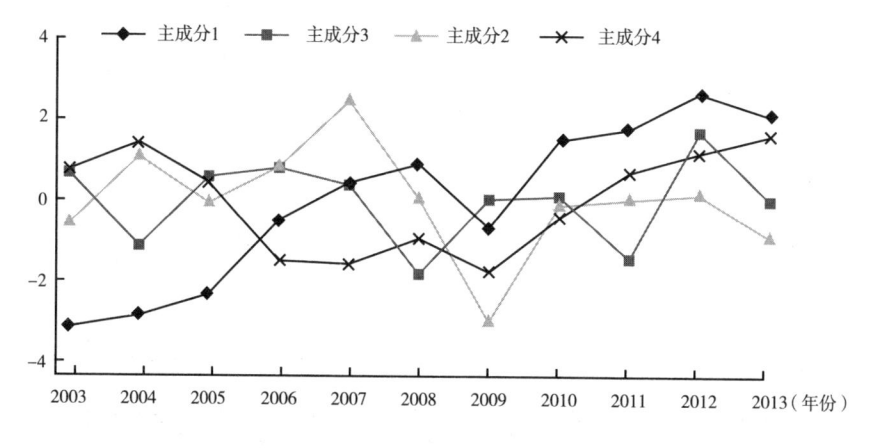

图 11 - 19　2003~2013 年前 4 个主成分得分值趋势图

接下来运用计算出的前 4 个主成分得分加权平均计算 4 个主成分的每年的综合评价得分，用 F 表示，权重为主成分方差贡献率，计算公式为：

$$F = W_1 f_1 + W_2 f_2 + W_3 f_3 + W_4 f_4$$

其中 W_1, W_2, W_3, W_4 为前 4 个主成分方差贡献率；f_1, f_2, f_3, f_4 为前 4 个主成分得分。

计算出综合评价得分后，结合指数的表达习惯，将计算出的 F 值映射到 [0, 100] 区间，可得到金融安全指数，转化公式为：

$$指数 = \frac{F - \min F}{\max F - \min F}$$

$\max F$ 和 $\min F$ 表示综合评价得分最大值与最小值。

各年综合评价得分和金融安全指数计算结果如表 11 - 11 所示。

表 11 - 11　2003~2013 年主成分分析综合得分及金融安全指数

年份	综合得分	金融安全指数
2003	-1.1549	0.0000
2004	-0.8471	11.7737
2005	-0.8081	13.2668

续表

年份	综合得分	金融安全指数
2006	-0.1892	36.9450
2007	0.4090	59.8323
2008	0.0352	45.5321
2009	-1.0481	4.0856
2010	0.5268	64.3391
2011	0.6749	70.0038
2012	1.4589	100.0000
2013	0.9427	80.2492

图 11-20 显示了 2003~2013 年金融安全指数的变化趋势，指数走势呈现起伏波动态势，具体分为以下四个阶段：2003~2007 年，指数上升阶段；2007~2009 年，指数下降阶段；2009~2012 年，指数上升阶段；2012~2013 年，指数下行阶段。

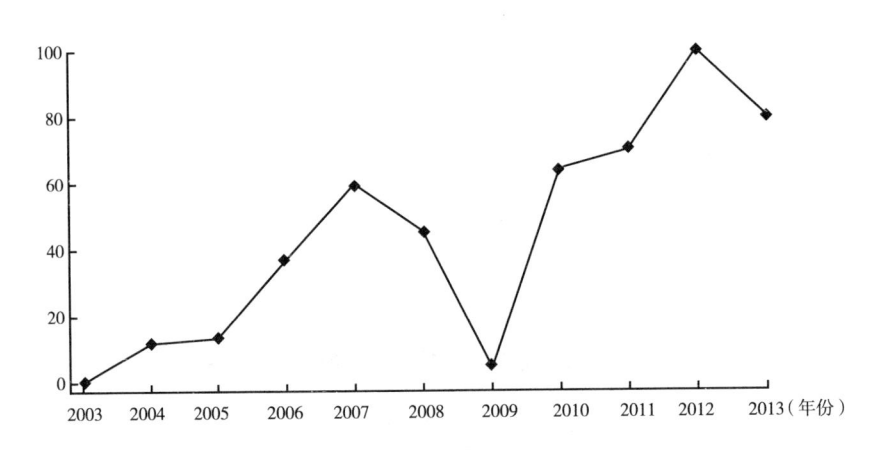

图 11-20 2003~2013 年金融安全指数变化趋势

第一阶段，指数呈上升趋势，表明 2003~2007 年，我国金融安全状况逐步改善。从监管方面来看，2003 年，中国银监会成立，形成了"一行三会"的金融监管新格局，分业经营、分业监管的管理体制进一步确立，银监会于 2003 年 12 月 27 日颁布了《银行业监督管理法》，对商业银行的监管力度加强；从商业银行的经营来看，2003 年 10 月，十六届三中全会决议明确，选择有条件的国有商业银行实行股份制改造，2005～2007 年，交行 H 股、建行 H 股、中行 H 股、中行 A 股、工行 A 和 H 股、交行 A 股、建行 A 股依次在香港或上海上市，国有商业银行的上市加快了对不良资产的处置和资本金得到充实，两方面的因素促使商业银行不良贷款率大幅下降，商业银行不良贷款拨备覆盖率逐步提高，资本充足率达到标准。

第二阶段，指数呈直线下降状态，表明在此期间，我国金融安全状况恶化，2009 年为最低点。分析原因，主要是由于 2007 年下半年，美国爆发次贷危机，并于 2008 蔓延至全球。受金融危机影响，全球金融体系信心缺失，金融市场波动加剧，世界经济增速比 2007 年下降 1.78 个百分点（中国银监会年报，2008）。危机使中国经济在 2008 年和 2009 年经受了严峻考验。危机首先对我国外贸进出口产生负面影响，2008 年全年货物进出口总额 25616 亿美元，货物进出口环比增速从 2007 年的 23.5% 降至 2008 年的 17.8%；2009 年，全年货物进出口总额 22072 亿美元，比上年下降 13.8%。其中，货物出口 12017 亿美元，下降 16.0%；货物进口 10056 亿美元，下降 11.2%。进出口差额（出口减进口）1961 亿美元，比上年减少 1020 亿美元（国民经济和社会发展统计公报，2009）。另外，危机导致内需下滑，2009 年，居民消费价格（CPI）下降 0.7%，外贸下滑再加上内需不足，GDP 增长率从 2007 年的 14.2% 降至 2008 年的 9.6% 和 2009 年的 9.2%。

从 2003～2013 年上综指和深综指及实际有效汇率的波动幅度来看，2008 年为最高，2009 年次之，这表明，受金融危机影响，这一阶段我国进出口汇率及股市波动较大。另外，2009 年我国实施了宽松的货币政策，2009 年末 M2 和 M1 分别增长 27.7% 和 32.4%，分别为 1996 年和 1993 年以来最高。全年新增人民币贷款 9.59 万亿元，同比多增达 4.69 万亿元，增速为 31.7%，为 1985 年以来最高，信贷支持经济发展力度很大。货币总量增长较快，货币流动性不断增强，金融风险增大。

第三阶段，指数呈上升态势，说明从 2009～2012 年，我国金融安全状况不断改善。2009年后，全球经济缓慢复苏，我国面临的外部环境好转，国内经济恢复平衡快速发展的态势，2010年，GDP增长率达到10.4%。这一期间，宏观经济运行向好，微观方面，商业银行不良贷款率继续下降，商业银行不良贷款拨备覆盖率继续提高。

第四阶段，即与2012年相比，指数开始下降，说明2013年，我国增加了金融不安全的因素。具体分析，主要表现为2013年5月后，由于同业拆借市场流动性趋紧，同业拆借利率不断提高，以7天同业拆借利率为例，6月份最高时达12.25%，利率波动性增大；另外由于银行理财产品和信托产品的快速发展，银行表外资产增多，流动性风险增大。

第六节 改善金融监管的政策建议

我国金融监管部门应适应金融业经营模式的变化适时调整金融业监管模式：从分业监管逐步过渡到综合监管。

一 世界金融业经营模式及发展历程

从世界范围来看，金融业经营模式可分为综合经营和分业经营两种模式。金融综合经营是指在金融监管机构的许可下，金融机构可以跨业经营银行、证券、保险等两项以上的金融业务。其基本模式主要有三种：一是全能银行型（Universal Bank），其特点是一个金融机构可以提供银行、证券及保险业中两种以上的金融服务，这种模式德国较为普遍；二是金融集团型（Operating Holding Company），集团由母、子公司构成，金融业务占集团业务比重超过50%，金融机构作为母公司，母公司既从事实际业务经营，又通过股权控制不同行业子公司，这种模式英国较为普遍；三是金融控股公司型（Financial Holding Company），其特点是自身不从事具体金融业务，而是控股不同行业的金融机构，这种模式在美国较为普遍。

从西方金融业的发展历程来看，发达国家金融业经营模式经历了从综合经营到分业经营，再到综合经营的发展历程。20世纪30年代前，受市场竞争推动，各国自发形成了综合经营的模式；1929~1933年，美国发生经济大危机，金融业遭到巨大冲击，于1933年出台了《格拉斯－斯蒂格尔法案（Glass－Steagall Act）》，将商业银行与投资银行业务严格分离，分业经营也成为各国监管机构的共识，世界金融进入分业经营时代，但此期间，德国是例外，其金融体制则一直坚持综合经营模式。20世纪80年代，在金融自由化浪潮及金融"脱媒"趋势的推动下，各国相继放松了对综合经营的管制。1986年，英国实行金融大变革，改革后，商业银行通过跨业并购建立起综合性金融服务集团。1999年，美国颁布《金融服务现代化法案》，允许经营状况良好的银行控股公司转为金融控股公司，世界金融再次回归综合经营模式。

2007年，美国次贷危机爆发后，对金融机构进行了一系列的重组和调整，并对商业银行的投资业务进行了限制，2010年包括美国证券交易委员会、美联储和联邦存款保险公司等在内的五大金融监管机构批准了"沃克尔规则"，该法则对银行开展自营交易和发起设立对冲基金、私募股权投资基金进行了限制。但控股公司的综合经营模式没有被质疑。各国金融监管体制也做了相应调整和改变，但总体上世界金融业综合经营潮流没有改变，甚至出现高盛、摩根士坦利等传统投资银行获得商业银行牌照的现象（祁斌，2014）。

二 我国金融业经营模式与监管模式现状分析

1994年之前，中国金融机构以商业银行为主，商业银行可以经营银行、证券、保险和信托业务。1993年，国务院颁布了《关于金融体制改革的决定》，明确提出金融业"分业经营、分业管理"的原则。1994年开始，我国金融业实行分业经营模式，即银行、证券和保险实行分业经营，业务不相交叉。与分业经营模式相适应，我国的金融监管模式也逐步由中国人民银行统一监管转变为分业监管模式。1992年，成立了证券监督管理委员会，1998年，成立了保险监督管理委员会，2003年，成立了中国银行业监督管理委员会，至此，我国形成了"一行三会"的金融监管新格局，分业经营、分业监管的管理体制进一步确立。

名义上，我国金融业实行分业经营模式，但事实上金融行业已广泛存在综合经营的状况，且呈现快速发展态势，主要表现在以下几个方面。

第一,金融机构跨业投资步伐加快。从 2005 年中国人民银行、银监会和证监会下发《商业银行设立基金管理公司试点管理办法》批准商业银行投资设立基金管理公司开始,以工商银行、中国银行、建设银行、交通银行等为代表的金融机构跨业投资步伐加快。截至 2013 年底,共有 13 家商业银行投资基金管理公司、15 家商业银行投资金融租赁公司、4 家商业银行投资控股信托公司、7 家商业银行投资保险公司等(中国人民银行金融稳定分析小组,2013)。

第二,金融控股公司数量逐步增加。除去国务院分别于 2005 年和 2008 年批准成立的中国银河金融控股公司、光大金融控股公司外,一些企业已发展成为实质性的金融控股公司,同时控制着银行、保险、证券、信托等机构,例如中信控股公司、光大集团、平安集团等;另外一些是未经正式批准设立的金融控股公司,大型企业集团利用资本优势,入股或控股多种类型金融机构,实现产业资本和金融资本的融合。据统计,有数十家央企,例如中石油、国家电网和中粮集团,共投资、控股了上百家金融子公司,其中包括商业银行、财务公司、信托公司、金融租赁公司、证券业机构、保险公司以及典当公司、担保公司等(祁斌,2014)。大量地方政府主导的管理地方国有金融资产的地方性的金融控股公司相继组建,如北京首创集团、天津泰达集团等。资产管理公司的业务有转向金融控股公司业务方向的趋势。金融控股公司的业务中银行业、证券业和保险业在业务领域互相渗透。

第三,投资于金融业的非金融企业增多。到 2013 年底,有近 60 家央企共投资、控股了约 160 家金融子公司,涉及银行、财务公司、信托、金融租赁、证券、保险等领域。约有 10 家央企在集团内部设立了专门管理金融业务的公司。

第四,以理财产品为代表的交叉性金融产品迅猛发展。如近几年快速发展的理财产品中的银信、银证、银保、证保产品就是银行、信托、证券、保险等机构合作提供的产品。

第五,互联网金融快速发展加速了综合经营进程。以移动互联网、大数据、云计算等为代表的通信和信息技术的迅猛发展,正在重塑现行的金融业经营模式,新技术及互联网平台使银行、证券、保险等行业的相互交叉和融合更为便捷。同时，阿里巴巴、腾讯、百度等互联网企业相继进入传统的金融业务领域，在支付结算、对小微企业贷款、销售渠道等方面取得进展，其中有些企业的业务已经涉及银行、证券和保险领域，实现了底层综合化经营。

第六，民营银行的发展将促进金融业综合经营。2014年3月11日，银监会公布了首批民营银行试点名单，根据银监会消息，目前参与试点的民营企业共有10家，其中阿里巴巴和万向、腾讯和百业源、均瑶和复星、商汇和华北、正泰和华峰分别合作，组成5家民营银行，他们将分别在天津、上海、浙江和广东开展试点。上述民营银行的发起人来自不同的行业，这些企业进入金融业会促进金融业与其他行业的融合。

银监会要求，民营银行要突出特色化业务、差异化经营，重点是体现服务小微、服务社区的功能特点，以完善多层次银行金融服务体系。五家银行试点方案中包括了四种形式。其中，阿里巴巴和万向是"小存小贷"，即规定了单户存款上限和单户贷款上限，符合监管层要求的差异化的经营导向；同时，阿里将利用自身具备的互联网技术优势开展银行业务，主要服务网上经营的小企业客户。腾讯和百业源的模式则是"大存小贷"，即只做一定限额以上的存款；此外，天津商汇和华北集团合作模式则是"公存公贷"，即只面向企业做法人业务，而不做私人业务，这样能有效降低风险；另外两家民营银行则是在特定区域内服务当地小微企业。

总之，我国金融业综合经营的较快发展是市场力量驱动的结果，经营模式的转变客观上要求监管方式的改变。

三 进一步完善我国金融监管体制，推进我国金融业综合经营稳健发展

与我国事实上已广泛存在金融业综合经营并较快发展的现状相适应，从2005年开始，金融监管部门出台了《商业银行设立基金管理公司试点管理办法》《信贷资产证券化试点管理办法》《银行并表监管指引》《保险集团公司管理办法》等规章规范和推进金融业综合经营试点，积累了一定的监管经验。

2006年和2011年，国家"十一五"和"十二五"规划相继提出稳步和积极稳妥推进金融业综合经营试点。2012年第四次全国金融工作会议再次强调"总结经验，建章立制，加强监管，防范风险，积极稳妥推进金融业综合经营试点工作"。

为了适应综合化经营现状，金融监管部门加强金融监管协调。2013年8月，国务院同意建立由人民银行牵头，包括银监会、证监会、保监会、国家外汇局在内的金融监管协调部际联席会议制度，以进一步加强金融监管协调，保障金融业稳健运行。

从全球金融业的发展趋势来看，综合经营是大势所趋，我国若要推进综合经营，在当前的监管体系下需要进一步加强监管协调，但这还远远不够，具体来看，还需要从以下三方面着手进一步加强综合经营的监管。

第一，要尽快制定与金融综合经营相关的法律法规。目前我国综合化经营已经形成一定规模，出现了许多新的业态，综合经营下将会有更多的金融风险因素相互交织渗透，缺乏风险控制能力的金融机构很难有效防范潜在风险，迫切需要有法可依和依法监管。发达国家的金融业一般是在相关法律规范制定之后才运行综合经营模式，而我国目前仍是在分业经营的法律框架下，要进行综合经营，应尽快制定与金融综合经营相关的法律法规。

第二，要加强金融监管的系统性和持续性，不断完善监管手段和技术。2009年以来，商业银行表外业务的迅速发展及其潜在风险已引起监管层的高度关注。银监会于2011年6月发布《关于切实加强票据业务监管的通知》后，于2011年8月相继下发《商业银行理财产品销售管理办法》和《关于规范银信理财合作业务转表范围及方式的通知》，此外银监会要求银行清理理财"资产池"，要求银行对理财产品对应的资产投资组合进行梳理和规范，以实现单一理财产品单独核算。这意味着，监管部门开始对商业银行表外资产风险拉响预警。要加强对表外业务的监管，今后需不断完善监管手段和技术，以并表监管为核心，建立覆盖金融机构表内、表外业务的全面风险监测体系。加强系统性风险的宏观审慎监管，在资本、流动性、风险管理等方面，对综合经营的大型机构提出更为严格的要求。

随着互联网金融创新不断涌现，在不断完善监管手段和技术的同时，央行监管思路和方式也需要发生变化，2014年3月下旬以来，央行发文暂停二维码支付业务和虚拟信用卡业务，以及针对网络支付业务进行限额管理等一系列针对业务监管的举措。一方面，监管部门在监管手段和技术方面应跟上互联网金融的步伐，对支付机构和互联网金融进行全方位监管，同时又要为创新和发展留有余地和空间，这是当前和未来监管层面临的挑战所在。另一方面从"管机构"向"管业务"监管方式转换，未来不管支付机构的资产规模大小、市场份额多寡，要统一业务标准和规则来进行监管。

第三，要健全金融监管协调机制，增强金融监管合力。2013年8月，国务院批准人民银行牵头建立金融监管协调部际联席会议制度。目前，就建立金融监管信息共享和金融业综合统计、规范金融机构同业业务、促进互联网跨界金融健康发展、增强资本市场的融资功能、防范化解金融领域重点风险隐患等政策事项进行研究、达成共识，取得了较好效果。

表外业务、同业业务和影子银行等是我国当前可能引发流动性风险的主要因素。

近年来，我国金融创新深入推进，影子银行体系日益活跃，在满足经济社会多层次、多样化金融需求的同时，也暴露出业务不规范、信息披露不充分、管理不到位和监管套利等问题。针对这些情况，2013年12月国务院及时出台了《国务院办公厅关于加强影子银行监管有关问题的通知》，明确监管责任，全面排查风险，完善制度规则。

为规范金融机构同业业务，人民银行、银监会、证监会、保监会、外汇局2014年5月6日联合印发了《关于规范金融机构同业业务的通知》（银发〔2014〕127号），完善金融机构同业业务治理。加强理财资金投资运作管理，探索建立统一的资产管理业务监管规则。

今后应健全金融监管协调机制，增强金融监管合力，加强对表外业务、同业业务及影子银行和互联网跨界金融监管，促进新兴金融业态规范化发展。

第七节 金融安全指数总结

表11-12 金融安全度等级和含义

安全等级符号	安全等级得分区间	安全细分等级符号	安全等级含义	安全等级细分得分区间
A	(80,100]	A+	安全偏正面	(95,100]
		A	安全	(85,95]
		A-	安全偏负面	(80,85]
B	(60,80]	B+	比较安全偏正面	(75,80]
		B	比较安全	(65,75]
		B-	比较安全偏负面	(60,65]
C	(40,60]	C+	基本安全偏正面	(55,60]
		C	基本安全	(45,55]
		C-	基本安全偏负面	(40,45]
D	(20,40]	D+	不太安全偏正面	(35,40]
		D	不太安全	(25,35]
		D-	不太安全偏负面	(20,25]
E	[0,20]	E+	不安全偏正面	(15,20]
		E	不安全	(5,15]
		E-	不安全偏负面	[0,5]

表11-13 金融安全指数及安全等级

年份	金融安全指数	安全等级	安全等级含义
2003	0.0000	E-	不安全偏负面
2004	11.7737	E	不安全
2005	13.2668	E	不安全
2006	36.9450	D+	不太安全偏正面
2007	59.8323	C+	基本安全偏正面
2008	45.5321	C	基本安全
2009	4.0856	E-	不安全偏负面
2010	64.3391	B-	比较安全偏负面
2011	70.0038	B	比较安全
2012	100.0000	A+	安全偏正面
2013	80.2492	A-	安全偏负面

2003~2013年金融安全指数走势呈现起伏波动态势，具体分为以下四个阶段：2003~2007年，指数上升阶段；2007~2009年，指数下降阶段；2009~2012年，指数上升阶段；2012~2013年，指数下行阶段。

从前文的分析可以看出，金融安全指数的变化与我国金融安全状况的历史变化走势大体吻合。这也证明了本书测算的金融安全指数可以较好地反映我国金融的基本安全状况，另外，根据测算指标的变动情况，可以有针对性地制定应对风险的措施，提前防范和化解金融风险，从而为金融机构管控风险和金融监管部门有效监管提供实证支持。

第 十 二 章
中国房地产业安全评价及安全指数研究

第一节 房地产业安全现状分析

一 房地产业发展情况概述与特征

（一）房地产业发展历史回顾

中国房地产发展历史大致可以追溯到改革开放初期。改革开放前10年，房地产发展极其缓慢，处于酝酿阶段。1987年，邓小平同志提出推进我国住房商品化并成立国务院住房改革领导小组，中国土地深圳"第一拍"拉开了房地产发展的序幕。房地产发展史大概可以分成以下五个阶段。

第一阶段：理论突破与试点起步阶段（1978年至1991年）

1978年理论界提出了住房商品化、土地产权等观点。1980年9月，北京市住房统建办公室率先挂牌，标志着房地产综合开发的开始。1982年，国务院在郑州、沙市、常州、四平四个城市进行售房试点，试行新建住房补贴出售。1984年，广东、重庆开始征收土地使用费。1987年11月26日，深圳市政府首次公开招标出让住房用地，这是房地产发展史上的一次重大突破，我国土地使用制度发生了根本性变革，标志着我国法律上承认了土地使用权的商品属性，跨出了土地商品化、市场化的重大一步。1990年，上海市房改方案出台，开始建立住房公积金制度，同年我国出台了《城镇国有土地使用权出让和转让暂行条例》，为土地使用权有偿出让提供了具体依据，为建立可流转的房地产和房地产市场的形成奠定了基础。1991年开始，国务院先后批复了24个省市的房改总体方案。

第二阶段：非理性炒作与调整推进阶段（1992年至1995年）

1992年，在邓小平"南方谈话"加快了我国对外开放及市场化改革的步伐，随着全国房地产市场价格的放开和许多政府审批权力下放，金融机构开始发放房地产开发贷款，中国房地产市场进入了快速扩张期。1992年，房改全面启动，住房公积金制度全面推行。1993年，"安居工程"开始启动。1992年后房地产业急剧快速增长，房地产市场在局部地区一度呈现混乱局面，在个别地区出现较为明显的房地产泡沫。1993年6月，中共中央、国务院印发《关于当前经济情况和加强宏观调控意见》，提出整顿金融秩序，加强宏观调控的16条政策措施，引导过热经济实现软着陆。自此，国家开始了对房地产市场大规模的清理和整顿。1994年，《国务院关于深化城镇住房制度改革的决定》发布实施。1995年，海南地产泡沫破灭。

第三阶段：相对稳定协调发展阶段（1995年至2002年）

1996年10月，国家税务总局发出《关于加强固定资产投资方向调节税征收管理工作的通知》。1997年5月，中国人民银行公布《住宅担保贷款管理试行办法》，不仅给按揭业务提供了法律依据，对房地产金融也是一大突破。1998年，《关于进一步深化城镇住房制度改革，加快住房建设的通知》文件出台，这是我国住房体制改革的纲领性文件。文件决定自当年起停止住房实物分配，建立住房分配货币化、住房供给商品化、社会化的住房新体制。这项重大改革举措对我国的房地产业的发展产生了巨大的推动作用。至此，福利分房制度被取消。1998以后，随着住房实物分配制度的取消和按揭政策的实施，房地产投资进入平稳快速发展时期，房地产业成为经济的支柱产业之一。1999年4月，建设部发布《已购公有住房和经济适用住房上市出售管理暂行办法》及《城镇廉租住房管理办法》。2001年，建设部发布我国第一部《商品房销售管理办法》，重点解决商品房销售环节中存在的广告、定金、面积纠纷以及质量等问题。该办法的实施，对于规范房地产市场销售起到了一定的积极作用。2002年7月1日，国土资源部颁布的《招标拍卖挂牌出让国有土地使用权的规定》开始实施，助推了政府基础建设和城市化进程的速度，加大了征地、拆迁的行为，创造了大量的强制性消费需求，无意中成了房价上涨的助推器。

第四阶段：价格持续上扬，多项调控措施出台的新阶段（2003年至2008年8月）

2004年7月，根据国土资源部、监察部2004年第71号文件规定：2004年8月31日起，所有六类土地全部实行公开的土地出让制度，采取公开招标、公开拍卖、公开挂牌的方式出让土地。住宅土地用地价格由此开始快速上涨。2005年3月，国务院办公厅下发《关于切实稳定住房价格的通知》（"旧国八条"），同年4月，国务院出台了《加强房地产市场引导和调控的八条措施》（"新国八条"）。5月，国务院转发了建设部等七部委的《关于做好稳定住房价格工作的意见》。至此，国家开启了控制房价的大幕。2006年5月，九部门制定《关于调整住房供应结构稳定住房价格的意见》被国务院转发。文件明确要求各城市在2006年9月底前公布普通商品房、经济适用房和廉租房建设目标，并提出套型在90平方米以下的住宅比率必须达到开发面积的70%。2007年8月，国务院发布《关于解决城市低收入家庭住房困难的若干意见》，该文提出要加快建设多层次的住房供应体系，加大保障性住房的建设力度，中央房改十年轮回，"重市场轻保障"的住房模式开始转变。9月，央行、银监会发布第359号文，要求提高第二套房首付比例。10月，国土资源部发布第39号令，规定未缴清全部土地出让价款，不得分割发放土地证。10月1日起，《物权法》正式施行，动拆迁须进一步合法化。2007年3~9月，中国人民银行连续5次加息，一年期贷款基准利率由6.12%上调至7.29%，不断收紧资金供给。2008年4~5月，上调存款类金融机构人民币存款准备金率1个百分点。2008年8月8日，第29界北京奥运会开幕，而北京的房地产市场也开始进入"寒冬"，楼市成交低迷，观望气氛浓烈，房价开始下降。

第五阶段：应对国际金融危机，房地产业被赋予了新的使命，房地产市场泡沫加大，调控难度加大，调控措施密集出台（2008年9月至今）

为应对美国金融危机的不利冲击，出台了一揽子政策快速增加市场资金供给。2008年9~10月，受美国金融危机的影响，央行下调一年期人民币贷款基准利率0.27个百分点，以及下调存款准备金率0.5个百分点。下调一年期人民币存贷款基准利率各0.27个百分点，其他期限档次存贷款基准利率做相应调整。将商业性个人住房贷款利率的下限扩大为贷款基准利率的0.7倍；最低首付款比例调整为20%。从2008年11月1日起，对个人首次购买90平方米及以下普通住房的，契税税率暂统一下调到1%；对个人销售或购买住房暂免征收印花税；对个人销售住房暂免征收土地增值税。地方政府可制定鼓励住房消费的收费减免政策，下调个人住房公积金贷款利率。

加强土地政策在房地产市场中的调控作用，加强保障房建设。2009年5月，国土资源部发布《国土资源部关于调整工业用地出让最低价标准实施政策的通知》，对《全国工业用地出让最低价标准》实施政策进行适当调整，加强地价政策在宏观调控中的作用。同月，国土资源部发布《国土资源部关于切实落实保障性安居工程用地的通知》，明确保障性住房用地的需求。同月，国务院发布《关于调整固定资产投资项目资本金比例的通知》，明确保障性住房和普通商品住房项目的最低资本金比例为20%，其他房地产开发项目的最低资本金比例为30%。这是自2004年以来执行35%自有资本金贷款比例后的首次下调，已恢复到1996年开始实行资本金制度时的水平，从而预示着紧缩了数年的房地产信贷政策开始"松绑"。2009年12月17日，财政部、国土资源部、央行、监察部等五部委公布《关于进一步加强土地出让收支管理的通知》，将开发商拿地的首付款比例提高到了五成，且分期缴纳全部价款的期限原则上不超过一年，加快土地流通和打击囤地。

既要保证房地产业的发展，又要防范房地产业引起的系统性风险，房地产业在助力经济发展和内部结构调控优化中纠结前进。2010年1月10日，国务院出台"国十一条"，严格二套房贷款管理，首付不得低于40%，加大房地产贷款窗口指导。2010年3月10日，国土资源部出台了19条土地调控新政，即《关于加强房地产用地供应和监管有关问题的通知》，该通知明确规定了开发商竞买保证金最少两成、1月内付清地价50%、囤地开发商将被"冻结"等19条内容。2010年4月15日，国务院出台具体措施，要求对贷款购买第二套住房的家庭，首付款不得低于50%，贷款利率不得低于基准利率的1.1倍。对购买首套住房且套型建筑面积在90平方米以上的家庭，贷款首付款比例不得低于30%。2010年4月15日，国土资源部公布2010年住房供地计划，今年拟计划供应住房用地总量同比增长逾130%，其中中小套型商品房将占四成多，超过去年全国实际住房用地总量。2010年4月

18 日，国务院发布通知指出，商品住房价格过高、上涨过快、供应紧张的地区，商业银行可根据风险状况，暂停发放购买第三套及以上住房贷款。

2010 年 4 月 30 日，北京出台"国十条"实施细则，率先规定"每户家庭只能新购一套商品房"。同年 9 月 29 日"国五条"出台后，累计有上海、广州、天津、南京、杭州等 16 个一二线城市推出限购政策。截至 2011 年 2 月，已有 36 个城市提出限购；被称为"最严厉楼市调控措施"的"限购令"已经在北京、上海、深圳、广州实行。2011 年 1 月 26 日，国务院常务会议再度推出 8 条房地产市场调控措施（即"新国八条"），要求强化差别化住房信贷政策，对贷款购买第二套住房的家庭，首付款比例不低于 60%，贷款利率不低于基准利率的 1.1 倍。2012 年，央行两次下调存款类金融机构人民币存款准备金率共 1 个百分点，下调金融机构一年期存款贷款基准利率各 0.25 个百分点，下调个人住房公积金存款利率。2013 年 2 月，"国五条"出台，旨在建立房地产市场健康发展的长效机制。2013 年 2 月，国务院办公厅发布《关于继续做好房地产市场调控工作的通知》，对出售自有住房按规定应征收的个人所得税，通过税收征管、房屋登记等历史信息能核实房屋原值的，应依法严格按转让所得的 20% 计征。

回顾这段历史，我们发现，房地产业是遭受非议最多的行业之一，也是受政府政策"关照"最多的行业。基于政府本身的利益、市场化的进程及中国人口的规模，房地产调控在未来若干年仍然是常态。

（二）房地产业发展现状分析

房地产是指土地和土地上永久性建筑物及其衍生的权利，简单地说，即房屋财产和与房屋相关的土地财产的总称。房地产业是以土地和建筑物为经营对象，从事房地产开发、建设、经营、管理以及维修、装饰和服务的集多种经济活动为一体的综合性产业。主要包括：土地开发，房屋的建设、维修、管理，土地使用权的有偿划拨、转让，房屋所有权的买卖、租赁，房地产的抵押贷款，以及由此形成的房地产市场。在实际生活中，人们习惯上将从事房地产开发和经营的行业称为房地产业。

经过 30 多年的发展，房地产业已经成为我国重要的行业。从规模上看，截至 2012 年底，企业总数 89859 家，从业人数 239 万人，资产总计 351859 亿元，经营收入 51028 亿元，商品房销售收入 47463 亿元，营业利润 6001

亿元。从结构上看，内资企业占比不断上升，从 2006 年的 59.3% 上升到 2012 年的 94.3%，其中内资企业又以私人企业为主，国企占比较低，2012 年为 4.7%；外商投资企业占比较低，2012 年仅为 1.9%。从发展速度来看，2006～2012 年我国房地产开发企业资产总额年复合增量率达 25.9%，处于高速增长水平。从赢利能力来看，2007 年以来，房地产开发企业一直保持 10% 以上的营业利润率。

具体相关数据见表 12-1，表 12-2，表 12-3。

表 12-1　2006～2012 房地产开发企业数据

年份	总企业数（个）	从业人数（万人）	资产总计（亿元）	经营总收入（亿元）	商品房屋销售收入（亿元）	营业利润（亿元）
2006	58710	160	88398	18047	16621	1670
2007	62518	172	111078	23397	21604	2437
2008	87562	210	144834	26697	24394	3432
2009	80407	195	170184	34606	32508	4729
2010	85218	209	224467	42996	40585	6111
2011	88419	226	284359	44491	41698	5799
2012	89859	239	351859	51028	47463	6001

资料来源：国家统计局统计年鉴。

表 12-2　2006～2012 房地产开发企业数据

单位：个，%

年份	内资企业占比	内资国有和集体企业数	内资私人企业数	港、澳、台投资企业数占比	外商投资企业数占比
2006	59.3	6.0	81.6	3.92	2.1
2007	63.4	5.6	83.0	3.92	2.3
2008	90.5	6.1	86.6	4.36	2.6
2009	83.1	5.8	86.4	4.04	2.3
2010	88.5	5.5	87.5	4.09	2.3
2011	92.4	5.0	88.9	3.97	2.1
2012	94.3	4.7	89.5	3.84	1.9

资料来源：国家统计局统计年鉴。

表 12-3 2006~2012 房地产开发企业数据

单位：%

年份	资产负债率	营业利润率	资产增长率	营业利润增长率	商品房屋销售收入增长率
2006	74.1	9.3	22.4	50.6	24.8
2007	74.4	10.4	25.7	45.9	30.0
2008	72.3	12.9	30.4	40.9	12.9
2009	73.5	13.7	17.5	37.8	33.3
2010	74.5	14.2	31.9	29.2	24.8
2011	75.4	13.0	26.7	-5.1	2.7
2012	75.2	11.8	23.7	3.5	13.8

资料来源：国家统计局统计年鉴。

（三）我国房地产业特征

我国房地产业主要有以下八个方面的特征。

（1）土地实行国有和集体所有制，政府利益最大，土地财政问题突出；与民争利现象突出；房地产业的社会矛盾高度集中。

（2）供需结构失衡：人口世界第一，农民工进城，城市化规模与其他国家没法匹敌，一线、二线城市供不应求，三线、四线城市则供过于求。

（3）中国政治权力结构的特殊性决定资源分配不均现象比较严重（一线城市＞二线城市＞三、四线城市），房地产市场结构出现明显分化。

（4）双重属性。房地产具有生产资料和生活资料的二重性。当房屋作为住宅使用时，它是消费资料；当房屋作为厂房、仓库、商店、办公楼使用时，它是生产资料。同时房地产还具有消费品和投资品的双重特征，作为消费品时房地产为家庭和企业提供生活和生产的空间。作为投资品时，房地产被当作一种资产被家庭和企业持有和交易，其目的是获取投资收益。

（5）高资金密度、高风险性。房地产属于资金密集型产业，与国家经济金融安全高度相关。房地产商品是典型的耐用品，与其他耐用品相比，房地产商品价格高昂，而房地产在开发建设过程中更是需要巨额资金，且资金周转时间较长，资金回笼慢。

（6）周期性。国内外房地产业发展的历史证明，由于房地产业的发展受制于宏观经济发展、人口、政治、社会文化、法律制度等多种因素的影响,房地产业在发展过程中,会表现出周期性波动变化,出现房地产业发展的高峰期和低谷期,即房地产业发展的周期性波动规律。

(7) 房地产业具有明显的区位特征,房地产商品不像其他商品一样可以自由流动。

(8) 我国房地产业与百姓最为息息相关,受社会关注程度极高,容易引发社会风险,甚至由此对我国经济金融安全造成极大冲击。

二 房地产业安全现状分析

(一) 房地产业外部环境安全状况分析

自2007年国际金融危机以来,世界经济复苏进程异常艰难曲折,脆弱性、不确定性和不平衡性成为世界经济发展的重要特征,各国的政策相应地也在不断调整。2014年,世界经济继续处于政策刺激下的脆弱复苏阶段,总体形势相对稳定,但继续向下滑行,维持着"弱增长"格局。

美国:2014年一季度美国经济以缓慢但平稳的步调继续复苏。非农就业人数也在继续改善。对美国来说,缩减量化宽松可能导致流动性收紧,由此带来的利率上升将抑制房地产复苏,也会抬高消费信贷和商业融资成本,不利于私人消费和投资增长。美联储要权衡的是,如何及何时开始缩减资产购买规模,同时又不会触发利率上升的局面,以免导致延缓经济复苏进程和损害就业市场的增长。考虑到近年美国经济调整取得的实际成效,以及房地产市场持续向好、国内工业逐渐企稳,2014年美国经济将呈延续增长态势,增长势头进一步巩固。美联储预计,2014年增速将加快到2.9%~3.1%。

欧洲:2014年6月5日,欧洲央行将再融资利率由0.25%下调至0.15%,存款利率由0下调至-0.1%,成为首家将实施负利率政策的全球主要央行。欧洲央行实施"负利率"政策的背后,是欧洲疲软不振的经济状况。2014年第一季度,欧元区经济增速仅为0.2%,与上一季度的增速持平,其中法国、意大利等欧元区经济大国的状况尤其令人担忧,法国在第一季度中经济出现零增长,意大利甚至出现了0.1%的负增长。

新兴市场国家:新兴经济体经济增速放缓,对全球经济拉动作用趋于减弱。金融危机以来,以金砖国家为代表的新兴经济体经济保持较快增长,是拉动世界经济的主要力量。但在发达国家需求持续疲弱、国际资本异动困扰、各国自身深层次的结构性矛盾凸显下，新兴经济体也无法独善其身，经济增速回落明显。有的国家过于依赖能源资源出口，受国际市场能源资源价格下滑冲击严重；有的国家财政和经常账户双赤字问题突出，亟须加快结构调整和财政紧缩。新兴经济体普遍失去强劲增长势头，让世界经济近期增长前景放缓。

中国：对于正处于转型关键时期的我国经济来说，外部政策环境的变化，无疑会给我国经济带来影响，我国政府目标是 2014 年 GDP 同比增速不低于 7.5%。目前中国正在加快推进反腐败运动，推动政治经济改革。事关经济发展核心问题的改革有望在 2014 年取得阶段性进展。

（二）房地产业政策安全状况分析

针对我国房地产业安全状况，政府相关部门最近一两年推出了一系列政策措施，但其效果仍然有待进一步考察。重要的政策措施如下。

2013 年 2 月 20 日，国务院办公厅发布了《关于继续做好房地产市场调控工作的通知》（"新国五条"）。重申坚持执行以限购、限贷为核心的调控政策，坚决打击投资投机性购房，要求各地公布年度房价控制目标。

2013 年 3 月 5 日第十二届全国人民代表大会第一次会议开幕会上提出今年保障性安居工程的建设目标是：基本建成 470 万套，新开工 630 万套，并继续推进农村危房改造。

2013 年 5 月 24 日，国务院批转发改委《2013 年深化经济体制改革重点工作的意见》，意见中要求扩大个人住房房产税改革试点范围。

2013 年 11 月 20 日，国务院召开常务会议，决定整合不动产登记职责，建立统一登记制度。

2013 年 11 月 22 日，国土部和住建部联合发布《关于坚决遏制违法建设、销售"小产权房"的紧急通知》，要求各地坚决遏制最近一些地方出现的违法建设、违法销售"小产权房"问题。

2013 年 12 月 6 日，住建部、财政部、国家发改委公布《关于公共租赁住房和廉租住房并轨运行的通知》。

（三）市场安全状况分析

住宅市场是个高度区域化的市场。决定住房价值的是位置，这决定了房地产市场在分化。本届政府宣布 2014 年 6 月启动全国房地产登记系统。之后，不仅房地产市场的情况会水落石出，政府也会进行精准的调控。上述这些变化对房地产市场的走势会产生非常大的影响。未来，有的地方房地产价格可能涨，有些地方可能跌，也不排除部分区域、部分金融机构问题会突出一些。但从目前的情况看，还在可控的范围内。第一是调控难度增大，国家有可能实施双向调控。调控政策取向可能以维持房地产市场稳定为目标，既要防止房价过快增长，也要防止房价震荡下跌。第二是调控政策将进一步强化差异化和多元化。具体的调控措施将强化城市分类条件，根据各分类城市的标准实施差异化的调控政策，调控措施也将更多体现针对不同人群的多元化方向。

第二节 房地产业安全的界定与特征

一 房地产业安全的界定

（一）房地产业安全的内涵

房地产业安全是保障房地产业周期循环发展过程中房地产投资与建设、市场定价、市场结构和不动产管理等产业链各环节健康发展，不受威胁的状态。具体上包括三个层面含义：一是安全主体是我国的房地产业；二是房地产业的安全包括房地产业的生存安全和发展安全两个方面；三是房地产业的安全度，通过建立房地产业安全评价体系予以评价。

（二）房地产业安全的具体表现

不过多占用其他产业发展资本：过多占用国家经济发展所需要的资本，将来资本撤出，就容易导致崩盘，这种结果对整个房地产业的伤害是巨大的。这样能够有效应对外部经济环境的变化和波动，包括国内企业行业波动和国外主要经济体的波动。

房地产市场结构合理：第一个层面是针对住宅而言，高收入群体购买高档房（别墅），中等收入者可以购买商品房，低收入群体可以入住保障房，这个结构或者机制要有，没有的话，对房地产市场发展是不利的；第二个层面是指住宅、商业、工业房地产均衡协调发展。

房地产政策安全：关于房地产的政策，凡是有利于房地产业长期健康发展的，都是好的政策。凡是使房地产偏离正常轨道的，都是不安全的政策。房地产政策包括土地政策、税收政策、信贷政策等。

房地产价格合理：政府、银行、开发商、投资者、消费者各利益主体均衡发展。目前消费者定价权受到威胁。

二 我国房地产业安全状况的特征

我国房地产业安全状况主要具有以下特征：

我国房地产业安全状况的未来趋势深受各级政府行为的影响，这是我国房地产业安全的最大特征。

我国房地产业安全状况出现严重的地域分化。30多年来，尽管我国经济快速发展，但地域发展非常不平衡，这也导致了我国房地产的发展出现了地域分化，一、二线城市与三、四线城市的房地产市场状况迥然不同。在进行调控时，需要拿出有针对性的策略，同一政策全国推广的情况在未来会越来越少，都需要与当地情况进行结合。

房地产与银行金融系统紧紧捆绑。我国房地产业高度依赖银行体系的资金支持。房价下跌到一定程度会对银行造成系统性风险。

第三节 房地产业安全评价逻辑与安全评价因素

一 房地产业安全评价逻辑概述

在我国，房地产业是个极其复杂的行业，不仅政府、银行、房地产开发企业、购房者等都深深参与其中，而且与金融、建材、建筑等众多行业相关联，利益错综复杂，影响因素众多。因此，在评估房地产业安全时，要理出一个完整的逻辑分析框架是比较困难的。我们通过抽取房地产业核心参与方之间的基本关系，借鉴工业供应链的思路来逐步建立逻辑分析框架。最终我们将采用问诊单的形式给出安全评价因素（见图12-1）。

在分析房地产业安全时，我们分成四个部分，第一部分是以房地产企业

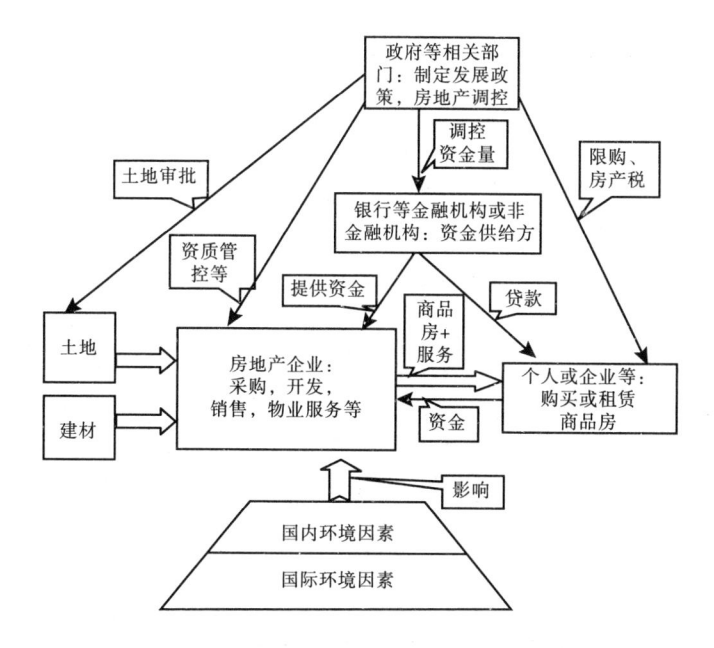

图 12 − 1　中国房地产业安全评价逻辑分析框架示意

资料来源：中国产业安全研究中心。

作为核心来分析房地产业的安全性；第二部分是分析商品房购买方对房地产业安全性影响；第三部分分析政府相关部门与银行等金融机构的行为对房地产业安全性的影响；第四部分分析国内和国际环境因素对我国房地产业安全性的影响。

二　开发主体安全评价因素分析

房地产业自身的安全主要靠自身的经营。经营因素对房地产业安全的影响至关重要，经营的好坏直接威胁到行业的生存与发展。不会经营，一堆"好食材"也可能做不出美味爽口的"菜"。可以从以下几个方面揭示经营因素与房地产业安全的关系。

（一）采购：土地购置面积稳定性

土地购置面积稳定增长表示行业的可持续发展。该指标出现大幅波动时，未来的商品房供应会大起大落，不利于房地产业发展（见表12 − 4）。

表 12-4 2006~2014 年房地产开发企业购置土地面积

单位：万平方米，%

年份	本年购置土地面积	同比增长率
2014	11089	-5.7
2013	38814	8.8
2012	35667	-19.5
2011	44327	10.9
2010	39953	25.2
2009	31910	-18.9
2008	39353	-2.2
2007	40246	10.0
2006	36574	-4.4

注：2014 年为前 5 个月的数据。
资料来源：Wind 数据库。

（二）生产：新开工面积，完成面积稳定性

近年来，房地产业新开工面积增长迅速且不稳定。2013 年新开工面积是 2006 年的 2.5 倍。2006 年以来基本保持增长态势（除 2012 年回落 7.3%之外），2010 年增长势头最猛，2009 年的宽松政策使得企业大量构造土地，并集中在 2010 年进行开发，2011 年延续了新开工面积增长趋势，2012 年理性回落，2013 年新开工面积又继续增长，预计 2014 年新开工面积会有一定幅度的回落，实施上 2014 年前 5 个月新开工面积增长率为 -18.6%，同比大幅回落。这说明近年来房地产业发展过快，不利于房地产业的发展。这一点也可以从房屋建筑面积竣工率这个指标反映出来，它从 2006 年的 28.7% 一直持续降低到 2013 年的 15.2%，而在此期间，竣工房屋面积是持续增长的，这说明仍然有大量的房屋在施工之中，指标"扣除当年已竣工后的施工房屋面积/当年竣工房屋面积"也同样说明，正在施工房屋面积越积越多，已经使得房地产业变得越来越不安全。

从房屋竣工面积及其增长率来看，除了 2011 年增长过快之外，供应基本保持较为稳定增长。在当前市场中房地产价格预期是下跌的这种情况下，购房者会持观望态度，那么大量的在建商品房可能存在沦为烂尾楼的风险（见表 12-5）。

表 12-5　2006~2014 年房地产开发企业建设情况

单位：万平方米，%

年份	施工房屋面积	竣工房屋面积	本年新开工房屋面积	房屋建筑面积竣工率	本年新工房屋面积增长率	扣除当年已竣工后的施工房屋面积/当年竣工房屋面积	竣工房屋面积增长率
2006	194786	55831	79253	28.7	16.4	2.5	4.5
2007	236318	60607	95402	25.6	20.4	2.9	8.6
2008	283266	66545	102553	23.5	7.5	3.3	9.8
2009	320368	72677	116422	22.7	13.5	3.4	9.2
2010	405356	78744	163647	19.4	40.6	4.2	8.3
2011	506775	92620	191237	18.3	16.9	4.5	17.6
2012	573418	99425	177334	17.3	-7.3	4.8	7.3
2013	665572	101435	201208	15.2	13.5	5.6	2.0
2014	586081	30700	59912	5.2	-18.6	18.1	6.8

注：2014 年采用前 5 个月的累计数。
资料来源：国家统计局。

（三）销售：销售规模稳定性，销售价格

从销售面积来看，2008 年以来保持稳定增长势头，2009 年增长率甚至达到了 43.6%。所以，近年来商品房供应量是持续稳定增长的。需要注意的是，2014 年前 5 个月，商品房销售价格仍在上涨，但销售面积同比增长率下降了 7.8%，这说明当前可能正在迎来房价的拐点。商品房销售价格下跌将会对房地产业产生严峻的考验，可能导致购房者持币观望，这有可能会造成部分房地产开发企业销售困难和资金链断裂，严重情况下也会导致房地产业安全受到威胁（见表 12-6）。

表 12-6　2006~2014 年房地产开发企业销售情况

年份	商品房销售额（亿元）	商品房销售面积（万平方米）	商品房销售价格（元/平方米）	商品房销售价格增长率（%）	销售面积增长率（%）	销售额增长率（%）	GDP同比增长率（%）	商品房销售价格增长率/GDP同比增长率（%）
2006	20826	61857	3367	6.3	11.5	18.5	12.7	0.50
2007	29889	77355	3864	14.8	25.1	43.5	14.2	1.04
2008	25068	65970	3800	-1.7	-14.7	-16.1	9.6	-0.18

续表

年份	商品房销售额（亿元）	商品房销售面积（万平方米）	商品房销售价（元/平方米）	商品房销售价格增长率(%)	销售面积增长率(%)	销售额增长率(%)	GDP同比增长率(%)	商品房销售价格增长率/GDP同比增长率(%)
2009	44355	94755	4681	23.2	43.6	76.9	9.2	2.52
2010	52721	104765	5032	7.5	10.6	18.9	10.4	0.72
2011	58589	109367	5357	6.5	4.4	11.0	9.3	0.70
2012	64456	111304	5791	8.1	1.8	10.0	7.7	1.05
2013	81428	130551	6237	7.7	17.3	26.3	7.7	1.00
2014	23674	36070	6563	5.2	-7.8	-8.5	7.5	0.70

注：2014年采用的是前5个月的数据。2014年GDP增长率采用政府预测值7.5%。
资料来源：Wind数据库。

（四）规模：资产增长稳定性

近年来，房地产的资产规模增长极其迅速，基本保持在20%以上。从2006年至2012年，平均年复合增长率达25.9%，2012年的资产规模约是2006年的4倍。与此同时，全国工业企业平均年复合增长率为17.6%，比房地产业低8.3个百分点，同时我们从"房地产资产增长率/全国工业企业资产增长率"指标也可以看到，房地产开发企业的资产增速与全国工业企业的相比在逐步加速，表现出显著的增长不平衡，这也预示着房地产开发企业扩展过快。

表12-7　2006~2012年房地产开发企业资产状况

单位：亿元，%

年份	房地产开发企业 资产总计	房地产开发企业 资产增长率	全国工业企业 资产总计	全国工业企业 资产增长率	房地产资产增长率/全国工业企业资产增长率
2006	88398	22.4	291215	19.0	1.2
2007	111078	25.7	353037	21.2	1.2
2008	144834	30.4	431306	22.2	1.4
2009	170184	17.5	493693	14.5	1.2
2010	224467	31.9	592882	20.1	1.6
2011	284359	26.7	675797	14.0	1.9
2012	351859	23.7	768421	13.7	1.7

资料来源：国家统计局《中国统计年鉴（2013）》。

（五）生存力：创造经营性净现金流能力

我们采用148家A股上市房地产企业来说明整个房地产业创造经营性现金流量净额的能力。从表12-8我们可以看出2012年148家上市房企其资产仅占全部房地产企业资产的7.2%，但当年营业利润却占到了整个房地产企业营业利润的19.6%。这说明148家企业确实属于所有房地产企业中较好的企业。我们的分析逻辑就是，如果这148家"好"企业在创造经营性现金流量净额尚且存在困难，那么对于整个房地产企业而言，该项能力也是不足的。

表12-8 2006~2013年148家A股上市房地产企业财务数据

单位：亿元，%

年份	资产总计	营业利润	营业利润率	净利润	经营活动产生的现金流量净额	经营活动产生的现金流量净额/净利润	资产总计/房地产业资产	营业利润/房地产业营业利润
2006	4881	156	9.9	98	-107	-1.09	5.5	9.4
2007	6941	318	15.0	235	-394	-1.68	6.2	13.1
2008	8627	356	16.1	313	-455	-1.45	6.0	10.4
2009	11931	637	21.7	498	538	1.08	7.0	13.5
2010	16008	816	21.3	618	-927	-1.50	7.1	13.4
2011	20656	995	21.3	755	-670	-0.89	7.3	17.2
2012	25217	1178	19.8	883	479	0.54	7.2	19.6
2013	31279	1458	19.3	1090	-831	-0.76	—	—

资料来源：148家房企资料来源于Wind数据库，房地产业资产总额和营业利润总额资料来源于国家统计局。

不幸的是，从"经营活动产生的现金流量净额/净利润"来看，仅有2009年的情况比较好，究其原因，主要是当年极度宽松的货币政策，使得资金成本很低，企业经营成本大大降低。2012年的情况还能勉强接受，但其他年份的经营性现金流量净额数据都比较糟糕。这说明整个房地产业都处于一种危险的繁荣假象之中：一方面营业利润率保持在10%以上，另一方面主营业务创造现金流的能力却很弱，不得不通过筹资活动来获得满足经营所需要的现金流。一旦外部融资遇到困难，就会产生系统性风险。

（六）资产质量：资产负债率趋势，不良率，应收账款回收率

1. 房地产业资产负债率越高，房地产业越容易受债务的牵制，较容易受外部影响，所以房地产业越不安全。根据表12－9中的数据，2008～2011年，我国房地产开发企业资产负债率小幅上升，但升幅有限，2012年比2011年回落0.2个百分点。总体而言，房地产开发企业的资产负债率并没有出现大幅的攀升，风险可控。而从148家上市房企的资产负债率数据来看，2008～2013年持续攀升，这一点应该要引起警示，尤其2009年升幅近5个百分点，但仍然低于2012年房地产开发企业的75.2%（见表12－9）。

表12－9 2006～2013年房地产开发企业资产负债率

年份	房地产开发企业资产负债率	148家A股上市房企资产负债率
2006	74.1	62.8
2007	74.4	62.6
2008	72.3	62.0
2009	73.5	64.3
2010	74.5	69.2
2011	75.4	71.2
2012	75.2	72.8
2013	—	74.0

资料来源：Wind数据库。

2. 房地产业不良率

房地产业不良率越高，表示房地产业越不安全，它们是负相关性（见表12－10）。

表12－10 2006～2014年房地产业不良率

单位：亿元，%

年份	商业银行不良贷款	房地产业不良贷款余额	房地产业不良贷款率	商业不良贷款率	房地产业不良贷款率/商业不良贷款率
2006	12549.20	952.65	6.61	7.09	0.93
2007	12684.20	905.10	4.91	6.17	0.80
2008	5602.55	676.20	3.35	2.40	1.40

续表

年份	商业银行不良贷款	房地产业不良贷款余额	房地产业不良贷款率	商业不良贷款率	房地产业不良贷款率/商业不良贷款率
2009	4973.30	504.10	1.93	1.58	1.22
2010	4336.00	439.80	1.26	1.10	1.15
2011	4279.00	353.20	0.97	1.00	0.97
2012	4929.00	279.10	0.71	0.95	0.75
2013	5921.00	214.40	0.48	1.00	0.48
2014	6461.00	—	—	1.04	—

注：2014年为第1季度末数据。

资料来源：银监会，Wind数据库。

（七）赢利能力：营业利润率

房地开发企业的赢利能力越强，房地产业自身抗风险能力也越强（见表12-11）。

表12-11　2006~2013年房地产开发企业营业利润率

单位：%

年份	房地产开发企业营业利润率	148家A股上市房企营业利润率	148家A股上市房企净利润率
2006	9.3	9.9	6.2
2007	10.4	15.0	11.1
2008	12.9	16.1	14.2
2009	13.7	21.7	17.0
2010	14.2	21.3	16.1
2011	13.0	21.3	16.2
2012	11.8	19.8	14.8
2013	—	19.3	14.4

资料来源：Wind数据库，国家统计局。

（八）运营效率：存货周转率

存货周转率越大，表明运行效率越高，企业运营效率越高（表12-12）。

表12-12　2006~2013年148家A股上市房企存货周转率

年份	148家A股上市房企存货周转率（%）
2006	0.59
2007	0.48

续表

年份	148家A股上市房企存货周转率(%)
2008	0.32
2009	0.31
2010	0.30
2011	0.24
2012	0.25
2013	0.28

资料来源：Wind数据库。

（九）资金管理能力（资金安全性）

房地产业属于资金密集型产业，资金是其血液，资金因素的不安全，可以立即引发局部地区或全局性房地产企业的经营危机。多元化，供给量的稳定性，对银行资金依赖能力，对外资依赖性都是要考虑的因素。

1. 房地产开发企业投资资金来源多元化程度及对外资的依赖性

多元化的融资渠道更有利于房地产开发企业的安全和发展。房地产开发企业资金来源中，企事业单位自有资金占比最高，2013年达38.8%；其次是定金及预收款，占比28.2%；再者是银行贷款及个人按揭贷款，分别为14.1%和11.5%（其实都是银行贷款，合计25.6%）。对外资的依赖程度很低，2013年仅为0.4%；非银行金融机构贷款占比也偏低，2013年该指标只有2.1%。由以上分析我们可以看出，我国房地产开发企业投资开发资金基本不受外资影响，资金来源较为合理和稳定，抗风险能力较强。

表12-13 2006~2014年房地产开发资金来源分析

单位：亿元，%

年份	资金来源合计	国内贷款 银行贷款占比	国内贷款 非银行金融机构贷款占比	自筹资金 企事业单位自有资金占比	其他资金 定金及预收款占比	其他资金 个人按揭贷款占比	利用外资 利用外资占比	六项合计占比
2006	27136	18.1	1.3	31.7	30.2	10.3	1.5	93.1
2007	37478	17.3	1.3	31.4	28.5	13.0	1.7	93.2
2008	39619	16.7	1.7	38.6	24.6	9.0	1.8	92.4
2009	57799	17.8	1.7	31.1	28.1	14.5	0.8	94.0

续表

年份	资金来源合计	国内贷款		自筹资金	其他资金		利用外资	六项合计占比
		银行贷款占比	非银行金融机构贷款占比	企事业单位自有资金占比	定金及预收款占比	个人按揭贷款占比	利用外资占比	
2010	72944	15.6	1.6	36.5	26.4	12.6	1.1	93.8
2011	85689	12.9	1.8	40.9	25.2	9.8	0.9	91.4
2012	96537	13.6	1.7	40.5	27.5	10.9	0.4	94.6
2013	122122	14.1	2.1	38.8	28.2	11.5	0.4	95.1
2014	46728	17.6	2.5	39.0	24.5	11.4	0.3	95.3

注1：2014年为前5个月的数据。
注2：房地产开发投资自筹资金指各地区、各部门及企事业单位筹集用于房地产开发与经营的预算外资金。房地产开发投资自有资金指凡属于房地产企业（单位）所有者权益范围内所包括的资金，是按财务制度规定归企业支配的各种自有资金。包括企业折旧资金、资本金、资本公积金、企业盈余公积金及其他自有资金，也包括通过发行股票筹集的资金。
资料来源：国家统计局，Wind数据库。

2. 房地产业对银行贷款依赖性

房地产业对银行资金越依赖，说明融资渠道越单一，资金来源过于集中，一旦银行资金供给受阻，很容易直接影响抗风险能力。

从表12-14我们可以看出，主要金融机构对与房地产相关的贷款余额（包括地产开发、房产开发、个人购房、保障性住房开发贷款余额）比重一直在下降。从2006年的50.3%下降至2014年一季度的21.3%，整个房地产行业对银行非常依赖。

表12-14 2006～2014年银行对房地产的依赖性

单位：亿元，%

年份	金融机构各项贷款余额	地产开发贷款余额占比	房产开发贷款余额占比	个人购房贷款余额占比	保障性住房开发贷款余额占比	与房地产相关的贷款占比
2006	225285	3.4	12.6	32.4	1.9	50.3
2007	261691	3.1	11.2	28.6	1.8	44.7
2008	303395	2.8	9.8	25.7	1.7	40.0
2009	399685	2.2	7.5	20.3	1.4	31.4
2010	479196	2.2	6.7	17.9	1.3	28.0
2011	547947	1.9	5.9	16.6	1.2	25.6
2012	629910	1.7	5.4	15.0	1.1	23.3

续表

年份	金融机构各项贷款余额	地产开发贷款余额占比	房产开发贷款余额占比	个人购房贷款余额占比	保障性住房开发贷款余额占比	与房地产相关的贷款占比
2013	718961	1.5	4.9	13.6	1.0	21.0
2014	749090	1.5	5.0	13.7	1.0	21.3

注：2014 年采用的是第 1 季度的数据。

资料来源：中国人民银行，Wind 数据库。

3. 房地产开发资金的稳定性

稳定的可持续资金供给，有助于房地产业的稳定健康发展。房地产开发资金同比增速仍属于持续增长状态，2008 年和 2014 年前 5 个月增速较小，2006 年、2007 年、2009 年、2010 年及 2013 年增速较快，最低 26% 以上。说明房地产企业并非平稳发展，受政策和经济环境影响很大（见表 12 - 15）。

表 12 - 15 2006～2014 年房地产开发投资资金增长性

单位：亿元，%

年份	房地产开发投资资金合计	同比增长率
2006	27136	26.8
2007	37478	38.1
2008	39619	5.7
2009	57799	45.9
2010	72944	26.2
2011	85689	17.5
2012	96537	12.7
2013	122122	26.5
2014	46728	3.6

注：2014 年采用的是前 5 个月的数据。

资料来源：中国人民银行，Wind 数据库。

三 消费主体安全评价因素分析

（一）收入：人均可支配收入增长率

人均可支配收入是指个人收入扣除向政府缴纳的个人所得税、遗产税和赠予税、不动产税、人头税、汽车使用税以及交给政府的非商业性费用等以后的余额。个人可支配收入被认为是消费开支的最重要的决定性因素。因而，常被用来衡量生活水平的变化情况。可将人均可支配收入对房地产业安全的影响划分为安全、基本安全和不安全三个级别，其判断标准为：A. 安全——人均可支配收入平稳增长，与房价水平相符，房价平稳；B. 基本安全——人均可支配收入相对平稳增长，与房价水平基本相符，房价较为平稳；C. 不安全——人均可支配收入增速低于房价上涨幅度（见表12-16）。

表12-16　2006~2013年城镇居民人均可支配收入

单位：元，%

年份	城镇居民人均可支配收入	收入同比增速
2006	11760	12.1
2007	13786	17.2
2008	15781	14.5
2009	17175	8.8
2010	19109	11.3
2011	21810	14.1
2012	24565	12.6
2013	26955	9.7

资料来源：国家统计局，Wind数据库。

（二）融资成本：个人贷款利率水平

房地产信贷利率水平越高，贷款购房成本越高，消费者负担越重，可能会导致消费需求急剧萎缩，最后对房地产业的健康发展造成负面影响。如果在泡沫严重的情况下，提高信贷利率水平，可以有效抑制房地产泡沫，这时候，提升利率水平是让房地产业回归安全和理性。如果在泡沫严重的情况下，仍然降低房地产信贷利率水平，会导致更为严重的泡沫。

贷款利率是指借款期限内利息数额与本金额的比例。我国的利率由中国人民银行统一管理，中国人民银行确定的利率经国务院批准后执行。贷款利率的高低直接决定着利润在借款人和银行之间的分配比例，因而影响着借贷双方的经济利益。可将个人贷款利率对房地产业安全的影响划分为安全、基本安全和不安全三个级别，其判断标准为：A. 安全——贷款利率变动处于合理区间，没有造成贷款人偿付金额的增加，房价平稳；B. 基本安全——贷款利率变化较大，对于贷款个人来说尚在可以承受的利率变化区间内，但没有造成房价大幅波动；C. 不安全——贷款利率变化过大，社会资金流动性出现过剩现象，对贷款人来说很难偿付所欠贷款，造成房价大幅波动。近几年的个人住房贷款利率见表12-17。

表12-17 2008~2014年个人住房贷款利率

单位：%

年份	金融机构人民币贷款加权平均利率:个人住房贷款
2008	4.94
2009	4.42
2010	5.34
2011	7.62
2012	6.22
2013	6.53
2014	6.70

注：2008~2013年取每年第4季度值，2014年取第1季度的值。
资料来源：国家统计局，Wind数据库。

（三）融资难度：首付比例是衡量贷款难度的指标之一

2010年1月10日，国务院办公厅发布《关于促进房地产市场平稳健康发展的通知》。通知明确，对已利用贷款购买住房、又申请购买第二套（含）以上住房的家庭（包括借款人、配偶及未成年子女），贷款首付款比例不得低于40%，贷款利率严格按照风险定价。

1. 消费文化：倾向于拥有自己的房产

居者有其屋，有房才有家，这是传统文化，对中国人的影响根深蒂固，要进行根本的变革，需要数代人的努力。另外，我国的户籍政策的特殊性，公租房和廉租房等保障房建设的滞后，以及租房相关法律法规的缺失，导致我国目前无法形成稳定的租房环境。这种制度的弊端和法律的趋势，导致人民更倾向于拥有自己的房产。

2. 购房者对银行贷款依赖性：个人购房银行贷款规模

近10年来，我国房价快速增长，特别是2009年以来，房价处于高位运行，使得部分购房者已经难以承担，只能从银行进行贷款，从总量上看，银行贷款余额稳步增长，平均每年增长4%左右。但从个人购房贷款余额占比来看，个人购房贷款余额占比不断走低，从2006年的32.4%一直下降到2013年的13.6%（见表12-18）。这说明，尽管总量增加，但比例一直在下降。从购房者的角度，是越来越依赖银行，但从银行的角度来看，却是一直在减少对个人购房贷款业务的过度依赖。

表12-18 2006~2014个人购房贷款余额

单位：亿元，%

年份	金融机构各项贷款余额	主要金融机构个人购房贷款余额	个人购房贷款余额占比	个人购房贷款余额增长率
2006	225285	73000	32.4	2.2
2007	261691	74900	28.6	2.6
2008	303395	78000	25.7	4.1
2009	399685	81000	20.3	3.8
2010	479196	85700	17.9	5.8
2011	547947	90700	16.6	5.8
2012	629910	94700	15.0	4.4
2013	718961	98000	13.6	3.5
2014	749090	102900	13.7	5.0

注：2014年采用的是第1季度末的数据。
资料来源：中国人民银行，Wind数据库。

（四）房价：高房价抑制需求，阻碍房地产业正常发展。

1. 商品房价格增长率

商品房价格增长率指标是以当期价格和上一期价格之间的差，与当期价格进行比较而得出的。可将商品房价格增长率对房地产业安全的影响划分为安全、基本安全和不安全三个级别，其判断标准为：A. 安全——商品房年平均价格增长率在[-5%，5%]变化，商品房价格平稳，没有出现明显波动，且与居民支付能力相符，房地产开发投资平稳；B. 基本安全——商品房年平均价格增长率的绝对值在（5%，10%]变化，商品房价格波动较大，过快上涨或下跌，一定程度上影响房地产开发投资；C. 不安全——商品房年平均价格增长率的绝对值大于10%，商品房价格波动大，价格过快上涨，明显超过居民支付能力，出现过热现象，或房价下跌，市场低迷，严重影响房地产开发投资。

表 12-19　2006~2014 年全国和北京的商品房销售价格

单位：（元/平方米），%

年份	全国商品房平均销售价格	商品房销售价格增长率	商品房销售价格增长率/GDP 同比增长率	北京商品房销售价格	房价增长率
2006	3367	6.3	0.5	8280	22.0
2007	3864	14.8	1.0	11553	39.5
2008	3800	-1.7	-0.2	12418	7.5
2009	4681	23.2	2.5	13799	11.1
2010	5032	7.5	0.7	17782	28.9
2011	5357	6.5	0.7	16852	-5.2
2012	5791	8.1	1.1	17022	1.0
2013	6237	7.7	1.0	18553	9.0
2014	6563	5.2	0.7	19898	7.2

注：2014 年采用前 5 个月的数据。
资料来源：国家统计局，Wind 数据库。

近年来，我国房价持续上涨（除 2008 年以外），2014 年前 5 个月的全国商品房平均销售价格约是 2006 年的 1.95 倍，相应地，北京是 2.4 倍。房地产价格的波动主要对信贷资产质量产生影响，只有当房地产价格出现大幅度下降时才会对银行资产质量产生影响。只有降幅超过两成，才会形成大量不良贷款（见表 12-19）。

2. 房地产定价市场化程度

房地产是否属于市场定价这是很关键的。在我国当前尚难以达到完全市场化定价的水平。房地产价格的上涨，政府作为主要利益方是重要推手之一。房地产价格扭曲，政府扮演了重要的角色。政府利益的存在不利于房地产价格的理性回归。房地产价格高，意味着房地产泡沫严重，占用其他行业发展所需要的宝贵资源，不仅对房地产行业自身是一种伤害，而且对整体经济也是一种伤害。

（五）消费者对房价预期

消费者对房价预期的变化直接关系到房地产市场供求的变化，进而影响到房价的变化。可将消费者对房价预期对房地产业安全的影响划分为安全、基本安全和不安全三个级别，其判断标准为：A. 安全——消费者对房价预期平稳，没有出现抢购或观望情况，对房价没有因为预期产生不良影响，房价平稳；B. 基本安全——消费者对房价出现一定程度过热或过冷预期，局部出现抢购或观望情况，对房价产生一定程度影响，但出于可控范围，房价相对平稳；C. 不安全——消费者对房价出现严重过热或过冷预期，大范围出现抢购或观望情况，对房价产生明显影响，房价出现波动。

（六）市场投机风气

居住、投资和投机是对房地产的三大基本需求。其中居住需求是真正的需求，对房地产行业的发展具有积极的作用；投资和投机需求属于虚拟需求，特别是投机需求，投机性越强，价格越高，需求越虚，会对房地产市场的正常发展造成破坏性的影响。多年来，我国房地产市场居住需求占的比重较大，投资需求和投机需求的比例很小。但是最近几年投资和投机需求增长快速。这不仅导致房价的不合理上涨，房屋空置率上升，而且容易形成房地产市场的虚拟需求和楼市"泡沫"。一旦遇到经济波动就会对整体经济发展产生重大影响。

投机指根据对市场的判断，把握机会，利用市场出现的价差进行买卖从中获得利润的交易行为。可将投机行为对房地产业安全的影响划分为安全、基本安全和不安全三个级别，其判断标准为：A. 安全——市场稳定，没有出现明显投机氛围，居民合理住房需求没有受到抑制，房价稳定；B. 基本安全——市场投机氛围较为浓重，一定程度上影响到居民合理住房需求，但出于可控范围内，房价较为稳定；C. 不安全——市场投机氛围浓重，房价出现过快上涨，出现一定程度房价泡沫，严重影响到居民合理住房需求，需要政府通过调控——施加行政手段进行抑制。

（七）供给结构与需求结构匹配程度

供给与需求平衡状况是房地产业市场因素中一个重要因素。2000年以来，我国房地产业快速发展，由过去供不应求到现在的局部供过于求，部分供求平衡同时出现。供求状况受地理位置影响较大，一般而言，一、二线城市经济发达，吸引大量人口流入，房地产往往供不应求，而三、四线城市经济实力稍逊一筹，就业机会一般，人口流入量有限，房地产往往供过于求。由于房地产属于资本密集型产业，若房地产供给过多，会造成大量的资金积压,严重时会影响整个房地产业的发展,并导致开发商和银行受到一定的冲击。供给结构与需求结构要相适应,房地产业的发展必须与人们生活水平的客观需求相适应。其供给结构要适应需求结构。

四 监管主体安全评价因素分析

与房地产业相关的政府部门有:国务院、中央政府、地方政府、国土资源部、财政部、发改委、中央银行、住房与城乡建设部等。它们主要通过制定相关政策来影响房地产业的发展。

(一)土地供给与土地价格:

1. 土地供给

土地作为房地产开发的核心要素,其供应合适与否直接影响房地产市场的健康发展。一段时间内土地供应量就是未来房地产供应量的反映。我国的基本国情和土地制度,决定了土地利用政策对房地产市场具有重大的影响。自2003年中央将土地管理作为宏观调控的重要手段以来,土地供应政策对房地产市场的影响进一步扩大。加强我国房地产市场宏观调控的首要任务和着眼点是土地市场,由于我国土地制度的特殊性,国家及各级政府成为土地使用权市场唯一的供给者,这种垄断极易导致低效运作及寻租。可以说土地市场的发展和完善,正是房地产市场健康发展的源头,加强对房地产市场的宏观调控,首先必须从土地市场抓起。

土地供应政策的每一次调整,都会引起房地产供应总量、结构和价格的调整,引起房地产开发主体和消费主体对未来前景预期的调整。土地供应总量对房地产市场有两方面影响,一是房地产产品的供应总量,二是生产和消费预期。对房地产产品的供应,由于房地产开发周期的原因,要在1~2年之后才能体现出来,但对投资和消费的影响却是当期的。土地供应结构政策对房地产市场的影响来自两个方面,一是供应土地对应的房地产产品结构,如别墅、公寓、普通住宅等;二是供应土地的区位分布。供应土地对应的房地产产品结构先对不同类别的房地产供需平衡产生影响,进而对房地产价格产生影响。供应土地的区位分布先影响房地产市场的统计价格,后影响房地产供应的产品价格。根据法律法规规定,对商品房实施有偿用地制度,即政府通过出让土地给开发商用于房地产开发;对公租房等则采取行政划拨方式供应土地。土地管理部门对房地产市场的管理主要是对开发商履行出让合同情况的监督、土地转让的管理和对限制土地的处置等。这些管理政策影响着房地产供应的节奏和进度（见表12-20）。

表12-20 我国土地供给数据

单位：万公顷，%

年份	房地产开发用地（住宅+商服）	住宅用地	商服用地	土地供给增长率
2013	20.3	13.8	6.5	26.8
2012	16.0	11.1	4.9	-4.2
2011	16.7	12.5	4.2	9.3
2010	15.3	11.4	3.9	39.2
2009	11.0	8.2	2.8	23.6
2008	8.9	6.2	2.7	-35.5
2007	13.8	8.0	5.8	42.3
2006	9.7	6.5	3.2	14.1

资料来源：国土资源部《国土资源报告2009~2013》。

2. 土地价格

土地价格是土地权利和预期收益的购买价格，我国的地价是以土地使用权出让、转让为前提，一次性支付的多年地租的现值总和，是土地所有权在经济上的实现形式。可将土地价格对房地产业安全的影响划分为安全、基本安全和不安全三个级别，其判断标准为：A. 安全——土地价格平稳，没有出现明显波动，没有明显造成因成本转嫁导致房价变动，房价平稳；B. 基本安全——土地价格相对平稳，出现一定程度波动，但没有明显造成房价波动，房价较为平稳；C. 不安全——土地价格过快上涨，"天价地王"频现，明显造成房价波动。

（二）房地产信贷政策

房地产业属于资金密集型产业，房地产信贷政策是影响房地产行业的核心要素之一。房地产业的生产与发展取决于资金的支持，资金供给过量会造成房地产泡沫；资金供给不足会造成房地产发展萎缩；资金供给总量稳定，结构合理才能确保房地产业的安全。房地产信贷政策包括开发商贷款、个人住房贷款、土地储备贷款等涉及房地产的贷款政策。2007年以前我国实行最低首付30%，利率享受8.5折优惠的房屋信贷政策，这一阶段属于促进增长阶段,房地产也逐步发展起来,市场逐渐升温,随着单位福利房、集资房不断减少,商品房获得了快速发展。2008年至2009年底我国实行最低首付20%,享受利率7折优惠的房屋信贷政策,这一阶段属于紧急应对阶段,面对全球金融危机的巨大压力,为了使房地产行业发挥经济拉动作用,国家降低了信贷门槛,刺激房地产市场从而拉动其他产业发展,在这一阶段人们的购买力得到充分体现,信贷量增长迅速,无论是一级市场还是二级市场,无论从成交量还是成交价格都体现了前所未有的火爆。2009年底到现在我国对房地产信贷政策做了重大调整,房地产信贷采取了差异化信贷,贷款首付比例不得低于30%;对贷款购买第二套住房的家庭,贷款首付比例不得低于50%,贷款的利率不得低于基准利率的1.1倍。对贷款购买第三套及以上住房的,贷款首付比例和贷款利率应大幅提高。

(三) 税收政策

2011年1月28日,上海和重庆同时公布房地产税收试点方案,这标志着我国房地产税收改革正式拉开序幕。房产税,又称房屋税,是国家以房产作为课税对象向产权所有人征收的一种财产税。房产税和房地产税收是不同的概念,房地产税收是指以房地产作为标的物征收的税赋的总称。按不同的征收环节可分为土地占用环节、房地产开发环节、房地产流通交易环节、房地产保有环节四大板块。按征收对象的不同则可分为个人、企业两大类。

从企业角度来看,我国房地产税收主要有耕地占用税、资源税、土地使用税、契税、印花税、营业税、城建税和房产税。从个人角度来看,我国的房地产税收主要有营业税、契税、印花税和房产税等。

房产税在我国也不是一种新的税源,在新中国成立初期就存在,后并入其他税。1986年10月1日恢复开征,但仅局限于商业地产,对住宅免征,所以导致住宅房产税长期"空转",所以这次房地产试点方案只不过是做实而已。

房地产税收改革对于房地产市场的影响应该比较显性和全面,既有价格方面和成交量的影响,又有房地产消费结构方面的影响,还会对房地产租赁市场形成影响,这些影响在短期和长期上效果都会有差异。

房产税实施以后,对房地产消费结构会存在短期增加、长期减少的截然相反的走势。从长期来看,房地产税对住房需求结构也会产生重要的影响,小户型将来还是住房消费的主流。由于住房存在持有成本,房型越大，面积越大，成本越大。当大多数普通收入家庭都住不起大房的时候，住房的结构必然发生根本性的变化。开发商自然也会意识到这个变化趋势，降价和改变户型结构是下一步应对市场变化趋势的手段。值得警惕的是房产税如果作为调控房地产市场的重要手段和工具，应该在房地产市场出现回落时暂停，否则房地产税会成为制约经济发展的瓶颈，甚至影响居民生活。

（四）限购政策

2010年4月30日，北京出台"国十条"实施细则，规定"每户家庭只能新购一套商品房"。截至2011年2月，已有36个城市提出限购。被称为"最严厉楼市调控措施"的"限购令"已经在北京、上海、深圳、广州实行。

从现有房地产调控政策来看，尽管"限购令"对住房市场的影响十分有限，对遏制住房的投机炒作有一定作用，但房地产商和地方政府却对住房"限购令"十分恐惧。鉴于住建部要求地方政府延续执行"限购令"，估计限购政策短期内不会松绑，影响房价下降预期依然不会改变。

推行限购政策目的是改善房地产业的结构，使房地产业发展得更为稳健和健康。限购政策一方面抑制高房价，另一方面打击了投机和市场需求。但房地产限购政策终究属于短期调整类的政策，它没有可持续性。

（五）保障性住房政策

2008年11月国家为更有力地扩大国内需求，加快民生工程、基础设施的建设，解决低收入人群的住房问题，出台了保障性住房政策。保障性住房政策出台势必会改变房地产业现有格局，对房地产业的发展产生深远影响。

保障性住房，是指政府为中低收入住房困难家庭所提供的限定标准、限定价格或租金的住房，由廉租住房、经济适用住房和政策性租赁住房构成。从2007年开始，各级政府把工作重心向保障性住房转移，廉租住房、经济适用房和两限房建设进展较快。2007年8月，国务院颁布《关于解决城市低收入家庭住房困难的若干意见》。2007年11月26日，建设部、发改委、国土资源部等九部委联合制定的《廉租住房保障办法》。2007年11月30日，建设部、国家发改委、财政部、国土资源部等七部门联合发布了新的《经济适用住房管理办法》。2008年的《政府工作报告》也明确提出要抓紧建立住房保障体系,解决城市低收入群体住房难问题,建设廉租住房和经济适用住房;帮助中等收入家庭解决住房难问题。

(六) 不动产统一登记政策

减少多重抵押法律风险,抑制腐败,有利于提高房地产业调控的针对性,进而促进房地产业健康发展。

五 宏观环境安全评价因素分析

(一) 全球 GDP 增长率和中国 GDP 增长率

稳定的国际和国内经济形势有利于我国房地产业的可持续发展。一旦外部或国内良性经济环境被打破,就会快速影响到房地产业。其逻辑机理是:美日欧等国家或地区经济发展受阻——→直接影响中国外贸——→影响中国银行业——→影响我国房地产业。最有利的情况是外部和内部经济增长在合理区间内,其次是内部经济或外部经济增长。最不利的是国内经济出现问题或内外同时陷入困境(见表 12-21)。

表 12-21 全球 GDP 增长率和中国 GDP 增长率

单位:%

年份	全球 GDP 增长率	中国 GDP 增长率
2006	5.25	12.7
2007	5.35	14.2
2008	2.71	9.6
2009	-0.38	9.2
2010	5.18	10.4
2011	3.94	9.3
2012	3.22	7.7
2013	3	7.7
2014	3.59	7.5

注:2014 年全球 GDP 增长率数据是 IMF 的预测值;2014 年中国 GDP 增长率数据为政府预期目标。
资料来源:Wind 数据库,全球宏观数据。

(二) 美元基准利率、美国贴现利率、汇率

1. 人民币兑美元汇率变动

汇率是一国货币兑换成另一国货币的比率,汇率变动对房地产业安全造

成的影响主要来自外商直接投资领域和国际热钱。可将汇率变动对房地产业安全的影响划分为安全、基本安全和不安全三个级别，其判断标准为：A. 安全——汇率变动处于合理区间，未出现明显单级变化，没有造成热钱明显进出，对房地产投资没有产生明显负面影响；B. 基本安全——汇率变动出现一定程度单级变化趋势，造成热钱明显进出，对房地产开发投资造成一定影响，但受政府管控，处于可控范围内，影响有限；C. 不安全——汇率变动出现单级变化趋势，造成热钱明显进出，对房地产开发投资造成严重影响。

2. 美元基准利率

基准利率是金融市场上具有普遍参照作用的利率，其他利率水平或金融资产价格均可根据这一基准利率水平来确定。基准利率是利率市场化的重要前提之一，在利率市场化条件下，融资者衡量融资成本，投资者计算投资收益，以及管理层对宏观经济的调控，客观上都要求有一个普遍公认的基准利率水平做参考。所以，从某种意义上讲，基准利率是利率市场化机制形成的核心。

2008年以来美联储长期保持过低的基准利率水平，导致美元流动性泛滥，造成新兴市场国家资产暴涨暴跌，房地产业也是受影响的主要行业之一（见表12 - 22）。

表12 - 22 美国联邦基金利率

单位：%

日期	美国联邦基金利率	年份	美元基准利率（美国：贴现利率）	年内最后调整日期
2014年06月30日	0.09	2014	0.75	截至2014年6月30日无调整
2013年12月31日	0.07	2013	0.75	无调整
2012年12月31日	0.09	2012	0.75	无调整
2011年12月31日	0.04	2011	0.75	无调整
2010年12月31日	0.13	2010	0.75	2010年2月19日
2009年12月31日	0.05	2009	0.5	无调整
2008年12月31日	0.14	2008	0.5	2008年12月16日
2007年12月31日	3.06	2007	4.75	2007年12月11日
2006年12月31日	5.17	2006	6.25	2006年6月29日

资料来源：Wind 数据库。

(三) 人民币贷款基础利率

利率是指在指定时期内，利息额与借贷资本金额之间的比率，这个比率是房地产开发商向银行贷款，并按期偿还债务的基本依据，利率的波动幅度和频度是影响房地产业投资安全的一个主要方面。可将利率变动对房地产业安全的影响分为安全、基本安全和不安全三个级别，其判断标准为：A. 安全——利率变动处于合理区间，与经济基本面及产业发展情况相符，没有影响到企业融资，对房地产投资没有产生明显负面影响；B. 基本安全——利率浮动对开发企业融资产生一定程度的影响，没有对房地产投资产生明显不利影响或影响程度不严重；C. 不安全——利率变动幅度较大，严重影响企业融资成本，造成资金面紧张，进而影响到房地产开发投资（见表12 - 23）。

表12 - 23 人民币贷款基础利率

单位：%

年份	贷款基础利率	调整日期	备注
2014	5.76	采用半年末值	贷款基础利率（LPR）:1年
2013	5.73	采用年末值	
2012	6	2012年7月6日	
2011	6.56	2011年7月7日	
2010	5.81	2010年12月26日	
2009	5.31	无调整	短期贷款利率:6个月至1年（含）
2008	5.31	2008年12月23日	
2007	7.47	2007年12月21日	
2006	6.12	2006年8月19日	

资料来源：Wind数据库。

(四) 城市化水平

城市化水平又叫城市化率，是衡量城市化发展程度的数量指标，一般用一定地域内城市人口占总人口比例来表示。可将城市化水平对房地产业安全的影响分为安全、基本安全和不安全三个级别，其判断标准为：A. 安全——城市化进程及城市化水平合理，房价平稳；B. 基本安全——城市化进程及城市化水平偏快，人口、资源、环境等问题较为突出，与城市发展水平不符，房价出现一定程度波动；C. 不安全——城市化进程及城市化水平过快，人口、资源、环境等问题突出，与城市发展水平严重不符，房价出现较大波动。

城市化率的计算公式如下：

$$城市化率 = 当年城镇人口 / 当年全国总人口 \times 100$$

2011年中国的城市化水平相当于美国1920年的城市化水平（中国51.27，美国51.20），2010年美国的城市化水平为80.73。美国从1900年的39.60发展到1920年的51.20花了20年，中国只花了九年，中国的城市化速度是美国的两倍。美国从1920年的51.20发展到1960年的69.90花了40年。平均每年城市化率为0.47（见表12-24）。

表12-24 城市化水平

单位：%

年份	城市化水平	与上一年城市化率之差	备注
2014	54.83	1.16	预测值，比2013年增长1.1个百分点
2006	44.34	1.16	
2007	45.89	1.35	
2008	46.99	1.55	
2009	48.34	1.1	
2010	49.95	1.35	
2011	51.27	1.61	2011年中国的城市化水平相当于美国1920年的城市化水平51.20
2012	52.57	1.32	
2013	53.73	1.3	2013年比2012年增长1.16个百分点

资料来源：Wind数据库。

（五）反腐败

当前我国反腐败斗争在一定意义上也是打击非法既得利益集团，这有利于清理既得利益集团对房地产调控政策的绑架，实际上有利于房地产业的长远健康发展（见表12-25）。

表 12-25 反腐力度

年份	反腐力度	反腐成果
2006~2012	弱	根据 2010~2012 年的监察年报,与 2013~2014 年相比,无太多亮点
2013	较强	全国纪检监察机关共接受信访举报 1950374 件(次),其中网络举报占比 19.8%。全国共问责 2.1 万人,全年共查处违反八项规定精神的问题 2.4 万起,处理 3 万多人,其中给予党纪政纪处分 7600 多人
2014	很强	中央纪委通报调查的官员人数 842 人,打掉徐才厚、苏荣等 21 位副部级及以上大老虎。

资料来源:中央纪委监察部网站,http://www.ccdi.gov.cn/,根据网站上提供的资料整理。

(六) 财税体制改革

财政和货币政策风险。财政和货币政策的稳定性、宽松度都会对房地产业安全带来影响。可将财政和货币政策风险对房地产业安全的影响分为安全、基本安全和不安全三个级别,其判断标准为:A. 安全——政策稳定,相对宽松,对房地产开发投资没有抑制作用;B. 基本安全——政策适度从紧,且存在不稳定预期,对房地产开发投资产生一定抑制作用;C. 不安全——政策从紧,抑制房地产开发投资意图明显,严重影响房地产开发投资。

财税体制改革对房地产业安全的影响无疑是基础性的。近年来,地方政府对土地财政十分依赖,其主要原因就是中央和地方事权与支出责任不相适应,间接导致了部分"鬼城"及一线、二线城市高房价的出现,对房地产业的安全造成了严重威胁。长期来看,财税体制改革有利于房地产业长期稳定和健康发展。

本届政府大力推行政治经济改革,其中对房地产有重大影响的是《深化财税体制改革总体方案》。以下是财政部部长楼继伟关于《深化财税体制改革总体方案》的部分解读。

此次深化财税体制改革的目标是"建立现代财政制度"。总体来讲,体系上要统一规范,即全面规范、公开透明的预算管理制度,公平统一、调节有力的税收制度,中央和地方事权与支出责任相适应的制度;功能上要适应科学发展需要,更好地发挥财政稳定经济、提供公共服务、调节分配、保护环境、维护国家安全等方面的职能;机制上要符合国家治理体系与治理能力现代化的新要求，包括权责对等、有效制衡、运行高效、可问责、可持续等一系列制度安排。改革主要围绕"改进预算管理制度、完善税收制度、建立事权和支出责任相适应的制度"三大任务，有序有力有效推进。从逻辑看，预算管理制度改革是基础，要先行；收入划分改革需在相关税种税制改革基本完成后进行；而建立事权和支出责任相适应的制度需要量化指标并形成有共识的方案。按照中央的部署和要求，预算管理制度改革要取得决定性进展，税制改革在立法、推进方面取得明显进展，事权和支出责任划分改革要基本达成共识，2016年基本完成深化财税体制改革的重点工作和任务，2020年各项改革基本到位，现代财政制度基本建立。完善税制改革方面，重点锁定六大税种，包括增值税、消费税、资源税、环境保护税、房地产税、个人所得税。加快房地产税立法并适时推进改革，由人大常委会牵头，加强调研，立法先行，扎实推进。

（七）法律环境

法律纠纷通常也会对房地产业安全产生影响。可将法律风险对房地产业安全的影响分为安全、基本安全和不安全三个级别，其判断标准为：A. 安全——房地产市场主体运转正常，没有出现明显违法、违约、违规行为，企业合法经营；B. 基本安全——房地产市场主体出现一定程度合同纠纷、土地闲置、债务纠纷等违法、违约、违规行为，对房地产开发投资产生一定负面作用；C. 不安全——房地产市场主体普遍出现退房潮、严重合同纠纷、土地闲置、债务纠纷等违法、违约、违规行为，对房地产开发投资产生一定负面作用。

表12-26的数据表明，2006年以来，通过调解解决房地产合同纠纷案件数量不断上升，表明我国法律环境整体得到逐步改善。

表 12-26 从一审调解和判决案件数考察法律环境

单位：件，%

年份	人民法院审理房地产合同一审案件结案数	调解占比	判决占比	调解占比/判决占比
2006	98121	23.6	52.7	0.45
2007	99350	23	52.8	0.44
2008	118564	30.1	46.5	0.65

续表

年份	人民法院审理房地产合同一审案件结案数	调解占比	判决占比	调解占比/判决占比
2009	126821	33.7	41.9	0.80
2010	128167	36.4	36.9	0.99
2011	128050	36.7	34.8	1.05
2012	138222	41	32.6	1.26

资料来源：国家统计局网站。

第四节　房地产业安全指数编制

一　房地产业安全指数定位及编制意义

（一）指数发布频率

房地产业安全指数的发布频率为每年发布一次，选择在每年一季度数据出来之后进行数据收集、指数计算和发布。例如，2016年的房地产业安全指数应该在当年的4月份进行计算和发布。

（二）房地产业安全指数的概念和定位

房地产业安全指数是中国产业安全研究中心以与中国房地产业安全状况相关的数据和信息为基础编制出来的一套综合性产业安全风险监测指标体系，它反映了我国房地产业在未来一段时期内的行业安全状况和变化趋势。房地产业安全指数的编制和发布，旨在为参与房地产业的各利益相关方（包括政府决策机构、投资者、购房者等）提供安全风险预警，以便尽可能地减少风险，降低损失。

（三）房地产业安全指数安全水平的界定

在本方案中我们把房地产业安全指数安全水平分为5大类，即很安全、比较安全、基本安全、不太安全和不安全5个级别。在每一类中又根据偏正面或偏负面分为3个，一共15个。详细的定义见表12-27和表12-28。

表 12-27　房地产业安全指数安全水平分级

安全等级	安全等级含义	安全等级符号	指数安全等级区间
很安全	产业自我生存和发展的能力很强,几乎不受外部不利经济因素的影响;政府制定的房地产相关政策措施非常有利于房地产业的长远发展;不同层次消费者对相应层次的房价满意度高,市场需求很稳定,房地产业供给与社会需求匹配得很好;房地产企业创造经营性净现金流能力很强;房地产开发资金来源完全多元化和分散化	A	[80,100]
比较安全	产业自我生存和发展的能力较强,受外部不利经济因素的影响较小;政府制定的房地产相关政策措施比较符合房地产业的长期稳定健康发展;房价比较合理,不存在系统性风险;房地产业供给与社会需求比较吻合,很少发生商品房过剩和严重不足的现象;房地产企业创造经营性净现金流的能力较强;房地产开发资金来源比较多样化,资金供给较为安全	B	[60,80)
基本安全	产业自我生存和发展的能力一般,随外部不利经济因素的影响而发生一定波动;政府制定的房地产相关政策措施基本符合房地产业的发展;存在局部地区房价波动过大的现象;房地产业供给与社会需求基本吻合;房地产企业创造经营性净现金流的能力一般;房地产开发资金来源多样化,但仍然比较依赖于银行的资金供给	C	[40,60)
不太安全	产业自我生存和发展的能力较弱,很容易受到外部不利经济因素的影响;政府制定的房地产相关政策措施不太符合房地产业的健康发展需求;局部地区房价波动过大,局部危机可能引发系统性风险;房地产业供给与社会需求匹配得较差,存在局部过剩现象;房地产企业创造经营性净现金流的能力较差;房地产开发资金来源比较依赖于某一个资金供给方	D	[20,40)
不安全	产业自我生存和发展的能力很弱,非常容易受到外部不利经济因素的影响,产业内部存在系统性风险;政府制定的房地产相关政策措施完全不利于房地产业的发展;房价非常不合理,市场需求波动很大;房地产业供给与社会需求无法匹配;房地产企业创造经营性净现金流的能力很弱;房地产开发资金来源很单一	E	[0,20)

资料来源:中国产业安全研究中心。

表 12-28　房地产业安全水平等级细分

安全等级	安全等级符号	指数安全等级区间	安全细分等级符号	安全等级含义	指数安全等级细分区间
很安全	A	[80,100]	A+	很安全偏正面	[94,100]
			A	很安全	[86,94)
			A-	很安全偏负面	[80,86)

续表

安全等级	安全等级符号	指数安全等级区间	安全细分等级符号	安全等级含义	指数安全等级细分区间
比较安全	B	[60,80)	B+	比较安全偏正面	[74,80)
			B	比较安全	[66,74)
			B-	比较安全偏负面	[60,66)
基本安全	C	[40,60)	C+	基本安全偏正面	[54,60)
			C	基本安全	[46,54)
			C-	基本安全偏负面	[40,46)
不太安全	D	[20,40)	D+	不太安全偏正面	[34,40)
			D	不太安全	[26,34)
			D-	不太安全偏负面	[20,26)
不安全	E	[0,20)	E+	不安全偏正面	[14,20)
			E	不安全	[6,14)
			E-	不安全偏负面	[0,6)

资料来源：中国产业安全研究中心。

（四）编制房地产业安全指数的意义

从产业安全的角度编制房地产业安全指数，具有重要的理论和实践意义。第一，它通过整合专家知识进入专家模型，能够有效揭示房地产业的安全状况和趋势；第二，房地产业安全指数可以帮助政府决策机构预警和防范房地产业系统性安全风险，确保房地产业健康发展；第三，在我国房地产业与金融业高度融合，房地产业安全指数有助于预警和防范我国银行业安全，进而防范危及金融安全和经济安全。

二 指数编制技术选择

鉴于房地产业是一个特殊而又复杂的行业，在我国特殊历史阶段，房地产业甚至被赋予了某种"神圣使命"。例如，现阶段由于股市的不完善，信托等固定收益投资门槛高等原因，房地产被赋予了比其他国家更多的金融投资功能。再者，政府和银行仍是房地产业的高度利益相关者，房地产仍然易受政府相关政策的影响，离市场化运作似乎还比较遥远，这是由我国土地的国有和集体所有制决定的。在这种情况下，影响房地产业安全的因素可能会是多变的，我们无法通过固定的指标体系一劳永逸地解决房地产安全评价问题,自然也无法采用完全量化的模型来计算房地产业安全指数。

基于以上分析,我们认为现阶段最优的解决方案是借用信用评级相关操作思路和采用专家打分法,更为复杂的指数技术方法未必有效。在行业专家的指导下,根据实际情况选取合适的评价指标体系,并对各个指标赋予一定的权重分数,制定一套指标打分的标准,在收集数据后,根据专家打分模型快速获得房地产业安全得分。最后对得分进行简单指数化,就可以获得相对标准的房地产业安全指数。编制思路如图12-2。

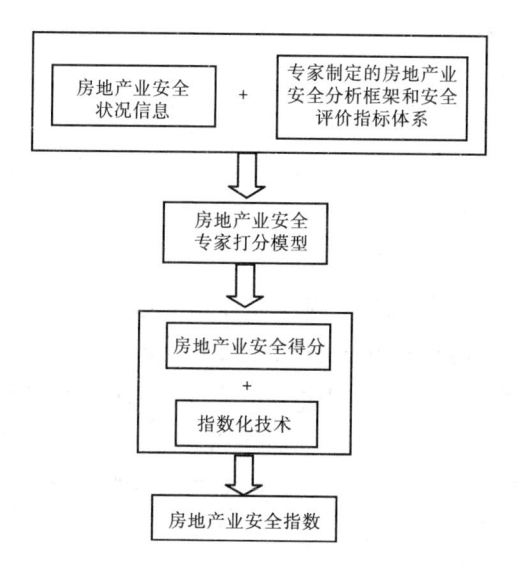

图12-2　中国房地产业安全指数技术路线

资料来源:中国产业安全研究中心。

三　指标数据的收集与处理

房地产业安全评价指标数据的收集和处理是计算指数之前的一项基本工作。我们主要介绍指标数据的来源和指标数据处理技术。

(一)指标数据采集原则

评价房地产业安全的指标有很多,但我们不是每个都去收集,指标数据采集原则如下。

第一，可获得性。该指标的数据必须是可以获得的，部分缺失的数据，若有办法补救，我们也纳入收集范围。

第二，权威性与公开性。该指标必须是相关权威部门公开发布的。

第三，可解释性和有效性。若某个指标其数据失真较严重，与现实经验不符，那么也会被舍弃。

(二) 指标资料来源介绍

房地产业安全评价指数数据的来源主要有以下几个渠道：

一是国家统计局：可以登录国家统计局官方网站收集房地产业年度、季度和月度相关指标数据。有 Wind 数据库的也可以直接从 Wind 数据库进行读取。

二是中国人民银行：登录中国人民银行的官方网站收集与房地产业相关的银行贷款数据，包括新增贷款、贷款余额等。有 Wind 数据库的也可以直接从 Wind 数据库进行读取。

三是财政部：登录财政部官方网站，下载财政和税收数据等。

四是国土资源部：登录国土资源部官方网站，下载国土资源报告，报告中会涉及土地出让、房地产建设用地等相关数据。

五是国际货币基金组织（IMF）：收集全球 GDP 预测等宏观数据。

六是 Wind 数据库：房地产业安全评价指标数据大部分都可以通过该数据库获得。主要来自于 Wind 的"行业经济数据"子库、"中国宏观数据"子库和"全球宏观数据"子库。

七是中央纪委监察部网站及其他权威部门的公开数据。

(三) 指标数据处理技术介绍

由于采用专家打分模型，所以指标数据的处理主要集中在对原有指标求同比增长率或者寻找合适的参照指标，然后合成一个尽可能"一目了然"的能够分段打分的新指标。此外还有常规的一些数据补缺和失真校正的技术。下面列出用到的一些处理技术。

求比例，这是部分与整体之比，例如求住宅销售面积占商品房销售面积之比、个人购房贷款余额占主要金融机构贷款余额占比等。

求同比增长率，例如求房地产新增贷款同比增速、全国商品房销售价格同比增速等。

求比值，这是两个不同类型指标之比，例如求土地出让收入与政府财政收入之比，经营活动产生的现金流量净额与净利润之比。

最新年度指标数据估值，主要根据最新季度数据或最新的月度累加数据进行年化估值，估值时考虑当前经济形势。

指标分段技术，主要根据专家经验及参考指标进行指标数据划段，一般分为三段或四段。

四 房地产业安全评价指标及评分标准

在本标准中，我们采用100分制，分别从宏观环境（7个指标，满分共29分）、消费主体（6个指标，满分共23分）、开发主体（8个指标，满分共32分）和监管主体（4个指标，满分共16分）四大方面进行评估（见表12-29）。

表12-29 房地产业安全评价指标及评分标准

一级指标	序号	权重	二级指标	评分标准
宏观环境指标（29分）	1	5	M2增量/GDP增量	很安全5分;安全3分;不太安全1分;不安全0分
	2	5	中国GDP增长率	很安全5分;安全3分;不太安全1分;不安全0分
	3	3	全球GDP增长率	很安全3分;安全2分;不太安全1分;不安全0分
	4	3	美国货币政策	不安全0分;不太安全1分;安全2分;很安全3分
	5	5	一年城市化水平	高速5分;快速3分;普通1分;低速0分
	6	3	防腐败环境	强3分;一般1分;弱0分
	7	5	土地出让收入/财政预算收入	很依赖0分;较依赖1分;依赖3分;不依赖5分
消费主体指标（23分）	8	3	商品房销售价格增长率	严重过快0分;过快1分;正常波动3分;快速下跌0分
	9	5	城镇居民人均可支配收入增长率	很安全5分;安全3分;不太安全1分;不安全0分
	10	5	对银行购房信贷依赖度	很依赖0分;较依赖1分;依赖3分;不依赖5分
	11	2	个人住房贷款加权平均利率/贷款基准利率	安全2分;不太安全1分
	12	5	市场投机风气	安全5分;不太安全3分;不安全0分
	13	3	消费者拥有住房的文化习惯	很安全3分;安全2分;不太安全1分;不安全0分

续表

开发主体指标（32分）	14	3	销售面积增长率	严重过热0分；萧条0分；过热1分；正常3分
	15	5	房地产贷款余额/银行贷款余额（年末值）	很依赖0分；较依赖1分；依赖3分；不依赖5分
	16	5	新增房地产贷款/金融机构新增人民币贷款	很依赖0分；依赖1分；不太依赖3分；不依赖5分
	17	5	房地产开发资金对外资依赖程度	很依赖0分；较依赖1分；依赖2分；不依赖3分
	18	3	资产负债率	优3分；良2分；中1分；差0分
	19	5	经营活动产生的现金流量净额/净利润	好5分；中3分；差0分
	20	3	土地购置面积稳定性（本年/过去3年平均值）	较稳定3分；稳定1分；不稳定0分
	21	3	房地产开发用地增长率：绝对值	过快0分；较快1分；正常3分
监管主体指标（16分）	22	5	保障房建设力度	很大5分；较大4分；一般3分；差0分
	23	3	不动产统一登记执行状况	全面实施3分；试点2分；准备1分；未准备0分
	24	5	房产税改革	全面实施5分；试点3分；未试点1分
	25	3	限购政策	限购3分；未限购1分

资料来源：中国产业安全研究中心。

五　指数计算

1. 房地产业安全指数

计算公式如下，采用的是打分卡模型。

$P_i = \sum_{j=1}^{24} X_j$，$X_j$ 表示24个房地产业安全评价指标，P_i 表示 i 年份房地产业安全指数，$i >= 2006$。

2. 指数人工调整机制及人工调整：

鉴于房地产业本身及其安全评价的复杂性，寄希望于一套专家打分模型就能够完全把握住其安全趋势和波动幅度是不现实的，总会存在一些突发事件或未被关注的重要因素影响其原有的趋势。因此，为了使得指数能够更有效地反映趋势，必要的时候需要对指数进行人工调整。为了规范化指数的人工调整流程及保持一定的客观性，防止人为调整的强主观性，我们明确规定不能直接在指数上进行人工调整，而必须回归到专家打分模型的指标数据上重新进行打分调整，或者利用加分减分规则进行专家模型得分调整。这样每一次调整都可以找到痕迹，方便检验和未来升级。重大事件需要经过专家认定和评估后才能做出相应的调整（见表12-30）。

表12-30 房地产重大事件调整标准表

序号	加分项	评分标准	序号	减分项	评分标准
1	政府出台新的有利于房地产业发展的相关政策	非常有利：5分 比较有利：3分 一般有利：1分	1	出台新的不利于房地产业发展的相关政策	非常不利：-5分 比较不利：-3分 一般不利：-1分
2	国内发生积极的重大政治或经济事件，间接提升了房地产业安全	非常重大：5分 比较重大：3分 一般重大：1分	2	国内发生负面的重大政治或经济事件，间接损害了房地产业安全	非常重大：-5分 比较重大：-3分 一般重大：-1分
3	国际上发生积极的重大政治或经济事件，间接提升了房地产业安全	非常重大：5分 比较重大：3分 一般重大：1分	3	国际上发生了重大的负面政治或经济事件，间接损害了房地产业安全	非常重大：-5分 比较重大：-3分 一般重大：-1分
4	其他未列明事件	待定	4	其他未列明事件	待定

注：最高调整分数不超过±10分，且总分超过100分时以100分计，低于0分时以0分计。
资料来源：中国产业安全研究中心。

六　指数简要分析

总体而言，我国房地产业的安全状况处于基本安全和不太安全这两个水平等级。2011~2014年的安全指数依次为47、55、45和50。2014年的安全指数属于基本安全，安全得分比2013年高5分，安全状况有所好转（见图12-3、表12-31）。事实上，2014年5月，全国房价已经开始理性小幅回调。根据Wind数据，2014年5月，百城住宅平均价格10978元/平方米，环比下跌0.32个百分点，环比上涨城市下降到37个，环比下跌城市增至62个，还有一个城市价格持平。

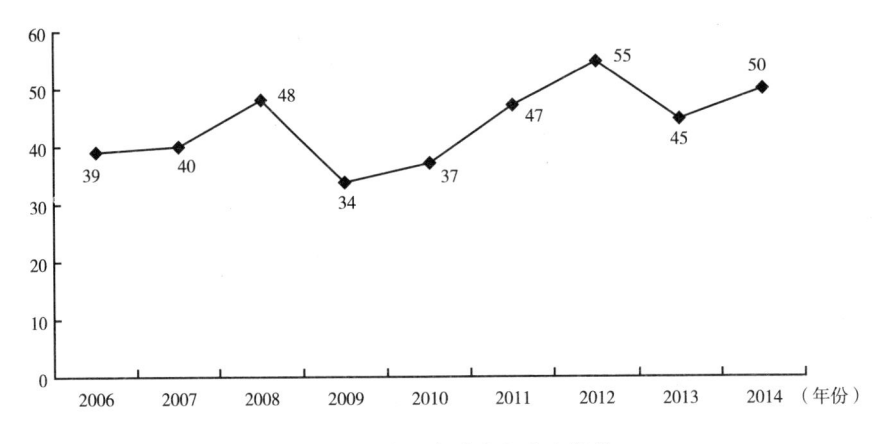

图 12-3　中国房地产业安全指数

资料来源：中国产业安全研究中心。

表 12-31　中国房地产业安全指数

年份	房地产业安全指数	安全等级	安全等级含义
2006	39	D+	不太安全偏正面
2007	40	C-	基本安全偏负面
2008	48	C	基本安全
2009	34	D+	不太安全偏正面
2010	37	D+	不太安全偏正面
2011	47	C	基本安全
2012	55	C+	基本安全偏正面
2013	45	C-	基本安全偏负面
2014	50	C	基本安全

资料来源：中国产业安全研究中心。

第五节　提升我国房地产业安全水平的对策建议

一　完善土地供应机制

完善土地供应计划体系。在现有计划体系的基础上，着力增加中长期计划的相关内容，完善土地开发供应计划体系的时间序列。同时，要探索建立用地计划管理的长效机制，建立用地计划信息的社会公开发布机制、土地利用计划的台账管理制度、计划执行的动态监测机制、刚性约束机制以及预警机制等一系列配套制度，不断强化土地利用计划的科学性、严肃性和权威性，促进土地利用计划宏观调控职能更好地发挥。

进一步完善土地储备制度。强化政府对城市土地一级市场的垄断，依据城市规划、土地利用规划及国民经济发展计划，制定城市土地储备计划；通过土地征用、回收、购买等方式完成土地储备计划。积极促进土地二级市场发展。相关部门应研究制定具体政策，搭建平台，积极引导规范土地二级市场发展，使之公开、透明化，既可以实现加快存量土地消化的目的，又平衡了土地市场供给。

实现土地梯度供应。增加土地市场的中小地块供应。可以将政府储备拟出让的大宗地块，按照统一的控制性详细规划，分割为若干中小地块，分批次出让给不同的开发商，以有利于在同一区域内培育多个竞争主体，防止土地及住宅市场的垄断，保证中小房企生存空间，同时也可以减少分期开发项目比例。

加大清理闲置土地的力度。对于符合闲置土地认定条件的，不仅要征收超过合同约定开发期一定时期土地的闲置费或无偿收回使用权，还要探讨建立土地闲置超过一定规模和期限的房地产开发企业的退出机制。加强对国有土地使用权出让合同执行情况的监管，促进存量土地的实质性开发。

提高城市建设用地利用效率。在"集约节约用地"的大背景下，精细化管理，集约化用地，提高土地利用强度，在依靠行政手段控制土地使用的基础上，加强利用经济手段提高土地使用效率，进一步加大土地取得、使用和保有成本，推进土地利用方式和经济发展方式转变。

二 合理规划引导房地产开发

规划政策是房地产市场的先导性手段，它首先影响土地市场，进而影响房地产市场的供应，为了充分发挥规划调控的先导作用，优化供应结构，由政府组织协调规划、国土、建设、发改委、财政、税收、金融等部门，加强规划调控的机制体制建设。

1. 确立规划在结构调控中的核心地位

①确立住房建设规划对城市土地供应、储备和利用的指导地位。由政府

综合协调发改委、国土、规划、建设等有关部门，在编制年度土地供应计划时，要以住房建设规划为重要依据，将普通商品住房用地的年度供应规模、不同户型住房用地结构及空间安排作为重要指标之一。编制土地储备计划，应以住房建设规划为重要依据，确保经土地储备供应的住宅用地规模满足普通商品住房及中小套型、中低价位普通商品住房的用地需求，普通商品住房用地的供给与需求在空间上相匹配。加强各部门在项目选址意见审批和可行性研究阶段的协作与沟通，做到选址意见审批与建设用地项目预审同步进行，相互参考，减少因部门协调不够而造成的审批效率低下。普通商品住房建设规划要落实到具体地块，并将套型结构比例和容积率、建筑高度、绿地率等规划设计条件，作为招拍挂出让土地的前置条件。②建立规划调控普通商品住房供应的协调保障机制。由政府协调发改委、规划、房管、国土、建设、税务、财政、金融、司法等多个部门，建立相关部门的联动工作机制，明确其具体的工作职责和要求，以规划和土地为主要手段调控普通商品住房用地的合理供应，确保有关部门在人员参与、信息共享、标准衔接、规模协调、布局吻合、时序一致等方面加强协作，促使城市规划、住房建设规划与土地利用总体规划、土地利用年度计划、土地供应计划、土地储备计划相协调与衔接，确保规划即时、有效地调控和引导普通商品住房的市场计划。

2. 推进新城建设与基础设施建设、产业布局联动机制

①新城建设与基础设施建设联动机制。新城职住分离的问题难以在短期内改变的情况下，当前在增加新城、远郊区县的土地供应的同时，应重视交通设施建设的先导作用，加大轨道交通、大容量公共交通、主要公共交通走廊沿线和城市主干路沿线的连片开发建设，适度提高开发密度和容积率，加快完善郊区医院、学校、公园以及市政设施等生活配套设施。②新城建设与产业布局的联动机制。加快重点新城各自目标职能的建设，吸引就业人口的流动，着力加强就业和居住的均衡发展。在居住郊区化的同时注意疏散相关的产业，实现居住中心与就业中心的协调发展，推进多中心的城市布局的形成。

3. 完善规划调控体制建设

政府主管部门在规划管理中引入战略性主动引导机制，加强对建设项目的预先引导，加强规划许可的前期工作和规划许可后的规划执法检查工作。

完善相关配套措施，加大规划政策的执行力度，维护规划政策的严肃性，保证规划政策对结构调整的引导力。

三　建立积极有效的房地产信贷政策

严格执行二套房贷政策。强化信贷政策的执行，继续严格执行二套房贷政策，遏制房地产市场的投机。二套房贷政策对抑制房地产市场的投机已经取得了一定的成效，无论是目前的市场走势，还是为促进行业的整体发展，都不宜出台更为严厉的信贷政策。但是，由于通货膨胀、人民币升值和资本流动性过剩的压力还很大，投资性需求依然强劲，为防止房地产投机和投资需求的反弹，信贷政策的执行力度不宜放松。

加强外资进入房地产市场的监管。加强对外资流入我市房地产市场的监测监管和各职能部门政策协调，提高管理效率。由政府协调商务、发改委、工商、外汇、银行、国土、建设等相关部门，细化外资有关信息指标，建立完整的外资进入房地产市场的信息交流机制，改变当前外资流入房地产市场各部门信息孤岛局面，加强对外资进入房地产的市场监测，提高政府对外资的监测与预警能力。

四　增加住房有效供应

增加住房的有效供给，应从四个方面着手。

1. 要增加居住用地的有效供应。增加土地的供应是进一步增加住房供应的基础。因此，在〔10〕号文件增加住房有效供应的政策当中，第一条就提到了要增加居住用地的有效供应。文件当中还提到，对于房价上涨过快的城市，要增加居住用地的供应总量，就是说要从总体上增加用于住宅建设的土地供应。

2. 增加普通住房的供应。要调整住房的供应结构，明确保障性住房、中小套型普通商品房的建设数量的比例。笔者认为增加有效住房供应，更多的是指增加中小户型、低总价、优先用于自住需求的住房供应。

3. 完善保障性住房供应体制。①建立租售并举的经济适用住房供应机制。为形成长期可持续发展机制，建议改变目前一卖了之的现象，切实建立起良性的循环机制，即在住房保障责任中，政府只能解决居住权问题，不能解决产权问题。产权归政府所有，可以持续解决不断增加的需要保障的居民家庭。②多渠道增加保障性住房的房源。主要方式有：通过鼓励小户型住房出租、社会捐赠以及政府收购、新建等方式，多渠道筹集房源；政府与社会共同参与保障性住房建房等。③把旧房维修改造作为住房保障的重要组成部分。借鉴各国的先进经验，应制定专门的旧住宅区维修养护办法，加大政府投入，充分利用好存量住房资源，使得住房旧小区的居民可以在原址上改善住房条件和生活，减少对保障性住房的需求量。政府也可以在维修养护中，收回一部分房源，用作廉租住房。

4. 房价过高、上涨过快的地区，要大幅度增加公共租赁住房、经济适用住房和限价商品房的供应。随着中小户型商品房供应量的增加，随着大量的保障性住房的增加，在一些房价过高、上涨过快的地方，同时增加公共租赁住房和限价商品住房的供应，这些措施都可以增加住房的有效供应。

五 征收房产税以调控住房价格

在住房保有环节上征收房产税，是社会主义市场经济体制建设和通盘配套改革中不可或缺的地方税体系的支柱之一。税制设计必须同时考虑房产的交易环节和保有环节，政府要在住房保障轨道上将托底事项做好做充分；在市场轨道上，则应在管好规则的同时管好税收，特别是要填补保有环节上无税的制度空白。同时，住房保有环节上征收房产税，其对于房地产业的作用有三：①可以增加住房市场中小户型需求比重，消费者考虑到保有环节的房产税，会更多选择相对实惠的中小户型，改变市场上普遍的需求侧重，符合集约利用土地的导向，可以促进城市化健康发展和经济增长方式转变。②可以降低已建成房屋的空置率，活跃租房市场，提高社会中不动产资源的配置效率。由于"囤房"无成本，中国大城市现在房屋的空置率相当高，房产税会促使不少人把囤积的空置房租出去对冲税负压力。③房产税可使不动产领域的投机、投资行为有所收敛，有利于减少住房价格过快上涨及其导致的市场大起大落的可能性和负面效应，促进房地产业长期健康发展。虽然房产税难以改变中国今后几十年间城市化水平不断提升中的住房价格上扬趋势，但房产税一定有对冲房价上升、使过程较平稳、减少泡沫的效应。它与现行的调控政策等改革配套,能促进房地产业的发展在中长期进入相对平稳、合理的轨道,减少泡沫,而不是单纯以行政措施打压房价。

六 优化社会公共资源配置

中国社会公共资源分配不均助长了房产泡沫。改革开放30年的成果造就一批批富人,还有制度的不完善也使一些人鼓了腰包。由于城市教育、医疗、交通、信息、就业等方面以绝对的优势吸引了一批批农村的富人移居到城市里面,这就给城市带来了繁荣与活力。由于一线、二线城市在城市公共基础设施建设、社会资源禀赋方面要强于其他线城市,更多的人口不断地向一线、二线城市转移。由于东西部经济差距太大,落后地区的人到城市寻找发展的机会,这更促进了城市房子的需求,也给城市带了压力。贫富差距是造成中国房价泡沫的主要因素,有钱的人买了好几套房子,没钱的人买不起;预期涨价催生了老百姓盲目跟风,从而助长了房价泡沫和房子的"刚性需求"。

(1) 扭转人口聚散畸形。近年来房价涨幅最快是北京、上海等一线城市,这与这些城市的人口规模,特别是外来人口增长太快有关。房价是人口的函数,当一座城市的人口越来越多,特别是外来人口大量涌入时,房价的上涨自然是势不可挡的。以北京为例,北京的"蚁族"现在越来越多,就跟人口的畸形聚集有关。而北京的自然条件已经完全不能承受这样的人口负担,出现越来越严重的资源与社会问题,广大内陆地区则是人口外流、乡野凋敝。这种畸形的人口聚散状况,已成为当今中国经济社会最大的麻烦。

(2) 改善资源配置错位问题。改革开放以来,在非均衡发展战略的影响下,包括人才、资金、技术、文化、教育、医疗等在内的各种社会资源,严重向一线城市倾斜配置,致使地区差距、城乡差距越拉越大,人口流动出现异常,社会结构发生突变。这种资源错配状况如果不改变,那么中国经济面临的问题就不可能得到根本解决。

(3) 均衡分配社会财富。当人口不断向一线城市聚集、资金等资源不断向一线城市聚集时,当房地产的局部供求由于政策与制度因素出现越来越明显的失衡时,房地产的性质就开始发生变化甚至异化了。房地产已经从住宅消费品,蜕变成投资品直至瓜分社会财富的筹码了。一方面,一些地产大鳄和投机客利用各种杠杆工具,大肆占有土地资源和金融资源,通过手中的房地产筹码,竭力盘剥住房消费者的财富;另一方面,消费者面对疯涨的房价,在无奈之中很快发现社会财富正在向少数人手中聚集,贫富差距越拉越大。其间,房地产行业正扮演着重要的掠夺者角色。因此,万众瞩目的房价问题只是最表面的现象。头痛医头、脚痛医脚,是治不了房地产市场痼疾的。房价问题牵连很多,只有从社会资源的合理配置、从人口的地域聚散、从社会财富的均衡分配、从房地产市场的制度建设,总之只有从经济与社会发展的角度看问题,才能找到活血化瘀、治标治本的好方子。

第 十 三 章
文化产业安全指数研究

第一节 文化产业现状分析

一 文化产业

文化产业是一个发展中的概念，其范围随着国家管理体制的改革和社会经济的发展而不断变化。世界各国基于本国的不同特点以及对文化产业的不同认识，分别有着不同的界定（见表13-1）。

最早建立文化产业分类标准的是联合国教科文组织。联合国教科文组织最早把文化产业定义为："按照工业标准生产、再生产、储存以及分配文化产品和服务的一系列活动。"1986年，联合国教科文组织为了收集各国的文化统计数据，率先制定了文化统计框架，并于1993年做了进一步修正。随着文化产业的飞速发展，各国政府纷纷开始采取措施，制定自己的文化产业分类体系，以应对文化产业发展带来的机遇与挑战。

文化产业既然是一种产业，就有其本身的特点和发展规律，有其发展所需要的特定的生产要素或资源。根据联合国教科文组织的定义，把文化产业作为一种产业形态而不仅仅局限于其本身的文化属性进行研究。

我国学者对文化产业展开了相关研究。张晓明、胡慧林（2002）在《中国文化产业（蓝皮书）》中指出，文化产业是"按照工业标准生产、再生产、存储以及分配文化产品和服务的一系列活动"，并提出文化产业是一个

表 13-1　世界主要国家对于文化产业的界定

国别	名称	发布机构/文献	涵盖内容
美国	版权产业	美国国际知识产权联盟(IIPA),《美国经济中的版权产业》(2011)	版权产业是指生产经营具有版权属性的作品(产品),并依靠版权法和相关法律保护而生存发展的产业,包括核心版权产业(如影视产业、录音产业、音乐出版业、图书与报刊出版业、软件产业等)、部分版权产业(如纺织品、玩具制造、建筑等)、边缘版权产业(如发行版权产品的运输服务,以及批发商和零售商等)和版权关联产业(如计算机、收音机、电视机等的制造和销售)
英国	创意产业	英国政府,2001年英国《创意产业发展报告》	创意产业是指源自个人创意、技巧及才华,通过知识产权的开发和运用,具有创造财富和就业潜力的行业。主要包括广告、建筑、艺术和文物交易、工艺品、设计、时装设计、电影、互动休闲软件、音乐、表演艺术、出版、软件、电视广播13个行业;此外,旅游、酒店、博物馆和艺术馆、文化遗产以及体育,也被认为与创意产业有密切的经济联系
法国	文化产业	法国政府	文化产业是指一系列经济活动,这些活动把文化的概念、创造、产品的特性与文化产品的制造和商业销售联系起来。文化产业包括由三个同心圆组成的产业链:外圈为相关产业,由文化遗产、通信信息产业、画廊、博物馆和旅游业组成;内圈是创意产业,由表演艺术、创意设计、建筑、广告、摄影、服装等行业组成;内核是文化产业,由广播电视、出版印刷和音乐组成
德国	文化经济	德国政府	文化经济主要指图书、电影、音乐以及其他视听产品、艺术品市场、私营戏院,以及与以上几方面相关的网络信息系统
日本	内容产业	日本政府	内容产业是指通过一定介质将信息化的内容作为产品提供的产业,包括游戏、媒体行业、音乐、漫画、动漫、印刷出版六个方面
韩国	文化内容产业	韩国政府	文化内容产业是指文化艺术商品制作和流通产业,包括动画、音乐、游戏、出版漫画、卡通形象、电视、电影等内容

资料来源:《中国文化产业安全报告(2014)》。

巨大的产业群。现代文化产业具体可分为三大部分。第一部分:文化产业的主体或核心行业,包括文化娱乐业、新闻出版业、广播影视业、音像、网络计算机服务、旅游和教育。第二部分:前沿文化产业,包括文学、戏剧、音乐、美术、摄影、图书馆。第三部分：拓展的文化产业，包括广告业和咨询业。

刘吉发、陈怀平（2010）认为，对文化产业的定义必须考虑以下四方面的问题，第一，根据文化产业本身的特性来界定其内涵与外延的范围。第二，应该具有提升人类生存尤其是生活品质的内涵，而且应该注重提升人类精神生活品质的内涵。第三，应该具有可以进行商品性生产、流通以提供人们消费的特性。第四，应该与虽然可以提供人们消费但同时又具有商品性特性的某些纯社会公益性文化事业（如公共图书馆）相区别。基于以上考虑，将文化产业定义为：为提升人类生活尤其是精神生活品质而提供的一切可以进行商品交易的生产与服务，都可以称之为文化产业。

邓安球（2009）认为，文化产业是指为市场进行创造、生产、流通、传播、销售具有文化含量的产品和服务的活动，以及与之有联系的各种支撑、参与等活动的集合。文化产业是文化的经济化形态，是文化经济的存在形式，是文化生产分工细化、文化生产方式增加、文化流通销售载体变迁、文化消费需求日益增加的产物，是具有研究开发、生产经营、分配流通和消费性的产业。

姜莺（2013）认为，文化产业的定义应该包括四方面的内容。第一，文化产业是社会与经济发展的产物，并且随着社会与经济的发展，文化产业的内容会不断丰富，文化生产分工更加细化，文化生产方式日益完善，其产业属性与经济属性也越来越明显。第二，文化产业的产生离不开市场力量的推动，其发展也要顺应市场供给的规律。文化产业为满足大众的精神需求而提供相应的文化产品与服务，通过生产、流通、分配、消费等环节，实现价值最大化的最终目标。第三，文化产业是知识密集型产业，其核心是文化创意，并通过现代科学技术与文化创意生产、包装、传播、复制等方面的结合，呈现出丰富的文化产品和服务。文化产品和服务的价值就在于其内含的文化价值与创意价值。第四，文化产业具有很强的产业渗透和外溢功能，因此，将文化产业基本结构分为三个层次，即文化产业核心层（新闻服务，出版发行和版权服务，广播、电视、电影服务，文化艺术服务）、文化产业外围层（网络文化服务、文化休闲娱乐服务、其他文化服务）、文化产业相关服务层（文化用品、设备及相应文化产品的生产，文化用品、设备及相关文化产品的销售）。

2003年9月，中国文化部制定下发的《关于支持和促进文化产业发展的若干意见》，将文化产业界定为："从事文化产品生产和提供文化服务的经营性行业。文化产业是与文化事业相对应的概念，两者都是社会主义文化建设的重要组成部分。文化产业是社会生产力发展的必然产物，是随着中国社会主义市场经济的逐步完善和现代生产方式的不断进步而发展起来的新兴产业。"2004年，国家统计局对"文化及相关产业"的界定是：为社会公众提供文化娱乐产品和服务的活动，以及与这些活动有关联的活动的集合。所以，中国对文化产业的界定是文化娱乐的集合，区别于国家具有意识形态性的文化事业。

2012年7月，国家统计局发布了《文化及相关产业分类（2012）》，对2004年文化及相关产业的定义进行了修订与完善，规定文化及相关产业是指为社会公众提供文化产品和文化相关产品的生产活动的集合。根据以上定义，我国文化及相关产业的范围包括：①以文化为核心内容，为直接满足人们的精神需要而进行的创作、制造、传播、展示等文化产品（包括货物和服务）的生产活动；②为实现文化产品生产所必需的辅助生产活动；③作为文化产品实物载体或制作（使用、传播、展示）工具的文化用品的生产活动（包括制造和销售）；④为实现文化产品生产所需专用设备的生产活动（包括制造和销售）。

二 我国文化产业发展现状

（一）文化产业发展面临重大机遇

党的十五届五中全会通过的《中共中央关于制定国民经济和社会发展第十个五年计划的建议》首次提出了"文化产业"的概念。近年来，国家高度重视文化建设，伴随文化体制改革的不断推进，文化产业逐步发展，并且被提升到国家发展战略的高度，文化产业的发展面临着前所未有的机遇。梳理十七大以来出台的扶持文化产业发展的政策如表13-2所示。通过梳理近年来国家的政策很容易发现，文化产业的发展已经被提升到国家发展战略的高度，促进文化产业发展已经成为国家的行动，文化产业的发展面临着前所未有的机遇。李克强总理在第十二届全国人民代表大会第二次会议上做的政府工作报告中指出，2013年，文化事业和文化产业健康发展；推出一批文化精品，扩大公益性文化设施向社会免费开放；深化文化体制改革，加强文化市场建设，文化产业增加值增长15%以上。

表13-2 十七大以来出台的扶持文化产业发展的政策

时间	部门	名称
2007年9月	文化部	《文化部文化产业投资指导目录》
2007年10月	中共中央	《党的十七次代表大会报告》提出"大力发展文化产业"
2008年8月	文化部	《文化部关于扶持我国动漫产业发展的若干意见》
2009年4月	商务部、文化部、新闻出版总署、国家广电总局四部门与中国进出口银行	《关于金融支持文化出口的指导意见》
2009年6月	文化部、财政部、国家税务总局	《关于实施〈动漫企业认定管理办法（试行）〉有关问题的通知》
2009年7月	文化部	《关于扶持动漫产业发展有关税收政策问题的通知》
2009年7月	文化部	《关于深化国有文艺演出院团体制改革的若干意见》
2009年7月	国务院	《文化产业振兴规划》
2009年9月	文化部	《关于加快文化产业发展的指导意见》
2009年9月	文化部	《文化部文化产业投资指导目录》
2010年1月	国务院	《关于促进电影产业繁荣发展的指导意见》
2010年2月	文化部联合商务部等九部门	《关于进一步推进国家文化出口重点企业和项目目录相关工作的指导意见》
2010年3月	中宣部、人民银行、财政部、文化部等九部门	《关于金融支持文化产业振兴和发展繁荣的指导意见》
2010年12月	保监会与文化部	《关于保险业支持文化产业发展有关工作的通知》
2011年3月	国务院	《国民经济和社会发展第十二个五年规划纲要》提出"传承创新，推动文化大繁荣大发展"
2011年4月	文化部	《文化部关于推进文化企业境内上市有关工作的通知》
2011年5月	财政部、海关总署、国家税务总局会同文化部	《动漫企业进口动漫开发生产用品免征进口税收的暂行规定》
2011年10月	中共中央	《中共中央关于深化文化体制改革，推动社会主义文化大发展大繁荣若干重大问题的决定》
2012年1月	新闻出版总署	《关于加快我国新闻出版业走出去的若干意见》
2012年2月	新闻出版总署	《关于加快出版传媒集团改革发展的指导意见》

续表

时间	部门	名称
2012年2月	中宣部、商务部、外交部、财政部、文化部、海关总署、税务总局、广电总局、新闻出版总署、国务院新闻办	《文化产品和服务出口指导目录》（修订）
2012年2月	中国人民银行、发展改革委、国家旅游局、银监会、证监会、保监会、外汇局	《关于金融支持旅游业加快发展的若干意见》
2012年2月	国务院	《国家"十二五"时期文化体制改革和发展规划纲要》
2012年2月	文化部	《文化部"十二五"时期文化产业倍增计划》
2012年7月	新闻出版总署	《关于支持民间资本参与出版经营活动的实施细则》
2012年7月	文化部	《文化部关于鼓励和引导民间资本进入文化领域的实施意见》
2012年7月	科技部	《国家文化科技创新工程纲要》
2012年9月	文化部	《文化部"十二五"文化科技发展规划》
2012年11月	中共中央	十八大报告提出"文化产业要成为国民经济支柱性产业"

（二）文化产业发展速度高于国民经济增长速度

从2004年到2012年，我国文化产业的发展速度远高于国民经济的增长速度。2004年我国文化产业法人单位的增加值为3102亿元，占GDP的比重为2.3%。根据国家统计局2013年8月26日发布的统计公告，2012年，我国文化产业法人单位实现增加值18071亿元，按同口径和现价计算，同比增长16.5%，比同期GDP现价增速高6.8个百分点。文化产业法人单位增加值与GDP的比值为3.48%，按同口径计算，同比增加0.2个百分点；文化产业对当年经济总量增长的贡献为5.5%（见图13-1）。

（三）文化产业构成保持相对稳定

2012年我国文化产业的构成保持相对稳定。2012年文化制造业、文化批零业、文化服务业的增加值分别为7253亿元、1187亿元、9631亿元，比2011年分别增长17.4%、9.4%、16.7%。2012年文化制造业、文化批零业

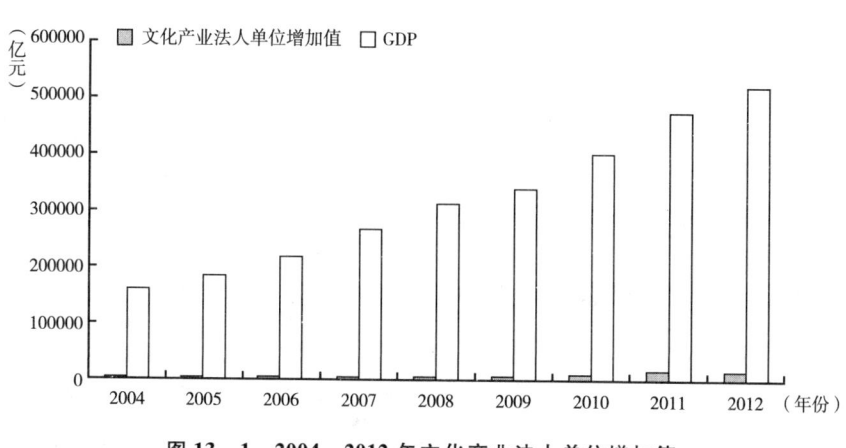

图 13-1 2004~2012 年文化产业法人单位增加值

和文化服务业增加值占文化产业法人单位增加值的比重分别为 40.1%、6.6% 和 53.3%，见图 13-2。

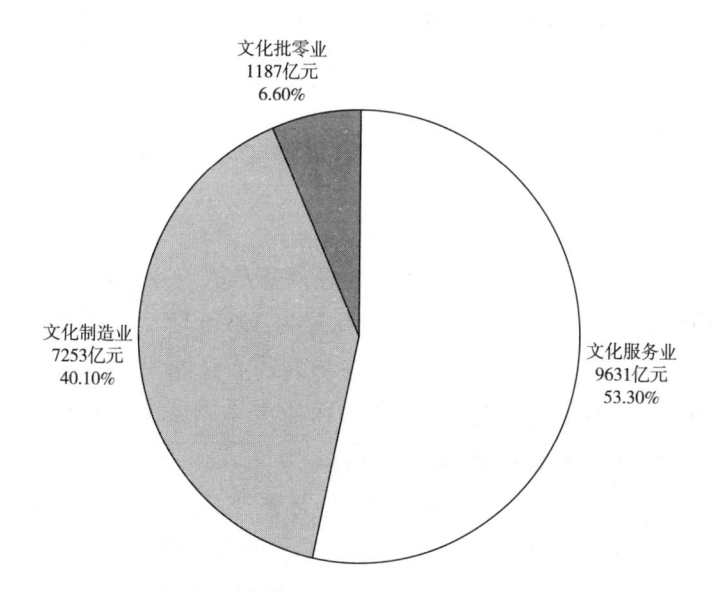

图 13-2 2012 年我国文化产业构成

资料来源：国家统计局。

（四）固定资产投资保持较快增长，企业资产规模持续增长

近年来，我国对文化产业的支持力度不断加大，尤其是以《文化产业振兴规划》为代表的一系列政策的出台，有力地推动了我国文化产业的快速发展。在此背景下，我国文化产业的固定资产投资也呈现快速增长势头。2012年以来，我国文化产业固定资产投资总体保持较快增长，投资规模持续扩大。2012年，我国文化、体育和娱乐业完成固定资产投资4299.12亿元，同比增长36.24%（见图13-3）。

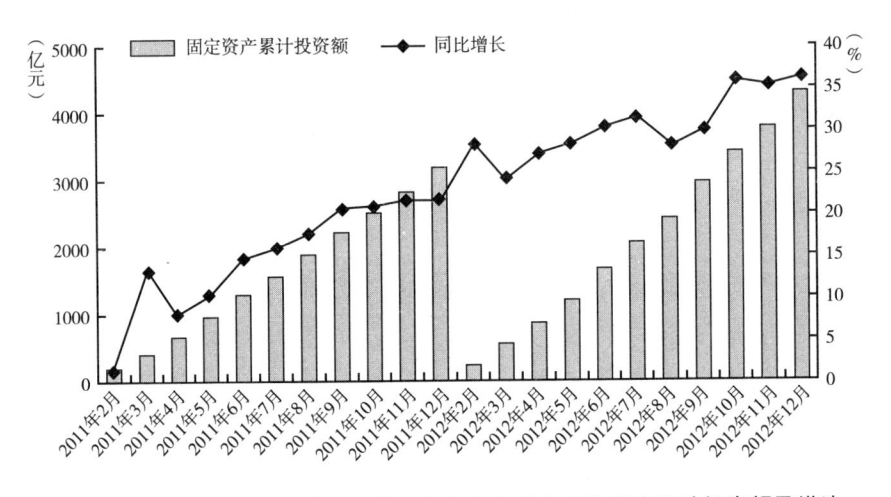

图13-3　2011~2012年我国文化、体育和娱乐业固定资产累计投资额及增速

资料来源：国家统计局、中经网。

2006~2011年，我国文化产业资产规模逐年壮大，年均增长速度为5.8%，2010年我国文化产业法人单位拥有资产总计为30550亿元。截至2011年11月资产总计31224亿元，其中，经营性单位拥有资产总计30505亿元，占全部法人单位的97.7%；公益性单位拥有资产718亿元，占2.3%（见图13-4）。

（五）文化产业各领域发展势头良好

2012年，在《社会主义文化大发展大繁荣若干重大问题的决定》与《"十二五"文化产业倍增计划》等政策的支持下，我国文化产业继续保持较快增长，电影、电视剧、新媒体、出版等领域发展势头良好。除了艺术品降低15%之外，我国主要文化产业门类全部实现了增长。增长速度除了报纸为4.09%、音像制品为8.76%之外，其他门类全都以两位数甚至三位数的速度高速增长。其中增长最快的是网络音乐行业中的在线音乐，增长率为379%，之后依次为演艺行业增长75.1%，电子出版物行业增长48.58%，

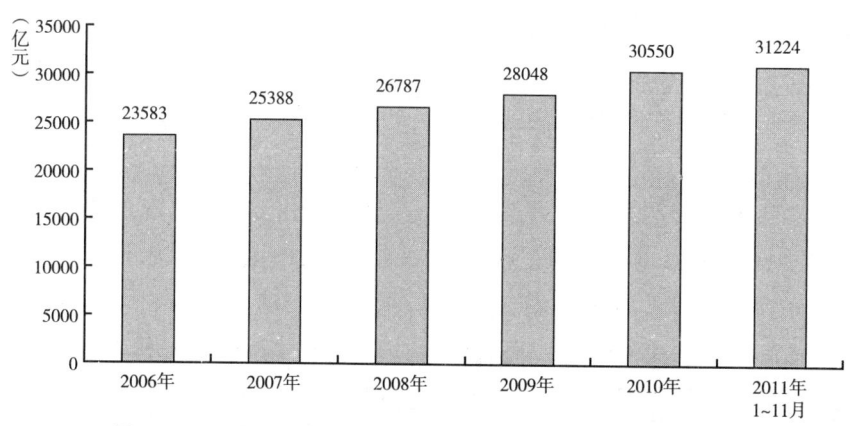

图 13-4 2006~2011 年我国文化产业法人单位资产变化趋势

资料来源：新元文智。

数字出版行业增长 40.47%，期刊产业增长 35.82%，电影产业增长 30.18%，网络游戏产业增长 28.3%，动漫产业增长 22.23%，见表 13-3。

表 13-3 2012 年我国文化产业主要行业构成与市场规模

序号	行业名称	细分行业	市场规模（亿元）	比 2011 年增减（%）
1	图书、期刊、报纸	图书	723.51	12.28
		期刊	220.86	35.82
		报纸	852.32	4.09
2	音像制品		28.34	8.76
3	电子出版物		9.20	48.58
4	数字出版		1935.50	40.47
5	电影		170.73	30.18
6	动漫		759.94	22.23
7	网络音乐	在线音乐	18.20	379.00
		无线音乐	27.20	13.30
8	网络游戏		601.20	28.30
9	演艺		355.90	75.10
10	艺术品		1784.00	-15.00

资料来源：①图书、期刊、报纸、音像制品和电子出版物、数字出版的资料来源于新闻出版总署。市场规模指营业收入。②电影资料来源于广电总局。市场规模指票房。③其他资料来源于文化部。演出市场规模指总收入，艺术品为交易额，其余为市场规模。

2012年，全国电影票房收入为170.73亿元，同比增长30.18%。其中，进口片票房占51.5%，国产片占48.5%。我国电影票房高增长的主要驱动因素为过去两年影院渠道的快速增加，2012年我国城市影院全年新增银幕3832块，平均每天全国新增银幕10.5块，且全部为数字影厅。

2012年，我国国产动画片发展情况总体较好。根据国家广播电影电视总局的数据，2012年，我国经备案公示的国产动画片为580部，总计470751分钟。从所占比重来看，备案公示的国产动画片题材依次为：童话题材、教育题材、其他题材、历史题材、现实题材、科幻题材、神话题材。

2012年，全国共计生产完成并获得《国产电视剧发行许可证》的剧目共计506部17703集。题材比例为：现实题材剧目共计284部9274集，分别占总比例的56.13%和52.39%；历史题材剧目共计216部8189集，分别占总比例的42.69%和46.26%；重大题材共计6部240集，分别占总比例的1.19%和1.36%。

2012年，全国出版、印刷和发行服务实现营业收入16635.3亿元，较2011年增加2066.7亿元，增长14.2%；增加值4617.0亿元，较2011年增加595.3亿元，增长14.8%。在社会主义文化强国建设和推动文化产业成为国民经济支柱性产业的总体要求下，新闻出版产业继续保持平稳较快增长。

（六）文化产业园区发展迅速，金融支持文化产业逐年扩大

根据2014年5月20日文化部发布的《2013年文化发展统计公报》数据显示，2013年，通过开展国家级文化产业园区和基地考核巡检工作，文化部撤销了1家国家级文化产业试验园区、1家国家文化产业示范基地称号。截至2013年末，全国共有8个国家级文化产业示范园区，6个国家级文化产业试验园区和268个国家文化产业示范基地。

2013年末，文化产业中长期本外币信贷余额1574亿元，比年初新增419亿元，同比增长36.3%；185家文化企业注册发行的债券余额为2878.5亿元；77家文化企业在沪深两地资金市场上市，全国各类型的文化产业股权投资基金57只，募集规模超过1350亿元。此外，文化部也稳步推进文化产业立项，2013年共完成各类艺术学评审立项项目201项，资助经费总额2836万元。

(七) 文化体制改革促进文化产业发展

党的十六大以来，文化体制改革促进了我国文化产业的发展，将公益性文化事业和经营性文化产业相区分，推动一大批国有经营性文化单位成为合格的独立市场主体，激发了文化企业的内部活力，在一定程度上增强了企业的竞争力。截至 2013 年 4 月，我国共有文化及相关产业法人单位 69.8 万家，其中经营性企业法人 60.7 万家，公益性事业法人（包括社团、基金会）9.1 万家。文化体制改革也推动了文化产业与金融、旅游等产业的融合，促使新型文化业态的出现，在一定程度上推动了文化产业结构的升级。同时，各项制度的不断完善，各项支持力度的不断加大，也为文化产业的发展提供了良好的环境，文化产业的规模和实力不断扩大。党的十八大提出，要继续推进文化体制改革，推动文化事业全面繁荣和文化产业快速发展，建设社会主义文化强国，这也为文化产业的发展提供了新的契机。

第二节 文化产业安全的影响因素

一 文化消费意识薄弱

对文化及文化产品的需求和消费是建立在一定基础之上的，经济发展到一定的水平，居民收入普遍提高，大部分人不再停留在解决温饱问题上，收入中可以有更大比例拿出来用于文化消费支出。从公开发布的一些数据来看，虽然近年来我国经济发展水平稳步提高，居民收入不断提高，但总体而言，文化消费总量偏低，对文化及文化产品的需求并不旺盛。主观因素是居民的消费意愿不强烈，文化消费意识滞后，居民文化消费意识有待进一步提高。对于保守型消费者或者低收入群体而言，他们的消费观念仍然停留在勤俭节约的基础上，更倾向于将大部分收入进行银行储蓄，支出的部分主要用于保障吃穿住用行等基本生活，对文化及文化产品的需求愿望不强烈，主要因为文化消费并非必需品。或者虽然这其中有部分人愿意进行文化及文化产品的消费，也是用于基础的文化消费。对于少数高收入群体而言，他们对文化消费的认识更高，对文化消费的需求也就更多，会进行主动性文化消费，其消费观念也更加科学合理。文化消费作为消费总量的一部分，能够直接拉动文化产业的发展，促进国民经济的增长，随着人民生活水平的提高，也有必要进行文化消费，这不仅提升了居民生活质量，也提高了居民文化素质。所以，应积极培育居民文化消费的意愿，提高文化消费意识和消费观念，充分释放文化消费的潜力，形成居民愿意主动进行文化消费的氛围。

二 用于文化方面的有效支出较少

有研究表明，当人均 GDP 超过 3000 美元的时候，文化消费会快速增长；当人均 GDP 超过 5000 美元时，文化消费则会进入"井喷时代"。根据国家统计局 2014 年 1 月发布的数据，2013 年我国国内生产总值 568845 亿元，同比增长 7.7%，按照 2013 年人民币对美元平均汇率 6.1932 计算，2013 年我国人均 GDP 约为 6767 美元，从数字上看，远高于人均 GDP 5000 美元文化消费"井喷"的标准。恩格尔系数是食品支出总额占个人消费支出总额的比重，家庭收入越少，用来购买食物的支出所占的比例就越大，随着家庭收入的增加，家庭收入所用来购买食物的支出比例则会下降。根据《2013 年国民经济和社会发展统计公报》显示，2013 年中国农村居民恩格尔系数为 37.7%，比上年下降 1.6 个百分点，城镇居民恩格尔系数为 35.0%，下降 1.2 个百分点。这说明我国居民用于食品消费的比重在逐年减少，也侧面表明居民消费结构在不断地发生变化。但实际上，居民用于文化方面的支出占人均总消费支出的比重非常少。

从表 13-4 和图 13-5 中可以看出，2002~2011 年我国城镇居民的人均可支配收入以及农村居民的人均纯收入都是不断增长的，10 年间分别增长了 182.1% 和 181.8%。2011 年人均消费支出分别达到 15161 元和 5221 元，十年间分别增长了 151.4 和 184.7，可见农村居民人均消费支出的增长速度是高于人均收入的增长速度，且高于城镇居民的人均消费支出增长速度的。2011 年城乡居民文化消费占消费支出的比重分别为 7.27% 和 3.16%，比 2002 年分别提高 0.52 和 0.6 个百分点。虽然居民可支配收入和消费支出都有了很大程度的提高，但是用于文化消费方面的有效支出非常少，且近十年来增长速度也非常有限，还不足 1%。

表 13-4 2002~2011 年城乡居民文化消费及相关数据

单位：元/人

年份	城镇居民 可支配收入	城镇居民 消费支出	城镇居民 文化消费	农村居民 纯收入	农村居民 消费支出	农村居民 文化消费
2002	7703	6030	407	2476	1834	47
2003	8472	6511	420	2622	1943	53
2004	9422	7182	474	2936	2185	59
2005	10493	7943	526	3255	2555	68
2006	11759	8697	591	3587	2829	74
2007	13786	9997	691	4140	3224	84
2008	15781	11243	736	4761	3661	93
2009	17175	12265	827	5153	3993	108
2010	19109	13471	966	5919	4382	126
2011	21810	15161	1102	6977	5221	165

资料来源：中华人民共和国文化部财政司，《我国居民文化消费状况分析》。

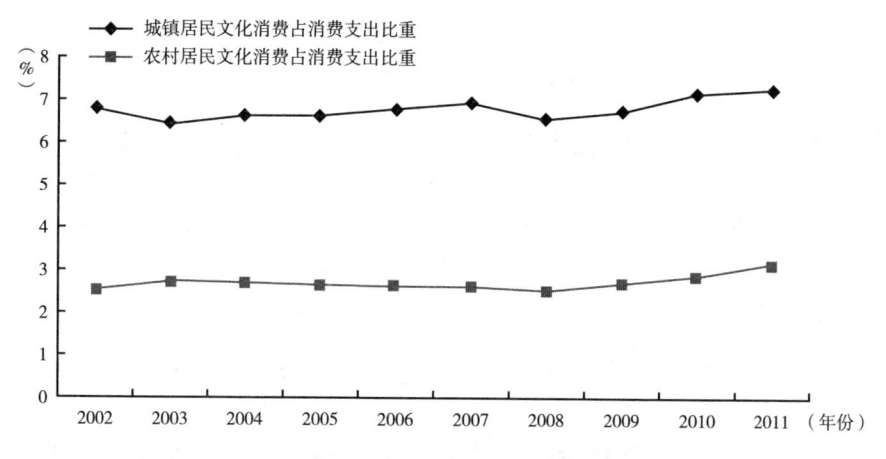

图 13-5 2002~2011 年城镇居民与农村居民文化消费占比

三 文化产品不能满足需求

为了满足不同层次消费者的文化消费需求，必须形成多元化、多层次的文化产品市场，必须加强文化产品和文化服务的有效供给，既要满足普通大众对文化产品的需求，促进文化消费需求增长，避免因文化产品价格虚高而限制了消费需求，也要照顾高消费群体对高端文化产品的需求，满足不同消费者对文化的差异化需求。提高文化产品的质量，提升文化创新能力，使文化产品的生产既能够贴近群众、贴近实际，反映人民真实的生产生活，又能不断提高文化产品的创意，保持继承与创新的统一，生产出反映鲜明的时代特色和具有新颖的形式与内容的文化产品，实现文化、技术、产品、服务与市场的有机结合，增强文化产品的吸引力，刺激市场需求，进而促进文化产品需求的增长，实现潜在需求向实际需求的转化过程。此外，加快文化产业与其他产业的融合发展，延伸文化产业链，也有利于促进新型文化产品的供给。

四 企业规模小，集中度低

文化产业结构代表文化产业的发展层次，决定文化产业的发展规模。虽然近年来我国文化企业的经营实力不断增强，但从总体上来看，我国文化企业的规模普遍偏小，规模以上的企业数量比较少，相较于国外文化企业，经济实力和自主创新能力无法与之匹敌，文化产业集中度较低，缺乏国际竞争力。

由中宣部牵头，光明日报社和经济日报社联合举办的"文化企业30强"推荐活动于2008年、2010年、2011年、2012年、2013年、2014年共进行了六届。首届"30强"的户均主营收入中，文化艺术、广播影视和新闻出版三个界别分别为0.67亿元、14.71亿元、39.11亿元，到第四届达到4.93亿元、65.12亿元和81.99亿元。从户均资产看，首届三个类别分别为0.59亿元、22.07亿元、26.07亿元，到第四届分别达到了8.97亿元、67.31亿元、69.87亿元。从税前利润来看，首届三个类别分别是0.18亿元、2.42亿元、2.55亿元，到第四届达到了2.10亿元、13.5亿元、6.47亿元。见表13-5。

表13-5 "文化企业30强"经营实力

单位：亿元

经营指标	届次	文化艺术	广播影视	新闻出版
户均主营收入	首届	0.67	14.71	39.11
	第四届	4.93	65.12	81.99
户均净资产	首届	0.59	22.07	26.07
	第四届	8.97	67.31	69.87
户均税前利润	首届	0.18	2.42	2.55
	第四届	2.10	13.50	6.47

资料来源：《国有文化企业发展报告（2012）》。

第四届入选"文化企业30强"企业总的主营收入、税前利润和净资产分别为1595亿元、225亿元和1693亿元。第五届入选"文化企业30强"企业总体主营收入首次超过2000亿元大关,达到2047亿元。第六届"文化企业30强"企业主营收入2451亿元、净资产2076亿元、净利润316亿元,均创历史新高,分别比上届增长20%、16%和38%。其中,净资产首次突破2000亿元,净利润首次突破300亿元。

2012年,由亚太总裁协会主办的首届国际文化产业大会举行,发布了国际文化产业领军企业50强榜单(其中前10强见表13-6),为我国文化企业树立了榜样。50强企业中,美国有22家,日本有10家,英、德、法、韩、西班牙五国有15家,中国有3家,分别为中国出版集团公司、中国电影集团、中国凤凰出版传媒集团,分别列第40、44、47位。通过与文化强国的领军文化企业相比,不难发现我国文化企业的发展还存在很大的差距,大型文化企业、在国际市场上具有竞争力的文化企业较少。我国的文化企业尽管发展势头很猛,增长很快,但是与文化发达国家的巨头相比,存在企业规模过小、产业集中度过低的问题,使得我国企业在国际竞争中面临着规模上的劣势。我国文化产业虽然出现了一批大的企业集团,但小、散、弱仍是中国文化产业的现状,大型文化企业的市场占有率很低。

表13-6 2012年国际文化产业领军企业前10强榜单

序号	企业名称	简介
1	美国国际数据集团	世界最大的信息技术出版、研究与风险投资公司
2	日本索尼音乐娱乐公司	全球性领先的唱片公司,拥有规模最大的音乐库
3	美国华特迪士尼公司	世界上第二大传媒娱乐企业和世界500强企业
4	美国纽约时报	世界发行独具影响力,美国主流报纸刊物的代表
5	澳大利亚新闻集团	世界上规模最大、国际化程度最高的综合传媒公司之一
6	美国时代华纳	大型媒体公司,一直居于全球领先地位
7	美国全国广播公司	美国历史最久、实力最强的商业广播电视公司
8	美国广播公司	美国传统三大广播电视公司之一
9	美国维亚康姆	美国第三大传媒公司
10	加拿大汤姆森公司	全球性媒体主要巨头之一

五　区域发展不平衡

我国东部地区较早实行改革开放，东部地区的经济发展水平一直比较领先。文化产业的发展与经济发展水平有一定的关系，文化产业的发展也呈现出东高西低的态势。一份来自2004年的统计数据显示，从文化产业法人单位个数来看，东部地区共有法人单位20.19万个，约占全国数量的63%；从从业人数来看，东部地区从业人数为628.53万人，约占全国文化产业从业人数的72%；从营业收入来看，东部地区营业收入为12691亿元，约占全国文化产业营业收入的77%；从增加值来看，东部地区增加值为2315.2亿元，约占全国文化产业增加值的75%（见表13-7）。由此可见，东部地区文化产业的发展具有绝对的优势，相比之下，我国中部和西部地区文化产业发展与东部地区发展差距较大。此外，产业集聚的效应也会吸引人才的流动，东部地区文化产业发展较快，使得更多的文化产业人才向东部地区转移，也使得东中西部地区的人才差距开始拉大，总体上区域发展不平衡现象比较明显。

表13-7　2004年我国东中西部部分指标比较

区域	法人单位个数（万个）	从业人数（万人）	营业收入（亿元）	增加值（亿元）
全国	31.97	873.26	16561.5	3101.7
东部	20.19	628.53	12691	2315.2
中部	5.03	167.52	1627.8	503.8
西部	6.57	77.21	2242.7	282.7

资料来源：根据《中国文化及相关产业统计年鉴2013》整理计算。

六　创新能力弱、技术含量低

影响文化企业创新能力的因素有很多。文化企业的规模影响着文化企业的创新能力，如果企业规模过小，会造成创新投入的匮乏，或者没有充足的资金来进行产品的科研创新，与大企业相比，中小企业的R&D投入不足现象普遍。与美国、日本等文化产业发达的国家相比，我国大型文化企业研发经费的支出还较少。创新投入能力是企业投入创新资源的数量和质量，衡量企业创新投入的主要指标就是看R&D投入。目前，R&D投入在文化产业领域并不理想，这也使得国内文化产业中自主研发的产品数量少，市场占有率低，竞争力差。比如动漫企业，在广大青少年喜欢的动漫作品中，日本和欧美的动漫产品占据了绝大多数国内市场，可见，我国动漫企业在原创产品的开发上还需要做出很大努力。同时，研发人才特别是高级人才缺乏，没有创新型的高水平人才，加上企业缺乏激励机制，就更难吸引创新人才进入文化企业尤其是中小文化企业，这不利于文化产业的发展。

第三节 文化产业安全的概念界定与特征

一 文化产业安全概念界定

近年来，学术界开始重视产业安全理论和实践的研究，对各领域产业安全的研究开始逐渐增多，但是关于文化产业安全的研究还较少。廖清（2012）根据文化产业特点，结合专家评审对指标的赋权，得出偏重于文化产业内部因素的安全测度评价体系。结合数据对我国文化产业安全现状进行测度评价，得出结论为我国文化产业目前所处的状态为基本安全。黄欣欣（2011）研究了我国文化产业对外开放对文化产业安全的影响，结果表明，我国核心文化商品贸易呈顺差状态，而文化服务贸易呈现逆差状态；我国文化产业利用外资水平还不高，有很大提升空间；文化产业走出去工作虽然取得了一定成绩，但规模和影响与我国的国际地位还不相称，我国文化产业的国际竞争力还不强，因而，文化产业完全开放的政策是不适用的。我国应采用渐进的开放政策，寻求文化产业对外开放与维护文化产业安全的契合点，建设有中国特色的文化产业发展模式。李毅（2012）等确定了以文化产业国际竞争力和对外依存度为主的文化安全模型体系，选取了世界市场份额等七项指标来建立安全模型体系。总体研究表明，中国文化产业从2002年起有了巨大的发展，国际竞争力持续增强，对外依存度虽然也有所上升但是不显著，增速缓慢有限，文化产业结构相对合理，中国文化产业整体朝安全的方向发展。

本课题认为，文化产业安全是基于内容产业的一种产业形态。文化产业既有经济属性，又有意识形态属性，文化产业的双重属性决定了文化产业安全有别于一般意义上的产业安全。

李孟刚教授在其专著中给出了产业安全的一般定义，即产业安全是指特定行为主体产业的生存和发展不受威胁的状态。参照产业安全的定义，结合文化产业的特点，文化产业安全应该从两个方面进行概括：第一，是文化产业内容安全，文化产业具有意识形态的特殊性，文化产业安全要保证内容安全，也就是一国文化产业能够提供丰富多彩的、适应本国发展需要的原创性内容，抵制外来文化的价值观念和意识形态的冲击，从而保持其核心价值观的独立性，维护国家主流意识形态和主流价值观的合法性和稳定性。第二，与一般的产业相同，文化产业安全是指文化产业生存和发展不受威胁的状态，对于国内而言，文化产业发展环境良好，产业控制力强，发展前景广阔，对于外部环境而言，在国际市场具有一定的竞争力，能够抵御外部因素的冲击，在开放的、竞争的国际环境下保持稳定的可持续发展的状态（见图13-6）。

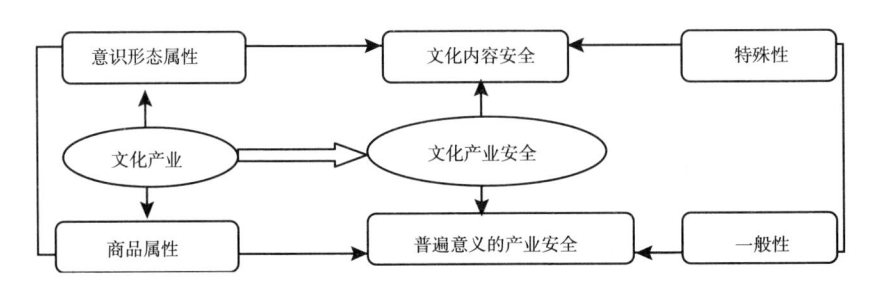

图13-6 文化产业安全的特殊性与一般性

二 文化产业安全特征

（一）文化产业安全具有独特性

不同于一般的产业，文化产业既具有商品属性，又具有意识形态属性。从意识形态属性来看，文化产业是内容产业，文化产品与一般的工业产品相比，既有相同之处，又有差异所在，文化产品承载着国家主流的价值观念和社会主体的意志，通过一定的传播渠道进行扩散和传播，能够对人们的思想、意识、决策、行为产生潜移默化的作用。从这一角度讲，文化产品的传播对于一个国家的意识形态具有重要的影响。反映本国的主流意识形态、弘扬本国的核心价值观、体现本国文化传承与发展之内容的文化产品,对于本国文化产业的提升、国际竞争力的增强具有重要的推动作用。所以说,文化"内容"的安全使得文化产业安全具有独特性,文化产业安全要保证文化产品或者说文化内容的安全。美国电影业不仅获利成为世界之冠,还通过影片的传播向世界各国传输其价值观,日本则通过动漫和游戏向全世界传播其文化观念。文化产业的文化产品生产,成为一国价值观传播的载体。社会主义核心价值观是社会主义先进文化的精髓,习近平强调"当代中国价值观念,就是中国特色社会主义价值观念,代表了中国先进文化的前进方向",所以我国文化产业安全,首先必须保证文化产品的内容安全,使文化产品向人民群众传输中国先进的价值观,引导人民群众的价值认知和价值追求,将我国的文化魅力传播出去。

(二) 文化产业安全具有渗透性

随着现代文化产业的发展,文化产业不再是一个单一、孤立的产业,各行业也不再单打独斗、各自为战、没有关联。从文化产业内部来看,文化产业已经形成了一个产业链条,以文化内容为根本,包含高技术和高附加值,依托创意、策划、互联网、传媒等媒介,运用市场模式进行资源整合,并进行市场推广,进而形成一条文化产业链。这种产业链上中下游的关系促使文化产业安全在产业链条上不断渗透与扩散。从文化产业外部来看,文化产业对其他产业具有潜移默化的渗透作用,随着产业融合的发展,文化产业与金融、科技、旅游、信息、物流、建筑等产业相互渗透,彼此交叉,形成不同产品、业务、市场等不同程度的融合。一方面,相关产业都融入了各具特色的文化内涵,增加了文化韵味,开发了该领域新型的产品和服务,比如红色旅游,既能繁荣当地经济发展,给当地带来经济效益,又能使人民群众不忘历史,继承光荣传统,传承民族精神,增加了旅游业的文化含量。另一方面,文化产业与相关产业的融合,突破了产业间的条块分割,为文化产业提供了更加广阔的平台,推动文化产业在更加广阔的范围内整合有用的资源,也延伸了文化产业链,促进了文化产业的发展。所以,从以上角度分析,文化产业安全具有渗透性(见图 13 – 7)。

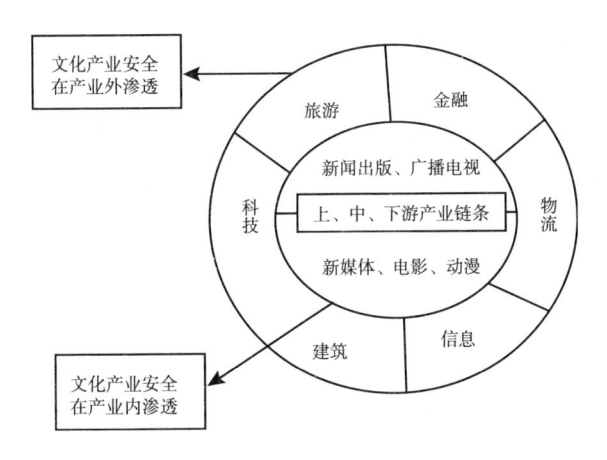

图 13-7 文化产业安全的渗透性

(三) 文化产业安全要求创新性

创新是产业安全评价指标体系中评价产业发展能力的指标之一。文化产业的自身属性赋予了文化产品的创新使命，创新是文化产品的核心要素之一，没有创新，文化产品就没有吸引力，得不到消费者的认可。如果文化产品不从内容上、形式上等推陈出新，尤其是面对青少年消费群体时，不具独特性、差异性、创新性的产品往往会引起他们的消费疲劳。文化产品不创新，失去创造力，文化产业就失去了生命力，所以文化产业安全要求保证其创新性。文化产业链条内部处处需要创新，以我国动漫产业为例，我国动漫产业是一新生力量，与日本等动漫大国还具有相当大的差距，其中重要原因之一就是我国动漫产业缺乏创新，优秀的原创作品、深入人心的作品少。20年前青少年喜欢的《葫芦兄弟》《黑猫警长》等作品，今天仍然活跃在屏幕上，创新性的作品产出少，题材单一，不能满足人民群众日益提高的文化生活水平。创新人才的缺乏也阻碍了动漫产业的发展，文化产业需要有灵感、有创新精神，而真正有创新精神的动漫人才较少，部分人受经济利益的驱使，模仿或抄袭国外动漫的现象仍然存在，严重影响了动漫产业安全。而国外动漫如《功夫熊猫》《花木兰》等恰恰充分利用了我国的素材，创作出世界人民喜欢的产品。我国文化产业创新之路任重而道远，从这一角度分析，文化产业安全要求创新性（见图 13-8）。

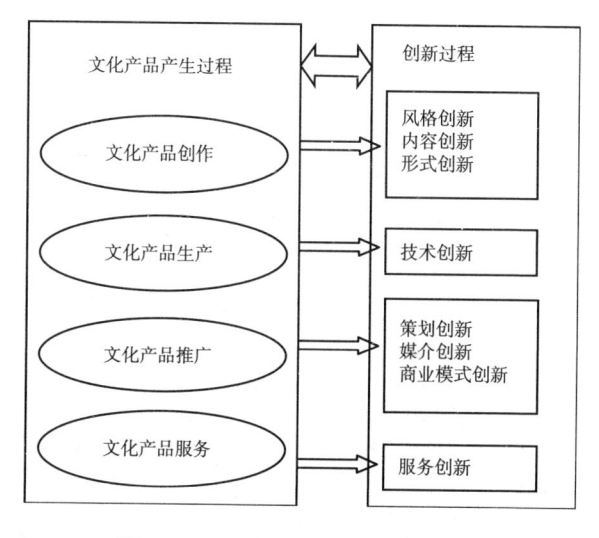

图 13-8 文化产业安全要求创新性

第四节 文化产业安全状况评价

一 环境评价

（一）需求环境

人均可支配收入是指个人可支配收入的平均值。个人可支配收入指个人收入扣除向政府缴纳的个人所得税、遗产税和赠与税、不动产税、人头税、汽车使用税以及交给政府的非商业性费用等以后的余额。个人可支配收入被认为是消费开支的最重要的决定性因素，因而常被用来衡量一个国家生活水平的变化情况。可支配收入水平是影响居民消费需求的重要因素，且两者之间呈正相关关系。人均可支配收入的提高，能够有效地拉动文化休闲消费。从图 13-9 可以看出，2005 年至 2012 年，我国年度城镇居民人均可支配收入从 10493 元增长到 24565 元，7 年间增长了 134.11%，城镇居民人均可支配收入呈逐年提高的态势，有利于提高居民与文化休闲相关的文化、教育、娱乐等的消费支出。

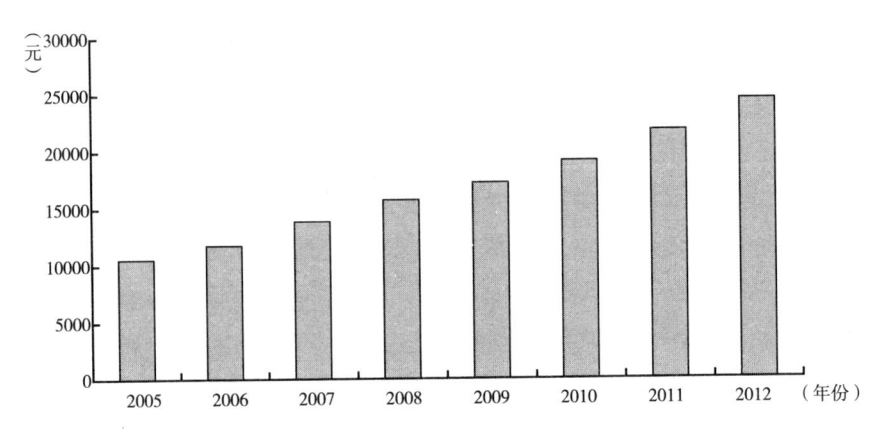

图 13－9　2005～2012 年城镇居民人均可支配收入

资料来源：和讯网，http://calendar.hexun.com/globaldata.aspx。

（二）消费环境

党的十七届六中全会明确提出，增加文化消费总量，提高文化消费水平，是文化产业发展的内生动力。著名消费经济学家尹世杰先生曾提出"文化教育是第一消费力"，他认为，扩大文化消费能够促进产业结构的优化和升级。文化产业的消费环境可以用城镇居民教育文化娱乐消费的人均支出、城镇居民教育文化娱乐消费支出占全部消费的比例来表示。

从 2003 年至 2012 年 10 年间的数据可以看出，2003 年，我国城镇居民家庭平均每人全年消费性支出为 6510.94 元，到 2012 年，人均消费性支出增长到 16674.32 元，十年间增长了 1.56 倍，这表明我国城镇居民的生活质量总体趋势是不断提高的。再看人均文教娱乐支出，2003 年，城镇居民人均文教娱乐支出为 934.38 元，到 2012 年，城镇居民人均文教娱乐支出为 2033.5 元，十年间增长了 1.18 倍。仅从这一数据来看，城镇居民文教娱乐消费呈现逐年上升的趋势，说明居民的消费结构在改变，越来越重视对于文教娱乐的消费。但是从增长速度上看，人均文教娱乐支出的增长速度略慢于全国人均城镇居民的消费性支出（见表 13－8）。

从城镇居民人均文教娱乐消费占全国城镇居民人均消费性支出的比重来看，十年间，文教娱乐支出占比不但没有上升，反而在 2003～2009 年间有下降的趋势，从 2003 年的 14.35% 下降至 2009 年的 12.01%。从 2010 年开

表 13-8 2003~2012 年居民消费水平与指数

单位：元

年份	城镇居民家庭平均每人全年消费性支出	文教娱乐支出	年份	城镇居民家庭平均每人全年消费性支出	文教娱乐支出
2003	6510.94	934.38	2008	11242.85	1358.26
2004	7182.1	1032.8	2009	12264.55	1472.76
2005	7942.88	1097.46	2010	13471.45	1627.64
2006	8696.55	1203.03	2011	15160.89	1851.74
2007	9997.47	1329.16	2012	16674.32	2033.5

资料来源：中国统计年鉴。

始，文教娱乐占比才开始呈现上升的趋势，但上升幅度并不大，从 2010 年的 12.08% 上升到 2012 年的 12.20%（见图 13-10）。这说明，城镇居民文化教育娱乐消费方面的意识仍然有待提高，我国文化教育娱乐的服务也应该不断完善。此外，文教娱乐支出也受到区域差异的影响，大中城市的文化消费支出占消费性支出的比重较大，欠发达的小城市文化消费支出占消费性支出的比重则较小。

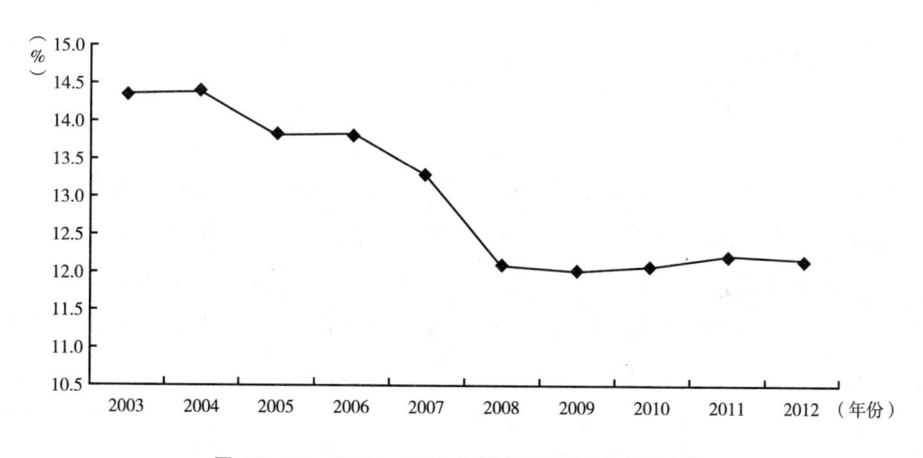

图 13-10 2003~2012 年我国文教娱乐支出占比

（三）经济环境

GDP 增长率是反映一个国家经济发展状况的最重要的指标，指实际 GDP 比上年增长的幅度，其中，实际 GDP = 名义 GDP/GDP 平均减数。该指标反映了一国的经济增长速度，也反映了国家的经济总体态势。指标数值过高，说明经济过热，容易出现通货膨胀，过低则意味着经济有可能陷入衰退。从GDP增长率来看，2000年我国GDP增长率为8.4%，到2003年突破10%，从2003年到2007年，GDP增长率上升较快，2007年GDP增长率最高，为14.2%。2007年之后GDP增长率有所回落（见图13-11）。

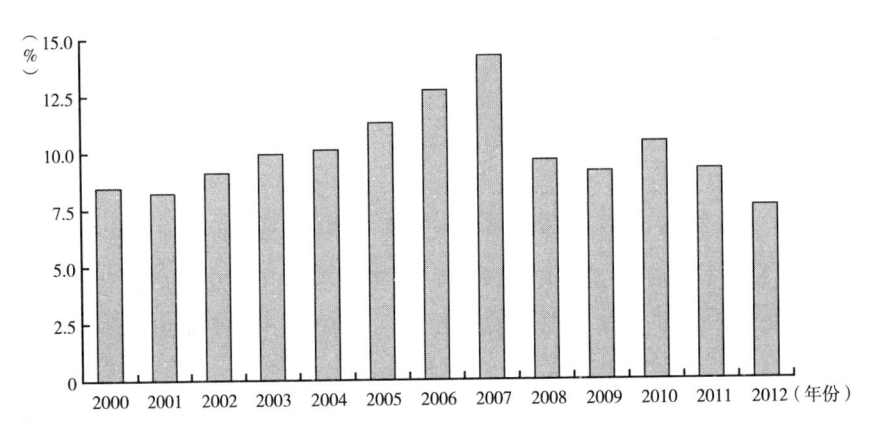

图13-11 （2000~2012年）我国GDP增长率

（四）融资环境

随着文化产业在国民经济中的地位越来越重要，文化产业发展也越来越受到重视和广泛关注，构建多层次、多元化的金融支持文化产业发展的融资环境就非常有必要。从目前的情况来看，我国各地开始不断创新文化金融发展模式，促进金融业与文化产业的融合，推动文化产业与金融资本的有效对接。但我国在文化产业投融资体系建设中仍存在一些问题，比如融资渠道相对单一，金融服务有待提高，资本市场融资门槛高，文化产业价值评估有困难，文化金融服务平台建设比较落后，等等。

据中国人民银行统计，截止到2011年末，全国文化产业本外币中长期贷款余额累计达到861亿元，年末余额同比增长20.4%。截止到2012年6月，我国文化产业本外币贷款余额已经达到980亿元。自2010年3月中宣部、文化部、中国人民银行等九部委发布《关于金融支持文化产业振兴和繁荣发展的指导意见》以来，文化与金融合作进程明显加快。2010~2012年，文化产业实现重点信贷融资项目97项，累计余额210.96亿元，文化部与金融机构的合作带动了文化产业信贷余额的新高。

从银行贷款来看，多家银行为文化企业开辟贷款绿色通道。"十二五"期间，中国工商银行将文化产业作为信贷投放的重点方向之一，计划年均新增放贷不低于200亿元，到"十二五"结束时，贷款余额将达到1500亿元以上。截至2011年末，工行对文化产业的贷款余额达630多亿元，比年初新增120多亿元，为3300多户文化企业提供贷款支持，工行支持的中小文化企业客户数量达3200多户，占该行全部文化产业客户的97%，贷款余额占全部文化产业贷款余额的73%。

此外，2010年4月8日，九部委联合制定的《关于金融支持文化产业振兴和发展繁荣的指导意见》中特别提出支持文化企业通过债券市场融资及其优惠措施。据中国银行间市场交易商协会的初步统计，到2012年4月，已注册发行的文化类企业有69家，发行的各类债券达172只，发行金额1472.79亿元，存量800多亿元。

二 产业竞争力评价

（一）文化产品贸易竞争力指数

第一，文化产品的贸易竞争力指数。

贸易竞争力指数是衡量文化产品国际竞争力的重要指标，用（文化产品出口额－文化产品进口额）/（文化产品出口额＋文化产品进口额）来计算，当贸易竞争力指数小于0，产业处于比较劣势；当贸易竞争力指数等于0，产业属于贸易平衡型产业，进口额和出口额基本持平；当贸易竞争力指数大于0，产业处于比较优势。从2010年的数据来看，我国文化产品的贸易竞争力指数为0.57，与德国、韩国、英国、美国、印度的数据0.13、-0.1、-0.44、-1.6、1.13相比，除低于印度外，均高于其他国家，我国文化产品贸易持续顺差，文化产品贸易具有一定竞争力。表13-9是2010年中国文化产品和文化服务贸易的国际比较。

第二，核心文化产品的贸易竞争力指数。

表13-10列出了我国核心文化产品进出口的情况，从数据变化上看，2007年进口额增长较快，是2006年进口额的近4倍，我国核心文化产品进口额经历了快速增长又逐渐回落的一个过程，从总体上来看，2012年进口额

表13-9　2010年中国文化产品和文化服务贸易的国际比较

单位：亿美元，%

	中国	德国	韩国	英国	美国	印度
文化产品出口额	977.54	283.62	39.91	183.56	320.49	137.96
文化产品进口额	75.92	245.11	44.07	263.71	822.57	17.98
文化产品贸易总额	1053.46	528.73	83.98	447.27	1143.06	155.94
文化产品净出口额	901.62	38.51	-4.16	-80.15	-802.08	119.98
文化服务出口额	38.39	212.93	40.48	182.36	1201.47	118
文化服务进口额	154.51	225.11	143.76	106.98	352.15	38.33
文化服务贸易总额	192.9	438.04	184.24	289.34	1553.62	156.33
文化服务净出口额	-116.12	-12.18	-103.28	75.38	849.32	79.67
文化贸易总额	1246.36	966.77	268.22	736.61	2696.68	312.27
文化产品贸易占文化贸易比重	84.52	54.69	31.31	60.72	42.39	49.94
文化产品出口额占世界文化产品出口比重	25.51	7.40	1.04	4.79	8.36	3.60
文化服务出口额占世界文化服务出口比重	1.35	7.48	1.42	6.41	42.21	4.15

资料来源：何传添、潘瑜《中国文化贸易的国际比较及其产业调整》，《中央财经大学学报》，2012年12月。

比2005年增长了接近3.5倍。核心文化产品出口额呈现出逐年增长的态势，2012年出口额比2005年增长了2.3倍。从贸易竞争力指数来看，2005~2012年我国核心文化产品的贸易竞争力指数变化较大，2010年该指数跌入低谷，为0.62，2011年开始上升较快，2012年该指数上升为0.88（见图13-12）。

表13-10　核心文化产品进出口情况

单位：亿美元

年份	进出口总额	出口额	进口额	年份	进出口总额	出口额	进口额
2005	82.3	78.9	3.5	2009	125	104.2	20.8
2006	102.1	96.4	5.7	2010	143.9	116.7	27.2
2007	129.2	106.8	22.4	2011	198.9	186.9	12.1
2008	158.4	136.9	21.5	2012	274.5	259	15.6

资料来源：《中国文化及相关产业统计年鉴2013》。

第三，书报刊、电影及音像制品的贸易竞争力指数。

2011年全国累计出口图书、报纸、期刊1549.17万册（份）共5894.12

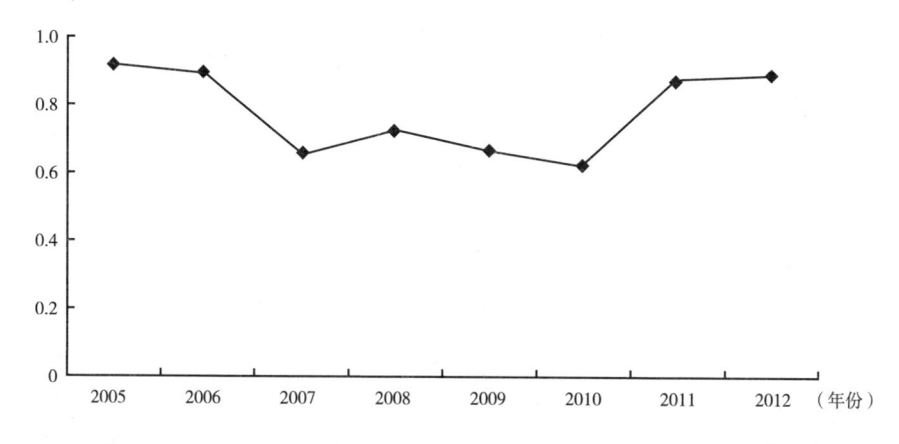

图 13-12　（2005~2012 年）我国核心文化产品的贸易竞争力指数

万美元；2012 年，全国累计出口图书、报纸、期刊 2061.77 万册（份）共 7282.58 万美元，与上年相比，数量增长 33.09%，金额增长 23.56%。2011 年全国出版物进出口经营单位累计进口图书、报纸、期刊 2979.88 万册（份）共 28373.26 万美元；2012 年，全国出版物进出口经营单位累计进口图书、报纸、期刊 3138.07 万册（份）共 30121.65 万美元，与上年相比，数量增长 5.31%，金额增长 6.16%。

通过计算可以发现，我国书报刊业贸易竞争力指数均小于 0，说明我国书报刊业处于比较劣势（见表 13-11）。电影及音像制品业数据显示，贸易竞争力指数呈下降趋势，其中，在 2007 年和 2008 年，电影及音像产业处于比较优势，2009~2012 年，电影及音像产业一直处于比较劣势（见表 13-12）。

表 13-11　2011~2012 年书报刊进出口额及贸易竞争力指数

单位：万美元

年份	2011	2012
出口额	5894.12	7282.58
进口额	28373.26	30121.65
贸易竞争力指数	-0.655992375	-0.6106013

表 13-12　2007~2012 年电影及音像制品进出口额及贸易竞争力指数

单位：亿美元

年份	2007	2008	2009	2010	2011	2012
差额	1.62	1.63	-1.81	-2.48	-2.77	-4.38
出口额	3.16	4.18	0.97	1.23	1.23	1.26
进口额	1.54	2.55	2.78	3.71	4	5.64
贸易竞争力指数（TSC）	0.34	0.24	-0.48	-0.5	-0.53	-0.63

资料来源：根据国家外汇管理局数据整理、计算。

（二）文化产品的国际市场占有率

文化产品的国际市场占有率是指文化产品在世界上所占的市场份额，即本国文化产品销售额与国际文化产品销售总额的比率。世界主要国家文化贸易的国际市场占有率如图 13-13 所示，通过数据来看，美国文化贸易大国的地位坚不可摧，并且国际市场占有率总体上呈现上升的趋势，国际市场份额已经超过了 30%，其中 2010 年国际市场占有率最高，超过了 40%。其次是英国和日本，英国和日本文化贸易国际市场占有率基本上处于同一水平，市场占有率在 15% 左右。再次是法国，法国也是世界文化贸易的主体。我国文化贸易国际市场占有率最低，还不到 5%，但从总体上看，该比例呈现不断上升的趋势，2011 年，我国文化贸易国际市场占有率为 3.9%。

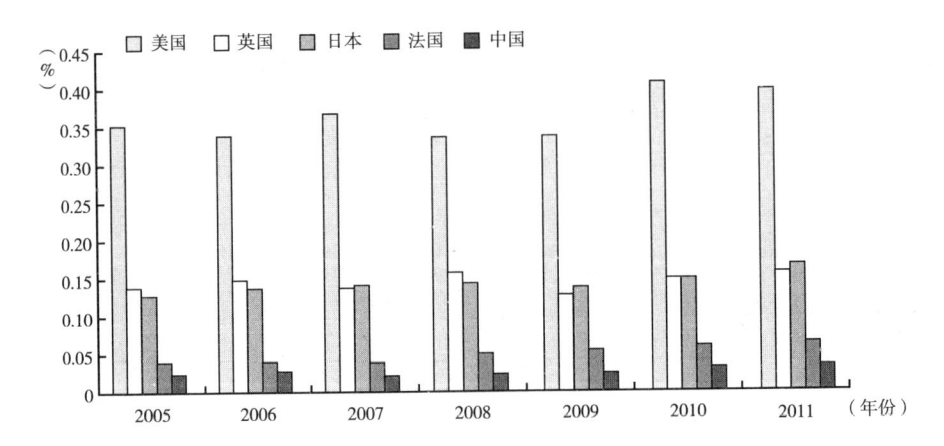

图 13-13　2005~2011 年主要国家文化贸易的国际市场占有率

资料来源：叶凤仙《我国文化贸易竞争力及影响因素分析》，安徽大学硕士学位论文。

(三) 文化产业显性比较优势指数

显性比较优势指数是指一个国家出口文化商品占其出口总值的比重与世界文化产品占世界出口总值的比重二者之间的比率。一般认为，显性比较优势指数大于 2.5 时，表示该产业具有极强的国际竞争力，当显性比较优势指数在 1.25 与 2.5 区间之内时，表示该产业或产品具有较强的竞争力，当该指数落于 0.8 与 1.25 区间之内时，表明该产业或产品具备一定的竞争力，当该指数小于 0.8 时，表明该产业或产品竞争力较弱。图 13 - 14 是 2005 ~ 2011 年世界主要国家文化贸易现行比较优势指数。

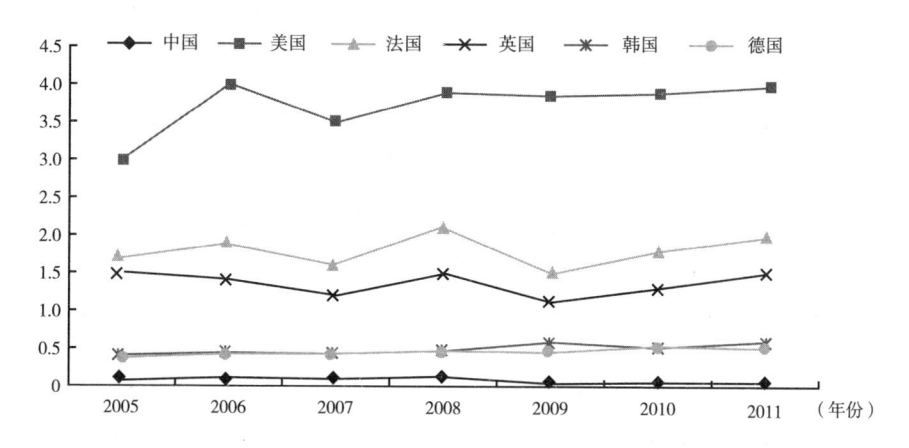

图 13 - 14 2005 ~ 2011 年世界主要国家文化贸易现行比较优势指数

资料来源：叶凤仙《我国文化贸易竞争力及影响因素分析》，安徽大学硕士学位论文。

通过上面的数据发现，在 2005 年到 2011 年间，美国的显性比较优势指数呈现稳步增长的趋势，指数落在 3 与 4 的范围内，大于 2.5，表明美国文化产业具有极强的竞争力。法国和英国的贸易竞争力指数基本在 1 ~ 2.5 之间徘徊，说明法国和英国文化产业具备较强的国际竞争力。德国和韩国文化产业显性比较优势指数是小于 0.8 的，文化产业竞争力较弱。我国文化产业显性比较优势指数在 0.2 左右，可见我国文化产业国际竞争力非常弱。

三 外资控制力评价

(一) 文体娱乐外商直接投资

从文化产业引进外资的情况来看，2005 ~ 2012 年，文体娱乐业外商直接投资项目的数量呈现下降趋势，2005年为272个，2011年下降到152个；2007年和2011年实际使用外资的金额较大，2007年为4.5亿美元，2011年为6.3亿美元。文体娱乐业外商直接投资在全国利用外资中所占的比重呈现波状起伏状态（见表13-13）。

表13-13　2005~2012年我国文体娱乐业外商直接投资情况

年份	项目（个）	实际使用金额（亿美元）	占全国的比重（％）
2005	272	3.0543	0.5063
2006	241	2.4136	0.3830
2007	207	4.5109	0.6033
2008	170	2.5818	0.2794
2009	158	3.1756	0.3527
2010	168	4.3612	0.4125
2011	152	6.3455	0.5470
2012	—	6.7784	0.6068

资料来源：《中国统计年鉴》（2005~2012年），2012年文体娱乐业实际使用金额为估计数。

（二）文化产业对外直接投资

对外直接投资指我国国内投资者以现金、实物、无形资产等方式在国外及港澳台地区设立、购买国（境）外企业，并以控制该企业的经营管理权为核心的经济活动。2003~2012年，我国文体娱乐业对外直接投资的净额从100万美元增长到19634万美元，10年间增长了约195倍。从对外直接投资存量看，2004年文体娱乐业对外直接投资存量为592万美元，2012年增长到79351万美元，10年间增长了133倍。从增长幅度上看，无论是对外直接投资净额还是对外投资存量都增长很快，但是在全国对外投资中所占的比重依旧很小（见表13-14）。

（三）外商投资企业数占比

中国加入世贸组织已有十几年，国内文化市场获得了飞速发展。外资进入中国文化产业的步伐不断加快，其进入方式也日益多样化，如参股、合资、项目合作、投资影院和剧场等硬件设施等。外商多路出击，布局中国文

表 13-14　2003~2012 年我国文体娱乐业对外直接投资情况

年份	对外直接投资净额（万美元）	占全国比重（%）	截至 2012 年对外直接投资存量（万美元）	占全国的比重（%）
2003	100	3.50	—	—
2004	98	1.78	592	0.01
2005	12	0.10	538	0.01
2006	76	0.36	2614	0.03
2007	510	1.92	9220	0.08
2008	2180	3.90	10733	0.06
2009	1976	3.50	13565	0.06
2010	18648	0.27	34583	0.11
2011	10498	0.14	54142	0.13
2012	19634	0.23	79351	0.15

资料来源：《中国统计年鉴》及国家统计局网站（2004~2012 年）。

化市场和文化产业。从数量上看，从 2006 年到 2011 年，文化、体育和娱乐业外商投资企业数量基本上保持稳定，2006 年为 2308 户，2011 年为 2276 户。但从占全国外商投资企业的比重来看，2006 年为 0.61%，2011 年为 0.51%，所占比重处于比较低的水平（见表 13-15）。

表 13-15　2006~2012 年文化、体育和娱乐业外商投资企业数

年份	2006	2007	2008	2009	2010	2011	2012
外商投资企业数（户）	376711	406442	434937	434248	445244	446487	440609
文化、体育和娱乐业外商投资企业数（户）	2308	2239	2425	2279	2354	2276	2198
比例（%）	0.61	0.55	0.56	0.52	0.53	0.51	0.50

资料来源：国家统计局网站，2012 年文体娱乐业外商投资企业数为估计数。

（四）外商投资总额占比

从投资金额来看，2008 年文化、体育和娱乐业外商投资企业投资总额为 141.03 亿美元，2011 年增长到 192.2 亿美元。在外商投资企业投资总额中所占比重略有提升，从 0.61% 增加到 0.64%（见表 13-16）。

表 13-16 2005~2012年文化、体育和娱乐业外商投资总额

年份	2005	2006	2007	2008	2009	2010	2011	2012
外商投资企业投资总额（百万美元）	1463990	1707600	2108800	2324130	2500000	2705931	2993124	3261047
文化、体育和娱乐业外商投资企业总额（百万美元）	—	13800	14645	14103	13254	14200	19220	—
所占比例（%）	—	0.69	0.81	0.61	0.53	0.52	0.64	—

资料来源：国家统计局网站。

四 对外依存度评价

（一）核心文化产品出口国别依存度

"出口国别依存度"也是衡量对外依存度的一项指标。出口国别依存度＝产业主要出口国和地区的出口额／该产业总出口额。通过考察核心文化产品前十五位出口市场发现，前六位出口市场是固定的，无论2007~2012年哪一年，只是这六个国家和地区的位次有所变化，但这六个国家和地区保持不变，一直是美国、中国香港、德国、英国、日本和荷兰，美国稳居核心文化产品出口市场的首位，核心文化产品出口额持续增长，2007年出口额为48.2亿美元，2012年增长到75.35亿美元。2007~2011年，美国、中国香港地区、德国始终保持中国大陆核心文化产品出口累计金额的前三位，2012年德国超过中国香港，出口累计金额位居第三位。从出口国近年来出口额增长趋势看，出口美国的核心文化产品呈现出较高的增长态势（见表13-17和图13-15）。

表 13-17 核心文化产品前六位出口市场（2007~2012年）

位次	2007年 国别（地区）	2007年 累计金额（亿美元）	2008年 国别（地区）	2008年 累计金额（亿美元）	2009年 国别（地区）	2009年 累计金额（亿美元）
1	美 国	48.20	美 国	58.04	美 国	61.80
2	中国香港	25.78	中国香港	31.15	中国香港	26.32
3	德 国	8.85	德 国	14.75	德 国	18.99
4	英 国	7.66	英 国	8.85	荷 兰	10.65

续表

位次	2007 年 国别（地区）	累计金额（亿美元）	2008 年 国别（地区）	累计金额（亿美元）	2009 年 国别（地区）	累计金额（亿美元）
5	日 本	5.90	日 本	7.14	英 国	9.92
6	荷 兰	4.19	荷 兰	5.26	日 本	7.28

位次	2010 年 国别（地区）	累计金额（亿美元）	2011 年 国别（地区）	累计金额（亿美元）	2012 年 国别（地区）	累计金额（亿美元）
1	美 国	54.57	美 国	63.94	美 国	75.35
2	德 国	13.50	德 国	17.03	日 本	19.37
3	中国香港	12.94	中国香港	12.96	德 国	18.05
4	英 国	8.29	英 国	11.46	中国香港	14.69
5	日 本	5.78	荷 兰	7.60	英 国	12.10
6	荷 兰	5.25	日 本	7.20	荷 兰	10.83

资料来源：《中国文化及相关产业统计年鉴2013》。

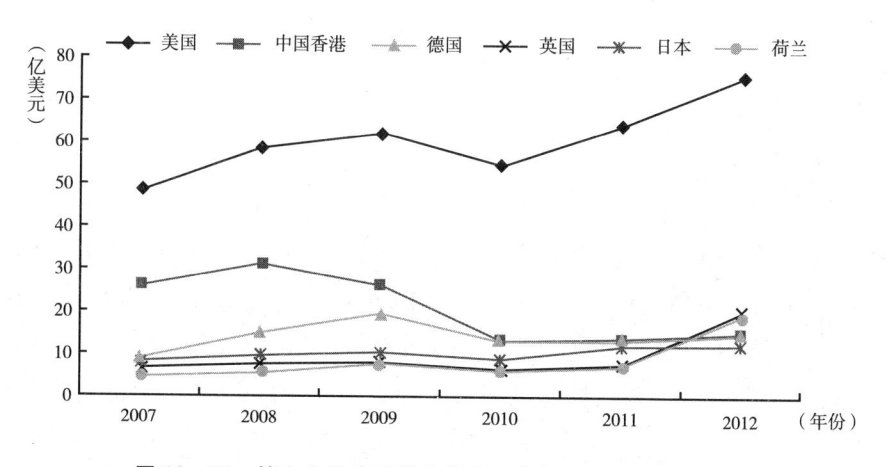

图 13-15 核心文化产品前六位出口市场（2007~2012 年）

通过计算核心文化产品的出口国别依存度发现，美国等发达国家是我国主要的文化产品贸易伙伴。从出口情况看，2007 年我国核心文化产品的前三大出口市场依次为美国、中国香港和德国，核心文化产品出口额分别达到 48.2 亿美元、25.78 亿美元、8.85 亿美元，出口国别依存度分别为 45%、24%、8%，2012 年我国核心文化产品的前三大出口市场依次为美国、日本和德国，核心文化产品出口额分别达到 75.35 亿美元、19.37 亿美元、18.05 亿美元，出口国别依存度分别为 29%、7%、6%，出口国别依存度有所下降，这说明我国与更多国家开展了文化贸易，不再仅仅依赖与美国等主要国家的贸易往来（见图 13-16）。

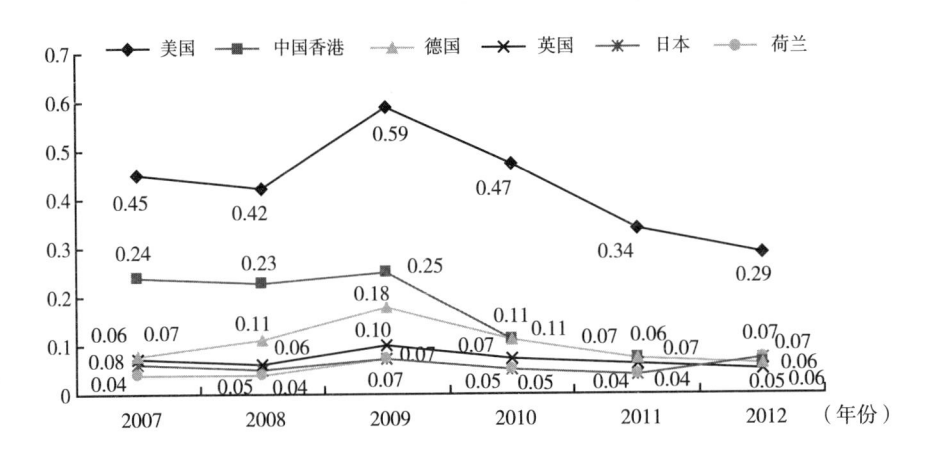

图 13-16 我国核心文化产品的出口国别依存度

（二）核心文化产品进口国别依存度

进口国别依存度是指产业主要进口国和地区的进口额与该产业总进口额的比值，该指标主要考察一国产业对进口国的依赖程度。表 13-18 列出了 2007~2012 年我国核心文化产品的进口市场及进口额。2007~2010 年前五位进口国和地区为美国、中国香港、日本、英国、德国，除了位次每年稍有变化，五个国家和地区保持不变。2011 年和 2012 年前五位进口市场略有变化，2011 年中国台湾取代德国位居第五位，2012 年韩国和德国进入前五位。

表 13-18 核心文化产品前五位进口市场（2007~2012 年）

位次	2007 年 国别（地区）	累计金额（亿美元）	2008 年 国别（地区）	累计金额（亿美元）	2009 年 国别（地区）	累计金额（亿美元）
1	美　国	1.33	美　国	1.17	美　国	1.79
2	中国香港	1.23	日　本	1.30	日　本	1.55
3	日　本	1.14	中国香港	1.04	中国香港	0.75

续表

位次	2007 年 国别（地区）	累计金额（亿美元）	2008 年 国别（地区）	累计金额（亿美元）	2009 年 国别（地区）	累计金额（亿美元）
4	英国	0.50	英国	0.57	英国	0.61
5	德国	0.34	德国	0.40	德国	0.51

位次	2010 年 国别（地区）	累计金额（亿美元）	2011 年 国别（地区）	累计金额（亿美元）	2012 年 国别（地区）	累计金额（亿美元）
1	美国	2.38	美国	2.45	美国	2.46
2	日本	1.70	日本	1.77	日本	2.20
3	英国	0.83	英国	0.83	韩国	1.36
4	中国香港	0.82	中国香港	0.80	英国	1.10
5	德国	0.54	中国台湾	0.77	德国	0.85

资料来源：《中国文化及相关产业统计年鉴2013》。

美国、日本、中国香港、英国和德国是我国文化产品的主要进口国家和地区，2007～2012年，文化产品对美国的进口依存度增长了10个百分点，对日本的进口依存度增长了9个百分点，对英国的进口依存度增长了7个百分点，对德国的进口依存度增长了3个百分点，对中国香港的进口依存度有所下降，由原来的5%降到4%（见图13-17）。

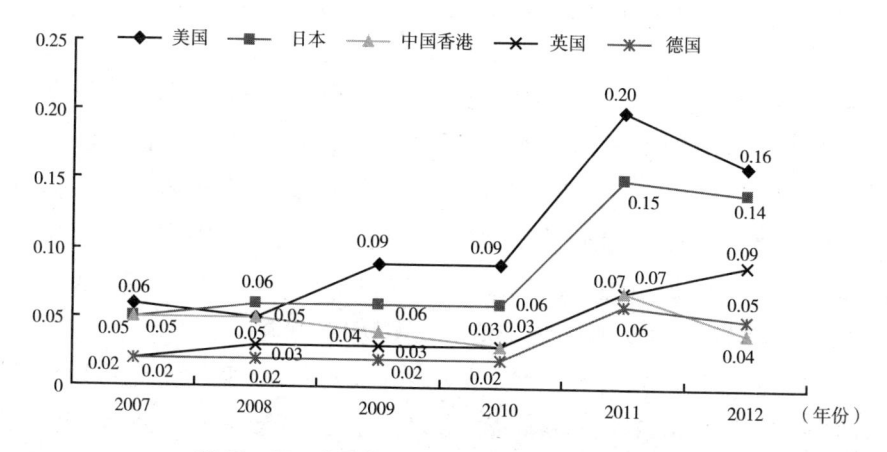

图 13-17 我国核心文化产品的进口国别依存度

五 产业发展评价

(一) 文化产业增加值及占 GDP 的比重

2003 年,国家文件正式出现"文化产业"一词,代表着国家正式认可文化产业。近十年来我国文化产业发展规模从小到大,发展势头良好,整体实现了较快增长,在国民经济中的份额稳步提高,对整个国民经济的贡献逐年加大。2004~2012 年文化产业增加值及占比情况见表 13-19。

表 13-19 2004~2012 年文化产业增加值及占比

年份	文化产业法人单位增加值(亿元)	增长率(%)	GDP(亿元)	GDP 增长率(%)	占 GDP 比重(%)
2004	3439	—	159878.3	—	2.15
2005	4375	27.2	184937.4	11.3	2.40
2006	5123	17.1	216314.4	12.7	2.45
2007	6412	25.2	265810.3	14.2	2.60
2008	7600	18.5	314045.4	9.6	2.53
2009	8400	10.0	340506.9	9.1	2.50
2010	11052	31.6	401513.0	10.4	2.75
2011	15516	22.0	473104.0	9.3	3.28
2012	18071	16.5	518942.0	7.7	3.48

资料来源:国家统计局历年统计公报。2005~2012 年 GDP 数据为修订后数据。2011 年文化产业增加值数据和增幅是按照新的分类标准进行同口径修订后的数据,国家统计局 8 月 26 日发布。

从 2004 年到 2012 年,我国文化产业的发展速度远高于国民经济的增长速度。2004 年我国文化产业增加值为 3102 亿元,占 GDP 的比重为 2.3%;2012 年文化产业增加值突破了 1.8 万亿元,占 GDP 的比重达到了 3.48%(见图 13-18)。预计文化产业增加值占 GDP 的比重会继续增加,更加靠近国民经济支柱产业 5% 的目标,对社会经济的拉动作用将进一步加强。

(二) 文化产业法人单位增加值及占 GDP 的比重

从文化产业法人单位产业增加值来看,2004 年,我国文化产业增加值为 3102 亿元,到 2012 年,增长到 18071 亿元,8 年间增长 5.8 倍,见表 13-20,文化产业法人单位增加值占 GDP 比重见图 13-19。

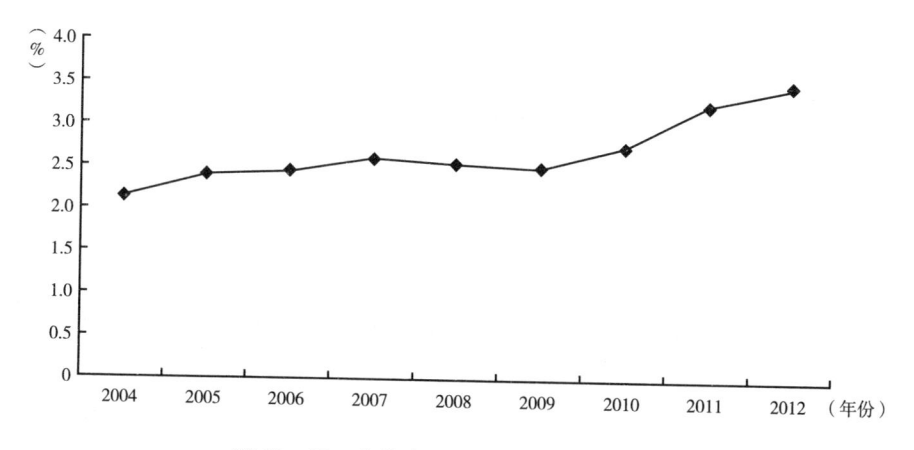

图13-18 文化产业增加值占GDP的比重

表13-20 文化产业法人单位增加值

单位：亿元

年份	增加值	文化制造业	文化批发和零售业	文化服务业
2004	3102	1481	328	1241
2008	7166	2945	527	3639
2009	8786	3555	522	4642
2010	11052	4931	638	5937
2011	13479	5123	725	7536
2012	18071	7253	1187	9631

资料来源：《中国文化及相关产业统计年鉴2013》。

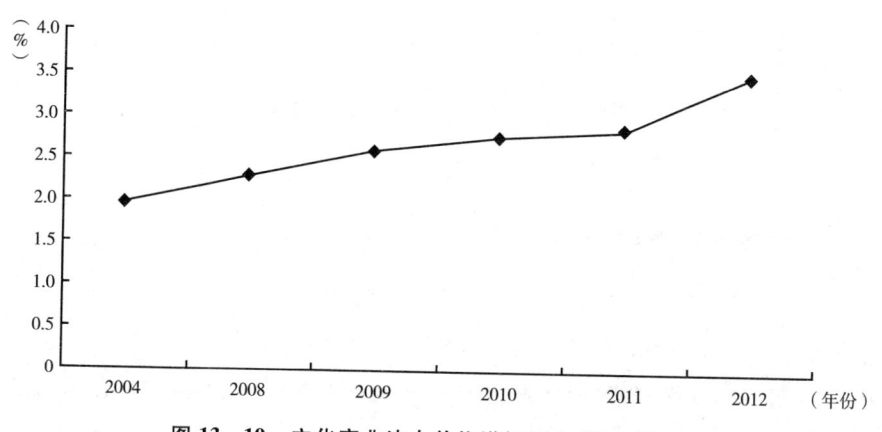

图13-19 文化产业法人单位增加值占GDP的比重

第五节 评价指标体系构建与模型计算

一 评价指标体系构建原则

评价指标体系是围绕某一对象，确定某一目的或目标，根据所要达到的目的或目标，选取适量的、合适的、能够全面而客观地反映评价对象的总体特征的各类指标而形成的指标组合。

本书以文化为评价对象，以评价一定时间内文化产业安全的程度为目标，从不同方面选取能够客观反映文化产业安全的指标构建指标体系。在评价指标体系构建过程中，尽可能将影响文化产业安全的各类因素指标之间的关系和层次结构较为准确地反映出来，遵循了科学性原则；指标选取力求既能够全面涵盖影响文化产业安全的各个方面，又要求独立性，尽量避免指标重叠或相互包含的现象出现，遵循了全面性和互斥性原则；在文化产业安全各类影响因素分析的基础上，选择能够恰当地描述影响因素的指标，并将其纳入评价体系，遵循了相关性原则；各项指标从整体上应该可测，通过定量或定性的分析能够将指标计算出来，遵循了可测性原则；在量化方面遵循了定性与定量相结合的原则。需要注意的是，由于文化产业所处的环境不是一成不变的，系统内部的各种因素及外部环境总是处于不断的变化之中，因此，需要根据不同的发展阶段对评价指标进行相应的调整。

二 文化产业安全评价指标体系

结合文化产业安全的影响因素，构建的文化产业安全评价指标体系如表13-21。

三 评价方法选择

熵的概念来源于热力学，申农将其应用到信息论，其后被广泛应用到工程技术、社会经济学等领域。熵是在综合考虑各项评价指标所提供信息量的基础上，对各指标权重进行估算。熵权法是根据各指标所包含的信息量大小来确定权重。具体而言，如果某个评价指标的变异程度越大，意味着该指标

表 13-21　文化产业安全评价指标体系

一级指标	二级指标	指标编号	三级指标
文化产业安全指数评价指标体系	国内环境评价指标	1	人均可支配收入
		2	文化娱乐用品及服务居民消费价格指数
		3	城镇居民教育文化娱乐消费支出占全部消费的比例
		4	城镇居民教育文化娱乐消费人均支出
		5	文化产业固定资产实际到位资金
		6	全国公共财政文化支出
	国际竞争力指标	7	核心文化产品贸易竞争力指数
		8	核心文化产品出口占全国出口总值的比重
	产业控制力指标	9	固定资产投资利用外资
		10	外商直接投资
		11	对外直接投资净额
		12	对外直接投资存量
		13	外商投资企业数占比
		14	外商投资企业投资总额占比
	对外依存度指标	15	核心文化产品出口国别依存度
		16	核心文化产品进口国别依存度
	发展指标	17	文化产业法人单位增加值占 GDP 的比重
		18	文化产业增加值占 GDP 的比重
		19	机构数
		20	从业人员数量

能够向系统提供的信息量越大，根据熵权法计算得到该指标的权重越大；反之如果某个评价指标值的各个取值都相等，意味着该评价指标并不向系统提供有用的信息，所以该指标权重为零。

（一）建立评价矩阵

假设有 m 个评价指标，每个评价指标有 n 种取值。这 n 种取值可能分别来自 n 个专家的打分，也可能是对评价指标的 n 个观测值。m 个评价指标对应于 n 种不同取值，所构成评价矩阵 R 为：

$$R = \begin{bmatrix} r_{11} & r_{12} & \cdots & r_{1m} \\ r_{21} & r_{22} & \cdots & r_{2m} \\ \cdots & \cdots & \cdots & \cdots \\ r_{n1} & r_{n2} & \cdots & r_{nm} \end{bmatrix}$$

根据上面的步骤，得到评价矩阵。

(二) 数据的标准化

对评价矩阵 R 做归一化处理以去除不同指标的量纲，得到矩阵 R'：

$$R' = (r_{ij}')_{n \times m}$$

对于正向指标，归一化方法如下，

$$r_{ij}' = \frac{r_{ij} - \min\limits_{i=1}^{n} r_j}{\max\limits_{i=1}^{n} r_j - \min\limits_{i=1}^{n} r_j},$$

对于反向指标，归一化方法如下，

$$r_{ji}' = \frac{\max\limits_{i=1}^{n} r_j - r_{ij}}{\max\limits_{i=1}^{n} r_j - \min\limits_{i=1}^{n} r_j},$$

其中，$r_j^{\min}$ 和 $r_j^{\max}$ 分别是第 j 个指标各取值中的最小值和最大值。根据上面的步骤，得到归一化的数据。

(三) 熵值的计算

在有 m 个评价指标、n 种取值的系统内，定义第 j 个评价指标的熵值为：

$$H_j = -K \sum_{I=1}^{N} f_{ij} \ln f_{ij} \quad (j = 1, 2, \cdots, m)$$

上式中，$f_{ij} = r_{ij}' / \sum_i r_{ij}'$，$K = 1/\ln n$，同时假定 $f_{ij} = 0$ 时，$f_{ij} \ln f_{ij} = 0$，并选择 K 使得 $0 \leq H_j \leq 1$。根据指标对数值、指标与其对数的乘积等值，分别计算各指标熵值。

(四) 评价指标熵权的计算

第 j 个指标的熵权 w_j 定义为：$w_j = \dfrac{1 - H_j}{m - \sum\limits_{j=1}^{m} H_j}$

作为权数的熵值，有其特殊的意义。从信息角度考虑，它反映这一指标在该问题上提供了多少有用的信息量。熵权的大小与被评价对象有直接关系。当各个被评价对象在指标的熵值相差较大时,熵值越小,则熵权就越大,说明该指标提供了更多有用的信息。

四 文化产业安全度计算

(一)数据的归一化处理

表 13-22 数据归一化

年份	人均可支配收入(城镇)	文化娱乐用品及服务居民消费价格指数	文化娱乐消费支出占现金消费支出的比重	城镇居民家庭人均文化娱乐消费支出	文化及相关产业固定资产投资实际到位资金	公共财政文化支出	核心文化产品贸易竞争力指数
2005	0	0.000000000	0.125	0	0	0	1
2006	0.08996589	0.333333333	0.375	0.094358825	0.038326	0.106226415	0.9
2007	0.234010802	0.833333333	0.5	0.239459145	0.105415	0.18845283	0.1
2008	0.375781694	1	0	0.305321314	0.212013	0.286792453	0.366666667
2009	0.474843661	0	0.25	0.437336435	0.367509	0.487679245	0.166666667
2010	0.612279704	0.606060606	0.875	0.640011631	0.500692	0.570641509	0
2011	0.804221148	0.924242424	1	0.836871183	0.606938	0.737867925	0.866666667
2012	1	0.5	1	1	1	1	0.9

年份	核心文化产品出口占全国出口总值的比重	文化产品出口依存度	文化产业资本对外依存度	文化产业法人单位增加值占GDP的比重	文化产业增加值占GDP的比重	文化及相关产业机构数	从业人员
2005	0.564263921	0.346153846	0	0	0	0	0
2006	0.486651411	0.254807692	0.492063492	0.046296296	0.059322	0.885789	0.246839
2007	0.258199847	0.466346154	0.428571429	0.185185185	0.110169	0.930529	0.372984
2008	0.414187643	0.302884615	0.523809524	0.12037037	0.110169	0.821346	0.476789
2009	0.433829138	0.927884615	0.873015873	0.092592593	0.186441	0.142693	0.444466
2010	0	1	0.904761905	0.324074074	0.381356	0.229822	0.740698
2011	0.467009916	0.5	0.936507937	0.814814815	0.466102	0.191533	1
2012	1	0	1	1	1	0	0.881246

年份	固定资产投资利用外资	文体娱乐外商直接投资	对外直接投资净额	对外直接投资存量	外商投资企业数	外商投资企业总额占比
2005	0	1.602627	0	0	0.007874	0.142857
2006	0.495223	1.697618	0.003262	0.026341	0.433071	0.571429

续表

年份	固定资产投资利用外资	文体娱乐外商直接投资	对外直接投资净额	对外直接投资存量	外商投资企业数	外商投资企业总额占比
2007	0.429936	1.685095	0.02538	0.110159	0.161417	1
2008	0.528662	1.704032	0.110488	0.129357	1	0.285714
2009	0.880573	1.771533	0.100092	0.16529	0.318898	0
2010	0.910828	1.777337	0.94975	0.431972	0.614173	0.321429
2011	0.94586	1.784056	0.5344	0.680142	0.307087	0.392857
2012	1	1.794441	1	1	0	0.392857

（二）熵值的计算

表13-23 熵值计算结果

指标	熵值	指标	熵值
人均可支配收入	0.5898	文化产业法人单位增加值占GDP的比重	0.5057
文化娱乐用品及服务居民消费价格指数	0.6250	文化产业增加值占GDP的比重	0.5239
城镇居民教育文化娱乐消费支出占全部消费的比例	0.5894	机构数	0.5799
城镇居民教育文化娱乐消费人均支出	0.5852	从业人员数量	0.6173
文化产业固定资产实际到位资金	0.5488	固定资产投资利用外资	0.6332
全国公共财政文化支出	0.5847	外商直接投资	0.6939
核心文化产品贸易竞争力指数	0.5809	对外直接投资净额	0.4533
核心文化产品出口占全国出口总值的比重	0.6238	对外直接投资存量	0.5118
文化产品出口依存度	0.6080	外商投资企业数占比	0.5509
文化产业资本对外依存度	0.6332	外商投资企业投资总额占比	0.5992

（三）熵权的计算

表13-24 熵权计算结果

指标	熵权	指标	熵权
人均可支配收入	0.0491	城镇居民教育文化娱乐消费人均支出	0.0496
文化娱乐用品及服务居民消费价格指数	0.0448	文化产业固定资产实际到位资金	0.0540
城镇居民教育文化娱乐消费支出占全部消费的比例	0.0491	全国公共财政文化支出	0.0497

续表

指标	熵权	指标	熵权
核心文化产品贸易竞争力指数	0.0501	从业人员数量	0.0458
核心文化产品出口占全国出口总值的比重	0.0450	固定资产投资利用外资	0.0439
文化产品出口依存度	0.0469	外商直接投资	0.0366
文化产业资本对外依存度	0.0439	对外直接投资净额	0.0654
文化产业法人单位增加值占GDP的比重	0.0591	对外直接投资存量	0.0584
文化产业增加值占GDP的比重	0.0569	外商投资企业数占比	0.0537
机构数	0.0502	外商投资企业投资总额占比	0.0479

（四）文化产业安全度

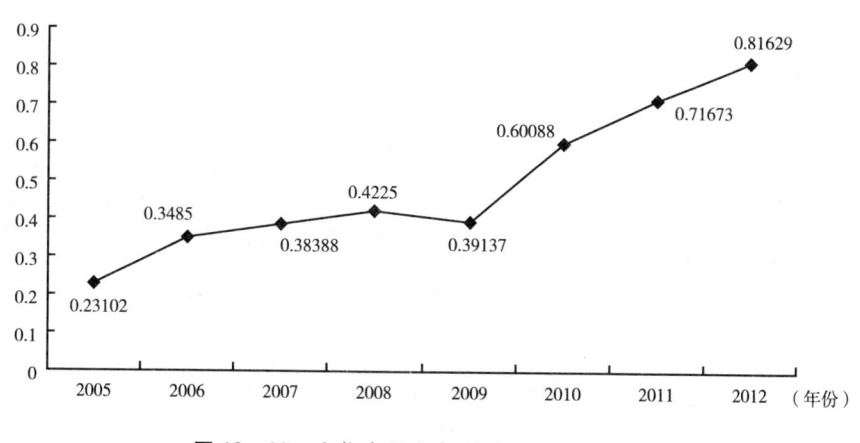

图 13-20 文化产业安全度（2005~2012 年）

数据点：2005: 0.23102；2006: 0.3485；2007: 0.38388；2008: 0.4225；2009: 0.39137；2010: 0.60088；2011: 0.71673；2012: 0.81629

通过图 13-20 可以发现，从 2005 年至 2012 年，我国文化产业安全度基本呈现出上升的趋势，但 2009 年产业安全度处于下降趋势。2009 年受国际金融危机的影响，各国经济都受到了不同程度的影响，我国文化产业从业人员数量大幅下降，文化产业对外直接投资净额大幅缩减等因素都对文化产业安全造成了一定影响。

五 对策建议

为了更好地促进文化产业的发展，维护文化产业安全、国家经济安全和文化安全，建议在以下方面加强研究，制定对策。

(一) 积极推动文化产业"走出去"

文化产业的发展对于维护国家文化产业安全，提高文化产业的国际竞争力，扩大本国文化的国际影响力，提升国家综合实力具有重要的意义和作用。改革开放以来，我国文化产业发展得到了良好的发展机遇，但相比文化发达国家，我国文化产业的发展还相对滞后，文化产业的国际竞争力还非常弱，文化贸易逆差状况普遍存在，这一现实严重影响了我国文化产业的安全发展。为了牢牢把握国家发展文化产业的大好机遇，必须积极推动文化产业"走出去"，实施"走出去"战略。

首先，要更新观念，大胆创新。中国文化，博大精深，文化产业走出去，文化产品要创新。在文化产品创作上既要有独特性，体现我国文化的精髓与深厚底蕴，展现我国文化产品的特点和优势，又要充分结合出口国的文化习俗和消费习惯，不断创新产品，满足当地消费者的消费需求，打开消费市场，或者当地消费者认可，扩大需求，才会促进我国文化产品走出国门，走向世界。

其次，开拓多元化的国际市场，在营销模式上要符合出口国的消费习惯。即便同样的文化产品，出口到不同的国家，因为消费习惯和文化习俗的差异，可能需要采取不同的营销模式，这也要求我国文化企业必须熟悉出口国的文化偏好和市场规则，选择出口国消费者喜欢的营销模式和渠道，知己知彼，方能百战不殆。

再次，人才是关键，加大培养力度，要大力发展文化产业需要的创新型人才，培养文化贸易需要的国际贸易人才、商务谈判人才、文化传播人才，为企业走出去培养跨文化管理型人才等。为文化产业领域的稀缺人才提供更多的机会，创造更多的平台，激发其创造性，提高创作能力，制定合理的激励机制，吸引并留住人才，避免人才流失。

最后，要健全文化产业的法律法规。既要根据我国文化产业发展的实际情况，又要借鉴文化产业强国的相关经验，充分考虑国内法和国际法的衔接，加快和完善我国文化产业立法、执法、司法体系，形成比较健全的文化产业法律法规，确保我国文化产业安全，这也是对我国文化产业"走出去"的有效法律保障。

(二) 转变文化产业发展方式，走内涵式发展道路

要鼓励文化创新，采取表彰奖励、政策扶持等多种方式，鼓励文化工作

者深入生活，创作生产反映时代精神、积极向上、富于感染力的作品。鼓励国家文化产业示范基地不断推动文化内容形式、传播手段创新，提高产品研发和原创能力。重点支持具有鲜明民族特色、时代特点的优秀原创产品创作。充分利用文化产业发展专项资金和国家有关文化艺术基金，加大对文化内容创新的支持力度，引导文化产品创作生产。

要加强技术攻关，提升科技对于文化产业发展的支撑能力。从世界范围来看，以信息技术为主的高新技术的发展，对于提升文化创新能力、催生文化新业态，正发挥着越来越重要的支撑和引领作用，已成为促进文化发展的新引擎。要针对文化建设和文化产业发展重点领域的科技需求，密切关注世界科技发展的前沿，攻克一批关系到文化领域传统业态提升、新业态发展的基础性、共性关键技术，提高科技对传统文化业态的提升能力以及对新兴文化业态的创生能力。注重集成创新和模式创新，强化对全产业链的技术创新的部署。加速文化科技创新成果的转化和产业化，加大对文化科技企业的孵化和培育力度。

推动文化产业结构调整，提升文化生产的品质和效益，促进文化产业转型升级，提高文化产业规模化、集约化、专业化水平，加快由注重数量扩张的规模增长转变到更加注重质量效益的内涵提高。以结构调整为主线，实施重大项目带动战略，谋划和启动一批具有示范性、基础性、战略性、带动性的重大工程和重大项目，提升产业规模和整体素质，加快产业结构调整和转型升级。文化部"十二五"时期文化产业倍增计划提出，要鼓励集聚发展，建设10家左右高起点、规模化、代表国家水准和未来发展方向的国家级文化产业示范园区和一批集聚效应明显的文化产业示范基地。开展特色文化产业示范区创建工作，在特色文化资源富集地区，培育100个左右特色鲜明、主导产业突出的特色文化产业集群和一大批特色文化产业乡镇。

（三）支持企业并购重组，鼓励企业做大做强

并购重组是企业实现规模扩张、资源优化配置的捷径。如何推动国有文化企业在产业整合并购上加快速度和加大力度，是当前我国文化产业向着集约化、规模化发展的重要课题。面对我国文化企业规模小、市场集中度低的现实，有关部门要研究出台相关政策措施，进一步激励企业尤其是作为文化产业主力的国有文化企业进行跨区域、跨媒体、跨所有制的整合兼并。

在完成转企改制的改革之后，国有文化企业要加快股份制改造，尽快实现政企分开、管办分离，建立现代企业制度。可以采取市场化整合、行政划拨等多种手段，推动国有文化企业之间的联合重组，培育一批主业突出、产业链完整、市场控制力强的大型文化企业集团，引领文化产业结构战略性调整和转型升级。

为了促使国有文化企业成为产业整合并购的核心力量，需要做好以下几个方面的工作。首先，实行财税扶持，构建文化产业战略性重组的激励机制。加大财政资金投入，设置文化产业战略性重组专项资金，通过贷款贴息、风险补贴、技改补贴、中介费用补助、职工安置补助等形式，充分发挥财政资金的杠杆效应。同时，可以制定文化企业并购重组的税收优惠政策，增强文化企业并购重组的动力。其次，加大金融支持，拓宽文化产业战略性重组的融资渠道。运用金融工具推进文化产业战略性重组，首先应突出对并购贷款的运用，鼓励商业银行对文化企业发放并购贷款，通过境内外银团贷款、内保外贷等形式支持文化企业跨国并购；支持保险机构开办文化企业境外股权投资保险，建立文化企业跨境并购贷款的风险缓释机制；鼓励商业银行对并购重组后的文化企业实行综合授信和配套金融服务，提升文化企业并购重组的后续整合能力。再次，应积极探索跨区域重组后地区间财税利益共享模式。根据文化企业资产规模和赢利能力等，签订企业并购重组后的财税利益分成协议，妥善解决文化企业并购重组后产业增加值等统计数据的归属问题，实现文化企业并购重组成果共享。最后，应充分发挥资本市场对文化企业并购重组的推动作用，进一步支持文化企业通过发行股票、债券、可转换债等方式为并购重组融资；支持符合条件的并购重组企业再融资，增强文化企业的可持续发展能力。

（四）加强金融支持文化产业的力度

第一，要加大知识产权的保护力度，推动有关部门制定和完善专利权、著作权等无形资产评估、质押、登记、托管、流转和变现的管理办法，为文化产权交易提供专业化服务。建立文化产业版权评估体系，完善各类无形资产二级交易市场，发挥文化产权交易所作用，加快文化版权交易和流通，成立专业文化担保公司。

第二，建立有效的文化产业信用担保体系。鼓励社会各方参与建立文化企业信用担保机构，降低信息不对称程度，开拓多元化担保业务，把政府政策导向、财政适当投入与信用担保市场化运作结合起来，疏通文化创意企业的融资渠道。

第三，从政策上鼓励商业银行认真研究文化产业的经营特征和赢利模式，转变经营方式和风险管理观念。从"物权控制"转向"未来现金流控制"，加强信用风险缓释工具等衍生品开发，加大知识产权、收益权、定单质押等信贷产品的创新力度，培育文化创意核心企业，带动其上下游企业的供应链金融。

第四，大力推进文化创意产业投资基金。吸引和鼓励民营资本、社会资本积极参与募集文化创意产业基金，通过产业基金注资，改善文化企业的资产负债状况，有效地提升文化企业的信用等级，增强企业的自主融资能力。

第五，拓宽文化企业的直接融资渠道，引导一批有实力的文化企业上市融资，发挥创业板导向作用和退出机制，鼓励风险资本进入中小文化企业融资市场。根据各地区、各文化产品生产模式的特点，创新发行不同的集合债券，开辟融资新思路。

（五）加强版权保护，强化版权监管执法

从中央到地方，要发挥政府主导作用，加强版权保护，培育、提供一个有利于文化产业发展的环境和平台。首先，要长期不懈地开展全民版权意识的教育工作，广泛地对公众进行版权普及和宣传。其次，强化整改督察，扎实推进软件正版化工作。软件是信息产业的核心和灵魂，也与文化产业密切相关，加强软件版权保护，推进软件正版化工作，加快创新型国家建设、维护良好国际形象。再次，强化版权监管执法，加大对侵权盗版的打击力度，把监管执法作为版权工作重点，突出查办版权大案要案、打击网络侵权盗版活动，遏制侵权盗版势头，维护版权秩序。进一步增强知识产权的司法保护，并在案件受理标准、证据保全的程序和执行方面细化和统一具体操作，为维权取证提供便利。针对侵权成本过低的问题，应考虑到权利人的维权成本、最终用户盗版侵权涉案软件的实际价值以及侵权人的主观恶意和侵权时长等因素，对于那些主观恶意明显、持续侵权时间较长的侵权人，酌情提高损害赔偿数额。除此之外，还需要进一步明确计算机软件侵权行为的刑事责任，尤其对那些严重影响市场秩序和经济发展、犯罪数额巨大、情节特别严重、给软件权利人造成重大损失的单位和个人追究刑事责任,以有效惩治侵犯著作权行为,真正起到法律的警示和震慑作用。最后,要推进版权登记,加强版权社会服务。

(六)加强外资文化企业审批监管,维护国家文化资源产权安全

外资文化的进入打破了现有文化行业的市场垄断,激活了中国文化市场的活力,有利于中国文化市场的进一步成熟和规范。与此同时,我们也应该高度关注外资文化企业可能带来的一些违规行为和负面影响,建立科学完善的外资文化企业进入规制体系。

经营性文化单位转企改制主要是在狭义层面进行产权的界定。与此同时,我们还必须树立广义产权意识,重视文化产业的广义产权制度建设。文化产业的各种生产要素都存在产权归属,在总体上文化生产所依赖的各种资源(文化遗产资源、文化人才、文化技术、文化资本等)的产权属于一国国民。文化资源产权包括四个方面:文化资源的占有权、文化资源的经营权、文化资源的处分权和文化资源的收益权。

目前,我国主要从文化资源的处分权方面对外资进行监管和审查,相对忽视了文化资源的占有权、经营权和收益权。加入 WTO 以后,我国将与国家意识形态、政府舆论导向关联度不是太大,或是文化性、专业性较强,意识形态属性较弱,风险可控性较强的传媒领域实行适时、适度地放开,比如广告经营、报纸杂志批发零售等经营性的业务;将与国家意识形态、政府舆论导向有关的领域(如报纸、广告、电视等)进行严格把关和控制。当今时代,文化市场已经成为各国资本争夺的主要市场,文化领域已经成为国际政治斗争和意识形态较量的主战场。无论是文化强国还是文化弱国,都应该按照文化资源占有权具有国家排他性和文化资源经营权具有可交换性原则,来处理国家之间的文化贸易与投资往来。

第十四章

装备制造产业安全指数研究

第一节 装备制造产业现状分析

一 装备制造产业基本内涵

装备制造产业又称装备工业,是指为国民经济各部门简单再生产和扩大再生产提供技术装备的各制造工业的总称,即"生产机器的机器制造业"。装备制造产业是制造业的核心组成部分,是国民经济特别是工业经济发展的基础。建立强大的装备制造产业,是提高我国综合国力和实现工业化的根本保证。

对于装备制造产业,人们的认识不尽相同,尚无公认的定义和范围界定。通常认为,装备制造产业包括金属制品业、通用装备制造业、专用设备制造业、交通运输设备制造业、电气机械和器材制造业、电子及通信设备制造业、仪器仪表及文化办公用装备制造业7个具体产业,涉及国民经济产业分类中的8个大类185个小类,详见表14-1。

表14-1 装备制造产业涉及的国民经济产业分类与代码(GB/4754-2011)

大类代码	类别名称	说明
33	金属制品业	包括结构性金属制品制造等9个中类产业、金属结构制造等27个小类产业
34	通用设备制造业	包括锅炉及原动设备制造等9个中类产业、锅炉及辅助设备制造等45个小类产业

续表

大类代码	类别名称	说明
35	专用设备制造业	包括采矿、冶金、建筑专用设备制造等9个中类产业、矿山机械制造等52个小类产业
36	汽车制造业	包括汽车整车制造等6个中类产业、汽车整车制造等6个小类产业
37	铁路、船舶、航空航天和其他运输设备制造业	包括铁路运输设备制造等8个中类产业、铁路机车车辆及动车组制造等23个小类产业
38	电气机械和器材制造业	包括电机制造等8个中类产业、发电机及发电机组制造等31个小类产业
39	计算机、通信和其他电子设备制造业	包括计算机制造等8个中类产业、计算机整机制造等20个小类产业
40	仪器仪表制造业	包括通用仪器仪表制造等5个中类产业、工业自动控制系统装置制造等19个小类产业

二 装备制造产业发展成就

改革开放以来，我国装备制造产业取得了举世瞩目的发展成就。

第一，产品产量呈现快速增长趋势。从表14-2可以看出，发动机、金属切削机床、采矿专用设备、炼化工专用设备、大中型拖拉机、铁路客车、铁路货车、汽车、发电机组、微型计算机设备、集成电路等代表性装备制造产业产品产量，2003年分别为31851万千瓦、30.58万台、79.08万吨、29.28万吨、4.88万台、1525辆、31200辆、444.39万辆、3701万千瓦、3217万台、148亿块，2012年则分别增长到136111万千瓦、88.23万台、767.44万吨、205.46万吨、46.33万台、7562辆、59200辆、1927.62万辆、13006万千瓦、35411万台、823亿块，9年时间分别增长了3.27倍、1.89倍、8.7倍、6.02倍、8.49倍、3.96倍、0.9倍、3.34倍、2.51倍、10.01倍、4.56倍，年均增长率分别为17.5%、12.5%、28.7%、24.2%、28.4%、19.5%、7.4%、17.7%、15.0%、30.5%、21.0%。简单平均，我国装备制造产业产品数量9年时间增长了4.88倍，年均增长20.20%，举世瞩目。

特别地，围绕国民经济各行业的迫切要求，一大批具有知识产权的高端装备开发应用,如百万千瓦级超临界火电发电机组、百万千瓦级先进压水堆核电站成套设备、1000KV 特高压交流输变电设备、2000 吨履带起重机、ARJ21 新型支线飞机、"和谐号"动车组、3000 米深水半潜式钻井平台等,已初步形成了高端装备制造产业格局。

表 14 - 2　代表性装备制造产品产量变化情况

产品	2012 年	2009 年	2006 年	2003 年	9 年增长倍数	年均增长率(%)
发动机(万千瓦)	136111	84802	45267	31851	3.27	17.5
金属切削机床(万台)	88.23	58.55	57.3	30.58	1.89	12.5
采矿专用设备(万吨)	767.44	358.28	198.05	79.08	8.70	28.7
炼化工专用设备(万吨)	205.46	96.48	37.65	29.28	6.02	24.2
大中型拖拉机(万台)	46.33	37.13	19.93	4.88	8.49	28.4
铁路客车(辆)	7562	7107	2143	1525	3.96	19.5
铁路货车(辆)	59200	42800	39300	31200	0.90	7.4
汽车(万辆)	1927.62	1379.53	727.89	444.39	3.34	17.7
发电机组(万千瓦)	13006	11729	11694	3701	2.51	15.0
微型计算机设备(万台)	35411	18215	9336	3217	10.01	30.5
集成电路(亿块)	823	414	336	148	4.56	21.0

资料来源:本章如无特殊说明所用数据均为国家统计局统计数据。

第二,固定资产投资呈现快速增长趋势。从表 14 - 3 可以看出,我国装备制造产业固定资产投资,2003 年为 2889 亿元,2012 年为 48456 亿元。9 年间增加了 45567 亿元,增长了 15.8 倍,平均每年增长 36.8%。其中,新建固定资产投资从 2003 年的 1393 亿元增长为 2012 年的 26025 亿元,9 年间增长了 17.7 倍,平均每年增长 38.4%;扩建固定资产投资从 2003 年的 892 亿元增长为 2012 年的 9128 亿元,9 年间增长了 9.2 倍,平均每年增长 29.5%;改建固定资产投资从 2003 年的 332 亿元增长为 2012 年的 10173 亿元,9 年间增长了 29.6 倍,平均每年增长 46.3%。2003 年,固定资产投资中的新建、扩建、改建比例为 53∶34∶13,2012 年变化为 57∶20∶23,呈现出新建固定资产投资比例稳定上升、技术改建固定资产投资比例明显上升的良性趋势。

表14-3 装备制造产业固定资产投资情况（不含农户）

单位：亿元

指标	2012年	2011年	2010年	2009年	2008年	2007年	2006年	2005年	2004年	2003年
总计	48456	40116	30954	22039	16718	12307	8747	6280	4167	2889
新建	26025	22588	15714	11259	8828	6604	4591	3511	2281	1393
扩建	9128	8126	5641	4640	3527	2545	1875	1226	1136	892
改建	10173	7619	5655	4176	2835	2003	1386	1042	394	332

第三，资产数量和主营业务收入呈现快速增长趋势。从表14-4可以看出，我国装备制造产业的资产数量，2003年为47578亿元，2012年为245784亿元。9年间增加了198206亿元，增长了4.2倍，平均每年增长20.0%。我国装备制造产业规模以上企业实现的主营业务收入，2003年为48787亿元，2012年为326400亿元。9年间增加了277613亿元，增长了5.7倍，平均每年增长23.5%。

表14-4 装备制造产业规模以上企业资产总计和主营业务收入

单位：亿元

行业	2012年	2011年	2010年	2009年	2008年	2007年	2006年	2005年	2004年	2003年
资产总计	245784	207336	182919	145367	125309	101441	81282	68507	60486	47578
主营业务收入	326400	273393	234051	181248	162819	132274	103705	81031	67076	48787

第四，出口总额和利润总额呈现快速增长趋势。从表14-5可以看出，我国装备制造产业的出口交货值，2003年为14210亿元，2012年为71214亿元。9年间增加了57004亿元，增长了4.0倍，平均每年增长19.6%。我国装备制造产业实现的利润总额，2003年为2497亿元，2012年为24599亿元。9年间增加了22102亿元，增长了8.9倍，平均每年增长28.9%。

表 14-5 装备制造产业实现的出口交货值和利润总额

单位：亿元

指标	2012年	2011年	2010年	2009年	2008年	2007年	2006年	2005年	2004年	2003年
出口交货值	71214	65120	58259	46170	51640	44961	36137	27450	22987	14210
利润总额	24599	18984	17314	11194	9153	7122	4896	3614	3201	2497

第五，产业发展质量呈现不断提高趋势。从表14-6可以看出，我国装备制造产业2003年的资产、利润分别为47578亿元、2497亿元，资产利润率为5.2%。2007年，我国装备制造产业的资产、利润分别为101441亿元、7122亿元，资产利润率为7.0%。2012年，我国装备制造产业的资产、利润分别为245784亿元、24599亿元，资产利润率为10.0%。9年时间里，装备制造业的资产利润率从5.2%稳步提升到10.0%，提高了一倍左右，表明我国装备制造产业的经营效益和发展质量呈现不断提高的良好趋势。

表 14-6 装备制造产业规模以上工业企业资产总计

单位：亿元

指标	2012年	2011年	2010年	2009年	2008年	2007年	2006年	2005年	2004年	2003年
资产总计	245784	207336	182919	145367	125309	101441	81282	68507	60486	47578
利润总额	24599	18984	17314	11194	9153	7122	4896	3614	3201	2497
资产利润率	10.0	9.2	9.5	7.7	7.3	7.0	6.0	5.3	5.3	5.2

第六，一批知名企业和品牌迅速成长壮大。改革开放之初，我国装备制造产业刚刚起步，发展水平很低，世界知名的装备制造企业和产品，几乎没有。然而，经过30多年改革开放之后的今天，一批世界知名的企业和品牌已经迅速成长壮大，甚至成为世界相关装备制造产业发展的领导者和标准制订者。1988年成立于深圳的华为集团公司，目前在美国、德国、瑞士、俄国、印度及中国等地设立了17个研发中心，公司产品与解决方案应用于全球100多个国家和地区，成为全球领先的电信解决方案供应商。1956年创

建的中国航天科技集团公司,在特殊国情特定历史条件下迅速发展壮大,取得了一系列重要成就,在卫星回收、一箭多星、低温燃料火箭技术、捆绑火箭技术以及静止轨道卫星发射与测控等许多重要技术领域已跻身世界先进行列。发端于1999年的中国高铁,经过10多年的发展建设,到2013年9月总里程达到10463公里,约占世界的45%。目前,中国已经成为世界上高速铁路发展最快、系统技术最全、集成能力最强、运营里程最长、运营速度最高、在建规模最大的国家。

第二节 装备制造产业安全的影响因素分析

尽管取得了举世瞩目的成就,我国装备制造产业的发展仍然存在诸多不安全的因素,制约了其未来的可持续发展。

一 固定资产投资和人均拥有数量相对不足

从表14-7可知,装备制造产业人均固定资产投资和国民经济全部产业人均固定资产投资比较,2003年两者分别为0.97万元、4.18万元,2010年分别为8.51万元、18.69万元,2012年分别为11.37万元、23.95万元。9年时间,装备制造产业人均固定资产投资占全部工业人均固定资产投资的比重,始终没有达到50%的比例。而从规模以上工业企业人均拥有固定资产情况看,我国装备制造产业的这一指标2003年为4.45万元,2010年为13.60万元,2012年为13.79万元,其占全部工业人均拥有固定资产的比重,也始终没有达到75%的比例。

固定资产投资和固定资产拥有情况,是装备制造产业得以正常经营和运转的基本要素所在,固定资产投资和固定资产拥有特别是人均固定资产投资和人均固定资产拥有长期远远低于全部产业的平均水平,直接从根基上制约了我国装备制造产业核心竞争力的营造和提升,直接影响着我国装备制造产业从大转强的进度,从而导致产业发展出现安全风险。

表 14-7　装备制造产业固定资产投资和规模以上企业固定资产人均情况

单位：万元，%

指　　标		2012 年	2011 年	2010 年	2009 年	2008 年
固定资产投资	装备人均	11.37	9.81	8.51	6.31	4.87
	全部人均	23.95	20.98	18.68	15.42	12.20
	装备占比	47.5	46.8	45.6	40.9	39.9
规模以上企业固定资产	装备人均	13.79	12.58	13.60	11.42	10.23
	全部人均	18.66	17.57	18.24	16.49	14.70
	装备占比	73.9	71.6	74.6	69.2	69.6

指　　标		2007 年	2006 年	2005 年	2004 年	2003 年
固定资产投资	装备人均	3.55	2.61	1.96	1.37	0.97
	全部人均	9.77	7.97	6.59	5.32	4.18
	装备占比	36.4	32.7	29.7	25.7	23.2
规模以上企业固定资产	装备人均	7.77	6.64	5.95	5.40	4.45
	全部人均	12.20	10.69	9.29	8.31	6.89
	装备占比	63.7	62.1	64	65	64.6

二　资产负债率始终居高不下

从表 14-8 可知，我国装备制造产业的资产总额、负债总额、资产负债率三项指标，2003 年分别为 47578 亿元、29339 亿元、61.7%。2010 年，这三项指标分别为 182919 亿元、105344 亿元、57.6%。2012 年，这三项指标分别为 245784 亿元、142215 亿元、57.9%。虽然 9 年间资产负债率有所下降，但始终在 57% 以上的高位徘徊。另外，从就业人员人均负债情况来看，装备制造产业规模以上工业企业和国民经济全部规模以上工业企业的这个指标 2003 年分别为 10 万元、9 万元，2010 年分别为 29 万元、26 万元，2012 年分别为 33 万元、30 万元，装备制造产业规模以上工业企业就业人员人均负债水平始终高于平均水平，相对倍数始终保持在 1.1 倍左右。在现代市场经济时代，资金的高效筹集和流通使用对产业企业发展具有重大影响。我国装备制造产业的资产负债率和人均负债水平始终居高不下，反映了其资金运转流通方面还存在诸多问题，对我国装备制造产业的健康发展形成了不安全的风险因素。

表14-8 装备制造产业企业资产负债情况

指标	2012年	2011年	2010年	2009年	2008年	2005年	2003年
资产总额（亿元）	245784	207336	182919	145367	125309	68507	47578
负债总额（亿元）	142215	120662	105344	85803	74251	42161	29339
资产负债率（%）	57.9	58.2	57.6	59.0	59.3	61.5	61.7
装备企业人均负债（万元）	33	30	29	25	22	13	10
全部企业人均负债（万元）	30	27	26	23	20	12	9
装备人均负债水平（倍）	1.10	1.11	1.12	1.09	1.10	1.08	1.11

三 就业人员工资收入水平偏低

从表14-9可知，我国装备制造产业就业人员的平均工资，2003年为12671元，2010年为30916元，2012年为41650元。9年时间里，装备制造产业就业人员工资增长了2.29倍，平均每年增长14.1%。相比之下，国民经济全部产业的城镇单位就业人员平均工资，2003年为13969元，2010年为36539元，2012年为46769元，9年时间增长了2.35倍，平均每年增长14.4%。从2003~2012年，装备制造产业就业人员的平均工资相对于全部产业平均工资的比例，最低的2009年只有83.2%，最高的2003年也只有90.7%，2012年也只有89.1%。可见，装备制造产业就业人员的平均工资，不但总量上低于平均水平，始终只有平均水平的90%左右，而且平均工资增长速度也低于平均水平。在当今科技进步日新月异的今天，产业安全发展的核心在于产业竞争力的有效提升，而产业竞争力的有效提升，在于高端和高素质科技和管理人才的有效引进和高效使用。收入和待遇的高低，是能否有效引进和高效使用高端和高素质科技和管理人才的先决条件之一。装备制造产业就业人员工资收入水平长期偏低，不利于装备制造产业吸引高素质的劳动者，不利于调动从业人员工作的积极性、创造性，对于装备制造产业竞争力的提升和健康可持续发展的实现，直接和潜在地形成了不安全的因素。

表14-9 装备制造产业就业人员平均工资水平情况

单位：元，%

指标	2012年	2011年	2010年	2009年	2008年	2007年	2006年	2005年	2004年	2003年
装备平均工资	41650	36665	30916	26810	24404	21144	18225	15934	14251	12671
全部平均工资	46769	41799	36539	32244	28898	24721	20856	18200	15920	13969
装备比率	89.1	87.7	84.6	83.2	84.5	85.5	87.4	87.6	89.5	90.7

四 研究和试验发展投入增长不够

从表14-10可知，我国装备制造产业全部大中型工业企业的研究与试验发展经费支出，2003年为721亿元，2010年为4015亿元，2012年为5992亿元，9年时间增长了7.3倍，平均每年增长26.5%。相比之下，装备制造产业大中型企业的研究与试验发展经费支出，2003年为424亿元，2010年为2285亿元，2012年为3410亿元，9年时间只增长了7.0倍，平均每年增长26.1%，均低于我国全部大中型工业企业的平均增长速度。受此影响，装备制造产业大中型企业的研究与试验发展经费支出在总体中所占比重，由2003年的58.8%下降到2012年的56.9%。在科学技术是第一生产力和科技进步日新月异的今天，谁掌握了核心的科技谁就几乎掌握了产业发展的领先优势，谁就能引领产业发展的潮流。在这种背景下，装备制造产业研究与试验发展经费支出的过于缓慢增长以及其在整体科研研发总体中的比重持续下降，直接制约着我国装备制造产业核心竞争力的营造和提升，直接影响着我国装备制造产业从大转强的进度，从而导致产业发展存在不安全的风险。

表14-10 装备制造产业大中型工业企业研究与试验发展经费支出

单位：百万元，%

指标	2012年	2011年	2010年	2009年	2008年
装备总量	341000	286278	228501	184076	153137
全部总量	599232	503070	401540	321023	268131
装备占比	56.9	56.9	56.9	57.3	57.1

续表

指　标	2007年	2006年	2005年	2004年	2003年
装备总量	122721	95841	72439	55367	42395
全部总量	211246	163019	125029	95449	72077
装备占比	58.1	58.8	57.9	58.0	58.8

五　能源消耗总量呈现快速增长趋势

从表14-11可知，我国能源消耗总量2003年为183792万吨标准煤，2010年为324939万吨标准煤，2012年为361732万吨标准煤，9年时间只增长了0.97倍，平均每年只增长7.8%。相比之下，装备制造产业的能源消耗总量，2003年为8530万吨标准煤，2010年为17492万吨标准煤，2012年为20116万吨标准煤，9年时间增长了1.36倍，平均每年增长10.0%，均远远超出我国能源消耗总量的增长变化速度。在能源供应日趋紧张和我国能源外贸依存度持续高启的背景下，装备制造产业特别是通用、电气、通信等具体产业能源消耗快速增长的态势，不利于能源供应紧张局面的缓解，不利于我国能源外贸依存度的合理下降和能源供应安全度的提升，直接制约了我国装备制造产业向环境友好发展模式的转变和安全发展。

表14-11　装备制造产业能源消费总量

单位：万吨标准煤

产业	2012年	2011年	2010年	2009年	2008年	2007年	2006年	2005年	2004年	2003年
装备产业	20116	18457	17492	15089	14418	13362	12065	10672	9881	8530
全部产业	361732	348002	324939	306647	291448	280508	258676	235997	213456	183792

六　企业数量过多、产业竞争过于激烈

装备制造产业是技术和资本密集性的产业，与整体国民经济各产业相比，属于企业规模大且产业规模优势明显的产业。从表14-12可知，装备

制造产业 2000 年共有规模以上工业企业 45134 家,其中大中型企业 6787 家,大中型企业占规模以上企业数量的比重只有 15.04%,存在企业数量过多、竞争过于激烈的情况。此后,大中型企业占规模以上企业数量的比重呈现出反常的"逆向集中"趋势,一度下探到 2009 年 10.07% 的低位,2010 年也只有 11.13% 的水平。虽然 2011 年后呈现快速上升的趋势,但到 2012 年也只有 24.13% 的水平。考虑到装备制造产业的技术和资本密集特点,这个超出比率显然是远远不够的,仍然存在企业数量过多、竞争过于激烈的情况。特别地,2010 年以来大中型企业占比的快速提高,并不全部是市场自发有效竞争的结果,而存在有政府"拉郎配"行为,在一定程度上恰恰影响了效率的提升。总之,企业数量过多、产业竞争激烈情况的存在和加剧,影响和制约了其产业运行的效率,导致了其产业组织运行方面的安全风险存在。

表 14-12 装备制造产业企业数量变动情况

单位:家,%

产业	分类指标	2012 年	2011 年	2010 年	2009 年	2008 年
装备制造产业	规模企业	98174	106695	154406	147176	144653
	大中型企业	23694	20948	17178	14826	14605
	大中型占比	24.13	19.63	11.13	10.07	10.10

产业	分类指标	2007 年	2006 年	2005 年	2000 年
装备制造产业	规模企业	107333	93377	83315	45134
	大中型企业	12957	11376	9979	6787
	大中型占比	12.07	12.18	11.98	15.04

受上述各种因素影响,我国装备制造产业与世界先进水平相比仍存在较大差距,特别是创新能力薄弱,核心技术和核心关键部件受制于人;基础配套能力发展滞后,装备主机面临"空壳化";产品可靠性低,产业链高端缺位;产业规模小,市场满足率低;产业体系不健全,相关基础设施、服务体系建设明显滞后等。这些都从不同方面对我国装备制造产业的发展形成了现实或潜在的安全威胁。

第三节 装备制造产业的特征分析

一 具有纵深大、范围广、门类多和高就业的特征

就产业纵深大、范围广、门类多的特征而言,包括国民经济产业分类中的金属制品、通用设备制造、专用设备制造、交通运输设备制造、电气机械和器材制造、计算机通信和其他电子设备制造、仪器仪表及文化办公用装备制造7个大类产业,以及结构性金属制品制造、锅炉及原动设备制造等62个中类产业,金属结构制造、锅炉及辅助设备制造等185个小类产业。

就高就业特征而言,装备制造产业虽为技术密集和资本密集工业,但同时具有劳动密集性质,可以提供大量就业机会。从表14-13可以看出,装备制造产业城镇单位就业人数,2003年为2981万人,2010年为3637万人,2012年为4262万人,呈现稳步上升的稳定趋势。装备制造产业城镇单位就业人数占全部城镇单位就业人数的比重,2003年为27.2%,2010年为27.9%,2012年为28.0%,始终保持在27%以上的比重,且呈现出稳定而轻微上升的趋势。

表14-13 装备制造产业吸引就业人数情况

单位:万人,%

指 标	2012年	2011年	2010年	2009年	2008年
全部就业人数	15236	14413	13052	12573	12193
装备就业人数	4262	4088	3637	3492	3434
装备就业占比	28.0	28.4	27.9	27.8	28.2
指 标	2007年	2006年	2005年	2004年	2003年
全部就业人数	12024	11713	11404	11099	10970
装备就业人数	3465	3352	3211	3051	2981
装备就业占比	28.8	28.6	28.2	27.5	27.2

二 具有技术含量高、节省能（资）源、高附加值的特征

按照装备功能和重要性，装备制造产业主要包括以下三方面内容：一是重大先进基础机械，主要包括数控机床、柔性制造系统、计算机集成制造系统、工业机器人、大规模集成电路及电子制造设备等。二是重要机械、电子基础件，主要是先进的液压、气动、轴承、密封、模具、刀具、低压电器、微电子和电力电子器件、仪器仪表及自动化控制系统等。三是国民经济各部门科学技术、军工生产所需的重大成套技术装备，如矿产资源的井采及露天开采设备，超高压交、直流输变电成套设备，黑色和有色金属冶炼轧制成套设备，高速铁路、城市轨道车、船舶等先进交通运输设备，大江大河治理、隧道挖掘和盾构、大型输水输气等大型工程所需重要成套设备，大型科学仪器和医疗设备，通信、航管及航空航天装备等。可以看出，装备制造产业是技术密集产业，产品技术含量高，附加价值大。

技术含量高的特征还可以通过研发经费支出情况表现出来。从表14-14可知，装备制造产业大中型工业企业的研究与试验发展经费支出，2003年为424亿元，2012年增长为3410亿元，其占全部产业研究与试验发展经费支出的比重，始终保持在56%以上。而从装备制造产业人均研究与试验发展经费支出看，2003年为0.14万元，2012年为0.80万元，而全部产业的人均研发费用支出，2003年和2012年只有0.07万元、0.39万元，装备制造产业人均研发经费支出始终保持有2倍左右的优势。

表14-14 装备制造产业大中型工业企业研究与试验发展经费支出情况

单位：亿元，%

指标		2012年	2011年	2010年	2009年	2008年
总量	装备产业	3410	2863	2285	1841	1531
	全部产业	5992	5031	4015	3210	2681
	装备占比	56.9	56.9	56.9	57.4	57.1
人均	装备产业	0.80	0.70	0.63	0.53	0.45
	全部产业	0.39	0.35	0.31	0.26	0.22
	装备占比	2.05	2.00	2.03	2.04	2.05

续表

指标		2007年	2006年	2005年	2004年	2003年
总量	装备产业	1227	958	724	554	424
	全部产业	2112	1630	1250	954	721
	装备占比	58.1	58.8	57.9	58.1	58.8
人均	装备产业	0.35	0.29	0.23	0.18	0.14
	全部产业	0.18	0.14	0.11	0.09	0.07
	装备占比	1.94	2.07	2.09	2.00	2.00

特别地，装备制造产业的高技术含量特征还带来了低能源的特征。从表14-15可以看出，装备制造产业的能源消耗总量2003年为85百万吨标准煤，2012年为201百万吨标准煤，其占全部产业能源消耗总量的比重，始终保持在5.6%以下，与其就业人员、销售产值、利润总额始终保持在全部产业相应指标总额的30%左右，形成了鲜明对比。另外，从人均能源消耗量看，装备制造产业2003年为2.86吨标准煤，2012年为4.72吨标准煤，始终保持在全部产业平均水平的30%以下，进一步表明其能源资源消耗量低的特征。

表14-15 装备制造产业能源消费量比较情况

单位：百万吨标准煤、吨标准煤

指标		2012年	2011年	2010年	2009年	2008年
总量	装备制造产业	201	185	175	151	144
	全部产业	3617	3480	3249	3066	2914
	装备制造产业占比	5.56	5.32	5.39	4.92	4.94
人均量	装备制造产业	4.72	4.51	4.81	4.32	4.20
	全部产业	16.17	16.10	16.79	16.6	16.45
	装备产业占比	29.19	28.01	28.65	26.02	25.53
指标		2007年	2006年	2005年	2004年	2003年
总量	装备制造产业	134	121	107	99	85
	全部产业	2805	2587	2360	2135	1838
	装备制造产业占比	4.78	4.68	4.53	4.64	4.62
人均量	装备制造产业	3.86	3.60	3.32	3.24	2.86
	全部产业	15.38	14.40	13.37	11.82	22.47
	装备产业占比	25.10	25.00	24.83	27.41	12.73

三 具有明显的规模化、集约化、集中化特征

装备制造产业作为技术和资本密集性工业，具有明显的规模化、集约化特征。李绍东等计算了2004～2007年装备制造产业176个4位数产业的集中度，由表14-16可以看出：第一，我国装备制造产业整体的产业集中度处于一个比较高的水平，CR_4整体超过50%，CR_8整体超过70%；第二，从装备制造产业的7个子产业比较来看，产业集中度最高的为仪器仪表及文化、办公用机械制造业，以CR_4和CR_8衡量的产业集中度分别高达0.742、0.862。产业集中度最低的为电气机械及器材制造业，以CR_4和CR_8衡量的产业集中度也分别达到了0.435、0.591；第三，从7个子产业CR_4和CR_8的最大值来看，每个子产业都存在等于或接近于100%的4位数产业，说明我国装备制造产业中的一些产业部门企业数目很少，具有很高的产业集中度。

表14-16 装备制造产业集中度描述统计

指标		装备制造产业	金属	通用	专用	交通	电气	通信	仪器
CR_4	平均	0.551	0.544	0.461	0.626	0.551	0.435	0.510	0.742
	最小值	0.128	0.155	0.128	0.176	0.169	0.152	0.223	0.343
	最大值	1.000	1.000	1.000	1.000	1.000	0.928	0.968	1.000
CR_8	平均	0.701	0.689	0.637	0.789	0.694	0.591	0.634	0.862
	最小值	0.220	0.259	0.220	0.274	0.225	0.242	0.316	0.525
	最大值	1.000	1.000	1.000	1.000	1.000	1.000	1.000	1.000

资料来源：李绍东、唐晓华，市场集中度与大企业竞争力实证分析——基于中国装备制造产业的经验证据，山东大学学报哲学社会科学版，2013年第6期，第034～044页。

装备制造产业集群化发展的特征也日益突出。稍前的研究表明（详见表14-17），东部地区装备制造产业在工业增加值、资产合计、产品销售收入、利润总额、就业人数等几项主要经济指标方面，在全国所占的比重依次为72.91%、66.93%、75.99%、102.27%、59.36%，远远超过中部和西部地区，属于装备制造产业高度集中区域。特别地，以上海为中心的长江三角洲地区，以大连、天津、青岛为中心的环渤海地区，以广州、深圳为中心的珠江三角洲地区，其装备制造产业主要经济指标在全国所占的比重，

均远远超过其他地区。近期冯梅等人的研究表明，长三角、珠三角、环渤海和东北地区装备制造产业产值超过全国比重的80%，集群化发展趋势进一步加重。

表 14 - 17　装备制造产业的各省市区域集群发展情况

单位：%

区　域		工业增加值	资产合计	销售收入	利润总额	就业人数
东部	上海	12.17	11.02	12.78	32.02	5.86
	江苏	13.27	11.64	14.54	13.28	12.25
	长江三角洲	31.59	27.83	33.98	56.87	23.34
	环渤海地区	25.83	25.43	25.38	30.89	25.26
	珠江三角洲	12.02	10.33	13.15	12.22	7.64
	东部合计	72.91	66.93	75.99	102.27	59.36
中部		19.38	21.87	16.83	2.84	26.33
西部		7.71	11.20	7.18	-5.11	14.31

资料来源：张威，中国装备制造产业的产业集聚，中国工业经济，2002年第3期。

四　具有贡献大、带动性强和基础性、关键性的特征

装备制造产业规模总量大、产业关联度广，在国民经济发展中具有举足轻重的地位，对国民经济发展具有贡献大和带动性强的特征。首先，就外贸出口情况而言，2003~2012年，装备制造产业规模以上企业出口交货值从142百亿元上升到712百亿元，占全部产业规模以上企业出口交货值的比重，始终保持在52%以上，而2012年则高达66%以上。其次，就全部资产情况而言，2003~2012年装备制造产业规模以上企业拥有的全部资产从476百亿元上升到2458百亿元，占全部产业规模以上企业全部资产的比重，则从28.2%稳步攀升至31.3%。再次，就利润情况而言，2003~2012年装备制造产业规模以上企业实现的利润总额从25百亿元上升到246百亿元，占全部产业规模以上企业利润总额的比重，则从30.1%稳步攀升至31.5%。详见表14-18。另外，装备制造产业涉及众多产业的零配件加工配套生产，产业关联度极广，装备制造产业的发展将带动一大批相关产业的发展。

表 14-18 装备制造产业外商投资和外贸出口占比情况

单位：百亿元，%

指标	行业	2012年	2011年	2010年	2009年	2008年
规模以上工业企业出口交货值	装备产业	712	651	583	462	516
	全部产业	1072	996	899	721	825
	装备占比	66.4	65.4	64.8	64.1	62.5
规模以上工业企业资产总计	装备产业	2458	2073	1829	1454	1253
	全部产业	7851	6758	5929	4937	4313
	装备占比	31.3	30.7	30.8	29.5	29.1
规模以上工业企业利润总额	装备产业	246	190	173	112	92
	全部产业	782	614	531	345	306
	装备占比	31.5	30.9	32.6	32.5	30.1

指标	行业	2007年	2006年	2005年	2004年	2003年
规模以上工业企业出口交货值	装备产业	450	361	275	230	142
	全部产业	734	606	477	405	269
	装备占比	61.3	59.6	57.7	56.8	52.8
规模以上工业企业资产总计	装备产业	1014	813	685	605	476
	全部产业	3530	2912	2448	2154	1688
	装备占比	28.7	27.9	28.0	28.1	28.2
规模以上工业企业利润总额	装备产业	71	49	36	32	25
	全部产业	272	195	148	119	83
	装备占比	26.1	25.1	24.3	26.9	30.1

装备制造产业作为国民经济各部门简单再生产和扩大再生产提供技术装备的各制造工业的总称，其发展水平反映出一个国家在科学技术、工艺设计、材料、加工制造等方面的综合配套能力。特别是一些技术难度大、成套性强，需跨产业配套制造的重大技术装备制造能力，反映了一个国家的经济和技术实力，是国民经济发展特别是工业发展的基础。随着装备制造领域的大容量高水头水电机组、大型石油天然气长输管线成套装备、百万吨级大型乙烯成套设备、大型宽带薄板及宽厚钢板生产关键装备、新型船舶和海洋石油工程设备等一大批重大关键技术装备项目的进一步实施推进，将会建立强大的装备制造产业，切实加强我国国民经济发展特别是工业发展的基础和后劲，有效提升国家经济安全和综合国力。

第四节 装备制造产业安全的界定与指数模型构建

一 装备制造产业安全界定

关于产业安全,学术界有诸多不同的定义和解释,概括而言,主要包括以下几种:强调外资的产业安全,强调控制权的产业安全,强调制造业的产业安全,强调民族产业的产业安全,强调能力的产业安全等。本研究认为,从根本上说,产业安全是一种产业生存和发展不受威胁的状态,这种生存和发展不受威胁的安全状态能否实现,涉及的因素非常多,但从哲学内因和外因的辩证法角度考虑,关键取决于内因角度的产业自身发展能力。在当前市场经济正在实现从基础性地位向决定性地位转变的大背景下,产业自身的发展能力,核心表现为产业自身发展的效率高低。低投入获得高产出,就是产业发展富有效率,就意味着产业发展具备了可以有效抵御各种威胁的发展能力,能够保障产业安全的实现,反之亦然。由此,本项目有关装备制造产业安全指数的研究,将把内因和外因有机结合起来,重点从投入产出的生产效率角度进行综合性分析研究。

二 装备制造产业安全指数模型构建

(一) 数据包络分析之 CCR 超效率分析模型选择

本项目重点从生产效率的角度研究装备制造产业安全指数。生产效率的评价和分析通常用一些前沿面的形式来描述,在过去50多年的时间里,许多不同的模型被用在前沿面的估计上,其中一个重要的模型就是数据包络分析模型 (Data Envelopment Analysis)。

DEA分析模型是一种非参数分析方法,其原理可以参照图14-1说明如下。在某行业生产中,各生产单位都以两项投入 (x_1, x_2) 获得一项产出 (y),SS 表示生产完全有效的公司或单位的产出等高线,代表生产前沿面。点 P 表示一个公司用相应数量投入生产一单位产出,显然其是技术非有效的。其技术非有效可以用距离 QP 来表示,表示在不减少产出的前提下,该公司所有投入可以成比例缩减的数量。通常用百分比 QP/OP 表示。这样,

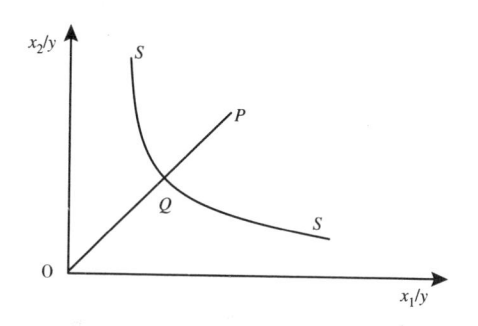

图 14-1　DEA 分析模型的原理示意图

该公司的技术效率通常表达为下述比率：

$$TE = OQ/OP = 1 - QP/OP$$

显然，TE 取值范围为 0~1。如果等于 1，则表示这个公司是完全有效率的，图中 Q 点就是技术效率点。技术效率的所有点构成了生产前沿面，即图中的 SS 线。

DEA 分析模型在评价效率方面具有明显的优点。（1）该模型是以相对效率概念为基础，以凸分析和线性规划为工具，应用数学规划模型计算比较决策单元之间的相对效率，对评价对象做出评价，能充分考虑决策单元本身最优的投入产出方案，因而能够理想地反映评价对象自身的信息和特点。（2）该模型对于评价复杂系统的多投入多产出分析有独到之处，适合于多输出—多输入的有效性综合评价问题，在处理多输出—多输入的有效性评价方面具有绝对优势。（3）特别地，一般的综合评价问题都是将输入输出指标都作为输入指标，即评价指标，体现不出指标的性质不同和相对的有效性，而 DEA 模型则提供了基于多输入—多输出指标比较的有效性综合评价方法，更为科学。（4）另外，DEA 分析模型中决策单元的最优效率指标与投入指标值及产出指标值的量纲选取无关，应用该方法建立模型前也无须对数据进行无量纲化处理。

由此，本项目将以数据包络分析模型为装备制造产业生产效率测评和安全指数研究的基础模型。

DEA 分析模型有多种具体的应用模型，其中 CCR 模型是 DEA 模型中最基本、最重要也是应用最为广泛的模型。本项目将以此模型的超效率分析为基础，来构建装备制造产业相对于自身的产业安全指数研究模型。

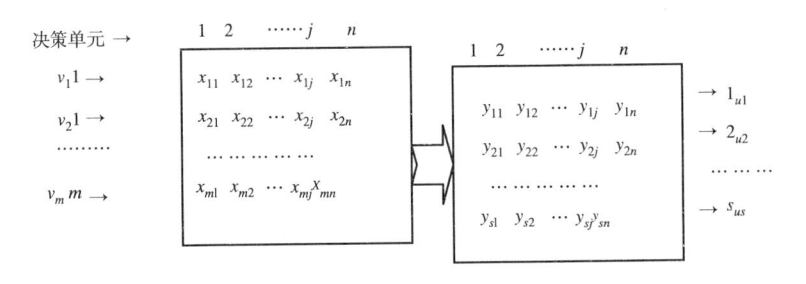

```
决策单元 →        1  2  ……j    n           1  2  ……j    n
    v₁1 →     ┌                  ┐      ┌                  ┐
              │ x₁₁ x₁₂ ⋯ x₁ⱼ x₁ₙ │      │ y₁₁ y₁₂ ⋯ y₁ⱼ y₁ₙ │  → 1_{u1}
    v₂1 →     │ x₂₁ x₂₂ ⋯ x₂ⱼ x₂ₙ │      │ y₂₁ y₂₂ ⋯ y₂ⱼ y₂ₙ │  → 2_{u2}
    ………       │  …   …  …  …  …  │ ⇨    │  …   …  …  …  …  │   ………
   v_m m →    │ x_{m1} x_{m2} ⋯ x_{mj} x_{mn}│      │ y_{s1} y_{s2} ⋯ y_{sj} y_{sn}│  → s_{us}
              └                  ┘      └                  ┘
```

图 14 – 2　DEA 投入和产出信息图

唐启义 2010 年在科学出版社出版的《DPS 数据处理系统》第 12 章对 CCR 模型有较详细的介绍。根据其介绍，若有 N 个决策单元（公司或单位），每一决策单元都有 M 项投入和 S 项产出，分别用向量 x_{ij} 和 y_{rj} 表示决策单元的投入和产出，记为：

x_{ij}：第 j 决策单元 i 项输入指标的投入量，$x_{ij} > 0$，$i = 1, 2, \cdots, M$；$j = 1, 2, \cdots, N$。

v_i：第 i 项投入指标的权系数，$i = 1, 2, \cdots, M$。

y_{rj}：第 j 决策单元 r 项输出指标的产出量，$y_{rj} > 0$，$r = 1, 2, \cdots, S$；$j = 1, 2, \cdots, N$。

u_r：第 r 项输出指标的权系数，$r = 1, 2, \cdots, S$。

x_{ij} 和 y_{rj} 为样本已知数据，v_i 和 u_r 为待求的未知参数，可得 DEA 投入和产出信息如图 14 – 2。

CCR 模型建立在各决策单元相互比较的基础上，具有相对有效性，且各决策单元的效率评价指数依赖于它的输出综合和输入综合之比 Z_j，即：

$$Z_j = \frac{\sum_{r=1}^{S} u_r y_{rj}}{\sum_{i=1}^{M} v_i x_{ij}}, j = 1, 2, 3 \cdots, M$$

式中分子是第 j 个决策单元输出的总和，分母是输入的总和，效率评价指数 Z_j 即是相对有效性评价值，等价于"综合评价值"。

对第 j_0（$1 \leq j_0 \leq N$）个决策单元进行有效性评价的模型是：以第 j_0 个决策单元的有效评价值为目标函数并且求最大值（使有效评价值最优），以所有决策单元的有效评价值（包括第 j_0 个决策单元）小于等于 1 为约束。简便起见，将下标 j_0 记为 0，将 $y_{r j_0}$ 记为 y_{r0}，将 $x_{i j_0}$ 记为 x_{i0}，得到第 j_0 个决策单元的相对有效评价模型：

$$\max Z_0 = \frac{\sum_{r=1}^{S} u_r y_{r0}}{\sum_{i=1}^{M} v_i x_{i0}}$$

$$s.\,t.$$

$$\frac{\sum_{r=1}^{S} u_r y_{rj}}{\sum_{i=1}^{M} v_i x_{ij}} \leqslant 1$$

$$v_i \geqslant 0, u_r \geqslant 0, j = 1,2,3\cdots,M, i = 1,2,3\cdots,M, r = 1,2,3\cdots,S$$

如令：

$$x_j = (x_{1i}, x_{2i}\cdots, x_{Mi})^T, j = 1,2,3\cdots,N$$
$$y_j = (y_{1i}, y_{2i}\cdots, y_{Si})^T, j = 1,2,3\cdots,N$$
$$v' = (v_1, v_2\cdots, v_M)^T, u' = (u_1, u_2\cdots, u_S)^T$$

则可用矩阵形式表达如下：

$$\max_{u,v} \left(\frac{u' y_i}{v' x_i} \right)$$

$$s.\,t.$$

$$\frac{u' y_i}{v' x_j} \leqslant 1, u \geqslant 0, v \geqslant 0, j = 1,2,3\cdots,M$$

找出 u 和 v 的值，使得第 i 个决策单元的效率测度值达到最大，其受限于所有的效率测度值都小于或等于 1，求这个特殊的比值公式的一个问题是在于它有无穷多个解，为了避免这个问题，限定：

$$v' x_i = 1$$

这时有：

$$\max_{\mu,v} (\mu' y_i)$$

$$s.\,t.$$

$$v' x_i = 1, \mu' y_j - v' x_j \leqslant 0, \mu \geqslant 0, v \geqslant 0, j = 1,2,3\cdots,N$$

其中，从 u 和 v 到 μ 和 v 的符号变化反映了它的转变。这种形式通常称为线性规划问题的乘数形式。利用线性规划中的对偶性质，可得这个问题的一个相同的包络形式：

$$\max_{\theta,\lambda}\theta$$
$$s.\,t.$$
$$-y_i + Y\lambda \geq 0, \theta x_i - X\lambda \geq 0, \lambda \geq 0$$

其中，θ 是一个标量而 λ 是一个 $N \times 1$ 常数向量。这种包络形式要比乘数形式少许约束条件（$M \times S \leq N \times 1$），所以它通常是首选的解题形式。获得的 θ 值就是第 i 个决策单元的效率值。它满足 $\theta \leq 1$，当取值为 1 时表示该点在前沿面上，即该决策单元是技术有效的。

（二）相对于自身的装备制造产业安全指数模型构建

运用 DEA 方法中 CCR 模型进行常规分析得出的投入产出效率指标，是一个介于 0 和 1 之间的数值。其中 1 表示是相对有效率的，小于 1 则表示相对缺乏效率。而运用 CCR 模型进行超效率分析得出的投入产出效率指标，对常规分析得出的相对效率同为 1 的系列决策单元进行了进一步的相对效率区分，部分决策单元的相对效率将可能大于 1，从而更加具有区分度。

可知，当投入产出效率指标小于 1 时表示相对缺乏效率，产业处于不安全状态；当投入产出效率指标等于 1 时表示相对富有效率，产业处于安全界点；当投入产出效率指标大于 1 时表示相对超有效率，产业处于安全区间。借鉴相关研究经验，规定当投入产出效率指标等于 1 即产业相对富有效率和处于安全界点时，对应得分 80 分。由此可以构建基于生产效率的装备制造产业相对于自身的产业安全指数模型如下：

$$SIS = TE \times 80$$

式中，SIS 和 TE 分别为相对于自身的产业安全指数、基于 CCR 模型进行超效率分析的产业生产效率。

借鉴相关研究经验，进而可以构建基于此产业安全指数的产业安全区间分级对应体系如表 14 - 19。

（三）相对于全部产业的装备制造产业安全指数模型构建

装备制造产业是否安全，除了相对于自身生产效率高低比较的测评外，

表 14-19　装备制造产业相对于自身的产业安全指数与产业安全区间分级对应

安全等级概分			安全等级细分		
符号	含义	安全指数区间	符号	含义	安全指数区间
A	很安全	$90 \leq SIS \leq 100$	A+	很安全偏正面	$95 \leq SIS \leq 100$
			A	很安全	$92 \leq SIS < 95$
			A-	很安全偏负面	$90 \leq SIS < 92$
B	比较安全	$80 \leq SIS < 90$	B+	比较安全偏正面	$85 \leq SIS < 90$
			B	比较安全	$82 \leq SIS < 85$
			B-	比较安全偏负面	$80 \leq SIS < 82$
C	基本安全	$70 \leq SIS < 80$	C+	基本安全偏正面	$76 \leq SIS < 80$
			C	基本安全	$74 \leq SIS < 76$
			C-	基本安全偏负面	$70 \leq SIS < 74$
D	不太安全	$60 \leq SIS < 70$	D+	不太安全偏正面	$68 \leq SIS < 70$
			D	不太安全	$65 \leq SIS < 68$
			D-	不太安全偏负面	$60 \leq SIS < 65$
E	不安全	$SIS < 60$	E+	不安全偏正面	$50 \leq SIS < 60$
			E	不安全	$40 \leq SIS < 50$
			E-	不安全偏负面	$SIS < 40$

更重要的是产业自身与国民经济全部产业的平均水平比较。当装备制造产业自身基于投入产出效率的产业安全指数，正好等于国民经济全部产业平均水平时，认为是该产业自身安全的界点；超出国民经济全部产业平均水平时，认为该产业具有效率比较优势，产业处于安全状态；低于国民经济全部产业平均水平时，认为该产业缺乏效率比较优势，产业处于不安全状态。

借鉴相关研究经验，规定当装备制造产业自身基于投入产出效率的产业安全指数正好等于国民经济全部产业平均水平时，即产业处于自身安全界点时，对应得分50。由此可以构建基于生产效率的装备制造产业相对于全部产业平均水平的产业安全指数模型如下：

$$SIT = \frac{TE_S}{TE_T} \times 50$$

式中，SIT 为相对于全部产业平均水平的产业安全指数，TE_S、TE_T 分别代表同一时期装备制造产业和全部产业同批组基于 CCR 模型进行超效率分析的产业生产效率。

借鉴相关研究经验,进而可以构建基于此产业安全指数的产业安全区间分级对应体系如表14-20。

表14-20 装备制造产业相对于全部产业平均水平的产业
安全指数与产业安全区间分级对应

安全等级概分			安全等级细分		
符号	含义	安全指数区间	符号	含义	安全指数区间
A	很安全	$80 \leqslant SIT \leqslant 100$	A+	很安全偏正面	$92 \leqslant SIT \leqslant 100$
			A	很安全	$86 \leqslant SIT < 92$
			A-	很安全偏负面	$80 \leqslant SIT < 86$
B	比较安全	$60 \leqslant SIT < 80$	B+	比较安全偏正面	$72 \leqslant SIT < 80$
			B	比较安全	$66 \leqslant SIT < 72$
			B-	比较安全偏负面	$60 \leqslant SIT < 66$
C	基本安全	$50 \leqslant SIT < 60$	C+	基本安全偏正面	$56 \leqslant SIT < 60$
			C	基本安全	$54 \leqslant SIT < 56$
			C-	基本安全偏负面	$50 \leqslant SIT < 54$
D	不太安全	$40 \leqslant SIT < 50$	D+	不太安全偏正面	$46 \leqslant SIT < 50$
			D	不太安全	$44 \leqslant SIT < 46$
			D-	不太安全偏负面	$40 \leqslant SIT < 44$
E	不安全	$SIT < 40$	E+	不安全偏正面	$35 \leqslant SIT < 40$
			E	不安全	$30 \leqslant SIT < 35$
			E-	不安全偏负面	$SIT < 30$

第五节 指标数据斟选分析和产业安全指数测度评估

一 装备制造产业安全指数研究指标数据斟选分析

(一) 数据收集和指标分类

基于中国国家统计局、相关产业协会等渠道,尽可能全面地收集金属制品、通用设备、专用设备等装备制造产业七个具体子产业的相关数据,然后进行汇总和投入产出分类,形成装备制造产业的总体数据。限于收集渠道和数据更新速度等原因,收集数据的时间范围为2003~2012年。详见表14-21。

表 14-21　装备制造产业相关投入产出指标数据收集与分类

指标及分类		2012年	2011年	2010年	2009年	2008年	2007年	2006年	2005年	2004年	2003年
x1	x11	4262	4088	3637	3492	3434	3465	3352	3211	3051	2981
x2	x21	17668	15031	11141	9302	8499	7241	6036	5057	4316	3773
	x22	41650	36665	30916	26810	24404	21144	18225	15934	14251	12671
	x31	124550	102713	88619	70613	56702	44505	34090	26576	19585	14690
	x32	110818	94763	68034	51463	38037	28793	21308	15650	10410	7425
	x33	71750	62110	47477	35338	27253	21262	15171	11506	9155	6920
	x34	37302	32037	23390	17121	12457	10484	7125	5586	3827	2741
	x35	48456	40116	30954	22039	16718	12307	8747	6280	4167	2889
x3	x36	26025	22588	15714	11259	8828	6604	4591	3511	2281	1393
	x37	9128	8126	5641	4640	3527	2545	1875	1226	1136	892
	x38	10173	7619	5655	4176	2835	2003	1386	1042	394	332
	x39	42877	36114	25310	18291	12901	9079	6081	4115	2544	1770
	x310	1839	1802	1420	1154	1214	1034	751	586	449	334
	x311	3552	3226	2670	2594	2604	2195	1915	1579	1174	785
	x312	33279	27529	18601	14483	10039	7436	5524	4063	2394	1861
	x313	1617	1637	1315	1434	1604	1623	1272	1068	858	617
	x314	70.5	68.5	65.9	66.4	60.8	60.5	62.6	65.3	63.2	65.2
	x315	62.1	62.6	58.8	60.9	56.6	48.8	49.6	50.2	44.0	43.9

续表

指标及分类		2012年	2011年	2010年	2009年	2008年	2007年	2006年	2005年	2004年	2003年
x4	x41	158504	132002	114874	90116	76866	64344	51009	42712	37332	29213
	x42	58766	51442	49479	39874	35121	26912	22246	19091	16480	13271
	x43	97752	81937	70713	55474	48938	37054	30677	26176	22476	18564
	x44	245784	207336	182919	145367	125309	101441	81282	68507	60486	47578
	x45	142215	120662	105344	85803	74251	61770	49328	42161	37181	29339
x5	x51	45411	40695	36932	32492	29408	22913	19000	16457	15362	11423
	x52	35795	31270	27134	21980	21073	17314	14122	12018	10912	8323
	x53	277068	232681	198535	154558	139608	113320	89625	70278	57854	41428
x6	x61	48866	52101	49591	46771	49895	40865	40077	42453	39694	36936
	x62	17000	15595	14306	13885	13520	12646	10412	8955	7832	6708
x7	x71	71214	65120	58259	46170	51640	44961	36137	27450	22987	14210
x8	x81	20116	18457	17492	15089	14418	13362	12065	10672	9881	8530
x9	x91	10241	9132	8059	6819	5384	4543	3652	3020	2619	2253
	x92	6299	5479	4792	3997	3034	2617	2253	1947	1774	1590
	x93	9742	8516	7259	6062	4752	4034	3456	2988	2541	2212
	x94	3087	2898	2666	2200	1662	1526	1260	1073	960	841
x10	x101	341000	286278	228501	184076	153137	122721	95841	72439	55367	42395
	x111	99.2	101.4	100.6	97.9	102.3	100.8	100.7	100.5	101.1	101.0
x11	x112	98174	106695	154406	147176	144653	107333	93377	83315	86670	56473

续表

指标及分类		2012年	2011年	2010年	2009年	2008年	2007年	2006年	2005年	2004年	2003年
y	y1	12012	10549	9230	7757	7225	5960	4946	4149	3706	3045
	y2	326400	273393	234051	181248	162819	132274	103705	81031	67076	48787
	y3	25290	19564	17874	11661	9536	7296	4853	3559	2929	2312
	y4	321897	270639	231819	180695	162919	132196	103077	80989	66691	48840
	y5	24599	18984	17314	11194	9153	7122	4896	3614	3201	2497

① x、y分别代表投入类指标、产出类指标。产出类指标$y1$、$y2$、$y3$、$y4$、$y5$分别代表规模以上企业主营业务收入（亿元）、规模以上企业成品（亿元）、规模以上企业利润（亿元）、规模以上企业销售产值（亿元）。

② $x11$代表本产业城镇单位就业人员（万人），$x21$、$x22$分别代表本产业城镇单位就业人员工资总额（亿元）、城镇单位就业人员平均工资（元），$x31$、$x32$、$x33$、$x34$、$x35$、$x36$、$x37$、$x38$、$x39$、$x310$、$x311$、$x312$、$x313$、$x314$、$x15$分别代表本产业全社会固定资产投资（亿元）、固定资产投资（不含农户）（亿元）、建设总规模（亿元）、建设总规模（不含农户）（亿元）、新建固定资产投资（不含农户）（亿元）、扩建固定资产投资（不含农户）（亿元）、改建固定资产投资（亿元）、固定资产投资企业固定资产投资（不含农户）（亿元）、内资企业固定资产投资（不含农户）（亿元）、港澳台商投资企业固定资产投资（不含农户）（亿元）、外商投资企业固定资产投资（不含农户）（亿元）、项目建成投产率（%），$x41$、$x42$、$x43$、$x44$、$x45$分别代表本产业规模以上企业流动资产合计（亿元）、固定资产合计（亿元）、规模以上企业固定资产原价合计（亿元）、规模以上企业资产总计（亿元）、规模以上企业负债合计（亿元），$x51$、$x52$、$x53$分别代表本产业规模以上企业实收资本（百万美元）、规模以上企业主营业务成本（亿元）、规模以上企业投资总额（亿元），$x61$、$x62$分别代表本产业实际利用外商直接投资金额（亿美元）、外商投资企业金融机构人民币信贷资金运用（百亿元），$x71$代表本产业金融机构人民币信贷资金运用（百亿元），$x81$代表本产业能源消费总量（万吨标准煤），$x91$、$x92$、$x93$、$x94$分别代表本产业金融机构人民币存款（百亿元）、货币和准货币（M2）（百亿元）、货币（M1）供应量（百亿元）、供应量（百亿元），$x101$代表本产业研究与试验发展经费支出（百万元），$x111$、$x112$分别代表本产业生产者出厂价格指数（上年=100）、规模以上企业单位数（个），$y1$、$y2$、$y3$、$y4$、$y5$分别代表规模以上企业主营业务收入（亿元）、成品（亿元）、利润（亿元）、规模以上企业利润总额（亿元）、销售产值（亿元）。

③ 部分指标没有装备制造产业细分数据，用制造业数据予以代替分析；部分指标缺乏2012年度数据，根据近三年情况进行了合理推算。

资料来源：根据中国国家统计局历年统计数据中有关金属制品业、通用装备制造业、专用设备制造业、交通运输设备制造业、电气机械和器材制造业、电子通信设备制造业、仪器仪表及文化办公用装备制造业7个具体产业的相关数据，进行汇总形成装备制造产业的总体数据。

(二) 产出类指标间的相关性分析与处理

基本思想：消除高相关性，简化产出指标体系。分析可知，五个产出类指标均高度相关，这里选取规模以上工业企业利润总额指标 $y5$ 为产出类指标 y 的代表进行分析。

(三) 投入类指标与产出类指标间及彼此间的相关性分析与处理

基本思想：消除与产出类指标不相关或低相关的投入类指标，合并投入类指标中的同质高相关指标。基本步骤：先对投入类指标进行基本分类，然后进行各类投入指标与产出指标间以及彼此间的相关性分析，消除与产出指标不相关或低相关指标，合并与产出指标高相关的同类投入指标。

具体情况如下：就业类指标：1个，与产出指标高度相关，保留进行分析。工资类指标：2个，均与产出指标高度相关，彼此间也高度相关，选取制造业城镇单位就业人员平均工资指标 $x22$ 为代表进行分析。投资类指标：15个，其中固定资产投资（不含农户）利用外资 $x313$、产业固定资产交付使用率 $x314$ 两指标与产出指标相关性低，予以消除；其余指标均与产出类指标高度相关，彼此之间也均高度相关，选取固定资产投资（不含农户）指标（$x35$）为本类代表进行分析。资产负债类指标：5个，均与产出指标高度相关，彼此之间也均高度相关，选取规模以上企业资产总计指标（$x44$）、规模以上企业负债合计指标（$x45$），分别代表资产指标和负债指标进行分析。收支成本类指标：3个，均与产出指标高度相关，彼此之间也高度相关，选取规模以上企业主营业务成本指标（$x53$）为本类代表进行分析。外资类指标：2个，均与产出指标高度相关，彼此之间也高度相关，选取外商投资企业投资总额指标 $x62$ 为本类代表进行分析。外贸类指标：1个，与产出指标高度相关，保留进行分析。能源消费指标：1个，与产出指标高度相关，保留进行分析。金融类指标：4个，均与产出指标高度相关，彼此之间也均高度相关，选取金融机构人民币资金运用各项贷款情况 $x92$ 和货币 M1 供应量 $x94$ 两个指标代表本类进行分析。科技研发指标：1个，与产出指标高度相关，保留进行分析。其他类指标：2个，与产出指标相关性低，消除。

(四) 指标数据甄选分析结果

这样，消除低相关和合并同质高相关之后的指标数据甄选分析结果如表 14-22。

表 14-22 消除低相关和合并高相关之后的装备制造产业投入产出指标体系

指标及分类		总体	2012年	2011年	2010年	2009年	2008年	2007年	2006年	2005年	2004年	2003年
x	x1	x11	3497	4262	4088	3637	3492	3434	3465	3352	3211	3051	2981
	x2	x22	24267	41650	36665	30916	26810	24404	21144	18225	15934	14251	12671
	x3	x35	19267	48456	40116	30954	22039	16718	12307	8747	6280	4167	2889
	x4	x44	126601	245784	207336	182919	145367	125309	101441	81282	68507	60486	47578
	x5	x45	74805	142215	120662	105344	85803	74251	61770	49328	42161	37181	29339
	x6	x53	137496	277068	232681	198535	154558	139608	113320	89625	70278	57854	41428
	x7	x62	12086	17000	15595	14306	13885	13520	12646	10412	8955	7832	6708
	x8	x71	43815	71214	65120	58259	46170	51640	44961	36137	27450	22987	14210
	x9	x81	14008	20116	18457	17492	15089	14418	13362	12065	10672	9881	8530
		x92	3378	6299	5479	4792	3997	3034	2617	2253	1947	1774	1590
		x94	1817	3087	2898	2666	2200	1662	1526	1260	1073	960	841
	x10	x101	158176	341000	286278	228501	184076	153137	122721	95841	72439	55367	42395
y	y	y5	10257	24599	18984	17314	11194	9153	7122	4896	3614	3201	2497

备注：各指标代码的含义见表 14-21。

表 14-23　基于 CCR 模型超效率分析的装备制造产业各单个投入指标的相对效率分析

年份	X11 相对效率	排名	X22 相对效率	排名	X35 相对效率	排名	X44 相对效率	排名	X45 相对效率	排名	X53 相对效率	排名
总体	0.50818	5	0.71565	4	0.61594	8	0.8095	4	0.79272	4	0.84023	4
2012 年	1.21241	1	1.0546	1	0.58735	10	1.05737	1	1.05241	1	1.01805	1
2011 年	0.80459	3	0.87666	3	0.54752	11	0.91485	3	0.90959	3	0.91896	3
2010 年	0.8248	2	0.94823	2	0.64716	6	0.94575	2	0.9502	2	0.98227	2
2009 年	0.5554	4	0.70695	5	0.58765	9	0.76941	5	0.75424	5	0.81576	5
2008 年	0.46181	6	0.63504	6	0.63344	7	0.72982	6	0.71267	6	0.73845	6
2007 年	0.35612	7	0.57031	7	0.66954	3	0.7015	7	0.66658	7	0.70789	7
2006 年	0.25307	8	0.45485	8	0.64761	5	0.60184	8	0.57382	8	0.61529	10
2005 年	0.195	9	0.38403	9	0.66582	4	0.5271	9	0.49557	10	0.57921	11
2004 年	0.18178	10	0.38031	10	0.88877	2	0.52877	10	0.49773	9	0.62319	9
2003 年	0.14513	11	0.33366	11	1.12515	1	0.52438	11	0.49204	11	0.67888	8

年份	X62 相对效率	排名	X71 相对效率	排名	X81 相对效率	排名	X92 相对效率	排名	X94 相对效率	排名	X101 相对效率	排名
总体	0.5865	4	0.67771	5	0.59878	5	0.77753	4	0.70841	4	0.8558	4
2012 年	1.18868	1	1.16230	1	1.18891	1	1.08085	1	1.21644	1	0.95204	2
2011 年	0.84127	2	0.84396	3	0.84111	2	0.88724	3	0.82207	3	0.87517	3
2010 年	0.83639	3	0.86036	2	0.80944	3	0.9252	2	0.8150	2	1.05038	1
2009 年	0.55715	5	0.70190	4	0.60667	4	0.71714	6	0.63853	6	0.80256	5
2008 年	0.46786	6	0.51313	6	0.51914	6	0.77251	5	0.69112	5	0.78881	6
2007 年	0.38921	7	0.45858	8	0.43587	7	0.69687	7	0.58569	7	0.7659	8
2006 年	0.32497	8	0.39223	10	0.33185	8	0.55646	8	0.48763	8	0.67419	10
2005 年	0.2789	10	0.38115	11	0.27693	9	0.47531	9	0.42268	9	0.65843	11
2004 年	0.28245	9	0.40314	9	0.26492	10	0.46205	10	0.41844	10	0.7630	9
2003 年	0.25725	11	0.50871	7	0.23938	11	0.40214	11	0.37260	11	0.77731	7

二 相对于自身的装备制造产业安全指数测度评估

首先，运用 DEA 分析方法中 CCR 模型的投入产出超效率分析，就装备制造产业 2003~2012 年期间的相对效率进行测评。由于数据包络分析模型要求决策单元数量应该等于或大于所选投入产出指标数之和的 5 倍，具体来说，2003~2012 共 10 个决策单元年份，进行生产效率分析要求选用的投入产出指标数量之和不超过 2 个。这样，具体分析时将所选的单一产出指标逐一与每一投入指标进行相对生产效率分析，得到各单个投入指标的生产效率分析结果，详见表 14-23。然后取其平均数值，得到总体平均的投入产出效率结果，详见表 14-24。

其次，基于构建的装备制造产业相对于自身的产业安全指数模型及相应的产业安全区间分级对应体系（详见表 14-19），可以计算得出各年份基于相对生产效率的产业安全指数，并进行基本的产业安全等级状态评估，详见表 14-24。

根据表 14-24 可知，2003~2012 年期间，装备制造产业总体的投入产出效率水平为 0.70725，可以减少一些投入，并保持产出不变，处于非弱 DEA 有效的状态。其对应的总体产业安全指数为 56.58，产业安全等级评估为 E+，处于不安全偏正面状态。

表 14-24 基于各单个指标平均性综合的装备制造产业相对效率分析和安全指数测评

年份	相对效率	排名	DEA 有效性	产业安全指数	产业安全等级评估	产业安全等级含义
总 体	0.70725	4	非弱 DEA 有效	56.58	E+	不安全,偏正面
2012 年	1.06428	1	DEA 有效	85.14	B+	比较安全,偏正面
2011 年	0.84025	3	非弱 DEA 有效	67.22	D	不太安全
2010 年	0.88293	2	非弱 DEA 有效	70.63	C-	基本安全,偏负面
2009 年	0.68445	5	非弱 DEA 有效	54.76	E+	不安全,偏正面
2008 年	0.63865	6	非弱 DEA 有效	51.09	E+	不安全,偏正面
2007 年	0.58367	7	非弱 DEA 有效	46.69	E	不安全
2006 年	0.49282	8	非弱 DEA 有效	39.43	E-	不安全,偏负面
2005 年	0.44501	11	非弱 DEA 有效	35.60	E-	不安全,偏负面
2004 年	0.47455	10	非弱 DEA 有效	37.96	E-	不安全,偏负面
2003 年	0.48805	9	非弱 DEA 有效	39.04	E-	不安全,偏负面

不过，2003~2012十个年份各自的产业安全程度并不相同，呈现波动变化趋势。根据表14-24和图14-3可知，装备制造产业相对于自身的产业安全程度由最初2003~2006年的E-等级和不安全偏负面状态，先是上升到2007年的E等级和不安全状态，进而上升至2008~2009年的E+等级和不安全偏正面状态，继而又上升至2010年的C-等级和基本安全偏负面状态。在2011年回调至D等级和不太安全状态后，2012年则急剧攀升至B+等级和比较安全偏正面状态。虽然整个过程是波折变化的，但总体趋势则是稳步向好的，而且2012年达到了10年间最好的安全状态。

三 相对于全部产业的装备制造产业安全指数测度评估

首先，收集对应的国民经济全部产业相关指标数据（见表14-25），运用DEA分析中的CCR模型进行装备制造产业和全部产业的超效率比较分析。由于数据包络分析模型要求决策单元数量应该等于或大于所选投入产出指标数之和的5倍，具体分析时将所选的单一产出指标逐一与每一投入指标进行相对生产效率分析，得到基于各单个投入指标的2003~2012各年度装备制造产业和国民经济全部产业同批组比较的相对效率，详见表14-26。

其次，将装备制造产业2003~2012年间基于各单个投入指标的相对效率与同期全部产业基于各单个投入指标的相对效率进行比较，再根据装备制

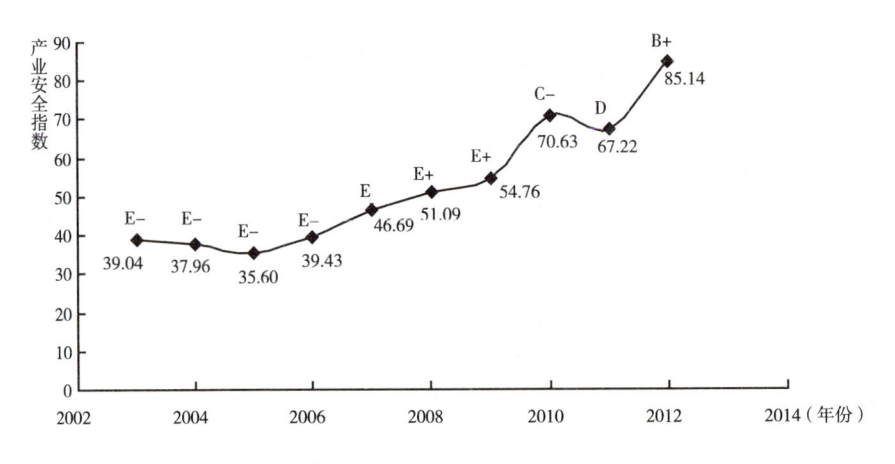

图14-3 装备制造产业相对于自身的产业安全水平波动

造产业相对于全部产业平均水平的产业安全指数模型，可以计算得出装备制造产业各年份相对于全部产业平均水平的各单个投入指标安全指数，详见表 14-26。

最后，取历年装备制造产业相对于国民经济全部产业的各单个投入指标安全指数平均数值，可得 2003~2012 各年度装备制造产业相对于国民经济全部产业综合的产业安全指数，然后基于构建的装备制造产业相对于全部产业的产业安全区间分级对应体系（见表 14-20），进行基本的产业安全等级评估，详见表 14-27。

表 14-25　2003~2012 年国民经济全部产业相应指标数据

指标	总体	2012 年	2011 年	2010 年	2009 年	2008 年	2007 年	2006 年	2005 年	2004 年	2003 年
T11	12468	15236	14413	13052	12573	12193	12024	11713	11404	11099	10970
T22	27992	46769	41799	36539	32244	28898	24721	20856	18200	15920	13969
T35	164447	364854	302396	243798	193920	148738	117464	93369	75095	59028	45812
T44	425202	785143	675797	592882	493693	431306	353037	291215	244784	215358	168808
T45	246094	457141	392645	340396	285733	248899	202914	167322	141510	124847	99528
T53	411181	842614	708092	585257	457510	423296	334599	264697	209863	167246	118638
T62	21493	32610	29931	27059	25000	23241	21088	17076	14640	13112	11174
T71	70041	107221	99612	89910	72052	82498	73393	60560	47741	40484	26942
T81	199128	246441	232019	219197	209302	200531	184945	168724	152507	131168	246441
T92	3378	6299	5479	4792	3997	3034	2617	2253	1947	1774	1590
T94	1817	3087	2898	2666	2200	1662	1526	1260	1073	960	841
T101	275982	599232	503070	401540	321023	268131	211246	163019	125029	95449	72077
Y	33953	78247	61396	53050	34542	30562	27155	19504	14803	11929	8337

备注 1：表中 T11、T22、T35、T44、T45、T53、T62、T71、T81、T92、T94、T101，分别与表 20 中的 x_{11}、x_{22}、x_{35}、x_{44}、x_{45}、x_{53}、x_{62}、x_{71}、x_{81}、x_{92}、x_{94}、x_{101} 对应，分别代表国民经济全部产业投入类指标中的城镇单位就业人员（万人）、城镇单位就业人员平均工资（元）、固定资产投资（不含农户）（亿元）、规模以上企业资产总计（亿元）、规模以上企业负债合计（亿元）、规模以上企业主营业务成本（亿元）、外商投资企业投资总额（亿美元）、规模以上企业出口交货值（亿元）、本产业能源消费总量（万吨标准煤）、金融机构人民币资金运用各项贷款情况（百亿元）、货币（M1）供应量（百亿元）、企业研究与试验发展经费支出（百万元）。Y 代表国民经济全部产业规模以上企业利润总额（亿元）。

备注 2：部分指标缺乏 2012 年度数据，根据近三年情况进行了合理推算。

资料来源：根据中国国家统计局年度统计数据。

表 14-26a 基于各单个投入指标的各年度装备制造产业和全部产业同批组比较的相对效率及装备制造产业安全指数（一）

年份	行业	指标 11	指标 22	指标 35	指标 44	指标 45
2012	装备产业	1.1239	0.3530	0.5874	1.0043	1.0105
	全部产业	0.8898	1.1390	0.2481	0.9958	0.9896
	安全指数	63.15	15.50	118.36	50.43	51.06
2011	装备产业	0.8046	0.3095	0.5475	0.9149	0.9096
	全部产业	0.7380	0.8779	0.2349	0.9077	0.9040
	安全指数	54.51	17.63	116.54	50.39	50.31
2010	装备产业	0.8248	0.3347	0.6472	0.9458	0.9502
	全部产业	0.7042	0.8678	0.2518	0.8940	0.9010
	安全指数	58.56	19.29	128.53	52.90	52.73
2009	装备产业	0.5554	0.2496	0.5877	0.7694	0.7542
	全部产业	0.4760	0.6403	0.2061	0.6991	0.6989
	安全指数	58.34	19.49	142.57	55.03	53.96
2008	装备产业	0.4618	0.2242	0.6334	0.7298	0.7127
	全部产业	0.4343	0.6321	0.2377	0.7080	0.7099
	安全指数	53.17	17.73	133.23	51.54	50.20
2007	装备产业	0.3561	0.2013	0.6695	0.7015	0.6666
	全部产业	0.3913	0.6566	0.2675	0.7685	0.7737
	安全指数	45.51	15.33	125.16	45.64	43.08
2006	装备产业	0.2531	0.1606	0.6476	0.6018	0.5738
	全部产业	0.2805	0.5590	0.2417	0.6692	0.6739
	安全指数	43.86	14.37	133.98	44.97	42.58
2005	装备产业	0.1950	0.1356	0.6658	0.5271	0.4956
	全部产业	0.2249	0.4862	0.2281	0.6042	0.6048
	安全指数	43.36	13.95	145.97	43.62	40.97
2004	装备产业	0.1818	0.1343	0.8888	0.5288	0.4977
	全部产业	0.1862	0.4479	0.2338	0.5535	0.5524
	安全指数	48.81	14.99	190.06	47.77	45.05
2003	装备产业	0.1451	0.1178	1.1252	0.5244	0.4920
	全部产业	0.1317	0.3567	0.2106	0.4935	0.4843
	安全指数	55.11	16.51	267.20	53.14	50.80

注：12 个投入指标中，金融机构人民币资金运用各项贷款情况（$X92/T92$）、货币（M1）供应量（$X94/T94$）因无全部产业与装备制造产业的细分，这里略去。

表 14-26b　基于各单个投入指标的各年度装备制造产业和全部产业同批组比较的相对效率及装备制造产业安全指数（二）

年份	行业	指标 53	指标 62	指标 71	指标 81	指标 101
2012	装备产业	0.9561	0.6031	0.4733	1.1889	0.5460
	全部产业	1.0245	1.1698	1.1840	0.2596	0.9884
	安全指数	46.66	25.78	19.99	228.96	27.63
2011	装备产业	0.8786	0.5073	0.3995	0.8411	0.5019
	全部产业	0.9337	0.8549	0.8446	0.2164	0.9238
	安全指数	47.05	29.67	23.65	194.35	27.17
2010	装备产业	0.9391	0.5044	0.4072	0.8094	0.5735
	全部产业	0.9761	0.8171	0.8085	0.1979	1.0118
	安全指数	48.11	30.87	25.19	204.50	28.35
2009	装备产业	0.7799	0.3360	0.3322	0.6067	0.4603
	全部产业	0.8130	0.5758	0.6569	0.1350	0.8144
	安全指数	47.97	29.18	25.29	224.76	28.26
2008	装备产业	0.7060	0.2821	0.2429	0.5191	0.4524
	全部产业	0.7775	0.5480	0.5076	0.1246	0.8627
	安全指数	45.41	25.74	23.93	208.27	26.22
2007	装备产业	0.6768	0.2347	0.2171	0.4359	0.4393
	全部产业	0.8740	0.5367	0.5070	0.1201	0.9730
	安全指数	38.72	21.87	21.41	181.51	22.58
2006	装备产业	0.5883	0.1960	0.1857	0.3319	0.3867
	全部产业	0.7935	0.4760	0.4413	0.0945	0.9056
	安全指数	37.07	20.59	21.04	175.53	21.35
2005	装备产业	0.5538	0.1682	0.1804	0.2769	0.3776
	全部产业	0.7596	0.4214	0.4249	0.0794	0.8962
	安全指数	36.45	19.96	21.23	174.44	21.07
2004	装备产业	0.5958	0.1703	0.1908	0.2649	0.4376
	全部产业	0.7681	0.3792	0.4038	0.0744	0.9460
	安全指数	38.79	22.46	23.63	178.11	23.13
2003	装备产业	0.6491	0.1551	0.2408	0.2394	0.4458
	全部产业	0.7567	0.3110	0.4240	0.0277	0.8755
	安全指数	42.89	24.95	28.40	432.72	25.46

注：12 个投入指标中，金融机构人民币资金运用各项贷款情况（$X92/T92$）、货币（$M1$）供应量（$X94/T94$）因无全部产业与装备制造产业的细分，这里略去。

根据表 14-27 可知，2003~2012 年的 10 年期间，装备制造产业相对于国民经济全部产业的产业安全综合指数平均值为 65.35，产业安全等级为 B-，处于比较安全偏负面状态。不过，2003~2012 年 10 个年份各自的产业安全等级状态并不相同，呈现波动变化趋势。根据表 14-27 和图 14-4 可知，装备制造产业相对于国民经济全部产业平均水平的产业安全等级状态，由最初 2003 年的 A+ 等级和很安全偏正面状态，先是急速下探至 2004 年的 B- 等级和比较安全偏负面状态，进而继续缓慢下探至 2005 年的 C+ 等级和基本安全偏正面状态、2006 年的 C 等级和基本安全状态。此后又逐渐攀升至 2007 年的 C+ 等级和基本安全偏正面状态、2008 年的 B- 等级和比较安全偏负面状态、2009 年的 B 等级和比较安全状态，2010~2012 年间则轻微回调并驻留于 B- 等级和比较安全偏负面状态。

表 14-27 装备制造产业相对于国民经济全部产业的产业安全综合指数测评（2003~2012 年）

时间	2012 年	2011 年	2010 年	2009 年	2008 年	2007 年
产业安全指数	64.75	61.15	64.90	68.50	63.55	56.10
产业安全等级评估	B-	B-	B-	B	B-	C+
产业安全等级含义	比较安全偏负面	比较安全偏负面	比较安全偏负面	比较安全	比较安全偏负面	基本安全偏正面

时间	2006 年	2005 年	2004 年	2003 年	10 年平均
产业安全指数	55.55	56.10	63.30	99.70	65.35
产业安全等级评估	C	C+	B-	A+	B-
产业安全等级含义	基本安全	基本安全偏正面	比较安全偏负面	很安全偏正面	比较安全偏负面

在此期间，产业安全指数和等级最低为 2006 年的 55.55 分和基本安全 C 等级，最高为 2003 年的 99.70 分和 A+ 等级。整体而言，呈现一种轻微下探的总体趋势，这表明，装备制造产业相对于全部产业的平均水平而言，所具有的优势在逐步减弱，须引起重视。

2012 年，几项短板指标的产业安全指数分别只有 15.50、46.66、25.78、19.99、27.63。

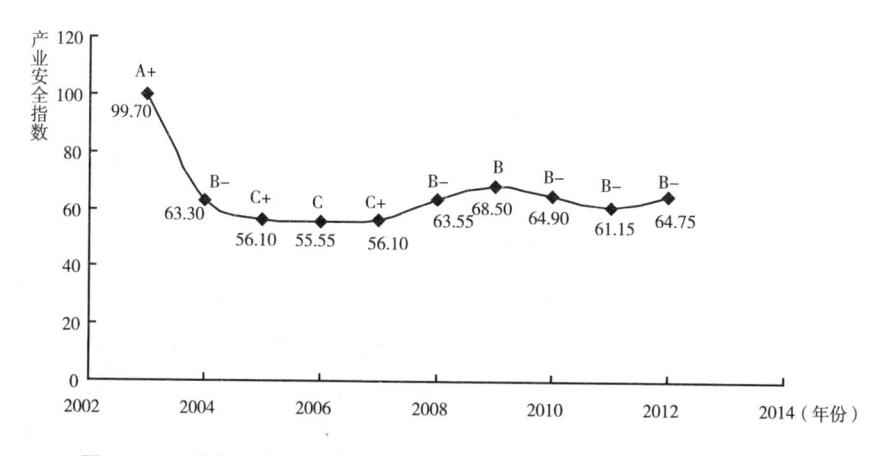

图 14-4　装备制造产业相对全部行业平均水平的产业安全水平波动

第六节　基本结论与对策建议

一　装备制造产业安全指数研究的基本结论

基于投入产出效率分析的装备制造产业相对于自身的产业安全指数研究表明：一是 2003~2012 年期间，装备制造产业总体的投入产出效率水平为 0.70725，处于非弱 DEA 有效的状态。其对应的总体产业安全指数为 56.58，产业安全等级评估为 E+，处于不安全偏正面状态。二是 2003~2012 年 10 个年份各自的产业安全等级状态呈现波动变化趋势，其中不安全偏负面 E-等级状态的年份有 4 个，不安全 E 等级状态的年份有 1 个，不安全偏正面 E+等级状态的年份有 2 个，基本安全偏负面 C-等级状态的年份、不太安全 D 等级状态的年份、比较安全偏正面 B+等级状态的年份各有 1 个。三是 2003~2012 年 10 个年份的产业安全等级状态呈现稳步向好的变化趋势，其中 2012 年达到了比较安全偏正面 B-等级状态，位居 10 年最好水平。

基于投入产出效率分析的装备制造产业相对于全部产业的产业安全指数研究表明：一是 2003~2012 年的 10 年期间，装备制造产业相对于国民经济全部产业的产业安全综合指数平均值为 65.35，产业安全等级为 B-，处于比较安全偏负面状态。二是 2003~2012 各年份的产业安全等级状态并不相同，呈现波动变化趋势，期间产业安全指数和等级最低为 2006 年的 55.55 分和基本安全 C 等级，最高为 2003 年的 99.70 分和 A+等级，整体则呈现一种轻微下探的总体趋势，装备制造产业相对于全部产业平均水平所具有的优势在逐步减弱。三是虽然 2003~2012 年 10 年间装备制造产业相对于国民经济全部产业的产业安全处于 B-等级程度和比较安全状态，但仍然存在有明显的短板和制约因素，如城镇单位就业人员平均工资（指标 22）、规模以上企业主营业务成本（指标 53）、外商投资企业投资总额（指标 62）、规模以上企业出口交货值（指标 71）、企业研究与试验发展经费支出（指标 101）等安全指数较低。

二 基于投入产出优化分析的产业安全发展直接对策

2003~2012 年期间，装备制造产业相对于自身总体的投入产出效率水平为 0.70725，处于非弱 DEA 有效的状态。其对应的总体产业安全指数为 56.58，产业安全等级评估为 E+，处于不安全偏正面状态。可以减少一些投入，并保持产出不变，从而提高生产效率。因此，装备制造产业安全指数研究对策，首先应该是相对于自身的投入产出优化效率提升对策。

根据表 14-28 可知，具体对策包括：①制造业城镇单位就业人员 x_{11} 的实际投入为 3497 万人，最优投入为 1777 万人，实际超出最优 1720 万人，超出率达 49%。这意味着存在人浮于事的情况，可以在保持就业人员不变的情况下，通过优化配置，另增加相当于 1720 万人的产出。②制造业城镇单位就业人员平均工资 x_{22} 实际水平为 24267 元，最优水平为 17367 元，实际超出最优 6900 元，超出率达 28%。这意味着在保持工资水平不变的情况下，可以通过优化配置，另增加相当于每名员工 6900 元工资水平的产出。③产业固定资产投资（不含农户）x_{35} 实际投入为 19267 亿元，最优投入为 11867 亿元，实际超出最优 7400 亿元，超出率达 38%。这意味着在保持固定资产投资不变的情况下，可以通过优化配置，另增加相当于固定资产投入 7400 亿元水平的产出。④规模以上工业企业资产总计 x_{44} 实际为 126601 亿元，最优为 102484 亿元，实际超出最优 24117 亿元，超出率达 19%。这意味着在保持总资产不变的情况下，可以通过优化配置，另增加相当于总资产 24117 元水平的产出。⑤

规模以上工业企业负债合计 $x45$ 实际为 74805 亿元, 最优为 59299 亿元, 实际超出最优 15506 元, 超出率约为 21%。这意味着在保持产量不变的情况下, 可以通过优化配置, 减少负债 15506 亿元。⑥规模以上工业企业主营业务成本 $x53$ 实际为 137496 亿元, 最优为 115528 亿元, 实际超出最优 21968 亿元, 超出率约为 16%。这意味着在保持产量不变的情况下, 可以通过优化配置, 减少业务成本 21968 亿元。⑦制造业外商投资企业投资总额 $x62$ 实际为 12086 亿美元, 最优为 7088 亿美元, 实际超出最优 4998 亿美元, 超出率达 41%。这意味着在保持外企投资不变的情况下, 可以通过优化配置, 增加相当于 4998 亿美元外企投资的产出。⑧产业能源消费总量 $x81$ 实际为 14008 万吨标准煤, 最优为 8388 万吨标准煤, 实际超出最优 5620 万吨标准煤, 超出率达 40%。这意味着在保持产量不变的情况下, 可以通过优化配置, 减少能源消耗 5620 万吨标准煤。⑨产业企业研究与试验发展经费支出 $x101$ 实际为 158176 百万元, 最优为 135367 百万元, 实际超出最优 22809 百万元, 超出率达 14%。这意味着在保持研发经费投入不变的情况下, 可以通过优化配置, 增加相当于研发投入 22809 百万元水平的产出。

表 14-28 基于 CCR 超效率分析模型的装备制造产业 (2003~2012 年) 总体非有效性投入优化概览

指标	$x11$	$x22$	$x35$	$x44$	$x45$	$x53$
最优值	1777	17367	11867	102484	59299	115528
实际值	3497	24267	19267	126601	74805	137496
超出量	1720	6900	7400	24117	15506	21968
超出率	49.19	28.43	38.41	19.05	20.73	15.98
指标	$x62$	$x71$	$x81$	$x92$	$x94$	$x101$
最优值	7088	29694	8388	2626	1287	135367
实际值	12086	43815	14008	3378	1817	158176
超出量	4998	14121	5620	752	530	22809
超出率	41.35	32.23	40.12	22.26	29.17	14.42

备注: 各指标代码的含义及单位见表 14-21。

就最近的 2012 年而言, 12 个投入指标中有 10 个投入指标的投入产出效率分析均处于超有效率的安全水平区间, 有 2 个投入指标的分析处于非有效率的不安全水平区间。因此，可以根据表 14-29 提出 2012 年度的投入产出优化效率提升对策：①产业固定资产投资（不含农户）$x35$ 实际投入为 48456 亿元，最优投入为 28461 亿元，实际超出最优 19995 亿元，超出率达 41%。这意味着在保持固定资产投资不变的情况下，可以通过优化配置，另增加相当于固定资产投入 19995 亿元水平的产出。②产业企业研究与试验发展经费支出 $x101$ 实际为 341000 百万元，最优为 324646 百万元，实际超出最优 16354 百万元，超出率约为 5%。这意味着在保持研发经费投入不变的情况下，可以通过优化配置，增加相当于研发投入 16354 百万元水平的产出。

上述分析表明，装备制造产业在产出不变的情况下可以减少相当分量的投入，也可以在投入不变的情况下增加相当分量的产出，这意味着其整体生产效率还有很大提升空间。这就要求装备制造企业切实以市场为导向，以绩效为中心，加强包括产品研发、生产流程、财务收支、人事考核、职能优化等在内的改革力度，强化和完善现代企业制度，切实提高各装备制造企业自身的生产效率。

表 14-29　基于 CCR 超效率分析模型的装备制造产业 2012 年非有效性投入优化概览

单位：%

指标	$x35$（亿元）	$x101$（百万元）
最优值	28461	324646
实际值	48456	341000
超出量	19995	16354
超出率	41.3	4.8

备注：各指标代码的含义见表 14-21。

另外，虽然 2003~2012 年 10 年间装备制造产业相对于国民经济全部产业的产业安全处于 B-等级程度和比较安全状态，但仍然存在有明显的短板和制约因素，如城镇单位就业人员平均工资（指标 22）、规模以上企业主营业务成本（指标 53）、外商投资企业投资总额（指标 62）、规模以上企业出口交货值（指标 71）、企业研究与试验发展经费支出（指标 101）等安全指数偏低。由此，从装备制造产业相对于全部产业的安全提升角度出发，还可以采取针对性的投入产出优化效率提升对策予以解决。基本思路同上，此不赘言。

三　基于战略视角的产业安全发展对策

围绕着基于投入产出优化的效率提升，装备制造产业还应该从战略的高度采取系列针对性的安全发展对策。

（一）加大规模型企业集团组建步伐、积极优化调整产业组织结构

在当今经济全球化的背景下，不同国家产业之间的竞争核心是各国相关产业规模型大公司和企业集团之间的竞争。2012年，我国装备制造产业共有规模以上企业98000多家，大中型企业23000多家。这两个庞大数字的背后，真正的大公司和企业集团数量实际上很少。然而，装备制造产业属于资本技术密集型产业，其企业发展需要相对大的适度规模，没有规模往往就没有竞争力。在目前财力有限、大规模注入资金扩大企业规模比较困难的情况下，装备制造产业应该选择通过资本流动和企业兼并重组，有效解决装备制造企业布局过散、数量过多的问题，使其从分散的中小企业向大型企业和特大型企业集团集中演进，从低效的弱势中小企业向具有优势的龙头规模型企业集中，力争在兼并重组中培育和发展壮大一批具有相当竞争力的世界级装备制造大公司大集团。

（二）发挥自身专业化优势、积极推进多元化经营战略

从理论上说，在当前市场经济起决定性作用的今天，装备制造产业中一个上游企业和一个下游企业合并为一家企业集团，由于消除了双重的成本加价，交易成本将会下降，产品产量将会上升，价格将会下降，企业利润和社会福利都将大于两家独立企业之和。比如，一种支线飞机产品的成功开发，必须首先经过实验室技术研发，进而小批量试制检验，然后才进行生产车间的大规模生产及市场推广。如果实施研发生产一体化战略，将会有效对接供需，缩短时效，提高效率，创造利润。还需要说明的是，装备制造企业往往在装备制造领域具有相当的专业化优势，同时也肩负着振兴国家装备制造产业的民族重任。因此，装备制造产业应该以市场为导向，发挥自身在装备制造领域的专业化优势，积极推进以垂直一体化为代表的多元化经营战略。

(三) 强化全球化经营战略、加快国际化经营步伐

改革开放之初，我国走的是一条以"引进来"为主的发展道路。在改革开放30多年后的今天，我国国民经济整体实力有了巨大提高，已经具备了"走出去"开展全球化经营的条件。而我国市场经济的不断完善和正式加入WTO体系，也提供了"走出去"开展全球化经营的环境。但是到目前为止，装备制造产业还缺乏真正意义上国际化经营的成功企业，限制了装备制造产业的健康发展和转型升级。因此，强化全球经营战略，加快国际化经营步伐，从间接出口到直接出口，再到在境外建立公司，直到完全跨国经营，就应该成为当前装备制造产业的战略选择。具体措施则包括进一步熟悉国际商务活动的规则，进一步深化对目标国环境、文化及法律的把握，进一步培育与目标国有关部门间的良好公共关系，在目标国建立办事机构，积极寻求投资设厂、建立联盟或并购的机会等。

(四) 充分利用资本市场、推动装备制造产业企业改革和转型升级

国有经济在装备制造业中占据重要地位，这种产权制度安排在我国社会主义市场发展阶段具有一定的客观现实性。然而，国有经济具有产权界定不清晰、运行效率相对低下等不足。在中央提出大力发展混合制经济的背景下，装备制造产业应该充分利用资本市场，积极创造条件争取上市或发行公司债券，在发展壮大自己的同时，允许国有上市公司的部分国有股和法人股流通，出让部分国有股权，实现国有资本金的战略转移，以调整国有企业股权结构和推动装备制造国有企业改革，建立规范的现代企业制度和公司治理结构，逐步改善经济运行的微观经济基础，并实现国有经济布局的战略性调整。同时充分考虑"二板市场"建立的机会，争取上市直接融资，吸引风险投资基金的进入，利用各种资源加快装备制造产业发展壮大。

(五) 加快科技研发创新、推动装备制造产业结构优化转型升级

科学技术是第一生产力。在当前的时代，谁掌握了核心技术，谁就能引领产业发展的潮流，谁走到了科技前沿，谁就掌握了产业发展的标准。因此，装备制造产业要树立技术创新和引领发展的意识，真正树立"科技是第一生产力"的观念，在思想深处真正重视技术创新，促进技术向现实生产力转化。在装备制造产业科技创新过程中，一方面应该努力推进技术创新主体的企业化工作，另一方面又应充分发挥我国高校和科研院所的基础性科研

创新优势，加强科研院所与装备制造企业的有机结合，实现双向交流和多层次合作，构建科技进步面向经济建设、经济建设依靠科技进步的机制。加快科技研发创新，推动装备制造产业结构优化转型升级，要广开投资渠道，鼓励风险投资。通过资本市场融资、建立风险投资机制等有效手段，鼓励和引导社会资金投向技术创新领域。同时，国家应保证对基础性、长远性和公益性科技研发项目的支持，保证企业技术创新所需基础性科学技术知识来源。

（六）有所为有所不为、突出重点、高端引领

现阶段高端装备制造业发展的重点方向主要包括航空装备、卫星及应用、轨道交通装备、海洋工程装备、智能制造装备。其中，航空装备发展的重点应该是大型客机、支线飞机、通用飞机和直升机、航空发动机、航空设备等；卫星及应用发展的重点应该是航天运输系统、应用卫星系统、卫星地面系统、卫星应用系统等；轨道交通装备发展的重点应该是动车组及客运列车、重载及快捷货运列车、城市轨道交通装备、工程及养路机械装备、信号及综合监控与运营管理系统、关键核心零部件等；海洋工程装备发展的重点应该是海洋矿产资源开发装备、海洋可再生能源和化学资源开发装备等；智能制造装备发展的重点应该是关键智能基础共性技术、核心智能测控装置与部件、重大智能制造集成装备、重点应用示范推广领域等。

（七）市场推动和政策引导双轮驱动、促进装备制造业良性发展

推动装备制造产业的良性发展，还必须发挥市场机制的决定性作用，打破地方保护、产业垄断，维护市场竞争的有序性高效性，使装备制造企业主要依靠技术创新而不是其他因素获取竞争的优势。可以通过强化国家宏观调控职能，通过引导性和鼓励性财税政策推动技术创新，同时切实加强知识产权保护力度，使装备制造企业成为创新活动真正的获益者。

第七节 装备制造产业 2013~2014 年安全发展趋势分析

（一）装备制造产业和国民经济全部产业 2013~2014 年发展相关指标测算

由于最新数据缺乏，这里基于各指标 2009~2012 年 4 年的平均增长率，推测估计2013年和2014年各自的相关发展数值,具体情况参见表14-30和表14-31。

表14-30 装备制造产业 2013~2014年相关指标预测

指标	2009年数据	2012年数据	3年平均增长率	2013年预测值	2014年预测值
$x11$	3492	4262	6.87	4554.70	4867.47
$x22$	26810	41650	15.82	48237.83	55866.84
$x35$	22039	48456	30.03	63008.55	81929.44
$x44$	145367	245784	19.13	292808.00	348822.60
$x45$	85803	142215	18.34	168303.50	199174.40
$x53$	154558	277068	21.48	336577.20	408859.90
$x62$	13885	17000	6.98	18186.53	19455.75
$x71$	46170	71214	15.54	82281.19	95066.93
$x81$	15089	20116	10.06	22139.54	24366.41
$x92$	3997	6299	16.37	7330.23	8530.15
$x94$	2200	3087	11.95	3456.01	3869.08
$x101$	184076	341000	22.82	418800.10	514339.90
$Y5$	11194	24599	30.01	31981.21	41577.74

注:表中 $x11$、$x22$、$x35$、$x44$、$x45$、$x53$、$x62$、$x71$、$x81$、$x92$、$x94$、$x101$、$y5$,代表的指标名称(单位)分别为本产业城镇单位就业人员(万人)、城镇单位就业人员平均工资(元)、固定资产投资(不含农户)(亿元)、规模以上企业资产总计(亿元)、规模以上企业负债合计(亿元)、规模以上企业主营业务成本(亿元)、外商投资企业投资总额(亿美元)、规模以上企业出口交货值(亿元)、能源消费总量(万吨标准煤)、金融机构人民币资金运用各项贷款情况(百亿元)、货币(M1)供应量(百亿元)、企业研究与试验发展经费支出(百万元)、规模以上企业利润总额(亿元)。

表14-31 国民经济全部产业 2013~2014年相关指标预测

指标	2009年数据	2012年数据	3年平均增长率	2013年预测值	2014年预测值
$T11$	12573	15236	6.61	16244	17318
$T22$	32244	46769	13.20	52941	59928
$T35$	193920	364854	23.45	450420	556053
$T44$	493693	785143	16.73	916458	1069736
$T45$	285733	457141	16.96	534663	625331
$T53$	457510	842614	22.58	1032852	1266040
$T62$	25000	32610	9.26	35630	38930
$T71$	72052	107221	14.17	122412	139755
$T81$	209302	246441	5.60	260231	274793
$T92$	3997	6299	16.37	7330	8530

续表

指标	2009年数据	2012年数据	3年平均增长率	2013年预测值	2014年预测值
T94	2200	3087	11.95	3456	3869
T101	321023	599232	23.13	737816	908450
Y	34542	78247	31.33	102764	134963

注：表中T11、T22、T35、T44、T45、T53、T62、T71、T81、T92、T94、T101、Y，代表的指标名称（单位）分别为国民经济全部产业投入类指标中的城镇单位就业人员（万人）、城镇单位就业人员平均工资（元）、固定资产投资（不含农户）（亿元）、规模以上企业资产总计（亿元）、规模以上企业负债合计（亿元）、规模以上企业主营业务成本（亿元）、外商投资企业投资总额（亿美元）、规模以上企业出口交货值（亿元）、能源消费总量（万吨标准煤）、金融机构人民币资金运用各项贷款情况（百亿元）、货币（M1）供应量（百亿元）、企业研究与试验发展经费支出（百万元）、国民经济全部产业规模以上企业利润总额（亿元）。

（二）相对于自身的装备制造产业2013~2014年安全指数趋势预测

根据表14-30预测的装备制造产业各指标2013~2014年数值，统一纳入2003~2014年的整体体系中，运用DEA-CCR模型进行超效率分析，可得2003~2014年装备制造产业相对于自身的相对效率和安全指数，其中2010~2014年的情况详见表14-30。可知，其安全等级在2012年达到10年中的高点后，2013年呈现下降趋势。不过2014年迅速反弹且超过了2012年的水平，呈现可喜变化趋势，达到了A+的很安全且偏正面状态。

表14-32 相对于自身的装备制造产业2013~2014年相对效率分析和安全指数测评

年份	相对效率	产业安全指数	产业安全等级评估	产业安全等级含义
2014	1.21732	97.39	A+	很安全,偏正面
2013	0.98042	78.43	C+	基本安全,偏正面
2012	1.06428	85.14	B+	比较安全,偏正面
2011	0.84025	67.22	D	不太安全
2010	0.88293	70.63	C-	基本安全,偏负面

(三) 相对于全部产业的装备制造产业 2013~2014 年安全指数趋势预测

根据表 14-30 预测的装备制造产业各指标 2013~2014 年数值和表 14-31 预测的国民经济全部产业各指标 2013~2014 年数值，统一纳入 2003~2014 年的整体体系中，运用 DEA-CCR 模型进行超效率分析，可得 2003~2014 年装备制造产业相对于国民经济全部产业的相对效率和安全指数，其中 2010~2014 年两年的情况参见表 14-33。可知，其安全等级在 2013 年和 2014 年呈现持续的下降态势，其中 2014 年历史性地低于了 50 点的安全基本面，达到了 48.94 的不太安全但偏正面状态。这意味着，2014 年装备制造产业相对于全部产业平均水平而言，优势已经不再，安全危机已经明显呈现。

表 14-33 相对于全部产业的装备制造产业 2013~2014 年相对效率分析和安全指数测评

年份	装备制造产业相对效率	全部产业相对效率	产业安全指数	产业安全等级评估	产业安全等级含义
2014	1.2173	1.2437	48.94	D+	不太安全,偏正面
2013	0.9804	0.9400	52.15	C-	基本安全,偏负面
2012	—	—	64.75	B-	比较安全,偏负面
2011	—	—	61.15	B-	比较安全,偏负面
2010	—	—	64.90	B-	比较安全,偏负面

附：装备制造产业安全指数研究原始数据

原始数据表 1　固定资产投资（不含农户）建设总规模

单位：亿元

行业	2012年	2011年	2010年	2009年	2008年	2007年	2006年	2005年	2004年	2003年
金属	10984	9855	6888	5379	4102	3109	2141	1412	850	551
通用	16366	15170	10760	8459	6188	4604	3269	2057	1200	764
专用	16966	12786	9022	6485	4520	3468	2448	1593	1087	738
交通	26670	22737	17937	14051	10453	7911	5931	4894	3136	2291

续表

行业	2012 年	2011 年	2010 年	2009 年	2008 年	2007 年	2006 年	2005 年	2004 年	2003 年
电气	20378	18333	11536	7973	4943	3500	2436	1768	1182	823
通信	16953	13751	10324	7951	6950	5573	4591	3545	2630	2046
仪器	2500	2131	1567	1165	881	627	492	380	325	261
总计	110817	94763	68034	51463	38037	28792	21308	15649	10410	7474

原始数据表 2　固定资产投资（不含农户）在建总规模

单位：亿元

行业	2012 年	2011 年	2010 年	2009 年	2008 年	2007 年	2006 年	2005 年	2004 年	2003 年
金属	6072	5326	4070	3317	2651	2049	1324	920	705	493
通用	9337	8859	6488	5147	3960	3003	2163	1368	1030	719
专用	10367	8256	6180	4314	3020	2462	1701	1104	931	669
交通	18997	16387	13637	10547	8448	6372	4664	3986	2887	2211
电气	13462	12588	8104	5409	3460	2530	1660	1258	1032	762
通信	12115	9484	8026	5858	5107	4397	3300	2618	2288	1837
仪器	1402	1209	973	748	607	448	359	252	282	237
总计	71752	62109	47478	35340	27253	21261	15171	11506	9155	6928

原始数据表 3　固定资产投资（不含农户）在建净规模

单位：亿元

行业	2012 年	2011 年	2010 年	2009 年	2008 年	2007 年	2006 年	2005 年	2004 年	2003 年
金属	2977	2662	1923	1522	1215	1096	605	440	297	191
通用	4471	4555	3172	2372	1840	1531	1043	688	451	300
专用	5377	4317	3078	2165	1379	1241	909	521	421	291
交通	9518	8155	6691	5063	3871	2976	2152	2050	1351	1026
电气	7315	6892	4402	2756	1547	1307	830	670	445	309
通信	6953	4864	3677	2901	2329	2115	1414	1074	723	505
仪器	691	592	448	342	275	218	172	144	139	119
总计	37302	32037	23391	17121	12456	10484	7125	5587	3827	2741

原始数据表4　固定资产投资（不含农户）

单位：亿元

行业	2012年	2011年	2010年	2009年	2008年	2007年	2006年	2005年	2004年	2003年
金属	5882	5418	4099	2818	2195	1580	1101	745	431	280
通用	8475	6364	5896	4461	3244	2331	1567	1025	562	364
专用	8463	5792	4233	3076	2265	1689	1089	785	464	340
交通	10109	8339	6610	4975	3780	2723	1967	1577	1033	717
电气	8280	7881	5429	3558	2344	1608	1111	771	526	316
通信	5957	5259	3923	2624	2462	2094	1686	1216	1021	769
仪器	1289	1063	764	527	428	281	226	161	131	103
总计	48455	40116	30954	22039	16718	12306	8747	6280	4168	2889

原始数据表5　新建固定资产投资（不含农户）

单位：亿元

行业	2012年	2011年	2010年	2009年	2008年	2007年	2006年	2005年	2004年	2003年
金属	2985	2548	1999	1494	1275	916	651	487	277	167
通用	4364	3685	2577	2020	1554	1156	783	559	276	150
专用	4606	3289	2346	1569	1195	921	583	443	253	162
交通	5297	4562	3234	2443	1953	1368	887	732	437	232
电气	4867	4796	2936	2037	1276	911	631	441	286	145
通信	3270	3160	2224	1433	1345	1174	930	763	690	479
仪器	637	548	398	262	230	158	126	87	62	58
总计	26026	22588	15714	11258	8828	6604	4591	3512	2281	1393

原始数据表6　行业扩建固定资产投资（不含农户）

单位：亿元

行业	2012年	2011年	2010年	2009年	2008年	2007年	2006年	2005年	2004年	2003年
金属	1329	1238	739	652	457	333	256	141	93	75
通用	1803	1780	1230	1071	753	565	370	222	157	127
专用	1612	1081	707	659	536	363	228	150	112	95
交通	1780	1550	1397	1004	786	638	526	358	419	293
电气	1558	1585	919	706	537	306	201	129	138	104
通信	800	676	538	450	381	293	254	194	180	171
仪器	247	215	110	99	77	47	39	31	35	27
总计	9129	8125	5640	4641	3527	2545	1874	1225	1134	892

原始数据表7　改建固定资产投资（不含农户）

单位：亿元

行业	2012年	2011年	2010年	2009年	2008年	2007年	2006年	2005年	2004年	2003年
金属	1275	1023	655	471	308	218	129	83	38	22
通用	1782	1742	1228	939	613	376	260	170	82	50
专用	1735	1094	759	576	348	247	173	132	54	48
交通	2323	1683	1396	1105	730	485	363	393	118	136
电气	1462	1115	810	553	342	257	149	131	48	27
通信	1316	758	667	431	420	383	280	107	39	41
仪器	280	203	140	102	75	38	30	26	16	7
总计	10173	7618	5655	4177	2836	2004	1384	1042	395	331

原始数据表8　内资企业固定资产投资（不含农户）

单位：亿元

行业	2012年	2011年	2010年	2009年	2008年	2007年	2006年	2005年	2004年	2003年
金属	5520	4746	3386	2582	1916	1342	893	586	320	204
通用	7867	7236	5130	4046	2903	2054	1373	862	462	299
专用	7894	5436	3795	2759	1972	1460	931	655	377	270
交通	8585	7154	5609	4077	2947	2008	1303	988	654	480
电气	7549	7086	4333	2977	1849	1261	854	545	373	214
通信	4366	3542	2450	1412	986	742	577	374	279	252
仪器	1096	913	607	439	328	212	150	104	79	52
总计	42877	36113	25310	18292	12901	9079	6081	4114	2544	1771

原始数据表9　港澳台商投资企业固定资产投资（不含农户）

单位：亿元

行业	2012年	2011年	2010年	2009年	2008年	2007年	2006年	2005年	2004年	2003年
金属	159	128	93	96	105	79	74	58	46	32
通用	187	141	105	129	89	81	45	39	30	17
专用	143	140	131	107	112	69	47	31	28	20
交通	271	247	181	143	160	115	102	60	46	43
电气	290	300	259	209	173	113	100	81	56	45
通信	734	797	610	447	538	558	352	295	222	159
仪器	55	50	41	24	37	20	30	21	22	16
总计	1839	1803	1420	1155	1214	1035	750	585	450	332

原始数据表10　外商投资企业固定资产投资（不含农户）

单位：亿元

行业	2012年	2011年	2010年	2009年	2008年	2007年	2006年	2005年	2004年	2003年
金属	202	182	151	141	174	159	134	101	64	44
通用	421	304	223	286	252	197	149	125	70	48
专用	427	287	229	210	181	159	110	98	59	50
交通	1088	938	769	755	673	600	562	528	333	194
电气	440	495	405	372	322	234	157	145	97	56
通信	857	920	828	765	937	794	757	546	520	358
仪器	116	100	65	64	64	50	46	36	31	35
总计	3551	3226	2670	2593	2603	2193	1915	1579	1174	785

原始数据表11　固定资产投资（不含农户）利用外资

单位：亿元

行业	2012年	2011年	2010年	2009年	2008年	2007年	2006年	2005年	2004年	2003年
金属	112	98	98	88	119	121	115	96	74	46
通用	202	147	135	168	143	126	93	84	63	39
专用	160	151	105	125	135	116	86	68	45	39
交通	283	268	204	217	238	180	159	175	104	64
电气	234	304	211	246	208	159	138	127	93	61
通信	568	614	523	545	717	889	646	481	454	334
仪器	58	55	40	45	44	32	35	38	26	35
总计	1617	1637	1316	1434	1604	1623	1272	1069	859	618

原始数据表12　新增固定资产

单位：亿元

行业	2012年	2011年	2010年	2009年	2008年	2007年	2006年	2005年	2004年	2003年
金属	4315	3790	2736	1992	1416	1009	730	493	352	179
通用	6096	5421	3750	3099	2183	1533	1024	665	297	247
专用	5874	3822	2561	2072	1429	1024	689	495	574	220
交通	6184	5084	3615	2857	1782	1490	1054	925	301	419
电气	5728	4971	2936	2372	1381	931	670	509	681	206
通信	4108	3639	2439	1740	1590	1282	1231	869	89	518
仪器	975	801	565	353	258	168	127	108	100	71
总计	33280	27528	18602	14485	10039	7437	5525	4064	2394	1860

原始数据表 13　固定资产交付使用率

单位：%

行业	2012年	2011年	2010年	2009年	2008年	2007年	2006年	2005年	2004年	2003年
金属	73.4	74.9	75.4	70.7	64.5	63.9	66.3	66.2	67.8	63.7
通用	71.9	70.6	68.7	69.5	67.3	65.7	65.3	64.9	62.7	68
专用	69.4	65.2	61.6	67.4	63.1	60.6	63.2	63.1	64.1	64.7
交通	62.91	61	55.1	57.4	47.1	54.7	53.6	58.7	55.5	58.5
电气	69.2	63.1	58.8	66.7	58.9	57.9	60.3	65.9	57.3	65.4
通信	69	69.2	62.7	66.3	64.6	61.2	73	71.5	66.7	67.4
仪器	77.76	75.4	79.3	66.9	60.3	59.6	56.7	66.7	68	69
合计	70.5	68.5	65.9	66.4	60.8	60.5	62.6	65.3	63.2	65.2

原始数据表 14　固定资产投资（不含农户）项目建成投产率

单位：%

行业	2012年	2011年	2010年	2009年	2008年	2007年	2006年	2005年	2004年	2003年
金属	66	67.4	64.6	66.7	63.5	56	54.6	55.4	50.1	48.6
通用	65.6	66.7	64.5	66.7	64	55.4	55.7	56.9	51.8	51.2
专用	64.9	63.6	62.3	63.1	59.3	51.9	54.3	52.6	47.1	47
交通	62.06	58.8	55.3	56.4	51.6	43.9	47.4	48.2	42	42.6
电气	60.1	60.4	56.5	58	55.6	48.2	48.8	50.1	43.6	42.5
通信	57.9	58.7	49.8	53.9	49.7	40.7	41.7	43.4	36.7	36.7
仪器	58.38	62.5	58.9	61.0	52.5	45.2	44.4	45.1	36.5	38.7
合计	62.1	62.6	58.8	60.9	56.6	48.8	49.6	50.2	44.0	43.9

原始数据表 15　能源消费总量

单位：万吨标准煤

行业	2012年	2011年	2010年	2009年	2008年	2007年	2006年	2005年	2004年	2003年
金属	3737	3533	3628	3038	3024	2853	2632	2271	2037	1799
通用	4265	3823	3271	2985	2758	2649	2406	2150	1784	1639
专用	1983	1887	1851	1672	1630	1579	1438	1315	1228	1029
交通	4544	3996	3749	3032	2733	2468	2248	2043	2197	1810
电气	2468	2276	2122	1854	1791	1557	1353	1213	1157	953
通信	2787	2623	2525	2216	2197	1995	1754	1483	1299	1085
仪器	332	318	346	292	285	261	233	197	177	213
总计	20116	18456	17492	15089	14418	13362	12064	10672	9879	8528

原始数据表16　生产者出厂价格指数（上年=100）

行业	2012年	2011年	2010年	2009年	2008年	2007年	2006年	2005年	2004年	2003年
金属	99.1	104.1	101.7	96.8	106.7	102.6	101	104	107.4	109
通用	99.8	102.7	100.1	98.7	104.8	101.3	100.2	101.8	103.1	104
专用	100.3	101.5	101.2	100	103.3	101.5	101.2	101.8	101.8	102
交通	99.5	100.4	100.3	99.9	101.5	100.1	99.5	98.9	98.2	98
电气	97.5	103.1	103.2	95	101.1	103.7	107.4	103.2	103.7	104
通信	97.8	98.3	98.3	95.7	98.3	97.5	96.6	95.3	95.1	94
仪器	100.2	99.8	99.1	99.1	100.3	98.9	99.2	98.7	98.5	98
合计	99.2	101.4	100.6	97.9	102.3	100.8	100.7	100.5	101.1	101

原始数据表17　规模以上工业企业单位数

单位：家

行业	2012年	2011年	2010年	2009年	2008年	2007年	2006年	2005年	2004年	2003年
金属	14869	16573	25703	24771	24547	18008	15573	13802	14131	9746
通用	23517	25877	39699	37374	36919	26757	22905	19981	20568	12546
专用	12802	13889	20083	19147	18685	13409	11615	10260	10925	7129
交通	14131	15012	20718	19441	18808	14091	12586	11315	11824	8281
电气	18735	20084	27537	26443	25727	19322	16905	15366	16145	10400
通信	10607	11364	14838	14284	14347	11220	9709	8868	9161	5856
仪器	3513	3896	5828	5716	5620	4526	4084	3723	3916	2515
总计	98174	106695	154406	147176	144653	107333	93377	83315	86670	56473

原始数据表18　规模以上工业企业实收资本

单位：亿元

行业	2012年	2011年	2010年	2009年	2008年	2007年	2006年	2005年	2004年	2003年
金属	3573	3250	3058	2740	2448	1859	1515	1300	1177	919
通用	7104	6251	5630	4993	4261	3323	2717	2289	2143	1628
专用	4862	4311	3948	3423	3007	2104	1741	1479	1454	1139
交通	9997	8970	8044	7063	6484	5273	4454	3916	3814	2814
电气	8292	7189	6270	5338	4685	3556	2953	2513	2363	1771
通信	10252	9476	8816	7848	7491	6030	4960	4332	3856	2728
仪器	1333	1250	1165	1086	1032	768	660	627	556	424
总计	45413	40697	36931	32491	29408	22913	19000	16456	15363	11423

原始数据表 19　规模以上工业企业企业流动资产合计

单位：亿元

行业	2012 年	2011 年	2010 年	2009 年	2008 年	2007 年	2006 年	2005 年	2004 年	2003 年
金属	10648	9116	7776	6396	5729	4663	3647	2882	2573	1918
通用	21304	18492	16805	13730	12130	9439	7496	6339	5608	4061
专用	17390	14511	12453	9711	8463	6212	4774	3918	3499	2804
交通	40608	33049	29860	22454	17970	14955	11119	9036	8128	6891
电气	30879	25028	20987	15766	13387	11109	8752	7169	6101	4590
通信	32871	27726	23568	18927	16675	15905	13442	11945	10186	7994
仪器	4804	4080	3425	3132	2512	2060	1780	1422	1238	954
总计	158504	132002	114874	90116	76866	64343	51010	42711	37333	29212

原始数据表 20　规模以上工业企业存货

单位：亿元

行业	2012 年	2011 年	2010 年	2009 年	2008 年	2007 年	2006 年	2005 年	2004 年	2003 年
金属	2734	2429	2057	1802	1709	1368	1121	871	812	596
通用	5858	5305	4611	3837	3994	2925	2323	2074	1759	1253
专用	4585	4021	3374	2806	2732	1954	1556	1323	1222	995
交通	8578	7388	6444	5087	4754	3841	3006	2639	2501	1984
电气	6250	5355	4662	3747	3381	2974	2446	1969	1746	1256
通信	6586	5746	5164	4000	3865	3720	3217	2748	2519	1969
仪器	1204	1027	823	701	640	532	454	396	353	270
总计	35795	31271	27135	21980	21075	17314	14123	12020	10912	8323

原始数据表 21　规模以上工业企业产成品

单位：亿元

行业	2012 年	2011 年	2010 年	2009 年	2008 年	2007 年	2006 年	2005 年	2004 年	2003 年
金属	946	852	769	714	623	523	418	354	306	251
通用	1866	1717	1491	1376	1342	975	802	711	610	485
专用	1696	1455	1143	943	932	681	564	482	450	380
交通	2599	2251	2155	1652	1482	1252	999	796	742	596
电气	2535	2167	1868	1553	1355	1232	989	803	693	555
通信	2022	1805	1552	1305	1294	1125	1022	874	792	684
仪器	348	302	252	214	198	173	152	130	113	94
总计	12012	10549	9230	7757	7226	5961	4946	4150	3706	3045

原始数据表 22　规模以上工业企业固定资产合计

单位：亿元

行业	2012年	2011年	2010年	2009年	2008年	2007年	2006年	2005年	2004年	2003年
金属	5119	4472	4134	3468	2989	2159	1757	1487	1270	1054
通用	9242	8071	7974	6366	5437	3978	3145	2659	2343	1899
专用	6494	5639	5029	4191	3695	2622	2162	1836	1614	1471
交通	15945	13893	12573	10703	9200	7049	5846	4917	4241	3520
电气	9747	8236	7370	5989	4980	3680	3088	2721	2310	1902
通信	10729	9818	11119	8150	7903	6665	5585	4903	4224	3012
仪器	1489	1315	1279	1008	917	759	662	568	479	413
总计	58765	51444	49478	39875	35121	26912	22245	19091	16481	13271

原始数据表 23　规模以上工业企业固定资产原价合计

单位：亿元

行业	2012年	2011年	2010年	2009年	2008年	2007年	2006年	2005年	2004年	2003年
金属	7813	6663	5801	4765	4137	2939	2379	1987	1710	1420
通用	14454	12220	11099	8425	7454	5234	4356	3740	3300	2748
专用	9807	8247	6904	5511	4921	3432	2897	2466	2242	2030
交通	23910	20052	16988	13626	11847	9268	7651	6566	5537	4757
电气	18231	14315	10314	8225	6977	5067	4259	3681	3192	2680
通信	21059	18332	17751	13448	12296	10039	8195	6943	5804	4347
仪器	2478	2110	1856	1475	1306	1075	939	794	690	583
总计	97752	81939	70713	55475	48938	37054	30676	26177	22475	18565

原始数据表 24　规模以上工业企业资产总计

单位：亿元

行业	2012年	2011年	2010年	2009年	2008年	2007年	2006年	2005年	2004年	2003年
金属	17713	15191	13155	10954	9590	7494	5899	4769	4230	3257
通用	34481	29854	27615	22363	19461	14868	11701	9886	8889	6605
专用	27119	22778	19561	15448	13539	9963	7672	6391	5782	4816
交通	65484	54341	47981	38096	31145	25190	19607	16108	14432	11916
电气	45875	37584	31718	24225	20748	16412	13221	11063	9484	7374
通信	48011	41511	37720	29738	27013	24376	20501	18063	15759	12087
仪器	7100	6077	5169	4544	3813	3138	2682	2226	1909	1524
总计	245783	207336	182919	145368	125309	101441	81283	68506	60485	47579

原始数据表25　规模以上工业企业负债合计

单位：亿元

行业	2012年	2011年	2010年	2009年	2008年	2007年	2006年	2005年	2004年	2003年
金属	9970	8577	7250	6110	5469	4413	3453	2771	2560	1977
通用	18752	16626	15492	12907	11627	8866	7131	6173	5646	4206
专用	14986	12839	11030	9086	8087	5886	4687	4020	3682	3172
交通	39953	33305	30249	23970	19396	15854	11910	9919	8606	7198
电气	26798	21901	18290	14044	11994	9991	8134	6731	5812	4447
通信	28250	24402	20438	17271	15761	15085	12534	11330	9766	7472
仪器	3507	3011	2596	2415	1918	1674	1478	1217	1108	867
总计	142216	120661	105345	85803	74252	61769	49327	42161	37180	29339

原始数据表26　规模以上工业企业主营业务收入

单位：亿元

行业	2012年	2011年	2010年	2009年	2008年	2007年	2006年	2005年	2004年	2003年
金属	26786	22951	19642	15499	14548	11101	8329	6394	4990	3704
通用	47872	40158	34400	26636	23838	17837	13312	10198	8103	5418
专用	31996	26060	21313	16480	14116	10266	7725	5933	4903	3666
交通	78600	63132	55059	41090	32913	26637	20137	15563	13455	11029
电气	60074	50149	42153	32387	29375	23214	17649	13364	10871	7487
通信	72410	63475	55161	44216	43178	39014	33054	26844	22565	15876
仪器	8663	7469	6323	4940	4851	4205	3497	2735	2188	1607
总计	326401	273394	234051	181248	162819	132274	103703	81031	67075	48787

原始数据表27　规模以上工业企业主营业务成本

单位：亿元

行业	2012年	2011年	2010年	2009年	2008年	2007年	2006年	2005年	2004年	2003年
金属	22911	19706	16835	13365	12635	9638	7261	5578	4357	3207
通用	39909	33512	28726	22407	19935	14843	11158	8535	6767	4443
专用	26106	21353	17475	13677	11709	8378	6392	4940	4071	3022
交通	65594	52893	45873	34414	27879	22349	17069	13349	11382	9071
电气	51028	42545	35495	27224	24845	19759	15116	11395	9205	6241
通信	64438	56535	48921	39411	38546	34830	29689	24176	20224	14104
仪器	7081	6137	5210	4060	4059	3523	2940	2305	1849	1341
总计	277067	232681	198535	154558	139608	113320	89625	70278	57855	41429

原始数据表 28　规模以上工业企业营业利润

单位：亿元

行业	2012 年	2011 年	2010 年	2009 年	2008 年	2007 年	2006 年	2005 年	2004 年	2003 年
金属	2080	1650	1471	959	850	608	427	330	227	171
通用	4011	3212	2816	1902	1690	1249	851	626	445	294
专用	2855	2194	1901	1224	1023	769	468	319	224	156
交通	7711	5513	4995	3111	2092	1622	900	579	633	673
电气	4254	3465	3210	2285	1907	1306	847	634	478	357
通信	3611	2917	2946	1801	1657	1463	1155	911	822	575
仪器	767	613	534	379	316	280	205	159	100	85
总计	25289	19564	17873	11661	9535	7297	4853	3558	2929	2311

原始数据表 29　规模以上工业企业利润总额

单位：亿元

行业	2012 年	2011 年	2010 年	2009 年	2008 年	2007 年	2006 年	2005 年	2004 年	2003 年
金属	1992	1546	1365	859	750	533	394	314	234	168
通用	3839	3055	2711	1785	1588	1172	838	625	470	300
专用	2801	2154	1855	1185	1010	775	479	325	260	173
交通	7585	5478	4856	3063	2127	1685	1003	664	785	777
电气	4080	3310	3116	2169	1809	1233	842	640	508	374
通信	3542	2827	2873	1756	1543	1446	1138	892	838	617
仪器	760	613	538	376	326	279	203	154	108	87
总计	24599	18983	17314	11193	9153	7123	4897	3614	3203	2496

原始数据表 30　规模以上工业企业销售产值

单位：亿元

行业	2012 年	2011 年	2010 年	2009 年	2008 年	2007 年	2006 年	2005 年	2004 年	2003 年
金属	26608	22882	19650	15621	14654	11214	8348	6441	5033	3773
通用	47496	39992	34263	26715	23999	17963	13452	10332	8261	5540
专用	30924	25354	20879	16351	14003	10295	7725	5895	4924	3725
交通	77188	62256	54513	40793	32867	26549	19942	15617	13548	11014
电气	59874	50142	42057	32559	29644	23398	17777	13565	10954	7659
通信	71175	62567	54191	43680	42928	38538	32363	26404	21811	15522
仪器	8632	7444	6267	4977	4825	4239	3472	2737	2159	1608
总计	321897	270637	231820	180696	162920	132196	103079	80991	66690	48841

原始数据表31　规模以上工业企业出口交货值

单位：亿元

行业	2012年	2011年	2010年	2009年	2008年	2007年	2006年	2005年	2004年	2003年
金属	3094	3017	2758	2133	3092	2782	2164	1747	1549	1049
通用	4038	3833	3286	2736	3450	2834	2165	1718	1389	829
专用	2534	2321	1995	1534	1891	1417	1108	751	604	338
交通	7562	6814	5939	4772	5089	3779	2708	1866	1353	936
电气	10703	9478	7983	6070	6856	5892	4616	3728	3154	1950
通信	41029	37469	34250	27224	29179	26260	21607	16164	13752	8261
仪器	2254	2188	2048	1700	2082	1997	1768	1477	1185	848
总计	71214	65147	58259	46169	51639	44961	36136	27451	22986	14211

原始数据表32　金融机构人民币信贷与贷款情况

单位：百亿元

指标	2012年	2011年	2010年	2009年	2008年	2007年	2006年	2005年	2004年	2003年
人民币信贷资金运用	10241	9132	8059	6819	5384	4543	3652	3020	2619	2253
资金运用各项贷款	6299	5479	4792	3997	3034	2617	2253	1947	1774	1590

原始数据表33　货币供应情况

单位：百亿元

指标	2012年	2011年	2010年	2009年	2008年	2007年	2006年	2005年	2004年	2003年
货币和准货币（M2）供应量	9742	8516	7259	6062	4752	4034	3456	2988	2541	2212
货币（M1）供应量	3087	2898	2666	2200	1662	1526	1260	1073	960	841

原始数据表 34　企业研究与试验发展经费支出

单位：百万元

行业	2012年	2011年	2010年	2009年	2008年	2007年	2006年	2005年	2004年	2003年
金属	9231	7750	6186	4611	4344	3193	2097	1544	840	708
通用	35417	29733	23732	20997	17560	13760	10349	6882	5092	4287
专用	35054	29429	23489	19725	14557	10939	7590	5515	3465	3174
交通	86884	72941	58220	45999	37285	30127	22397	17371	12747	9565
电气	63439	53258	42510	32932	27518	21380	16691	11806	9343	7449
通信	102413	85978	68626	54961	48087	40413	34839	27667	22621	16354
仪器	8563	7189	5738	4852	3786	2909	1877	1654	1258	859
总计	341001	286278	228501	184077	153137	122721	95840	72439	55366	42396

原始数据表 35　规模以上工业企业工业销售产值（现价）

单位：亿元

行业	2012年	2011年	2010年	2009年	2008年	2007年	2006年	2005年	2004年	2003年
全部工业	985019	827797	684735	536134	494734	397627	310829	246946	197805	139453
金属	26608	22882	19650	15621	14654	11214	8348	6441	5033	3773
通用	47496	39992	34263	26715	23999	17963	13452	10332	8261	5540
专用	30924	25354	20879	16351	14003	10295	7725	5895	4924	3725
交通	77188	62256	54513	40793	32867	26549	19942	15617	13548	11014
电气	59874	50142	42057	32559	29644	23398	17777	13565	10954	7659
通信	71175	62567	54191	43680	42928	38538	32363	26404	21811	15522
仪器	8632	7444	6267	4977	4825	4239	3472	2737	2159	1608
装备业总计	321112	270639	231819	180695	162919	132196	103077	80989	66691	48840
装备业占比	32.6	32.7	33.9	33.7	32.9	33.2	33.2	32.8	33.7	35

第 十 五 章
医疗产业安全评价及安全指数研究

第一节 医疗产业安全现状分析

一 医疗产业发展情况概述与特征

(一) 医疗产业发展情况概述

世界经济的发展、人口总量增长和社会老龄化程度提高,使得对医疗产品和服务的需求呈上升趋势,近年来全球医疗产品和服务市场持续快速增长。由于医疗产业与人们的生命健康息息相关,医疗产业在各国的产业体系和经济增长中都起着举足轻重的作用。各国都十分重视并大力发展医疗产业,产业竞争十分激烈。近年来,我国人民群众对医疗卫生事业的需求日益增加,如何促进医疗产业的健康发展,缓解人民群众看病贵的问题,是促进社会和谐发展的重要内容。

中国的医疗产业起步于 20 世纪,经历了从无到有、从使用传统工艺到大规模运用现代技术的发展历程。中国目前已成为世界制药大国,其中,西药制剂产能和原料药产量均居全球第一。同时,作为拥有 13 亿人口的大国,在当前医疗体制改革全面推进的背景下,中国也成为国际医疗企业竞相争夺的主要市场,国内外医疗企业的博弈日趋复杂化。中国医疗产业正面临产业结构升级、确保国内市场份额相对稳定和国际市场开拓的多重任务。由于管理上的一些失误，我国医疗企业重复生产、过度竞争、新药研发能力差的局面仍没得到大的改观。面对这一形势，分析医疗产业安全状况具有重要的理论与现实意义。目前，我国医疗产业的结构处于加速调整期，相关监管部门根据产业的发展和形势需要制定了相应的政策规范。此外，随着全球市场对产品的需求越来越高，我国也在不断地提升和调整医疗产业的结构。

（二）我国医疗产业特征

（1）医疗产业过程具有不确定性。医疗行为的不确定性首先在于患者生物体的不确定性。医疗行为作用于不同人体的结果肯定不同，只能靠经验来推测。因此，在追究医方的医疗损害赔偿责任时，患者个体的差异是不能不被考虑的因素。此外，造成医疗行为不确定的因素还在于患者本人的不可预测性。一般而言，医患关系是建立在相互信赖的基础之上，医疗行为的实施是要靠医患双方的互相配合才能达到医疗行为的效果和目的。

（2）医疗产业技术具有高度专业性。医疗行为是运用医学科学理论和技术对疾病做出诊断治疗，恢复人体健康，提高生活质量的高技术、高风险职业行为。医疗行为是一项具有高度专业性的职业，国家在医学教育的课程设置、高素质医师培养上的要求远高于其他职业。国家也制定了严格的任职考试批准制度，不具备相应的专业知识而擅自从事医疗活动是违法行为，情节严重的构成非法行医罪，将受到国家刑法的制裁。目前我国的医疗行为专门化的职业要求和法制化建设滞后于现代医学的发展要求。

（3）医疗产业手段具有侵袭性。医疗行为虽然是以拯救患者的生命健康为目的，但采用的检查方法、手段、治疗的方法以及使用的药物，不仅对患者身体具有侵入性和损害性，而且对组织器官具有一定甚至是明显的侵袭性，易对人体造成损害。医疗行为的侵袭性对患者来说具有相当大的风险性，对某些患者可能具有灾难性的风险。但这种医疗风险相对于社会大众的健康来说，具有拯救生命或恢复健康状况的极大潜在价值，或者是唯一的价值手段，并且选择这种医疗行为也是患方的意愿。

（4）医疗产业具有局限性和高度风险性。医疗行为究其实质而言是一门探索性的科学行为，充满风险性，这种风险性针对医方来说承担的是职业风险，对患者来说承担的是医疗风险。医疗行为的结果从该行为开始时就同时存在"获益"和"致害"的双向可能性。作为医师，无论其有多么高超的医术，都无法绝对保证他所实施的医疗行为只会向"获益"的方向发展。

二 医疗产业安全现状分析

（一）产业发展快速，规模不断壮大

据国际权威医药咨询机构 IMS 预计，对比 2010 年 4%～5% 的增长，2011 年全球药品市场增长 5%～7%，达到 8800 亿美元；2010～2014 年，新兴医药市场预计将以 14%～17% 的速度增长。中国是全球最大的新兴医药市场，预计 2020 年将成为全球仅次于美国的第二大市场，市场份额将从 3% 上升到 7.5%。

无论国内还是国外，医疗市场的潜力和需求都是巨大的，但是我国医疗产业本身存在的明显问题很大程度上限制了产业的发展。这些问题有自主创新能力不强、研发技术落后、资金投入不足、生产集中度低、产品附加值低级、同质化问题严重。除此之外，医疗产业面临着复杂而严重的外部环境，诸如国家的宏观经济调控导致的银行贷款利率上调、人民币汇率上升、出口退税等，以及能源、原料和人工成本的不断上升，以上因素对我国医药产业的发展起到了一定的消极作用。就国内医疗产业形势来说，我国药品的高端市场几乎被外资和合资企业所控制，它们占据了我国市场份额的绝大部分，相比之下，我国制药企业在外资企业的竞争压力下，市场控制力越来越弱。总之，我国传统的劳动密集型产业模式，高消耗、高成本、低附加值产品模式不足以抵御国外的竞争，特别是跨国制药公司在高端原创药品上对我国市场的大举入侵。

（二）技术升级，产品更新换代

技术与设备对医疗产业的发展至关重要，是重要的硬件要求。技术和设备的更新和升级占研发费用的大部分，从世界平均水平来看，研究经费大约占整个销售额的 13%。对于不同的医疗产品制造企业，其研发费用投入占年销售总额的 10%～20%，国际上开发一种新药的费用约为 3 亿～5 亿美元，而中国医药企业研发的费用投入一般不超过销售额的 1%。这种状况导致我国的药品生产技术落后、设备陈旧，且低水平重复建设。特别是随着现代生物技术的发展，生物医药产业规模不断扩大，最明显的特征就是高技

术、高投入、长周期、高风险、高回报,对技术的要求、人才的要求、设备的要求都是非常高的,并且,要想在国际医药市场上立于不败之地,还必须更新换代产品。

我国医疗产业"十二五"规划的核心思想是"产业转型,技术升级",原来反复强调的速度和数量不再是追求的目标。产品标准要升级,更加注重安全和疗效,同时质量保障体系也要完善。这将对我国医疗产业的生产水平提出大大的要求。同时我国医疗产业还面临着巨大的压力,技术壁垒和高技术研发人才的流失仍十分严重。总之,我们的医疗产业在技术和产品的更新上任重而道远。我国是一个医疗产业大国,但还不是一个强国,特别是与西方发达国家比较,高附加值产品少,拥有自主知识产权的创新药少,药品新剂型少。

(三)进出口贸易结构亟待改善

虽然我国医疗产品出口额有了较快的增长,但是出口的医疗器械产品主要以中低端产品为主。由于不能掌握关键核心技术,高端产品则以进口为主。医疗器械产业产值在国民经济中所占的比重还比较低,2009年美国医疗器械产业产值已达2049亿美元,占其国民经济的比重为1.4%,而我国这一比重仅为0.3%。据专家评估,我国医疗器械产业的总体技术发展水平与美国、德国、日本等发达国家相比,还有10~15年的差距。

目前,我国大型医疗器械设备中仅有超声诊断设备与其他高端医疗器械设备相对具有较高的国际竞争优势,在国际市场中占有一席之地。但仔细分析我国超声设备的进出口贸易不难发现,虽然我国超声设备出口数量近年来增加明显,但由于出口平均单价低于进口单价,我国超声设备对外贸易出口额远小于进口额,说明我国超声设备还主要为中低端超声设备。从进出口结构来看,我国出口产品以低端的黑白超为主,2010年1~7月,我国共出口超声设备25309台,其中黑白超16343台,占出口总量的65%;出口彩超8966台,占出口总量的35%。进口超声设备则主要以彩超为主,2010年1~7月,我国共进口超声设备4872台,其中黑白超384台,占进口总量的8%;进口彩超4488台,占进口总量的92%。从出口企业来看,我国超声设备出口的主体是三资企业。2010年1~7月,三资企业共出口超声设备14160台共18752.5万美元,其出口额占总出口额的81%。民营企业排在第二位，2010年1~7月共出口超声设备9888台共3491.6万美元，出口额占总出口额的15%，远低于三资企业。

第二节 医疗产业安全影响因素分析

一 创新因素

医疗产业属于典型的创新导向型行业，新产品研发是医疗产品制造企业核心竞争力的体现，由于我国医药产业整体缺乏新药的创新能力，只能转向营销导向型。各企业之间竞争集中在同类产品的成本、营销力度、质量等方面，而不是专利技术层面。我国医疗产品制造企业规模小，研发能力差，以仿制为主。我国医疗产业结构极为不合理，在整个医疗产业中，超过八成的是中小企业。中小企业规模小、技术设备落后、资源配置不合理、管理方式陈旧，造成产品规格少、附加值低、产品重复，不仅严重资源浪费，还容易引起恶性竞争。加上企业经营管理水平低，缺少先进的确实有效的管理方式和手段，简单粗放式的管理和发展模式占主导地位。尽管投入巨大，但是生产效率低下，产品效益小，在开放竞争中处于被动挨打的地位，无法形成对整个行业的控制力和导向作用。

二 劳动力因素

医疗产业是高技术产业，是新兴产业，是快速发展的产业，医疗产业发展最为关键的因素就是人才因素。研发人员对一个企业的发展至关重要，而我国药企研发人员严重不足。研发人员的分布情况也可以反映出企业研发力的集中水平。医疗产品的研发需要高素质人才，研发新产品和新设备需要高技术人才。近年来，外资企业通过高待遇、高薪酬等方式吸引了大量我国本土企业的研发人才流入国际医疗企业，进一步造成了本土企业研发人员匮乏的状况。劳动力要素影响着产业结构，其投入比例决定着产业内产品附加值的高低，是限制产业发展的一个重要因素。产业转变对劳动力要素提出更高的要求，要想进行产业的转移或者升级，没有与之相搭配的劳动力要素是不行的。劳动力素质和劳动力成本是衡量某一产业劳动力要素的主要指标，显然劳动力素质和产业安全成正比，劳动力成本和产业安全成反比。由于高素质、高技术的人才趋向于薪酬待遇更高的大型外资企业，加之国内医疗企业缺乏成熟的、灵活的用人制度，我国医疗产业人才缺口巨大，特别是缺乏高素质、高技术人才，直接导致研发能力低下，创新不足。另外，研发水平低下的直接原因就是缺少优秀的研发人才和技术管理人才。医疗企业的核心是技术革新和新产品研发。规范的、单一的重复性操作需要的仅仅是熟练的技术工人和认真的科研人员，而技术革新和新产品研发需要的是具有创新精神和管理才能的科研人员。

三 环境因素

中国传统工业发展受资源瓶颈及环境压力制约，可持续性受到挑战。一方面，医疗企业要加大环境保护，尽量减少污染物、污染水、污染气的排放，另一方面又要承担相应的社会治污费用；一方面依靠并不具有竞争力的技术和设备赚取较少的利润，另一方面还要加大对治污的投入。我国制药企业数量多、规模小、布局分散，与国外制药企业相比，经济效益低，污染严重。在工业污染源的主要水污染物中，化学需氧量排放量居前的7个行业中，医药制造业赫然在列。总的来说，我国医药制造业是一个产出比小、大部分原料最终被以废物的形式废弃、污染问题比较突出的产业。制药过程中产生的有机废水是主要污染源。

资源是产业发展的基础，在医药制造的过程中既需要制造药品的原材料，也需要包装药品的材料，这些材料所消耗的资源主要有以中草药为主的动植物和基础化工产品，原材料价格的上涨势必影响到药物的研制和生产，也必将引起运输成本、销售成本的上涨。这些对我国小规模、低利润的制药企业无疑是致命的打击。近年来，全球兴起传统医学热，以及向大自然要药源开发新药的新思路，带动了市场对稀缺中药材的强劲需求。飙升的价格一度让药用动植物的开发使用进入盲目无序的状态，盗猎、盗采行为近乎疯狂。

四 外资因素

跨国企业较早地进入我国医疗产业，与我国企业展开全面竞争。早在20世纪80年代,来自日本的制药企业大冢制药就抢先进入我国,落户天津。随着我国改革开放与加入世贸组织,跨国药企在我国医药产业领域的投资逐年增加,来自全球的前20大制药企业辉瑞、拜耳、默克、罗氏等纷纷在我国投资设厂,建立研发中心,抢先占领新药及高附加值药物研发和销售的制高点,逐渐占据大中城市的医药消费市场。随着我国对外开放的广度和深度进一步加深,跨国药企纷纷进入我国医药市场,通过并购、参股或独资等投资方式逐步占领我国医药市场。外资企业的涌入为我国医疗市场注入了新的活力,带来了先进的管理思想和技术,但同时也给我们带来了一定的隐患,如削弱我国技术研发的积极性,拉大了我国与世界的技术差距,这些都会给我国医疗产业的安全带来冲击。近年来,一些跨国制药企业已开始向基层医疗机构派出销售代表,抢占了16%的三线城市药品市场,且进口药品品种多为高端产品,如治疗肿瘤、糖尿病、心血管病等疾病的药品,严重影响我国药品企业的生存和发展。

五 竞争因素

我国医疗产业中的竞争情况非常复杂,各企业的竞争还处于低层次的恶性竞争,主要的方式为价格战和商业贿赂。这种简单的、短浅的、互相伤害的竞争模式最终损害的是医疗产业的整体竞争力。

国内医疗企业规模较小,缺乏核心技术,没有足够的资金投入研发新产品、新型制剂,只能生产仿制产品或低端产品,除了走"短、平、快"的低水平路线外别无选择,因此,国内企业的竞争主要是通过价格战、商业贿赂等手段赢得竞争,这种恶性竞争的必然结果就是利润甚微或没有利润,引发更大规模的洗牌。

目前,仿制医疗产品依然是众多企业的主要产品,激烈的价格战使药品公司进入低研发投资、缺少创新和低收益的恶性循环,同时,中国医疗产品销售体系复杂凌乱,多层级供应链导致零售价大大高于出厂价,且同类型产品泛滥严重,限制了相关企业的利润。

医疗市场竞争非常激烈,要想在激烈的竞争中生存和发展,必须认真研究医疗市场情况,确定目标顾客群体,做好市场细分工作,对自身产品实行差异化生产，占领市场先机。然而事实上，我国企业大多缺乏市场意识，很少做市场分析，仅仅是进行同产品重复生产，企业间无明显差异，因此竞争环境就变得异常恶劣。

同时，就我国医疗产业当前的竞争格局而言，外资和合资企业占据着我国医疗市场的中高端领域。中高端市场进入门槛高，但是利润大。而我国企业大多被挤到低端市场，这里门槛低，进入者多，竞争异常激烈，主要是通过价格战竞争，因此利润低。相比之下，外资和合资企业对我国中高端市场冲击大，而对低端市场冲击小。

六　政策因素

政府如何安排产业政策及产业政策的有效性直接影响着一国的产业安全状态。首先，政府的产业政策安排应该有效地管理与规范产业外部投资者的进入，使国内市场竞争维持在一个相对合理的范畴内。其次，产业政策需要使一国的产业结构保持合理，能够根据国内外环境的变化随时做出调整，以保持国内产业的竞争力。最后，政府监管部门应当制定完善的政策，有效监管医疗器械产业，促进医疗器械产业的健康发展。

从国内产业政策环境来看，近几年国家制定的产业政策极大地促进了我国医疗产业的发展。首先，新医改带来的市场扩容为医疗产业提供了新的发展机遇。其次，科技扶持政策为医疗产业的发展创造出新的空间。最后，医疗安全监管政策对行业生产、技术水平提出了更高的要求，促进医疗产业更规范地发展。但同时我们也应该看到，目前我国医疗产业政策不完善，医疗监管还有待进一步完善，还需要国家进一步完善相关政策来促进医疗产业健康发展。

外资政策对国内产业安全的影响十分重要。首先，适度的税收优惠政策可以鼓励外资进入国内，又可以防止过多外资盲目进入，导致国内市场竞争过度激烈。其次，限制性产业导向政策可以确实有效地规范外资进入，并加强对产业的监管，可以防止外商投资冲击国内产业、威胁国内产业安全。以税收工具为表现形式的对外资的各种优惠措施和对外资进入产业、地域、股权等做出的种种限制性规定是各国政府的外资政策主要体现形式。

近年来，我国医疗市场的开放程度不断加大，跨国公司多数以对外直接投资的方式进入我国医疗市场，跨国公司先进的技术与管理增加了国内医疗市场的竞争度，对我国医疗市场产生了积极的示范效应。

第三节 医疗产业安全的界定与特征

一 医疗产业安全的界定

（一）医疗产业

医疗产业作为一种特殊的产业，关乎人类的生存和健康，因此非常重要。在世界各国特别是欧美发达国家和地区的产业体系和经济增长中，医疗产业起着举足轻重的作用。因此，医疗产业已成为世界各国广泛重视并大力发展、相互展开激烈角逐的一个焦点领域。

医疗产业的发展虽然是经济问题，但更是国家问题。因为与医疗产业直接相关的医疗卫生事业是造福人民的事业，关系广大人民群众的切身利益，关系千家万户的幸福安康，也关系经济社会协调发展，关系国家和民族的未来。人人享有基本卫生保健服务，人民健康水平不断提高，是人民生活质量改善的重要标志，是全面建设小康社会、推进社会主义现代化建设的重要目标。

医疗产业是关系人类的生存和健康的产业，与国计民生密切相关，是国民经济的重要组成部分。医疗产业的构成产业较多，主要包括六大部分。

（1）医疗服务：包括医院、诊所、护理机构等；

（2）医疗保险：包括由政府办的医疗保险和商业医疗保险等；

（3）医疗管理组织：连接保险公司和医疗服务的中间组织等；

（4）医疗设备及器械制造：包括医疗设备器械及医用耗材等；

（5）医药制造：化学药品原药制造、化学药品制剂制造、中药饮品加工、中成药制造、兽用药品制造、生物和生化制品的制造以及卫生材料和医药用品制造等；

（6）医学教育机构、咨询机构及医药行业专业媒体等。

(二) 医疗产业安全

医疗产业安全是指国内医疗产业在公平的经济贸易环境下平稳、全面、协调、健康、有序地发展，使我国医疗产业能够依靠自身的努力，在公平的市场环境中获得发展的空间，从而保证国民经济和社会全面、稳定、协调和可持续发展。医疗产业安全主要表现为医疗产业具有保持民族产业持续生存和发展的能力，始终保持着本国资本对本国医疗产业主体的控制。

二 医疗产业安全的特征

(一) 复杂性

医疗产业是与国计民生有密切关系的支柱产业之一，其服务的最终对象是人类。一方面，医疗产业安全的复杂性表现为医疗产业安全管理的复杂性。药品生产或批发企业的开办，必须由企业向所在地省级药品监督管理部门申请，审核获得批准后，监管部门颁发给企业《药品生产许可证》或《药品经营许可证》，获得许可证后才能生产或经营药品，无相应许可证不可生产或经营药品。同时，药品注册管理、药品生产或经营企业必须按照国家药品监督管理部门制定的《药品生产质量管理规范》或《药品经营质量管理规范》组织生产、开展经营，药品定价实行政府定价或政府指导价。另一方面，医疗产业及市场的复杂性使医疗产业安全变得越来越复杂。如药品生产、医院服务与药品消费者之间的相互影响，药品流通的中间环节很多，医疗产品消费品具有一般消费品的属性，因此医疗的研发、生产、流通与消费也遵循一般消费品的基本市场规律。但医疗产品与人的健康和生命息息相关，具有特殊性，国家和政府对医疗市场有十分严格的管理措施。

(二) 高投入性、长周期性、高风险性及高回报性

医疗产品研发过程耗资巨大、耗时长、难度大。以医药产业为例，每年医药产业发现千种化合物，仅仅少数进入临床研究最终市场化，这个过程少则三五年，多则十几年。医疗产业的高投入性、高风险性及长周期性决定了它的高回报性。为了维护研究开发企业的利益，医疗产品实行专利保护，在专利期内，该产品享有市场独占性，专利产品的利润率大大高于

非专利产品。以我国生物医药市场为例,自2003年以来,中国生物医药市场年增长率在25%以上,全球平均增长率也有10%,初步统计,中国生物医药产业2012年产值规模已达到12000亿元,同比增长15%以上,远高于其他制造业。美国辉瑞公司开发的立普妥(阿托伐他汀)降脂药物,单此药年销售额已超百亿美元,从1996年问世至2012年,该药总销售额已突破千亿美元大关。2002年统计数据显示,世界500强企业中10个制药企业的利润总和(359亿美元)大于其他490家企业的利润总和(337亿美元)。

(三) 高技术性

医疗产业属于高新知识技术产业,技术创新是医疗产业生存和发展的生命力,因此需要各种学科的高新技术人才和先进的技术手段支持。创新的动力主要来源于两方面,一方面,人类健康不断面临着各种新疾病的威胁,医疗产业必须拓展自身开发的领域;另一方面,细菌和病毒的变异使传统药物的疗效降低,这就促使人类加快药品的升级换代。随着生物技术的进步,化学制药的黄金期已经一去不复返,新型的传统化学药品种类和数量持续减少和下降,以生物技术为核心动力的制药业已经成为最炙手可热的领域。医疗产业对技术和人才的要求非常高。以生物医药为例,主要是基因药物、蛋白药物、单克隆抗体药物、治疗性疫苗及小分子化合物等,这些药物的研发和技术的创新,无一不是当今科技的高精尖领域。医疗产品的研发需要专门的高技术人才和大量的资金投入,还有医疗产品生产需要的高级、精密设备和会操作这些设备的高技术人才支持。医疗产业在市场中保持竞争优势,还需要不断开发新技术、新手段,需要更多的更高级的专门技术人才,需要更大的投入。

(四) 相对垄断性

由于医疗产业的高投入、长周期、高风险、高技术等特征,且掌握核心技术的欧美发达国家和地区对技术普遍实行专利保护,临床上使用的较大的医疗器械和医疗产品为少数大企业垄断。全球医疗市场主要由国外大型跨国公司主导。大型跨国公司依托其强大的资金和技术实力,在全球医疗市场中的主导地位不断增强,产品所占的比重越来越大。20世纪90年代,全球20强制药企业销售额占全球医药市场的一半,21世纪初,上升了16%。由此可以看出，医疗产业的全球集中度不断增加，越来越被少数大型跨国公司所垄断。世界大型医疗产品制造企业的并购与重组增加了大型跨国公司对医药市场的垄断。通过兼并重组，世界性医疗企业节省了费用，增强了技术实力，提高了劳动生产率，扩大了市场份额，促进了产品和要素的跨国流动，资源得到了合理配置。相对于中小企业而言，大企业的生存与竞争能力更强了，医疗行业的市场更加趋向垄断。

（五）战略性

医疗产业安全意义重大，它不仅关系到国计民生和国家经济的长远发展，还是国家经济安全的重要组成部分，关系到该国的经济权益和政治地位。因此，我们必须把医疗产业安全纳入国家战略发展中，从战略性的、宏观的、长远的高度去研究和重视医疗产业安全问题。确保本国医疗产业的安全可以使国家经济利益不受严重危害和威胁，因此从这方面讲，医疗器械产业安全具有战略性特征。

《国务院关于加快培育和发展战略性新兴产业的决定》（以下简称《决定》）指出，战略性新兴产业是引导未来经济社会发展的重要力量。发展战略性新兴产业已成为世界主要国家抢占新一轮经济和科技发展制高点的重大战略。《决定》指出，根据战略性新兴产业的特征，立足我国国情和科技、产业基础，现阶段我国重点培育和发展节能环保、新一代信息技术、生物、高端装备制造、新能源、新材料、新能源汽车七大产业。因此我们看到，医疗产业集资本、技术和知识密集型为一体，既是朝阳产业，更是战略产业，甚至随着经济的发展会成为中国经济未来的支柱产业，是经济安全涉及的重要领域，医疗产业安全具有战略性特征。

三 医疗产业安全评价的意义

产业安全是经济安全的基础和核心，是国家制定产业政策、实行经济干预最基本的出发点。开展产业安全评估工作，分析制约产业生存与发展的关键问题与重大威胁，对于我国在经济全球化背景下有效维护产业安全，具有重要的实践意义和现实意义[1]。

---

[1] 李孟刚：《产业安全理论研究》（第三版），经济科学出版社，2012。

医药卫生体制的改革是一个世界性的难题。发达国家虽然经过数十年甚至数百年的摸索已建立相对科学、完善的体制，但是随着经济的发展、人类疾病谱的改变以及人们对于医疗健康需求的不断提高，矛盾仍然不能得到很好的解决。

我国也不例外，虽然医药卫生事业发展迅速，但也不断产生许多新的矛盾：医疗制度与发展的不匹配；卫生投入与需求的矛盾突出；城乡医疗资源配比失衡；医疗费用高，超出人们的支付能力；药品生产、流通、使用秩序混乱；医疗保障体系建设严重滞后、缺乏活力。这些都引发了人们看病难、看病贵的问题，甚至引发了多起医患之间恶性事件的发生，严重影响了社会的稳定[1]。

虽然我国医改效果显著而且取得了很多阶段性的成绩，但与此同时一些问题也浮出水面。如公立医院改革进展缓慢，公立医疗机构与民营医疗机构资源分配不均，患者医疗费用随医保覆盖面的扩大而上涨，等等。这些问题的产生并非偶然，而是牵扯到中国医改的体制及结构的深层矛盾。这些矛盾及问题也推动了政府及相关部门更进一步地思考与制定政策。

随着新医改的深入，医疗相关领域受到了一定的关注，这将为医疗服务、商业健康保险，以及医药、医疗器械等特定的细分领域，带来一定的投资机会，特别是在公立医院改革以及商业保险方面，对于民营资本的进入也是一个很好的机会。

中国政府网于2010年10月18日刊登了《国务院关于加快培育和发展战略性新兴产业的决定》以下简称《决定》。根据《决定》确定的目标，到2015年，我国战略性新兴产业形成健康发展、协调推进的基本格局，对产业结构升级的推动作用显著增强，增加值占国内生产总值的比重力争达到8%左右。到2020年，节能环保、新一代信息技术、生物、高端装备制造产业将成为国民经济的支柱产业，新能源、新材料、新能源汽车产业成为国民经济的先导产业。战略性新兴产业增加值占国内生

---

[1] 杜乐勋、张文鸣等主编《中国医疗卫生发展报告》，社会科学文献出版社，2009，第83~84页。

产总值的比重力争达到15%左右。对于这些产业的发展目标,《决定》还提出,到2020年,战略性新兴产业创新能力大幅提升,并掌握一批关键核心技术,在局部领域达到世界领先水平;形成一批具有国际影响力的大企业和一批创新活力旺盛的中小企业;建成一批产业链完善、创新能力强、特色鲜明的战略性新兴产业集聚区。再经过十年左右的努力,战略性新兴产业的整体创新能力和产业发展水平达到世界先进水平,为经济社会可持续发展提供强有力的支撑。

因此评价一个产业是否能够成为国民经济支柱产业,在看到产业发展前景的同时,还要看到它对于国民经济的贡献情况,从这方面来看,战略性新兴产业目前的发展虽然任重道远,但是其支柱化的趋势是清晰的。

《决定》中提到的生物产业为医药产业的七个子行业(化学药品原药制造、化学药品制剂制造、中药饮品加工、中成药制造、兽用药品制造、生物和生化制品的制造以及卫生材料和医药用品制造)之一,属于医疗产业的范畴。《决定》中提到的高端制造产业是指制造业的高端领域,具备多学科和多领域高、精、尖技术的集成,具有高附加值特征,处于产业链的核心部位,发展水平决定产业链的整体竞争力。大型医疗仪器和设备位居其中,而其也属于医疗产业的范畴。

中医药学是中国有望取得原始性创新突破、对世界医学乃至科学技术发展产生重大影响的学科。近年来,国家在政府工作报告中提出要大力发展中医药事业,并连续出台了《中药现代化发展纲要》《国家中长期科学和技术发展规划纲要》《中医药创新发展规划纲要》《关于切实加强民族医药事业发展的指导意见》等一系列重大政策。《国家中长期科学和技术发展规划纲要》(2006~2020年)中把"加强中医药继承和创新,推进中医药现代化和国际化"列为重要内容之一。而中医药产业也属于医疗产业的范畴。

在我国,医疗产业越来越被全社会所关注,该产业的健康发展一方面在维护国家经济安全当中具有不可替代的独特作用,另一方面对解决人民群众"看病难、看病贵"的问题,对促进我国政府早日实现"人人享有卫生健康"的战略目标有重要意义,是构建社会主义和谐社会的重要内容,使得我国医疗产业安全的维护工作更为紧迫和重要。

第四节 医疗产业安全评价逻辑与指标体系

一 医疗产业安全评价的分析逻辑

医疗产业安全评价分析的逻辑见图15-1。

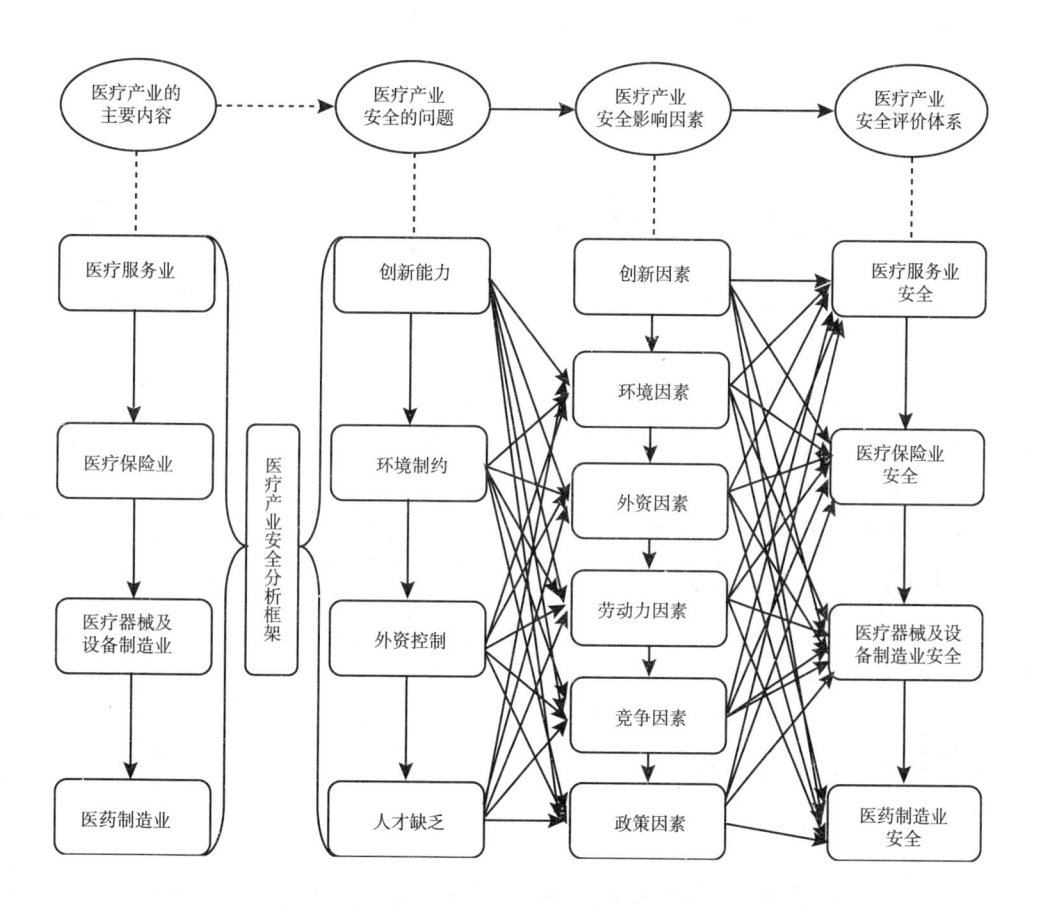

图15-1 医疗产业安全评价分析的逻辑

二 医疗产业安全评价的内容

医疗产业安全评价包括四个方面，分别为：医疗服务业安全、医疗保险业安全、医疗器械及设备制造业安全和医药制造业安全。

医疗服务业安全包括医疗机构总数、医院数量、医疗机构床位数、医院床位数、乡镇卫生院床位数、社区卫生服务中心床位数、医疗机构卫生技术人员数量、执业（助理）医师数量、注册护士数量、全国医疗总费用、个人支付费用、人均门诊检查治疗费、人均门诊药费、人均住院检查费、人均住院药费、医疗机构总诊疗人数、医院诊疗人数、社区卫生服务中心诊疗人数、乡镇卫生院诊疗人数、医疗机构出院人数、社区卫生服务中心出院人数、乡镇卫生院出院人数、医院病床使用率、每千人医疗服务供给者数量、居民两周就诊及未就诊率、新生儿死亡率、婴儿死亡率、5岁以下儿童死亡率、孕妇死亡率、医疗事故数量、医疗卫生服务地理可及性。

医疗器械及设备制造业安全包括劳动生产率、产业产值占GDP比重、资产平均利润率、就业人数增长率、国内市场占有率、国际市场占有率、市场集中度、研发费用、专利数目、高端产品进口比重、低端产品进口比重、产业资本对外依存度、产业技术对外依存度、外资市场控制度、固定资产受控率、外资技术控制度。

医药制造业安全包括外资市场控制率、外资股权控制率、外资技术控制率、产业资本对外依存度、产业技术对外依存度、中成药出口占医药出口比重、生物制药进口、医药品的国内市场占有率、医药品的国际市场占有率、研发费用、产业集中度、专利数目、工业总产值、工业销售收入、工业利润率、就业增长率、劳动生产率、医药产业能耗。

三 医疗产业安全评价指标体系

医疗产业安全指数指标体系见表15-1。

表 15-1 医疗产业安全指数指标体系

一级指标	二级指标	三级指标	四级指标
医疗服务业安全	医疗服务业发展水平	医疗机构数量	医疗卫生机构总数
			医院数量
		医院床位数量	医疗机构床位数
			医院床位数
			乡镇卫生院床位数
			社区卫生服务中心床位数
		医疗服务人员	医疗机构卫生技术人员数量
			执业（助理）医师数量
			注册护士数量
	医疗服务业价格水平	医疗费用	全国医疗总费用
			个人支付费用
			人均门诊检查治疗费
			人均门诊药费
			人均住院检查费
			人均住院药费
	医疗服务业质量	医疗服务效率	医疗机构总诊疗人数
			医院诊疗人数
			社区卫生服务中心诊疗人数
			乡镇卫生院诊疗人数
			医疗机构出院人数
			社区卫生服务中心出院人数
			乡镇卫生院出院人数
			医院病床使用率
	医疗服务业普遍服务水平	医疗服务供给	每千人医疗服务供给者数量
			居民两周就诊率
			居民两周未就诊率
		医疗结果	新生儿死亡率
			婴儿死亡率
			5岁以下儿童死亡率
			孕妇死亡率
			医疗事故数量
		医疗服务可及性	医疗卫生服务地理可及性

续表

一级指标	二级指标	三级指标	四级指标
医疗保险业安全	医疗保险公平性	医疗保险参保公平	城镇职工基本医保参保人数
			城镇居民基本医保
			新型农村合作医疗参合率
		医疗保险筹资公平	新型农村合作医疗人均筹资
			新型农村合作医疗补偿受益人次
			城镇职工基本医保支出
		医疗服务利用公平	城镇医疗救助人次
			农村医疗救助人次
			城镇医疗救助支出
			农村医疗救助支出
		医疗费用个人负担公平	城镇居民人均医疗保健支出
			农村居民人均医疗保健支出
医疗器械及设备制造业安全	医疗器械制造产业安全	国内环境	劳动生产率
			产业产值占GDP比重
			资产平均利润率
			就业人数增长率
		国际竞争力	国内市场占有率
			国际市场占有率
			市场集中度
			研发费用
			专利数目
		对外依存度	高端产品进口比重
			低端产品进口比重
			产业资本对外依存度
			产业技术对外依存度
		产业控制力	外资市场控制度
			固定资产受控率
			外资技术控制度

续表

一级指标	二级指标	三级指标	四级指标
医药制造业安全	医药制造业产业安全	产业控制力	外资市场控制率
			外资股权控制率
			外资技术控制率
		产业对外依存度	产业资本对外依存度
			产业技术对外依存度
			中成药出口占医药出口比重
			生物制药进口
		国际竞争力	医药品的国内市场占有率
			医药品的国际市场占有率
			研发费用
			产业集中度
			专利数目
		国内环境	工业总产值
			工业销售收入
			工业利润率
			就业增长率
			劳动生产率
			医药产业能耗

第五节 医疗产业安全指数编制

一 指数定位

医疗产业安全指数编制并发布的目的是通过科学、系统、全面地对我国医疗产业安全进行研究和评估，旨在维护国家利益和产业安全，提升产业竞争力、控制力及对外开放的质量，进而为提升国家产业竞争力，促使中国医疗产业健康、稳定、安全地发展提供借鉴。

二 指数编制技术选择

为了更加直观地分析和评价一国的产业安全状况，在探索医疗产业安全指数模型中试图以系统动力学模型的思想为基础，构建医疗产业安全指数的分析模型。

系统动力学模型的主要功能是提供一种进行学习和政策分析的工具，而且系统动力学模型是一个结构依存型模型，模型仿真模拟结果的可靠性在很大程度上依赖于模型对真实系统结构的描述程度。但针对一些因素复杂多变，规模庞大，内部结构复杂，且各要素变量间的关系具有模糊性和不确定性的复杂巨系统，通常会出现要素繁杂、难以量化的问题。而结构方程通过引进潜变量来解决如何处理一些不易量化或不直接可测的变量难题，且可利用潜变量将系统划分成不同的子系统，确定了系统要素间、子系统与子系统以及整体与局部的关系，且验证了系统结构模型的合理性。因此，采用结构方程模型建模方法与系统动力学建模方法相结合的方法，建立系统动力学结构模型是一种有效方法，其规范性建模过程如图15-2所示。

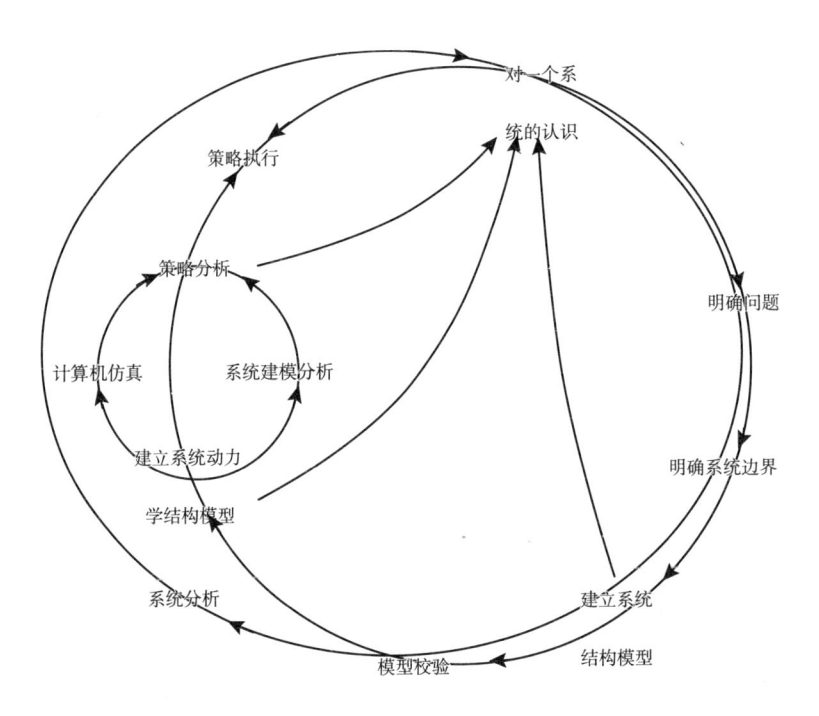

图15-2 系统动力学建模

三 指标数据的收集与处理

(一) 数据收集

医疗产业安全指数编制和处理过程中所使用的数据来自《中国卫生统计年鉴》《中国统计年鉴》《中国卫生和计划生育统计年鉴》《中国高技术产业统计年鉴》《中国医疗器械产业年鉴》。

(二) 数据处理方法

(1) 数据标准化处理。主成分分析法假定原变量是因子变量的线性组合。第一主成分有最大的方差，后续成分，其可解释的方差越来越少。从数学角度来看，这是一种降维处理技术。

(2) 计算相关系数矩阵和特征值。特征值是各主成分的方差，它的大小反映了各个主成分在描述被评价对象上所起的作用。

(3) 计算因子变量方差贡献率及累积方差贡献率，确定主成分个数。因子变量的命名解释是因子分析的另外一个核心问题，经过分析得到的主成分是对原变量的综合。在实际分析的过程中，主要是通过对载荷矩阵的值进行分析，得到因子变量和原变量的关系，从而对新的因子变量进行命名解释。

(4) 计算因子得分。主成分确定以后，对每一样本数据，希望得到它们在不同因子上的具体数据值，这些数值就是因子得分，它和原变量的得分相对应。通过因子分析得到的结果可以用来综合判定。利用因子得分和主成分的方差贡献率构造综合评价函数，计算出的评价函数即为各主成分因子的线性函数。

四 基期选择与指数计算

(一) 基期选择

根据数据的可得性，医疗产业安全指数选择 2005 年作为基期，计算 2005~2012 年医疗产业安全指数。

(二) 指数计算

第一，权重确定。

熵权法是一种在综合考虑各项评价指标所提供信息量的基础上，对各指标权重进行评价的方法。具体而言，熵权法是根据各指标所包含的信息量大小来确定权重,某个评价指标所包含的信息量(或变异程度)越大,熵值就越小,该指标的权重越大;反之亦然。如果某个评价指标值的各个取值都相等,则该评价指标并不向系统提供有用信息,该指标权重为零。根据各评价指标所提供的信息量计算熵值来确定各指标的权重,再对所有指标进行加权,可以得出较为客观的综合评价结果。

根据此方法计算的医疗产业安全指数各指标的权重见表15-2。

表15-2 医疗产业安全指数指标体系各指标权重

指标	权重	指标	权重	指标	权重
医疗卫生机构总数	0.003170	婴儿死亡率	0.002625	医疗器械制造业高端产品进口比	0.012580
医院数量	0.001380	5岁以下儿童死亡率	0.001575	医疗器械制造业低端产品出口比	0.012540
医疗机构床位数	0.003374	孕产妇死亡率	0.000525	医疗器械制造业资本对外依存度	0.018750
医院床位数	0.001330	医疗卫生服务地理可及性	0.004520	医疗器械制造业技术对外依存度	0.018750
乡镇卫生院床位数	0.001390	医疗事故数量	0.003675	医疗器械制造业外资市场控制率	0.026250
社区卫生服务中心床位数	0.000679	城镇职工基本医保参保人数	0.045810	医疗器械制造业固定资产受控率	0.026250
医疗卫生机构技术人员数量	0.005627	城镇居民基本医保	0.027010	医疗器械制造业外资技术控制率	0.034816
执业(助理)医师数量	0.003374	新型农村合作医疗参合率	0.018030	医药产业外资市场控制率	0.031560
注册护士数量	0.002270	新型农村合作医疗人均筹资	0.024040	医药产业外资股权控制率	0.031510
全国医疗总费用	0.018030	新型农村合作医疗补偿受益	0.018080	医药产业外资技术控制率	0.042080
个人支付费用	0.006040	城镇职工基本医保支出	0.018210	医药产业资本对外依存度	0.022540
人均门诊检查治疗费	0.009020	城镇医疗救助人次	0.018350	医药产业技术对外依存度	0.022520
人均门诊药费	0.009070	农村医疗救助人次	0.027060	中成药出口比重	0.015010
人均住院检查费	0.009110	城镇医疗救助支出	0.018310	生物医药进口比重	0.015120

续表

指标	权重	指标	权重	指标	权重
人均住院药费	0.009060	农村医疗救助支出	0.027180	医药产业国内市场占有率	0.021030
医疗机构总诊疗人数	0.010238	城镇居民人均医疗保健支出	0.024240	医药产业国际市场占有率	0.018010
社区卫生服务中心诊疗人数	0.003413	农村居民人均医疗保健支出	0.036310	医药产业研发费用	0.009270
乡镇卫生院诊疗人数	0.003413	医疗器械制造业劳动生产率	0.020210	医药产业市场集中度	0.009160
医疗机构出院人数	0.003413	医疗器械制造业产值比重	0.010010	医药产业专利数目	0.003090
社区卫生服务中心出院人数	0.003413	医疗器械制造业资产利润率	0.010520	医药产业产值比重	0.015180
乡镇卫生院出院人数	0.003413	医疗器械制造业就业增长率	0.010020	医药产业工业销售收入	0.021460
医院病床使用率	0.001707	医疗器械制造业国内市场占有率	0.017530	医药产业利润率	0.006110
每千人医疗服务供给者数量	0.009188	医疗器械制造业国际市场占有率	0.015230	医药产业就业增长率	0.006080
居民两周就诊率	0.005513	医疗器械制造业集中度	0.007510	医药产业劳动生产率	0.006230
居民两周未就诊率	0.003675	医疗器械制造业研发费用	0.007490		
新生儿死亡率	0.002100	医疗器械制造业专利数目	0.002510		

第二，指数生成。

对医疗产业安全指数进行加权求和，分别得出上一级指标的评价值，然后通过递推的方法从低一级往上一级演进，最后得出总目标的综合指数。根据专家经验，本书把评价结果分为五个区间，并界定一个相应的安全级别。具体见表15－3。

表 15-3 安全度等级和含义

安全等级符号	安全等级得分区间	安全细分等级符号	安全等级含义	安全等级细分得分区间
A	(85,100]	A+	很安全偏正面	(95,100]
		A	很安全	(90,95]
		A-	很安全偏负面	(85,90]
B	(70,85]	B+	比较安全偏正面	(80,85]
		B	比较安全	(75,80]
		B-	比较安全偏负面	(70,75]
C	(55,70]	C+	基本安全偏正面	(65,70]
		C	基本安全	(60,65]
		C-	基本安全偏负面	(55,60]
D	(40,55]	D+	不太安全偏正面	(50,55]
		D	不太安全	(45,50]
		D-	不太安全偏负面	(40,45]
E	(0,40]	E+	不安全偏正面	(35,40]
		E	不安全	(30,35]
		E-	不安全偏负面	(0,30]

根据计算结果，2005~2012年医疗产业安全指数见表15-4。

表 15-4 2005~2012年医疗产业安全指数

年份	2005	2006	2007	2008	2009	2010	2011	2012
指数	56.82	59.62	61.83	65.02	67.89	72.34	76.40	78.50
级别	C-	C-	C	C+	C+	B-	B	B
含义	基本安全偏负面	基本安全	基本安全偏正面	比较安全偏负面	比较安全			

五 指数简要分析

在得出各级指标的权重分配后，就可以参照所构建的指标体系进行产业安全度指数计算。综合计算的方法很多，有层次分析法、模糊数学、熵值法等。无论是选择哪一种方法，关键是要构造各指标的安全函数并求出它的隶属度。为了方便起见，本研究结合权重的分配，可以得出2005~2012年的医疗产业安全指数,如表 15 -4 所示。从医疗产业安全指数结果来看,中国医疗产业每年的安全指数处于不断增长的趋势,如图 15 -3 所示。

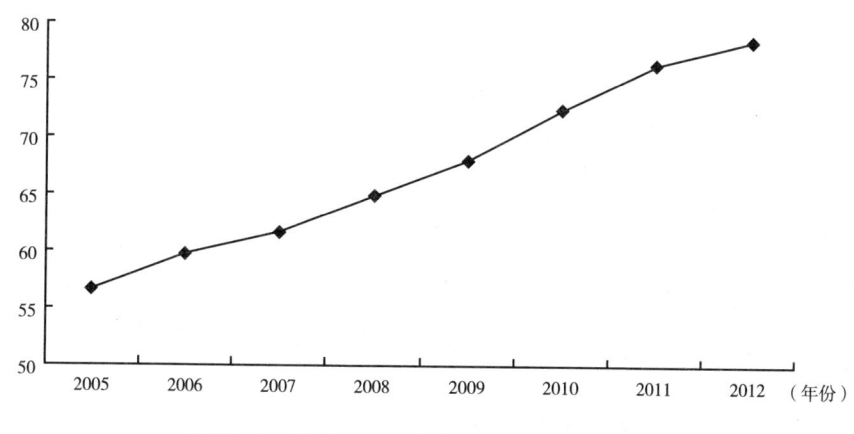

图 15 -3　2005~2012 年我国医疗产业安全指数

第六节　医疗产业安全存在的主要问题及对策分析

一　完善医疗产业法律与政策

我国医疗产业法律法规目前还存在不完善、不能适应产业发展的环节的现象。主要表现在,医疗产业虚假、欺诈性广告充斥媒体、对假冒伪劣产品的治理不力开始由城市向农村转移、药品不良反应申报和赔偿制度没有详细的规定、对医药产品知识产权的保护还没有得到普遍重视等。以上都是造成医疗产品市场混乱的因素。

另外,我国医疗制造企业没有知识产权的知识和意识。有的企业在开发新产品前没有认真查阅文献贸然开展,耗费大量资金和人力后,最终发现产品已经被他人申请专利;也有的企业在开发新产品后,缺乏在国外申请专利的意识,因此不能受到国外的专利保护,造成巨大损失。因此,我国需要进一步加强医疗制造企业的知识产权意识,提高运用和管理知识产权的水平。

产品质量一直都是产业竞争的重点。国家药品标准的提高对我国医药制造业的整体水平提高起着非常重要的作用。我国需要参考国际标准，结合我国产业发展优先战略，全面提高国家药品质量，有选择性地对某些具有产业战略意义的药品标准和规范做出更为严格详尽的规划。

除了药品质量标准外，还要完善药品生产质量监管体系。要严格监管医疗用品研制过程。药品研制要有技术指导原则和研制规范，并且要对研制数据制定合理的管理国际标准，促进国际化合作。完善医疗产品临床研究监管体制和临床数据安全性监测。加强临床试验受试者保护，建立更严格的药物临床试验的社会参与风险管理标准。

二 加强医疗产业研发

加强研发主要是加大投入，通过产、学、研的有机结合，形成一个由政府主导、以企业为主体的发展模式。当然，投资的模式可以是多元的、多样的，除了政府投资外，有必要引进个人资金甚至外资。各级政府的主要工作是宏观调控而不是具体指导，政府可以通过经济、政策两个杠杆调节医药产业的发展，同时对一些重大科技攻关项目，应当投入研发资金。政府还应该鼓励金融机构增加对医疗产业的投入和借贷，扩大其生产规模，并对新技术、新产品开发和测试阶段给予资金支持。政府还要鼓励医药企业积极参与国际合作和竞争，鼓励它们承包国际研发任务，学习国外先进科学技术，以产业联盟名义，以产业聚集地为单位参与国际竞争与合作，最终目的是利用外国资金优势、先进科技和科学的管理制度办法提升我国医疗产业的整体水平。

同时我们也要培养医药制造业专业人才。培养医疗产业所需要的专业人才主要在于人事制度的改革。我国的人事制度应摒弃"铁饭碗"和"大锅饭"的传统思维模式，企业不是按照个人对企业的贡献大小奖惩和发放工资，而是靠资历、年头，这将大大挫伤优秀人才的积极性。因此企业应该重点在激励制度上进行革新，结合我国实际，学习国外先进的人事制度，对优秀的员工和对企业有重要贡献的员工应积极给予优厚的工资与福利，通过入股、年终分红等多种形式奖励员工，并优先安排其出国学习、参观访问等。对于掌握高新技术的专门人才，可以设立专项研发基金，鼓励其创新研发新产品。

医药产业内部结构的调整和资产重组主要是对国有经济和非国有经济的改革。国有经济主要涉及关系国计民生的支柱企业。国有经济的结构调整和资产重组关系到整个产业的稳定和国际竞争力。国有经济应调整产品结构，对有效的、常用的、利润低的医疗产品，国有企业应担负起主要责任，保证国内市场的供应。选择性地参与高端药物的研发，充分发挥国有企业资金雄厚、技术工艺相对成熟的特点，在医疗产品研发中实现重点突破，引领国内医疗产业的发展。

三 加快完善医药创新体系

创新是企业生存和发展的灵魂。医疗产品的研发和新技术的创新是医疗产业生存发展、参与国际合作竞争的关键。医疗新产品的研发和新技术的创新需要加大对医疗基础研究的投入，我国医疗企业普遍存在融资困难的问题，因此基础研究主要还是需要政府的投资。同时，政府有责任提高药物临床试验质量管理规范和药物非临床研究质量管理规范水平，从政策上引导我国新产品的研发和新产品临床试验。政府部门在财税政策上应给予医疗产业适当的支持，对新产品研发高投入的企业给予特殊税收政策，以鼓励其对新产品、新技术研发的投入。

医疗创新体系的建立还需要与医疗出口结构相匹配，因为创新产品是为了满足国内外市场的需要，而不是为了创新而创新。目前，我国医疗产品出口主要集中于原料药物及低附加值药物，而高新技术药物出口规模极小，且没有属于自身的特色产品，这导致我国医疗产业在国际贸易中始终不能争取到主动地位，处处被动。因此，政府应该首先从政策上做出引导，利用政策和经济两种方式，从宏观方面指导我国医疗产业的出口。

四 合理利用外资

我国医疗产业的健康发展离不开外资企业。外资医疗企业相对于我国医疗企业有着多种优势，而这些优势对医疗产业的生存和发展至关重要。外资企业有着先进的技术、高水平的加工工艺、雄厚的研发资本、掌握高技术的研发人才、先进的现代管理理念、成熟的创新体制、快速的技术或产品商业化模式以及严格而规范的试验流程等。以上因素对医疗产业的发展非常重要，而这些恰恰是我国医疗产业所缺少的。尽管外资企业通过并购、合资、独资等方式大举进入我国医疗市场，但是，我们在与国外企业竞争的同时，也要善于比较学习，甚至开展合作。

随着我国经济的快速发展，国家在资金上已经不输于国外企业，我国某些企业的硬实力已经接近世界先进水平，但是在一些软实力上，我们还没有突破传统的束缚，尤其是企业内部的管理理念和制度建设。虽然这些在短期内可能看不到明显的成效，但是这是一个企业生存的灵魂。有了雄厚资本和先进的、开放的管理理念与制度，必定能吸引优秀的、有潜质的人才，充分发挥每一个人的能力，开发创新新的技术和新的产品，逐步形成企业内部的创新体制。除此之外，政府也要对整个医疗产业给予鼓励和支持，颁布适合产业发展的政策和规范，最终实现产业的发展壮大。

五 提升管理水平

我国医疗产业与国外相比，管理水平低、耗费高、效率低下，而管理水平低下是影响我国医疗产业发展的重中之重。要对组织结构进行革新，组织结构的建设必须适合企业发展的需要，如今医疗市场快速发展对决策的准确性要求非常高，而决策的层次多且复杂决定了决策权力必须得下放，否则，决策效率低下，势必影响到企业的发展。同时，加强对人才的管理，人才是21世纪的核心竞争力，谁获得了顶级的人才，谁就占领了产业的高地。人才管理的重点在于给予人才充分的发展空间和优厚的待遇，解决人才所担心的一切后顾之忧，充分地发挥人才的聪明才智，促进新技术和新产品的快速更新换代。

国外技术贸易壁垒是国外企业限制我国企业发展的一种手段。欧美发达国家和地区为了遏制发展中国家医疗产业的发展，想方设法制定出各种技术标准、技术法规和认证制度，就是为了封锁对发展中国家的先进技术和产品的出口。因此，我国企业要突破国外企业的技术贸易壁垒。修订自己的药品生产质量管理规范从而向国际GMP靠拢，而GMP是国际上公认的药品生产质量管理的基本制度，对于中草药，还需要符合欧洲GAP标准。目前发达国家主要行业中普遍推行HSE管理体系，并进行

ISO14000 认证，而国内企业的环保意识还比较薄弱。因此，我们必须积极引进和培养既懂 GMP 又有制药实践经验的专家型人才，使企业达到国际先进水平。

六　加强整体规划和宏观调控度

一个良好的产业政策可以推动一个产业的快速发展，医疗产业的健康发展必须依靠国家在宏观层面上给予整体规划和调控。医疗产业的健康发展需要国家长远的规划和整体调控，医疗产业的快速发展需要国家全面统筹布局，制订长远发展规划。鉴于我国医疗产业目前存在的创新性差、产业规模小而散、在医疗标准制定方面不足的特点，医疗产业国家层面的发展规划应当包含创新性发展战略、产业整合发展战略和行业标准战略。

在创新性发展方面，国家应当对医疗产业给予科研经费支持，大力发展产学研结合的研究模式，培养综合性研发人员，整合创新资源，努力形成具有国际竞争力的研发团队，打造国际品牌的医疗品牌企业。目前国内医疗产业领域存在创新资源分散、企业间缺乏创新合作的问题。政府应当对医疗产业链进行整合、重组，促进行业内部创新资源优化组合，建立企业间医疗产业创新联合体，给予相应政策支持，鼓励大型企业间开展创新合作，资源共享，减少重复研发的情况。同时，政府还应当培养、引进人才，促进创新团队优化组合。此外，由于大型医疗器械设备日益精密，高级设备维护工人也成为制约医疗产业发展的重要因素，政府机构还应当设立相应的专业培训机构，培养高级技术工人，最大限度地减少产品使用期对国外企业的依赖，减少设备后期运营成本。

在经济层面，国家应该加大对民族产业的政策扶持与保护力度，例如采用税收、信贷等优惠政策，扶持我国医疗企业发展，对创新性产品简化行政审批程序，提供相应的信贷支持，对成熟的创新性产品给予相应的税收优惠，在采购政策上有所倾斜和照顾，在同等条件下鼓励医疗机构优先采购国内医疗产品，同时加大对国外垄断高端医疗产品的税收。对于应用国产大型医疗设备的医院，在医保报销比例上可以与应用国外产品的医院区别对待，促使更多人选择国产医疗器械。

七　培育规模型企业

目前我国医疗产业规模较小，产业集中度不高。为了促进医疗器械产业健康有序发展，相关部门应当从多方面出发，构建自主创新产业集群，培育规模型企业。目前医疗产业小而散的局面一方面造成了低端医疗产品的过度生产，供大于求；另一方面高端医疗产品方面创新性薄弱，一味仿制国外产品，在国际上无法形成具有竞争力的产品。国家一是应当对医疗产业统筹安排，调动地方政府及开发区的积极性，促进产业聚集和上下游配套单位的完善，以具体政策支持中小企业与龙头优势企业的分工合、协作，通过提高产品标准认证等方法，促使一批中小企业与大型企业合并重组；二是促进企业自有品牌与集群品牌相结合，鼓励区域产业群内企业自主创新，发挥集群优势，促进产业群从低技术型向创新型转变，形成区域突出、辐射全国乃至全球的产学研用一体化的医疗产业体系；三是鼓励生产企业兼并重组，通过企业间整合提高生产集中度，鼓励具有持续创新能力的企业做精做强，鼓励通过企业间资本运作、重组、联合兼并等方式，培育一批具有核心竞争力的国际化医疗企业。

第十六章
轻工业安全评价及安全指数研究

第一节 轻工业安全现状分析

一 轻工业发展情况概述与特征

（一）轻工业发展情况概述

1. 轻工业总体保持平稳增长

2013年，轻工业基本面表现良好。继2010年政策性扶持下全面实现恢复性增长的基础上，继续保持良好的发展态势，表现出经济自主增长的特点。据中国轻工业经济运行及预测预警平台发布的中轻景气指数，已连续数月位于"绿灯区"中心线以上，行业运行整体保持平稳态势。2013年12月中轻景气指数为93.59，产值、销售、出口、资产、利润等各分项景气指数均高于前三年平均水平。

2013年，轻工业努力克服经济增长放缓带来的不利因素，大力拓展国内外消费市场，积极推进产业转型升级。行业全年经济总体运行平稳，运行质量有所提高，对外贸易继续增长。

2. 轻工业产销增速总体稳中向好

根据国家统计局数据，2013年12月，轻工业增加值同比增长10.0%，高于全国工业0.46个百分点，与2012年同期基本持平（见图16-1）。

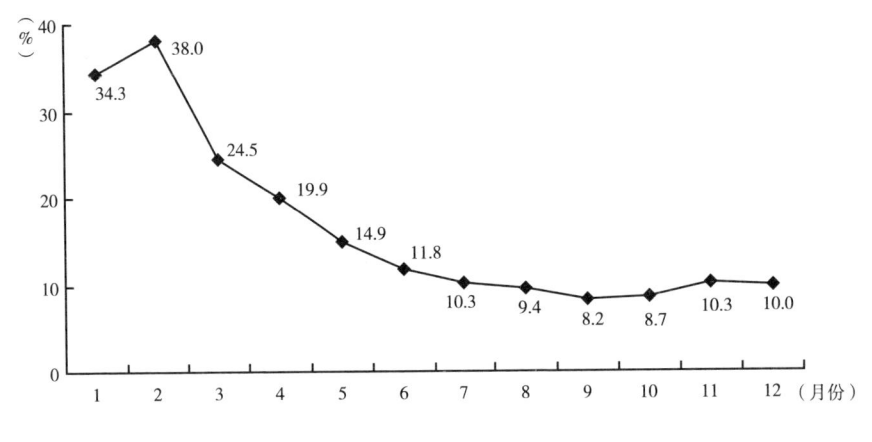

图 16-1　2013 年轻工业月度工业增加值增长情况

2013 年，在国家统计局统计的 92 种轻工主要产品中，69 种产品产量增长，占总数的 75%，其中，家电、电池、电动自行车、食品类产品增速较快。产量下降的产品主要是以纸、革等原料类产品和消费转型替代产品。其中，轻革、新闻纸产量降幅分别为 23.7%、5.7%；家用电风扇、白炽灯泡、脚踏自行车等消费转型替代产品降幅分别为 4.0%、3.55%、1.8%。

2013 年全国，轻工业全行业月度主营业务收入及同比增速见图 16-2。

2013 年，轻工业各大类产品中，快速消费品、文化体育用品及原料行业的主营业务收入增速分别较 2012 年下降 5.15、1.07 和 0.3 个百分点；日用消费品、耐用消费品、装备制造行业主营收入增速比 2012 年分别提高 0.89、1.53 和 7.06 个百分点，其中陶瓷、照明、食品行业增速超过 15%。

3. 轻工业商品出口保持稳定

2013 年，轻工产品出口总额 5583.38 亿美元，同比增长 9.99%，全年月度出口增速总体呈"V"形走势。2013 年二季度轻工出口表现低迷，出现了月度出口零增长甚至负增长情况。下半年恢复增长，从 10 月份起出口增幅有较大幅度回升，四季度累计出口增速已逐步恢复到 10% 左右（见图 16-3）。

4. 轻工业效益有所改善

2013 年全年，轻工业规模以上企业利税总额 1.99 万亿元，同比增长

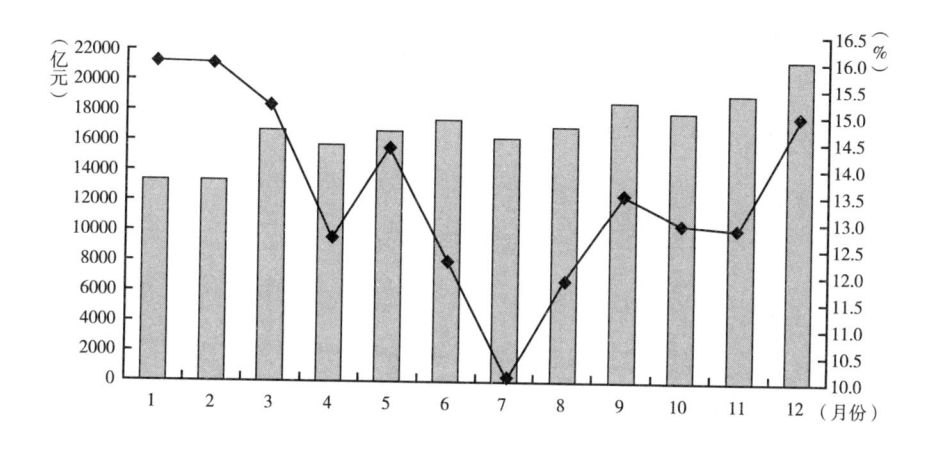

图 16-2　2013 年全国轻工全行业月度主营业务收入及同比增速

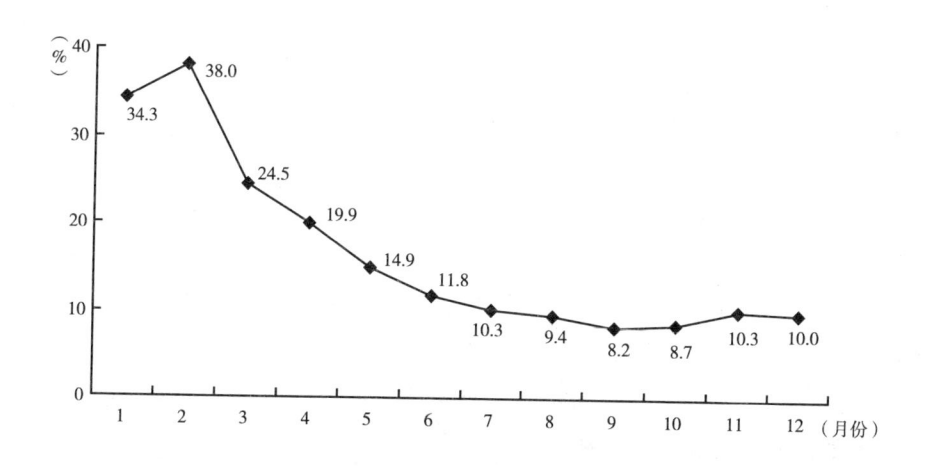

图 16-3　2013 年轻工业出口额累计增速情况

资料来源：中国工业经济统计年鉴。

14.89%，比 2012 年下降 4.24 个百分点；实现利润 1.3 万亿元，比 2012 年增长 14.61%。2013 年，轻工全行业主销售利润率为 6.47%，比 2012 年提高 0.25 个百分点。其中酿酒、饮料、日化、洗涤行业销售利润率均超过 10%。2013 年四季度，行业效益持续转好，全年行业亏损面收窄，行业应收账款、产成品库存增速以及资产负债率较前期均有所下降，行业经济运行质量总体有所改善。

5. 主要行业投资保持较快增长

2013年，农副食品加工业、食品制造业、家具制造业等主要行业投资保持较快增速，主要轻工业投资增速均高于制造业平均水平。其中皮革毛皮羽毛及其制品和制鞋业、造纸及纸制品业、橡胶和塑料制品业、金属制品业投资增速超过2012年同期。

（二）我国轻工业特征

1. 轻工业是多学科的应用工业。轻工业的技术基础是化工技术、机械加工技术、电子技术和生物工程等。各个学科的进步给轻工业的发展开辟了新的道路。如化工技术不断地给轻工业提供新的原材料，合成纤维的出现极大地丰富了人们的衣着，打破了天然纤维一统天下的局面；合成化学和高分子化学的发展，产生了塑料制品、合成洗涤剂、合成革等许多新的消费品行业；电气技术和机械加工技术的完美结合，制造出电冰箱、空调、洗衣机等新的消费产品，彻底改变了人们的日常生活；微生物学的发展给食品发酵工业开辟了更广阔的活动领域，生产出许多酶制剂、高果糖浆、单细胞蛋白等很有发展前途的产品。许多轻工产品还是技术与艺术的结晶，轻工产品设计是随着文化艺术、美学的发展而变迁的。如服装不仅与人们的生活有密切关系，而且还成为一个国家一个民族文化物质文明的活动橱窗；陶瓷不仅是人们生活中不可缺少的日用品，而且更需要融技艺于一体，为人们的生活增添艺术的情趣。当然工艺美术品的艺术特征更为明显，它就像美丽的鲜花把人们的生活打扮得绚丽多彩。当代消费品的质量指标，不仅体现在功能和物化性能上，还要有美学的价值，而且这种产品的美学价值在现代生活中愈来愈重要。

2. 轻工业是以中小企业为主体的工业。在中国，中小企业占轻工企业总数高达99%，就业人数也占到99%，总产值占84%。不仅中国轻工业组织形态如此，世界各国也大多如此，只是在大中小企业数量和产值上所占比例各有差异。这是由轻工业的生产原料和产品市场比较分散，设备和技术要求相应较低，所需资金投入较少等因素决定的。轻工业中的原材料工业，如制糖、制盐、造纸等行业以及一些必须具有规模经济生产的机电产品工业，如自行车、缝纫机、钟表、电冰箱、洗衣机等行业，一般有着较大的生产规模。而更多的日用小百货、日用五金制品、食品、工艺美术品、日用化学品等行业，就多为一些中小企业，但它们在国民经济保障供给方面发挥着不可替代的作用。

3. 轻工业是农业、重化工业的连锁工业，是国民经济大循环中的一个重要环节。轻工业是加工工业，原材料生产是它的"第一车间"。我国轻工业原料有50%～60%来自农业，40%～50%来自工矿业。食品、纺织、造纸、制糖、烟草、制革等行业的生产发展，在很大程度上取决于农业的发展。目前我国轻工业的农业原料基本处于农业自然经济供应状态，即能供给什么就加工什么。发达国家则按轻工业要求制订农业原料技术标准，按贸、工、农的次序，逐步形成从优良品种的选育、培植、推广到生产、供应的一整套商品生产体系。轻工业产品的生产离不开金属材料及酸、碱等化工基本原料，它们的品种、质量和规格型号配套是轻工生产发展的基本保证。

二　轻工业安全现状分析

2013年是我国加入世贸组织的第12年，入世以来轻工业不仅实现了经济总量持续稳定增长和产业国际竞争力的提升，而且提高了掌握和运用世贸规则的能力，在国际贸易事务中发挥了积极的作用。另外，受到世界经济纷繁复杂变化的影响，轻工业在应对国际贸易摩擦和把握外资控制力等方面也面临着挑战。

（一）轻工业频繁遭遇国际贸易摩擦

1. 贸易摩擦处于高发期

从国际贸易救济案件通报情况看，一方面，出现了国际贸易摩擦从传统劳动密集型产品向高科技产品转移的趋势；另一方面，涉及轻工产品的贸易摩擦数量仍在美国、欧盟发布的贸易摩擦公告中占有相当的比重。据轻工业WTO事务协调办公室跟踪，2012年，全球经济步入复苏进程至今已有三年，但复苏步伐依然沉重，经济增长速度仍显低迷。在此情况下，各国纷纷寻求保护国内产业的方式，贸易摩擦不断升级。受此影响，我国轻工业出口虽突破5000亿美元，但增速放缓，各子行业的利润也出现不同程度的下滑。

从全球轻工产业的发展情况来看，2012年，全球食品价格指数同比下降7.0%至212点；在鞋革业领域，包括厄瓜多尔、越南、印度、阿根廷等在内的国家纷纷出台措施，提高本国鞋革业竞争力。此外，全球葡萄酒产量估计为2.482亿百升，同比下降6%。在此背景下，我国轻工业生产形势总体保持平稳，轻工业累计实现利润1.4万亿元，保持了较快增长。在出口方面，2012年，我国轻工产品对欧美等传统市场出口保持增长态势，对美出口同比增长8.7%，增幅同比放缓12.7%；对欧出口同比增长2.5%，增幅同比放缓25.5%。

与此同时，我国轻工产品出口亦屡遭国外贸易保护的打击。2012年，国外对华轻工产品启动12起贸易救济调查，居国外对华各行业贸易救济调查案件数的第四位，同比增加9起，增幅高达300.0%。其中，反倾销调查7起，反补贴1起，涉华保障措施4起。涉案产品包括自行车、陶瓷餐具、红酒、粗糖和白糖、冷冻马铃薯条（片）等。

2. 反补贴措施影响日益加深

美国、欧盟对我国采取的贸易救济措施中，"双反"案件上升，其中欧盟对我国铜版纸进行反倾销、反补贴调查并做出仲裁，开启了对我国同一出口产品采取双重救济的先河。此案涉及出口铜版纸数量约20万吨，占欧盟市场份额不足5%，即使采取保护性措施，对本地产业的保护作用也十分有限，其用意值得深思。在这样的大环境下，轻工业对外贸易中遭遇反补贴调查的风险加大。反补贴调查涉及经济产业政策、制度层面的问题，敏感且副作用大，增加了应对工作的难度。

3. 与发展中国家的贸易摩擦成为焦点

随着出口贸易额的增长，解决好与发展中国家之间的贸易摩擦成为需要重点关注的问题。印度、巴西、阿根廷等发展中国家，将我国视为实施贸易保护措施的对象，表现出贸易摩擦升级并常态化的趋势。根据贸易救济网公布的各国对我国实施的贸易救济措施公告统计，巴西、阿根廷、印度已经成为对我国轻工出口产品发起贸易救济措施最多的国家，成为贸易摩擦的一个焦点，表现出涉案产品类别扩大、使用救济措施频率增加的特点。

4. 非贸易救济措施的影响加大

各种非贸易救济措施对轻工产品出口的影响程度加大。主要表现为：一是技术性贸易壁垒措施被广泛使用。根据轻工业WTO事务协调办公室统计，2011年发布的WTO/TBT通报中，涉及轻工业产品的通报166项，涉及食品、家电、日化、照明、玩具、日杂用品、自行车、五金、电池等行业。二是知识产权纠纷、产品召回事件仍呈现多发的特点。2011年美国发起的涉华337项调查案件中，涉及手提箱包、婴儿车、玻璃器皿等轻工产品。2011年美国涉及我国产品188项召回通报中，与轻工产品相关的超过50%。三是一些国家采取进口限额等措施限制我国产品进口。

（二）部分行业外资影响力较大

轻工业领域中内资企业仍然保持主导优势，但是部分行业外资企业的影响力较大，这既体现了对外开放的成果，也向企业提出了努力提升内资企业国际竞争力的历史任务。

1. 饮料等行业外资产值比重较高

2011年外资企业累计完成工业总产值占轻工全行业的17.72%（平均值），内资企业在产值能力方面具备较强的优势。但在个别子行业外资企业的产值能力稍强一些，例如饮料、眼镜和乳品三个行业外资企业累计完成产值占比相对较大。

2011年，全国饮料行业完成累计工业总产值4306.55亿元。其中，内资企业完成累计工业总产值1770.68亿元（占41.12%）；外资企业完成累计工业总产值1712.16亿元（占39.76%）；港、澳、台商投资企业完成累计工业总产值823.7亿元（占19.13%）。

全国眼镜行业完成累计工业总产值179.85亿元。其中，外资企业完成累计工业总产值68.49亿元（占38.08%）；内资企业完成累计工业总产值64.04亿元（占35.61%）；港、澳、台商投资企业完成累计工业总产值47.32亿元（占26.31%）。

全国乳品行业完成累计工业总产值2361.34亿元。其中，内资企业完成累计工业总产值1496.62亿元（占63.38%）；外资企业完成累计工业总产值827.99亿元（占35.06%）；港、澳、台商投资企业完成累计工业总产值36.74亿元（占1.56%）。

2. 个别行业外资企业利润总额高于内资企业

2011年外资企业实现利润总额占轻工全行业的17.13%（平均值），内资企业在赢利能力方面强于外资企业。但是饮料、乳品、洗涤、日化、眼镜五个行业外资企业利润总额占比相对较高。

全国饮料行业完成累计利润总额318.23亿元。其中，外资企业完成累计利润总额139.29亿元（占43.77%）；内资企业完成累计利润总额134.5

亿元（占 42.27%）；港、澳、台商投资企业完成累计利润总额 44.44 亿元（占 13.96%）。

全国乳品行业完成累计利润总额 148.93 亿元。其中，内资企业完成累计利润总额 83.25 亿元（占 55.9%）；外资企业完成累计利润总额 63.7 亿元（占 42.77%）；港、澳、台商投资企业完成累计利润总额 1.98 亿元（占 1.33%）。

全国洗涤行业完成累计利润总额 143.00 亿元。其中，外资企业完成累计利润总额 60.33 亿元（占 42.19%）；港、澳、台商投资企业完成累计利润总额 51.03 亿元（占 35.68%）；内资企业完成累计利润总额 31.65 亿元（占 22.13%）。

全国日化行业完成累计利润总额 291.47 亿元。其中，外资企业完成累计利润总额 111.5 亿元（占 38.25%）；内资企业完成累计利润总额 104.55 亿元（占 35.87%）；港、澳、台商投资企业完成累计利润总额 75.42 亿元（占 25.88%）。

全国眼镜行业完成累计利润总额 11.35 亿元。其中，外资企业完成累计利润总额 4.3 亿元（占 37.89%）；内资企业完成累计利润总额 3.86 亿元（占 34.01%）；港、澳、台商投资企业完成累计利润总额 3.19 亿元（占 28.11%）。

以上五个行业外资企业利润总额占比较高，明显超越轻工全行业外资企业利润占比（17.13%）。其中，饮料、洗涤、日化、眼镜四个行业外资企业利润占比均超过内资企业，显示较强的赢利能力。

轻工业内资企业在国内市场的占有率稳中有升，2011 年规模以上企业数据显示，内资企业销售产值占国内市场的比重约为 70%。说明内资企业在国内市场上的主体地位稳固，保持了较强的产业竞争力。

（三）轻工业积极维护产业安全

1. 积极转变外贸方式

近年来，轻工业出口市场格局发生了显著变化，新兴市场所占份额逐年提高，2011 年首次超过美、欧、日等传统市场，成为拉动出口增长的主要力量；自由贸易区贸易额快速增长，所占比重达到 21.13%，发展势头强劲。轻工业出口区域结构出现了明显变化，过度依赖美、欧、日等传统市场的局面得到改善，市场多元化的格局已经初步形成。从轻工业出口贸易方式变化情况看，一般贸易方式呈现逐年增长态势，2011年一般贸易约占出口贸易总额的62%，贸易方式有了进一步优化。在出口贸易方式中，一般贸易方式与产业关联度高、对产业的带动作用大，其占比高低从一个侧面反映了产业竞争力水平。

2. 提升快速反应能力

2011年"中国轻工业经济运行及预测预警平台"正式投入运行，通过信息化手段大大提升了预测预警能力和水平。同时，创造性地提出了"三级会商"制度，形成了由数据会商、行业会商和战略会商构成的三级工作架构，创新了工作形式和内容，在行业和政府之间建立起快速反应的渠道。轻工业景气指数的发布，在社会上产生了一定的影响，由产值、销售、出口、资产和利润五项构成的轻工业景气指数，已经成为对轻工业经济运行情况进行综合分析和判断的重要的参考坐标。

3. 加强贸易规则运用

2011年，面对贸易摩擦常态化、复杂化的形势，各行业协会加大工作力度，在组织企业做好案件应诉和复审工作的同时，注意总结本行业贸易摩擦的新情况和新特点，通过加强与相关方交流沟通、定期磋商等方式增加共识，化解摩擦，取得了很好的效果。对严重违反世贸规则的典型案件，积极反映行业诉求，通过世贸争端解决机制，从贸易规则层面上维护合法权益。2010年，我国就欧盟对中国皮鞋采取的反倾销措施启动了世贸组织争端解决程序，2011年迫使欧盟在磋商期间终止了反倾销日落复审。这是我国轻工业运用世贸争端解决机制解决贸易摩擦的首个案例，也是一个成功的案例，具有标志性意义。

第二节 轻工业安全影响因素分析

一 成本因素

当前，轻工企业面临的困难是原材料价格波动、劳动力成本提升、融资难等多种因素叠加影响的结果。其中，处于产业链、价值链低端的中小企业遇到的困难尤其突出。

（一）原材料价格成本

原材料价格保持高位运行，如洗涤用品主要生产原料表面活性剂、油脂等价格居于高位，2011年初价格相比2010年中期涨幅50%以上，到4月份虽然个别原料价格有所回落，但仍然处于高位；制革行业，2011年原料皮价格一直高位运行，牛皮、猪皮价格累计增幅30%~40%，皮革行业的能源支出增幅也在两位数以上，部分龙头企业的支出增长超过20%；五金行业水龙头和淋浴房企业反映原材料成本上升10%左右，炊具行业的主要原材料铝和不锈钢增长20%左右。

（二）劳动力成本

劳动力成本上升以及区域性用工难问题是制约企业发展的一个重要因素。2011年轻工业劳动力成本增幅在20%左右。轻工企业用工难的内在原因是结构性矛盾，主要集中在经济较发达、劳动力输入地区，低附加值、劳动密集型行业尤为突出，特别是一线工人缺口较大。据抽样调查，温州855家企业中有74.5%的企业表示用工较缺。浙江省轻工中小型企业集中的鞋类、眼镜、打火机、制笔、锁具等劳动密集型行业，缺工10%以上企业的比例均超过八成。

（三）运营成本

中小企业经营困难的局面仍在持续，融资难问题有向更大范围扩大的迹象。规模较大的企业也不同程度地受到了资金紧张的困扰，企业的财务费用同比有较大幅度的增长，规模以上企业的财务费用同比增长30%左右，其中利息支出同比增长超过40%。高成本融资，作为贷款难的伴生物已经成为企业发展的障碍。

随着各种生产要素成本持续走高，企业面临的经营环境日益严峻。2011年1~12月，轻工小型企业融资压力较大，财务费用、利息支出增速明显高于中型、大型企业。

二 外贸因素

（一）出口产品结构

我国轻工业的高端产品供应不足，中低端产品产能过剩，再加上科技水平与先进国家相比仍有较大差距，一些关键技术和重大装备仍然依赖进口，这些因素导致出口方面高端产品少，附加值不高，如钟表平均出口单价是进口钟表的1/40。而且出口产品"贴牌加工"方式的比重较大，自主品牌影响力弱，在国际市场上有影响力的品牌更少。

（二）贸易摩擦更加频繁，国际竞争更为激烈

2008年国际金融危机之后，贸易保护主义盛行，中国部分轻工产品在国际市场上受到阻碍，一是对中国的反倾销反补贴案件增加，涉及造纸、皮革、五金、家具、陶瓷、家电、文体用品等10多个行业；二是提高出口标准等非贸易壁垒措施增加；三是利用供应者众多压制产品价格，出口企业利润较低。

与经济放缓、贸易规模萎缩相伴而来的是贸易摩擦加剧，使我国外贸出口面临严峻挑战。我国轻工商品出口国家范围较广，出口价格较低，因此将会面临更加频繁的贸易摩擦冲击，摩擦来自发达经济体以及新兴市场国家，对此我国企业必须做好长期应对的准备。

（三）汇率因素

相比原材料和劳动力成本的变动，汇率变化仍是企业最难把握的因素，也依然是影响轻工业出口的重要因素。2011年全年人民币兑美元实际升值近5%，汇率弹性增加，不少轻工企业对于有些订单不得不放弃，提价空间缩小，接单也越来越保守。

人民币升值使得国内对外购买力增强，消费者对国外产品的购买，间接影响到国内产品的消费市场。

轻工产品出口市场面临较大的压力，玩具、家具、家用电器、缝制机械、文体用品等出口占比大、传统市场份额高的行业受到较大的影响，行业经营环境不容乐观。

三 政策环境因素

相关国家部委以经济发展方式转变为主线，发挥政府引导和推动作用，在公共服务平台建设、战略新兴产业培育、中小企业技术创新、节能减排、协作配套、示范基地建设、外贸出口方式转变、培育和发展"专精特新"与产业集群等方面均给出了明确的支持政策。

1. 工信部关于印发《国家中小企业公共服务示范平台管理暂行办法》的通知

为贯彻落实《国务院关于进一步促进中小企业发展的若干意见》（国发[2009]36号），推动公共服务平台建设，促进中小企业又好又快发展，工信部出台了《国家中小企业公共服务示范平台管理暂行办法》。该办法从示范平台的条件、申报、评价、管理等方面加强了产业集群示范平台的建设运行。

2. 工信部发布《"十二五"中小企业成长规划》

《"十二五"中小企业成长规划》主要任务明确提出：进一步提高"专精特新"和产业集群发展水平。坚持把走"专精特新"之路作为促进中小企业成长的重要途径，把集聚发展作为促进中小企业成长的着力点，建立起企业间紧密的分工协作关系，努力形成中小企业"专精特新"竞相发展的新格局。

按照"布局合理、特色鲜明、用地集约、生态环保"的原则，积极推动以上下游企业分工协作、品牌企业为主导、专业市场为导向的产业集群建设。加强统筹规划，坚持市场导向，突出地区优势和特色，发展专业化产业集群。适应不同地区、不同行业的特点，探索多种类型的产业集群发展模式。加强产业集群环境建设，改善产业集聚条件。

3. 《商务部关于开展外贸转型升级示范基地培育工作的函》

2011年，为加快转变外贸发展方式、巩固贸易大国地位、推进贸易强国进程、提升外贸发展质量和水平，商务部开展外贸转型升级示范基地培育工作，制定了《商务部外贸转型升级示范基地培育工作总体方案》及《2011年国家外贸转型升级示范基地认定工作方案》。

4. 科技部组织实施《创新型产业集群建设工程实施方案（试行）》

为贯彻落实中央关于加快转变经济发展方式的战略部署，培育和发展战略性新兴产业，科技部制定了《创新型产业集群建设工程实施方案（试行）》。组织实施创新型产业集群建设工程。

创新型产业集群建设工程围绕战略性新兴产业，通过制度建设和机制创新，以科技资源带动各种生产要素和创新资源集聚，形成以科技型中小企业、高新技术企业和创新人才为主体，以知识或技术密集型产品为主要内容，以创新组织网络、商业模式和创新文化为依托的产业集群。把发展科型企业与地方经济发展和国家战略导向结合起来，强化科技服务经济的能力，培育、壮大一批具有较强区域带动性的特色支柱产业，为加快转变区域经济发展方式提供强有力的科技支撑。

综上所述，轻工业区域协调发展的趋势之一就是明确区域比较优势，合理选择主导产业，有效利用当地特色资源和特有历史文化资源，推动各地发展特色产业。此外，还有待于培育一批符合低碳经济、循环经济、产业链比较完善又各具特色的现代产业集群示范基地，促进轻工业的合理布局和差异化发展。

四　品牌因素

庞大的驰名商标保有量和中华老字号认定量，不断上涨的央视广告投放，反映了我国轻工业在品牌建设方面投入巨大，但在市场影响力上仍有进一步提升的空间。我们认为轻工品牌建设需要解决好以下三方面的问题。

（一）品牌影响力

从整体上来看，目前我国轻工业的品牌建设规模有余，但影响力偏弱。品牌建设的基本思路沿袭传统规模经济理论，追求量的扩张，通过量变，实现更大的量变，但是按照经济学原理，随着生产的边际成本增加和边际效益递减，企业规模过大和市场饱和之后，规模越大可能越不经济。因此轻工的品牌建设亟待从追求规模、打造大品牌，转向打造影响力、树立强品牌，按照势力经济理论，企业生产要素的增加，应该对市场权力起到放大的效应，要增强品牌对市场的控制力和行业的领导力。

（二）品牌并购意识

品牌建设，投入是巨大的，如果试图进入一个全新的市场，或者另一个国家的市场，在品牌拓展上无疑将投入更为巨大的财力和精力，而且还要遭遇原有市场各种力量的排挤。因此对于日渐崛起的轻工企业而言，品牌并购相比自创品牌而言，是一种更为有效的组合型品牌建设方法，既规避了成本压力和市场风险，还能够通过并购其他品牌以获得其他品牌的市场地位和品牌资产，增强自己的实力。品牌的并购，有助于扩大原有品牌所涵盖产品的生产规模；有助于绕道贸易壁垒进入其他国家和地区；有助于加快进入海外区域市场的速度，实现品牌的快速扩张；有助于实现产品多元化的需要。

(三) 品牌国际化

随着全球经济一体化程度的加深,在经济领域,品牌的国家界限正逐步淡化。近年来,国内轻工品牌相继被国外知名品牌并购,如食品行业雀巢公司以17亿美元的价格收购徐福记60%的股权。一些行业的国内品牌基本消失,由此引发业内关于品牌有无国界的争论,保护民族品牌的呼声日渐高涨。

以联合利华为例,旗下分布全球的400多个品牌,大部分是通过收购本地品牌,通过其成熟的品牌运作体系,推广到世界各地,成长为享誉世界的国际品牌。美国的旁氏、英国的夏士莲,都成为"品牌无国界"的成功代言。因此,轻工业品牌的建设既要认真培育民族品牌,又要坚持品牌无国界原则。民族化是品牌精神的重要支撑和文化载体,随着中国文化热在全球兴起,民族化正在成为中国品牌进入国际市场的重要推手。中国品牌对外输出和跨国公司并购享有盛誉的民族品牌,都是"品牌无国界"的象征,是企业迈向全球化不同路径的自主选择。

五 "两化"因素

为促使两化融合工作在轻工业领域得到贯彻落实,同时实时动态地监测两化融合工作的推进程度,中国轻工业信息中心针对家电行业,根据行业设定的权重和评分依据,对参与调查的45家样本企业进行了两化融合水平评分。

对家电行业的两化融合水平评分结果显示,行业平均得分为56.91分,最高分为91分,最低分为30.28分,样本企业得分呈现出两头低中间高的特点。

家电行业企业"两化融合"发展水平总体上分为:资源环境建设阶段、单项应用阶段、协同集成阶段和整合创新阶段。调查显示,45家样本企业中,6家企业仍处于资源环境建设阶段,18家企业处于单项应用阶段,14家企业处于协同集成阶段,7家企业已开始迈向整合创新阶段。评估表明,"两化融合"总体水平正处于从单项应用向协同集成过渡阶段。

以家电企业信息化实施应用的调查研究为例,我们认为家电行业"两化融合"的关键点包括:加强产品设计信息化;加强生产管理信息化;促进电子商务发展;推进产品全生命周期管理;推进产业链集成优化。同时,积极跟踪并尝试新型信息化服务领域,如物联网、云技术等。

因此我们认为家电行业"两化融合"的发展趋势特征是：产品研发生产智能化、网络化、绿色化和虚拟化；企业发展模式由生产主导向服务主导转型。

我国拥有庞大的中小企业数量，这些中小企业在品牌、资金实力、核心技术和政府资源等方面处于劣势，但它们的信息化愿望和需求是迫切的。"云"的成熟应用和普及使中小企业实现信息化成为可能。

对于中小企业来说，企业应该根据自身的实际情况来选择。未来企业信息化的应用趋势实际上是多方技术和多种服务的大融合。融合的关键是先进的网络化应用、成熟的云服务体系、完备的运营机制和可行的履行标准。

我国政府在《物联网"十二五"发展规划》中，提出在2015年初步完成物联网产业体系构建，其中要在核心技术研发与产业化、关键标准研究与制定、产业链条建立与完善、重大应用示范与推广等方面取得显著成效，初步形成创新驱动、应用牵引、协同发展、安全可控的物联网发展格局。

轻工业领域中，海尔集团2010年首创"物联网冰箱"，目前已掌握了规模化推广的独立芯片技术，物联网冰箱批量生产已具备条件；小天鹅洗衣机在全球推出首款物联网洗衣机，率先完成了从理论研究向产品开拓的转变，处于全球领先地位；五粮液集团逐步完善RFID技术（射频识别）的食品防伪和追溯管理等主要功能，逐步形成行业应用标准，为下一阶段我国商品流通市场中RFID的防伪应用摸索出一条可行的途径。

第三节　轻工业安全的界定与特征

一　轻工业安全的界定

（一）轻工业

按照我国国家统计部门的规定，轻工业是指主要提供生活消费品和制作手工工具的工业。按其所使用的原料不同，分为两大类。

第一，以农产品为原料的轻工业，是指直接或间接以农产品为基本原料的轻工业。主要包括食品制造、饮料制造、烟草加工、纺织、缝纫、皮革和毛皮制作、造纸以及印刷等工业。

第二，以非农产品为原料的轻工业，是指以工业品为原料的轻工业。主要包括文教体育用品、化学药品制造、合成纤维制造、日用化学制品、日用玻璃制品、日用金属制品、手工工具制造、医疗器械制造、文化和办公用机械制造等工业。

从上面论述中可以看出：轻工业具有提供"满足人们物质生活和精神生活所需要的生活资料"的内涵。在我国，轻工业就是消费品工业的主体，是国民经济的重要产业。它所涉及国民经济行业中的22个大类44个行业50多万种产品，涵盖了衣、食、住、行、用、玩各个方面，与人们生活息息相关。

因此，轻工业在我国承担着繁荣市场、提高人民生活质量、扩大出口创汇、促进经济增长的重要任务，此外还在积累建设资金、带动解决三农问题、缓解就业压力、维护社会稳定等方面发挥着重要作用。

依照轻工业的定义，提供生活消费品的工业即为轻工业。但在国家统计局的《三次产业划分规定》中有一些生产生活消费品的工业并没有被划为轻工业，如通信设备、计算机及其他电子设备制造业，仅家用影视设备、家用音响设备被划入轻工业，其余绝大部分被划入重工业，而电话机、手机、家用电脑等电子信息产品都已成为人们生活的普通消费品。因此，用已经过时了的轻、重工业二分法的产业分类来指导变化了的现实经济难免有误导政策之嫌。

（二）轻工业安全

轻工业安全是指轻工业及其细分行业在国内外经济环境影响下平稳、全面、协调、健康、有序地发展，并不受外资威胁，不受贸易条件和贸易摩擦影响，逐步形成具有国际品牌影响力、竞争力的产业发展状态。这包括两个方面的内容，即轻工业发展安全和轻工业存在安全。

二 轻工业安全的特征

（一）自主创新能力不强

从我国轻工业总的状况来看，虽然我们是世界轻工业大国，但还不是世界轻工业强国。目前，轻工业的自主创新能力与其他国家相比还有不小的差距，主要表现在：一、轻工业自主创新体系尚未完全建立起来；二、轻工业中小企业技术创新能力较差，且多以模仿替代创新；三、企业创新投入不足。这些问题形成，既有企业自身的原因，同时也有客观上的政策不落实、融资渠道不畅等原因。

（二）产业结构亟待调整

生产能力主要分布在沿海地区，中西部地区发展滞后。出口市场主要集中在欧、美、日，尚未形成多元化格局。中低端产品多，高质量、高附加值产品少。低水平重复建设和盲目扩张严重。

（三）节能减排任务艰巨

从目前情况来看，轻工业节能减排面临的任务仍然比较繁重，单位产值和单位产品水耗、能耗、主要设备能耗指标、污染物排放指标等方面与国际水平相比差距较大，主要污染物（COD）排放量占全国工业排放总量的50%，工业废水排放量占全国工业废水排放总量的28%，食品、造纸、皮革等行业是轻工业污染物排放的主要行业，也是节能减排任务较重的行业。

（四）轻工业安全评价的意义

轻工业安全指数对于研究国际经济活动、制定国家经济政策、企业发展投资等都具有重要的意义。

首先，对于国际经济活动来说，国际化的经济运行监测是从20世纪70年代就开始的，从当初只有西方工业国家发展到越来越多的国际组织开始建立经济运行景气监测系统。现在随着全球化进程的加快，国际合作与竞争呈现常态化，一个国家的经济状况常常会对别的国家甚至整个国际经济带来巨大的影响，如美国2008年的经济危机或是欧盟的债务危机等。运用经济运行景气监测可以对当前的经济状况进行分析，及时掌握经济发展的动向，有利于各国快速制定相应的政策措施，积极把握国际经济往来中的机遇，同时避免不良因素对本国经济的冲击，保障国际合作的顺利进行以及经济安全。

其次，对国家来说，利用经济运行景气指数一方面可以对国内经济状况进行分析，宏观地把握调控趋势，有利于政府和民众了解国家经济发展的态势，为今后的发展制定相应的政策，使得经济更好地发展；另一方面也可以检验原有政策的执行效果，及时发现经济发展中存在的问题，找出政策措施的缺陷不足之处，从而加以完善，避免造成更大的损失。

最后，对于企业来说，经济大环境对企业的生产经营有着重大的影响，不论是政策环境的影响还是经济发展的冷热状态都与企业的生存发展密不可分，经济运行景气指数可以为企业提供一个参考，帮助企业了解当前经济景气状况以及今后的发展势头，从而做出合理的决策，明确投资方向，制定自己的生产营销计划，避免盲目而为，造成损失。

第四节 轻工业安全评价逻辑与指标体系

一 轻工业安全评价的分析逻辑

图 16-4 详细地列出轻工业安全评价的分析逻辑。

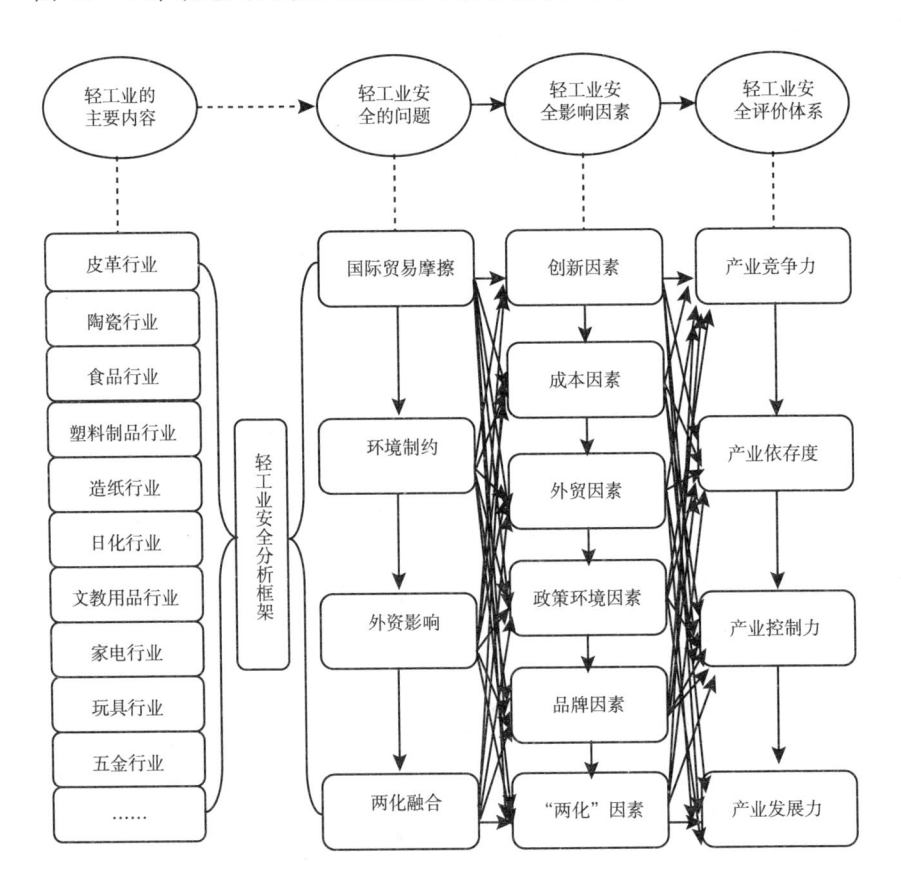

图 16-4 轻工业安全评价分析的逻辑

二 轻工业安全评价的内容

轻工业安全评价包括四个方面，分别为：产业竞争力、产业依存度、产业控制力和产业发展力。除此之外还包括产业生存环境。

其中，产业生存环境：产业产值、出口数量、贷款额、劳动生产率增幅、单位劳动力成本、单位废水排放、单位废气排放、单位固体废弃物排放、国际规制环境、国内规制环境。

产业竞争力：贸易竞争指数、产能利用率、产销率、市场集中度、研发投入比。

产业依存度：进口对外依存度、出口对外依存度。

产业控制力：外资市场控制率、外资股权控制率、外资总资产控制率、外资固定资产控制率、外资轻工业发明专利控制率、外资研发投入控制率、外资新产品产值控制率。

产业发展力：固定资产净值增长率、就业人数增长率、销售收入增长率、总资产收益率、行业亏损面。

三 轻工业安全评价指标体系

表 16 - 1 轻工业安全评价指标体系

一级指标	二级指标	三级指标
产业生存环境	金融环境	产业产值
		出口数量
		贷款额
	劳动要素环境	劳动生产率增幅
		单位劳动力成本
	资源与生态环境	单位废水排放
		单位废气排放
		单位固体废弃物排放
	政策环境	国际规制环境
		国内规制环境

续表

一级指标	二级指标	三级指标
产业竞争力	市场竞争力	贸易竞争指数
	绩效竞争力	产能利用率
		产销率
	结构竞争力	市场集中度
	技术竞争力	研发投入比
产业依存度	进口依存度	进口对外依存度
	出口依存度	出口对外依存度
产业控制力	市场控制度	外资市场控制率
	股权控制度	外资股权控制率
	总资产控制度	外资总资产控制率
	投资控制度	外资固定资产控制率
	轻工业技术控制度	外资轻工业发明专利控制率
		外资研发投入控制率
		外资新产品产值控制率
产业发展力	资本积累程度	固定资产净值增长率
	吸收就业能力	就业人数增长率
	市场开拓能力	销售收入增长率
	赢利能力	总资产收益率
		行业亏损面

第五节 轻工业安全指数编制

一 指数定位

编制轻工业安全指数的主要目的就是尽可能早地发现经济运行变化的迹象，尤其是尽可能早地预测出经济运行的转折点，以便为经济决策服务。它的作用集中体现在对当前宏观经济运行状况进行描述和对未来经济发展的趋势进行预测这两个层面上，具体来看，主要有以下五方面的作用。

①能够正确评价当前轻工业安全的状态，恰当地反映轻工业运行形势的冷热程度，并能承担短期经济形势分析的任务。

②能描述轻工业运行的轨迹，预测其发展趋势，在重大经济形势变化或发生转折前，及时发出预警信号，提醒决策者要制定合适的政策，防止经济发生严重的衰退或发生经济过热。

③能及时地反映宏观经济的调控效果，判断宏观经济调控措施是否运用恰当，是否起到了平抑经济波动幅度的效果。

④能够为企业提供一定的参照作用，通过量化指标更好地进行科学管理，避免带有主观意志的人为干扰，有利于企业的经营决策。

⑤能够及时反映经济波动的时点，有利于改革措施出台时机的正确决策。

二 指数编制技术选择

为了更加直观地分析和评价一国的产业安全状况，在探索轻工业安全指数模型中试图以系统动力学模型的思想为基础，构建轻工业安全指数的分析模型。

系统动力学模型的主要功能是提供一种进行学习和政策分析的工具，而且系统动力学模型是一个结构依存型模型，模型仿真模拟结果的可靠性在很大程度上依赖于模型对真实系统结构的描述程度。但对于一些复杂多变，规模庞大，内部结构复杂，且各要素变量间的关系模糊性和不确定性的复杂巨系统，通常会出现要素繁杂、难以量化的问题。而结构方程通过引进潜变量来解决一些不易量化或不可直接观测的变量难题，并且可利用潜变量将系统划分成不同的子系统，确定了系统要素间、子系统与子系统以及整体与局部的关系，且验证了系统结构模型的合理性。因此，采用结构方程模型建模方法与系统动力学建模方法相结合的方法，建立系统动力学结构模型是一种有效方法，其规范性建模过程如图16-5所示。

三 指标数据的收集与处理

（一）数据收集

轻工业安全指数编制和处理过程中所使用的数据来自《中国轻工业统计年鉴》《中国统计年鉴》《中国轻工业年鉴》《中国工业统计年鉴》《中国关于经济统计年鉴》《中国工业企业科技活动统计年鉴》。

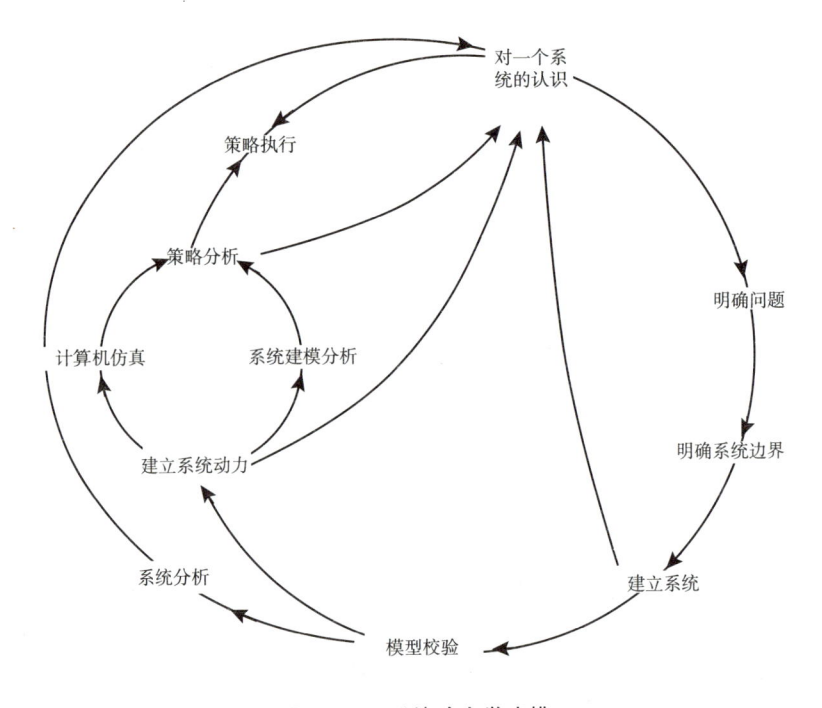

图 16-5　系统动力学建模

(二) 数据处理方法

(1) 数据标准化处理。主成分分析法假定原变量是因子变量的线性组合。第一主成分有最大的方差，后续成分，其可解释的方差越来越少。从数学角度来看，这是一种降维处理技术。

(2) 计算相关系数矩阵和特征值。特征值是各主成分的方差，它的大小反映了各个主成分在描述被评价对象上所起的作用。

(3) 计算因子变量方差贡献率及累积方差贡献率，确定主成分个数。因子变量的命名解释是因子分析的另外一个核心问题。经过分析得到的主成分是对原变量的综合。在实际分析的过程中，主要是通过对载荷矩阵的值进行分析，得到因子变量和原变量的关系，从而对新的因子变量进行命名解释。

(4) 计算因子得分。主成分确定以后，对每一样本数据，希望得到它们在不同因子上的具体数据值，这些数值就是因子得分，它和原变量的得分相对应。通过因子分析得到的结果可以用来综合判定。利用因子得分和主成分的方差贡献率构造综合评价函数，计算出的评价函数即为各主成分因子的线性函数。

四 基期选择与指数计算

（一）基期选择

根据数据的可得性，轻工业安全指数选择 2003 年作为基期，计算 2003~2012 年轻工业安全指数。

（二）指数计算

1. 权重确定

熵权法是一种在综合考虑各项评价指标所提供信息量的基础上，对各指标权重进行评价的方法。具体而言，熵权法是根据各指标所包含的信息量大小来确定权重，某个评价指标所包含的信息量（或变异程度）越大，熵值就越小，该指标的权重越大；反之亦然。如果某个评价指标值的各个取值都相等，则该评价指标并不向系统提供有用信息，该指标权重为零。根据各评价指标所提供的信息量计算熵值来确定各指标的权重，再对所有指标进行加权，可以得出较为客观的综合评价结果。

根据此方法计算的轻工产业安全指数各指标的权重见表 16-2。

表 16-2 轻工产业安全指数指标体系各指标权重

指标	权重	指标	权重
产业产值	0.0241	进口对外依存度	0.1081
出口数量	0.0243	出口对外依存度	0.1005
贷款额	0.0124	外资市场控制率	0.0913
劳动生产率增幅	0.0075	外资股权控制率	0.0617
单位劳动力成本	0.0075	外资总资产控制率	0.0611
单位废水排放	0.0104	外资固定资产控制率	0.0308
单位废气排放	0.0107	外资轻工业发明专利控制率	0.0247
单位固体废弃物排放	0.0101	外资研发投入控制率	0.0249
国际规制环境	0.0185	外资新产品产值控制率	0.0125
国内规制环境	0.0273	固定资产净值增长率	0.0316
贸易竞争指数	0.0061	就业人数增长率	0.0157
产能利用率	0.0364	销售收入增长率	0.0632

续表

指标	权重	指标	权重
产销率	0.0242	总资产收益率	0.0315
市场集中度	0.0671	行业亏损面	0.0135
研发投入比	0.0423	—	—

2. 指数生成

对轻工业安全指数进行加权求和，分别得出上一级指标的评价值，然后通过递推的方法从低一级往上一级演进，最后得出总目标的综合指数。根据专家经验，本报告把评价结果分为五个区间，并界定一个相应的安全级别。具体见表16-3。

表16-3 轻工业安全水平等级细分

安全等级	安全等级符号	安全等级区间	安全细分等级符号	安全等级含义	安全等级细分区间
很安全	A	(85,100]	A+	很安全偏正面	(95,100]
			A	很安全	(90,95]
			A-	很安全偏负面	(85,90]
比较安全	B	(70,85]	B+	比较安全偏正面	(80,85]
			B	比较安全	(75,80]
			B-	比较安全偏负面	(70,75]
基本安全	C	(55,70]	C+	基本安全偏正面	(65,70]
			C	基本安全	(60,65]
			C-	基本安全偏负面	(55,60]
不太安全	D	(40,55]	D+	不太安全偏正面	(50,55]
			D	不太安全	(45,50]
			D-	不太安全偏负面	(40,45]
不安全	E	(0,40]	E+	不安全偏正面	(35,40]
			E	不安全	(30,35]
			E-	不安全偏负面	(0,30]

根据计算结果，2003~2012年轻工业安全指数见表16-4。

表16-4 2003~2012年轻工业安全指数

年份	2003	2004	2005	2006	2007	2008	2009	2010	2011	2012
指数	58.20	57.28	62.80	63.29	64.64	66.95	65.85	68.88	68.63	70.49
级别	C-	C-	C	C	C	C+	C+	C+	C+	B-
含义	基本安全偏负面	基本安全偏负面	基本安全	基本安全	基本安全	基本安全偏正面	基本安全偏正面	基本安全偏正面	基本安全偏正面	比较安全偏负面

五 指数简要分析

在得出各级指标的权重分配后，就可以参照所构建的指标体系进行产业安全度指数计算。综合计算的方法很多，有层次分析法、模糊数学、熵值法等。无论是选择哪一种方法，关键是要构造各指标的安全函数并求出它的隶属度。为了方便起见，本研究结合权重的分配，可以得出从2003~2012年的产业安全指数，如表16-4所示。从轻工业安全指数结果来看，中国轻工业每年的安全指数处于不断波动中，如图16-6所示。2004年、2009年和2011年受国际经济环境和经济危机的影响出现安全指数下滑的现象。

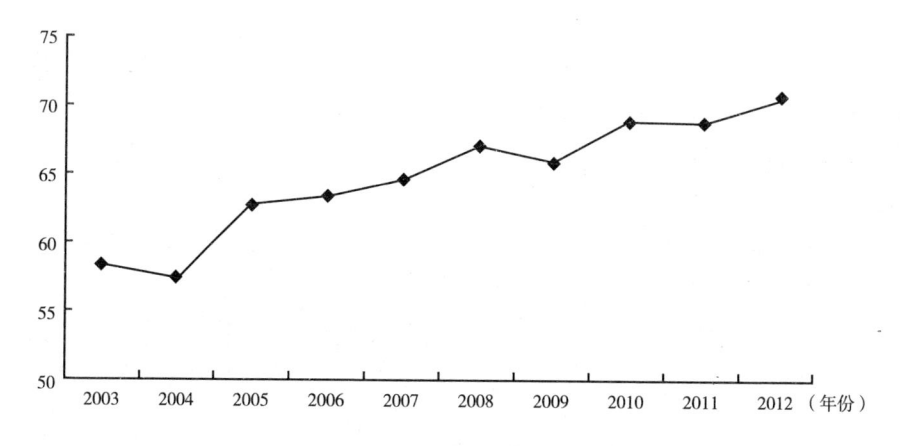

图16-6 2003~2012年轻工业安全指数

第六节　轻工业安全存在的主要问题及对策分析

为使轻工业加快转型升级、实现平稳增长、融入全球产业经济发展格局之中，轻工业和企业自身要不断开拓进取，抓住机遇做大做强；还要积极争取国家相关政府职能部门的扶持政策，营造良好的发展环境，以创新思想、进一步推动轻工业开放型经济建设。具体发展建议如下。

一　积极接轨国际标准，提高轻工产品品质

轻工业是国民经济的重要组成部分，其中食品、家具、家电、日化等多个行业都是关系人民生活利益的产业。无论从提升人民生活质量还是提高产品国际竞争力的角度，都对轻工产品的品质提出了更高的要求。因此，在经贸领域中，应当积极地从产品标准、生产标准，乃至环保标准等各个层面与国际标准接轨，提高内销和出口商品的品质，提升品牌影响力。

建议针对轻工业特点建立自主品牌专项扶持基金，对自主品牌的宣传和开拓国际市场加大支持力度；对本土企业、自主品牌开拓国内大商场零售渠道给予扶持。

二　着力疏通内销渠道，营造良好商业环境

为进一步开发内需市场和拉动内部需求，政府还应该从商品流通领域着手，治理零售终端的直接或间接商业垄断问题；简化商品流通的中间环节和手续，从而降低商品流转成本；进一步落实保障房和廉租房的建设与管理工作，进而带动相关轻工产品的供需关系发生良性循环。

在对外贸易方面，应当积极地化竞争为联盟，推进我国与东南亚、东亚、新兴经济体等国家和地区建立自由贸易区，以共赢和多赢的姿态，谋求更大和更好的国际市场，增强自身调动国际资源促进本国轻工业发展的能力。

三　完善企业退出机制，推进行业转型转移

对于运行效率和效益低下的企业，建立主动退出机制，有利于企业自身

的收益调整和减轻市场竞争压力，促进轻工业骨干企业能够突出自身优势，更好地组织资源，保持行业整体平稳发展。

通过政策疏导和企业家教育，积极引导轻工企业经营思路的转变，向提高制造精度的方向而努力，更加关注于产品质量、信誉、品牌知名度的提升。

运用相应的人才政策、专项基金支持等措施，扶持一些具备一定资源优势的行业和企业，以达成业务多元化的发展局面，进而实现主营业务由制造业向服务业转型。

在西部大开发"十二五"规划的指引下，通过一系列实施细则的颁布，利用区域经济的差异优势，推进皮革业、家具业等具备一定转移条件的行业向四川省、重庆市等中西部地区展开梯度式转移。

四 贴近民生发展要求，建设放心消费工程

轻工产品大多是关系居民消费需求与消费质量的民生用品，建议建立健全相应的工作机制，依托先进的物联网技术，着力推进产品生产、流通、销售的标准化、规范化、统一化。基于畅通的信息渠道，尝试设立统一配送中心，实行统一配送、统一标志、统一价格、统一服务的"四统一"试验基地。

一方面，充分有效地利用新闻媒体，加大"放心商品"和"放心消费"体系的宣传，提高城乡消费者安全消费和放心消费意识，使放心消费工程的建设为广大群众所认可。

另一方面，不断加大政策支持、资金扶持、科技投入力度，使放心消费工程建设的前期试验成果得到综合推广和利用，取得更大更好的发展，为开展放心消费工程打下坚实的基础。

五 建设公共服务平台，推动区域经济发展

为使区域经济协调均衡发展，信息畅通和有效共享非常关键，因此，建议现有各项财政专项资金向区（县）域经济公共服务平台、产业集群公共服务平台和龙头企业倾斜，有条件的地区可以设立区（县）域经济、产业集群发展专项资金，重点用于产业集聚发展环境建设。

建议地方政府部门资金投入与组织参与相结合，加大对制造企业向生产性服务业转型的资金支持，加快公共服务平台建设，建立数据直报系统，不断完善集聚效应型的技术创新、研发设计、知识产权保护、检测认证、信息咨询、展销、物流等公共服务功能，提高服务质量和效率，降低服务成本，促进产业集群升级和区域经济发展。

六 借助国家预警平台，加强行业调控指导

国家轻工业振兴规划提出要建立"轻工业经济运行及预测预警系统平台"（以下简称"预警平台"），目前项目一期已经完成。预警平台通过"中国轻工业数据中心网"（www.qgysj.org）发布中轻景气指数及各行业、各地区轻工景气指数等重要行业信息，并与家具、皮革、自行车、五金、缝纫等行业协会，山东省、宁夏回族自治区轻工业管理部门等地区行业组织开展合作，共同组建行业信息联盟，对于深化行业研究、指导企业理性投资起到重要支撑作用。

预警平台需要进一步发展，建议国家相关部门继续加大投入支持力度。在国家的支持下，预警平台将通过密切与地方和行业组织合作，逐步扩大行业信息联盟，实现信息的宏观与微观结合，建立分级的行业信息管理体系，加强对行业发展的指导能力，更好地实现"为领导部门决策服务、为行业企业发展服务"的目标。

七 提高对外开放水平，倒逼国内产业升级

通过引进技术促进自身的技术创新。引进先进技术、管理方面的经验能够促进国内企业在与外资企业的合作竞争中加快发展。通过科技进步与技术创新，提高产品质量，降低投入成本，进而大幅度提高性价比，是轻工企业扩大国际市场份额的突破口。

贴牌和并购国外品牌促进自身的品牌建设。要鼓励包括贴牌在内的多种产品出口方式。企业在贴牌过程中，提高产品质量，熟悉国际市场规则，促进企业发展，在贴牌过程中培育开发自主品牌，企业要建立系统的品牌培育规划，随着发展水平的不断提高，逐步扩大自主品牌的影响力。

有实力的骨干企业，可通过并购方式加快建立国际化品牌。2011年海

尔并购日本三洋的成功案例,是培育国际化企业和打造国际品牌的典型。

积极利用国际资源促进自身竞争力提升。利用轻工业外贸顺差大的有利时机,加大木材、纸浆、皮革等中国短缺资源的进口力度,形成进口、出口良性互动局面。

通过购买、合资、合作、海外上市等形式,优化配置原料、资金、装备、技术、管理等多个方面的国际资源,提高轻工企业国际竞争力,实现国际贸易平衡。

八 发挥行业协会作用,促进产业协调发展

轻工业发展的战略视角应当从行业本身发展要素、行业国内外市场等层面出发,进一步涵盖行业上下游产业链条和产业网络,关注行业发展过程中,生产与营销的上下游关系,资源循环与流动脉络等问题,加强轻工业各细分行业之间,以及轻工业与国民经济发展的其他行业部门之间的交流与合作。

行业协会在加强交流合作、提高开放型经济水平中具有重要作用。应明确协会在国家经济管理体系中的地位,完善协会职能,发挥行业协会在产品开发、技术改造、市场开拓、品牌培育及应对国际贸易摩擦中的作用。做好"行业十强""轻工百强"等评价工作,发挥龙头企业示范作用,鼓励企业做大做强。政府在制定行业政策时要听取协会意见,使政策与措施更符合行业实际情况,提高国家政策的可操作性。

图书在版编目(CIP)数据

中国产业安全指数研究/李孟刚著.—北京：社会科学文献出版社，2016.3

ISBN 978-7-5097-8545-4

Ⅰ.①中⋯ Ⅱ.①李⋯ Ⅲ.①产业-安全-研究-中国 Ⅳ.①F12

中国版本图书馆 CIP 数据核字（2015）第 302648 号

中国产业安全指数研究

著　　　者 /	李孟刚
出 版 人 /	谢寿光
项目统筹 /	周　丽　陈凤玲
责任编辑 /	陈凤玲　陈　欣
出　　　版 /	社会科学文献出版社·经济与管理出版分社（010）59367226 地址：北京市北三环中路甲29号院华龙大厦　邮编：100029 网址：www.ssap.com.cn
发　　　行 /	市场营销中心（010）59367081　59367018
印　　　装 /	三河市尚艺印装有限公司
规　　　格 /	开 本：787mm×1092mm　1/16 印 张：36.25　字 数：593千字
版　　　次 /	2016年3月第1版　2016年3月第1次印刷
书　　　号 /	ISBN 978-7-5097-8545-4
定　　　价 /	158.00元

本书如有印装质量问题，请与读者服务中心（010-59367028）联系

版权所有 翻印必究